Kontinuität und Wandel
der Familie in Deutschland

Rosemarie Nave-Herz

Der Mensch als soziales und personales Wesen

Herausgegeben von
L. Krappmann
K. A. Schneewind
L. A. Vaskovics

Die Reihe "Der Mensch als soziales und personales Wesen" versteht sich als innovatives Forum für die Sozialisationsforschung. In interdisziplinärer Zusammenarbeit analysieren Autorinnen und Autoren der Bände wichtige Träger von Sozialisation wie Familie, Schule, Betrieb und Massenmedien, deren Veränderung im Rahmen gesellschaftlicher Entwicklungen, wechselseitige Einflüsse zwischen diesen Einrichtungen sowie ihre sozialisatorischen Wirkungen auf Kinder, Jugendliche und Erwachsene. Die veröffentlichten Arbeiten enthalten kritische Bestandsaufnahmen des Forschungsstandes, entwickeln fachübergreifende Konzepte und bereiten Untersuchungen zu Lücken in der Forschungsthematik vor. Themen und Darstellung richten sich nicht nur an Fachwissenschaftler in Forschung und Lehre, sondern sollen darüber hinaus die an den Sozialwissenschaften interessierte Öffentlichkeit ansprechen.

Band 19

Kontinuität und Wandel der Familie in Deutschland

Eine zeitgeschichtliche Analyse

Herausgegeben von Rosemarie Nave-Herz

 Lucius & Lucius

Anschrift der Herausgeberin:

Frau Professor
Dr. Rosemarie Nave-Herz
Universität Oldenburg
FB 3, Inst. f. Soziologie
Ammerländer Herrstr. 114-118
26129 Oldenburg

Die Deutsche Bibliothek – CIP-Einheitsaufnahme

Kontinuität und Wandel der Familie in Deutschland : Eine zeitgeschichtliche Analyse / hrsg. von Rosemarie Nave-Herz. – Stuttgart : Lucius und Lucius, 2002

    (Der Mensch als soziales und personales Wesen ; Bd. 19)
    ISBN 3-8282-0218-7

© Lucius & Lucius Verlagsgesellschaft mbH, Stuttgart 2002
   Gerokstr. 51, D-70184 Stuttgart
   http://www.luciusverlag.com

Das Werk einschließlich aller seiner Teile ist urheberrechtlich geschützt. Jede Verwertung außerhalb der engen Grenzen des Urheberrechtsgesetzes ist ohne Zustimmung des Verlages unzulässig und strafbar. Das gilt insbesondere für Vervielfältigung, Übersetzungen, Mikroverfilmungen und die Einspeicherung, Verarbeitung und Übermittlung in elektronischen Systemen.

Druck und Einband: Ebner & Spiegel, Ulm
Printed in Germany

Vorwort der Bandherausgeberin

1988 erschien der Sammelband „Wandel und Kontinuität der Familie in der Bundesrepublik Deutschland" (Enke Verlag); er ist als Vorgänger dieser jetzt vorliegenden Ausgabe zu bezeichnen. Damals betonte ich bereits im Vorwort, dass familialen Wandel beschreiben zu wollen, ein sehr anspruchsvolles und kompliziertes Vorhaben wäre, sowohl in methodischer Hinsicht als auch wegen des thematischen Umfanges.

So musste bereits damals eine Beschränkung auf ausgewählte Themenbereiche erfolgen. Mit dem vorliegenden Band war nicht nur eine Aktualisierung der früheren Beiträge geplant, sondern es sollten die familiale Entwicklung in der DDR und die im vereinten Deutschland bis zur Gegenwart neu berücksichtigt und besonders aktuelle, gegenwärtige Probleme mit einbezogen werden. Dieser Anspruch verschärfte das inhaltliche Selektionsproblem. Einige Beiträge in der früheren Auflage über relativ spezialisierte Probleme und durch ihre Rekurrierung auf regional begrenzte Daten mussten deshalb unberücksichtigt bleiben. Neu aufgenommen wurden die Themen: Wandel in der Beziehung zwischen Familie und Schule, Gewalt in der Familie sowie Armut und Familie.

Nicht nur wegen dieser thematischen Veränderungen, sondern weil alle Beiträge entsprechend dem neuen Ziel des vorliegenden Bandes „umgeschrieben" und ergänzt werden mussten, ist es nicht gerechtfertigt, von einer zweiten Auflage oder von einer Neubearbeitung zu sprechen. Deshalb wurde auch der Titel dem veränderten Anspruch der vorliegenden Ausgabe angepasst.

Im Rahmen eines Symposiums, das die Fritz Thyssen Stiftung dankenswerterweise finanziell ermöglichte, diskutierten alle Autoren und Autorinnen die ersten Fassungen der Beiträge. Darüber hinaus wurde nach der Überarbeitung der einzelnen Artikel diese nicht nur von der Herausgeberin, sondern zusätzlich von einem weiteren Autor bzw. Autorin „gegengelesen". Diese Anregungen wurden ebenso in die jeweiligen Beiträge eingearbeitet. Als Herausgeberin möchte ich allen Autoren und Autorinnen für ihre Mitarbeit, für die gegenseitigen Anregungen und für ihre Unterstützung danken.

Für die technische Durchsicht der Manuskripte und die Erstellung einer druckreifen Vorlage war Herr Daniel Paasch verantwortlich; er wurde unterstützt durch Frau Michaela Graf und Herrn Dirk Weißer. Ihnen sei abschließend für ihre Hilfeleistungen gedankt.

Oldenburg, im Frühjahr 2002   Rosemarie Nave-Herz

Inhaltsverzeichnis

Rosemarie Nave-Herz
Einführung 1

Jutta Limbach und Siegfried Willutzki
Die Entwicklung des Familienrechts seit 1949 7

Rosemarie Nave-Herz
Wandel und Kontinuität in der Bedeutung, in der Struktur und Stabilität von Ehe und Familie in Deutschland 45

Yvonne Schütze
Zur Veränderung im Eltern-Kind-Verhältnis seit der Nachkriegszeit 71

Ingrid N. Sommerkorn und Katharina Liebsch
Erwerbstätige Mütter zwischen Beruf und Familie: Mehr Kontinuität als Wandel 99

Klaus A. Schneewind
Familie und Gewalt 131

Rolf Becker und Wolfgang Lauterbach
Familie und Armut in Deutschland 159

Hartmut Häußermann und Walter Siebel
Wohnen und Familie 183

Niels Logemann und Michael Feldhaus
Die Bedeutung von Internet und Mobiltelefon im familialen Alltag – der Wandel der medialen Umwelt von Familien 207

Michael Wagner
Familie und soziales Netzwerk 227

Friedrich W. Busch und Wolf-Dieter Scholz
Wandel in den Beziehungen zwischen Familie und Schule 253

Hans-Günter Krüsselberg
Familienarbeit und Erwerbsarbeit im Spannungsfeld struktureller Veränderungen der Erwerbstätigkeit 277

Bernhard Nauck
Dreißig Jahre Migrantenfamilien in der Bundesrepublik. Familiärer Wandel zwischen Situationsanpassung, Akkulturation, Segregation und Remigration 315

Autorinnen und Autoren des Bandes 341

Einführung

Rosemarie Nave-Herz

Zwei Jahre vor der Wiedervereinigung Deutschlands erschien der Sammelband „Wandel und Kontinuität der Familie in der Bundesrepublik Deutschland", in dem an ausgewählten Themenbereichen geprüft werden sollte, ob – wie in der öffentlichen Diskussion der 80er Jahre immer wieder betont und aus den familienstatistischen Trendverläufen interpretiert wurde – de facto eine Krise, eine Zukunftslosigkeit von Ehe und Familie, ihre fehlende Attraktivität usw. ableitbar wären. Zu diesem Zweck wurden die vorhandenen empirischen Untersuchungen seit dem Zweiten Weltkrieg bis zur Gegenwart über die bundesrepublikanische Familie zusammengetragen und analysiert sowie ausgewählte familiale Rahmenbedingungen und ihre möglichen Auswirkungen auf den Familienbereich geprüft.

Das Ergebnis war kurz und knapp entsprechend dem Buchtitel formuliert worden: Wandel *und* Kontinuität waren in Bezug auf die bundesrepublikanische Familie seit dem Zweiten Weltkrieg gegeben, nicht ihre Auflösung war zu diagnostizieren. Zu schnell wurden Veränderungen gleich als Verfall statt als Wandel gedeutet.

Dennoch gilt auch für die Familie der Grundsatz wie für alle gesellschaftlichen Phänomene, dass der Wandel kein Ende kennt, nur das Tempo und die Richtung kann sich ändern: „alles fließt", sagte bereits Heraklit; und Moore (1973: 48) sprach von „der Allgegenwart von Wandlungen in Systemen".

Aber wohin verliefen die familialen Wandlungsprozesse in den letzten 14 Jahren seit Erscheinen der ersten Ausgabe? Oder ist der Wandel so langsam verlaufen, dass wir ihn noch gar nicht erfassen können? Denn je langsamer Veränderungen erfolgen und je kürzer unser Betrachtungszeitraum ist, desto weniger nehmen wir sozialen Wandel wahr.

Der vorliegende Band trägt den Titel „Kontinuität und Wandel der Familie in Deutschland", um zu signalisieren, dass die Analyse sich bis zur Wiedervereinigung auf beide Teile Deutschlands bezieht und dass danach die neuen Gemeinsamkeiten oder die gebliebenen Unterschiedlichkeiten nachzuzeichnen versucht werden. Der Untertitel „zeitgeschichtliche Analyse" soll die zeitliche Kürze des Rückblickes anzeigen. Als Zäsur wählten wir ein historisches Ereignis, nämlich das Ende des Zweiten Weltkrieges, was familienhistorisch aber kaum zu rechtfertigen ist. Dieser Sachverhalt wird im Übrigen in einigen Beiträgen dadurch sichtbar, dass ihre Autoren bzw. Autorinnen zum Verständnis des zeitgeschichtlichen Wandels vielfach auf noch frühere Epochen hinweisen müssen.

Für einige der Themen in diesem Band gibt es über die Zeit der DDR keine oder nur spärliche Daten; deshalb wurde zuweilen der zeitgeschichtliche Rückblick relativ kurz beschrieben. Manche Untersuchungsergebnisse sind – und das gilt ebenso für einige ältere empirische Erhebungen aus der (alten) Bundesrepublik – nach heutigem Stand der empirischen Sozialforschung unzulänglich bzw. zu undifferenziert, so dass die für einen Zeitvergleich notwendige „Gegenüberstellung" dieser Fakten problematisch ist, was an entsprechender Stelle herausgestellt werden soll.

Die folgenden Beiträge konzentrieren sich nicht nur auf die zeitgeschichtliche Analyse der Familie selbst, sondern untersuchen auch die Veränderungen von ausgewählten familialen Rahmenbedingungen und ihre möglichen Auswirkungen auf den Familienbereich, ferner die Wandlungen in anderen gesellschaftlichen Teilbereichen – wie dem Rechtssystem, dem Erwerbsbereich, den Massenmedien und der Schule –, von denen Transferwirkungen auf den Familienbereich zu erwarten sind.

Was den Familienbegriff anbetrifft, so gibt es weder im Alltagsverständnis noch in der Wissenschaft eine einheitliche Auffassung über das, was der Begriff „Familie" genau zu beschreiben hat. Um familialen Wandel und die Pluralität von Familienformen erfassen zu können und um nicht Veränderungen durch die gewählte Begrifflichkeit von vornherein auszuschließen, ist es notwendig, eine Definition von Familie auf einem möglichst hohen Abstraktionsniveau zu wählen. Die Autoren und Autorinnen des vorliegenden Bandes einigten sich auf einen Familienbegriff, der dem Fünften Familienbericht (1994) zugrunde lag. Er ging von den folgenden konstitutiven Merkmalen von Familie – im Vergleich zu anderen Lebensformen – aus: der biologisch-sozialen Doppelnatur aufgrund der Übernahme der Reproduktions- und zumindest der Sozialisationsfunktion neben anderen, die kulturell variabel sind, und ferner von der Generationsdifferenzierung. Das Ehesubsystem wurde also nicht als essentielles Kriterium gewählt, weil es zu allen Zeiten und in allen Kulturen auch Familien gab (und gibt), die nie auf einem Ehesubsystem beruht haben oder deren Ehesubsystem im Laufe der Familienbiographie durch Rollenausfall, infolge von Tod, Trennung oder Scheidung, entfallen ist. Dieser Begriff kann sich sowohl auf die Zwei-Generationen-Familie beziehen (dann sprechen wir von Kernfamilie), als auch auf die Mehr-Generationen-Familie (vgl. hierzu ausführlicher Nave-Herz 1989: 3ff.).

Der vorliegende Band beginnt mit der Darstellung der Veränderungen des Familienrechts seit Ende des Zweiten Weltkrieges. Zwar erhebt sich die Frage – auf die J. Limbach/S. Willutzki eingehen –, ob bzw. in welcher Hinsicht überhaupt Gesetze als Rahmenbedingungen für familiale Wirklichkeit gelten können. Denn speziell in Bezug auf die familiale Realität ist die Einklagbarkeit von Gesetzen häufig beschränkt, und in der Literatur wird dem formalen Recht für den Familienbereich eine Orientierungsfunktion im Hinblick auf individuelles Handeln abgesprochen. Diese These wird u.a. in diesem Kapitel an verschiedenen Gesetzesänderungen diskutiert. Dennoch hat gerade die Rechtsänderung im Prozess der Wiedervereinigung sichtbaren Ausdruck im Hinblick auf „rasante Brüche" in allen Arten von familienstatistischen Trendverläufen nach sich gezogen.

Ferner könnte die Wirkung von Gesetzen auch darin liegen, dass immer mehr Personen die Ordnungsfunktion des Rechts im Bereich persönlicher Beziehungen meiden möchten und sich nicht unter ein bestimmtes Gesetz stellen wollen. Wie wäre sonst – so wird zuweilen in der Öffentlichkeit argumentiert – der Anstieg Nichtehelicher Lebensgemeinschaften zu erklären? Hierauf wird ausführlich im Kapitel von R. Nave-Herz eingegangen.

In diesem und den folgenden Beiträgen (Y. Schütze; I. N. Sommerkorn/K. Liebsch) wird ferner der innerfamiliale Wandel seit 1950 beschrieben und hierbei geprüft, ob sich die familialen Interaktionsbeziehungen und die familialen Rollen verändert haben, sowohl was die gesellschaftlichen Erwartungen als auch das faktische Verhalten der Rollenträger betrifft.

Aus der Fülle der unter dieser Thematik zu behandelnden möglichen Fragen konnten selbstverständlich nur einige wenige beantwortet werden: Es wird u.a. nach den Veränderungen in den Gründen, die zur Eingehung einer Ehe führen, gefragt sowie nach der Bedeutung von Ehe und Familie für den Einzelnen heute, nach Einstellungsänderungen der Ehepartner zum Verpflichtungs- und Verbindlichkeitscharakter von Ehe und Familie, nach dem Bedeutungswandel von Kindern für ihre Eltern, nach Veränderungen in den elterlichen Erziehungszielen (wobei hier insbesondere auch das methodische Problem der Trennung zwischen zeitgeschichtlich semantischem und faktischem Wandel von Y. Schütze beachtet wird), nach dem veränderten Selbstverständnis erwerbstätiger Mütter u.a.m. Vor allem auch die Frage nach der innerfamilialen Arbeitsteilung, insbesondere auch bei erwerbstätigen Müttern, wird beantwortet und Y. Schütze weist nach, dass im Rahmen dieser Arbeitsteilung nach dem Zweiten Weltkrieg noch in viel stärkerem Maße die Kinder beteiligt waren als heute. Symptomatisch ist, wie Wissenschaftler und Wissenschaftlerinnen dem „Zeitgeist" in ihrer Forschungsfrage zuweilen „unterliegen", dass in den vielen vorhandenen empirischen Untersuchungen zur innerfamilialen Arbeitsteilung heute nur noch nach der zwischen den Ehepartnern, aber nicht nach der zwischen den Ehepartnern und ihren Kindern gefragt wird. In Bezug auf das Thema „Erwerbstätige Mütter zwischen Familie und Beruf" ist zudem zu unterscheiden zwischen der Realität selbst und der gewandelten Einstellung zu eben dieser Realität. Denn der Tatbestand eine erwerbstätige Mutter zu sein, hatte 1950 eine andere Bedeutung in der alten Bundesrepublik gegenüber der DDR, was noch heute nachwirkt. Auf diese notwendigen Differenzierungen gehen I. N. Sommerkorn/K. Liebsch in ihrem Beitrag u.a. ausführlich ein. Intensiv wird auch der Frage nachgegangen (vgl. Y. Schütze), ob ein Wandel in den Eltern-Kind-Beziehungen gegeben ist und ob sich das Verhältnis des Ehesubsystems zum Eltern-Kind-System verändert hat. In der Öffentlichkeit wurde zunehmend das Problem der Gewalt in der Familie thematisiert. Eine – bis dahin geltende – Tabuisierung dieses Problems wurde aufgebrochen und Rechtsnormen sollen diesbezügliches Verhalten in innerfamilialen Beziehungen verhindern. Doch sind diese juristischen Maßnahmen in der Lage, diesbezügliche Veränderungen zu bewirken? Was müsste sonst zur Veränderung von Gewalt in der Familie getan werden? Hierauf geht K. A. Schneewind in seinem Artikel mit dem Titel „Gewalt in der Familie" ausführlich ein.

Mit einem alten und wieder neuen Problem, nämlich mit den Familien in Armut, setzen sich R. Becker/W. Lauterbach auseinander. Bei dem zeitgeschichtlichen Rückblick auf die Einkommensverhältnisse von Familien in der (alten) BRD und der DDR drängen sich die folgenden Fragen auf: Konnte es überhaupt – entsprechend den staatspolitischen Zielen – Armut, und gar noch familiale, in der DDR geben? Wann ist eine Familie „arm"; wie ist Armut zu messen? Falls eine Familie in eine finanzielle Notsituation geraten ist, gibt es für sie Möglichkeiten dieser wieder zu „entfliehen"? Gibt es ferner bei uns eine Perpetuierung von Armut zwischen den Generationen? R. Becker/W. Lauterbach gehen auf diese Fragen ein und belegen ferner, welche finanzielle Belastung Kinder für die Familien darstellen und wie diese zeitgeschichtlich zugenommen hat.

Schon allein die Kosten für Wohnungsmieten sind enorm gestiegen, wenn man auch gleichzeitig bedenken muss, dass der Wohnkomfort für alle Schichten sich verbessert hat. Auf diese zeitgeschichtlichen Veränderungen in der Wohnungsversorgung, ferner auf die Frage nach der Wirkung von Wohnumwelt auf die Familie bis hin zu Tendenzen und Schlussfolgerungen für den familialen Wohnungsbau gehen H. Häußermann/W. Siebel in ihrem Beitrag ausführlich ein.

In der Öffentlichkeit wird vermutet, dass nicht nur die Wohnumwelt, sondern vor allem auch die mediale Umwelt von Familie sich stark verändert hat und tiefgreifenden familialen Wandel bewirkte. Der Beitrag von N. Logemann/M. Feldhaus greift dieses Thema auf und prüft diese These – nach einer kurzen Beschreibung der Medienentwicklung in der Familie allgemein – am Beispiel der neuen Informations- und Kommunikationstechniken. Sie weisen nach, dass mit diesen sowohl Chancen als auch Risiken im Hinblick auf den Erziehungsauftrag der Eltern gegeben sind.

In Bezug auf die personelle Umwelt, d.h. in Bezug auf Nachbarschaft, Freundschaften, Bekanntschaften usw., wurde lange Zeit in der Soziologie eine Isolierung der Kernfamilie vermutet. Inzwischen ist diese These vielfach überprüft worden. M. Wagner geht in seinem Beitrag, vor allem auch unter methodischen Gesichtspunkten, sehr differenziert der Frage nach den verwandtschaftlichen und nicht-verwandtschaftlichen Beziehungen nach, also der Intensität des familialen Netzwerkes. Zu Recht weist er vor allem auf den Mangel an empirischen Daten hin, die nicht nur Familie als System fassen, sondern die egozentrierten Netzwerke einzelner Familienmitglieder und dann auch den

Vergleich zwischen den Netzwerken der einzelnen Familienmitglieder analysieren. Hier ist noch ein weites Feld für methodisch differenzierte Erhebungen gegeben. Dennoch muss insgesamt die These von der „isolierten Kernfamilie" verneint werden. Das galt und gilt sowohl für Ost- als auch für West-Deutschland.

Gewandelt haben sich vor allem aber die außerfamilialen Teilbereiche Schule und Arbeitswelt und haben zu Veränderungen innerhalb der Familie geführt. Was die Schule anbetrifft sind die Beziehungen zwischen ihr und der Familie problematischer geworden. Die Bildungserwartungen der Eltern an ihre Kinder und damit unmittelbar auch an die Schule sind einerseits angewachsen; andererseits hat eine Rückverlagerung von Funktionen in den Familienbereich geführt. W.-D. Scholz/F. W. Busch zeichnen die Veränderungen des Verhältnisses von Schule und Familie nach. Sie gehen ferner auf die heutigen besonderen Belastungen der Familie durch den Anstieg der schulischen Leistungen ein und stellen die Frage, ob die Schule zu einer verstärkten sozialen Ungleichheit in Deutschland beiträgt, gerade auch deshalb, weil sie auf familiale Ressourcen zurückgreift. Jedenfalls ist das Verhältnis zwischen Eltern und Schule in einem hohen Maße heutzutage ambivalent.

Die stärksten Transferwirkungen hinsichtlich der Familie von außerfamilialen Systemen wird dem Erwerbsbereich zugesprochen. Gerade der Produktionssektor hat sich zudem in den vergangenen Jahren vielschichtig verändert, was die Qualifikationsanforderungen an die Arbeitnehmer, die Arbeitszeiten, die Arbeitsformen, die Arbeitslosigkeit usw. betrifft. Diese stattgefundenen – und auch noch zu erwartenden – Veränderungen im Erwerbsleben beschreibt H.-G. Krüsselberg. Indem er die gegenseitigen Beeinflussungen dieser beiden Gesellschaftsbereiche (Erwerbsleben und Familienbereich) thematisiert, stellt er gleichzeitig explizit heraus, wie stark gerade auch der Familienbereich den Erwerbsbereich beeinflusst und dass dieser auf die familialen Vorleistungen angewiesen ist. Er analysiert aber nicht nur die diesbezüglichen Veränderungen, sondern zeigt auch positive Lösungen im Hinblick auf den Erwerbs- und Familienbereich auf, wodurch beide, sowohl die Gesamtwirtschaft als auch die einzelne Familie, profitieren könnten.

Der letzte Beitrag hebt sich thematisch von den übrigen Kapiteln ab, da hier nicht über die Kontinuität und Wandel von ost- und westdeutschen Familien berichtet wird, sondern über die Familien ausländischer Herkunft, die Aussiedlerfamilien ab 1955, die sog. „Gastarbeiterfamilien" ab 1960 u.a.m. Ihr Umfang ist inzwischen derart gestiegen, dass ihre Thematik in dem vorliegenden Band mit einbezogen werden muss. B. Nauck stellt in seinem Beitrag die statistischen Daten über die Migrantenfamilien zeitvergleichend dar, wobei er vor allem zeigt, wie notwendig es für eine differenziertere Beschreibung der sozialen Lage und der Probleme von Migrantenfamilien ist, die Aggregatdaten mit Individualdatenanalysen zu konfrontieren. Er zeigt und betont selbst, dass vor allem auch eine Reihe allgemeiner Problemstellungen der Familiensoziologie an Migrantenfamilien sich in z.T. wesentlich extremeren Ausprägungen darstellen.

Überblickt man zusammenfassend alle Kapitel, die sich nicht nur in ihrer spezifischen Thematik, sondern in den Grundkonzeptionen, in der methodischen Erfassung von familialem Wandel und in ihrer Abfassung unterscheiden, so wird deutlich, dass jeder Artikel einen zentralen Beitrag zur Beantwortung der generellen Fragestellung beisteuert, die mit dem Titel des Buches angesprochen wird. Insgesamt zeigt der vorhandene Band, dass die Familie als ein komplizierter Wirkungszusammenhang zu begreifen ist, für den im Zeitablauf gleichermaßen Kontinuität und Wandel gilt.

Literatur

Fünfter Familienbericht, 1994: Familien und Familienpolitik im geeinten Deutschland – Zukunft des Humanvermögens, Bundesministerium für Familie und Senioren. Bonn.
Moore, W. E., 1973: Strukturwandel der Gesellschaft, 3. Aufl. München.
Nave-Herz, R., 1989: Gegenstandsbereich und historische Entwicklung der Familienforschung. In: R. Nave-Herz/M. Markefka: Handbuch der Familien- und Jugendforschung, Bd. 1: Familienforschung. Neuwied, S. 1-18.

Die Entwicklung des Familienrechts seit 1949

Jutta Limbach und Siegfried Willutzki

1 Die Entwicklung des Familienrechts in der DDR

1.1 Verfassungsrechtliche Vorgaben und ihre Konsequenzen

In der Ausgangslage basierte auch das Familienrecht der DDR auf der gleichen Grundlage wie das der Bundesrepublik, dem Bürgerlichen Gesetzbuch aus dem Jahre 1900. Das hatte natürlich zur Folge, dass das Reformbedürfnis für das Familienrecht, das bereits zur Zeit der Weimarer Republik entstanden war, auch den gesetzgeberischen Umgang mit dem Familienrecht in der DDR prägte. Doch es ist unumwunden fest zu stellen, dass der Reformwille in der DDR rascher in die Tat umgesetzt wurde als es in der Bundesrepublik der Fall war.

Zwar hatte auch die Weimarer Reichsverfassung die Gleichberechtigung von Mann und Frau in der Ehe und eine Gesetzgebung gefordert, die für nichteheliche Kinder gleiche Bedingungen zu schaffen hätte wie für eheliche. Doch waren diese Regelungen der Weimarer Reichsverfassung bloße Programmsätze geblieben, die familienrechtliche Gesetzgebung hatte keine Konsequenzen aus ihnen gezogen. Die Verfassung der DDR vom 7. Oktober 1949 nahm die Forderungen der Weimarer Reichsverfassung wieder auf, beließ es aber nicht bei einem programmatischen Appell, sondern stellte ausdrücklich klar, dass mit In-Kraft-Treten dieser Verfassung alle rechtlichen Regelungen, die diesen Verfassungsgrundsätzen entgegenstanden, sofort außer Kraft gesetzt wurden. Darüber hinaus stellte die Verfassung der DDR (Art. 18 IV) der Gesetzgebung die Aufgabe, Einrichtungen zu schaffen, die „es gewährleisten, dass die Frau ihre Aufgaben als Bürgerin und Schaffende mit ihren Pflichten als Frau und Mutter vereinbaren kann". Mit diesem rigorosem Schnitt in der Verfassung wurde ein Großteil der bisherigen familienrechtlichen Regelungen unwirksam, weitere erfuhren eine wesentliche inhaltliche Änderung. So bedeutete die verfassungsrechtliche Vorgabe ohne jede Diskussion, dass die alleinige Entscheidungskompetenz des Mannes in allen Angelegenheiten der Familie, wie es die patriarchalische Konzeption des alten BGB vorsah, ersatzlos beseitigt wurde und zu einer gleichberechtigten Entscheidungsbefugnis beider Eheleute führte, die in einem Aushandlungsprozess die notwendigen Entscheidungen zu treffen hatten. Ferner war durch die Verfassung klargestellt, dass die wohl nur für Juristen verständliche Fiktion, dass ein nichteheliches Kind lediglich mit seiner Mutter, nicht aber mit seinem Vater verwandt sei, mit sofortiger Wirkung außer Kraft gesetzt war. Von diesem Zeitpunkt an hatte das nichteheliche

Kind nicht nur einen biologischen, sondern auch einen rechtlichen Vater, mit dem es verwandt war.

Um das Anliegen der Verfassung, die Gleichberechtigung der Frau in die Realität umzusetzen, ließ sich das DDR-Recht in seiner Entwicklung maßgeblich davon bestimmen, dass die Gleichberechtigung der Frau gestatten müsste, ihre Persönlichkeit zu entfalten, indem sie wie der Mann beruflich tätig sein und dadurch wirtschaftliche Unabhängigkeit gewinnen könnte, zugleich aber diesen Persönlichkeitsgewinn auch in Partnerschaft und Familie umzusetzen in der Lage sein sollte. Wesentlich früher als in der Bundesrepublik spielte die Vorstellung eine große Rolle, dass es der Frau erspart bleiben sollte, sich zwischen Familie und Beruf zu entscheiden. Dabei war man sich durchaus darüber im Klaren, dass die Vereinbarkeit familiärer und beruflicher Aufgaben nur durch entsprechend großen Einsatz der Partner, vor allen Dingen der Frauen selbst, zu erreichen war, dass es daneben aber auch einer Umgestaltung der Gesellschaft bedürfte, um dieses Ziel erreichen zu können.

Dieser Zielsetzung diente vorrangig das Mutter- und Kinderschutzgesetz von 1950, das vor allem der Frauenförderung diente. Schon aus der Präambel dieses Gesetzes wird deutlich, welch hoher Stellenwert der Familie und ihrer Bedeutung im Leben der Bürger und der Gesellschaft auf der Grundlage einer gleichberechtigten Partnerschaft beigemessen wurde. Dieses Gesetz betonte noch einmal ausdrücklich den Verzicht auf alle Bestimmungen des Familienrechtes, die bisher auf eine Beschränkung oder Minderung der Rechte der Frauen hinausliefen. Beseitigt wurde vor allem die Kompetenz des Mannes zu Eingriffen in die Berufstätigkeit der Frau. Was bisher nur dem Mann zustand, galt nunmehr in gleicher Weise auch für das Recht der Frau, über die Aufnahme einer beruflichen Tätigkeit, über Bildung und Fortbildung ganz allein zu entscheiden. Der Mann wurde darüber hinaus als verpflichtet angesehen, so jedenfalls die Rechtsprechung, seine Partnerin bei der Aufnahme einer beruflichen Tätigkeit zu unterstützen.

Was durch verfassungsrechtliche Regelung bereits vorgegeben war, legte das Mutter- und Kinderschutzgesetz noch einmal ausdrücklich gesetzlich fest: Alle Entscheidungen im ehelichen Bereich sind von den Ehepartnern gleichberechtigt und gemeinsam zu treffen. Auch im Verhältnis zu den Kindern galt das gleiche. Eine Einschränkung der vollen Rechte der Frau gegenüber den Kindern bei Tod des Ehemannes oder einer Scheidung entfiel. Der nicht verheirateten Mutter stand das volle Sorgerecht zu.

Während bestehender Ehe war aufgrund der Gleichberechtigung jetzt nicht mehr der Mann allein unterhaltspflichtig, die Unterhaltspflicht der Ehepartner wurde zu einer wechselseitigen. Das bedeutet indessen nicht, dass eine Frau in der Ehe verpflichtet war, berufstätig zu sein. Die rechtliche Gleichstellung von Berufs- und Hausarbeit eröffnete der Frau das Recht, nach entsprechender Vereinbarung mit ihrem Partner entweder berufstätig zu sein oder die Hausfrauenrolle zu übernehmen.

Auf dem Gebiet des Güterrechtes hatte die Rechtsprechung aufgrund der verfassungsrechtlichen Gleichberechtigungsvorgabe zunächst Gütertrennung zwischen den Ehepartnern angenommen. Da jedoch klar war, dass bei der Gütertrennung die Frau, wenn sie die Hausfrauenrolle übernahm, im Falle des Scheiterns der Partnerschaft vermögensrechtlich schlechter gestellt war, hatte die Rechtsprechung hier Abhilfe zu schaffen gesucht durch einen Ausgleichsanspruch zugunsten der Frau, der ihr eine Beteiligung an dem Vermögenszuwachs des Mannes aufgrund seiner Berufstätigkeit sichern sollte. Diese Regelung ist dann weiter ausgebaut worden mit dem Familiengesetzbuch von 1965, das als gesetzlichen Güterstand die Eigentums- und Vermögensgemeinschaft eingeführt hat, eine der Errungenschaftsgemeinschaft vergleichbare güterrechtliche Regelung. Unabhängig von dem jeweiligen Anteil an der Vermögensbildung erhielten mit dieser Ausgestaltung beide Eheleute eine gleiche Rechtsposition.

Als eine grundsätzliche Konsequenz der Gleichberechtigung sah das Familienrecht der DDR auch eine Eigenverantwortlichkeit beider Partner nach einer Scheidung vor. So ging bereits die Eheverordnung von 1955 davon aus, dass beide Ehepartner verpflichtet seien, nach einer Scheidung berufstätig zu sein. Ein Unterhaltsanspruch sollte nur dann in Betracht kommen, wenn wegen Kindesbetreuung, Krankheit, Alter oder vergleichbaren anderen Gründen eine wirtschaftliche Selbständigkeit durch eigenes Einkommen nicht erreichbar war. Um dem Gedanken der Eigenverantwortung nach Scheidung den nötigen Nachdruck zu verleihen, ging die Eheverordnung von einer grundsätzlichen Befristung des Unterhalts nach Scheidung aus.

Aus dem verfassungsrechtlichen Gebot der Gleichberechtigung hatte die Rechtsprechung für den Bereich des Ehenamensrechtes auch ohne eine entsprechende gesetzliche Regelung, die erst später mit dem Familiengesetzbuch kam, den Schluss gezogen, dass die Frau mit der Annahme des Mannesnamens als Ehenamen ein eigenes Recht auf diesen Namen erlangt habe, mit der Konsequenz, dass der Mann auch nach einer Scheidung der Frau die Führung dieses Ehenamens nicht verbieten konnte.

Im Ergebnis lässt sich also festhalten, dass die rechtliche Ausgestaltung der Gleichberechtigung der Frau im Familienrecht der DDR früher und konsequenter als in der Bundesrepublik durchgesetzt worden ist. Ebenso ist der Einstieg der Frauen in der DDR in die Berufstätigkeit, und zwar weitgehend in die volle Berufstätigkeit, sehr viel früher vonstatten gegangen als in der Bundesrepublik. Doch wäre es verfehlt, wollte man daraus den Schluss ziehen, dass sich damit die Chancen von Männern und Frau in Beruf und Familie gleich entwickelt hätten. Neben einer regelmäßig vollen Berufstätigkeit blieb es weitgehend Aufgabe der Frauen allein, den Haushalt zu führen. Da half es auch wenig, dass bei der Beschreibung des Leitbildes der Familie in § 10 FGB postuliert wurde: „Die Beziehungen der Ehegatten untereinander sind so zu gestalten, dass die Frau ihre berufliche und gesellschaftliche Tätigkeit mit der

Mutterschaft vereinbaren kann." Gleichwohl war die Doppelbelastung der berufstätigen Mütter auch in der DDR ein unbewältigtes Problem geblieben (Voigt 1987: 69f.; Gysi 1992) und hat damit deutlich gemacht, dass von solchen im Gesetz verankerten Leitbildern in der gesellschaftlichen Realität trotz ihres moralischen Appells nur eine sehr begrenzte Wirkung erwartet werden kann. Auch im beruflichen Aufstieg blieben Frauen regelmäßig weit hinter der Karriere der Männer zurück. Symptomatisch für die faktische Entwicklung der Gleichberechtigung war es, dass das FGB von 1965 zwar grundsätzlich beiden Ehegatten die gleiche Verantwortung für die Erziehung der Kinder und den Familienhaushalt übertrug. Ein konsequenter Gesetzgeber hätte daraus die Vereinbarkeit von Beruf und *Elternschaft* ableiten müssen, gefordert wurde jedoch stattdessen die Vereinbarkeit von Beruf und Mutterschaft. Das zeigt, dass das Familienrecht der DDR die Mutter stets als in erster Linie für Kinder und Familie verantwortlich angesehen hat, weshalb dieses Verhältnis auch gesellschaftlich besonders gefördert wurde. Die Konzentration auf die Mutter-Kind-Beziehung als das vorrangige Verhältnis hatte insbesondere Konsequenzen bei einer Trennung und Scheidung der Eltern. Die Übertragung des Erziehungsrechtes nach einer Scheidung auf den Vater war die ausgesprochene Ausnahme, was in der Rechtsprechung damit begründet wurde, dass die meisten Kinder in den ersten Lebensjahren ausschließlich oder überwiegend von der Mutter betreut werden. Die geringe Wertschätzung des Verhältnisses zwischen Kind und Vater fand ferner ihren Ausdruck auch in der Tatsache, dass dem Umgang des Kindes mit dem Vater nach einer Scheidung nur wenig Bedeutung zugemessen wurde.

Die Rechtstellung des nichtehelichen Kindes wurde bereits durch die Verfassung von 1949 gegenüber der BGB-Regelung massiv verändert und dann noch durch das Mutter- und Kind-Schutzgesetz weiter gefördert. Mit der Begründung der rechtlichen Verwandtschaft zwischen dem Kind und seinem Vater sowie dessen Verwandten wurde zugleich auch eine unterhaltsrechtliche Gleichstellung des nichtehelichen Kindes mit dem ehelichen Kind herbeigeführt. Der Name des Kindes bestimmte sich nach dem Namen der Mutter zur Zeit der Geburt. Anders als im Recht der BRD erhielt die Mutter die volle elterliche Sorge ohne eine Einschränkung durch eine Amtsvormundschaft oder Amtspflegschaft. Doch konnte die Mutter, wenn sie es wollte, amtlichen Beistand erhalten. Auch wenn die erbrechtliche Gleichstellung des nichtehelichen Kindes noch etwas zögerlich behandelt wurde, lässt sich jedoch feststellen, dass die nichteheliche Geburt schon sehr früh keineswegs mehr als gesellschaftlicher Makel angesehen wurde. Ohne Rücksicht auf den Status der Mutter, ob verheiratet oder nicht, sorgte die Gesellschaft für die Versorgung mit Kindereinrichtungen, sicherte den Arbeitsplatz der Mutter, bevorzugte sie bei der Wohnungsvergabe und stellte sie bei einer Erkrankung des Kindes von der Arbeit frei. Diese Gleichbehandlung aller Kinder ohne Rücksicht auf den elterlichen Status führte dazu, dass bei der Überarbeitung der Verfassung der DDR

1968 zur Nichtehelichkeit keine besonderen Regelungen mehr vorgesehen waren, weil sie als nicht mehr notwendig betrachtet wurden. Der besondere Schutz der Verfassung wurde stattdessen alleinstehenden Müttern oder Vätern unabhängig von ihrem familienrechtlichen Status zuerkannt. So überrascht es nicht, dass das FGB von 1970 keinerlei unterschiedliche Regelungen mehr für Ehelichkeit oder Nichtehelichkeit enthielt.

Doch auch im Bereich der nichtehelichen Kinder wirkte sich die starke Fixierung des Rechtes auf das Mutter-Kind-Verhältnis negativ aus. Der Vater blieb rechtlich wie faktisch weitgehend ausgeblendet. Zwar ließ das FGB zu, dass im Einzelfall dem Vater das Erziehungsrecht übertragen werden konnte, doch nicht etwa gemeinsam mit der Mutter, sondern nur an ihrer Stelle. Ein gemeinsames Erziehungsrecht der beiden nicht miteinander verheirateten Eltern war ausgeschlossen. Noch schwerwiegender für die Entwicklungssituation des Kindes muss es allerdings angesehen werden, dass es auch kein Umgangsrecht für den Vater eines nichtehelichen Kindes gab. Insoweit kann also von einer Gleichbehandlung ehelicher und nichtehelicher Kinder keine Rede sein, es sei denn, man stellte darauf ab, dass auch nach einer Scheidung Väter wenig Chancen hatten, Umgangskontakte zu dem Kind aufrecht zu erhalten.

1.2 Ehe und Ehescheidung

Anders als das Eherecht der Bundesrepublik, jedenfalls nach der Eherechtsreform von 1977, enthielt das Familienrecht der DDR Vorschriften über ein Leitbild und eine Sinngebung für die Ehe. So gehörten gegenseitige Liebe und Treue zum Leitbild der Ehe, der Sinn der Ehe wurde in der Entfaltung der Persönlichkeit der Partner und der Familiengründung gesehen. Ebenso gehörten Verantwortung für die Familienbelange und gemeinsamen Entscheidungen in familiären Angelegenheiten zum Bild der Ehe. Dennoch blieb die tatsächliche Ausgestaltung der Ehe allein den Ehegatten überlassen; entscheidend waren die Wünsche und Vorstellungen der Ehepartner. Für die Ausgestaltung der individuellen Ehe spielten natürlich auch die gesellschaftlichen Lebensbedingungen eine Rolle; die gemeinsame Berufstätigkeit beider Ehepartner auch in der Kinderphase wurde wesentlich begünstigt durch den Ausbau der Kinderbetreuungseinrichtungen, die in der Endphase der DDR den Bedarf nahezu vollständig abdeckten. Der Staat verfügte über keine Befugnisse, in die individuelle Ehegestaltung einzugreifen, so etwa bei Uneinigkeit der Ehepartner im familiären Entscheidungsbereich. Auch bei Auflösung der Ehe durch Scheidung war eine nachträgliche Sanktion durch staatliche Stellen wegen einer von dem Leitbild der Ehe abweichenden Gestaltung der Lebensverhältnisse nach dem Gesetz ausgeschlossen.

Mehr als 20 Jahre früher als in der Bundesrepublik orientierte sich das Scheidungsrecht der DDR bereits an dem mit der Eheverordnung 1955 eingeführten Zerrüttungsprinzip. Sehr rasch hatte sich die Erkenntnis durchgesetzt, dass es sinnlos ist, Ehen, die zerrüttet sind, durch die Hürden des Scheidungsrechtes dennoch aufrecht zu erhalten. Darüber hinaus war man sich klar, was auch für die Eherechtsreform der Bundesrepublik ein tragender Beweggrund war, dass es Gerichten in aller Regel unmöglich ist, dem Schuldanteil der Ehepartner an der Zerrüttung ihrer Ehe angemessen Rechnung zu tragen, weil die juristischen Erkenntnismöglichkeiten hierfür nicht ausreichen. Mit der Umsetzung dieser Erkenntnisse tat sich die Rechtspraxis in der DDR jedoch schwer. Zum einen natürlich, weil auch die Feststellung der Zerrüttung mit den justiziellen Mitteln den Gerichten natürlich schwer fällt. Die wesentlich größere Schwierigkeit in der Rechtsprechungspraxis für die Scheidungen bestand in der DDR spezifisch jedoch darin, dass es als eine primäre Aufgabe der Gerichte angesehen wurde, gesellschaftlich unerwünschte Scheidungen nach Möglichkeit zu verhindern und Ehen aufrecht zu erhalten. Eine derartige Rechtspraxis wurde insbesondere durch das oberste Gericht massiv eingefordert. Den Gerichten wurde gewissermaßen im Scheidungsverfahren eine pädagogische Rolle zugewiesen, bei deren Entfaltung auch die gesellschaftlichen Kräfte wie Hausgemeinschaft und Arbeitskollektiv einbezogen werden sollten. Die letztere Forderung wurde zwar von den Gerichten ganz überwiegend negiert, da offensichtlich klar war, dass der spezifischen Problematik einer gescheiterten Ehe durch den Einbezug der sogenannten gesellschaftlichen Kräfte kaum beizukommen war. Doch die Absicht, Scheidungen zu vermeiden und grundsätzlich auf eine Aussöhnung der trennungsbereiten Partner hinzuarbeiten, wurde von den Richtern generell nicht ungern als eine wesentliche Funktion ihres Amtes verstanden, zumal das Gesetz ihnen ausdrücklich aufgab, im Rahmen des Scheidungsverfahrens der Entwicklung der Ehe nachzugehen, ganz offensichtlich in der Erwartung, dabei auf Gesichtspunkte zu stoßen, die die Ehepartner davon überzeugen könnten, dass ihre ehelichen Schwierigkeiten überwindbar seien. Allerdings scheiterten diese hehren Absichten des Gesetzgebers, auch wenn die Richter sie sich weitgehend zu eigen gemacht hatten, in der Praxis zunehmend daran, dass die Zahl der Scheidungen stark anstieg und damit zu einer Belastung der Gerichte führte, die es ihnen unmöglich machte, im gewünschten Umfang auf die Entwicklung der Ehe und sich daraus abzeichnende Lösungsmöglichkeiten einzugehen. Doch blieb die gesetzliche Verpflichtung zur gerichtlichen Überprüfung der Entwicklung der Ehe bis zum Familienrechtsänderungsgesetz von 1990 weiterhin bestehen.

Bei den Scheidungsfolgen hat der nacheheliche Unterhalt in der DDR niemals eine auch nur annähernd vergleichbare Rolle gespielt wie in der alten Bundesrepublik. Der Grundgedanke der wirtschaftlichen Eigenverantwortlichkeit der Ehepartner nach einer Scheidung, der für die Bundesrepublik erst mit der Eherechtsreform von 1977 zum Maßstab des nachehelichen Unterhalts gemacht wurde, galt für die alte DDR noch der rigorosen Umsetzung des Gleichberechtigungsgedankens durch die Verfassung bereits seit 1949 in der Rechtsprechung. Diese Rechtsprechung sah die Ehe mit der Scheidung als real beendet an und ging davon aus, dass nach einer Scheidung grundsätzlich keine wirtschaftlichen Verpflichtungen der Ehepartner füreinander weiter bestehen sollten. Dabei ging man von der Überlegung aus, dass das Familienrecht die Frau zu schützen und zu fördern habe, soweit sie durch die Ehe Nachteile erlitten hatte, weil sie Kinder aus der Ehe zu betreuen habe oder ihr aufgrund langjähriger Ehe in der Hausfrauenrolle nach der Scheidung eine Erwerbstätigkeit nicht mehr zuzumuten war. Bei Fehlen aber derart ehebedingter Nachteile war die Frau aufgrund der Gleichberechtigung auch gefordert, selbst für ihr Auskommen zu sorgen. Was zunächst von der Rechtsprechung aufgrund der verfassungsrechtlichen Vorgaben entwickelt wurde, hat zuerst die Verordnung über Eheschließung und Ehescheidung von 1955 ausdrücklich gesetzlich geregelt, und diese Regelung hat dann das Familiengesetzbuch 1965 weitgehend übernommen. Allerdings brachte das FGB doch eine gewisse Erleichterung für die Geltendmachung von nachehelichem Unterhalt: Während die Eheverordnung vorsah, dass der Unterhalt im Scheidungsverfahren selbst geltend gemacht werden musste, ein späterer Antrag unzulässig war, gestattete das FGB, unter besonderen Voraussetzungen in einem Zeitraum von 2 Jahren nach rechtskräftiger Scheidung noch Unterhalt zu beanspruchen.

Vergleicht man diese Unterhaltsregelungen mit der Situation auf diesem Gebiet in der alten Bundesrepublik, so kann das nacheheliche Unterhaltsrecht der DDR nur als ausgesprochen streng und rigoros bezeichnet werden. Doch wurde diese Sicht ganz offensichtlich von den Frauen in der DDR nicht geteilt. Die wirtschaftliche Selbständigkeit und die daraus resultierende Unabhängigkeit von nachehelichen Unterhaltsansprüchen entsprach weitgehend einem Bedürfnis der Frauen. Das führte dazu, dass, wenn nicht besondere Umstände entgegenstanden, die Frauen regelmäßig schon während der Ehe, begünstigt durch Kinderbetreuungseinrichtungen des Staates, voll oder zumindest teilweise berufstätig waren, jedenfalls aber spätestens mit der Scheidung umgehend eine solche Berufstätigkeit aufnahmen. Es liegt auf der Hand, dass eine solche Situation wirtschaftliche und emotionale Probleme und Spannungen im Zusammenhang mit der Scheidung deutlich entschärft hat. Rechtstatsächlich ist unstreitig, dass zum Ende der DDR mit der vollen Bedarfsdeckung der Kinderbetreuungseinrichtungen nur in etwa 3% der Scheidungsfälle Ehegattenunterhalt geltend gemacht und zugesprochen wurde.

Im Rahmen der vermögensrechtlichen Auseinandersetzung bei Trennung und Scheidung ging zwar der gesetzliche Güterstand der Eigentums- und Vermögensgemeinschaft von einer grundsätzlichen Aufteilung zu gleichen Anteilen aus. Doch hatte das Scheidungsgericht die Kompetenz, auf Antrag eines Beteiligten auch eine ungleiche Verteilung festzulegen. Das soll insbesondere dann gelten, wenn ein Ehepartner wegen der Betreuung gemeinsamer unterhaltsberechtigter Kinder eines größeren Anteils bedarf oder aber in umgekehrter Richtung, wenn ein Ehegatte weder durch Erwerbstätigkeit noch durch Hausarbeit einen angemessenen Beitrag für die Begründung von gemeinschaftlichem Eigentum und Vermögen geleistet hat. Die ungleiche Verteilung kann sogar dazu führen, dass in besonderen Fällen ein Ehepartner das gesamte gemeinschaftliche Eigentum und Vermögen erhält. Diese Regelung zeigt, dass es möglich ist, auf die individuelle Situation durch eine maßgeschneiderte Lösung angemessen zu reagieren. Damit unterscheidet sich die gesetzliche Regelung des Familiengesetzbuches der DDR deutlich von der wesentlich starreren Regelung des Zugewinnausgleichs im bundesrepublikanischen Recht. Ebenso lässt sich generell feststellen, dass der Güterstand der Eigentums- und Vermögensgemeinschaft mit der sofortigen hälftigen Beteiligung beider Ehegatten an dem aus Arbeit oder Arbeitseinkünften erworbenen Vermögen dem Leitbild einer partnerschaftlichen Ehe wesentlich besser gerecht wird als der Güterstand der Zugewinngemeinschaft, der während bestehender Ehe, von Ausnahmeregelungen abgesehen, vom Prinzip der Gütertrennung ausgeht.

Zu den Scheidungsfolgen lässt sich abschließend noch feststellen, dass das Familienrecht der DDR einen Versorgungsausgleich nicht kannte. Ein Bedürfnis hierfür wurde auch nicht gesehen, da die wirtschaftliche Selbständigkeit der Frauen durch eigene Berufstätigkeit zum Erwerb eigener Rentenanwartschaften führte, die eine Beteiligung an den Rentenanwartschaften des Mannes in aller Regel nicht als dringlich erscheinen ließen.

1.3 Das Kindschaftsrecht

Unter dem Aspekt der Entwicklung einer sozialistischen Gesellschaft war es nur zu verständlich, dass der Gesetzgeber im Familienrecht der Entwicklung der Kinder seine besondere Aufmerksamkeit schenkte. Natürlich hat der Staat durch den Ausbau der Kindesbetreuungseinrichtungen Einfluss auf die Kindererziehung zu gewinnen versucht und auch erhalten, doch ist die Familie keineswegs aus dieser Aufgabe ausgeblendet worden. Die gesellschaftliche Anerkennung der Familie als maßgeblicher Faktor für die Persönlichkeitsentwicklung der Kinder fand ihren stärksten Ausdruck in dem Verzicht auf die Institution eines staatlichen Wächteramtes, wie es das Grundgesetz in Art. 6 Abs. 2 enthält. Eine offizielle Begründung für diesen Verzicht hat es nicht gegeben. Unter den vermuteten Gründen (Grandtke 1995) erscheint besonders interessant, dass die Theorie von der angeblich konfliktfreien sozialistischen Menschengemeinschaft in dieser Form auch im Erziehungsrecht ihren Niederschlag gefunden habe.

Erwähnenswert dürfte aber auch sein, dass der Begriff der elterlichen Gewalt, der in der Bundesrepublik erst mit dem Sorgerechtsänderungsgesetz von 1980 aus der Gesetzessprache eliminiert wurde, in der DDR bereits 1949 zunächst durch den Begriff des Sorgerechtes und später durch den des Erziehungsrechtes ersetzt wurde.

Um den Einfluss der Familie bei der Persönlichkeitsentwicklung der Kinder auf dem Weg zur Realisierung des sozialistischen Menschenbildes auch familienrechtlich zu legalisieren, wurde bei der Entwicklung des Leitbildes der Familie im Familiengesetzbuch das sozialistische Erziehungsziel in die Grundsätze aufgenommen. Dieses sozialistische Erziehungsziel enthielt eine große Bandbreite. Da war zum einen die Erziehung zu Bescheidenheit, Ehrlichkeit, Hilfsbereitschaft, Achtung vor dem Alter, aber auch eine ideologisch bedingte Aufgabenstellung, wie die Erziehung unter Einhaltung der Regeln des sozialistischen Zusammenlebens, zum sozialistischen Patriotismus und Internationalismus gehörte dazu. Die Implantation eines sozialistischen Erziehungsziels in das Familienrecht könnte den Verdacht nahe legen, hier habe sich der Staat auf dem Wege der Gesetzgebung ein Einfallstor in die Erziehungskompetenz der Familie schaffen wollen, um bei einer missliebigen Tendenz familiärer Erziehung in die elterlichen Rechte eingreifen zu können. Ein solcher Verdacht lässt sich jedoch nicht verifizieren. Zum einen war dem sozialistischen Erziehungsziel kein familienrechtliches Instrumentarium beigegeben, um es gegenüber abweichenden Tendenzen in der Familie durchzusetzen. Zum anderen lassen seine Breite und Unbestimmtheit in der Formulierung es nicht geeignet erscheinen, als Grundlage für einen Eingriff in die elterlichen Rechte zu dienen. Doch dürfte es zu kurz gegriffen sein, das so formulierte sozialistische Erziehungsziel allein als ein propagandistisches Element zu werten. Naheliegend scheint die Vermutung zu sein, dass der Gesetzgeber sich hier der Mittel des appellativen Rechtes bedient hat, um auch die familiäre Erziehung in der von ihm gewünschten Weise in das Konzept der Entwicklung des sozialistischen Menschenbildes einzubeziehen.

Eingriffe in das Erziehungsrecht waren vielmehr, wie allgemein üblich, vorgesehen bei einer Gefährdung der Entwicklung des Kindes oder seiner Gesundheit. Bei stärkeren Eingriffen, wie Heimerziehung oder gar völligem Entzug des Erziehungsrechtes, waren die Hürden für staatliches Handeln sehr hoch gesetzt. Sie waren nur zulässig bei einer Verletzung elementarer elterlicher Pflichten, um Minimalanforderungen für die Lebensbedingungen der Kinder in der Familie zu sichern. Der Entzug des Erziehungsrechtes als äußerste Maßnahme sollte nur dann zulässig sein, wenn er unerlässlich war, eine Regelung, die auf den Grundsatz der Verhältnismäßigkeit hinweist. Dagegen sollte eine vom sozialistischen Erziehungsziel abweichende Erziehungsausrichtung durch die Eltern keine Basis für die Annahme einer Gefährdungssituation in diesem Sinne sein.

Auch bei der Ehescheidung war für die Regelung des Erziehungsrechtes das sozialistische Erziehungsziel nicht von entscheidender Bedeutung. Maxime für die Entscheidung über das Erziehungsrecht bei der Scheidung war die weitere Sicherung der Erziehung und Entwicklung des Kindes. Die Richtlinie des obersten Gerichts von 1968, die 1975 noch einmal angepasst wurde, hat stark auf die praktischen Lebensbedingungen abgestellt, so die bisherige Arbeitsteilung in der Familie, die Geschwisterbeziehungen, die Betreuungsmöglichkeit der beiden Partner, aber auch auf übermäßigen Alkoholgenuss und Arbeitsbummelei. Die Ausrichtung an den praktischen Lebensbedingungen der Kinder führte zu einem klaren Vorteil für die Mütter bei der Vergabe des Erziehungsrechtes. Versuche von Vätern, unter Verweis auf die generelle Zielsetzung des sozialistischen Erziehungsziels ihre Chancen zu verbessern, blieben regelmäßig erfolglos.

Zwangsadoptionen, die es zweifellos in der DDR gegeben hat, sind allerdings wohl kaum jemals mit der Verletzung des sozialistischen Erziehungsziels begründet worden, sondern haben vielmehr regelmäßig im Zusammenhang mit dem Tatbestand der Republikflucht eine Rolle gespielt.

1.4 Das Familienrechtsänderungsgesetz vom 20.7.1990

Da die Regierungen der Bundesrepublik und der Deutschen Demokratischen Republik noch im Sommer 1990 davon ausgingen, dass ungeachtet der geplanten allgemeinen Rechtsvereinheitlichung auf dem Gebiet des Familienrechtes keine Übernahme des bundesrepublikanischen Rechtes durch das Beitrittsgebiet erfolgen sollte, wurde in der Volkskammer im Juli 1990 eine Änderung des Familiengesetzbuches erarbeitet, die dem Wandel der gesellschaftlichen Verhältnisse Rechnung tragen sollte (Willutzki 1992: 1f.). Neben dem Verzicht auf alle Regelungen, die spezifisch auf die Entwicklung der sozialistischen Gesellschaft zugeschnitten waren, wurde nicht nur der Reformbedarf berücksichtigt, der sich in der Vergangenheit in der DDR entwickelt hatte, sondern insbesondere in das Kindschaftsrecht auch die Vorstellungen der UN-Konvention über die Rechte des Kindes aufgenommen. Es bedeutet wohl keine Übertreibung, wenn man feststellt, dass das Familienrechtsänderungsgesetz vom 20.7.1990 insbesondere auf dem Gebiet des Kindschaftsrechtes zu den modernsten und fortschrittlichsten Kodifikationen des Familienrechtes in Europa gehörte. Unverheiratete Eltern erhielten erstmalig die Möglichkeit, ein gemeinsames Erziehungsrecht zu begründen. Bei der Ehescheidung verblieb es bei dem gemeinsamen Erziehungsrecht beider Eltern, das Gericht hatte eine Entscheidung über das Erziehungsrecht nur noch auf Antrag vorzunehmen oder aber, wenn das Wohl des Kindes es erforderte. Im Übrigen verblieb es bei der vollen elterlichen Verantwortung beider Elternteile nach der Scheidung. Ferner wurde im Familienrechtsänderungsgesetz ein ausdrückliches Recht des Kindes auf Umgang mit seinen Eltern festgelegt und damit eine Forderung in die gesetzliche Realität umgesetzt, die in der Bundesrepublik seit langem diskutiert worden war, ohne dass der Gesetzgeber ihr Rechnung getragen hätte. Der Wert dieses Appells an die Eltern, die Bedürfnisse des Kindes nach Kontakt mit beiden Elternteilen ernst zu nehmen, wurde nur geringfügig dadurch gemindert, dass das Recht des Kindes auf Umgang nicht zugleich mit einer Pflicht der Eltern zu einem solchen Umgang verbunden wurde.

Es ist deshalb verständlich, dass die Familienrechtler in beiden deutschen Staaten es mit Bedauern konstatiert haben, dass diesem modernen familienrechtlichen Konzept lediglich eine dreitägige Lebensdauer beschieden war. Denn mit der Wiedervereinigung am 3. Oktober 1990 trat das am 1.10.1990 in Kraft getretene Familienrechtsänderungsgesetz bereits wieder außer Kraft, da entgegen der ursprünglichen Konzeption auch das Familienrecht der Bundesrepublik auf das Beitrittsgebiet übergeleitet wurde, wobei den Menschen in der alten DDR lediglich die Einführung der Amtsvormundschaft erspart wurde, da bereits zu diesem Zeitpunkt klar war, dass mit ihrer Abschaffung insgesamt zu rechnen war. Im Überleitungsvertrag wurde allerdings festgelegt, dass das Familiengesetzbuch der DDR für das familienrechtliche Geschehen vor dem 3. Oktober 1990 weiter Gültigkeit haben sollte, ferner auch für Unterhaltsfragen der Eheleute, die vor diesem Datum bereits geschieden waren. Im Güterrecht wurde den Eheleuten eingeräumt, binnen eines Jahres für den bisherigen Güterstand der Eigentums- und Vermögensgemeinschaft zu optieren, was jedoch nur in verhältnismäßig geringfügiger Zahl geschehen ist. (vgl. hierzu Grandtke 1995)

2 Die Entwicklung des Familienrechts in der Bundesrepublik

2.1 Ehe und Recht

Das moderne Familienrecht verzichtet weitgehend darauf, Eheleuten vorzuschreiben, wie sie ihre Lebensgemeinschaft gestalten sollen. In früheren Gesetzgebungswerken, vor allem in denen eines absoluten Staates, hatte man einen größeren Ehrgeiz entwickelt, auch den privaten Bereich der Eheleute zu reglementieren. Ein Paradebeispiel gesetzgeberischer Pedanterie bot das Preußische Allgemeine Landrecht von 1794, das sich selbst den intimsten Ehepflichten widmete. So enthielt es Vorschriften über die „eheliche Pflicht", die die Eheleute einander nicht anhaltend versagen durften, es sei denn, dass dies der Gesundheit nachteilig wäre. So durften stillende Ehefrauen die Beiwohnung mit Recht verweigern. Doch war es – wen wundert es – wiederum das Recht des Ehemannes zu bestimmen, wie lange die Mutter dem Kind die Brust geben durfte. So musste man es schon als einen großen Fortschritt ansehen, dass die Schöpfer des 1900 in Kraft getretenen Bürgerlichen Gesetzbuchs davon absahen, sich in diese intimsten Beziehungen der Eheleute einzumischen. Doch die traditionelle Rollenverteilung zwischen Mann und Frau, wie sie im preußischen Recht vorgegeben war, wurde weiter aufrecht erhalten und festgeschrieben. Selbst das Gleichberechtigungsgesetz des Jahres 1957, das doch das Gleichstellungsgebot des Grundgesetzes erfüllen sollte, blieb dem tradierten Rollenverständnis treu. Erwerbstätig sollte eine Frau nur dann sein dürfen, wenn sich das mit ihren Familienpflichten vereinbaren ließ (§ 1356 Abs. 1 S. 2 BGB).

Das sollte sich erst wirklich ändern, als ab 1970 eine Fülle von Reformen in allen gesellschaftlichen Bereichen die bundesdeutsche Gesellschaft umgestalteten. Das kühne Wort „mehr Demokratie wagen", das Bundeskanzler Willi Brandt programmatisch seiner Regierungserklärung 1972 voranstellte, sollte auch das Familienrecht erfassen, das seit rund 50 Jahren bereits in der Reformdiskussion war (Willutzki 1998a: 143ff., 161). Die Eherechtsreform von 1976, bezeichnet als ein Jahrhundertwerk, weil sie zu einer völligen Umgestaltung des Ehe- und Familienrechts führte, hatte sich die Maxime „mehr Eigenverantwortung – weniger Bevormundung" gegeben. Das 1. Eherechtsreformgesetz deckte folgerichtig deshalb nur den äußeren Rahmen der Ehe ab, versuchte aber keinen Einfluss darauf zu nehmen, wie eine Ehe geführt werden sollte. Das Leitbild vom mündigen Bürger und die Schwierigkeit, in einer pluralistischen Gesellschaft ein allgemein akzeptiertes Eheverständnis zur Richtschnur rechtlicher Ordnung machen zu können, haben den Gesetzgeber bewogen, sich zu bescheiden und auf ein Leitbild der Ehe zu verzichten. Doch neben dem Respekt vor einem bestimmten Menschenbild, der verfassungsrechtlich verbürgten Autonomie von Ehe und Familie und dem Pluralismus der Werte in unserer Gesellschaft dürfte auch die Einsicht in die begrenzte Tauglichkeit des Rechts bestimmend gewesen sein, Intimbeziehungen konstruktiv gestalten zu können (Mikat 1969: 2, 6; Bundestagsdrucksache 7/4361: 7f.). Die Bezugnahme auf das Recht mit seiner einseitigen Betonung des juristischen Aspekts eines vielschichtigen Beziehungsgefüges begründet regelmäßig die Gefahr, familiäre Beziehungen zu gefährden, wenn nicht gar zu zerstören. Rechtssoziologische Studien über den Gebrauch von Recht lehren, dass das Thematisieren von Recht in einer intimen und dauerhaften Sozialbeziehung nicht nur ein Indikator für Konflikte ist, sondern das Ende dieser Sozialbeziehung anzukündigen pflegt. Die Gerichte werden in Anspruch genommen, um eine Ehe zu lösen, und werden nur dann wirklich tätig, wenn dies im Konflikt geschieht. Sie werden jedoch nur selten bemüht, um diese Beziehung selbst zu regeln (Blankenburg 1985: 33f., 38). Im Bereich der persönlichen Ehebeziehungen sind sittliche und religiöse Vorstellungen bestimmender als rechtliche Schranken. Das Eherecht ist daher – soziologisch betrachtet – keine eigenständige, sondern eine ergänzende Ordnung, die auf das Zusammenwirken mit außerrechtlichen Ordnungsgefügen wie der Sittlichkeit angewiesen ist (Müller-Freienfels 1962: 26f.; Ehrlich 1967: 45). Inwieweit das Zusammenspiel gleichwohl ein wechselseitiges ist und das Recht aufgerufen bleibt, durch seine Normen die Sitte und Sittlichkeit zu stützen, bleibt gerade im Bereich von Ehe und Elternschaft ein Thema von sich stets erneuernder Aktualität.

2.2 Die personalen Ehepflichten

Das geltende Eherecht umschreibt die personalen Pflichten in einer Generalklausel ausgesprochen vage. Die Ehegatten sind einander zur ehelichen Lebensgemeinschaft verpflichtet und tragen füreinander Verantwortung (§ 1353 Abs. 1 S. 2 BGB). Versuche, den Begriff der ehelichen Lebensgemeinschaft näher zu beschreiben, fanden im Gesetzgebungsverfahren keine Mehrheit. Die amtliche Begründung des Regierungsentwurfs sagt dazu nur aus, dass die Ehegatten vor allem gehalten seien, sich in allen wichtigen Angelegenheiten des ehelichen Lebens um eine Einigung zu bemühen, einander beizustehen und zu helfen. Darin äußere sich die zunehmende Bedeutung der Partnerschaft in der Ehe, die mit erhöhten personalen Anforderungen der Rücksichtnahme, Selbstdisziplin, Mitsprache und Mitverantwortung einhergehe (Bundestagsdrucksache 7/650: 95 und 7/4361: 25). Jenseits dieser ebenfalls noch vagen Leitlinie des Gesetzgebers ist sich die familienrechtliche Lehre uneins in der Frage, welche konkreten Rechtspflichten aus der Pflicht zur ehelichen Lebensgemeinschaft abgeleitet werden können. Zum Teil wird unter Verweis auf die verfassungsrechtlich begründete Autonomie der sittlichen Entscheidung überhaupt dem Staat die Kompetenz abgesprochen, den Eheleuten im höchstpersönlichen Bereich ein bestimmtes Verhalten vorschreiben zu können. Denn sonst verhielten diese sich „rechtswidrig", wenn sie beispielsweise nicht von der „Gleichberechtigung von Mann und Frau", sondern von der „natürlichen Unterordnung der Frau unter dem Mann" ausgingen, wie es doch die islamische Ehe kennzeichnet (Pawlowski 1983: 6). Andere wiederum stecken den Rahmen der personenrechtlichen Pflichten verhältnismäßig weit und zählen unter anderem die häusliche Gemeinschaft, Teilnahme an den Interessen des anderen, Sorge für Personen und Vermögen des anderen Ehegatten, Treue und Geschlechtsgemeinschaft dazu (Beitzke 1988: 69).

Der Juristen-Streit über den Rechts- und Pflichtenkreis der bürgerlichen Ehe erscheint zwar auf den ersten Blick von akademischer Natur. Denn das Prozessrecht untersagt sowieso die gerichtliche Durchsetzung personaler Ehepflichten (§ 888 Abs. 2 ZPO). Doch die lange geführte rechtspolitische Diskussion über die Strafbarkeit der Vergewaltigung in der Ehe hat gezeigt, dass die Frage nach der rechtlichen Qualität der Pflicht zur Geschlechtsgemeinschaft in anderem rechtlichem Zusammenhang eine erhebliche Rolle spielen und den strafrechtlichen Schutz der vergewaltigten Ehefrau von vornherein paralysieren kann. Vereinzelt wird von Juristen immer noch unter Verweis auf ein Urteil des Bundesgerichtshofs aus dem Jahre 1967 eine Rechtspflicht zur Geschlechtsgemeinschaft angenommen. Das Gericht hatte im Rahmen eines Scheidungsverfahrens von einer empfindungslosen Frau gefordert, dass sie den Beischlaf nicht teilnahmslos oder gar widerwillig über sich ergehen lasse dürfe, sondern ihn in Zuneigung und Opferbereitschaft zu erdulden habe (BGH, Neue Juristische Wochenschrift 1967: 1097). Ganz überwiegend wird jedoch nunmehr von

Familienrechtlern eine Rechtspflicht zur Geschlechtsgemeinschaft schlechthin abgelehnt. Wohl darf jeder, der eine Ehe eingeht, in der Regel davon ausgehen, dass sich der Partner dem Wunsch nach sexueller Gemeinsamkeit nicht entziehen werde. Doch schließt die Heirat nicht das stillschweigende Einverständnis der Frau ein, ihrem Mann jederzeit – ohne Rücksicht auf ihre Bereitschaft – sexuell zur Verfügung zu stehen (Münchner Kommentar – Wacke, § 1353 Rd. Nr. 35; Limbach 1985: 290). Doch selbst die nur noch wenigen Familienrechtler, die eine Rechtspflicht zur Geschlechtsgemeinschaft bejahen, würden sich schwerlich dazu verstehen, eine gewaltsame Durchsetzung dieser „Pflicht" zu rechtfertigen. Die Grenzen erlaubter Eigenmacht sind in unserem Zivilrecht sehr eng gezogen, im höchstpersönlichen Bereich ist sie gänzlich ausgeschlossen. Die Familienrechtslehre ist sich darin einig, dass der Umgangsstil der Eheleute ein partnerschaftlicher, auf gegenseitiges Einvernehmen und Rücksichtnahme bedachter zu sein hat. Die Grundrechte auf Achtung der Menschenwürde und der Gewährleistung der freien Entfaltung der Persönlichkeit haben auch in der Ehe uneingeschränkte Geltung. Die Ehe ist kein besonderes Gewaltverhältnis. Der Konsens der Eheleute beschränkt sich nicht auf den Akt der Eheschließung. Das partnerschaftliche Einvernehmen im zwischenmenschlichen Bereich muss von Tag zu Tag, von Mal zu Mal gesucht und gelebt werden.

2.3 Die Berufs- und Familienarbeit

Auch die Entscheidung darüber, wie Familien- und Berufsarbeit zwischen den Eheleuten aufgeteilt wird, ist vom modernen Gesetzgeber dem Willen und Einvernehmen der Eheleute überantwortet worden. Das in der ursprünglichen Fassung des BGB vorgesehene Entscheidungsrecht des Mannes in allen gemeinschaftlichen Angelegenheiten der Ehe und Familie ist bereits im Jahre 1957 aufgehoben worden. Mann und Frau müssen sich auf der Basis der Gleichberechtigung in einem demokratischen Aushandlungsprozess verständigen und gemeinsam eine Lösung für alle auftretenden Probleme des ehelichen Lebens suchen. Beide Ehegatten sind berechtigt, erwerbstätig zu sein, beide haben bei der Wahl und Ausübung der Erwerbstätigkeit auf die Belange des anderen und der Familie Rücksicht zu nehmen (§ 1356 BGB). Aus der Befugnis von Mann und Frau, gleichberechtigt die Frage der Arbeitsteilung mitentscheiden zu dürfen, darf allerdings nicht der falsche Schluss gezogen werden, dass die Aufgaben der Familien- und Erwerbsarbeit schematisch hälftig geteilt werden müssten. Die Entscheidung über die Aufteilung ist für die verschiedensten Lösungen offen. Beide Ehepartner dürfen berufstätig sein, es bleibt ihnen aber auch unbenommen, die Aufgaben entsprechend der überkommenen geschlechtsspezifischen Rollenzuweisung unter sich zu verteilen und damit ihre Ehe im Hausfrauenmodell zu führen. Zwischen diesen beiden Extremformen der Ehegestaltung sind die verschiedensten Mischformen als Ehemodell denkbar und durch die Gestaltungsfreiheit der Eheleute abgedeckt. Nach der gesetzlichen Vorgabe wird die durch Hausarbeit erbrachte Leistung als ein der Erwerbsarbeit gleichwertiger Beitrag zum Familienunterhalt betrachtet (§ 1360 S.2 BGB).

Doch wäre die Annahme verfehlt, dass gesetzgeberische Vorstellung und gesellschaftliche Realität stets deckungsgleich seien. Ob die Ehen entsprechend der Wunschvorstellung des Gesetzgebers partnerschaftlicher geworden sind, lässt sich nicht eindeutig beantworten. Offenbar besteht eine große Kluft zwischen den gesellschaftlichen Einstellungen und dem tatsächlichen Verhalten im privaten Bereich. So wird zwar von einer überwältigenden Mehrheit in der Bevölkerung eine regelmäßige Mitarbeit von Männern im Haushalt verbal befürwortet. Gleichwohl halten Männer und Frauen im häuslichen Bereich weitgehend an der traditionellen Rollenteilung fest (vgl. Nave-Herz in diesem Bd.).

Gleichberechtigung und -verpflichtung in der Ehe ergibt sich nicht von selbst aus der Einsicht in die Richtigkeit egalitären Rechts. Die Freiheit zur gleichverantwortlichen Entscheidung ist wohl eine Grundlage für die Wahrnehmung von Chancengleichheit. Doch Gesetze für sich allein ändern die Wirklichkeit nicht. Die Wirkungschance der Rechtsetzung ist von vielen anderen Faktoren abhängig. Eine wichtige Rolle spielen dabei die Bereitschaft der Normadressaten und -adressatinnen, sich auf die Zielsetzung der rechtlichen Regelungen einzulassen, sowie die Akzeptanz bei den Staatsorganen, die das Recht anzuwenden haben. Rechtssoziologische Studien über die Durchsetzungschancen gleichen Rechtes für Frauen zeigen deutlich, wie schwierig es ist, Bewusstseinsänderungsprozesse anzuregen und die oft versteckten Rechtsbedürfnisse und -vorstellungen der Frauen zur Sprache zu bringen. Bemerkenswert ist beispielhaft vor allem die festgestellte Tendenz der Rechtsanwender (hier: Mitarbeiter des Arbeitsamtes), gesellschaftlich bedingte Frauenprobleme in „private Schwierigkeiten" umzudeuten und sie damit als rechts-unerheblich für die Gewähr von Fördermaßnahmen auszublenden (Gerhard 1988: 21, 26f.). Ob die als ein Ergebnis der durch die Wiedervereinigung ausgelöste Verfassungsdiskussion zu Stande gekommene Änderung des Grundgesetzes in Art. 3 Abs. 2 S. 2, die den Staat verpflichtet, die tatsächliche Durchsetzung der Gleichberechtigung von Frauen und Männern zu fördern und auf die Beseitigung bestehender Nachteile hinzuwirken, geeignet ist, gesellschaftliche Realität rascher zu verändern und das Bewusstsein der Gleichberechtigung stärker in den Köpfen der Bürgerinnen und Bürger zu verankern, bleibt nach den Erfahrungen der Jahre nach der Grundgesetzänderung wohl zweifelhaft. Die Zweifel der Soziologie an der Tauglichkeit des Rechtes zur konstruktiven Gestaltung von Intimbeziehungen dürften auch vor dem hohen Rang des Rechtes im Grundgesetz nicht Halt machen. So wundert es nicht, dass angesichts des Auseinanderklaffens von formaler Rechtsgleichheit und Rechtswirklichkeit immer wieder die Frage gestellt wird, ob es ein Akt fortschrittlicher gesetzgeberischer Klugheit war, auf die Vorgabe von Eheleitbildern zu verzichten und die eheliche Arbeitsteilung der eigenverantwortlichen und einvernehmlichen Regelung der Eheleute zu überantworten. Wird nicht die Friedensfunktion des Rechts verletzt, wenn es sich seiner ureigenen Aufgabe entzieht, Orientierungshilfe zu bieten und damit Konflikten vorzubeugen? Ramm versucht, diesem Mangel abzuhelfen, in dem er wissenschaftlich verschiedene Ehetypen bildet. So unterscheidet er zwischen zwei sich einander unvermittelt gegenüber stehenden juristischen Ehetypen, nämlich der Erwerbstätigenehe und der Haushaltsführungsehe. Ramm konzediert, dass in der sozialen Wirklichkeit eine größere Typenvielfalt herrscht, Mischgebilde existieren und gerade die partnerschaftliche Erwerbstätigenehe angesichts der faktisch regelmäßig fortbestehenden Doppelbelastung der berufstätigen Frau noch ein Ausnahmefall ist. Doch hat er bewusst zwei Extremtypen als Pole ausgebildet, um Zwischengebilde und Änderungen der ehelichen Arbeitsteilung besser erfassen zu können. Unter Rückgriff auf verfassungsrechtliche Leitbilder der Ehe entwirft Ramm Grundregeln für die verschiedenen Ehetypen und geht auf die Besonderheiten der Ehe mit Kindern ein. Hierbei geht es ihm nur um eine modellhafte Orientierung, die helfen soll, die mit den gesellschaftlichen Änderungen verbundene Rollenunsicherheit der Eheleute abzubauen. Denn der widerstrebende Ehegatte kann nicht zwangsweise auf ein juristisches Leitbild verpflichtet, der Konflikt nicht mit gerichtlichen Mitteln ausgetragen werden (Ramm 1984: 111f., 168f., 198). Indes zeigen alle Erfahrungen der Soziologie, dass man sich von solchen Leitbildern im Recht nicht allzu viel versprechen darf.

2.4   *Das Scheidungsrecht*

Das am 1.7.1977 in Kraft getretene 1. Eherechtsreformgesetz hat auch das Scheidungsrecht grundlegend reformiert. Das Schuldprinzip ist aufgegeben und durch das Zerrüttungsprinzip ersetzt worden. Doch dieser Wechsel, obwohl er im Gesetz als eine grundlegende Neuerung erscheint, war gesellschaftlich kein radikaler Umbruch mehr. Schon lange vor 1977 vollzog sich die weitaus überwiegende Zahl der Ehetrennungen in Form der sogenannten „Kavaliersscheidung", bei der die Ehepartner auf eine Feststellung der wirklichen Ursachen für das Zerbrechen ihrer Ehe und des Anteils der Partner daran verzichteten und die formale Voraussetzung der Verschuldensscheidung durch die Angabe läppischen Fehlverhaltens erfüllten. Diese Rechtspraxis nahm in Kauf, dass die Richter damit zu hilflosen Statisten im Rahmen eines von den Parteien autonom inszenierten Scheidungstheaters wurden. Für den in der Eherechtsreform nunmehr legalisierten Übergang zum Zerrüttungsprinzip waren wohl drei Einsichten bestimmend:

Eine Ehe, in der die Verantwortlichkeit für ihr Scheitern allein bei einem Partner liegt, dürfte in der Lebenswirklichkeit kaum anzutreffen sein.

Mit den Mitteln der Justiz lässt sich das Maß der Verantwortlichkeit kaum zuverlässig feststellen.

In einer pluralistischen Gesellschaft gibt es keinen allgemein anerkannten Verhaltenskodex für die Ehe mehr, der die Feststellung einer Normabweichung und damit den Vorwurf eines Verschuldens zuließe (Willutzki 1997: 778).

So hat auch der Gesetzgeber in der amtlichen Begründung zum 1. Eherechtsreformgesetz dargelegt, dass die Gerichte nur in seltenen Fällen überhaupt in der Lage seien, sich ein vollständiges Bild über die Ursachen der Zerrüttung einer Ehe zu machen. Vielfach seien die Eheleute weder fähig noch bereit, ihre Verantwortlichkeit für einen wachsenden Ehekonflikt zu erkennen. Um wie viel weniger vermögen dann die Gerichte den Part zu rekonstruieren und zu gewichten, den der einzelne Ehepartner in dem Ehedrama gespielt habe. Die Eheleute, die häufig mangels anderer Beweismittel als Parteien vernommen worden seien, hätten zumeist einzelne Ereignisse aus der letzten Phase des ehelichen Zerwürfnisses herausgegriffen, die wohl das Fass zum Überlaufen gebracht hätten, aber weniger Ursache als vielmehr Ausdruck der Zerrüttung gewesen seien. Überdies habe die Fortsetzung des Ehekriegs im Gerichtssaal und der damit verbundene Einbruch in die Privat- und Intimsphäre das Verhältnis zwischen den Eheleuten weiter vergiftet und eine faire Lösung der elterlichen Aufgaben und finanzielle Probleme beträchtlich behindert (Bundestagsdrucksache 7/5361: 8f.).

Die Konsequenz des Wechsels vom Verschulden- zum Zerrüttungsprinzip ist nun, dass unter Beachtung bestimmter Trennungsfristen heute im Regelfall die Scheidung der Ehe begehrt werden kann, wenn sie gescheitert ist. Nach der gesetzlichen Definition ist eine Ehe gescheitert, wenn die Lebensgemeinschaft der Ehegatten nicht mehr besteht und nicht erwartet werden kann, dass die Ehegatten sie wiederherstellen (§ 1565 Abs. 1 BGB). Der Gesetzgeber hat bei der gesetzlichen Ausgestaltung der Scheidungsnorm bewusst den Begriff der Zerrüttung der Ehe durch den des Scheiterns der Ehe ersetzt. Maßgeblich hierfür war vor allem die semantische Überlegung, dass in dem Begriff der Zerrüttung der Ausdruck eines vorwerfbaren Verhaltens mitschwingt, während der Begriff des Scheiterns der Ehe das schicksalhafte Zerbrechen der eigentlich auf Dauer angelegten Lebensbeziehung symbolisiert.

Aus den gleichen Gründen, die zur Eliminierung der Schuldfeststellung bei der Scheidung geführt haben, ist auch die Verknüpfung des Unterhaltsanspruch mit der Überprüfung der Verantwortlichkeit für das Scheitern der Ehe als nicht sachgerecht erachtet worden. Eine solche Verknüpfung hätte auch die der modernen Eheauffassung entsprechende Gleichwertigkeit der Berufsarbeit des Mannes mit der Tätigkeit als Hausfrau und Mutter vernachlässigt. So hat es auch der Gesetzgeber gesehen und deshalb in der amtlichen Begründung deutlich gemacht: „Es ist daher unbillig, den Wert der Leistungen der Hausfrau und Mutter unberücksichtigt zu lassen, wenn die Frau aus Gründen, die mit ihrer Leistung in Ehe und Familie nichts zu tun haben, die Zerrüttung der Ehe ‚verschuldet' hat" (Bundestagsdrucksache 7/4361: 15). Eines der wichtigsten Reformziele war deshalb die soziale Sicherung der nicht erwerbstätigen Ehefrau und Mutter. Dabei mag nicht zuletzt auch die Überlegung eine Rolle gespielt haben, dass den Männern der Ausstieg aus der Ehe, durch die Hürden einer möglichst hohen Unterhaltsbelastung nach Kräften verleidet werden sollte. Das erklärt auch, warum der Gesetzgeber in der Endphase des Gesetzgebungsverfahrens zum 1. Eherechtsreformgesetz die zunächst weniger üppig ausgefallene Unterhaltsregelung aufgegeben hat, nachdem der legendär gewordene Stern-Artikel von Sebastian Haffner mit dem provokanten Titel „Unfair zu Muttchen" dem Gesetzgeber signalisiert hatte, dass die öffentliche Meinung rigoros einen besonderen Schutz der in der Ehe alt gewordenen Familienmütter verlangte.

So gilt zwar für das nacheheliche Unterhaltsrecht der Grundsatz, dass jeder Ehegatte prinzipiell verpflichtet ist, sich nach der Scheidung aufgrund der dann eintretenden Eigenverantwortung selbst durch eigene Arbeit zu versorgen (§ 1569 BGB). Doch wird der Grundsatz der Eigenverantwortung durchbrochen, wenn es zum Ausgleich ehebedingter Nachteile für einen Ehepartner erforderlich oder aus dem Gedanken der nachwirkenden ehelichen Solidarität geboten erscheint. Diesen Überlegungen hat der Gesetzgeber für bestimmte Lebenssachverhalte Rechnung getragen, die er dann in Unterhaltstatbeständen ausdrücklich normiert hat. So besteht vor allem dann ein Unterhaltsanspruch, wenn einer der Ehegatten – meist die Frau wegen der Pflege gemeinsamer Kinder nicht erwerbstätig sein kann (§ 1570 BGB). Unterhaltsansprüche sind auch für den Fall vorgesehen, dass ein geschiedener Ehegatte wegen seines fortgeschrittenen Alters oder wegen Krankheit nicht erwerbstätig sein kann (§§ 1571, 1572 BGB), wobei es nach wohl einhelliger Meinung nicht darauf ankommt, ob die wegen Alter oder Krankheit eingetretene Bedürftigkeit eine ehebedingte ist. Ist die Fähigkeit – besonders nach lang dauernder Ehe und Sorge für die gemeinsamen Kinder – beeinträchtigt, eine angemessene Erwerbstätigkeit zu finden, so lassen sich ebenfalls Ansprüche begründen, sei es für die Zeit der Aus- und Fortbildung, sei es wegen anhaltender Erwerbslosigkeit. Im 1. EheRG von 1977 war der Anspruch wegen Erwerbslosigkeit nicht befristet worden, wozu der Gesetzgeber auch während der Gesetzgebungsarbeit keinen Anlass sah, weil zu der Zeit Vollbeschäftigung auf dem Arbeitsmarkt bestand und deshalb davon ausgegangen werden konnte, dass jeder, der arbeiten wollte, auch innerhalb angemessener Frist eine eigene Erwerbstätigkeit aufnehmen konnte. Als dann der Arbeitsmarkt, insbesondere für Frauen, die wegen der Familie längere Zeit aus dem Berufsleben ausgestiegen waren, sich rapide verschlechterte, führte das zu dem Ergebnis, dass eine Ehefrau, die mehr als 3 Jahre verheiratet und während der Ehe nicht berufstätig war, diesen Anspruch im Extremfall bis zum Eintritt in das Rentenalter geltend machen konnte, wenn ihr die Arbeitsplatzsuche dauernd misslang (Willutzki 1984: 15ff.). Nach langen, insbesondere von den Verbänden der scheidungsbetroffenen Männer („Bürgerbund gegen Scheidungsunrecht") geführten Diskussionen eröffnete dann das 1986 in Kraft getretene Unterhaltsänderungsgesetz dem Richter die

Möglichkeit, diesen Anspruch zeitlich zu begrenzen, soweit ein unbegrenzter Unterhalt wegen der Ehedauer oder der Arbeitsteilung in der Ehe unbillig wäre. Dadurch sollte abgesichert werden, dass nur das ehebedingte, aber nicht das gesellschaftlich bedingte Risiko des für Frauen weitgehend verschlossenen Arbeitsmarktes dem geschiedenen Mann aufgebürdet wird.

Diskussionen, die bis heute nicht verstummt sind, hat aber auch die gesetzliche Regelung ausgelöst, dass die Höhe des Unterhalts sich nach den ehelichen Lebensverhältnissen bestimmt. Diese Regelung wird als eine Art von Lebensstandardgarantie für den Unterhaltsberechtigten verstanden. Da aber auch der Unterhaltsverpflichtete nun keineswegs schlechter stehen darf als der Unterhaltsberechtigte, so suggeriert die gesetzliche Lösung, dass beide Ehepartner nach einer Scheidung den gleichen Lebensstandard wie in der Zeit des Zusammenlebens aufrecht erhalten könnten. Eine solche Vorstellung entlarvt sich rasch als Illusion, liegt es doch auf der Hand, dass allein die Führung zweier Haushalte nach der Scheidung einen wesentlich höheren finanziellen Aufwand verlangt, der ohne den Einsatz zusätzlicher Mittel, etwa durch zusätzlichen Verdienst nach der Scheidung, nicht bestritten werden kann.

Die Anknüpfung für die Bemessung des Unterhalts an die ehelichen Lebensverhältnisse hat aber noch zu einem weiteren Ärgernis, hier nun vor allem für die Frauen, geführt, da die Rechtsprechung des Bundesgerichtshofs entgegen zahlreicher Vorstöße der nachgeordneten Gerichte bis zum Juni 2001 unbeirrt den Standpunkt vertrat, dass ungeachtet der vom Gesetzgeber postulierten Gleichwertigkeit von Hausfrauentätigkeit und Erwerbsarbeit die ehelichen Lebensverhältnisse allein durch die in der Zeit des Zusammenlebens erzielten Einkünfte geprägt würden. Das hatte zur Konsequenz, dass in der Hausfrauenehe die ehelichen Lebensverhältnisse sich allein nach dem Einkommen des Mannes richteten und nach ihnen sich wiederum der Unterhaltsanspruch der Frau bestimmte, was regelmäßig dazu führte, dass nach der Trennung und Scheidung von der Frau erzielte Eigeneinkünfte auf diesen so errechneten Unterhaltsanspruch angerechnet wurden, die Frau also regelmäßig allein zur Entlastung des Mannes von seinen Unterhaltsverpflichtungen arbeitete. Ein untragbares Ergebnis, ausgelöst durch eine Fehlinterpretation des Begriffs der ehelichen Lebensverhältnisse, mit der rechtspolitisch unerwünschten Folge, dass es für eine Hausfrau nach der Trennung und Scheidung keinen Anreiz gab, eine Erwerbstätigkeit aufzunehmen, da ihre Arbeit weitgehend allein dem Mann zugute kam. Mit dieser Rechtsprechung hat der Bundesgerichtshof erst im Sommer 2001 gebrochen und hat nunmehr endlich die Gleichwertigkeit von Hausfrauentätigkeit und Erwerbsarbeit anerkannt (FamRZ 2001: 986ff.), nicht zuletzt wohl auch unter dem Druck zahlreicher Verfassungsbeschwerden, die in das Urteil des Bundesverfassungsgerichts vom Februar 2002 (FamRZ 2002: II) gemündet sind, das die bisherige Praxis des Bundesgerichtshofs als einen Verfassungsverstoß bezeichnet hat.

Soweit es um die Alterssicherung der geschiedenen Frauen geht, führt das 1. Eherechtsreformgesetz die Strategie des Gleichberechtigungsgesetzes fort, die Familienfrau an dem Vermögenserwerb während der Ehe zu beteiligen. 1957 hatte das Gleichberechtigungsgesetz die Zugewinngemeinschaft als gesetzlichen Güterstand eingeführt, dessen Wesen die grundsätzliche Gütertrennung während bestehender Ehe und den Ausgleich des in der Ehe entstandenen Zugewinns der Eheleute am Ende ihrer Ehe ausmacht. Erzielt einer der Ehegatten während der Ehe einen höheren Vermögenserwerb als der andere, so muss er diesem im Fall der Beendigung der Ehe in Höhe der Hälfte des Überschusses einen finanziellen Ausgleich gewähren mit dem Ergebnis, dass der in der Ehe entstandene Zugewinn im Vermögen beiden Eheleuten zu gleichen Teilen zugute kommt.

Diesen Grundgedanken der hälftigen Beteiligung an dem Zugewinn in der Ehe hat der Gesetzgeber für die Alterssicherung fortgeführt mit dem neuen rechtlichen Instrument des Versorgungsausgleichs, mit dem er in Europa auf diesem Gebiet eine Vorreiterfunktion übernommen hat. Im Falle der Ehescheidung werden die während der Ehe erworbenen Versorgungsanwartschaften zwischen den Partnern hälftig geteilt. Sowohl der Zugewinn- als auch der Versorgungsausgleich beruhen auf der Erkenntnis, dass Familien- und Erwerbsarbeit gleichwertige Beiträge zum Lebensunterhalt der Familie sind, deren Ergebnisse auch beiden im Falle der Beendigung der Wirtschafts- und Versorgungsgemeinschaft Ehe zustehen müssen. Das Prinzip des Versorgungsausgleichs wird grundsätzlich allgemein anerkannt, die Schwierigkeiten liegen in seiner technischen Durchführung. Aufgrund der unterschiedlichen Natur der großen Fülle von Versorgungsanwartschaften, die nicht immer miteinander vergleichbar sind (statische und dynamische Versorgungsanwartschaften), hat die Abwicklung des Versorgungsausgleichs den Gerichten eine Fülle von Problemen beschert, nicht zuletzt auch ausgelöst durch die permanenten Änderungen des Rentenrechtes durch den Gesetzgeber.

Die häufig aufgestellte Behauptung, vor allem durch scheidungsbetroffene Männer, dass das neue Scheidungsfolgenrecht grundsätzlich Männer benachteiligt und Frauen begünstigt habe, hält einer objektiven Überprüfung nicht stand. Nach ersten empirischen Untersuchungen sind die geschiedenen Frauen durch das neue Recht wirtschaftlich nicht besser gesichert als unter der Geltung des Schuldprinzips. Im Regelfall sind es nur die Mütter und langjährigen Hausfrauen, die Unterhalt erhalten, und dies auch sehr häufig in unzureichendem Maße. Bemerkenswert ist die hohe Zahl der Verzichte an sich unterhaltsberechtigter Frauen im Scheidungsverfahren (Caesar-Wolf/Eidmann 1985: 163f.; Voegeli 1988: 126f., 134; Willenbacher/Voegeli 1987: 98f.). Rechtssoziologische Erklärungsversuche der unzureichenden Versorgung geschiedener Frauen setzen zum Teil bei den gesetzlichen Regelungen selbst, zu einem nicht unbeträchtlichen Teil aber bei deren Auslegung und Durchsetzung seitens der Richter und Rechtsanwälte an. Doch zeigen auch Untersuchungen aus einem anderen Rechtskreis, in den USA und Großbritannien, dass Frauen durch Ehe und Mutterschaft ein unverhältnismäßig großes wirtschaftliches Risiko eingehen (Eekelaar/Maclean 1986: 86f., 101f.; Weitzmann 1985: 184f., 324f.). In Deutschland wird zum einen die geschlechtsneutrale Formulierung des Eherechts getadelt, die allzu leicht die entscheidende Tatsache verdecke, dass trotz formaler Rechtsgleichheit von Mann und Frau es nach wie vor die Frau ist, die tatsächlich benachteiligt und damit im besonderen Maße schutzbedürftig sei. Das Recht, das Mann und Frau gleichstellt, und das kompensatorische, ehebedingte Nachteile ausgleichende Recht kollidierten miteinander. Der Grundsatz der Eigenverantwortung und das die Ehe beherrschende Konsensprinzip eröffneten den Eheleuten die Möglichkeit, die gesetzlichen, zum Schutz des wirtschaftlich schwächeren Partners geschaffenen Vorschriften außer Kraft zu setzen, da lediglich beim Versorgungsausgleich die Gestaltungsfreiheit der Eheleute zum Teil eingeschränkt worden sei. Allerdings muss dazu festgestellt werden, dass der schrankenlosen Vertragsfreiheit im Bereich des Ehevertrages seit dem Jahre 2001 durch eine Grundsatzentscheidung des Bundesverfassungsgerichts (FamRZ 2001: 343ff.) Grenzen gezogen worden sind, die der häufig schwächeren Verhandlungsposition der Frau auf diesem Gebiet Rechnung tragen. Dennoch wird man der Konsequenz der rechtssoziologischen Untersuchung nicht die Berechtigung absprechen können, dass Frauen, der gesellschaftlichen Entwicklung gewissermaßen vorauseilend, so behandelt werden, „als ob" sie ihren Männern bereits materiell gleichgestellt wären und nach der Scheidung ohne weiteres für sich selbst sorgen könnten (Caesar-Wolf/Eidmann 1985: 163, 185f.). Zum anderen wird an der unausgeglichen Bilanz der wirtschaftlichen Scheidungsfolgen die relative Autonomie der Rechtspraxis gegenüber den sozialpolitisch intendierten gesetzlichen Vorgaben deutlich. So haben Caesar-Wolf und Eidmann bei ihrer Untersuchung von Scheidungsverfahren festgestellt, dass sowohl die Rechtsanwälte als auch die Richter eine Strategie der Entdramatisierung mit dem Ziel verfolgen, die Scheidung selbst und ihre Folgen konsensfähig zu machen. Die Anwälte und Richter orientierten sich hierbei weniger an dem reformierten Scheidungsfolgenrecht als vielmehr an bestimmten Ehemodellen. In der Untersuchung hat sich abgezeichnet, dass die Juristen die Ehe durchweg nicht mehr als lebenslange Versorgungsgemeinschaft, sondern als Bindung auf Zeit ansehen, die im gütlichen Einvernehmen und mit der Folge künftiger wirtschaftlicher Selbständigkeit beider Ehegatten beendet werden kann (Caesar-Wolf/Eidmann 1986: 193f., 211f.).

Die unerwarteten Auswirkungen der kompensatorischen Schutzvorschriften des Scheidungsfolgenrechtes offenbaren aber zugleich das begrenzte Leistungsvermögen des Familienrechts. Privatrechtliche Unterhaltsansprüche können – schon wegen der häufig begrenzten Leistungsfähigkeit der erwerbstätigen Ehegatten – weder staatliche Sozialpolitik ersetzen noch geschlechtsspezifische Benachteiligungen bei der Arbeitsplatzsuche ausgleichen. Die unzureichende Sicherheit der geschiedenen Frau dürfte sich nur durch konzertierte Regelungen meistern lassen, die eine Kombination von unterhaltsrechtlichen, sozialrechtlichen und arbeitsfördernden Maßnahmen erforderlich machen.

2.5   Elternschaft in der Ehe

2.5.1   Elterliche Sorge

Das Recht der Eltern, die Pflege und Erziehung der Kinder nach ihren eigenen Vorstellungen frei zu gestalten, ist ihnen in der Verfassung als Grundrecht verbürgt. Allerdings verknüpft das Grundgesetz ganz bewusst das Recht zur Pflege und Erziehung mit der Pflicht zur Erfüllung dieser Aufgaben (Art. 6 Abs. 2 GG). Dieser pflichtgebundene Charakter des Elternrechts hat in einer ersten Reform des Kindschaftsrechts durch das Sorgerechtsänderungsgesetz 1980 auch einen sprachlichen Niederschlag gefunden. Der Begriff der „elterlichen Gewalt" ist – endlich – im BGB durch den Begriff der „elterlichen Sorge" ersetzt worden. Zur elterlichen Sorge gehört sowohl die Sorge für die Person als auch für das Vermögen des Kindes, während sich die Unterhaltspflicht der Eltern aus ihrer verwandtschaftlichen Beziehung ergibt (§§ 1626 Abs. 1, 1601 BGB).

Historisch interessant ist, dass schon das 1900 in Kraft getretene bürgerliche Gesetzbuch in seiner ursprünglichen Fassung die Beziehung zum Kind als „elterliche" Gewalt bezeichnet hatte, obwohl das Recht, für die Person und das Vermögen des Kindes zu sorgen, im Regelfall ausschließlich dem Vater zustand. Auf die Mutter ging die elterliche Gewalt nur dann über, wenn der Vater nicht nur vorübergehend verhindert oder verstorben war. Von diesem Ausnahmetatbestand einmal abgesehen, durfte sie zwar die alltägliche Pflege und Erziehungsarbeit leisten, jedoch stand ihr nicht das Recht zu, mitzuentscheiden, welche Schule das Kind besuchen oder welchen Beruf es erlernen sollte. Das Gesetz stellte in seiner ursprünglichen Fassung ausdrücklich klar, dass im Falle der Meinungsverschiedenheit zwischen den Eltern die Meinung des Vaters ausschlaggebend sein sollte (§ 1634 BGB a. F.). Dieses letztinstanzliche Entscheidungsrecht des Vaters hat sich als sehr zählebig erwiesen und selbst nach Aufnahme der Gleichberechtigung in Art. 3 des Grundgesetzes noch Eingang in das Gleichberechtigungsgesetz des Jahres 1957 gefunden, mit dem eigentlich die grundgesetzlich vorgeschriebene Gleichberechtigung in das normale Familienrecht übernommen werden sollte. Zwar übertrug dieses Gesetz die elterliche Gewalt beiden Eltern, also auch der Mutter, räumte jedoch für den Fall fehlender Einigung zwischen den Eltern wiederum dem Vater mit dem sogenannten „Stichentscheid" die letzte Entscheidungsbefugnis ein. Die amtliche Begründung für diese Regelung ist aufschlussreich, zeigt sie doch, dass die Befürworter des väterlichen Stichentscheids den Familienfrieden bedroht und das familiäre Chaos heraufkommen sahen, wenn im Falle elterlicher Meinungsverschiedenheiten nicht einer von beiden das letzte Wort haben würde, und das müsste nach natürlichem Volksempfinden der Vater sein (Willutzki 1998a: 160).

Dieser auf halbem Wege steckengebliebene Versuch, die Rechtsgleichheit von Mann und Frau im Familienrecht in diesem Bereich zu verankern, mag auf dem Wunsch der Gesetzesverfasser zurückzuführen sein, in restaurativer Absicht in einen sich abzeichnenden Wandel ehelicher Machtverhältnisse einzugreifen. Denn nach den damals durchgeführten demoskopischen Umfragen hatten sich zu diesem Thema seiner Zeit noch keine eindeutigen Mehrheiten herausgebildet, wenn auch das väterliche Letztentscheidungsrecht vor allem natürlich unter den Männern noch zahlreiche Anhänger hatte (Voegeli/Willenbacher 1984: 247f.). Doch war dieser letzten Bastion väterlichen Machtbewusstseins kein langes Leben beschieden. Bereits ein Jahr nach Inkrafttreten des Gleichberechtigungsgesetzes hat das Bundesverfassungsgericht auf die Verfassungsbeschwerden zweier Mütter und eine richterliche Vorlage hin den väterlichen Stichentscheid als gleichheits- und damit verfassungswidrig aufgehoben. In seiner Begründung hat das Bundesverfassungsgericht deutlich gemacht, dass eine solche Entscheidungsbefugnis des Vaters die schon faktisch stärkere Position des Mannes zusätzlich noch rechtlich verstärke. Zum anderen werde dadurch die Stellung der Frau geschwächt, denn seine Einigungsbereitschaft werde naturgemäß durch das Wissen herabgesetzt, dass ihm im Konfliktfall letztlich doch die endgültige Entscheidung zustehe (BVerfGE 10, 58, 78f.).

Für den Fall, dass sich die Eltern in einer Kindesangelegenheit von erheblicher Bedeutung nicht einigen könnten, hatte das Sorgerechtsänderungsgesetz von 1980 die Anrufung des Vormundschaftsgerichtes vorgesehen, das vorrangig darauf hinzuwirken hatte, dass sich die Eltern verständigten. Für den Fall des Scheiterns einer Einigung hatte das Vormundschaftsgericht dann unter Beachtung des Kindeswohls die Entscheidung einem Elternteil zu übertragen (§ 1628 BGB). Befürchtungen, Eltern könnten bei jeder Meinungsverschiedenheit das Vormundschaftsgericht anrufen, haben sich nicht bewahrheitet. Dieser Schluss drängt sich jedenfalls auf, weil die Zahl der zu § 1628 BGB veröffentlichten Entscheidungen minimal ist.

2.5.2 Erziehungsziele

Das Sorgerechtsänderungsgesetz von 1980 hat eine Novität in das bundesrepublikanische Familienrecht eingeführt. Erstmalig sind Beziehungsgrundsätze in das bürgerliche Gesetzbuch aufgenommen worden. Um nur einige zu nennen: Von den Eltern wird erwartet, dass sie bei der Pflege und Erziehung die wachsende Fähigkeit und das wachsende Bedürfnis des Kindes zu selbstständigem verantwortungsbewusstem Handeln berücksichtigen, mit dem Kind, soweit es nach dessen Entwicklungsstand angezeigt ist, Fragen der elterlichen Sorge besprechen und Einvernehmen anstreben. Entwürdigende Erziehungsmaßnahmen werden als unzulässig bezeichnet. In Angelegenheiten der Ausbildung und des Berufes haben die Eltern insbesondere auf Eignung und Neigung des Kindes Rücksicht zu nehmen (§§ 1626 Abs. 2, 1631 Abs. 2, 1631 a BGB). Diese Direktiven sind als ein Appell an die Eltern zu verstehen, partnerschaftliche Umgangsformen einzuüben und der Individualität, den Neigungen und Lebenswünschen der Kinder im Rahmen ihrer Entwicklung mit Achtung und Verständnis zu begegnen. Dem Gesetzgeber geht es hierbei offensichtlich darum, gesellschaftliches Bewusstsein zu verändern. Es handelt sich deshalb um weithin sanktionslose Normen. Nur soweit die Ausbildung und der Beruf Gegenstand der Auseinandersetzung zwischen Eltern und Jugendlichen sind, kann nach dem Rat eines Lehrers eine Entscheidung des Gerichts eingeholt werden, wenn die Eltern die Eignung oder Neigung des Kindes grob vernachlässigen und diesem ein Schaden droht.

Die Erziehungsziele spiegeln gesellschaftliche Werthaltungen wider, die aus der langanhaltenden Diskussion über „autoritäre" versus „anti-autoritäre" Erziehung entstanden sind. Soziologische Untersuchungen haben gezeigt, dass die Vorstellung von elterlichem Herrschaftsrecht über das Kind zunehmend durch den Gedanken wachsender Selbstverantwortlichkeit des Heranwachsenden ersetzt worden ist, die seine Beteiligung an den Erziehungsprozessen in aktiver Form sinnvoll erscheinen lassen (Wurzbacher 1952: 201; Allerbeck/Hoag 1985: 64).

Um die Aufnahme dieser Erziehungsgrundsätze in das familienrechtliche Gesetz hat es eine massive Diskussion gegeben, in die vor allem auch die katholische Kirche massiv eingegriffen hat. Dabei ging der Streit weniger um den Wert oder die Richtigkeit dieser Erziehungsgrundsätze, vielmehr wandten sich die Bedenken gegen ihre Aufnahme in das Gesetz (Bürgle 1979: 9f., 12; Krautscheidt/Marré 1980). Die Bedenken wurden unterschiedlich begründet. Zum einen wurde verfassungsrechtlich argumentiert, indem Zweifel an der Befugnis des Staates geäußert wurden, derartige Erziehungsziele in das Gesetz aufzunehmen, da es ein elterliches Grundrecht gemäß Art. 6 Abs. 2 des Grundgesetzes sei, autonom die Erziehung der Kinder zu bestimmen, solange das Wohl des Kindes dadurch nicht verletzt würde und das Wächteramt des Staates auf den Plan gerufen sei. Zum anderen wurde die Befürchtung geäußert, dass die Aufnahme derartiger Erziehungsgrundsätze in das Gesetz dazu führen könnte, dass bei einem Abweichen der Eltern in ihrer Erziehung von den partnerschaftlichen Erziehungsformen ein derartiges Verhalten der Eltern als eine Pflichtverletzung gewertet werden könnte, die den Staat aus seinem Wächteramt heraus zu einem Eingreifen berechtigte, das in äußerster Konsequenz zu einem Entzug des Sorgerechtes gemäß § 1666 BGB führen könnte. Obwohl an diesem Streit zeitweise das gesamte Sorgerechtsänderungsgesetz zu scheitern drohte, hat der Gesetzgeber sein Vorhaben durchgesetzt. Die Entwicklung der Rechtspraxis hat ihn bestätigt. Abweichungen im Erziehungsstil von der partnerschaftlichen Erziehung sind stets sanktionslos geblieben. In der Rechtsprechung ist kein Fall bekannt geworden, in dem staatliche Stellen mit dieser Begründung in das Erziehungsrecht der Eltern eingegriffen hätten.

Generell bleibt festzuhalten, dass die Frage, ob dem Recht eine erzieherische Funktion beizumessen ist, sowohl in der Rechtsphilosophie und -soziologie als auch im Verfassungsrecht kontrovers diskutiert wird. Die Mittel des Rechts, eine entsprechende Orientierung der Bevölkerung auch praktisch zu erreichen, werden als begrenzt beurteilt. Auch in diesem Bereich kann nur erneut festgehalten werden, dass der rechtssoziologische Forschungsbestand bisher nur bescheidene Hoffnungen rechtfertigt, dass durch Gesetze ein Wandel gesellschaftlicher Einstellungen erreicht werden kann (Winter 1969; Limbach 1998).

2.5.3 Schutz gefährdeter Kinder

Die durch das Grundgesetz verbürgte Elternautonomie deckt nur ein Handeln ab, das bei allem Respekt vor der Eigenständigkeit der Eltern noch als Pflege und Erziehung des Kindes gewertet werden kann. Wenn die Eltern versagen, greift das staatliche Wächteramt ein (Art. 6 Abs. 2 GG). Denn das Kind selbst ist Grundrechtsträger und hat damit einen Anspruch auf den Schutz des Staates. So darf das Gericht einschreiten, wenn durch das Tun oder Lassen der Eltern das körperliche, geistige oder seelische Wohl des Kindes gefährdet, es beispielsweise unzureichend ernährt, misshandelt oder missbraucht wird. Die Trennung des Kindes von seinen Eltern oder der Entzug des Sorgerechtes darf stets nur das letzte Mittel sein, wenn der dem Kind drohenden Gefährdung nicht durch andere Hilfsmaßnahmen begegnet werden kann (§§ 1666, 1666a BGB). Das richterliche Einschreiten ist nicht von einem schuldhaften Verhalten der Eltern abhängig, sondern setzt voraus, dass diese unwillig oder unfähig sind, den drohenden Schaden von dem Kind abzuwenden, was auch dann gilt, wenn die Gefährdung selbst von einem Dritten ausgeht, die Eltern aber nicht in der Lage sind, ihr zu begegnen.

Empirische Studien über die Praxis des Vormundschaftsgerichts und die Ermittlungen des Jugendamtes haben in der Vergangenheit ergeben, dass die psychische Dimension des Kindeswohls nur unzureichend erfasst worden ist und die Interessen des Kindes nicht angemessen vertreten worden sind. Von diesem Ergebnis dieser Untersuchungen sind die Forderungen nach einer zusätzlichen humanwissenschaftlichen Ausbildung der Richter und der Einführung eines Anwalts des Kindes ausgegangen (Simitis 1979: 259f., 358f.; Zenz 1979: 399f., 402). Schwedische Untersuchungen haben darüber hinaus deutlich gemacht, dass mit rechtlichen Mitteln allein das Problem der Kindesmisshandlung nicht gemeistert werden kann, doch hat es sich gerade in Schweden gezeigt, dass eine breite gesellschaftliche Aufklärungsaktion die Akzeptanz in der Bevölkerung für eine entsprechende gesetzliche Regelung in relativ kurzer Zeit (schon nach einem Zeitraum von 2 Jahren) eindeutig verbessert werden kann und das Bewusstsein der Eltern sich überraschend schnell verändert hat. Doch wird man generell festhalten müssen, dass dem Kind und auch den Eltern sinnvoll und verlässlich nur dann geholfen werden kann, wenn soziale Dienste der Jugendhilfe und insbesondere eine konfliktorientierte Familienberatung den rechtsförmigen Kinderschutz unterstützen (Ziegert 1984: 153; Beiderwieden et al. 1985).

2.6 Elternschaft nach der Scheidung

2.6.1 Elterliche Sorge

Wohl kaum ein Bereich des Familienrechtes hat sich in dem halben Jahrhundert der Existenz der Bundesrepublik so stark verändert, wie die rechtliche Ausgestaltung der Elternschaft nach einer Scheidung. Die Regelung der elterlichen Gewalt nach Beendigung der Ehe durch Scheidung bis zum Inkrafttreten des 1. Eherechtsreformgesetzes am 1.7.1977 mutet aus heutiger Sicht geradezu abenteuerlich an. Das Gesetz, das die alte BGB-Regelung beibehalten hatte, sah zu diesem Zeitpunkt noch eine deutliche Verknüpfung der Sorgeregelung mit der Schuldfeststellung im Scheidungsurteil vor. Wurde die Ehe aus dem Verschulden eines Partners geschieden, schrieb das Gesetz vor, dass das Vormundschaftsgericht, das damals noch für die Sorgerechtsentscheidung zuständig war, die elterliche Sorge allein dem schuldlos geschiedenen Elternteil zu übertragen hatte. Es war zunächst die Rechtsprechung, die hier eine gewisse Abmilderung hereingebracht hatte, in dem sie zumindest in den Fällen, in denen das Interesse des Kindes durch eine solch stringente Lösung verletzt wurde, die ausnahmsweise Übertragung der elterlichen Sorge auch auf den anderen, den schuldigen Elternteil zuließ. Es mussten dann aber schon besondere oder, wie es später hieß, schwerwiegende Gründe des Kindeswohls für eine Übertragung des Sorgerechts gerade auf diesen Elternteil sprechen, der ansonsten wegen der festgestellten alleinigen oder überwiegenden Schuld an der Scheidung von der Personensorge ausgeschlossen war. Hinter der aus heutiger Perspektive kaum noch nachvollziehbaren Regelung des Gesetzes stand ganz offensichtlich die Überlegung, dass ein Ehepartner, der die auf Lebenszeit geschlossene eheliche Verbindung durch sein schuldhaftes Verhalten zerstört hat, sich durch dieses Verhalten auch als Elternteil disqualifiziert, nämlich als erziehungsungeeignet erwiesen hat (Willutzki 2000a: 398). Eine solche Schlussfolgerung erscheint heute geradezu unglaublich, sie war aber eindeutig die ethische Rechtfertigung der damaligen Regelung der elterlichen Gewalt bei der Scheidung der Eltern. Vor diesem Hintergrund erscheint es fast schon als selbstverständlich und bedarf eigentlich kaum noch der Erwähnung, dass eine gemeinsame Sorge nach einer Scheidung überhaupt nicht in Erwägung gezogen wurde. Die gemeinsame elterliche Gewalt nach einer Scheidung gab es einfach nicht, sie wurde auch überhaupt nicht diskutiert.

Die erste große Wende brachte dann das am 1.7.1977 in Kraft getretene 1. Eherechtsreformgesetz. Zwar wurde auch jetzt noch die bisherige Terminologie „elterliche Gewalt" beibehalten, doch mit der Aufgabe des Verschuldensprinzips für die Scheidung entfiel auch die bisherige Anknüpfung für die Regelung der elterlichen Sorge. Ein neuer, das gesamte Kindschaftsrecht bis heute durchziehender Begriff begann seinen Siegeslauf: Die Entscheidung über die elterliche Sorge bei Trennung und Scheidung sollte sich am Kindeswohl orientieren, wobei der Gesetzgeber davon ausging, dass ein gemeinsamer Elternvorschlag regelmäßig das Kindeswohl sicherte, so dass dem Familiengericht, das seit dem 1.7.1977 in der Bundesrepublik eingerichtet worden war – auch das eine Neuheit – und erstmalig für die Scheidung und alle Scheidungsfolgen gemeinsam zuständig war, nur dann eine Abweichung von diesem Vorschlag gestattet wurde, wenn es zum Wohle des Kindes erforderlich wurde. Der Problembereich einer gemeinsamen Sorge nach der Scheidung der Eltern wurde vom Gesetzgeber nur indirekt angesprochen, in dem er vorschrieb, dass die elterliche Gewalt „in der Regel" einem Elternteil allein übertragen werden sollte, wenn auch mit der Modifikation, dass einem Elternteil die Sorge für die Person, dem anderen die Sorge für das Vermögen übertragen werden könnte, wenn es das Wohl des Kindes erfordere. Das Gesetz legte ferner fest, dass das Familiengericht stets von Amts wegen in Verbindung mit der Scheidung auch obligatorisch eine Regelung der elterlichen Sorge zu treffen habe. Die behutsame Fassung des Gesetzes, wonach die Alleinsorge einem Elternteil lediglich „in der Regel" zu übertragen sei, führte nach der Reform zu ersten zaghaften Ansätzen in der Rechtsprechung, den Eltern, wenn sie es beide wünschten und keine Gründe des Kindeswohls entgegenstanden, ausnahmsweise auch das Sorgerecht gemeinsam zu belassen. Doch diese Möglichkeit wurde vom Gesetzgeber recht bald aus der Welt geschafft. Mit dem ab 1.1.1980 wirksamen Sorgerechtsänderungsgesetz ordnete der Gesetzgeber verbindlich an, dass die elterliche Sorge einem Elternteil allein zu übertragen war. Der Gesetzgeber hatte sich zu diesem rigorosen Schritt entschlossen, obwohl der Verabschiedung des Sorgerechtsänderungsgesetzes eine heftige Diskussion in der Fachwelt vorangegangen war, in der starke Kräfte die Möglichkeit einer gemeinsamen Sorge nach der Scheidung gefordert hatten. Doch der Gesetzgeber blieb hart und ordnete die obligatorische Alleinsorge nach der Scheidung an. Dabei mag der Gedanke Pate gestanden haben, durch die Möglichkeit der Beibehaltung der gemeinsamen Sorge nach der Scheidung könne scheidungswilligen Elternpaaren der Entschluss zur Scheidung leichter gemacht werden, wenn keiner von ihnen befürchten müsste, trotz Scheidung seinen vollwertigen Elternstatus in der sorgerechtlichen Position zu verlieren. Das sollte unter allen Umständen vermieden werden, um die Attraktivität der als gesellschaftspolitisch unverzichtbar angesehenen Institution Ehe nicht zu mindern. Doch auch dieser rigorosen Regelung war wiederum kein langes Leben beschieden. Gleich nach Inkrafttreten des Sorgerechtsänderungsgesetzes gingen die ersten Verfassungsbeschwerden von Eltern ein, die sich einig waren, trotz ihrer Trennung als Ehepartner gemeinsame Eltern mit allen Rechten bleiben zu wollen, und auch eine ganze Reihe von Familiengerichten äußerten erhebliche Bedenken gegen die Verfassungsmäßigkeit dieser Ausschließlichkeitsregelung. Bereits am 3. November 1982, also noch keine zwei Jahre nach In-Kraft-Treten dieser Regelung, entschied das Bundesverfassungsgericht (BVerfGE 61: 358), dass die stringente, keine Ausnahme zulassende Regelung des Gesetzes einen Verstoß gegen Art. 6 Abs. 2 des Grundgesetzes darstelle und damit verfassungswidrig sei. Wenn Eltern sich einig seien, ihre gemeinsame Elternverantwortung nach der Scheidung weiter miteinander ausüben zu wollen und diesen Willen gemeinsam dem Familiengericht gegenüber bekundeten, wenn keine Zweifel an ihrer Erziehungsfähigkeit bestünden und keine sonstigen Gründe des Kindeswohls dem Fortbestand der Gemeinsamkeit entgegenstünden, verletze der Gesetzgeber das natürliche, grundgesetzlich in Art. 6 Abs. 2 geschützte Elternrecht, wenn er ihnen die gemeinsame Sorge nach der Scheidung durch das Familienrecht verwehre. Zwar ging das Bundesverfassungsgericht noch davon aus, dass ein solcher Lebenssachverhalt wohl die Ausnahme bleiben werde, dennoch sei es dem Gesetzgeber nicht gestattet, solchen Ausnahmen eine rechtlich zulässige Gestaltungsmöglichkeit zu entziehen. Zu diesem Spruch des Bundesverfassungsgerichts hatten maßgeblich die Gutachter aus dem psychologischen und soziologischen Bereich beigetragen, durch die Darstellung der Ergebnisse der Väterforschung vor allem aus den Vereinigten Staaten, aus der abgeleitet wurde, dass das Kind für seine gesunde Entwicklung auch nach der Scheidung möglichst ungestörte Kontakte zu beiden Elternteilen beibehalten sollte, wofür die Rechtsform der gemeinsamen Sorge die besten Voraussetzungen böte. Doch blieb trotz der Freigabe der gemeinsamen Sorge durch das Bundesverfassungsgericht noch auf längere Zeit die alleinige elterliche Sorge der Regelfall in der Rechtspraxis. Eine rechtssoziologische Studie (Limbach 1998) machte deutlich, dass zwei Jahre nach der Entscheidung des Bundesverfassungsgerichts lediglich in 1 bis 2% aller Scheidungsfälle mit minderjährigen Kindern überhaupt ein Antrag auf Beibehaltung der gemeinsamen Sorge gestellt wurde, gerichtlich angeordnet wurde sie noch in wesentlich geringerer Zahl. Dazu mag beigetragen haben, dass die Skepsis der Juristen gegenüber dem gemeinsamen Sorgerecht groß war. Sie beruhte auf der Annahme, dass Eltern in der Konfliktsituation des Familienzusammenbruchs regelmäßig unfähig seien, den Belangen des Kindes gerecht zu werden, da auch erhebliche Eigeninteressen des jeweiligen Elternteils eine Rolle spielten. Daraus wurde die Gefahr abgeleitet, dass das Kind zum Handelsobjekt der elterlichen Auseinandersetzung werden könnte. Selbst Eltern, die guten Willens seien, hätten häufig nicht die Nerven- und Seelenstärke, das Scheidungsgeschehen einmal aus der Warte des Kindes zu sehen und setzten allzu leicht ihre eigenen Interessen mit denen des Kindes gleich (Coester 1983: 138f.).

Sowohl Befürworter der alleinigen elterlichen Sorge als auch Verfechter des gemeinsamen Sorgerechtes fanden Unterstützung in sehr unterschiedlichen entwicklungspsychologischen und kinderpsychiatrischen Erkenntnissen. Die Sichtweite der einen fußte auf Schriften von die die Bedürfnisse des Kindes nach Beständigkeit im Alltag und sein Angewiesensein auf eine Hauptbezugsperson betonten. Unterstützung für das gemeinsame Sorgerecht fand sich in den Langzeitstudien über die Auswirkung der Scheidung auf die Kinder, die zu dem gemeinsamen Sorgerecht mittelbar günstigen Einsichten geführt hatten (Rottleuthner-Lutter 1989). Nach diesen Studien gelingt es dem Kind leichter, die traumatische Erfahrung der Elterntrennung zu verarbeiten, wenn beide Eltern nach der Scheidung in stärkerem Maße an seiner Pflege und Erziehung teilhaben (Wallerstein/Biakeslee 1989: 444ff.). Die Verfechter des gemeinsamen Sorgerechts stützten sich aber vor allem auf eine systemische Interpretation von Familienbeziehungen. Diese Sichtweise versucht, den Prozesscharakter und die Veränderbarkeit von konfliktreichen Familienbeziehungen zu erfassen. Sie nimmt Bedacht auf die Entwicklungschancen, die jeder Krise innewohnen (Figdor 1990: 89) und die von einer pathologie-zentrierten Sicht leicht übersehen werden. Im Vordergrund dieser Betrachtungsweise steht weniger die gerichtliche Entscheidung als vielmehr die Therapie mit dem Ziel einer konstruktiven Weiterentwicklung der Familienbeziehung nach der Scheidung (Fthenakis et al. 1982: 200f.; Fthenakis 1984: 55, 63f.):

Es war der Einfluss und die Überzeugungsarbeit vor allem von Fthenakis, der nicht nur die Jugendämter, die im Vorfeld einer gerichtlichen Entscheidung beratend tätig werden, sondern vor allem die Juristen zu einem Einstellungswandel gegenüber der gemeinsamen Sorge gebracht hat. So stiegen die Zahlen der gemeinsamen Sorge nach einer Scheidung kontinuierlich an und erreichten Mitte der 90er Jahre des letzten Jahrhunderts in den alten Bundesländern durchschnittlich 18%, in den neuen Bundesländern allerdings nur durchschnittlich 9%, was sich möglicherweise dadurch erklären lässt, dass das Väterbewusstsein und der Organisationsgrad der Väter in den neuen Bundesländern deutlich geringer ausgeprägt war als in der alten Bundesrepublik. In einigen Bundesländern, wie Baden-Württemberg und dem Saarland, war die gemeinsame Sorge sogar bereits in einem Viertel der Sorgerechtsfälle zur Regel geworden.

Diese Entwicklung bereitete den Boden für eine grundlegend neue Regelung der elterlichen Sorge nach Trennung und Scheidung in der Kindschaftsrechtsreform, die am 1.7.1998 in Kraft trat und als das nach der Eherechtsreform von 1977 größte und bedeutendste Reformwerk im deutschen Familienrecht bezeichnet werden muss. Der Gesetzgeber verzichtet nämlich seither auf die obligatorische Sorgerechtsregelung durch das Gericht im Scheidungsfalle und überlässt es bei einer auf Dauer angelegten Trennung der Eltern – unabhängig von einer Ehescheidung – ihrer Initiative, ob eine gerichtliche Sorgeregelung zu treffen ist oder nicht. Nur wenn ein oder beide Elternteile einen Antrag stellen, entscheidet das Familiengericht über die elterliche Sorge bei dauernd getrenntlebenden Eltern. Dabei soll das entscheidende Kriterium für die Aufhebung der gemeinsamen Sorge und Begründung der Alleinsorge eines Elternteils sein, dass die Aufhebung der gemeinsamen Sorge und die Übertragung der alleinigen Sorge auf den antragstellenden Elternteil dem Wohl des Kindes am besten entspricht (§ 1671 S. 2 Zif. 1 BGB). Ohne eigenen Ermessensspielraum hat das Familiengericht dem Antrag auf Übertragung der alleinigen Sorge allerdings dann zu entsprechen, wenn diese Regelung dem Willen beider Elternteile entspricht und kein Widerspruch eines über 14 Jahre alten Kindes gegen die Begründung der Alleinsorge vorliegt.

Zwar hat der Gesetzgeber in der amtlichen Begründung zum Kindschaftsrechtsreformgesetz ausdrücklich erklärt, dass die gemeinsame Sorge keinen Vorrang gegenüber anderen Sorgerechtsformen haben solle, sondern als gleichberechtigte Alternative neben der alleinigen Sorge eines Elternteils zu verstehen sei (Bundestagsdrucksache 13: 4899). Dennoch ist die Rechtsprechung angesichts der Fassung des Gesetzes (§ 1671 Abs. 2 BGB) zunächst ganz überwiegend davon ausgegangen, dass die gemeinsame Sorge der Regelfall sei, während die alleinige Sorge eines Elternteils als Ausnahmeerscheinung der besonderen Begründung bedürfe. Nach dem der Bundesgerichtshof (FamRZ 1999: 1646) jedoch zwischenzeitlich sich die Auffassung des Gesetzgebers von der gleichberechtigten Alternative zu eigen gemacht hat, geht auch die Rechtsprechung der Oberlandesgerichte zunehmend von einer solchen Lösung aus. Wenn von einem Elternteil gegen den Widerstand des anderen der Antrag auf Alleinsorge gestellt wird, hängt die Entscheidung darüber, ob einem solchen Antrag Erfolg beschieden ist, ganz entscheidend davon ab, wie das Gericht im Einzelfall die objektive Kooperationsfähigkeit und subjektive Kooperationsbereitschaft dieser Eltern beurteilt. Allerdings zeigt eine etwas intensivere Untersuchung der Begründung dieser Entscheidungen, dass trotz der Verwendung gleicher Begriffe bei gleichen Lebenssachverhalten durchaus unterschiedliche Interpretationen durch die Rechtsprechung möglich sind und zu unterschiedlichen Ergebnissen führen (Willutzki 2000b: 45ff., 46). Dennoch ist festzustellen, dass die Reform dazu geführt hat, dass es nach einer Scheidung ganz überwiegend bei der gemeinsamen Sorge beider Elternteile verbleibt. Dieses Ergebnis ist wiederum darauf zurückzuführen, dass in sehr vielen Fällen gar kein Antrag auf Regelung der Sorge gestellt wird, in kleinerer Zahl der Antrag auf alleinige Sorge unbegründet durch das Gericht zurückgewiesen wird. Die durch das Bundesministerium der Justiz in Auftrag gegebene Begleitforschung zur Umsetzung der Kindschaftsreform in der Praxis (Proksch) hat ergeben, dass in rund 70% aller Trennungsfälle mit minderjährigen Kindern die gemeinsame Sorge beibehalten wird, ein Ergebnis, mit dem auch die engagiertesten Verfechter der gemeinsamen Sorge nicht gerechnet hatten. Doch sei zum besseren Verständnis klargestellt, dass die gemeinsame Sorge nach der Kindschaftsrechtsreform inhaltlich etwas anderes bedeutet als in der Zeit davor. Während nämlich die durch das Bundesverfassungsgericht ermöglichte, auf der übereinstimmenden Willensentscheidung beider Eltern beruhende gemeinsame Sorge die volle Entscheidungskompetenz in allen Fragen des Kindes bedeutete, unterscheidet die gemeinsame Sorge nach der Kindschaftsrechtsreform zwischen der Alltagssorge, die dem mit dem Kind zusammenlebenden Elternteil die alleinige Entscheidungsbefugnis überträgt, von der Sorge in Fragen von erheblicher Bedeutung für das Kind, die eine gemeinsame Entscheidung beider Elternteile verlangt. Ob es bei den hohen Zahlen gemeinsamer Sorge auch in Zukunft verbleiben wird, dürfte nicht zuletzt davon abhängen, ob die Rechtsprechung eine sachgerechte und überzeugende Begründung für die Abgrenzung zwischen den beiden Entscheidungsbereichen findet. Doch ist der befürchtete Streit der Eltern zu diesen Fragen – für die Fachleute überraschend – glücklicherweise ausgeblieben.

2.6.2 Umgang

Das Familienrecht in der Bundesrepublik Deutschland ist von Anfang an davon ausgegangen, dass der Elternteil, der bei der Scheidung das Sorgerecht verliert, die Chance behalten muss, Kontakt mit dem Kind aufrecht zu erhalten, um die Möglichkeit zu haben, sich von der Entwicklung und dem Wohlergehen des Kindes laufend zu überzeugen und die zwischen ihnen bestehenden Bande zu pflegen. Diese Besuchsmöglichkeit, die das Gesetz zunächst als Verkehr mit den Kindern bezeichnet hat, war vorrangig der einverständlichen Regelung der Eltern vorbehalten. Dem Vormundschaftsgericht war die Befugnis zugestanden, den Verkehr näher zu regeln, wenn die Eltern darüber stritten. Das Gesetz erlaubte dem Vormundschaftsgericht ausdrücklich, diesen Verkehr auch für eine bestimmte Zeit oder dauernd auszuschließen, wenn dies zum Wohle des Kindes erforderlich war. An dieser Regelung änderte sich durch das 1. Eherechtsreformgesetz wenig, gleiches galt auch für das Sorgerechtsänderungsgesetz von 1980, das allerdings den Begriff des Verkehrsrechtes durch den des Umgangsrechtes ersetzte. Eine gravierende Veränderung brachte erst die Kindschaftsrechtsreform von 1978, die die Bedeutung des Umgangs für die kindliche Entwicklung viel stärker in den Vordergrund rückt. Das Gesetz selbst bringt deutlich zum Ausdruck, dass der Umgang des Kindes mit beiden Elternteilen, aber auch allen weiteren Personen, die für seine Entwicklung von Bedeutung sind, selbstverständlich seinem Wohl dient (§ 626 Abs. 3 BGB). Diese Erkenntnis des Gesetzgebers hat zu dem Ergebnis geführt, auch wenn es hierzu eines erheblichen Drucks der Fachleute bedurfte, dass nunmehr das Recht des Kindes auf Umgang mit beiden Elternteilen in der gesetzlichen Norm an die erste Stelle gerückt worden ist. Damit hat der Gesetzgeber erstmalig ausdrücklich im Gesetz betont, dass es ein natürliches Recht des Kindes ist, Kontakte mit beiden Elternteilen auch in der Trennungssituation zu behalten. Dieses Recht des Kindes ist verbunden mit der Pflicht und dem Recht der Eltern, solche Kontakte zu dem Kind zu pflegen. Durch eine sogenannte

Wohlverhaltensklausel (§ 1684 Abs. 2 BGB) versucht der Gesetzgeber sicherzustellen, dass Besuche nicht dazu genutzt werden, den anderen Elternteil schlecht zu machen und das Kind zu verunsichern. Wenn es die Eltern nicht schaffen, sich selbst über den Umgang zu einigen, ist das Familiengericht zu einer Regelung berufen, die, wenn es notwendig wird, auch zu einem zeitweisen und im Extremfall dauernden Ausschluss des Umgangs führen kann. Doch hat das Gesetz ausdrücklich klargestellt, dass ein dauernder Ausschluss nur zulässig ist, wenn die Beibehaltung der Kontakte zu einer Gefährdung des Kindes führen würde, während für einen kürzeren Ausschluss ausreichend ist, dass er zum Wohl des Kindes erforderlich ist. Diese Regelungen haben dazu geführt, dass die Gerichte mit einem Umgangsausschluss sehr viel sparsamer umgehen. Um Schwierigkeiten in der Durchführung der Umgangskontakte, die bei verfeindeten Elternteilen naturgemäß immer wieder auftreten, zu begegnen, wird vielfach von der Möglichkeit des sogenannten betreuten Umgangs Gebrauch gemacht. Diese Form der Umgangsausübung sollte allerdings hoffentlich nur für eine Übergangszeit notwendig sein, bis sich das Bewusstsein von der Bedeutung des Umgangs für die Entwicklung des Kindes, das der Gesetzgeber mit der Neuregelung angestrebt hat, allgemein durchgesetzt hat. Doch wird man sich der Erkenntnis wohl nicht verschließen können, dass es immer einen gewissen Bodensatz geben wird, bei dem die Antipathien der Eltern gegeneinander so stark sind, dass stets Mittel und Wege gefunden werden, um die Umgangskontakte zu verhindern. Auch die Beratung durch die Jugendhilfe, die nach der Kindschaftsrechtsreform einen wesentlich höheren Stellenwert bekommen hat, wird an dieser Erscheinung nur begrenzt etwas ändern können. Der Versuch des Gesetzgebers, mit der Einführung eines gerichtlichen Umgangsvermittlungsverfahrens bei Umgangsproblemen Abhilfe leisten zu können, hat bisher jedenfalls keine nennenswerten Erfolge gezeigt.

2.7 *Nichteheliche Kindschaft*

Die programmatische Forderung des Grundgesetzes (Art. 6 Abs. 5), dass die Gesetzgebung nichtehelichen Kindern die gleichen Bedingungen für ihre leibliche und seelische Entwicklung und ihre Stellung in der Gesellschaft zu schaffen habe wie den ehelichen Kindern, hat für ihre Umsetzung im Familienrecht nahezu 50 Jahre gebraucht. Aus heutigem Verständnis mutet es geradezu grotesk an, dass das Familienrecht bis zum 1. Januar 1970 zwar von einer Verwandtschaft des nichtehelichen Kindes mit seiner Mutter ausging, die rechtliche Feststellung der Vaterschaft aber nur dazu nutzte, den Vater zum Unterhalt zu verpflichten, eine Verwandtschaft des Kindes mit dem Vater und dessen Verwandten im Rechtssinne jedoch ausschloss. Erst das zum 1.1.1970 in Kraft getretene Nichtehelichengesetz stellte eine solche rechtliche Verwandtschaft fest, blieb aber im übrigen Welten entfernt von dem Anspruch, nichtehelichen Kindern gleiche Lebensbedingungen zu schaffen wie ehelichen Kindern. Vom Sorgerecht mit dem Kind blieb der Vater grundsätzlich ausgeschlossen, das allein der Mutter, wenn auch eingeschränkt durch staatliche Bevormundung in Form von Amtsvormundschaft und Amtspflegschaft vorbehalten war. Umgang mit der Mutter konnte der Vater auch bis 1998 nur dann gegen den Willen der Mutter gerichtlich durchsetzen, wenn er den Nachweis führte, dass derartige Kontakte dem Wohle des Kindes dienten (§ 1711 BGB a. F.). Anders als beim ehelichen Kind, bei dem das Gesetz grundsätzlich von einem positiven Effekt des Umgangskontaktes ausging, war das Umgangsrecht zwischen dem nichtehelichen Kind und seinem Vater von der Annahme geprägt, dass ein solcher Kontakt generell eher negativ zu bewerten sei, so dass der Vater für das Gegenteil im Einzelfall beweispflichtig gemacht wurde.

Auch wenn zunächst bestehende Unterschiede in der Unterhaltsfrage durch die Rechtsprechung weitgehend eingeebnet wurden, blieb es als generell bei der Feststellung, dass von einer Gleichbehandlung aller Kinder vor dem Gesetz keine Rede sein konnte. Den wirklichen Durchbruch hier schaffte erst die Kindschaftsrechtsreform von 1998, deren erklärtes Hauptziel es war, Art. 6 Abs. 5 des Grundgesetzes endlich mit Leben zu erfüllen. Doch eine wirklich volle Gleichbehandlung wurde auch mit dieser Reform nicht geschaffen. Zwar geht die gesetzliche Regelung nunmehr auch ausdrücklich von einer Gleichbehandlung im Unterhaltsbereich aus, ebenso ist die unterschiedliche Behandlung im Umgangsrecht beseitigt worden, doch für das Gebiet der elterlichen Sorge sind nach wie vor erhebliche Unterschiede geblieben. Der Gesetzgeber hat es ausdrücklich abgelehnt, bei nicht miteinander verheirateten Eltern mit der Geburt des Kindes auch die gemeinsame Sorge beider Elternteile eintreten zu lassen. Doch darf es schon als ein großer Fortschritt gewertet werden, dass das Gesetz nunmehr ausdrücklich zulässt, und zwar erstmalig in Deutschland, dass die nicht verheirateten Eltern, wenn sie es denn beide wollen, durch ausdrückliche gemeinsame Sorgeerklärung die gemeinsame Sorge für ihr Kind begründen können. Doch ist es nach wie vor bei der starken Stellung der Mutter geblieben. Lehnt sie eine solche Sorgeerklärung ab, verbleibt es bei ihrer alleinigen elterlichen Sorge. Der Vater kann eine Beteiligung an der elterlichen Sorge auch dann nicht erreichen, wenn er den Nachweis zu führen in der Lage wäre, dass die gemeinsame Sorge dem Wohl des Kindes förderlich wäre. Es ist verständlich, dass die Verbände der Väter gegen diese gesetzliche Regelung Sturm laufen. Dem Verfassungsgericht liegen bereits eine Reihe Verfassungsbeschwerden vor, dem Bundesverfassungsgericht dürfte die Entscheidung hierzu nicht leicht fallen.

2.8 Das Eheschließungsrecht

Gewissermaßen zum Abschluss der aktuellen Familienrechtsreform mit dem sehr viel bedeutsameren Werk der Kindschaftsrechtsreform hat der Gesetzgeber nun endlich die bereits beim 1. Eherechtsreformgesetz 1977 angekündigte

Neuordnung des Eheschließungsrechts durchgeführt. Das 1938 aus dem BGB ausgegliederte Rechtsgebiet ist wieder an den angestammten Platz zurückgekehrt, jedoch in moderner und wesentlich gestraffter Form. Eheverbote gibt es nur noch zur Vermeidung einer Doppelehe, wegen Verwandtschaft in gerader Linie und bei Geschwistern sowie bei Adoption. Die dem Bürger kaum verständlich zu machende Differenzierung bei Ehemängeln zwischen Nichtigkeit und Aufhebbarkeit der Ehe ist aufgegeben worden; es gibt nur noch die Aufhebung der Ehe, deren Folgen denen der Ehescheidung stark angeglichen sind (Hepting 1998: 713ff.).

3 Schlussbemerkung

Die Darstellung sollte deutlich gemacht haben, dass das Familienrecht wie kaum ein anderes Rechtsgebiet dem gesellschaftlichen Wandel unterworfen ist, dem es sich anpassen muss. Wohl kaum ein anderer Bereich des Bürgerlichen Gesetzbuches von 1900 hat deshalb so entscheidende Veränderungen erfahren wie das Familienrecht, so dass die Väter des BGB (Mütter gab es wohl damals kaum) ihr Werk heute wohl nur schwerlich wiedererkennen würden. Sicher wird es im geltenden Familienrecht auch in näherer Zukunft noch kleinere Korrekturen geben, was nicht zuletzt von den Ergebnissen der Begleitforschungen zur Kindschaftsrechtsreform abhängen wird. Eine große Aufgabe hat der Gesetzgeber zwar nach wie vor noch zu lösen, hat er doch im Einigungsvertrag von 1990 die Verpflichtung übernommen, die Bedingungen für eine bessere Vereinbarkeit von Familie und Beruf für Frauen zu schaffen. Doch dürfte die Einlösung dieses Versprechens kaum allein familienrechtlich möglich sein, hier wird es einer konzertierten Aktion auf den Gebieten des Familienrechtes sowie des Sozial- und Arbeitsrechtes bedürfen.

In weiterer Zukunft wird man jedoch davon ausgehen können und müssen, dass die Entwicklung des Familienrechtes sich aus den nationalen Grenzen löst und zu einer Aufgabe der Europäischen Union werden wird. In einem gemeinsamen europäischen Haus, geprägt von der Freizügigkeit seiner Bürger, wird es immer mehr gemischtnationale Ehen und Familien geben. Dem Bedürfnis der Bürger nach einer für alle geltenden transparenten Familienrechtsordnung darf sich die Europäische Union nicht verschließen. Die ersten Konturen hierfür zeichnen sich zumindest auf dem Gebiet des Familienverfahrensrechtes bereits ab, weitere Schritte auf dem Gebiet des materiellen Familienrechtes müssen und werden folgen. Der Ruf nach einer europäischen Dimension des Familienrechtes ist unüberhörbar geworden (Willutzki 1998b; Limbach 2002).

Literatur

Allerbeck, K./Hoag, W., 1985: Jugend ohne Zukunft? Einstellungen, Umwelt, Lebensperspektiven, (2. Aufl.). München.
Beiderwieden, J./Windaus, E., 1985: Jenseits der Gewalt – Hilfen für mißhandelte Kinder. Basel/Frankfurt a. M.
Beitzke, G., 1988: Familienrecht, (25. Aufl.). München.
Blankenburg, E., 1985: „Mobilisierung von Recht". In: Zeitschrift für Rechtssoziologie, 1, S. 33-64.
Bürgle, H., 1979: „Der Reformentwurf zum Recht der elterlichen Sorge der sozialliberalen Koalition". In: H. G. Stockinger (Hg.): Sozialisierung der Familie. Wien, S. 9-17
Caesar-Wolf, B./Eidmann, D., 1985: „Gleichberechtigungsmodelle im neuen Scheidungsfolgenrecht und deren Umsetzung in die familiengerichtliche Praxis". In: Zeitschrift für Rechtssoziologie, 6, S. 163-189.
Caesar-Wolf, B./Eidmann, D., 1986: „Zur relativen Autonomie der Rechtspraxis – Am Beispiel der Scheidungsgerichtsbarkeit". In: W. Hassemer/W. Hoffmann-Riem (Hg.): Juristenausbildung zwischen Experiment und Tradition. Baden-Baden, S. 193-212.
Campenhausen, Frhr. von A., 1987: „Verfassungsgarantie und sozialer Wandel – Das Beispiel von Ehe und Familie". In: Veröffentlichungen der Vereinigung der Deutschen Staatsrechtslehrer, 45, S. 7-54.
Coester, M., 1983: Das Kindeswohl als Rechtsbegriff. Frankfurt a. M.
Dopffel, P./Buchhofer, B., 1983: Unterhaltsrecht in Europa. Tübingen.
Eekelaar, J./Maclean, M., 1986: Maintenance after Divorce. Oxford.
Ehrlich, E., 1967: Grundlegung der Soziologie des Rechts, (3. Aufl.), (Unveränderter Nachdruck der 1. Aufl., 1913) Berlin.
Goldstein, J./Freud, A., 1979: Jenseits des Kindeswohls. Frankfurt a. M.
Figdor, H., 1990: Scheidung als Katastrophe oder Chance für die Kinder? In: Brühler Schriften zum Familienrecht, Bd. 6. Bielefeld, S. 21-39.
Fthenakis, W. E./Kunze, H.-R., 1982: Ehescheidung, Konsequenzen für Eltern und Kinder. München.
Fthenakis, W. E., 1984: „Der Vater als sorge- und umgangsberechtigter Elternteil". In: H. Remschmidt (Hg.): Kinderpsychiatrie und Familienrecht. Stuttgart, S. 55-91.
Fthenakis, W. E., 1985: Väter, Bd. II: Zur Vater-Kind-Beziehung in verschiedenen Familienstrukturen. München.
Gerhard, U., 1988: „Über Frauenalltag und Frauenrechte – Über die Notwendigkeit aus der Rolle zu fallen". In: U. Gerhard/J. Limbach (Hg.): Rechtsalltag von Frauen. Frankfurt a. M., S. 17-32.
Grandtke, A., 1995: „Familienrecht". In: U.-J. Heuer (Hg.): Die Rechtsordnung der DDR. Baden-Baden, S. 173-209.
Gysi, J., 1992: „Familie im sozio-demographischen Wandel – eine Untersuchung für die alte DDR". In: Brühler Schriften zum Familienrecht, 7, S. 77-82.
Hepting, R., 1998: „Das Eheschließungsrecht nach der Reform". In: Zeitschrift für das gesamte Familienrecht, 45, S. 713-728.
Herget, H./Zapf, W., 1984: „Ehe, Familie und Haushalt". In: W. Glatzer/W. Zapf (Hg.): Lebensqualität in der Bundesrepublik. Frankfurt a. M., S. 124-140.
Ilfeld, F. W./Ilfeld, H. Z., 1984: „Does Joint Custody Work? A. First Look at Outcome of Data of Relitigation". In: J. Folberg (Hg.): Joint Custody and Shared Parenting. Washington D.C., S. 136-140.
Köcher, R., 1985: Einstellungen zur Ehe und Familie im Wandel der Zeit. Eine Repräsentativuntersuchung im Auftrag des Ministeriums für Arbeit, Gesundheit, Familie und Sozialordnung. Baden-Württemberg/Stuttgart/Aalen.

Kommentar zum Familiengesetzbuch der Deutschen Demokratischen Republik, 1982. Ministerium der Justiz der DDR (Hg.). Berlin.
Krautscheidt, J./Marré, H. (Hg.), 1980: Essener Gespräche zum Thema Staat und Kirche, Bd. 14. Münster.
Lempp, R., 1978: Die Ehescheidung und das Kind. Ein Ratgeber für Eltern, (3. Aufl.). München.
Lempp, R., 1984: „Das gemeinsame Sorgerecht aus kinderpsychiatrischer Sicht". In: Zeitschrift für Jugendrecht, 71, S. 305-307.
Limbach, J., 1985: „Zur Strafbarkeit der Vergewaltigung in der Ehe". In: Zeitschrift für Rechtspolitik, 18, S. 289-291.
Limbach, J., 1988: Gemeinsame Sorge geschiedener Eltern. Karlsruhe.
Limbach, J., 1998: „Richtiges Familienrecht". In: Brühler Schriften zum Familienrecht, 10, S. 16-25.
Limbach, J., 2002: „Auf dem Wege zu einem europäischen Familienrecht?" In: Brühler Schriften zum Familienrecht, 12, S. 14-23.
Luepnitz, D. A., 1986: A Comparison of Maternal, Paternal and Joint Custody: Understanding the Varieties of Post-Divorce Familiy Life. In: Journal of Divorce VI. 9(3), S. 1-11.
Metz-Göckel, S./Müller, U., 1986: Der Mann. Weinheim/Basel.
Mikat, P., 1969: Möglichkeit und Grenzen einer Leitbildfunktion des bürgerlichen Ehescheidungsrechts. Paderborn.
Müller-Freienfels, W., 1962: Ehe und Recht. Tübingen.
Münchner Kommentar zum BGB, 1978. In: K. Rebmann/F. J. Säcker: Familienrecht, Bd. V. München.
Nichteheliche Lebensgemeinschaften in der Bundesrepublik Deutschland, 1985. In: Schriftenreihe des Bundesministers für Jugend, Familie und Gesundheit, Bd. 170, Karlsruhe.
Pawlowski, H., 1983: Die „Bürgerliche Ehe" als Organisation, Überlegungen zu den juristischen Arbeitsmitteln. Heidelberg/Hamburg.
Pheur, P. W. S./Beck, J. C., 1984: „An Empirical Study of Custody Agreements: Joint Versus Sole Custody. In: J. Folberg (Hg.): Joint Custody and Shared Parenting. Washington, D.C., S. 142-156.
Pohl, K., 1985: Wende – oder Einstellungswandel? – Heiratsabsichten und Kinderwunsch 18- bis 28jähriger deutscher Frauen 1978 und 1983. In: Zeitschrift für Bevölkerungswissenschaft, 11, 1, S. 89-110.
Ramm, T., 1984: Familienrecht, Bd. I: Recht der Ehe. München.
Rottleuthner-Lutter, M., 1989: Ehescheidung. In: R. Nave-Herz/M. Markefka: Handbuch der Familien- und Jugendforschung, Bd. 1: Familienforschung. Neuwied, S. 607-624.
Schwenzer, I., 1987: Vom Status zur Realbeziehung, Familienrecht im Wandel. Baden-Baden.
Simitis, S./Rosenkötter, L. (Hg.), 1979: Kindeswohl. Eine interdisziplinäre Untersuchung über seine Verwirklichung in der vormundschaftsgerichtlichen Praxis. Frankfurt a. M.
Steiger, H., 1987: „Verfassungsgarantie und sozialer Wandel. Das Beispiel von Ehe und Familie. In: Veröffentlichungen der Vereinigung der Deutschen Staatsrechtslehrer, 45. Berlin/New York, S. 55-93.
Voegeli, W., 1988: „Frauen im Prozeß der Ehelösung – Auswirkungen des neuen Unterhaltsrechts". In: U. Gerhard/J. Limbach (Hg.): Rechtsalltag von Frauen. Frankfurt a. M., S. 126-142.
Voegeli, W./Willenbacher, B., 1984: „Die Ausgestaltung des Gleichberechtigungsgrundsatzes im Eherecht. In: Zeitschrift für Rechtssoziologie, 5, S. 235-259.
Voigt, D./Voss, W., 1987: Sozialstruktur der DDR. Eine Einführung. Darmstadt.

Wallerstein, J./Biakeslee, S., 1989: Gewinner und Verlierer. Frauen, Männer, Kinder nach der Scheidung. Eine Langzeitstudie. München.
Weitzmann, L., 1985: The Divorce Revolution. The Unexpected Social and Economic Consequences for Women and Children in America. New York.
Willenbacher, B./Voegeli, W., 1987: „Auswirkungen des Ehegattenunterhaltsrechts in der Bundesrepublik Deutschland". In: Zeitschrift für Rechtssoziologie, 8, S. 98-113.
Willutzki, S., 1984: „Lebenslange Unterhaltslast – ein unabwendbares Schicksal?" In: Brühler Schriften zum Familienrecht, 3, S. 15-32.
Willutzki, S., 1992: „Eröffnungsansprache zum 9. Deutschen Familiengerichtstag". In: Brühler Schriften zum Familienrecht, 7, S. 1-5.
Willutzki, S., 1997: „20 Jahre Eherechtsreform". In: Zeitschrift für das gesamte Familienrecht, 44, S. 777-779.
Willutzki, S., 1998a: „Zum Wandel der Leitbilder von Ehe und Familie in Gesetzgebung und Rechtsprechung". In: Kirchenamt der EKD (Hg.): Zur ethischen Orientierung für das Zusammenleben in Ehe und Familie. Gütersloh, S. 143-168.
Willutzki, S., 1998b: „Schlussansprache zum 12. Deutschen Familiengerichtstag". In: Brühler Schriften zum Familienrecht, 10, S. 131-133.
Willutzki, S., 2000a: „Zur Entwicklung des gemeinsamen Sorgerechts". In: Recht der Jugend und des Bildungswesens, S. 398-410.
Willutzki, S., 2000b: „Umsetzung der Kindschaftsrechtsreform in der Praxis". In: Kindschafts-rechtliche Praxis, 3, S. 45-48.
Winter, G., 1969: Sozialer Wandel durch Rechtsnormen. Erörtert an der sozialen Stellung unehelicher Kinder. Berlin.
Wurzbacher, G., 1952: Leitbilder gegenwärtigen deutschen Familienlebens, (1. Aufl.). Stuttgart.
Zenz, G., 1979: Kindesmißhandlung und Kindesrechte. Erfahrungswissen, Normstruktur, Entscheidungsrationalität. Frankfurt a. M.
Ziegert, K. A., 1984: „Die Untersuchung der Effektivität des Züchtigungsverbots in Schweden". In: K. Plert/K. A. Ziegert (Hg.): Empirische Rechtsforschung zwischen Wissenschaft und Politik. Tübingen.

Wandel und Kontinuität in der Bedeutung, in der Struktur und Stabilität von Ehe und Familie in Deutschland

Rosemarie Nave-Herz

1 Einführung

Die geschichtliche Entwicklung der Familienrealität und das jeweils historisch gültige Familienideal war über Jahrhunderte hinweg in beiden Teilen Deutschlands gleich. Auch die reale Ausgangslage 1945 stimmte zunächst in ganz Deutschland überein: Die deutsche Nachkriegszeit war gekennzeichnet durch die Zerstörung von Produktionsstätten und der Infrastruktur, durch eine katastrophale Ernährungslage, tendenzielle Tausch- und Naturalienwirtschaft, einen enormen disproportionalen demographischen Bevölkerungsaufbau, regionale Wanderungsbewegungen, durch die Zerstörung von Wohnraum, der Wohnraumbewirtschaftung, aber auch durch eine besondere Wertschätzung des Familienlebens (übrigens nicht nur in Deutschland, sondern in allen vom Krieg betroffenen Staaten; vgl. Friedan 1966; Boh 1989). Letzteres war vermutlich auf die lange Trennung zwischen den Familienangehörigen, auf die vielen Not- und Angstsituationen durch Kriegshandlungen u.a.m. zurückzuführen. Man sehnte sich nach Lebenswerten, die einzulösen der Familie zugesprochen wurden (vgl. Meyer/Schulze 1985: 9).

Auch politischerseits brachte man der Familie in jener Zeit großes Interesse entgegen, doch in beiden Teilen Deutschlands wurden unterschiedliche Familienmodelle postuliert:

Im Westen galt das bürgerliche Familienmodell mit nicht-erwerbstätiger Mutter als alleiniges Ideal. Unterstützt und gefordert wurde diese Form von Familie vor allem durch die Kirchen, aber auch von anderen gesamtgesellschaftlich relevanten Gruppierungen. Dieses Modell entschärfte in jenen Anfangsjahren zudem die Arbeitsmarktlage. Es bekam schließlich eine derartige Anerkennung, dass später – in den Jahren als Arbeitskräftemangel herrschte – nicht die Mütter, sondern Gastarbeiter von den Betrieben „angeworben" wurden. Erst mit der Studenten- und der Neuen Frauenbewegung, dem Anstieg des Bildungsniveaus von Frauen, durch ihr verändertes Selbstbewusstsein u.a.m. setzte in Westdeutschland auf ideologischer Ebene – und z.T. auch in der Realität – ein nachhaltiger Wandel ein. Vor allem wurden innerfamiliale Veränderungen gefordert, die sich insbesondere auf die innerfamiliale Arbeitsteilung, auf die sexuellen Beziehungen, auf egalitärere Machtstrukturen und auf die Anerkennung der Erwerbstätigkeit von Müttern bezogen.

In der DDR wurde dagegen das „sozialistische Familienbild" (die Familie mit erwerbstätiger Mutter) von Anfang ihres Bestehens an propagiert (vgl.

hierzu ausführlicher Busch 1980) und seine Verwirklichung durch verschiedene gezielte Maßnahmen zu unterstützen versucht. Von staatlicher Seite standen bei der Durchsetzung dieser Maßnahmen nicht an erster Stelle frauenpolitische, sondern vor allem arbeitsmarkt- und bevölkerungspolitische Überlegungen im Vordergrund (vgl. Wiss. Beirat für Frauenpolitik beim BMFJ 1993). Hinzu kam für die Familie die ökonomische Notwendigkeit eines zweiten Einkommens. Ferner konnten in der DDR die Frauen bei einer Scheidung nicht mit einer Unterhaltszahlung rechnen, weswegen eine Unterbrechung der Erwerbstätigkeit hier auch ein höheres Risiko für die Frauen bedeutete.

Es kann nicht Aufgabe dieses kurzen Beitrages sein, die einzelnen Etappen der Familienentwicklung und der familienpolitischen Maßnahmen in der DDR und der (alten) Bundesrepublik Deutschland nachzuzeichnen (vgl. hierzu Wissenschaftlicher Beirat für Frauenpolitik beim BMJF 1993; Melbeck 1992: 109ff.; vgl. ebenso den Beitrag von Sommerkorn/Liebsch in diesem Bd.). Zu betonen aber ist, dass die Rolle der Frau und Mutter in der Familie in beiden Teilen Deutschlands offiziell – aber auch von der Bevölkerung selbst – unterschiedlich definiert und beurteilt wurde. Dennoch nahm die Familie in beiden Teilen Deutschlands – trotz der unterschiedlichen Familienideale und Familienrealitäten – gleichermaßen eine besondere Präferenzstellung unter allen Lebenszielen in der Bevölkerung ein, wie viele diesbezügliche Umfragen zeigen (vgl. z.B. Gysi 1989; zusammenfassend Nave-Herz 1994).

Interessant ist ferner, dass – trotz unterschiedlicher politischer, ökonomischer, staatsideologischer und anderer Rahmenbedingungen z.T. starke Übereinstimmungen in der Bedeutung, Struktur und Stabilität sowie in den sie bewirkenden mikrostrukturellen Bedingungen gegeben waren, so dass bereits auf der Ebene der statistischen demographischen Trends zwar Niveauunterschiede, aber keine unterschiedlichen Richtungsverläufe gegeben waren, abgesehen von einigen kurzfristigen statistischen Schwankungen (vgl. die Schaubilder in Kap. 2 und 5). Insofern werden im Folgenden die abgelaufenen familialen Veränderungen während der letzten 50 Jahre nicht nach „politischen Räumen" getrennt, sondern zusammenfassend dargestellt und nur das jeweils Besondere in Ost- und Westdeutschland betont.

Im Rahmen eines umfangmäßig begrenzten Artikels können selbstverständlich nicht alle Aspekte von Kontinuität und Wandel in der Struktur und Stabilität von Ehe und Familie von über 50 Jahren behandelt werden. Ihre Auswahl ergab sich einerseits aufgrund der vorhandenen Materiallage. Zum anderen sollte der folgende Beitrag an gängige Thesen anknüpfen, um diese zu überprüfen. So werden die Behauptungen über die moderne Motivationskrise zur Ehe- und Familiengründung, über die zugenommene partnerschaftliche innerfamiliale Arbeitsteilung, über die gestiegene Instabilität von Ehe und Familie u.a.m. zunächst anhand der entsprechenden familienstatistischen Trendverläufe dargestellt und dann mit den Ergebnissen theoretisch-empirischer Untersuchungen konfrontiert. Hierdurch wird im folgenden Artikel die These belegt, dass Ehe und Familie in jüngster Zeit keinen Bedeutungsverlust, sondern einen Bedeutungswandel erfahren haben, dass ferner sich die zeitgeschichtlichen Veränderungen eher auf die Ehe und weniger stark auf die Familie beziehen und dass zwischen diesen beiden Institutionen, gerade in Bezug auf zeitgeschichtliche Wandlungsprozesse, zu unterscheiden ist.

2 Kontinuität und Veränderungen im Prozess der Ehe- und Familiengründung

2.1 Die Nichteheliche Lebensgemeinschaft: ein funktionales Äquivalent zur Ehe?

Von 1946 bis 1950 ist die Heiratsneigung in beiden Teilen Deutschlands gestiegen, doch seitdem sinkt sie bis heute kontinuierlich. Die Abnahme verläuft nicht linear, sondern wellenförmig. Dieser Sachverhalt ist einerseits auf demographische Faktoren, nämlich auf Veränderungen im Altersaufbau der Bevölkerung, zurückzuführen (vgl. BiB-Mitteilungen 1987: 9). Andererseits ist die Zunahme in der DDR zwischen 1968 bis 1978 und ebenso – im Zeitverzug – der hier gegebene Anstieg der Geburtsquote (vgl. Schaubild Nr. 3) auf die politischerseits gezielten Maßnahmen zur Erhöhung der Geburtenrate (vgl. das Kap. Sommerkon/Liebsch in diesem Bd.) zurückzuführen. Dieser „Erfolg" war aber nur von relativ kurzer Dauer.

Schaubild Nr. 1: Entwicklung der Eheschließungen je 1.000 Einwohner

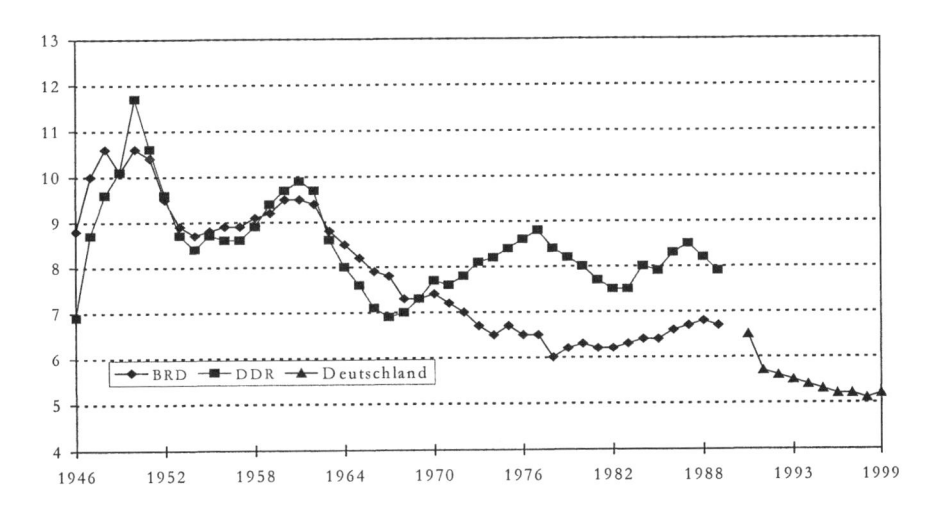

Quelle: Eigene Zusammenstellung aus den Statistischen Jahrbüchern der Bundesrepublik Deutschland und aus den Statistischen Jahrbüchern der DDR.

Ferner ist das durchschnittliche Heiratsalter lediger Frauen und Männer kontinuierlich gestiegen. Wie das folgende Schaubild (Nr. 2) zeigt, war in der DDR dieses immer niedriger als in der (alten) Bundesrepublik Deutschland.

Schaubild Nr. 2: Entwicklung des durchschnittlichen Erstheiratsalters in Ost und West – in Jahren

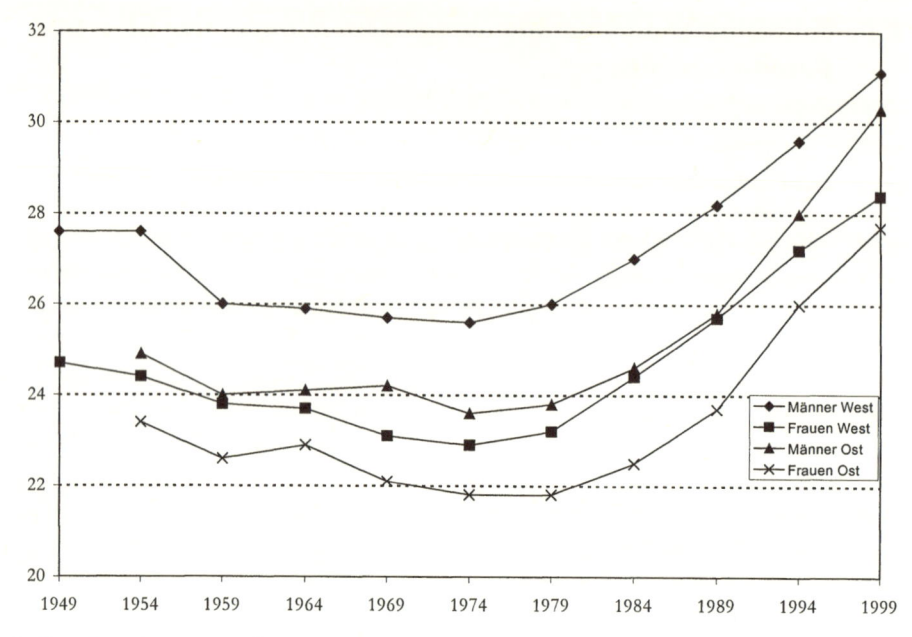

Quelle: Eigene Zusammenstellung aus den Statistischen Jahrbüchern der Bundesrepublik Deutschland und aus den Statistischen Jahrbüchern der DDR.

Vor allem aber haben die Nichtehelichen Lebensgemeinschaften[1] seit Anfang 1970 in Deutschland zugenommen. In den letzten 10 Jahren haben sie sich im gesamten Deutschland mehr als verdoppelt (vgl. die Statistischen Jahrbücher der BRD 1990: 58 und 2001: 64). Über die DDR besitzen wir leider keine Vergleichszahlen. Ob die Nichteheliche Lebensgemeinschaft als funktionales Äquivalent zur Ehe gelten kann, soll im Folgenden zunächst anhand der jeweiligen sozialstatistischen Merkmale geprüft werden.

Im Auftrage des BMFSJ wurde im November 2000 erstmalig eine detaillierte Sonderauszählung aufgrund der Mikrozensus-Daten des Statistischen Bundesamtes über die Bevölkerung ab 18 Jahren durchgeführt, die mit einem Partner zusammenleben. Die Daten wurden differenziert nach Elternschaft/ Nichtelternschaft, nach Rechtsformen (legale Eheschließung/Nichteheliche Lebensgemeinschaft), nach Geschlecht, Alter, Erwerbstätigkeit und Bildung.

---

[1] Unter einer „Nichtehelichen Lebensgemeinschaft" wird im folgenden Beitrag eine heterosexuelle Partnerschaft mit gemeinsamen Haushalt, aber ohne formale Eheschließung verstanden.

Ausgeklammert blieben Wohngemeinschaften (Schneider et al. 2000). Diese Differenzierung aller Haushalte nach ihren Rechtsformen zeigt, dass der Anteil Nichtehelicher Lebensgemeinschaften insgesamt, also mit und ohne Kinder, an allen Lebensformen 5,3% beträgt.

Mit dieser Mikrozensus-Auswertung wurde es vor allem erstmals möglich, Nichteheliche Lebensgemeinschaften und Ehen in sozialstatistischer Hinsicht zuverlässig zu vergleichen. Bedeutsam ist zunächst das höhere Bildungsniveau der in einer Nichtehelichen Partnerschaftsform Lebenden gegenüber den Verheirateten.

Ferner gilt für die weit überwiegende Mehrheit der Nichtehelichen Lebensgemeinschaften (aber nicht im gleichen Maße für die Verheirateten), dass beide Partner einer Vollzeiterwerbstätigkeit nachgehen bzw. sich in einer Ausbildung befinden, dass sie ledig und kinderlos sind. Das Verhältnis zwischen Nichtverheirateten mit Kindern und Verheirateten mit Kindern beträgt 5% zu 95% (Schneider et al. 2000: 76; vgl. hierzu auch die Daten bei Lauterbach 1999: 298).

Die Unterschiede im Hinblick auf die statistischen Variablen „Alter" und „mit Kindern zusammenlebend" zwischen den Nichtehelichen Partnergemeinschaften und den Ehepaaren, deuten nicht nur auf ihre sehr unterschiedlichen Lebenslagen hin, sondern zeigen, dass die Nichteheliche Lebensgemeinschaft – im Vergleich zur Ehe – als eine neue Form während der Postadoleszenz zu bewerten ist. Diese These soll im Folgenden durch die Beschreibung der verursachenden Bedingungen, die zur Ausprägung dieser neuen Lebensform führten, belegt werden.

Die Verbreitung von Nichtehelichen Lebensgemeinschaften ist zurückzuführen auf gesamtgesellschaftliche materielle und normative Veränderungen sowie auf die Verlängerung der Ausbildungszeiten für immer mehr Jugendliche.

Vor allem aber nahmen die normativen Zwänge zur Eheschließung ab. So bedürfen die emotionellen sexuellen Beziehungen heute keiner öffentlich bekundeten Legitimation mehr durch die Eheschließung (vgl. das Kap. von Limbach/Willutzki in diesem Bd.) und die materiellen und wohnungsmäßigen Bedingungen ermöglichen ein Zusammenleben ohne verheiratet zu sein. Die Ehe hat ihren Monopolanspruch, nämlich dass „einzige soziale System mit Spezialisierung auf emotionale Bedürfnislagen" (Luhmann 1982) zu sein, seit ca. 30 Jahren verloren. Nunmehr erfüllt auch die Nichteheliche Lebensgemeinschaft diese Funktion; auch sie wird aufgrund einer emotionalen Beziehung eingegangen. Im Übrigen legen hier ebenso die Partner besonderen Wert auf sexuelle Treue und nur geringfügig stärker erklären die Partner ihren Wunsch nach eigener Unabhängigkeit (Meyer/Schulze 1988: 316ff.; Schneider et al. 1998; Lauterbach 1999: 283).

In unserer ersten eigenen familienbiografischen Erhebung (Nave-Herz 1984) – deren Ergebnisse von anderen Forschern und Forscherinnen und von späteren, eigenen Untersuchungen immer wieder bestätigt wurden (Burkart et al. 1989; Simm 1991; Tölke 1993; Vaskovics/Rupp 1995; Matthias-Bleck 1997; Lauterbach 1999: 303) – zeigte sich, dass heute in Deutschland eine Nichteheliche Lebensgemeinschaft in eine Ehe „überführt" wird, sobald ein Kind geplant wird oder eine Schwangerschaft gegeben ist, also überwiegend im Hinblick auf Kinder. Diese heutige „kindorientierte Ehegründung" und „kindzentrierte Familie" – wie wir es nannten – setzte sich Mitte der 70er Jahre durch.

Diese Situation sah in der DDR etwas anders aus. Hier galt bis 1986 umgekehrt, dass man die Eheschließung bei der Geburt des Kindes zunächst vermied und man die Nichteheliche Lebensgemeinschaft wählte, vielfach um die Vergünstigungen, die die sozialpolitischen Maßnahmen alleinstehenden Müttern in der DDR boten, in Anspruch nehmen zu können (Gysi 1989: 267; Höhn et al. 1990: 151). Die sehr viel höheren Nichtehelichenquoten seit Mitte 1970 in der DDR im Vergleich zur (alten) Bundesrepublik sind vor allem auf diesen Sachverhalt zurückzuführen. Doch nach 1986 fielen diese „Anreize" fort, aber die Quote der Nichtehelichen Lebensgemeinschaften nahm nicht ab. Aufgrund der Erhebung von Gysi, durchgeführt im Jahr 1981, waren ebenso hier die Nichtehelichen Lebensgemeinschaften als „Durchgangsphase" zu charakterisieren: entweder spätere Auflösung oder spätere Eheschließung (Gysi 1989: 267).

Die veränderte Rechts- und Wirtschaftssituation in Ostdeutschland hat nunmehr zu Angleichungstendenzen auch im Hinblick auf die Nichtehelichen Lebensgemeinschaften geführt, in dem auch hier die Geburt von Kindern in verstärktem Maße frühzeitiger zur Eheschließung führt oder die Alleinerzieherschaft begründet.

Makroperspektivisch können wir also zusammenfassen: Aufgrund gesamtgesellschaftlicher Veränderungsprozesse gibt es heute zwei – öffentlich mehr oder weniger anerkannte – Subsysteme, denen beiden die gleiche spezialisierte Leistung zugeschrieben wird: die Spezialisierung auf emotionale Bedürfnislagen. Sie unterscheiden sich aber – so wurde gezeigt – zumeist im Gründungsanlass, da überwiegend nur die emotionale kindorientierte Partnerschaft zur Eheschließung führt. Daraus können wir ferner folgern: dass der Prozess – der Trend – der funktionalen Spezialisierung der Ehe also weiter fortgeschritten zu sein scheint und dass Ehe und Familie zu einer bewussten und erklärten Sozialisationsinstanz für Kinder wurden.

2.2 Die Veränderungen im Phasenablauf bis zur Eheschließung

Was sich durch die Herausbildung der neuen Lebensform Nichteheliche Lebensgemeinschaft verändert hat, ist vor allem der Ablaufprozess bis zur Ehe- bzw. Familiengründung. Der früher gegebene Sinn- und Verweisungszusammenhang zwischen den einzelnen Entscheidungsakten bis zur Hochzeit ist kaum noch gegeben. Der Verweisungszusammenhang zeigte sich noch vor ca.

30 Jahren in einem rituellen Ablaufprozess: nämlich, dass man nicht plausibel lieben und zugleich die Heiratsabsicht offen lassen konnte; die Liebeserklärung schloss den Heiratsantrag mehr oder weniger mit ein und die Verlobung folgte, die auf Heirat verwies und jene dann auf Kinder, also auf Familiengründung. Damals – so formulierte Tyrell – forderte das Eine das Andere und wenn Einer, nachdem er ernsthaft A gesagt hatte, nicht auch B sagte, so entwertete er zwangsläufig A rückwirkend (Tyrell 1988). Diese zwingenden Verknüpfungen gelten heute nicht mehr.

Aus diesem Grunde ist es auch falsch – wie häufig behauptet wird –, dass die Nichteheliche Lebensgemeinschaft eine neue Form der Verlobung sei, die noch bis Anfang der 70er Jahre allgemein üblich war. Diese Deutung ist insofern unzutreffend, weil – wie betont – für die Verlobung der Verweisungszusammenhang gilt: Wenn Verlobung, dann Ehe. Die Auflösung des Eheversprechens ist zwar möglich, kann aber negative Sanktionen nach sich ziehen. Dagegen weist die Nichteheliche Lebensgemeinschaft nicht über sich selbst hinaus und wird zumeist auch nicht mit der Absicht eingegangen, eine Dauerbeziehung zu begründen, wenn diese auch hieraus entstehen kann. Sie ist aber nicht unbedingt von Anfang an beabsichtigt. Schon in der ersten für die Bundesrepublik Deutschland repräsentativen Befragung im Auftrage des BMJFG betonten die interviewten Personen auf die Frage, ob sie ihren Partner, mit dem sie unverheiratet zusammenwohnten, heiraten wollten: zu 33% dass sie dieses später beabsichtigten; 38% waren sich noch im Unklaren, 28% wollten zwar auch heiraten, aber nicht den Partner mit dem sie zusammenlebten. Nur 2% waren echte Ehegegner, hier handelte es sich aber überwiegend um Ältere und Geschiedene (BMJFG 1985). Neuere Untersuchungen zeigen ähnliche Tendenzen (vgl. Vaskovics/Rupp 1995; Matthias-Bleck 1997; Schneider et al. 1998: 84).

Der Unterschied zwischen Ehe und Nichtehelicher Lebensgemeinschaft besteht vor allem auch darin, dass die letztere die emotionale Beziehung nicht der eigenen Einschätzung der Dauerhaftigkeit unterwirft und eine solche Absicht deshalb auch nicht öffentlich bekundet. Eine Zeremonie, wie sie mit der Eheschließung verbunden ist, fehlt. Aber Rituale dürfen für die Verfestigung von Beziehungen insofern nicht unterschätzt werden, da ihr Sinn gerade auch darin liegt, dem neuen System innerhalb des gesamten Sozialsystems seine Position zuzuweisen und damit Grenzen symbolisch neu gezogen werden. So werden z.B. durch Eheschließung soziale Rollen neu definiert: aus der Mutter wird nunmehr auch die Schwiegermutter, aus dem Bruder der Schwager usw., mit genau definierten Rechten und Pflichten. Die Unsicherheit der Anrede zwischen den nichtehelichen Partnern und zwischen ihnen und in ihrer jeweiligen Herkunftsfamilie ist Kennzeichen für den – bisher jedenfalls noch – geringen Institutionalisierungsgrad dieses Systems.

Überhaupt gibt es zumeist keinen genauen Zeitpunkt, von dem man aus bestimmen könnte, ob nunmehr eine Nichteheliche Partnergemeinschaft gegeben ist oder nicht, weil der Systembildungsprozess überwiegend sukzessiv erfolgt (vgl. BMJFG 1985: 89; Meyer/Schulze 1988; Vaskovics/Rupp 1995). So werden z.B. zunächst ein paar persönliche Gegenstände in der Wohnung des Partners deponiert, man hält sich dann vornehmlich nur noch in einer Wohnung auf, bis man sich schließlich fragt, warum man zweimal Miete zahlt. Schließlich gibt man eine Wohnung auf; und damit ist letztlich dann äußerlich und öffentlich sichtbar eine Nichteheliche Lebensgemeinschaft gegeben. Doch dieser Zeitpunkt wird nicht öffentlich rituell als Beginn eines gemeinsamen Lebens gefeiert, höchstens die Einweihung der neuen Wohnung. Das Zusammenziehen ist lediglich eine Konsequenz der bisherigen Beziehung; Absprachen über zukünftige Gestaltung der Partnerschaften werden nur vage und selten getroffen (vgl. Vaskovics/Rupp 1995: 45; Burkart et al. 1989: 93ff.; Nave-Herz 1997: 36ff.). Die Gründung einer Nichtehelichen Lebensgemeinschaft ist also die schlichte Konsequenz einer emotionellen sexuellen Beziehung und bedarf keiner rationalen Erwägung. Auch fehlt der Austausch von Geschenken, der als symbolischer Akt den Beginn einer Nichtehelichen Partnergemeinschaft markieren würde, was für die Hochzeit weiterhin gilt. Hierdurch wird nochmals der informelle und prozessuale Charakter dieses neuen Systems besonders deutlich.

Die Gründung einer Nichtehelichen Lebensgemeinschaft ist also an der Gegenwart orientiert, die Eheschließung dagegen auf Zukunft; analog der Differenz der beiden vorgelagerten rituellen Handlungen, der Liebeserklärung, die auf das „Hier und Jetzt" verweist, und dem Heiratsantrag, der das „Morgen" thematisiert.

Durch die Entkoppelung der Liebeserklärung vom Heiratsantrag – wie es das bürgerliche Ehemodell vorsah – bleibt also die Entscheidung, ob eine spätere Eheschließung erfolgen wird oder nicht, offen. Die empirischen Untersuchungsergebnisse zeigen, dass diesbezügliche Gespräche über eine mögliche Heirat aber weder bei Eingehung der Nichtehelichen Partnerschaft, noch lange Zeit danach geführt, zuweilen sogar völlig vermieden werden (vgl. ausführlicher Nave-Herz 1997: 37). So wurde selbst bei denjenigen, die schließlich geheiratet haben, viele Jahre lang über eine derartige gemeinsame Entscheidung nicht explizit gesprochen. Das schließt bei manchen Paaren nicht aus, dass man andeutungsweise das Thema schon mehrmals aufgegriffen hat; aber immer so, dass die Rückzugsposition gesichert war. So werden „Anträge" zuweilen durch das Mittel der Ironie, des „Ins-Spaßige-Ziehens" (also mit Distanz) formuliert. Zu vermuten ist, dass man sich die Fortsetzung der jetzigen Qualität der Beziehung wünscht und zu Recht befürchtet, dass eine definitive Entscheidung, vor allem, wenn sie negativ ausfallen würde, Veränderungen schaffen würde und man sie deshalb vermeidet oder entsprechende Absichten nur vage andeutet. Es scheint also heutzutage schwer zu sein, eine Statusveränderung in intimen Beziehungen zu diskutieren sowie zu erreichen. Zumeist muss es Anlässe geben, am häufigsten der Wunsch nach einem Kind oder eine eingetretene Schwangerschaft, die ein ernsthaftes Gespräch über eine mögliche Eheschließung auslösen und die Entscheidung zum Wandel einer Nichtehelichen Lebensgemeinschaft in eine Ehe mit ihrem gegenseitigen Verpflichtungscharakter bedingen.

Die Eheschließung ist damit zu einem „rite de confirmation", zu einer Bestätigung der Partnerbeziehung geworden; und überwiegend wird der gegenseitige Verpflichtungscharakter, die Solidarität dem Anspruch nach auf Dauer eine Partnerschaft zu gründen – wie bereits betont –, um der Kinder Willen öffentlich bekundet.

Es sei nochmals betont, dass die Nichteheliche Lebensgemeinschaft eine Veränderung zur Ehe erfahren kann, aber nicht muss; insofern können manche Nichteheliche Lebensgemeinschaften nur im nachhinein, also aus der Retrospektive, als Probeehe interpretiert werden. Nach Lauterbach löst die Hälfte von ihnen ihre Nichteheliche Lebensgemeinschaft wieder auf. Sie wählen in der Folge u.U. eine zweite, evtl. auch eine dritte, die dann zur Ehe führen kann; oder es wird anschließend als Lebensform das Alleinleben, eine Wohngemeinschaft u.a.m. gewählt. Eine über zehn Jahre dauernde Nichteheliche Lebensgemeinschaft ist sehr selten anzutreffen (Lauterbach 1999: 294, 302; vgl. auch Trost 1989: 363ff.).

Für die relativ wenigen älteren über 45 Jahre alten Personen, die in einer Nichtehelichen Lebensgemeinschaft leben (noch nicht einmal 2%) wissen wir bisher weder den Grund für die Wahl dieser Lebensform, noch wie viele diese evtl. später in eine Ehe überführen und warum. Empirische Untersuchungen fehlen. Doch ist ihre Anzahl bisher (das sei nochmals betont) sehr gering, wenn sie auch in den letzten Jahren etwas angestiegen ist (Schneider et al. 2000: 76).

2.3 Die Zunahme der Kinderlosigkeit in Deutschland: Ein zunehmendes Desinteresse an eigenen Kindern?

Seit Mitte der 60er Jahre nimmt in Deutschland die Geburtenquote ab, ein Trend der weiter anhalten wird und nur in den letzten Jahren, durch die höhere Geburtenquote der ausländischen Mitbürger, einen geringfügigen Aufwärtstrend aufweist.

Schaubild Nr. 3: Entwicklung der Lebendgeborenen je 1.000 Einwohner

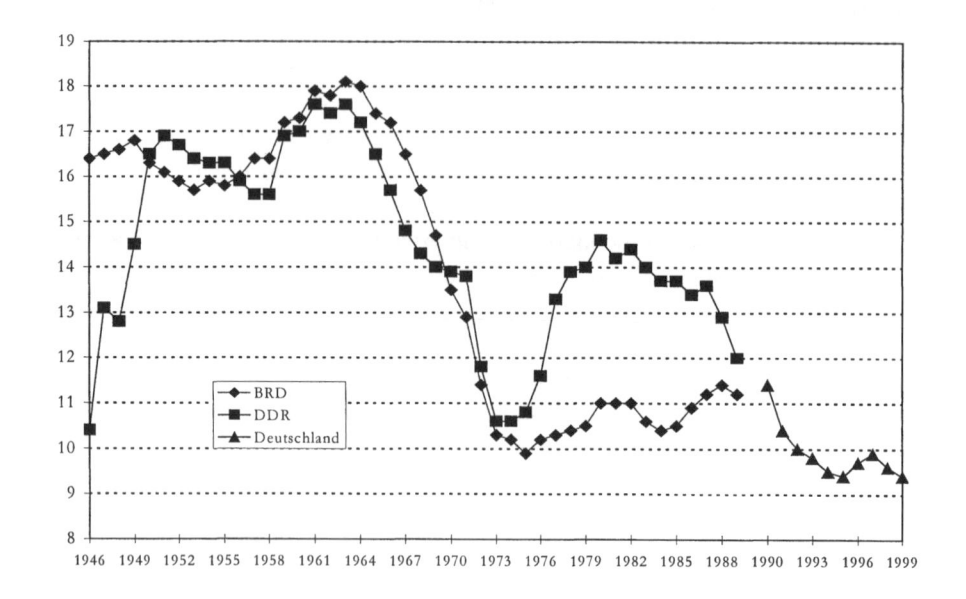

Quelle: Eigene Zusammenstellung aus den Statistischen Jahrbüchern der Bundesrepublik Deutschland und aus den Statistischen Jahrbüchern der DDR.

Die Abnahme der Geburtenquote ergibt sich durch den Rückgang der Mehr-Kinder-Familien. Bis Ende 1960 war der Anteil der Drei- und Mehr-Kinder-Familien der höchste. Dagegen herrscht heute die Zwei-, gefolgt von der Ein-Kind-Familie vor (BT-Drucksache 10/1983: 132; Fünfter Familienbericht 1994).

Vor allem ist ein Anstieg von kinderlosen Ehen in Deutschland gegeben. So bleiben heute von allen Frauen einer Geburtskohorte ca. 20-25% in der (alten) Bundesrepublik und ca. 11% in Ost-Deutschland zeit ihres Lebens kinderlos und gründen somit keine Familie (Schwarz 1999: 242; Huinink/Brähler 2000: 49ff.; BiB-Mitteilungen 4/2000: 19). Zwar gab es auch in der Vergangenheit immer wieder Zeiten, in denen die Zahl der kinderlosen Frauen hoch war, aber aus anderen Gründen als heute. Das galt z.B. für die vorindustrielle Zeit, als nur den Personen erlaubt wurde zu heiraten, die finanziell dazu in der Lage waren. Ferner blieben nach dem Ersten und Zweiten Weltkrieg viele Frauen in Deutschland unverheiratet und ohne Kinder, aber – im Gegensatz zu heute – waren diese aufgrund des damaligen disproportionalen Bevölkerungsaufbaus, des sog. „Frauenüberschusses", unfreiwillig ledig und kinderlos. Dagegen ist heute in Deutschland ein „Männerüberschuss" gerade im heiratsfähigen Alter gegeben, weil ein alter statistischer Sachverhalt weiterhin gilt: Es werden mehr

Jungen als Mädchen geboren (105 zu 100). Dieses quantitative disproportionale Verhältnis zwischen den Geschlechtern gilt aber nur bis zum mittleren Lebensalter, weil ab diesem das Sterberisiko von Männern höher ist als von Frauen. Die Lebenserwartung beträgt für die gegenwärtig 60-jährigen Männer 79 Jahre, für 60-jährige Frauen 83 (BiB-Mitteilungen 4/2000: 9).

Der Anstieg der Kinderlosigkeit in Deutschland könnte – auf den ersten Blick hin – de facto einen Bedeutungsverlust von Familie dokumentieren und signalisieren, dass sich immer mehr Menschen von einem Leben mit Familie, also mit Kindern, abwenden.

Kinderlosigkeit kann medizinisch oder psychosomatisch bedingt sein oder bewusst gewählt werden. Die Entscheidung für eine kinderlose Ehe als Lebensform scheint in Deutschland – wie empirische Untersuchungen belegen (vgl. z.B. Schneewind 1995: 470) – selten gewählt zu werden; dagegen als Übergangsform, d.h. als befristete Kinderlosigkeit, ist sie stärker verbreitet (Nave-Herz 1988; Nave-Herz et al. 1996). Die Einlösung des Kinderwunsches wird zunächst verschoben, weil zumeist ein hohes Berufsengagement bei gleichzeitigem Wunsch nach einem traditionellen Familienleben, das die Erwerbstätigkeit der Mutter von Kleinkindern ausschließt, bei vielen kinderlosen Frauen gegeben ist. Beide Werteorientierungen sind jedoch antagonistisch, so dass Entscheidungskonflikte „vorprogrammiert" sind. Vielfach wird deshalb zunächst eine befristete Kinderlosigkeit gewählt. Diese kann dann aber durch zwischenzeitliche gynäkologische oder andrologische Veränderungen zu einer lebenslangen ungewollten Kinderlosigkeit führen.

Makro-perspektivisch gesehen, ist nämlich zu bedenken, dass sich in Deutschland das Schul-, Ausbildungs- und Berufssystem für Frauen zeitgeschichtlich verändert hat (noch nie gab es eine derart hohe Zahl qualifiziert ausgebildeter Frauen wie heute), damit stieg das Berufsengagement von Frauen. Das Familiensystem aber, einschließlich der geschlechtsspezifischen Arbeitsteilung, hat – wie noch zu berichten sein wird – keine Veränderung in gleich starkem Maße erfahren: Noch immer ist die Zahl von Krippen, Ganztagskindergärten und -schulen in Deutschland sehr gering; die Halbtagsschulen herrschen bei weitem vor. Verursachend für die fehlenden Infrastruktureinrichtungen für erwerbstätige Mütter sind nicht nur fehlende staatliche Unterstützungsmaßnahmen, sondern auch die in Deutschland (vor allem in der alten Bundesrepublik) noch gültige Ideologie, dass Mütter von Kleinst- und Kleinkindern nicht erwerbstätig sein sollten, weil sie die „besten Erzieherinnen" ihrer Kinder wären. Diese Ideologie haben viele – auch gerade sehr berufsorientierte – Frauen internalisiert.

Die steigende Kinderlosigkeit in Deutschland ist also kein Indikator für die Ablehnung einer Familiengründung, sondern für die noch immer hohe Akzeptanz des bürgerlichen Familienideals bei gleichzeitig starker Berufsorientierung der Frauen und fehlenden Infrastruktureinrichtungen für die Betreuung von Kindern (vgl. hierzu ausführlicher Nave-Herz 1988; Onnen-Isemann

2000). Kulturvergleichende Untersuchungen bestätigen diese These, da diese hohe Kinderlosenquote für Frauen – z.B. in Schweden oder in Frankreich – nicht gegeben ist, für Länder also, in denen die Erwerbstätigkeit von Müttern mit Kleinstkindern als selbstverständlich gilt und die Vereinbarkeitsproblematik nicht in dem Maße – wie bei uns – Gültigkeit besitzt. Das galt im Übrigen auch für die DDR, deren Kinderlosenquote ebenso gering war und erst seit der Wiedervereinigung gestiegen ist.

Eine Motivationskrise oder eine fehlende Attraktivität bezüglich der Familiengründung ist auch nicht aus den verschiedensten empirischen jugendsoziologischen Erhebungen abzulesen. Sie zeigen eine zeitgeschichtliche Kontinuität in der Familiengründungsbereitschaft. Sowohl bei Mädchen als auch bei Jungen hat der Kinderwunsch auf der subjektiven Ebene der Lebensplanung seinen Stellenwert im Zeitvergleich behalten, wenn auch die gewünschte Kinderzahl insgesamt im Zeitverlauf abgenommen hat, das gilt im Übrigen auch für die Erwachsenen. 1950 nannten in einer repräsentativen Erhebung 31% der Befragten als ideale Kinderzahl 3 und mehr; bereits 1979 fiel ihr Anteil auf 21% (Höpflinger 1987: 158).

Auch die Reduktion der gewünschten und der tatsächlichen Kinderzahl kann jedoch nicht als ein Indikator für die Ablehnung von Familie und eigenen Kindern angesehen werden, sondern lediglich für die Favorisierung einer bestimmten Familiengröße. In dieser Hinsicht ist im Übrigen – entgegen der These von der in den letzten Jahren gestiegenen Pluralisierung von Familienformen – das Gegenteil zu verzeichnen: Die Variabilität im Hinblick auf die Familiengröße ist gesunken und statt dessen hat die Homogenität von Familienformen, differenziert nach Kinderzahl, zugenommen (vgl. auch Bertram 1991: 272). Ferner hat sich dadurch die Familienphase, d.h. das Zusammenleben mit Kindern, zeitgeschichtlich verkürzt.

3 Die zeitlichen Veränderungen der Familienzyklen

Eine wesentliche Veränderung in den letzten 50 Jahren für das Familienleben bedeutet die zeitliche Veränderung der Familienzyklen. Seit den Arbeiten von Glick (1947) ist der Familienzyklusansatz in der Soziologie bis heute aktuell geblieben. Wie allgemein bekannt, bezieht sich das Familienzykluskonzept auf die strukturelle Gliederung des Lebensablaufs einer Familie aufgrund von internen Veränderungen, die sich durch das Hinzukommen (Geburt oder Adoption) bzw. Ausscheiden der Kinder bzw. von Ehepartnern durch Tod ergeben. In der Soziologie dient das Familienzyklusmodell vor allem der Beschreibung der Dynamik von Rollen und Rollenanforderungen nach Positionen im Familienverband sowie der familialen ökonomischen Lage, wobei sich vor allem hierbei das Familienzykluskonzept als eine bessere Erklärungsmöglichkeit als das individuelle Alter erwiesen hat (König 1969: 245).

Diese Familienzyklen sind erst seit ca. 200 Jahren überhaupt in unserer Gesellschaft vorfindbar. In der vorindustriellen Familie waren keine markierten Zeitpunkte und gegliederte Phasen infolge der hohen Geburtenzahlen, der geringen Lebenswahrscheinlichkeit, der hohen Wiederverheiratungsquoten und der z.T. großen Altersunterschiede zwischen den Geschwistern erkennbar.

Manche Wissenschaftler und Wissenschaftlerinnen bestreiten, dass es heute noch eine Standardisierung in der Abfolge von bestimmten Lebensphasen gäbe, die noch vor ca. 20 Jahren als „normal" galt (z.B. Kohli 1986). Sie weisen in diesem Zusammenhang auf die Entstehung der Nichtehelichen Lebensgemeinschaften und auf die hohen Scheidungszahlen hin. Verändert hat sich – wie in Kap. 2.2 gezeigt – de facto der Phasenablauf bis zur Familiengründung. Mehr junge Menschen sammeln heutzutage Erfahrungen mit den unterschiedlichsten Lebensformen bis zur Eheschließung. Doch mit dieser und der Geburt des ersten Kindes – oder heute vielfach umgekehrt: nach der Geburt des Kindes und der Eheschließung (Nave-Herz 1997: 35ff.) – ist der Phasenablaufprozess gleich geblieben. Auch wenn heute fast 1/3 aller Ehen durch Scheidung aufgelöst wird, so gilt auch umgekehrt: 2/3 aller Ehen bleiben in Deutschland, „bis dass der Tod sie scheidet", bestehen. Doch selbst bei Ehescheidung bleibt die Kernfamilie erhalten, wenn sie auch ihre Form zur Alleinerzieherschaft ändert. Eine Wiederverheiratung in Deutschland verändert zumeist nicht den Phasenablauf, da nur ein „Partnertausch" gegeben ist, der keine starke Verlängerung oder Veränderung der gerade gegebenen Familienphase bewirkt.

Die einzelnen Zyklen haben sich allerdings in ihrer Länge verschoben. Zeitlich ausgedehnt hat sich vor allem die nachelterliche Phase. Noch nie in unserer Geschichte gab es so viele Ehepaare, die ihre Goldene oder ihre Eiserne Hochzeit gemeinsam feiern können, wie heute. Ferner haben noch nie so viele Urgroßeltern bzw. vor allem Urgroßmütter ihre Urenkel erlebt. Dieses sind historisch völlig neue Phänomene.

Dagegen hat sich die eigentliche Familienphase, d.h. die Zeit der Pflege und Versorgung von Kindern – trotz längeren Verweilens der Jugendlichen im Elternhaus (vgl. ausführlicher hierzu Nave-Herz 2002; Papastefanou 1997) – verkürzt, was auf die geringere Kinderzahl pro Familie und auf die höhere Lebenserwartung der Menschen zurückzuführen ist. Diese Zeitspanne macht nur noch 1/4 der gesamten Lebenszeit aus; vor 100 Jahren betrug ihr Anteil noch mehr als die Hälfte. Dieser Sachverhalt hat insbesondere das Leben der Frauen verändert. Eine normative Festschreibung der Frauen auf ihre Mutter-Rolle würde heutzutage bedeuten, dass sie 1/4 ihres Lebens in der Erwartung auf das „eigentliche Leben" (= Familienphase) und ca. 2/4 ihres Lebens im Bewusstsein, dass das „eigentliche Leben" vorbei sei, verbringen würden (vgl. Schaubild Nr. 4).

Schaubild Nr. 4: Veränderung der Familienphase seit 1949/1950
– Schematische Darstellung –

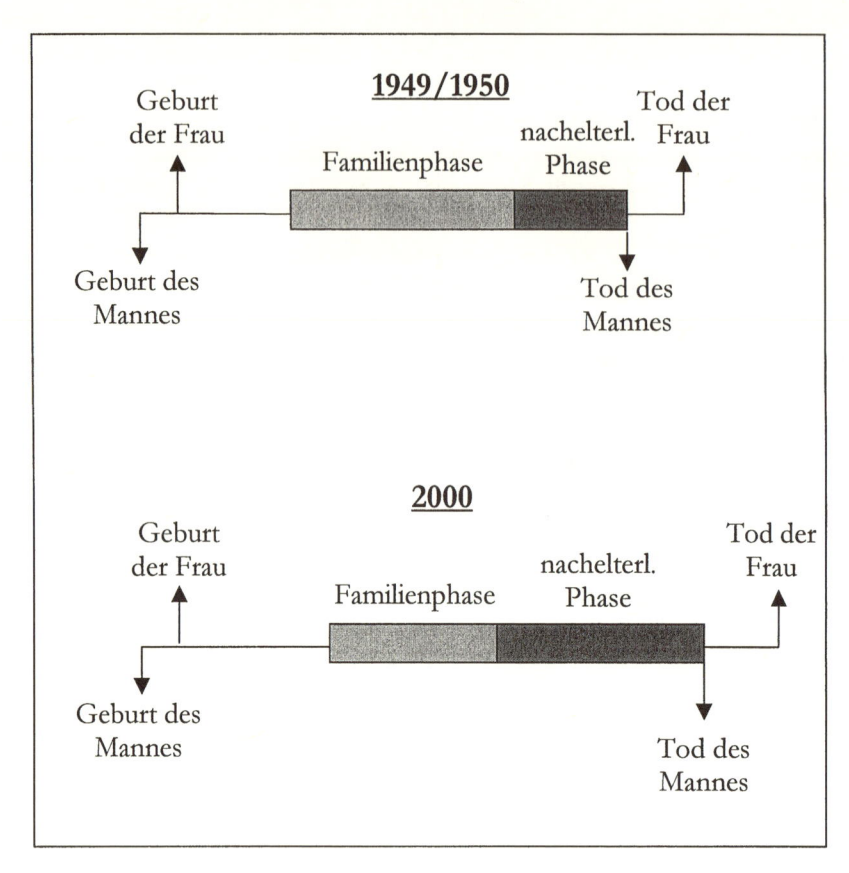

```
                            1949/1950
         Geburt                                Tod der
         der Frau                              nachelterl. Frau
                        Familienphase          Phase
                        ▲                                      ▲
                        │   ▓▓▓▓▓▓▓▓▓▓▓▓▓▓ ████████████████    │
                        ▼                                      ▼
         Geburt des                            Tod des
         Mannes                                Mannes


                              2000
         Geburt                                          Tod der
         der Frau                    nachelterl.         Frau
                        Familienphase    Phase
                        ▲                                      ▲
                        │      ▓▓▓▓▓▓▓▓▓ ██████████████████    │
                        ▼                                      ▼
         Geburt des                                    Tod des
         Mannes                                        Mannes
```

Die zeitliche Reduktion der Lebensphase, in der Eltern mit ihren Kindern eine Haushaltsgemeinschaft bilden, hat aber ferner zur Folge gehabt, dass von allen bestehenden Haushalten in der Bundesrepublik Deutschland nur noch 1/3 Familienhaushalte sind. Sie sind also – bei einer querschnittsmäßigen Betrachtung – in eine Minoritätenstellung gedrängt worden. Das uns in Werbespots suggerierte Bild, dass unsere Gesellschaft hauptsächlich aus Haushalten von Vater und Mutter mit Kindern (aus sog. Kernfamilien) zusammengesetzt sei, stimmt also mit der sozialen Realität überhaupt nicht mehr überein. Selbst bei Addition aller verschiedenen Familienformen sind die Familienhaushalte im Sinne der Eltern-Kind- oder Mutter-/Vater-Kind-Einheit, durch die Zunahme vor allem der Ein-Personen-Haushalte (primär durch die Zunahme von älteren alleinlebenden Frauen, sekundär von alleinlebenden Jugendlichen), der kinderlosen Ehen und der Nichtehelichen Lebensgemeinschaften ohne Kinder o.a.m. – querschnittsmäßig betrachtet – nicht mehr quantitativ die dominante Lebensform in unserer Gesellschaft.

Im Hinblick auf den Lebenslauf des Einzelnen jedoch – also bei einer Längsschnittbetrachtung – ist die weit überwiegende Mehrheit der bundesrepublikanischen Bevölkerung dennoch zweimal in ihrem Leben in einer traditionellen Eltern-Familie eingebunden: als Kind und als Erwachsener. Doch: „In-Familie-Leben" (d.h. hier: das Zusammenleben mit Kindern) ist stärker als je zuvor zu einer transitorischen Lebensphase geworden.

4 Wandel und Kontinuität in den innerfamilialen Machtbeziehungen

Der Vielzahl von Veröffentlichungen, die sich theoretisch mit dem Phänomen der ehelichen und familialen Machtverhältnisse auseinandersetzen, steht eine geringe Zahl von empirischen Untersuchungen gegenüber, jedenfalls in Deutschland. Noch kärglicher ist die Materiallage zur Beantwortung der Frage, ob sich die Machtstrukturen in Ehe und Familie seit Ende des Zweiten Weltkrieges bis heute verändert haben, sowohl was die DDR als auch die (alte) BRD betrifft. Aufgrund dieser Datenlage kann weder auf verschiedene Ebenen, Dimensionen und Formen der Machtausübung, noch auf verschiedene Arten von Macht oder auf den prozessualen Verlauf eingegangen werden. Noch am besten sind Veränderungen über die Eltern-Kind-Beziehung durch empirische Untersuchungen belegt (vgl. Schütze in diesem Bd.). Nur zu zwei weiteren Machtbereichen sind Vergleichsdaten zu finden: einige wenige zur ehelichen Autoritätsstruktur, dagegen mehrere Untersuchungen zur innerfamilialen Arbeitsteilung.

Unter „Macht" wird im Übrigen hier in Anlehnung an Max Weber die Chance verstanden, innerhalb der ehelichen bzw. familialen Beziehung den eigenen Willen – u.U. auch gegen Widerstand – durchzusetzen; unter „Autoritätsstruktur" wird das eheliche Über- und Unterordnungsverhältnis bzw. die Frage der Gleichrangigkeit der Partner thematisiert.

Am differenziertesten zeigt eine ältere (von 1982) empirische Untersuchung von Hahn die Schichtdifferenzen im Hinblick auf das Phänomen Macht und Autorität. Sie betonen, dass „in den unteren Schichten der Wunsch nach einem Mann, der die letzten Entscheidungen fällt, erheblich ausgeprägter (ist) als in den oberen, den mittleren und den unteren Schichten. Geht man nicht von Personen, sondern von Ehepaaren aus, so zeigt sich, dass der Anteil der Ehepaare, die übereinstimmend einen Ehemann wünschen, der die letzte Entscheidung trifft, kontinuierlich steigt, wenn man von der Oberschicht zur Unterschicht geht (von 12,7% auf 49,4%). Freilich ist andererseits gerade in der Oberschicht der Zwiespalt von Männern und Frauen in diesem Punkt besonders hoch. Möglicherweise deutet dieser Zwiespalt den aus der Literatur bekannten Tatbestand an, dass gerade in den Oberschichten zwar die faktische Macht des Mannes in der Familie groß ist, aber gleichzeitig hohe Egalitäts- und

Harmonienormen bestehen: Eben weil der Mann über die wichtigsten Ressourcen verfügt, soll er seine Macht nicht zeigen, sie jedenfalls nicht ausspielen. Er hat es gewissermaßen nicht nötig, autoritär aufzutreten. Er kann das Ideal der ‚Ritterlichkeit' befolgen" (Hahn 1982: 111; vgl. hierzu auch Rodman 1970: 121ff.).

Dass noch immer eine allgemeine Überlegenheit des Mannes in der Ehe akzeptiert und gewünscht wird, geht aus mehreren anderen – aber alles älteren und die (alte) Bundesrepublik betreffenden – Untersuchungen hervor (vgl. z.B. Pfeil 1975; Pross 1978). Zu diesem Themenbereich wären dringend neuere Untersuchungen angesagt.

Symbolisch jedenfalls scheint die internalisierte Akzeptanz der männlichen Autorität noch immer durch den bestehenden Altersabstand (gleichbleibend in den vergangenen 40 Jahren beträgt er durchschnittlich drei Jahre) und durch die unterschiedlichen Körpergrößen zwischen den Ehepartnern Gültigkeit zu besitzen, die jedenfalls nur als Relikte aus einer alten patriarchalischen Familienstruktur interpretierbar sind.

In Bezug auf die innerfamiliale Arbeitsteilung dagegen gibt es eine Reihe von älteren sowie neueren Erhebungen.

Sie belegen im Zeitvergleich einerseits sehr wohl eine stärkere Partizipation der Väter am Sozialisationsprozess ihrer Kinder (vgl. hierzu auch das Kap. von Schütze in diesem Bd.). Andererseits bleibt die alte innerfamiliale geschlechtsspezifische Arbeitsteilung, wenn alle Haushaltstätigkeiten einbezogen werden, fast unangetastet. Noch immer gilt, was Pross (1978) mit folgenden Worten formulierte: „In den Ehen fast aller Befragten gibt es eine klare Arbeitsteilung: Die Frau kümmert sich um den Haushalt, der Mann packt – gelegentlich – und bloß ausnahmsweise – häufig – zu. Ob die Frau berufstätig ist oder nicht, der Haushalt ist ihr Ressort" (1978: 94; ebenso Burkart/Meulemann 1976: 51; Krüsselberg et al. 1986: 84ff.; Künzler 1999; Blossfeld/Drobnic 2001).

Für die DDR galt ebenfalls die ungleiche Belastung zwischen den Geschlechtern durch Hausarbeit, eine Tradition, die sich auch über „die Wende" gehalten hat. Insgesamt zeigen die Ergebnisse des Familien-Surveys eindeutig: „daß die völlig andersartigen objektiven Strukturbedingungen in der ehemaligen DDR nicht die geschlechtsspezifischen Rollenmuster im privat-familien Bereich aufheben konnten. Auch in den neuen Bundesländern liegt die familiale Alltagsorganisation und Haushaltsführung sowohl in zeitlicher als auch tätigkeitsspezifischer Hinsicht überwiegend auf den Schultern der Frauen, was aufgrund der hohen Erwerbsbeteiligung zu einer starken Doppelbelastung der Frauen geführt hat" (Bertram 1992: 27ff.; Nickel 1990: 27ff.; vgl. auch Nickel 1990: 17f.; Gysi/Meyer 1993: 146 sowie Sommerkorn/Liebsch in diesem Bd.).

Die sog. „Time-Available"-Hypothese, die besagt, dass der Umfang der Übernahme von hauswirtschaftlichen Arbeiten durch die Ehepartner abhängig ist von dem zeitlichen Umfang ihrer jeweiligen Erwerbstätigkeit, wurde also durch keine Erhebung bestätigt: weder in den neuen, noch in den alten Bundesländern.

In den letzten Jahrzehnten wählen in Deutschland immer mehr erwerbstätige Frauen (in der Öffentlichkeit fast unbemerkt und ohne Aufmerksamkeit zu erregen) einen neuen Lösungsweg im Hinblick auf die Vereinbarkeitsproblematik von Familien- und Erwerbstätigkeit, vorausgesetzt, die ökonomische Basis lässt es zu: eine Variante des alten Hausfrauenmodells. D.h., der Hausfrau bleibt die alleinige Verantwortung für die Haushaltsführung, sie tritt aber hauswirtschaftliche, also Familientätigkeiten – während sie erwerbstätig ist – nicht an den Mann, sondern an familienfremde Personen gegen Entgeld ab. Sie erweitert also, wie es in der hochbürgerlichen Familie üblich war, den engen Familienkreis durch eine Kinderfrau oder eine Haushaltshilfe. Dieses Dienstleistungsmodell wird vor allem von bildungsmäßig höher qualifizierten und damit besser verdienenden Frauen in Deutschland praktiziert. Seine quantitative Verbreitung ist bisher unbekannt. Aber die Statistiken zeigen einerseits den bildungsmäßigen Anstieg von Frauen in den letzten Jahren, andererseits gilt weiterhin, dass der Anteil der Mütter, die aus dem Beruf nicht ausscheiden, mit der Höhe der Berufsposition steigt. Eine weitere quantitative Zunahme dieses Dienstleistungsmodells ist in Zukunft also noch zu erwarten. Dennoch bleibt es beschränkt auf die Gruppe der besser ausgebildeten Frauen in höheren Berufspositionen, deren Zahl aber stetig zunimmt, wenn ihr Anteil auch noch nicht dem Gleichheitsanspruch entspricht und kaum so schnell entsprechen wird. Gleichzeitig werden damit für eine andere Gruppe von Frauen – und vor allem auch für viele Migrantinnen – Arbeit und eigener Verdienst geschaffen, aber häufig leider keine Erwerbs-Arbeitsplätze, weil es sich zumeist um die – frauenpolitisch gesehen – sehr problematischen „geringfügigen" Beschäftigungsverhältnisse handelt, also ohne Versicherungs- und Rentenanspruch bzw. -schutz, oder es handelt sich sogar um sog. „Schwarzarbeit".

Ob aus den aufgezeigten gesamtgesellschaftlichen Wandlungsprozessen familien- und sozialpolitische Konsequenzen gezogen werden sollten – und welche – diese Frage muss im Rahmen dieses kurzen Beitrages zwar gestellt, aber unbeantwortet bleiben. Die damit verbundenen Probleme sind groß und diffizil, so dass man hier in diesem Zusammenhang nur die oft zitierten Worte des Alten von Briest (Th. Fontane) wiedergeben kann: „... ach, Luise, laß' das, es ist ein zu weites Feld".

Zusammenfassend sei nochmals betont: Für die Mehrzahl der erwerbstätigen Frauen bleibt, dass sie die mit Haushalt und Erwerbstätigkeit am belastetsten sind und dass die innerfamiliale Arbeitsteilung nicht dem partnerschaftlichen Ideal, das sich im weiteren Umfang durchgesetzt hat, entspricht. Diese Ungleichzeitigkeit der Veränderungsverläufe, sowohl auf normativer als auch auf faktischer Ebene, könnte aber zu einer Zunahme an Spannungen und Konflikten im Ehe- und Familiensystem führen, wodurch das Auflösungsrisiko sich erhöht haben kann. Manche Autoren betonen zudem, dass sich dieses

„Auflösungsrisiko" deshalb noch vergrößert hat, weil außerdem der Verbindlichkeitscharakter der Ehe und Familie allgemein abgenommen hätte. In der Literatur wird in diesem Zusammenhang zuweilen von einem De-Institutionalisierungsprozess von Ehe und Familie gesprochen (Tyrell 1985). Im Folgenden soll deshalb ausführlich diesem möglichen zeitgeschichtlichen Wandlungsprozess, nämlich der Frage nach der zugenommenen Instabilität der ehelichen und der familialen Beziehungen nachgegangen werden. Hierbei wird wiederum zunächst an den vorliegenden Statistiken angeknüpft und dann mögliche verursachende Bedingungen für die Entwicklung dieser statistischen Trendverläufe einzeln dargelegt und diskutiert.

5 Die These über die Abnahme des Verpflichtungs- und Verbindlichkeitscharakters von Ehe und Familie

Die gestiegenen Scheidungsquoten während der letzten zwei Jahrzehnte scheinen die o.a. These zu bestätigen. So war zwar nach 1945 die Zahl der Ehescheidungen infolge des Krieges, der Vertreibung, Kriegsgefangenschaft, Kriegstrauungen usw. ebenfalls hoch, sie ist dann aber ab 1950 bis Anfang 1960 gefallen, um dann wieder kontinuierlich zu steigen (der kurze Rückgang in den Jahren 1977/78 in der alten Bundesrepublik und 1990 in den neuen Bundesländern sind allein auf Gesetzesänderungen zurückzuführen).

Schaubild Nr. 5: Entwicklung der Ehescheidungen je 10.000 Einwohner

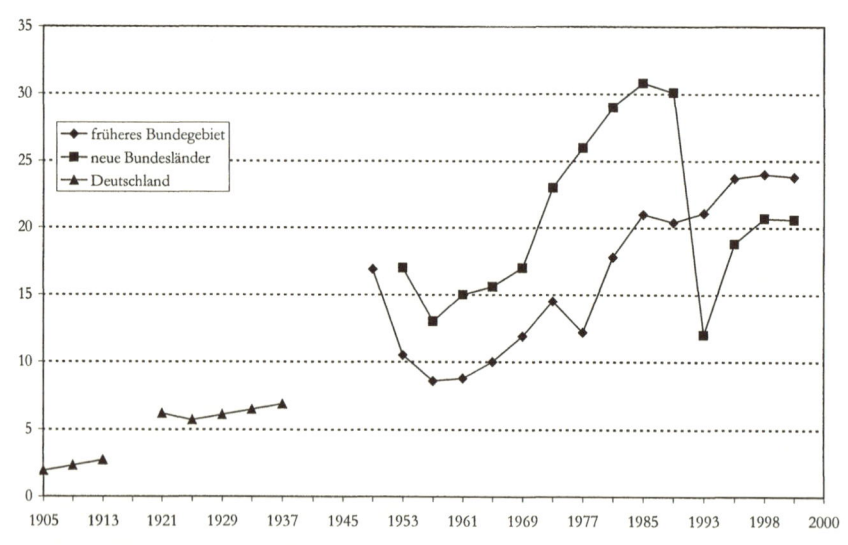

Quelle: Eigene Zusammenstellung aus den Statistischen Jahrbüchern der Bundesrepublik Deutschland sowie Fachserie 1, R. 1, 1999: 61 und aus den Statistischen Jahrbüchern der DDR.

Aus diesem Anstieg der Ehescheidungszahlen, wie er aus dem o.a. Schaubild abzulesen ist, könnte insgesamt auf eine Krise bzw. auf einen Bedeutungsverlust von Ehe und Familie geschlossen werden. Zunächst muss jedoch betont werden, dass die zugenommenen Scheidungszahlen höchstens eine Abnahme des Verpflichtungs- und Verbindlichkeitscharakters der *Ehe* im Zeitablauf signalisieren können. Denn in Bezug auf das Problem der Instabilität muss zwischen Ehe und Familie unterschieden werden. Die Absicht der Ehescheidung ist nämlich nur eine „Vertragskündigung" an den Ehepartner. Von wenigen Ausnahmen abgesehen, bleibt die Familie, wenn auch „geschrumpft" durch einen Rollenausfall (genauer: durch eine reduzierte Rollenerfüllung seitens eines Rollenträgers) bestehen. Tyrell hat diesen Tatbestand prägnant formuliert: „‚Gekündigt' wird nur dem Ehepartner, mit dem das Zusammenleben nicht länger erträglich ist, gekündigt wird nicht den Kindern" (1983: 365). Denn nur das Ehesystem kann sich in unserer Gesellschaft auflösen, das Eltern-Kind-System nicht, was sogar juristisch nicht möglich ist. Es kann allein seine Form verändern; vor allem – wie bereits erwähnt – durch die reduzierten Kontaktmöglichkeiten mit dem aus der Haushaltsgemeinschaft ausgeschiedenen Elternteil.

Wenn also nicht von einem „Zerfall der Familie" gesprochen werden kann, so bleibt zu prüfen, ob ein Bedeutungsverlust der Ehe aus der Zunahme der Scheidungsquoten zu diagnostizieren ist.

Die demoskopischen Umfragen belegen – trotz allen Anstiegs der Scheidungszahlen – jedoch zunächst das Gegenteil: Ihre Ergebnisse, die sich auf die Einstellungen der deutschen Bevölkerung zu Ehe und Familie, auf die persönliche Bedeutung der Ehe bzw. der Familie seitens der Befragten und auf die Zufriedenheit mit ihrer eigenen Ehe beziehen, zeigen alle eine hohe positive subjektive Bewertung und Einstellung zur Ehe und Familie, und zwar bei allen Bevölkerungsgruppen (gleichgültig, um welchen Berufs- und Bildungsstand es sich handelt; etwas abgeschwächter bei den unter 30-Jährigen).

Das galt auch für die Bevölkerung der DDR. Die Aufwertung der Familie und von engen Verwandten in der DDR – obwohl der Staat vom Einzelnen als oberste Priorität die Zugehörigkeit zur sozialistischen Gesellschaft proklamierte – werden in der Literatur einerseits begründet mit dem Fehlen von anderen Optionen, z.B. dem Reisen, andererseits mit dem Wunsch, dem verbreiteten staatlichen Überwachungssystem „zu entgehen" und Kontakte im vertrauten Familien- und Verwandtschaftssystem zu suchen. Man spricht in diesem Zusammenhang von der sog. „Rückzugsthese" (Gysi 1989). Dass viele Personen hier einem Irrtum unterlagen, weil der politische Staatsapparat selbst engste Familien- und Verwandtschaftsangehörige sich seinem Dienst gefügig gemacht hatte, wurde vielfach erst nach der „Wende" bekannt.

Auch in der letzten Erhebung des Wohlfahrt-Surveys von 1998 sind die Zufriedenheitsgrade in Bezug auf die Familie im Vergleich zu anderen Lebensbereichen am höchsten (ISI 1999: 3). Ferner geben in dieser Erhebung die Befragten an, dass am wichtigsten für das Wohlbefinden die Gesundheit wäre, aber an zweiter Stelle wird bereits die Familie genannt, mit einem Unterschied von nur 4-Prozentpunkten (Westdeutschland) bzw. mit 2-Prozentpunkten (Ostdeutschland). Die Bedeutung der Familie für das subjektive Wohlbefinden wird sogar heutzutage in Deutschland noch stärker als vor 20 Jahren betont, und zwar in West- und Ostdeutschland.

Auch diejenigen, die in anderen Lebensformen leben, die Singles, die Alleinerziehenden, die Kinderlosen, würden – von wenigen Ausnahmen abgesehen – das Leben mit einem Ehepartner und Kindern bevorzugen. Viele Untersuchungen zeigen, dass diese alternativen Lebensformen nicht für alle Zeiten, sondern nur vorübergehend geplant und vielfach nicht freiwillig gewählt wurden (vgl. Köcher 1985; Lüscher/Stein 1985; Napp-Peters 1985; Gutschmidt 1986; Nave-Herz 1988; Nave-Herz/Krüger 1992; Schneewind/Vaskovics et al. 1992: 130; Nave-Herz 1998; Nave-Herz/Sander 1998).

Wie ist diese zunächst widersprüchliche Datenlage zu erklären, nämlich einerseits – wie gezeigt – die hohe Wertschätzung von Ehe/Familie und vor allem die hohe Zufriedenheit mit der eigenen Ehe seitens der Befragten, die seit 1950 noch gestiegen ist, und andererseits die hohen und zunehmenden Ehescheidungsquoten im gleichen Zeitraum?

Doch bereits König vermutete 1969, dass beide Sachverhalte sich nicht ausschließen, sondern sich sogar gegenseitig bedingen, was wir empirisch inzwischen belegt haben (Nave-Herz et al. 1990). Die Zunahme der Ehescheidungen ist nämlich nicht die Folge eines gestiegenen Bedeutungsverlustes der Ehe. Ebenso hat nicht die Zuschreibung der „Sinn"-Losigkeit von Ehe das Ehescheidungsrisiko zeitgeschichtlich erhöht und lässt Partner heute ihren Eheentschluss eher revidieren, sondern der Anstieg der Ehescheidungen ist vielmehr Folge gerade ihrer hohen psychischen Bedeutung und Wichtigkeit für den Einzelnen, so dass die Partner unharmonische eheliche Beziehungen heute weniger als früher ertragen können und sie deshalb ihre Ehe schneller auflösen. Hinzu kommt, dass exogene Belastungen Verstärkereffekte bei bereits vorhandenen ehelichen Spannungen besitzen können. So wirken z.B. physische und psychische Arbeitsbelastungen, Arbeitslosigkeit, lange Arbeitszeiten, finanzielle Schwierigkeiten, Alkoholmissbrauch und/oder andere Suchtprobleme eines Partners u.a.m. als Stressoren im Eheauflösungprozess; d.h. bei bereits vorhandenen ehelichen Konflikten verstärken die genannten Faktoren das Ehescheidungsrisiko, sind selbst aber nicht allein verursachend für eine Ehescheidung. Bei Nicht-Vorhandensein von Spannungen können sie – umgekehrt – die Gruppenidentität stärken. Mit anderen Worten: Derselbe Tatbestand, z.B. Arbeitslosigkeit, kann in den einzelnen Familien diametral unterschiedlich verarbeitet werden: Er kann eheliche Auflösungstendenzen oder die Ehestabilität verstärken.

Ferner ist zu betonen, dass heute weniger Ehen auf zwanghafter Kohäsion beruhen, weil die ökonomische Abhängigkeit der Frauen von ihren Ehemännern und die Diskriminierung von Geschiedenen abgenommen haben. Der Anstieg der positiven Angaben über die Ehe und Familie in den demoskopischen Umfragen mögen z.T. auch auf diesen Sachverhalt zurückzuführen sein, nämlich auf die Abnahme von Ehen, die nur auf zwanghafter Kohäsion beruhen.

Die Zunahme der Ehescheidungen hat also – um es nochmals zu betonen, weil diese These immer wieder häufig zu lesen ist – nicht zur Auflösung, zu einem Infragestellen der Familie, aber zu einer Pluralität von Familienformen geführt. Der Anteil von Ein-Eltern-Familien beträgt 13% von allen Familien (Stat. Jahrbuch 2001 für die Bundesrepublik Deutschland 2002: 64).

In der DDR war der Anteil der Alleinerziehenden immer weit höher, überwiegend aufgrund der höheren Scheidungszahlen (vgl. Gysi/Meyer 1993: 146). Zu bedenken ist ferner, dass ihr Anteil unmittelbar nach dem Zweiten Weltkrieg sehr viel höher war, vor allem solange noch viele Väter in Gefangenschaft waren.

In wissenschaftlichen Veröffentlichungen wurde lange Zeit eine defizitäre Vorstellung von der Ein-Eltern-Familie vermittelt und sie als „Problemfamilie" tituliert. Die Fülle der Literatur kann hier nicht behandelt werden. Die Untersuchungen – trotz ihrer Verschiedenartigkeit – zeigen aber alle übereinstimmend, dass bei vater- bzw. mutterlos aufgewachsenen Kindern, bezogen auf den Haushalt, mit spezifischen Entwicklungs- und Persönlichkeitsstörungen gerechnet werden *kann*, aber nicht *muss*. Ausschlaggebend für die Sozialisation der Kinder sind die häusliche Atmosphäre, der Lebensstil und die Einstellung der alleinerziehenden Mutter bzw. des Vaters zu ihrer Lebensform, das Alter sowie das Geschlecht des Kindes, die Zahl der Geschwister, das Vorhandensein von Großeltern und ihrem Verhältnis zu den Kindern usw. Vor allem muss auch die schlechtere sozio-ökonomische Lage der Ein-Eltern-Familie berücksichtigt werden, die problemverstärkend wirken kann. Kurz gefasst: Vater- oder Mutter-Abwesenheit per se sagt nichts über die zu erwartende Richtung des Sozialisationsprozesses der Kinder aus.

Ferner zeigen vor allem neuere Untersuchungen, dass es gerade im Hinblick auf diese Familienformen heutzutage eine große Variationsbreite gibt.

6   Ausblick

Gesamtgesellschaftliche, materielle sowie immaterielle, Veränderungen haben – wie gezeigt wurde – zu einer Differenzierung von zwei sozialen Systemen (Ehe/Familie sowie Nichteheliche Lebensgemeinschaft) mit ähnlich spezialisierten Leistungen geführt, wodurch die Ehe und Familie jedoch keinen Bedeutungsverlust, wohl aber einen Bedeutungswandel erfahren haben. So wurde z.B. trotz des gesellschaftlich akzeptierten Anspruchs an die Ehe, eine zweckfreie Institution zu sein, in den letzten Jahren – wie ausführlich beschrieben wurde – ihr instrumenteller Charakter durch die kindorientierte Ehegründung wieder offensichtlicher. Die Eheschließung selbst stellt nicht mehr in dem Maße – wie vor 30 Jahren durch die Ausprägung der Nichtehelichen Lebensgemeinschaften als Massenphänomen – ein rite de passage, sondern zumeist ein rite de confirmation in Bezug auf die Partnerbeziehung dar.

Ferner hat der Verbindlichkeits- und Verpflichtungscharakter der Ehe (nicht der Familie) immer stärker abgenommen, gekoppelt mit einer Zunahme der Ansprüche – vor allem auf der psychischen Ebene – an den Ehepartner u.a.m. Der dadurch bedingte Anstieg der Ehescheidungen hat zu einer Pluralität von Familienformen seit den „golden ages of marriage" –, seit den 50er und 60er Jahren geführt. Noch sind jedoch die bundesrepublikanischen Familien weit überwiegend Zwei-Eltern-Familien; und es hat sich sogar – was die Unterschiede in der Familiengröße anbetrifft – ein „uniformerer Typ" herausgebildet.

Wenn einerseits also die Instabilität der Ehe – nicht der Familie – de facto gestiegen ist, das Ehescheidungsrisiko sich also erhöht hat, genießen dennoch Ehe und Familie in Deutschland eine hohe gesellschaftliche Akzeptanz und sie nehmen in der persönlichen Wertpräferenz einen Spitzenplatz im Vergleich zu anderen Lebensbereichen ein. Zudem haben andererseits noch nie so viele Menschen in einer zeitlich so langen monogamen Ehe gelebt wie heute.

Mehr Kontinuität als Wandel ist in Bezug auf die innerfamiliale Arbeitsteilung gegeben. Denn in der Realität besteht weiterhin eine eindeutige geschlechtsspezifische häusliche Arbeitsteilung, wenn auch Väter sich heutzutage eher an den praktischen Sozialisationsaufgaben beteiligen. Die allgemeinen Geschlechtsrollen-Erwartungen beginnen sich aufzulösen bzw. haben ihre Legitimität eingebüßt; doch dieser zeitgeschichtliche Wandel scheint auf der normativen Ebene schon weiter fortgeschritten zu sein als auf der faktischen. So wird einerseits Gleichrangigkeit der Partner in der Ehe postuliert und werden überwiegend Entscheidungen partnerschaftlich getroffen, zum anderen wird aber gleichzeitig eine allgemeine Überlegenheit des Mannes akzeptiert, z.T. sogar gewünscht.

Diese aufgeführten Beispiele (alle Ergebnisse können hier nicht noch einmal wiederholt werden) zeigen, dass die Veränderungen in den einzelnen Dimensionen familialen Lebens in unterschiedlicher Geschwindigkeit und Intensität erfolgten. Dass viele sich auf die Ehe, andere auf die Familie (vgl. hierzu den Beitrag von Schütze in diesem Bd.) beziehen, und dass zwischen diesen beiden Institutionen gerade in Bezug auf zeitgeschichtliche Wandlungsprozesse zu unterscheiden ist.

Ferner geht aus den aufgezeigten Beispielen und überhaupt aus allen berichteten Wandlungsprozessen hervor, dass zwar gesamtgesellschaftliche Veränderungen zu innerfamilialem Wandel führten, aber diese Transferwirkungen nicht im Sinne eines „Reiz-Reaktions-Schemas" zu interpretieren sind, sondern dass durch die hohe Komplexität des Familiensystems gesamtgesellschaftliche Wirkungen sehr unterschiedliche innerfamiliale Verarbeitungen erfahren.

Literatur

Bertram, H., 1991: Familie und soziale Ungleichheit. In: H. Bertram (Hg.): Familie in Westdeutschland – Stabilität und Wandel familialer Lebensformen. DJI-Familiensurvey 1. Opladen, S. 235-274.

Bertram, H. (Hg.), 1992: Die Familie in den neuen Bundesländern – Stabilität und Wandel in der gesellschaftlichen Umbruchsituation. DJI-Familiensurvey 2. Opladen.

BiB-Mitteilungen, 1987: Informationen aus dem Bundesinstitut für Bevölkerungsforschung vom 12. 03. 1987.

BiB-Mitteilungen, 2000: Informationen aus dem Bundesinstitut für Bevölkerungsforschung beim Statistischen Bundesamt Wiesbaden, 4. Wiesbaden.

Blossfeld, H. P./Drobnic, S. (Hg.), 2001: Careers of Couples in Contemporary Societies: From Male Breadwinner to Dual-Earner Families. Oxford.

BMJFG, 1985: Nichteheliche Lebensgemeinschaften in der Bundesrepublik Deutschland. Schriftenreihe des Bundesministeriums für Jugend, Familie und Gesundheit, Bd. 170. Stuttgart.

Boh, K. (Hg.), 1989: Changing Patterns of European Family Life – a comparative analysis of 14 European Countries. London.

Burkart, G./Fietze, B./Kohli, M., 1989: Liebe, Ehe, Elternschaft. Eine qualitative Untersuchung über den Bedeutungswandel von Partnerbeziehungen und seine demographischen Konsequenzen. Materialien zur Bevölkerungswissenschaft, Bd. 60. Wiesbaden.

Burkart, G./Meulemann, H., 1976: Die Rolle des Mannes und ihr Einfluß auf die Wahlmöglichkeiten der Frau. In: Schriftenreihe des BMFG, Bd. 41. Bonn/Bad Godesberg.

Burkart, G. (Hg.), 1990: Sozialisation im Sozialismus – Lebensbedingungen in der DDR im Umbruch. 1. Beiheft der Zeitschrift für Sozialisationsforschung und Erziehungssoziologie.

Busch, F. W., 1980: Familienerziehung in der sozialistischen Pädagogik der DDR. Frankfurt a. M.

Diefenbach, H, 2000: Intergenerationale Scheidungstransmission in Deutschland. Würzburg.

Friedan, B., 1966: Der Weiblichkeitswahn oder: Die Mystifizierung der Frau. Hamburg.

Fünfter Familienbericht, 1994: Familien und Familienpolitik im geeinten Deutschland. Zukunft des Humanvermögens, Bundesministerium für Familie und Senioren. Bonn.

Glick, P. C., 1947: The Family Cycle. In: American Sociological Review, 12, S. 164-174.

Gutschmidt, G., 1986: Kind und Beruf – Alltag alleinerziehender Mütter. Weinheim.

Gysi, J. (Hg.), 1989: Familienleben in der DDR – Zum Alltag von Familien mit Kindern. Berlin.

Gysi, J./Meyer, D., 1993: Leitbild: Berufstätige Mutter – DDR-Frauen in Familie, Partnerschaft und Ehe. In: G. Helwig/H. M. Nickel: Frauen in Deutschland 1945 bis 1992. Bonn, S. 139-163.

Hahn, A., 1982: Die Definition von Geschlechtsrollen. In: V. Eid/L. Vaskovics (Hg.): Wandel der Familie – Zukunft der Familie. Eltville/Rhein, S. 94-112.

Höhn, C. et al., 1990: Bericht 1990 zur demographischen Lage – Trends in beiden Teilen Deutschlands und Ausländern in der Bundesrepublik Deutschland. In: Zeitschrift für Bevölkerungswissenschaft, S. 135-205.

Höpflinger, F., 1987: Wandel der Familienbildung in Westeuropa. Frankfurt a. M.

Huinink, J./Brähler, E., 2000: Die Häufigkeit gewollter und ungewollter Kinderlosigkeit. In: E. Brähler/H. Felder/B. Strauß: Fruchtbarkeitsstörungen. Jahrbuch der medizinischen Psychologie, Bd. 17. Göttingen, S. 43-54.

ISI, 1999: Informationsdienst Soziale Indikatoren, herausgegeben v. ZUMA. Mannheim.

Klein, Th., 1999: Verbreitung und Entwicklung nichtehelicher Lebensgemeinschaften im Kontext des Wandels partnerschaftlicher Lebensformen. In: Th. Klein/W. Lauterbach

(Hg.): Nichteheliche Lebensgemeinschaften – Analyse zum Wandel partnerschaftlicher Lebensformen. Opladen, S. 63-94.

Köcher, R., 1985: Ehe und Familie – Einstellungen zu Ehe und Familie im Wandel der Zeit, Institut für Demoskopie Allensbach. Stuttgart.

Kohli, M., 1986: Der Lebenslauf im Strukturwandel der Moderne – Kontinuität und Zäsuren. In: J. Berger: Soziale Welt, Sonderband 4, S. 183-208.

König, R., 1969: Soziologie der Familie. In: R. König (Hg.): Handbuch der empirischen Sozialforschung, Bd. 2. Stuttgart, S. 172-305.

Krüsselberg, H. G./Auge, M./Hilzenbecher, M., 1986: Verhaltenshypothesen und Familienzeitbudgets – Die Ansatzpunkte der ‚neuen Haushaltsökonomie' für Familienpolitik, Bd. 182 der Schriftenreihe des BMJFG. Stuttgart.

Künzler, J., 1999: Arbeitsteilung in Ehen und Nichtehelichen Lebensgemeinschaften. In: Th. Klein/W. Lauterbach: Nichteheliche Lebensgemeinschaften – Analysen zum Wandel partnerschaftlicher Lebensformen. Opladen, S. 235-268.

Lauterbach, W., 1999: Die Dauer nichtehelicher Lebensgemeinschaften. Alternative oder Vorphase zur Ehe? In: Th. Klein/W. Lauterbach (Hg.): Nichteheliche Lebensgemeinschaften – Analyse zum Wandel partnerschaftlicher Lebensformen. Opladen, S. 269-308.

Lüscher, K./Stein, A., 1985: Die Lebenssituation junger Familien – die Sichtweise der Eltern. Konstanz.

Luhmann, N., 1982: Liebe als Passion – Zur Kodierung von Intimität. Frankfurt a. M.

Matthias-Bleck, H., 1997: Warum noch Ehe. Erklärungsversuche der kindorientierten Eheschließung. Bielefeld.

Melbeck, Ch., 1992: Familien- und Haushaltsstruktur in Ost- und Westdeutschland. In: P. Mohler/Ch. Bandilla (Hg.): Blickpunkt Gesellschaft 2. Opladen, S. 109-126.

Meyer, S./Schulze, E., 1985: Von Liebe sprach damals keiner – Familienalltag in der Nachkriegszeit. München.

Meyer, S./Schulze, E., 1988: Nichteheliche Lebensgemeinschaften – Alternativen zur Ehe?. In: Kölner Zeitschrift für Soziologie und Sozialpsychologie, 3, S. 337-356.

Napp-Peters, A., 1985: Ein-Eltern-Familie – Soziale Randgruppe oder neues familiales Selbstverständnis? Weinheim.

Nauck, B., 1991: Familien- und Betreuungssituationen im Lebenslauf von Kindern. In: H. Bertram (Hg.): DJI-Familiensurvey 1: Die Familie in Westdeutschland. Opladen, S. 389-428.

Nauck, B./Onnen-Isemann, C. (Hg.), 1995: Familie im Brennpunkt von Wissenschaft und Forschung. Neuwied.

Nave-Herz, R., 1984: Familiale Veränderungen in der Bundesrepublik seit 1950. Zeitschrift für Sozialisationsforschung und Erziehungssoziologie, 1, S. 45-63.

Nave-Herz, R., 1988: Kinderlose Ehen – Eine empirische Studie über die Lebenssituation kinderloser Ehepaare und ihre Gründe für ihre Kinderlosigkeit. Weinheim.

Nave-Herz, R./Daum-Jaballah, M./Hauser, S./Matthias, H./Scheller, G., 1990: Scheidungsursachen im Wandel. Eine zeitgeschichtliche Analyse des Anstiegs der Ehescheidungen in der Bundesrepublik Deutschland. Bielefeld.

Nave-Herz, R./Krüger, D., 1992: Ein-Eltern-Familien. Eine empirische Studie zur Lebenssituation und Lebensplanung alleinerziehender Mütter und Väter. in: IFG-Materialien/Bielefeld.

Nave-Herz, R., 1994: Familie Heute. Wandel der Familienstrukturen und Folgen für die Erziehung. Darmstadt.

Nave-Herz, R./Onnen-Isemann, C./Oßwald, U., 1996: Die hochtechnisierte Reproduktionsmedizin. Strukturelle Ursachen ihrer Verbreitung und Anwendungsinteressen der beteiligten Akteure. Bielefeld.

Nave-Herz, R., 1997: Die Hochzeit – Ihre heutige Sinnzuschreibung seitens der Eheschließenden. Eine empirisch-soziologische Studie. Würzburg.

Nave-Herz, R., 1998: Die These über den „Zerfall der Familie". In: J. Friedrichs/M. R. Lepsius/K. U. Mayer (Hg.): Diagnosefähigkeit der Soziologie. Sonderheft 38 der Kölner Zeitschrift für Soziologie und Sozialpsychologie. Opladen, S. 286-315.

Nave-Herz, R./Sander, D., 1998: Heirat ausgeschlossen? Ledige Erwachsene in sozialhistorischer und subjektiver Perspektive, Reihe: Stiftung Der Private Haushalt, Bd. 33. Frankfurt a. M.

Nave-Herz, R., 1999: Die Nichteheliche Lebensgemeinschaft als Beispiel gesellschaftlicher Differenzierung. In: Th. Klein/W. Lauterbach: Nichteheliche Lebensgemeinschaften – Analysen zum Wandel partnerschaftlicher Lebensformen. Opladen, S. 37-62.

Nave-Herz, R., 2001: Die Mehrgenerationen-Familie – Eine soziologische Analyse. In: S. Walper/R. Pekrun: Familie und Entwicklung – Aktuelle Perspektiven der Familienpsychologie. Göttingen, S. 21-35.

Nave-Herz, R., 2001: Die nichteheliche Lebensgemeinschaft – eine soziologische Analyse. In: Familie, Partnerschaft, Recht. Interdisziplinäres Fachjournal für die Anwaltpraxis, 1, S. 3-7.

Nave-Herz, R., 2002: Family Changes and Intergenerational Relations in Germany. In: R. Nave-Herz (Hg.): Family Changes and Intergenerational Relations in Different Cultures. Würzburg, S. 210-235.

Nickel, H. M., 1990: Geschlechtersozialisation in der DDR – oder : Zur Rekonstruktion des Patriarchats im realen Sozialismus. In: Burkart, G. (Hg.): Sozialisation im Sozialismus – Lebensbedingungen in der DDR im Umbruch. 1. Beiheft der Zeitschrift für Sozialisationsforschung und Erziehungssoziologie, S. 17-41.

Onnen-Isemann, C., 2000: Wenn der Familienbildungsprozess stockt. Eine empirische Studie über die Stress- und Coping-Strategien reproduktionsmedizinisch behandelter Partner. Heidelberg.

Oswald, H., 1998: Sozialisation und Entwicklung in den neuen Bundesländern. 2. Beiheft der Zeitschrift für Soziologie, Erziehung und Sozialisation.

Papastefanou, C., 1997: Auszug aus dem Elternhaus – Aufbruch und Ablösung im Erleben von Eltern und Kindern. Weinheim/München.

Pfeil, E., 1975: „Männliche" und „weibliche" Rollen-Dynamik und unausgetragene Konflikte. In: Zeitschrift für Soziologie, 3, S. 380-402.

Pross, H., 1975: Die Wirklichkeit der Hausfrau. Hamburg.

Pross, H., 1978: Die Männer. Hamburg.

Rodman, H., 1970: Eheliche Macht und der Austausch von Ressourcen im kulturellen Kontext. In: G. Lüschen/E. Lupri (Hg.): Soziologie der Familie, Sonderheft 14 der Kölner Zeitschrift für Soziologie und Sozialpsychologie, S. 121-143.

Sackmann, R., 2000: Geburtenentscheidungen und Lebenslaufpolitik im ostdeutschen Transformationsprozess. In: Zeitschrift für Sozialisationsforschung und Erziehungssoziologie. 3. Beiheft, S. 146-163.

Schneewind, K. A., 1995: Bewußte Kinderlosigkeit: Subjektive Begründungsfaktoren bei den verheirateten Paaren. In: B. Nauck/C. Onnen-Isemann (Hg.): Familie im Brennpunkt der Wissenschaft und Forschung. Neuwied, S. 457-472.

Schneewind, K. A./Vaskovics, L. A./Backmund, V./Buba, H./Schneider, N./Sierwald, W./Rost, H./Vierzigmann, G., 1992: Optionen der Lebensgestaltung junger Ehen und Kinderwunsch. Schriftenreihe des BMFS, Bd. 9. Stuttgart.

Schneider, N. F./Rosenkranz, D./Limmer, R., 1998: Nichtkonventionelle Lebensformen: Entstehung – Entwicklung – Konsequenzen. Opladen, S. 91-103.

Schneider, N. F./Hartmann, K./Eggen, K./Fölker, B., 2000: Wie leben die Deutschen? Lebensformen, Familien- und Haushaltsstrukturen in Deutschland; Sonderauswertungen mit den Daten des Mikrozensus 1998, Hg. v. BMFSFG, Materialien zur Familienpolitik Nr. 10. Mainz.

Schneider, N. F./Krüger, D./Lasch, V./Matthias-Bleck, H./Limmer, R. 2001: Alleinerziehend – Vielfalt und Dynamik einer Lebensform. Weinheim/München.

Schwarz, K., 1999: Rückblick auf eine demographische Revolution – Überleben und Sterben, Kinderzahl, Verheiratung, Haushalte und Familien, Bildungsstand und Erwerbstätigkeit der Bevölkerung in Deutschland im 20. Jahrhundert im Spiegel der Bevölkerungsstatistik. In: Zeitschrift für Bevölkerungswissenschaft, 3, S. 229-280.

Simm, R., 1991: Partnerschaft und Familienentwicklung. In: K. U. Mayer/J. Allmendinger/J. Huinink (Hg.): Vom Regen in die Traufe; Frauen zwischen Beruf und Familie. Frankfurt a. M., S. 318-340.

Tölke, A., 1993: Partnerschaft und Eheschließung – Wandlungstendenzen in den letzten fünf Jahrzehnten. In: H. Bertram: Die Familie in Deutschland. DJI-Familiensurvey 1. Opladen, S. 113-158.

Trost, J., 1989: Nichteheliche Lebensgemeinschaften. In: R. Nave-Herz/M. Markefka (Hg.): Handbuch der Familien- und Jugendforschung, Bd. 1: Familienforschung. Neuwied/Frankfurt a. M., S. 363-374.

Tyrell, H., 1983: Zwischen Interaktion und Organisation – Die Familie als Gruppe. In: F. Neidhardt (Hg.): Gruppensoziologie, Perspektiven und Materialien, Sonderheft 25 der Kölner Zeitschrift für Soziologie und Sozialpsychologie, S. 362-390.

Tyrell, H., 1985: Literaturbericht – Nichteheliche Lebensgemeinschaften in der Bundesrepublik Deutschland, Schriftenreihe des Bundesministerium für Jugend, Familie, Frauen und Gesundheit, Bd. 170. Stuttgart, S. 93-140.

Tyrell, H., 1988: Ehe und Familie – Institutionalisierung und De-Institutionalisierung. In: K. Lüscher/F. Schultheiß/M. Wehrspaun: Die postmoderne Familie. Konstanz, S. 145-156.

Vaskovics, L. A./Rupp, M., 1995: Partnerschaftskarrieren: Entwicklungspfade nichtehelicher Lebensgemeinschaften. Opladen.

Wissenschaftlicher Beirat für Familienpolitik beim Bundesministerium für Frauen und Jugend, 1993: Frauen im mittleren Lebensalter – Lebenslagen der Geburtskohorten von 1935 bis 1950 in den alten und neuen Bundesländern. Schriftenreihe des Ministeriums für Frauen und Jugend, Bd. 113. Bonn.

Zur Veränderung im Eltern-Kind-Verhältnis seit der Nachkriegszeit

Yvonne Schütze

1 Vorbemerkung

Den in der ersten Auflage (1988) gewählten Zugang zu meinem Thema „Zur Veränderung im Eltern-Kind-Verhältnis seit der Nachkriegszeit" werde ich beibehalten. Demnach steht im Vordergrund meiner Überlegungen die Gegenüberstellung von familiensoziologischen Untersuchungen zu drei verschiedenen Zeitpunkten: die Nachkriegszeit, die 80er Jahre und neu hinzugekommen, die 90er Jahre bis in die Gegenwart des Jahres 2001. Dabei wird nunmehr auch kurz auf die DDR eingegangen, wobei es vor allem um die Frage geht, ob sich der Transformationsprozess mit seinen strukturellen und biographischen Umbrüchen auch auf das Eltern-Kind-Verhältnis ausgewirkt hat.

Nicht eingehen werde ich auf die Eltern-Kind-Beziehungen in Migrantenfamilien (vgl. hierzu Nauck in diesem Bd.) und auf die Beziehungen zwischen erwachsenen Kindern und ihren Eltern (vgl. hierzu Wagner in diesem Bd.).

1.1 Das Eltern-Kind-Verhältnis der Nachkriegszeit aus der Sicht damaliger familiensoziologischer Untersuchungen

Im Zentrum der familiensoziologischen Untersuchungen der Nachkriegszeit stand die Frage, ob und inwiefern die Kriegs- und Nachkriegsereignisse den Familienzusammenhalt gefährdeten. Helmut Schelsky, der zweifellos mit „Wandlungen der Deutschen Familie in der Gegenwart" (1953) die umfassendste Strukturanalyse der deutschen Nachkriegsfamilie erstellte, konstatierte, dass trotz einer massiven Bedrohung der Familienstabilität unter der Wirkung von Vertreibung, Deklassierung, jahrelanger Abwesenheit der Männer usw. die Familie nicht nur nicht zerbrach, sondern mit einer Verstärkung des Zusammenhalts reagierte. Die in den Interviews seiner Untersuchung immer wiederkehrende Aussage „nur noch für die Familie leben" zu wollen, kennzeichnet die allgemeine Bewusstseinslage derjenigen, für die „in einer Welt des Verlustes die Familie den Wert des einzigen und aus eigener Kraft geretteten und gewonnenen sozialen Gutes trägt" (Schelsky 1953: 96). Auf Grund der großen materiellen Notlage treten die gefühlsbetonten Elemente des Familienlebens in den Hintergrund. Stattdessen steigen die Anforderungen der Solidargemeinschaft Familie an die Leistungsbereitschaft und Opferwilligkeit der einzelnen Familienmitglieder. Die Solidaritätsfunktion erhält den Vorrang, im Vergleich zur Vorkriegszeit findet eine „Entinnerlichung" der Familie statt (Schelsky 1953: 225f.).

Im Gegensatz zu Schelsky vertreten damalige und auch heutige Autoren die Auffassung, dass „Erschütterungen aller Grade das gegenwärtige Familienleben in allen Schichten mehr oder weniger gefährden" (Thurnwald 1948: 211; ähnlich Adorno 1954; von Plato/Leh 1997).

Diese unterschiedlichen Diagnosen kommen vermutlich deshalb zustande, weil Stabilität oder Desorganisation der Familie an je unterschiedlichen Indikatoren festgemacht werden. Während die einen sich auf die hohen Scheidungszahlen (von Plato/Leh 1997) und die Auflösung der Autoritätsverhältnisse in der Familie berufen (Thurnwald 1948; Adorno 1954), konzentriert sich Schelsky auf die Familien, die angesichts katastrophaler Lebensbedingungen zu „einem erhöhten und wiedergewonnen Zusammengehörigkeitsgefühl" finden (Schelsky 1953: 63). Das Eltern-Kind-Verhältnis streift Schelsky nur am Rande. Die Untersuchungen, die sich intensiver mit dem Eltern-Kind-Verhältnis beschäftigen und auf die ich mich im folgenden beziehe, sind: Wurzbacher: „Leitbilder gegenwärtigen deutschen Familienlebens" (1952; diese Arbeit stammt aus dem gleichen Datenmaterial wie Schelskys „Wandlungen der Deutschen Familie in der Gegenwart"); Wurzbacher: „Das Dorf im Spannungsfeld industrieller Entwicklung" (1954); Baumert: „Jugend der Nachkriegszeit" (1952); Baumert: „Deutsche Familien nach dem Kriege" (1954) und Thurnwald: „Gegenwartsprobleme Berliner Familien" (1948).

Relativ einmütig kommen die damaligen Familienforscher zu dem Ergebnis, dass die patriarchalische Familienstruktur sich aufzulösen beginnt und ein „Übergang von der Elternbestimmtheit der Kinder zur Kindbezogenheit der Eltern" stattfindet (Wurzbacher 1961: 84f.). Ähnlich, wenn auch weniger optimistisch, argumentiert Baumert. Als ein Indiz für die Beendigung des traditionellen Unterordnungsverhältnisses wertet Baumert z.B. die Reaktionen der Eltern auf die Frage nach körperlicher Bestrafung. In seiner Untersuchung hatten 55% der Befragten angegeben, dass sie körperliche Bestrafung ganz allgemein oder wenigstens in Ausnahmefällen für richtig und erforderlich hielten. Allerdings – so konstatiert Baumert – erfolgt körperliche Bestrafung eher aus Hilflosigkeit und im Affekt, die Sinnfälligkeit und Nützlichkeit solcher Aktionen würden aber mehr und mehr angezweifelt (Baumert 1954).

Wurzbacher beschreibt drei Strukturtypen des Eltern-Kind-Verhältnisses. Die erste Gruppe ist charakterisiert durch „Ausübung starker elterlicher Verfügungsgewalt über das Kind". Die Eltern dieser Gruppe erwarten sich vom Kind instrumentellen Nutzen, ansonsten bedeutet ihnen das Kind eher eine Belastung als eine Bereicherung. Zu dieser Gruppe zählen 10 von 134 Familien.

Die zweite Gruppe firmiert unter dem Titel: „Zentrale Stellung des Kindes". Diese Eltern projizieren ihre eigenen Aufstiegswünsche auf das Kind, etwa nach dem Motto „Alles für das Kind. Es soll es einmal besser haben als wir". Ebenfalls eine zentrale Stellung nimmt das Kind in den Familien ein, in denen die Ehebeziehung tendenziell gefährdet ist und daher dem Kind ein besonderes Gewicht zukommt. Insgesamt rechnet Wurzbacher 69 von 134 Familien dieser Gruppe zu.

Die dritte Gruppe schließlich ist charakterisiert durch „Eigenständigkeit des Kindes".

Hierzu heißt es, dass im Gegensatz zur zentralen Stellung, die das Kind in der zuvor aufgeführten zweiten Gruppe einnimmt, bei den Familien der dritten Gruppe „ein deutlicher Eigenwert der Gattenbeziehung neben der Eltern-Kind-Beziehung erkennbar ist. Zugleich steht auch die Erziehung des Kindes weniger unter dem Einfluss eines sozialen Ehrgeizes der Eltern. Die vorwiegende Einstellung ist Achtung des Eigenwertes und der Freiheit zu eigenbestimmter Entwicklung und Lebensgestaltung des Kindes". 55 von 134 Familien gehören zu dieser Gruppe (Wurzbacher 1958: 161f.).

Wenn wir einmal von der zahlenmäßig sehr kleinen ersten Gruppe absehen, die durch starke elterliche Verfügungsgewalt gekennzeichnet ist, so differenziert Wurzbacher die untersuchten Familien im wesentlichen nach zwei Kriterien: Das Kind hat entweder die zentrale Stellung in der Familie oder die Familie ist um Eigenständigkeit des Kindes bemüht. Wenn Baumert und Wurzbacher auch nicht darin übereinstimmen, inwieweit liberale Erziehungshaltungen sich bereits durchgesetzt haben, so gibt doch Wurzbachers Resümee, das er aus seiner Studie von 1954 zieht, die allgemeine damalige Einschätzung der Eltern-Kind-Beziehung recht gut wieder: „Unter den von den Befragten geäußerten Erziehungsgrundsätzen für Sohn und Tochter fällt auf – für beide Geschlechter übereinstimmend –, wie sehr der Hinweis auf die Notwendigkeit einer Erziehung zur Folgsamkeit – früher der beherrschende Erziehungsgrundsatz – in den Hintergrund tritt gegenüber anderen, in mancher Hinsicht geradezu entgegengesetzten Prinzipien (Folgsamkeit oder Gehorsam werden nur in 7,1% der spontanen Äußerungen über die Erziehung der Tochter und in 7,7% der Stellungnahmen zur Erziehung des Sohnes erwähnt.). Strenge wird daher als Erziehungsmethode weit seltener gefordert als Nachgiebigkeit, als die Forderung eines verstehenden Bemühens um das Kind, als die Absicht, Kamerad, Freund, Vorbild sein zu wollen" (Wurzbacher 1954: 91).

1.2 Vom Bedeutungswandel der Begriffe

Die genannten Ergebnisse familiensoziologischer Forschungen aus den 50er Jahren legen auf den ersten Blick den Schluss nahe, dass einschneidende Veränderungen gar nicht stattgefunden haben, sondern dass die damals einsetzenden, liberalen Erziehungsmethoden sich nur kontinuierlich weiterentwickelt und mehr Akzeptanz in allen Bevölkerungskreisen gefunden haben. Eigenständigkeit des Kindes galt z.B. bereits damals schon als wichtiges Erziehungsziel und hat innerhalb der folgenden beiden Jahrzehnte mehr und mehr an Popularität gewonnen (Jugendwerk der Deutschen Shell 1985; Allerbeck/Hoag 1985; Büchner/Fuhs 1996).

Andererseits aber gilt die Familie der Nachkriegszeit aus der Sicht jüngerer Generationen von Familiensoziologen als „restaurativ" und autoritär-patriarchalisch (Preuss-Lausitz et. al. 1983; Jugendwerk der Deutschen Shell 1985).

Um dieser Diskrepanz in den Einschätzungen der Nachkriegsfamilie auf die Spur zu kommen, empfehlen sich Vergleiche zu verschiedenen Zeitpunkten. Erstens geht es um den Bedeutungswandel von zentralen Begriffen und zweitens um die Kriterien, die für den Sozialisationsprozess, spezifisch das Eltern-Kind-Verhältnis, als relevant erachtet werden. Ich werde beiden Fragen am Beispiel der Selbständigkeitserziehung nachgehen. Die Erforschung schichtspezifischen Erziehungsverhaltens kam zwar erst Ende der 60er Jahre im Zuge der Bildungsreform „in Mode", gleichwohl aber hatte Baumert sich diesem Thema bereits in den 50er Jahren gewidmet. Baumert stellte damals zugunsten der Mittelschichteltern fest, dass sie ihre Kinder schon frühzeitig zu „selbständigem Handeln und eigener Verantwortung" erziehen. Diese Erziehung setzt ein mit dem Sauberkeitstraining. „In Familien der Mittel- und Oberschicht wird diese Erziehung im Laufe des zweiten Lebensjahres abgeschlossen. Wenn ein Kind nach diesem Alter in die Windeln nässt, vermuten die Eltern eine Erkrankung oder beginnen, das Kind für seine ‚Unart' zu bestrafen." Die Arbeiterfamilien beginnen mit der Reinlichkeitserziehung erst im dritten Lebensjahr, woraus Baumert schließt, dass sie das Kind „länger unselbständig und abhängig" halten (Baumert 1952: 84f.). D.h. als ein Kriterium für die Erziehung zu Selbständigkeit und Eigenverantwortlichkeit galt die frühe Reinlichkeitserziehung.

Als im Gefolge der antiautoritären Bewegung in den frühen 70er Jahren psychoanalytische Konzepte Eingang in die Familienforschung und das Alltagsbewusstsein fanden, verkehrt sich der Maßstab für Selbständigkeitserziehung insofern, als frühe Reinlichkeitserziehung oder gar Bestrafen des Einnässens als Maßnahme gelten, die die Selbständigkeitsentwicklung und Autonomie des Kindes verhindern.

Während die höheren Schichten – wie üblich (Elias 1976) – die neuen Ideen rasch aufgriffen, hatten sich die unteren Schichten gerade an die zuvor praktizierten Verhaltensmuster der Mittelschichten angepasst. Von Letzteren hieß es nunmehr, dass sie das Kind einem zu früh einsetzenden oralen und analen Training unterwürfen (Caesar 1972). In den 80er Jahren hatten die Eltern der Unterschicht dann an die liberalen Praktiken der Mittelschicht angeschlossen. Nach einer Untersuchung von Regina Becker-Schmidt und Gudrun Axeli-Knapp begannen die Arbeiterfrauen zwar „früh" mit der Reinlichkeitserziehung, aber später als die Baumertschen Mittelschichteltern und sie taten dies „ohne Drill" (Becker-Schmidt/Knapp 1985: 40f.).

In den 90er Jahren ist – so weit ich sehe – Reinlichkeitserziehung kein Thema mehr und ist als Indikator für Selbständigkeitserziehung insofern auch nicht mehr geeignet, als diesbezüglich Toleranz allgemein verbreitet ist. (Auf die Pfeifferschen Thesen zum Zusammenhang zwischen Reinlichkeitserziehung und Persönlichkeitsbildung in der DDR möchte ich nicht eingehen, da sie eher dem Bereich der Spekulation als der empirischen Forschung angehören.)

Doch ist ein Mangel an Varianz vermutlich nicht der wichtigste Grund dafür, dass die Reinlichkeitserziehung der Forschung aus dem Blick geriet. Entscheidend hierfür scheint mir eine Verlagerung des Gegenstandsbereiches zu sein. In der Nachkriegszeit machten die Forscher keine expliziten Unterschiede zwischen kleinen und größeren Kindern. Aus den Fragekomplexen ging aber hervor, dass in erster Linie Kinder im schulpflichtigen Alter gemeint waren. Dominierte während dieser Zeit die Frage, wie und ob die Eltern Einfluss nehmen, die spätere Positionierung des Kindes in der Gesellschaft zu sichern, verschob sich in den späten 60er und 70er Jahren das Erkenntnisinteresse. Im Zuge wirtschaftlichen Wohlstands und eines kulturellen Wandels, der nicht zuletzt auf Studenten-, Frauenbewegung und Apo zurückging, erfolgte ein Bruch mit tradierten Erziehungskonzepten. Im Alltagsverständnis wurde vielfach eine heute meist missverständlich dargestellte „antiautoritäre" Erziehung gefordert, wenn auch vergleichsweise nur in bescheidenem Ausmaß praktiziert. Auf der Ebene der Sozialisationsforschung triumphierte die Frage nach der emotionalen Qualität der frühen Mutter-Kind-Beziehung (Bowlby 1972; Winnicott 1976). In den 80er Jahren „entdeckte" man dann auch den Vater, die Geschwister, Großeltern und andere Bezugspersonen als relevante Sozialisationsinstanzen (Schütze 1982).

In den 90er Jahren ist die frühe Kindheit als Gegenstand der Forschung definitiv in die Hände der Entwicklungspsychologen übergegangen und die neue Teildisziplin „Soziologie der Kindheit" wendet sich (wieder) den größeren Kindern zu. Dies ist auch nichts weniger als logisch, denn aus der kindersoziologischen Perspektive wird Kindheit nicht mehr, wie dies seit dem 18. und besonders dem 19. Jahrhundert üblich war, als Schutz- und Schonraum und Vorbereitung auf den Erwachsenenstatus aufgefasst, sondern als eigenständige Lebensphase (Zeiher 1996). Kinder agieren gleichsam als Interessenvertreter ihrer selbst. Diese Konzeption impliziert notwendigerweise, dass „Kindheit" für die Kindheitssoziologinnen und -soziologen erst dann zum Forschungsgegenstand wird, wenn die anthropologisch bedingte Abhängigkeit des kleinen Kindes überwunden ist (Göppel 1997). Dementsprechend dominiert nicht mehr die Frage nach dem Einfluss, den die Eltern auf die Kinder nehmen, sondern umgekehrt geht es darum, in welcher Weise die Umwelt – zu der auch die Eltern gehören – Ressourcen bereitstellt oder verweigert, um den Anspruch der Kinder auf Autonomie zu realisieren.

Diesem konzeptionellen Wandel folgt auch das methodische Vorgehen. Sowohl in der Nachkriegszeit wie in den 70er und frühen 80er Jahren standen die Eltern, besonders die Mütter, ihre Einstellungen, Erziehungsziele, -stile und -praktiken im Zentrum der Untersuchungen. Kinder selbst wurden kaum jemals befragt (vgl. aber Lang 1985), obwohl bereits bekannt war, dass sich auf der Basis von Erziehungseinstellungen der Eltern die spätere Entwicklung der

Kinder kaum prognostizieren lässt. Diese Situation hat sich seither völlig geändert. Gegenstand der Analyse sind sämtliche Lebensbereiche, in denen Kinder agieren. Sie werden befragt, beobachtet und getestet. Ebenso findet die bereits von Charlotte Bühler genutzte Methode des Tagebuchs wieder Verwendung (Zeiher/Zeiher 1994; Kirchhöfer 1997).

Ob der neuen Sichtweise auf das Kind auch eine neue Realität der Kinder entspricht, ist freilich eine offene empirische Frage.

2 Vermutungen über Veränderungen des Eltern-Kind-Verhältnisses in den 70er und 80er Jahren

In meinem Beitrag zur ersten Auflage dieses Bandes (1988) bildet das 1953 von Schelsky formulierte Stabilitätsgesetz den Ausgangspunkt meiner Überlegungen.

„Die Stabilität oder Elastizität der Familie in der industriellen Gesellschaft ist um so höher:

1. je größer die Reste an institutionellen Funktionen sind, die ihr der durch die Industrialisierung und das Wachsen der öffentlichen Leistungen und Ansprüche verursachte Funktionsabbau gelassen hat und
2. je intensiver diese Restfunktion vom Persönlichkeitsbereich der Familie her verinnerlicht worden ist" (Schelsky 1953: 25).

Auch im folgenden werde ich die Schelskyschen Aussagen wieder zugrunde legen, und dies nicht nur, weil ich davon ausgehe, dass sie nicht an Plausibilität verloren haben, sondern weil Schelsky darauf aufmerksam macht, dass Stabilität der Familie Elastizität impliziert. Dieser Gedanke, der übrigens ganz ähnlich auch bei René König (1974) auftaucht, scheint mir in der gegenwärtigen Familienforschung, die häufig unter Stabilität die Bewahrung des Immer-gleichen versteht, zu kurz zu kommen.

Ich fasse meine damalige Argumentation hinsichtlich der Nachkriegsfamilie und der der 70er/80er Jahre noch einmal kurz zusammen.

Die Nachkriegsfamilie hatte insofern einen Funktionszuwachs erfahren als sämtliche Familienmitglieder mit „zupacken" mussten, um den Erhalt der Familie und einen möglichen Wiederaufstieg zu sichern. Die Kinder mussten sich an häuslichen Arbeiten beteiligen, um ihre Eltern – häufig die alleinstehenden Mütter – zu entlasten (Thurnwald 1948; Schütze/Geulen 1983).

Aber es war nicht diese Form der Hilfe, die den Nutzen der Kinder ausmachte. Viel wichtiger war es, dass sie die sozialen Aufstiegs- und Wiederaufstiegsaspirationen der Eltern realisieren sollten. In seiner Funktion als „Hoffnungsträger" erhielt das Kind die zentrale Stellung in der Familie. In den späten 70er und 80er Jahren, als das Wirtschaftswunder beendet und der Arbeitsmarkt bereits in eine Krise geraten war, richteten sich die elterlichen Bemühungen zunehmend darauf, das Kind in den Stand zu setzen, sich im allgemeinen Wettbewerb um Studien- und Ausbildungsplätze zu behaupten. Der zur Zeit Wurzbachers noch dominante Typus „Zentrale Stellung des Kindes" tritt zugunsten des Typus „Eigenständigkeit des Kindes" zurück.

Die Tendenz, die Eigenständigkeit des Kindes zu fördern, wird aber durch eine zweite überlagert, der gemäß das Kind aus anderen Gründen als bei Wurzbacher die zentrale Stellung in der Familie einnimmt: In einer Gesellschaft, in der über sozial-staatliche Mechanismen beinahe sämtliche Lebensrisiken aufgefangen werden, in der dank einer besseren Berufsausbildung der Frauen und einer veränderten Gesetzgebung Ehen nicht mehr durch ökonomische Erwägungen geschlossen oder zusammengehalten und in der Bildungs- und Ausbildungsfunktionen mehr und mehr durch außerfamiliale Institutionen übernommen werden, wird in Schelskys Worten die Restfunktion der Familie – nämlich die Sozialisationsaufgabe, die sich auf die Persönlichkeitsformierung des Kindes bezieht, zu der verinnerlichten Funktion überhaupt. Und genau dies, die Persönlichkeitsformierung des Kindes, ist das große Thema der in den späten 70er und 80er Jahren erstmals zu einer Allianz verbundenen familiensoziologischen und sozialisationstheoretischen Forschung. Die Persönlichkeitsformierung – so wird es von der Wissenschaft, den zahllosen Elternratgebern und den Medien propagiert – erfordert ständige emotionale Zuwendung, kognitive Anregung und kindgerechte Umgangsformen. Soviel zeitliche und emotionale Konzentration bedeutet für das Kind auch eine Belastung, denn – wie aus zahlreichen Untersuchungen hervorgeht – erhält es nunmehr die Funktion „psychischen Nutzen" (Nauck 1992) zu erbringen.

Kindern wird ein „Wert" zugeschrieben, der „primär mit Lebenserfüllung, mit Sinnstiftung, mit persönlichen Glückserwartungen, auch mit der symbolischen ‚Verlängerung der eigenen Existenz' verbunden wird" (Münz 1983: 241; vgl. hierzu auch Jugendwerk der Deutschen Shell 1985; Schütze 1986). Beck, obwohl den Zerfall der Familie prognostizierend, spricht von der „Vergöttlichung der Kinder" (Beck 1986: 177).

Ein zweites Thema dieser Zeit bildet die Familialisierung des Vaters. Während Väter bis dato primär als Ernährer der Familie und Beschützer von Mutter und Kind gegolten hatten (z.B. Bowlby 1972), traten nunmehr „neue Väter" ins Blickfeld, Väter, die sich gemeinsam mit ihren Frauen auf die Geburt des Kindes vorbereiteten, im Kreißsaal anwesend waren, sich intensiv ihren Kindern zuwandten und selbstverständlich alle die Aufgaben übernahmen, die noch einige Jahre zuvor ausschließlich in den „natürlichen" Kompetenzbereich der Mütter gefallen waren (Schulte-Döinghaus 1982; Gerspach/ Hafeneger 1982; Schütze/Kreppner 1982; Konjetzky/Westphalen 1983; Rerrich 1983; Nave-Herz 1984).

Die zeitliche und emotionale Konzentration beider Elternteile auf das Kind hat – so meine damalige These – eine Verschiebung der Gewichte innerhalb der Familie zur Folge: Die Paar-Beziehung verliert an Eigenwert gegenüber der Eltern-Kind-Beziehung. Wurzbacher hatte als „wichtigste Bedingung für das eigenständige Aufwachsen des Kindes in der Familie die Betonung der Eigenständigkeit der Gattenbeziehungen gegenüber der Beziehung der Eltern zu dem Kind" erkannt. Dies stellte sich in Familien dieses Typs folgendermaßen dar: „Einer einmal eintretenden Trennung vom Kind sieht man mit Ruhe entgegen. Man wird sich auch ohne das Kind immer Neues zu sagen, Gemeinsames zu erleben haben. Das Kind wird bewusst zur Selbständigkeit geführt" (Wurzbacher 1958: 199). In der kindzentrierten Familie dagegen, in der tendenziell wenig Spielraum für die „Eigenständigkeit der Gattenbeziehung" bleibt, stellt sich ein strukturelles Problem: Einerseits besteht der Sinn des Lebens und der der Ehebeziehung in der starken emotionalen Bindung an das Kind. Und der mit jeder Entwicklungsphase des Kindes zwangsweise einsetzenden Lockerung dieser Bindung wird man kaum „mit Ruhe" entgegensehen. Andererseits aber sind die Eltern gerade, um der individuellen Entfaltung des Kindes, um seiner Zukunft im allgemeinen Wettbewerb willen, darum bemüht, seine Selbständigkeit und seinen freien Willen zu fördern. Diese Konstellation, enge Bindung bei gleichzeitiger Selbständigkeit, wird während der Adoleszenz, wenn der Ablösungsprozess von den Eltern auf dem Programm steht, weniger den Kindern als den Eltern zum Problem. „Sie (d. Eltern Y. S.) sind es, die um die Liebe der Kinder kämpfen (müssen); sie benötigen Jugendliche als Ersatzpartner; sie können sich von den älter werdenden Kinder nicht lösen" (Jugendwerk der Deutschen Shell 1985: 252).

Den Eltern der 80er Jahre stellt sich somit die nicht gerade einfache Aufgabe enge emotionale Bindungen an das Kind mit seiner Selbständigkeit und Entscheidungsfreiheit in Einklang zu bringen. An dieser Aufgabenstellung hat sich im Prinzip in den 90er Jahren nichts geändert (Schneewind 1991). Da sich aber – wie bereits erwähnt – die Aufmerksamkeit der Forschung von den Eltern auf die Kinder verlagert hat, geht es im folgenden primär um die Frage, ob auch aus der Sicht der Kinder die Beziehungen zu den Eltern durch enge emotionale Bindungen bei gleichzeitiger Förderung ihrer Selbständigkeit und Entscheidungsfreiheit gekennzeichnet sind. Bevor ich mich auf der Basis neuerer empirischer Untersuchungen der Frage nach dem gegenwärtigen Eltern-Kind-Verhältnis zuwende, werde ich kurz die Situation der Familie in der DDR skizzieren – zumindest so, wie sie sich in den Untersuchungen vor und nach der Vereinigung darstellt.

3   Familie in der DDR

Die wichtigsten Unterschiede zwischen Familien in der alten Bundesrepublik und der DDR resultierten aus den verschiedenen familienpolitischen Vorstellungen, um nicht zu sagen Ideologien, die jeweils in beiden Staaten vorherrschten. Um nur ein Stichwort zu nennen, in der Bundesrepublik wurde die Hausfrauenehe propagiert, während in der DDR die Erwerbstätigkeit der

Mütter als selbstverständlich galt und dementsprechend auch Kinderbetreuungseinrichtungen zur Verfügung gestellt wurden. Der Bundesrepublik war es ein Anliegen, die Familie vor Eingriffen des Staates zu schützen (Art. 6 des Grundgesetzes), die DDR dagegen betrachtete die Familie nur als „Teilelement dieses Gesamtprozesses der Sozialisation" und räumte den „gesellschaftlichen Bildungs- und Erziehungsträgern" (Gysi 1989: 171), womit natürlich auch die staatlichen Jugendorganisationen gemeint waren, einen größeren Einfluss ein. Gleichwohl ähnlich wie Schelsky erkannten auch die DDR-Familienpolitiker in der Reproduktion und Sozialisation die zentralen Funktionen der Familie.

„Gegenüber anderen gesellschaftlichen Erziehungsträgern besitzt die Familie eine Reihe von Besonderheiten, die ihr besonders günstige Möglichkeiten zur Erziehung geben. So zeichnet sich die Familie durch die starken emotionalen Bindungen zwischen den Familienmitgliedern aus. Die Familie gibt Liebe, Geborgenheit, Achtung und Sicherheit. Das ist von großem Einfluss auf das psychische Wohlbefinden der Kinder und auf ihr Denken, Fühlen und Wollen. Diese gefühlsmäßigen Bindungen können in keinem anderen Kollektiv entwickelt und durch nichts vollwertig ersetzt werden. Die erzieherische Wirksamkeit der Familie ist auch deshalb so nachhaltig, weil sie die erste soziale Gruppe für die Kinder ist. Viele Momente, die die körperliche und geistige Entwicklung des Kindes prägen, wirken hier vom ersten Lebenstag an"(Das Familienrecht der DDR. Lehrkommentar, 5. überarb. Auflage 1982 zitiert nach Helwig 1988: 476).

Mit dem Verweis auf die Unersetzbarkeit der Eltern-Kind-Beziehungen durch andere Kollektive wird hier implizit auf den „Eigensinn", die „Selbststeuerungsfähigkeit" (Kaufmann 1995: 163) der Familie angespielt, die sie gegenüber den Zudringlichkeiten außerfamilialer Bereiche, auch denen des Staates, in gewissem Maße immunisiert. In diesem Sinne verkehrten sich die Intentionen des Staates die Familie zu instrumentalisieren denn auch ins Gegenteil. Die Familie bildete „eine Art Gegenwelt zur Gesellschaft" (Gysi et al. 1990: 34).

Die für beide deutsche Staaten geltende zentrale Funktion der Familie als Sozialisationsinstanz und der hieraus resultierende „Eigensinn" mögen den Grund dafür bilden, dass die familialen Beziehungsmuster „hüben und drüben" grundsätzlich mehr Gemeinsamkeiten als Differenzen aufwiesen. Ausdrücklich konstatierte man z.B. in der DDR eine Konvergenz der Systeme, der Art, dass die „personalen Beziehungen in Ehe und Familie" sowohl in kapitalistischen wie in sozialistischen eine größere Bedeutung als je zuvor hätten (Geissler 1965 zitiert nach Busch 1972). Ebenso ging man davon aus, dass sich in der DDR Familie gleichberechtigte, partnerschaftliche Beziehungen sowohl in der Ehewie in der Eltern-Kind-Beziehung durchgesetzt hätten (Friedrich 1976). Als weitere Beispiele für gemeinsam geteilte Deutungs- und Handlungsmuster wären zu nennen, die Einstellungen zu Ehe und Familie, die Art der Arbeitsteilung zwischen den Eltern, die Kindzentriertheit, oder auch die Gestaltung der Freizeit (Gysi 1989; Nave-Herz 1994).

Nur auf der Basis dieser Gemeinsamkeiten ist es auch verständlich, dass in den Untersuchungen zu Eltern-Kind-Beziehungen, die nach der Vereinigung durchgeführt wurden, verglichen mit anderen Lebensbereichen keine gravierenden Unterschiede festgestellt werden konnten (Büchner et al. 1997; Büchner/Fuhs 1996; Bertram/Hennig 1995; Uhlendorff et al. 1997).

Dies bedeutet freilich nicht, dass der Transformationsprozess keine Spuren hinterlassen hätte. Aber es sind offenbar weniger die emotionalen Beziehungen und Umgangsformen, die sich geändert haben, als das Alltagsleben und -handeln.

Dies belegt eindrucksvoll eine Studie, die Dieter Kirchhöfer (1997) in zwei Quartieren Ostberlins durchgeführt hat. In den Jahren 1992 und 1994 protokollierten Kinder der Geburtsjahrgänge 1980, 1982 und 1984 an jeweils sieben Tagen ihren Tageslauf, zusätzlich wurden Gespräche mit den Eltern geführt. Auf diese Weise konnten sowohl Differenzen zwischen den Mitgliedern verschiedener Geburtsjahrgänge als auch Veränderungen im Zeitverlauf dokumentiert werden. Beispielhaft seien hier nur einige „vereinigungsbedingte" Veränderungen aufgeführt, die sich auf die Lebensführung von Eltern und Kindern auswirken. Zwar waren nahezu alle Eltern der befragten Kinder in festen Arbeitsverhältnissen, dennoch hatte vielfach ein Wechsel des Arbeitsplatzes und der Arbeitsorganisation stattgefunden.

„Die Eltern klagten über Zeitnot, wachsenden Leistungsdruck, ungünstiges Arbeitsklima, Unberechenbarkeit der Zeitorganisation oder verlängerte Wegzeiten und verwiesen darauf, dass sie jetzt weniger Zeit und wenn Zeit, dann weniger ‚Nerven' für ihre Kinder hätten. Die Zeiten der gemeinsamen Mahlzeiten reduzierten sich, Zeiten bei der Rückkehr der Eltern aus den Betrieben wurden nicht mehr für das Gespräch mit den Kindern genutzt, bisherige gemeinsame Einkaufsgänge wurden durch wöchentliche Supermarkteinkäufe ersetzt, zu denen die Kinder nicht mitgenommen wurden. Abend- und Wochenendaktivitäten erfolgten zunehmend im eigenen Kinderzimmer, das durch die neuen Fastfood-Gewohnheiten und die TV-Ausstattung den Charakter eines geschlossenen multifunktionalen Lebensraums gewann" (Kirchhöfer 1997: 25).

Betrachtet man nun den Wandel im Alltagsleben der Familien unter dem für moderne Eltern-Kind-Verhältnisse als konstitutiv erachteten Gesichtspunkt: enge emotionale Bindung bei gleichzeitiger Förderung der Selbständigkeit und Entscheidungsfreiheit, so zeigt sich im Hinblick auf die Förderung zur Selbständigkeit eine teilweise widersprüchliche Entwicklung. In der DDR hatten die Kinder eine Reihe von Pflichten, die sie zum Teil in eigener Verantwortung ausübten. Eine dieser Tätigkeiten war das Einkaufen, dazu bedurfte es allenfalls ein wenig Geduld, aber ansonsten waren Angebote und Preise überschaubar. Kinder wurden allein zum Einkaufen geschickt oder Eltern und Kinder gingen gemeinsam. Seit große Supermärkte und Billigläden entstanden, die Vergleiche von Qualität und Preisen erfordern, übernehmen die Eltern die Einkäufe, da sie den Kindern nicht zutrauen, aus der Vielfalt der Angebote das günstigste auszuwählen. Da die Kinder beim Einkauf im Supermarkt entweder stören oder möglicherweise Kaufwünsche äußern, die erst durch den Anblick der Waren geweckt werden, nehmen die Eltern sie auch nicht mit. Es entfällt daher auch die Gelegenheit zu einer gemeinsamen Aktivität.

Während die Veränderung der Einkaufsgewohnheiten einen Ausschluss des Kindes aus dem Handlungskreis der Erwachsenen bedeutet, also Selbstständigkeit gemindert wird, wird die Selbständigkeit des Kindes in anderer Hinsicht gefördert. Mit der Eröffnung einer zuvor nur aus dem Westfernsehen bekannten Warenwelt, wurde das Kaufen selbst „zu einer erlebnisbetonten, sich verselbständigenden Handlung, welche zudem die Vorstellung einer selbstbestimmten und selbstorganisierten Lebensführung vermittelte" (Kirchhöfer 1997: 30). Mit der Übernahme der neuen Käuferrolle änderten sich auch die Alltagsaktivitäten der Eltern und der Kinder.

Die Ausdifferenzierung von Handlungsräumen der Erwachsenen und der Kinder wird ebenfalls deutlich, wenn man sich ansieht, wie Eltern und Kinder das Wochenende verbringen. Das Wochenende, insbesondere der Sonntag, war traditionellerweise der Familie gewidmet, wobei die Kinder die gemeinsamen Aktivitäten, z.B. die Spaziergänge, keineswegs immer als kurzweilig empfanden (Schütze/Geulen 1983).

Gegenwärtig ist zwar der Sonntag für die Mehrheit der Kinder immer noch ein „terminfreier" Tag, der mit der Familie verbracht wird, aber nach Einschätzung von Fuhs (1996) ist ein deutlicher Trend zur Aufweichung der „traditionellen Sonntagskultur" zu bemerken. Dabei sind die westdeutschen Kinder die Vorreiter. Während von den ostdeutschen Kindern 82% am Wochenende keine Termine haben, sind es von den westdeutschen nur 60%. Diese Unterschiede lassen sich einmal damit erklären, dass in Ostdeutschland seit der Wende die zuvor vorhandenen Gelegenheitsstrukturen, die von staatlichen Jugendorganisationen angeboten wurden, verschwunden sind. Zum anderen aber passt dieses Ergebnis in eine allgemeinere Entwicklung: Die Separierung der Alltagswelten von Kindern und Eltern ist ein Prozess, der vor allem unter dem Einfluss des Marktes (Zeiher/Zeiher 1994; Hengst 1996) in der alten Bundesrepublik schon seit Jahrzehnten zu beobachten ist, während er in den neuen Ländern gleichsam im Zeitraffer erfolgte.

Ein weiteres Beispiel aus der schon erwähnten Kirchhöfer Untersuchung[1] verweist ebenfalls auf die Kontinuität der emotionalen Bindungen zwischen Eltern und Kindern bei gleichzeitiger Veränderung der gegenständlichen Um-

---

[1] Es handelt sich hier zwar um die gleiche Untersuchung, aus der weiter oben berichtet wurde (Kirchhöfer 1997), aber der Projektteil, um den es im folgenden geht, basiert auf einem längeren Erhebungszeitraum (Kirchhöfer 2000).

welt und entsprechender Alltagsaktivitäten. Kirchhöfer (2000) beobachtete, wie sich die Gute-Nacht-Rituale zwischen 10- bis 14-jährigen Kindern und ihren Eltern im Zeitraum zwischen 1990 und 1996 abspielten. Dabei zeigte sich, dass von 476 Untersuchungstagen nur an 90 Abenden das typische Gute-Nacht-Ritual nicht erfolgte: Die Mutter, manchmal auch beide Eltern, sehr selten der Vater, kommt noch einmal ins Kinderzimmer, setzt sich ans Bett, unterhält sich mit dem Kind oder liest ihm etwas vor und beendet die Szene mit körperlichen Zärtlichkeiten und guten Wünschen für die Nacht. Wie nicht anders zu erwarten, verringerten sich die körperlichen Zärtlichkeiten mit zunehmendem Alter, allerdings „praktizierten auch die älteren Kinder mit 14 oder 15 Jahren unerwartet häufig noch das Ritual und fanden irgendeine Form der körperlichen Berührung" (Kirchhöfer 2000: 158f.). Während also das Gute-Nacht-Ritual, das Kirchhöfer zu Recht als Indikator für die Bindungsqualität der Eltern-Kind-Beziehung auffasst, im angesprochenen Zeitraum eine bemerkenswerte Kontinuität aufweist, haben sich Objekte und Tätigkeiten, die das Zubett-Gehen begleiten, verändert. Zwar gibt es immer noch den klassischen Teddybären oder die Puppe, die man mit ins Bett nimmt, gleichzeitig aber tauchen zahlreiche Gegenstände auf, wie Spieluhren, Walkman, Klingeltiere, „Tamagotschies" und „Furbies", die – so Kirchhöfer – die Interpretation nahe legen, es finde hier eine Verlagerung von den persönlich-sozialen auf vergegenständlichte Beziehungen statt. Eine solche Interpretation wäre allerdings voreilig, denn es ist zu beachten, „dass diese Aktivitäten zusätzlich zu den persönlichen Kontakten auftraten und diese nicht kompensierten. Zudem waren diese Aktivitäten in ihren Vergegenständlichungen emotional hoch geladen und setzten die durch den Elternkontakt eingeleitete emotionale Stabilisierung fort. Insofern wirkten verschiedene Formen – traditionell und modern – koexistierend und ließen die familiale Beziehungswelt vielfältiger und emotional intensiver werden" (Kirchhöfer 2000: 165). Wir wissen zwar nicht, wie sich die Gute-Nacht-Rituale in Westdeutschland gestalten, zu vermuten wäre aber, dass sie sich von denen in Ostdeutschland nicht wesentlich unterscheiden.

Geht man also davon aus, dass die emotionalen Bindungen zwischen Eltern und Kindern, in Ost und West weder vor noch nach der Vereinigung gravierende Differenzen aufwiesen und aufweisen und dass gleichzeitig die gesellschaftlich bedingten veränderten Alltagsaktivitäten in Ostdeutschland mittlerweile weitgehend an die Lebensführung in Westdeutschland angeschlossen haben, so erscheint es nicht mehr sinnvoll, die Eltern-Kind-Verhältnisse in Ost- und Westdeutschland getrennt voneinander zu behandeln.

4 Vermutungen über Eltern-Kind-Verhältnisse in den 90er Jahren

In den 90er Jahren zentriert sich die Forschung auf zwei Themenbereiche: erstens, wird das Kind – wie bereits oben erwähnt – nicht mehr als „Hoffnungsträger" (Nachkriegszeit) oder als „Sinnstifter" (70er und 80er Jahre) sondern als „Akteur in eigener Sache" konzeptualisiert.

Zweitens richtet sich der Blick auf differenzielle Lebensverhältnisse, wobei von einer Pluralisierung der Familienformen und einem Rückgang der sogenannten „Normalfamilie" ausgegangen wird. Allerdings ist dieser Wandel, der häufig als anstehender Zerfall der Familie gedeutet wird (vgl. kritisch hierzu Nave-Herz 1998; Schütze 2000), keineswegs so dramatisch wie oft behauptet wird. Denn: 90% aller Kinder unter sechs Jahren und 81% der 13- bis 17-Jährigen wachsen bei ihren leiblichen Eltern im gemeinsamen Haushalt auf (Engstler 1998).

Bis in die Gegenwart gelten die Sozialisationsbedingungen von Kindern, die nicht in „Normalfamilien" aufwachsen, als problematisch, wobei sich allerdings insofern eine Veränderung in den jede Familienforschung unabdingbar begleitenden normativen Vorstellungen andeutet, als andere Familienstrukturen, also „Nicht-Normalfamilien", nicht mehr a priori als defizitär angesehen werden (Bacher et al. 1996; Brake/Büchner 1996; Stecher 2000). Hier wäre zum Beispiel auch der Begriffswandel von der „unvollständigen Familie" über die „Einelternfamilie" zur „Mutter- oder Vaterfamilie" zu nennen.

4.1 Vom Eltern-Kind-Verhältnis zum Kind-Eltern-Verhältnis

Als beispielhaft für die Verlagerung des Forschungsinteresses von den Eltern auf das Kind beziehe ich mich auf eine repräsentative Untersuchung (N=2663), die 1993 in verschiedenen Regionen Ost- und Westdeutschlands durchgeführt wurde (Büchner/Fuhs 1996; Büchner et al. 1997).

Folgende Dimensionen[2] des Eltern-Kind-Verhältnisses werden angesprochen: Elternzentriertheit des Familienalltags, Elterliches Strafverhalten, Elterliche Aufmerksamkeit für das kindliche Wohlverhalten, Respektierung der kindlichen Interessenäußerungen, kindliche Durchsetzungsstrategien. Schon diese Reihung, in der „klassische" Elemente des Eltern-Kind-Verhältnisses wie z.B. „Elternzentriertheit" und gegenwärtig dominierende, wie z.B. „Kindliche Durchsetzungsstrategien", angesprochen werden, verweist auf Kontinuität und Wandel gleichermaßen (vgl. dazu auch Storch 1994; Hermens/Tismer 2000).

Auch wenn die Wurzbacher Untersuchung aus der Nachkriegszeit aufgrund methodischer Unterschiede und Bedeutungsverschiebungen im Zeitver-

---

[2] Es handelt sich bei diesen Dimensionen um das Ergebnis einer Faktorenanalyse der den Probanden vorgelegten Items.

lauf nicht wirklich mit der von Büchner/Fuhs (1996) vergleichbar ist, so lassen sich bezogen auf die Merkmale der bei Wurzbacher beschriebenen Gruppen und den bei Büchner/Fuhs (1996) sich ergebenden Dimensionen gewisse Parallelen und Unterschiede benennen. Die Gruppe „Zentrale Stellung des Kindes" in der Wurzbacher Untersuchung enthielt zwei Teilgruppen: In der ersten war das Kind Träger der elterlichen Aufstiegswünsche, in der zweiten figurierte das Kind als Mittler in einer gefährdeten Ehebeziehung.

Die erste Gruppe findet eine gewisse Entsprechung in der Dimension „Elternzentriertheit" bei Büchner/Fuhs (1996). Die Kinder haben sich den Belangen der Eltern anzupassen, bei Wurzbacher waren es die Aufstiegswünsche der Eltern, bei Büchner/Fuhs sind es eher allgemeine Interessenkonflikte, in denen die Eltern den Vorrang für sich beanspruchen. Im Vergleich zur Nachkriegszeit ist die „Elternzentriertheit" zwar zurückgegangen, aber immerhin trifft diese Dimension noch auf ein Drittel der Befragten zu. Dagegen bleibt offen, ob der zweiten Teilgruppe der Wurzbacher Untersuchung, in der das Kind eine zentrale Bedeutung für den Zusammenhalt der elterlichen Paarbeziehung hat, eine ähnlich gelagerte Konstellation korrespondiert. Merkwürdigerweise wird nämlich die Frage, wie denn Kinder die Paarbeziehung ihrer Eltern erleben und welche Rolle sie sich selbst innerhalb der Interaktionsstrukturen zwischen den Eltern zuschreiben, weder bei Büchner/Fuhs (1996) noch in anderen Untersuchungen thematisiert. Gerade wenn man davon ausgeht, dass Kinder ihre Umwelt in hohem Maße selbsttätig steuern, wäre es sinnvoll zu wissen, ob und inwiefern Kinder sich im Hinblick auf die Paarbeziehung ihrer Eltern als aktiv Handelnde wahrnehmen.

Ein indirekter Beleg dafür, dass aus der Sichtweise von Kindern ihre bloße Existenz oder ihr Verhalten die elterliche Paarbeziehung beeinflussen, ergibt sich aus Untersuchungen über Scheidungsfolgen, in denen häufig erwähnt wird, dass Kinder mit Schuldgefühlen auf die Trennung der Eltern reagieren (Fthenakis 1993). Zwar nimmt die Studie von Böcker/Herlth/Ossyssek (1996) nicht explizit Bezug darauf, wie Kinder ihren Stellenwert in der Beziehung des Elternpaares wahrnehmen, dennoch liefern die Ergebnisse, wonach eine partnerschaftliche Rollenorientierung des Vaters einen Zusammenhang mit der mütterlichen Ehezufriedenheit, dem mütterlichen Unterstützungsverhalten und dem Selbstwertgefühl des Kindes aufweist, einen Hinweis auf die Interdependenz von Qualitäten der Paarbeziehung und Befindlichkeit des Kindes. Eine Ausnahme in diesem Zusammenhang stellt die generationenvergleichende Studie von Schneewind/Ruppert (1995) dar, in der im Abstand von 16 Jahren 225 Familien, also sowohl die Eltern wie die Kinder, teilgenommen haben. Es zeigte sich, dass die wahrgenommene Qualität der elterlichen Ehebeziehung langfristige Wirkungen auf die eigene Partnerbeziehung der nunmehr erwachsenen Kinder hat, wobei dies bei den Töchtern in höherem Ausmaß der Fall war als bei den Söhnen.

Die zweite Dimension des Erziehungsverhaltens, die in der Nachkriegszeit noch eine so große Bedeutung hatte, das elterliche Strafverhalten, hat in den Eltern-Kind-Beziehungen der 90er Jahre offenbar ausgespielt. Strafen sind unabhängig von sozialer Schicht, ferner gibt es weder Stadt-Land- noch Ost-/West-Differenzen und wenn, dann äußerst moderat. Die häufigste Strafart ist das Fernsehverbot. Die körperliche Züchtigung (Ohrfeige) kommt kaum noch vor (Büchner/Fuhs 1996). Dagegen vertritt Fölling-Albers die These, dass Kinder häufig nicht zugeben, dass sie geschlagen werden, „weil sie sich für ihre Eltern schämen, aber auch aus Gründen der Loyalität und der Identifikation mit den Eltern" (Fölling-Albers 2001: 46). Falls dies so ist, wirft auch dieser Tatbestand ein Licht auf ein verändertes Familienklima. Die Nachkriegskinder hatten offenbar keine Schwierigkeiten, von körperlicher Züchtigung zu berichten (Pfeil 1968; Schütze/Geulen 1983; vgl. aber auch Schneewind in diesem Bd.).

Die Aufmerksamkeit für das kindliche Wohlverhalten ist aus der Sicht der Kinder mehrheitlich hoch. Besonders achten die Eltern auf die Erledigung der Schulaufgaben und gutes Benehmen (wobei offen bleibt, was Forscher und Befragte darunter verstehen). Von allen Dimensionen des Eltern-Kind-Verhältnisses weist die Aufmerksamkeit für das schulische Fortkommen der Kinder vermutlich die höchste Kontinuität im Zeitverlauf auf. Eltern sind offenbar immer bestrebt ihre Kinder in den Stand zu setzen, in der Zukunft möglichst gute Positionen in der Gesellschaft einzunehmen. Dabei wechseln allerdings die Methoden dies zu erreichen. Während in der Nachkriegszeit die Eltern zwar auch gute Schulleistungen von ihren Kindern erwarteten, aber ansonsten weder viel Zeit noch Energie darauf verwendeten, ihre Kinder bei den Schulaufgaben zu unterstützen, verlangt die Schule den Eltern bereits seit einer Reihe von Jahren eine Art Hilfslehrertätigkeit ab. Eine Konstellation, die das Einfallstor von Konflikten zwischen Eltern und Kindern ebenso wie zwischen Eltern und Schule bildet. Einerseits sind die Eltern bestrebt, den Kindern einen möglichst großen Spielraum für ihre individuelle Entfaltung einzuräumen, wobei allerdings vielfach eine Unsicherheit darüber besteht, wie groß dieser Spielraum sein sollte. Andererseits sehen sich die Eltern mit Blick auf die zukünftigen Lebenschancen des Kindes gezwungen, die von Gesellschaft und Schule propagierten Leistungsanforderungen zu den ihren zu machen.

Ostdeutsche Kinder schätzen die elterliche Aufmerksamkeit für ihr Wohlverhalten höher als die westdeutschen ein – übrigens einer der ganz wenigen nennenswerten Unterschiede zwischen beiden Gruppen.

Unabhängig von den Ost-West-Unterschieden ist die allgemein hohe elterliche Aufmerksamkeit für das kindliche Wohlverhalten, insbesondere die schulischen Leistungen, nicht dazu angetan, die von der Kindheitssoziologie (Zeiher 1996) vertretene These zu untermauern, die besagt, dass Kindheit immer weniger als Vorbereitung auf den Erwachsenenstatus aufgefasst wird. Auch wenn die Kindheitssoziologinnen und -soziologen dies so sehen mögen, was die Eltern betrifft, sind Zweifel angebracht. Angesichts keineswegs gesicherter Berufsperspektiven fühlen sich Eltern mehr denn je dazu aufgerufen, die Bildungskarriere ihrer Kinder zu fördern. Dabei spielt der Gedanke, die eigenen Aufstiegsaspirationen zu verwirklichen – wie dies offenbar in der Nachkriegszeit der Fall war – vermutlich eine geringere Rolle als die Befürchtung, die Kinder könnten im künftigen Wettbewerb auf dem Arbeitsmarkt unterliegen. Dass dieses Motiv bei ostdeutschen Eltern noch ausgeprägter ist als bei westdeutschen, ist angesichts des erfahrenen strukturellen Umbruchs in den neuen Ländern, der für viele Menschen mit Arbeitslosigkeit und beruflicher Umorientierung verbunden war, nicht verwunderlich.

Während die bisher erwähnten Dimensionen des Eltern-Kind-Verhältnisses noch dem überlieferten Bestand des Erziehungsrepertoires angehören, handelt es sich bei den folgenden Dimensionen „Respektierung der kindlichen Interessenäußerung" und „Kindliche Durchsetzungsstrategien" vielleicht nicht um neue Verhaltensmuster, schließlich spricht auch Wurzbacher schon von der „Achtung des Eigenwertes und der Freiheit zu eigenbestimmter Entwicklung" (Wurzbacher 1953: 161f.). Und Kinder haben mit Gewissheit auch immer schon bestimmte Strategien angewendet, ihren Willen durchzusetzen. Aber die Respektierung der kindlichen Interessen, vor allem in den Konflikten des häuslichen Alltags und die kindlichen Durchsetzungsstrategien waren bis in die 80er Jahre (vgl. z.B. Pauls/Johann 1984) offenbar nicht so weit verbreitet oder so auffällig, dass sie die Aufmerksamkeit der Forschung erregten. In den 90er Jahren jedenfalls ist die „Verhandlungskultur" bei der großen Mehrheit üblich geworden und zwar unterschiedslos in Ost und West, auf dem Lande und in der Stadt. Lediglich ein niedriger sozialer Status erweist sich, wie bei allen anderen Dimensionen – außer dem Strafverhalten –, als Prädiktor für eher „klassisches" Erziehungsverhalten. Dies trifft auch für die kindlichen Durchsetzungsstrategien zu, die Kinder aus den unteren Schichten geben öfter an, heimlich oder explizit ihre Interessen gegen den Willen der Eltern durchzusetzen. Insgesamt aber verlassen sich offenbar über zwei Drittel aller Kinder auf ihr Verhandlungsgeschick, wobei mit steigendem Alter auch die „illegitimen" Verhaltensmuster öfter eingesetzt werden.

Im Vergleich dazu erbringt die Studie von Hermens/Tismer (2000), dass 8- bis 12-jährige Kinder in der Mehrheit zwar ebenfalls „aktiv-konstruktive Formen der Einflussnahme" wählen, um ihren Willen durchzusetzen, dass aber diese Strategie von älteren Kindern eher als von jüngeren angewendet wird. Diese Differenz in den Ergebnissen beider Studien ergibt sich vermutlich einmal aus den jeweiligen Vorgaben, auf die die Kinder zu reagieren haben. Bei Büchner/Fuhs/Krüger (1996) wählen sie ausschließlich zwischen „illegitimen" Handlungsalternativen (z.B. ich mache es trotzdem, ohne dass meine Eltern es merken, oder ich mache es einfach und nehme Ärger in Kauf) bei Hermens/Tismer (2000) wählen sie zwischen Sätzen, die sie in konkreten Konfliktfällen zu ihren Eltern sagen würden. (Beispiel: Die Eltern wollen gegen den

Willen des Kindes ein gemeinsames Spiel beenden. Die vorgegebenen Reaktionsformen, die immer auch eine konstruktiv-aktive Möglichkeit enthalten, lauten: a) Ich sage: Ich will aber noch nicht aufhören (Opposition). b) Ich schlage vor, noch ein anderes Spiel zu spielen (konstruktiv-aktiv). c) Ich sage: Ihr seid gemein (Entwertung/Vorwürfe).

Darüber hinaus aber spielt vermutlich auch der Altersunterschied zwischen beiden Befragtengruppen eine Rolle. Die 8- bis 12-Jährigen aus der Hermens/Tismer Untersuchung erwerben mehrheitlich erst mit steigendem Alter (10-12) die kognitiven Kompetenzen, die Interaktion mit den Eltern aktiv-konstruktiv zu steuern. Die Kinder der Bücher/Fuhs/Krüger Untersuchung dagegen streben mit 14, 15 Jahren schon nach „Privilegien", die noch den 16-Jährigen vorbehalten sind, was bedeutet, dass eine Minderheit von ihnen sich auch gegen den Willen der Eltern durchsetzt.

Da es sich bei der Studie von Hermens/Tismer um eine Replikation handelt (Pauls/Johann 1984), konnten auch die Veränderungen im Zeitverlauf festgestellt werden: Das von den Autoren als „problematisch" bezeichnete Steuerungsverhalten, z.B. man opponiert, ignoriert oder bestraft die Eltern, steigt an, auch wenn – wie bereits erwähnt – insgesamt das aktiv-konstruktive Verhalten immer noch überwiegt.

Dieses Ergebnis deutet daraufhin, dass sich im Zeitraum zwischen den 80er und den 90er Jahren die Machtverhältnisse zwischen Eltern und Kindern, wenn sie denn überhaupt ins Spiel kommen, zu Gunsten der Kinder verschoben haben.

4.2 Konfliktreiche Eltern-Kind-Verhältnisse

In der Zusammenschau deuten die Ergebnisse der oben genannten und zahlreicher anderer Untersuchungen (Storch 1994; Zinnecker/Silbereisen 1996; Oswald/Boll 1992) daraufhin, dass das Eltern-Kind-Verhältnis in den 90er Jahren mehrheitlich durch wechselseitiges Vertrauen und Zuneigung, demokratische Umgangsformen und ausgeglichene Machtverhältnisse gekennzeichnet ist. So ziehen z.B. Schneewind/Ruppert (1995) aus ihrer generationenvergleichenden Untersuchung im Hinblick auf das Erziehungsverhalten der Eltern folgendes Fazit: „Es ist gekennzeichnet (a) durch ein geringes Maß an Anpassungsforderungen hinsichtlich religiöser, leistungsbezogener und sozialer Verhaltensstandards, (b) durch mehr Mitspracherecht, Nachgiebigkeit und offen zum Ausdruck gebrachte Zuneigung sowie schließlich (c) durch eine stärkere Betonung positiver Emotionalität als Antwort auf erwünschtes Kindverhalten bei gleichzeitiger Zurücknahme aggressiv-körperlicher Disziplinierungsmaßnahmen sowie Formen einer nur bedingten Anerkennung kindlicher Bemühungen" (Schneewind/Ruppert 1995: 141). Gleichwohl, dieser Mehrheit steht eine Minderheit von etwa 30% gegenüber (Storch 1994; Büchner/Fuhs 1996; Zinnecker et al. 1996; Zinnecker 1997). Diese Eltern-Kind-Verhältnisse sind durch ein konfliktgeladenes Klima gekennzeichnet, die Eltern sind eher streng, auf sich selbst bezogen und den Kindern wenig zugewandt.

Welche Merkmale weisen nun diese Eltern auf, deren Kinder sich weniger beachtet und unterstützt fühlen?

Durchgängig werden hier zwei Ergebnisse berichtet, einmal ist es der geringere Sozialstatus, zum anderen sind es familienstrukturelle Merkmale. In dieser Gruppe befinden sich mehr geschiedene, alleinerziehende Elternteile und Mehrelternfamilien (Mütter oder Väter mit neuen Partnern und unter Umständen deren Kindern) (Büchner/Fuhs 1996; Brake/Büchner 1996; Zinnecker et al. 1996).

Als besonders bemerkenswert in diesem Zusammenhang erscheint mir aber ein weiteres Ergebnis. In der Studie von Zinnecker/Georg/Strozda (1996) waren die von ihren Kindern als weniger aufmerksam und unterstützend beschriebenen Eltern durchschnittlich eineinhalb bis zwei Jahre jünger als die Eltern der anderen Gruppen und ihre Kinder gehörten mehrheitlich zu den ältesten der 10- bis 13-Jährigen. Dies bedeutet, dass diese Kinder sich überwiegend bereits in der Frühadoleszenz befanden, eine Phase, während der Eltern und Kinder einander besonders kritisch wahrnehmen (vgl. hierzu auch Kreppner 2000).

In der Längsschnittstudie von Storch (1994), in der eine etwas ältere Gruppe (12- bis 16-Jährige) und deren Eltern während fünf Jahren jeweils jährlich befragt wurden, zeigen sich vier verschiedene Verlaufsformen von Eltern-Kind-Beziehungen: ein stabil positiver (N=63), ein stabil negativer (N=42), ein verbesserter (N=28) und ein verschlechterter Verlauf (N=35). Auch hier bestätigt sich wieder der Einfluss der Schichtzugehörigkeit. Kinder, deren Beziehung zu den Eltern stabil positiv verläuft, gehören mehrheitlich höheren Schichten an, und ihre Eltern weisen die höchste Bildungsorientierung auf. An zweiter Stelle der Bildungsorientierung stehen die Eltern, deren Kinder in der Frühadoleszenz noch über eine gute Beziehung zu den Eltern berichten, die sich über die Jahre dann aber verschlechtert. An dritter Stelle rangieren die Eltern-Kind-Verhältnisse mit einem stabil schlechten und an vierter Stelle die mit einem verbesserten Verlauf. Betrachten wir die beiden Typen Verbesserung und Verschlechterung, so wird deutlich, dass die Eltern des letzteren Typus offenbar nicht in der Lage sind, sich auf die entwicklungsbedingten Veränderungen in den Verhaltensmustern und Interessen ihrer Kinder einzustellen. Von allen Eltern haben diese Eltern die größte Angst, die Kontrolle über ihre Kinder zu verlieren.

Bei den Eltern-Kind-Beziehungen, die sich im Zeitverlauf verbessern, reduziert sich der Konflikt, weil die Eltern die Kinder offenbar nun als Gesprächspartner ernst nehmen, dies ist bei den Mädchen der Fall. Was die Jungen betrifft, so scheinen die Auseinandersetzungen den Zenit überschritten zu haben, was sich an der Liberalisierung der zuvor sehr strengen Regelsetzung ablesen lässt. Diese Eltern geben den kindlichen Selbständigkeitsbestrebungen erst relativ spät nach, weshalb es auch nicht erstaunt, dass sie von allen Eltern die höchsten Werte auf einer Skala, die Konservatismus misst, erreichen. Verbindet man diese nur angedeuteten Ergebnisse mit denen der zuvor genannten Untersuchungen, so spricht alles für eine Forschungsstrategie der Längsschnittstudie. Denn gerade der Übergang von der Kindheit zur Adoleszenz verläuft keineswegs geradlinig und eine einmal als gut oder problematisch bezeichnete Eltern-Kind-Beziehung muss nicht notwendigerweise auch so bleiben (vgl. hierzu auch Zinnecker 1997).

Auf die weitere Entwicklung der Eltern-Kind-Beziehung im Lebensverlauf, kann in diesem Beitrag nicht eingegangen werden (vgl. hierzu Wagner in diesem Bd.).

5 Differenzielle Formen von Eltern-Kind-Verhältnissen

Wie sich aus den bisher betrachteten Untersuchungen ergab, finden sich Eltern-Kind-Verhältnisse, in denen die Relation zwischen engen emotionalen Bindungen und Förderung von Selbständigkeit und Entscheidungsfreiheit nicht ausbalanciert ist, eher in Familien mit niedrigem Sozialstatus, insbesondere niedrigem Bildungsniveau, oder in Familien, die nicht dem Typus der „Normalfamilie" entsprechen. In den folgenden Abschnitten werde ich daher beispielhaft auf Untersuchungen eingehen, die sich mit Eltern-Kind-Verhältnissen in verschiedenen Familienformen beschäftigen. Dabei werde ich mich auf zwei Fragestellungen beschränken. Erstens, unterscheiden sich Kinder aus „Nicht-Normalfamilien" bezüglich als relevant erachteter Merkmale von Kindern aus Normalfamilien, und zweitens, wie gestalten sich Eltern-Kind-Verhältnisse zu den Vätern und Müttern, die nicht dauerhaft mit dem Kind zusammenleben?

Problematische Eltern-Kind-Beziehungen, im Sinne von Vernachlässigung, Misshandlung und sexuellem Missbrauch, bleiben ausgeklammert. Fälle dieser Art tauchen einmal in nach dem Zufall ausgewählten Stichproben kaum auf und bedürften darüber hinaus einer gesonderten Betrachtung, die hier nicht geleistet werden kann (vgl. Schneewind in diesem Bd.).

5.1 Familienstruktur und Entwicklungsprozess des Kindes

Wie bereits erwähnt, deutet sich ein Wandel in der Konzeptualisierung von Familien an, die nicht dem Modell der Normalfamilie entsprechen.

Zu nennen sind drei theoretische Ansätze. Die Strukturdefizit-Hypothese geht davon aus, dass Kinder, die in Ein- oder Mehrelternfamilien aufwachsen, unter einem Mangel an Entwicklungschancen leiden, der durch die Familienstruktur bedingt ist.

Der Familien-Prozess-Ansatz dagegen betont, dass es nicht die Familienstruktur per se ist, die negative oder positive Wirkungen zeitigt, sondern dass sich „hinter spezifischen Familienformen sehr unterschiedliche Merkmalskombinationen verbergen" (Bacher et al. 1996: 71), die die Entwicklung von Kindern beeinflussen (vgl. hierzu auch Walper 1998).

Ein dritter Ansatz schließlich verbindet beide Thesen, in dem von der Annahme ausgegangen wird, dass die Familienstruktur sich nicht direkt aber indirekt auf die Qualität der Eltern-Kind-Beziehung auswirkt (Stecher 2000)[3]. Legt man die Ergebnisse der Studien von Bacher/Beham/Wilk (1996) und die von Stecher (2000) zugrunde, so zeigt sich folgendes Bild.

Bacher/Beham/Wilk fragen nach den Bedingungen kindlichen Wohlbefindens („die globale kindliche Einschätzung seiner Befindlichkeit in unterschiedlichen Lebensbereichen"; Bacher et al. 1996: 247).

Den stärksten Zusammenhang weist das kindliche Wohlbefinden mit familialer Mitbestimmung, dem Zusammengehörigkeitsgefühl und Konfliktneigung auf. Die Clusteranalyse erbringt 13 Cluster, wobei Cluster 1 (die Mittelwerte der untersuchten Variablen entsprechen dem Gesamtdurchschnitt) alle Familienformen enthält.

Geringeres Wohlbefinden findet sich in Einelternfamilien (eins von drei Clustern) in Mehrelternfamilien (zwei Cluster) aber auch in Mehrkind-Kernfamilien und Dreigenerationenfamilien. Demnach ist die Familienform zwar nicht ohne Einfluss auf das Wohlbefinden, aber die Qualität der Eltern-Kind-Beziehung, räumliche Ressourcen und der Familienzusammenhalt erweisen sich als weitaus bedeutsamer. Die Autoren folgern aus ihren Ergebnissen: „Nicht die strukturelle Abweichung vom Modell der Kernfamilie ist möglicherweise die Ursache für Sozialisationsdefizite und Beeinträchtigungen des Wohlbefindens, sondern die nach wie vor bestehende Dominanz des Kernfamilienmodells und das Fehlen institutionalisierter alternativer Ideal- und Leitbilder zur Gestaltung des familialen Zusammenlebens" (Bacher et al. 1996: 264f.). Ob eine solche Argumentation nicht die Wirksamkeit von Leitbildern überschätzt und den Einfluss objektiver Bedingungen unterschätzt, wird erst die Zukunft erweisen.

Ähnliche Ergebnisse wie Bacher/Beham/Wilk (1996) berichtet auch Stecher (2000). Diese Untersuchung, die auf dem Datenmaterial des Kindersurveys (Zinnecker/Silbereisen 1996) beruht, geht der Frage nach dem Zusammenhang von Qualität der Eltern-Kind-Beziehung, Familienstruktur und Lern- und Schulfreude nach. Allgemein lässt sich mit steigendem Alter der Kinder, unabhängig von Familienform, regionalen Unterschieden (Ost-West, Stadt-

---

[3] Dieser Wandel in der Konzeptualisierung von Ein- und Mehrelternfamilien (auch Stieffamilien genannt) weist eine auffällige Parallele zu der zeitlich bereits weiter zurückliegenden Änderung in der Einschätzung mütterlicher Erwerbstätigkeit auf. In der Forschung behauptet heute wohl niemand mehr, dass mütterliche Erwerbstätigkeit sich unmittelbar negativ auf die Befindlichkeit des Kindes auswirkt (vgl. hierzu auch Sommerkorn in diesem Bd.). Dieser Wandel in den Forschungsperspektiven verdeutlicht wieder einmal den Zusammenhang von normativen Vorstellungen und wissenschaftlichen Konzepten.

Land) und Qualität der Eltern-Kind-Beziehung, ein Abfall der Lern- und Schulfreude konstatieren. Dennoch demonstrieren Kinder, die ihre Beziehungen zu den Eltern als harmonisch und vertrauensvoll erleben, eine höhere Schulfreude, und umgekehrt ist die Schulfreude bei einem als negativ wahrgenommenen Familienklima geringer. Während sich kein direkter Zusammenhang zwischen Familienform und Schulfreude nachweisen lässt, zeigt sich aber, dass Kinder aus „unvollständigen" Familien (so die Terminologie des Autors) die Qualität der Eltern-Kind-Beziehung negativer beurteilen als andere. Auch dieses Ergebnis spricht für die Plausibilität des oben genannten dritten theoretischen Ansatzes, wonach die Familienstruktur, vermittelt über die Qualität der Eltern-Kind-Beziehung, die Entwicklung der Kinder beeinflusst.

5.2 Eltern-Kind-Verhältnisse nach der Scheidung

Einen ganz anderen Zugang wählten die Untersuchungen über Kinder, die eine Trennung ihrer Eltern erlebt haben, in denen Kinder (und auch ihre Eltern) über ihre Erfahrungen und Probleme berichten.[4]

Die vielleicht aussagekräftigste Untersuchung über Eltern-Kind-Beziehungen in Ein- und Mehrelternfamilien ist die einen Zeitraum von zwölf Jahren umfassende Längsschnittstudie von Napp-Peters (1995), in der anschaulicher als mit dem Mittel der Clusteranalyse (Bacher et al. 1996, Walper 1998) die Heterogenität von Nachscheidungsfamilien beschrieben wird. Geht man davon aus, dass Kinder in der Regel den Kontakt zu dem Elternteil, mit dem sie nicht mehr zusammenleben, aufrechterhalten wollen (Fthenakis 1993), so haben sie in den vier bei Napp-Peters (1995) vorgestellten Familientypen sehr unterschiedliche Chancen dies zu tun. Es gibt sowohl Mehrelten- wie Einelternfamilien, die den getrennten Elternteil auf Distanz halten, abwerten und die Kontaktwünsche des Kindes mehr oder weniger deutlich unterbinden. Ebenso gibt es aber auch Mehrelten- und Einelternfamilien, in denen man darum bemüht ist, auch wenn es nicht immer leicht fällt, den getrennten Elternteil in gewissem Maße am Leben des Kindes teilhaben zu lassen, zumindest aber den Kontakt zwischen beiden nicht zu behindern.

Wie Napp-Peters (1995) an verschiedenen Fallgeschichten eindrücklich zeigt, ist es für die weitere Entwicklung des Kindes äußerst wichtig, dass es ohne Loyalitätskonflikte eine Beziehung zum getrennten Elternteil haben kann. Allerdings ist es nur eine Minderheit von etwa 25%, der es gelingt, miteinander zu kooperieren, wobei dies offenbar nichts mit der Verteilung des Sorgerechts,

---

[4] Während die Forschung sich kaum mit Müttern und Vätern in „Normalfamilien" befasst, sind alleinerziehende Mütter (Mädje/Neusüß 1996) und neuerdings auch Väter (Nave-Herz/Krüger 1992; Matzner 1998) häufig Gegenstand der Forschung. Obwohl diese Untersuchungen auch etwas über die Eltern-Kind-Beziehung aussagen, werden sie hier nicht berücksichtigt.

sondern mit der Intensität und Häufigkeit von Konflikten zu tun hat, die das getrennte Paar immer noch umtreiben.

Natürlich ist es nicht nur die Möglichkeit, mit dem getrennten Elternteil ein Zusammengehörigkeitsgefühl zu bewahren, die darüber entscheidet, wie Kinder die immer schmerzlichen Erfahrungen mit und nach einer Scheidung bewältigen. Nicht immer wird auch die Beziehung zum getrennten Elternteil als befriedigend erlebt (Nave-Herz/Schmitz 1996). Vielfach spielen auch andere Faktoren eine Rolle, wie z.B. Armut, soziale Isolation und natürlich auch die Beziehung zu dem Elternteil, mit dem man zusammenlebt, und unter Umständen dessen neuem Partner/Partnerin. Nicht nur, dass die Untersuchung von Napp-Peters (1995) auf die Vielfalt und Unterschiedlichkeit von Bewältigungsformen aufmerksam macht, sondern sie dürfte angesichts des Ergebnisses, dass es von den in der Erstbefragung erheblich gestörten Kindern nach Ablauf von 12 Jahren nur einem Viertel gelungen ist, sich zu lebenstüchtigen, jungen Erwachsenen zu entwickeln, auch jene optimistischen Vorstellungen dämpfen, die einzig der Kraft von Ideal- und Leitbildern vertrauen (Bacher et al. 1996).

6 Schlussfolgerungen

Am Ende dieses naturgemäß kursorischen Überblicks über Untersuchungen zum Eltern-Kind-Verhältnis kehre ich noch einmal zu meinen damaligen Thesen, die folgendes besagten, zurück. „Das Kind nimmt auf Grund seiner Funktion, emotionale Bedürfnisbefriedigung zu gewähren, Freude zu machen, Lebenssinn zu stiften, die zentrale Stellung in der Familie ein, und die Ehebeziehung scheint gegenüber der Eltern-Kind-Beziehung an Eigenwert zu verlieren. Diese Konstellation könnte aber strukturell dem gleichzeitig herrschenden Leitbild, die Eigenständigkeit des Kindes zu fördern, entgegenwirken" (Schütze 1988: 112).

Zunächst zum sinkenden Eigenwert der Paarbeziehung, hierzu kann ich nur einige indirekte Hinweise geben, da es m.W. keine Untersuchungen gibt, die dieser Frage explizit nachgegangen wären.

Betrachtet man die Scheidungszahlen, so könnte man insofern von einer Dominanz der Eltern vor der Partnerrolle sprechen, als Kinder sich eindeutig als Scheidungsbarrieren erweisen (Wagner 1997).

Der Gesetzgeber, der ja in der Regel erst einem Wandel der normativen Vorstellungen der Bevölkerung nacharbeitet, ebenso wie die Forschung über Scheidungsfolgen, stimmen darin überein, dass das Kind ein Recht darauf hat, eine Beziehung auch mit dem Elternteil zu unterhalten, der nicht mit dem Kind zusammenlebt.

Diese Forderung zentriert sich explizit auf das Wohl des Kindes und nicht auf das Paar. Mit anderen Worten, Menschen, die ein gemeinsames Kind miteinander haben, dies aber – aus welchen Gründen auch immer – nicht in einem gemeinsamen Haushalt großziehen wollen, werden dazu angehalten, ihre persönlichen Gegensätze und Konflikte zurückzustellen und zu Gunsten des Kindes eine – wenn auch noch so rudimentäre – Einheit als Elternpaar zu demonstrieren. Wer heute offen zugibt, dass er oder sie den Kontakt des Kindes zum getrennt lebenden Elternteil unterbindet, muss schon sehr gute Gründe haben, um Verständnis bei seiner Umwelt zu finden.

Ebenso wie der Gesetzgeber konzentriert sich auch die Forschung auf die Perspektive des Kindes. Dies war einerseits längst überfällig – das Kind hat eine eigene Stimme erhalten. Andererseits aber wird aus dieser Sicht dem Bedingungsverhältnis von Paarbeziehung und Eltern-Kind-Verhältnis zu wenig Rechnung getragen. Das Paar wird erst zum Gegenstand der Forschung, wenn es keines mehr ist und es um die Folgen für das Kind geht. Dem entspricht auch das Alltagsverständnis, die Scheidung oder Trennung kinderloser Paare gilt gleichsam als moralisch neutral. Das moralische Räsonnement setzt erst ein, wenn es sich um Paare mit Kindern handelt.

Was nun die Vereinbarung von enger emotionaler Bindung an das Kind und die gleichzeitige Förderung seiner Selbständigkeit angeht, wissen wir aus der Forschung und unseren Primärerfahrungen, dass Kinder heute über eine Vielzahl von Optionen in Handlungsbereichen wie Konsum, Medien oder Umgang mit Gleichaltrigen verfügen. Auch wenn der lange Arm des Elternhauses nach wie vor die Weichen stellt, wenn es um die Auswahl an Aktivitäten und Medienangeboten geht (Büchner 1996; Hengst 1996), so kann man gleichwohl von einer Kinderkultur sprechen, die eine gewisse Eigenständigkeit für sich in Anspruch nehmen kann. Wenig wissen wir dagegen über den Zusammenhang von emotionalen Bindungen und der inneren Selbständigkeit der Kinder. Hierzu verweisen die Arbeiten zum familialen Umgang mit dem Nationalsozialismus, die sich freilich auf besondere Konstellationen beziehen, dass es die emotionalen Bindungen sind, aufgrund derer Kinder ihre Wahrnehmungen verzerren und Umdeutungen der Realität vornehmen (Rosenthal 1997; Welzer 2001). Inwiefern Prozesse der Selbst- und Weltdeutung auch in historisch weniger exponierten Zeiten über die emotionalen Bindungen an die Eltern gesteuert werden, ist daher eine Frage, die der Aufmerksamkeit der Forschung wert wäre.

Literatur

Adorno, Th. W., 1954: Einführung zu G. Baumert unter Mitwirkung von E. Hünniger: Deutsche Familien nach dem Kriege. Darmstadt, S. 5-9.
Allerbeck, K./Hoag, W., 1985: Jugend ohne Zukunft? München.
Bacher, J./Beham, M./Wilk. L., 1996: Familienstruktur, kindliches Wohlbefinden und Persönlichkeitsentwicklung – Eine empirische Analyse am Beispiel zehnjähriger Kinder. In: Zeitschrift für Sozialisationsforschung und Erziehungssoziologie, 16, 3, S. 246-269.
Baumert, G., 1952: Jugend der Nachkriegszeit. Darmstadt.
Baumert, G., 1954: Deutsche Familien nach dem Kriege. Darmstadt.
Beck, U., 1986: Risikogesellschaft. Auf dem Weg in eine andere Moderne. Frankfurt a. M.

Becker-Schmidt, R./Knapp, G.-A., 1985: Arbeiterkinder gestern – Arbeiterkinder heute. Bonn.

Bertram, H./Hennig, M., 1995: Eltern und Kinder. Zeit, Werte und Beziehungen zu Kindern. In: B. Nauck/H. Bertram (Hg.): Kinder in Deutschland. Lebensverhältnisse von Kindern im Regionalvergleich. Opladen, S. 91-120.

Böcker, S./Herlth, A./Ossyssek, F., 1996: Modernität der Familie und Kompetenzentwicklung von Kindern – Konsequenzen familialer Rollenarrangements für die Entwicklung von Kindern. In: Zeitschrift für Sozialisationsforschung und Erziehungssoziologie, 16, 3, S. 270-283.

Bowlby, J., 1972: Mutterliebe und kindliche Entwicklung. München.

Brake, A./Büchner, P., 1996: Kindsein in Ost- und Westdeutschland. Allgemeine Rahmenbedingungen des Lebens von Kindern und jungen Jugendlichen. In: P. Büchner/B. Fuhs/H.-H. Krüger (Hg.): Vom Teddybär zum ersten Kuss. Wege aus der Kindheit in Ost- und Westdeutschland. Opladen, S. 3-66.

Büchner, P., 1996: Das Kind als Schülerin oder Schüler. Über die gesellschaftliche Wahrnehmung der Kindheit als Schulkindheit und damit verbundene Forschungsprobleme. In: H. Zeiher/P. Büchner/J. Zinnecker (Hg.): Kinder als Außenseiter? Weinheim/München, S. 157-188.

Büchner, P./Fuhs, B., 1996: Der Lebensort Familie. Alltagsprobleme und Beziehungsmuster. In: P. Büchner/B. Fuhs/H.-H. Krüger (Hg.): Vom Teddybär zum ersten Kuss. Wege aus der Kindheit in Ost- und Westdeutschland. Opladen, S. 201-224.

Büchner, P./Fuhs, B./Krüger, H.-H., 1997: Transformation der Eltern-Kind-Beziehungen? Facetten der Kindbezogenheit des elterlichen Erziehungsverhaltens in Ost- und Westdeutschland. In: Zeitschrift für Pädagogik, 37. Beiheft, S. 35-52.

Busch, F. W., 1972: Familienerziehung in der sozialistischen Pädagogik der DDR. Düsseldorf.

Caesar, B., 1972: Autorität in der Familie. Reinbek.

Elias, N., 1976: Über den Prozeß der Zivilisation. 2 Bde. Frankfurt a. M.

Engstler, H., 1998: Die Familie im Spiegel der amtlichen Statistik. Lebensformen, Familienstrukturen, wirtschaftliche Situation der Familien und familiendemographische Entwicklung in Deutschland. Bonn.

Fölling-Albers, M., 2001: Veränderte Kindheit – revisited. In: M. Fölling-Albers/S. Richter/H. Brügelmann/H. A. Speck-Hamdan (Hg.): Jahrbuch Grundschule, Bd. 3: Fragen der Praxis – Befunde der Forschung. Seelze, S. 10-51.

Friedrich, W., 1976: Zu theoretischen Problemen der marxistischen Jugendforschung. In: Jugendforschung. Berlin, S. 11-38.

Fthenakis, W. E., 1993: Kindliche Reaktionen auf Trennung und Scheidung. In: O. Kraus (Hg.): Die Scheidungswaisen. Referate gehalten auf dem Symposium der Joachim Jungius-Gesellschaft der Wissenschaften Hamburg. Göttingen, S. 85-116.

Gerspach, M./Hafeneger, B., 1982: Das Väterbuch. Hamburg.

Göppel, R., 1997: Kinder als kleine Erwachsene? Wider das Verschwinden der Kindheit in der modernen Kindheitsforschung. In: Neue Sammlung, 37, S. 357-376.

Gysi, J., 1989: Familienleben in der DDR. Berlin.

Gysi, J./Hempel, U./Meyer, D./Staufenbiel, N., 1990: Die Zukunft von Familie und Ehe, Familienpolitik und Familienforschung in der DDR. In: G. Burkart (Hg.): Sozialisation im Sozialismus: Lebensbedingungen in der DDR im Umbruch. Weinheim, S. 33-41.

Helwig, G., 1988: Staat und Familie in der DDR. In: G.-J. Glässner (Hg.): H. Zimmermann: Die DDR in der Ära Honecker: Politik, Kultur, Gesellschaft (Hartmut Zimmermann zum 60. Geburtstag). Opladen, S. 466-480.

Hengst, H., 1996: Kinder an die Macht! Der Rückzug des Marktes aus dem Kindheitsprojekt der Moderne. In: H. Zeiher/P. Büchner/J. Zinnecker (Hg.): Kinder als Außenseiter?

Umbrüche in der gesellschaftlichen Wahrnehmung von Kindern und Kindheit. Weinheim/München, S. 117-134.

Hermens, A./Tismer, K.-G., 2000: Wie steuern Kinder ihre Eltern. In: Psychologie in Erziehung und Unterricht, 47, 1, S. 29-45.

Jugendwerk der Deutschen Shell (Hg.), 1985: Jugendliche und Erwachsene '85, Bd. 3. Opladen.

Kaufmann, F.-X., 1995: Zukunft der Familie im vereinten Deutschland. München.

Kirchhöfer, D., 1997: Veränderungen in der sozialen Konstruktion von Kindheit. In: Zeitschrift für Pädagogik, 37. Beiheft, S. 15-34.

Kirchhöfer, D., 2000: Gute-Nacht-Rituale in Familien – Erosion einer emotionalen Balance? In: A. Herlth/A. Engelbert/J. Mansel/Ch. Palentien (Hg.): Spannungsfeld Familienkindheit. Opladen, S. 155-166.

König, R., 1946/74: Materialien zur Soziologie der Familie. Köln.

Konjetzky, K./Westphalen, J. v., 1983: Stillende Väter. München.

Kreppner, K., 2000: Die Bedeutung familialer Beziehungen und Kommunikationsmuster für die Persönlichkeitsentwicklung von Kindern. In: A. Herlth/A. Engelbert/J. Mansel/Chr. Palentien (Hg.): Spannungsfeld Familienkindheit. Opladen, S. 136-154.

Lang, S., 1985: Lebensbedingungen und Lebensqualität von Kindern. Frankfurt a. M./New York.

Mädje, E./Neusüß, C., 1996: Frauen im Sozialstaat. Zur Lebenssituation alleinerziehender Sozialhilfeempfängerinnen. Frankfurt a. M.

Matzner, M., 1998: Vaterschaft heute. Klischees und soziale Wirklichkeit. Frankfurt a. M./New York.

Münz, R., 1983: Kinder als Last, Kinder aus Lust? In: J. Matthes (Hg.): Krise der Arbeitsgesellschaft? Verhandlungen des 21. Deutschen Soziologentages, Bamberg 1982. Frankfurt a. M.

Napp-Peters, A., 1995: Familien nach der Scheidung. München.

Nauck, B., 1992: Fruchtbarkeitsunterschiede in der Bundesrepublik und in der Türkei. Ein interkultureller und interkontextueller Vergleich. In: E. Voland (Hg.): Fortpflanzung: Natur und Kultur im Wechselspiel. Frankfurt a. M.

Nave-Herz, R., 1984: Familiäre Veränderungen seit 1950 – eine empirische Studie – Abschlussbericht Teil I. Oldenburg.

Nave-Herz: R., 1994: Familie heute. Wandel der Familienstrukturen und Folgen für die Erziehung. Darmstadt.

Nave-Herz, R., 1998: Die These über den „Zerfall der Familie". In: Kölner Zeitschrift für Soziologie und Sozialpsychologie, 38, Sonderheft: Die Diagnosefähigkeit der Soziologie, S. 286-315.

Nave-Herz, R./Krüger, D., 1992: Ein-Eltern-Familien – eine empirische Studie zur Lebenssituation und Lebensplanung alleinerziehender Mütter und Väter. Bielefeld.

Nave-Herz, R./Schmitz, A., 1996: Die Beziehung des Kindes zum nicht-sorgeberechtigten Vater. In: F. W. Busch/R. Nave-Herz (Hg.): Ehe und Familie in Krisensituationen. Oldenburg, S. 99-115.

Oswald, H./Boll, W., 1992: Das Ende des Generationenkonflikts? Zum Verhältnis von Jugendlichen zu ihren Eltern. In: Zeitschrift für Sozialisationsforschung und Erziehungssoziologie, 12, 1, S. 30-51.

Pauls, H./Johann, A., 1984: Wie steuern Kinder ihre Eltern? Eine Fragebogenuntersuchung an 327 8-11jährigen Kindern. In: Psychologie in Erziehung und Unterricht, 36, 1, S. 22-32.

Pfeil, E., 1968: Die 23jährigen. Eine Generationenuntersuchung am Geburtsjahrgang 1941. Tübingen.

Plato, A. v./Leh, A., 1997: „Ein unglaublicher Frühling". Erfahrene Geschichte im Nachkriegsdeutschland 1945-1948. Bonn.
Preuss-Lausitz, U. (Hg.), 1983: Kriegskinder, Konsumkinder, Krisenkinder. Zur Sozialisationsgeschichte seit dem Zweiten Weltkrieg. Weinheim.
Rerrich, M. S., 1983: Veränderte Elternschaft. Entwicklungen in der familialen Arbeit mit Kindern seit 1950. In: Soziale Welt, 4, S. 420-449.
Rosenthal, G. (Hg.), 1997: Der Holocaust im Leben von drei Generationen. Gießen.
Schelsky, H., 1953: Wandlungen der Deutschen Familie in der Gegenwart. Stuttgart.
Schneewind, K. A., 1991: Familienpsychologie. Stuttgart.
Schneewind, K. A./Ruppert, S., 1995: Familien gestern und heute: ein Generationenvergleich über 16 Jahre. München.
Schütze, Y., 1982: Von der Mutter-Kind-Dyade zum familialen System. Neue Beiträge aus Psychologie, Humanethologie und Psychoanalyse zur Erforschung der frühkindlichen Sozialisation. In: Zeitschrift für Pädagogik, 2, S. 203-220.
Schütze, Y., 1986: Die gute Mutter. Zur Geschichte des normativen Musters „Mutterliebe". Schriftenreihe des Instituts Frau und Gesellschaft. Hannover.
Schütze, Y., 1988: Zur Veränderung im Eltern-Kind-Verhältnis seit der Nachkriegszeit. In: R. Nave-Herz (Hg.): Wandel und Kontinuität der Familie in der Bundesrepublik Deutschland. Stuttgart, S. 95-144.
Schütze, Y., 2000: Konstanz und Wandel – Zur Geschichte der Familie im 20. Jahrhundert. In: Zeitschrift für Pädagogik, 42. Beiheft, S. 16-35.
Schütze, Y./Geulen, D., 1983: Die „Nachkriegskinder" und die „Konsumkinder". In: U. Preuss-Lausitz (Hg.): Kriegskinder, Konsumkinder, Krisenkinder. Zur Sozialisationsgeschichte seit dem Zweiten Weltkrieg. Weinheim, S. 29-52.
Schütze, Y./Kreppner, K., 1982: Der Vater in der Familie. In: Kind und Umwelt, S. 20-33.
Schulte-Döinghaus, U., 1982: Das Vergnügen, ein zärtlicher Vater zu sein. Zürich.
Stecher, L., 2000: Entwicklung der Lern- und Schulfreude im Übergang von der Kindheit zur Jugend – Welche Rolle spielt die Familienstruktur und die Qualität der Eltern-Kind-Beziehungen? In: Zeitschrift für Soziologie der Erziehung und Sozialisation, 20, 1, S. 70-88.
Storch, M., 1994: Das Eltern-Kind-Verhältnis im Jugendalter: eine empirische Längsschnittstudie. Weinheim/München.
Uhlendorff, H./Krappmann, L./Oswald, H., 1997: Familie in Ost- und West-Berlin – Erziehungseinstellungen und Kinderfreundschaften. In: Zeitschrift für Pädagogik, 43, 1, S. 35-54.
Thurnwald, H., 1948: Gegenwartsprobleme Berliner Familien. Berlin.
Wagner, M., 1997: Scheidung in Ost- und Westdeutschland. Frankfurt a. M./New York.
Walper, S., 1998: Die Individuation in Beziehung zu beiden Eltern bei Kindern und Jugendlichen aus konfliktbelasteten Kernfamilien und Trennungsfamilien. In: Zeitschrift für Soziologie der Erziehung und Sozialisation, 18, 2, S. 134-151.
Welzer, H., 2001: Kumulative Heroisierung. Nationalsozialismus und Krieg im Gespräche zwischen den Generationen. In: Mittelweg 36, 10, 2, S. 57-73.
Winnicott, D. W., 1976: Von der Kinderheilkunde zur Psychoanalyse. München.
Wurzbacher, G., 1958: Leitbilder gegenwärtigen deutschen Familienlebens, (3. Aufl.), (1. Aufl. 1952). Stuttgart.
Wurzbacher, G., 1961: Das Dorf im Spannungsfeld industrieller Entwicklung, (2. Aufl.), (1. Aufl. 1954). Stuttgart.
Zeiher, H. 1996: Kinder in der Gesellschaft und Kindheit in der Soziologie. Children in Society and Childhood in Sociology. In: Zeitschrift für Sozialisationsforschung und Erziehungssoziologie, 16, 1, S. 26-46.

Zeiher, H./Büchner, P./Zinnecker, J. (Hg.), 1996: Kinder als Außenseiter? Umbrüche in der gesellschaftlichen Wahrnehmung von Kindern und Kindheit. Weinheim/München.

Zeiher, H. J./Zeiher, H., 1994: Orte und Zeiten der Kinder. Soziales Leben im Alltag von Großstadtkindern. Weinheim/München

Zinnecker, J., 1997: Streßkinder und Glückskinder. Eltern als soziale Umwelt von Kindern. In: Zeitschrift für Pädagogik, 43, 1, S. 7-34.

Zinnecker, J./Georg, W./Strzoda, Ch., 1996: Beziehungen zwischen Eltern und Kindern aus Kindersicht. Eine Typologie. In: J. Zinnecker/R. K. Silbereisen (Hg.): Kindheit in Deutschland. Aktueller Survey über Kinder und ihre Eltern. Weinheim/München, S. 213-228.

Zinnecker, J./Silbereisen, R. K., 1996: Kindheit in Deutschland: aktueller Survey über Kinder und ihre Eltern. Weinheim.

Erwerbstätige Mütter zwischen Beruf und Familie: Mehr Kontinuität als Wandel

Ingrid N. Sommerkorn und Katharina Liebsch

1 Einleitung

Der Wandel der Frauenrolle im Verlauf des 20. Jahrhunderts gehört zu den wichtigen Veränderungen westlicher Gesellschaften. Von Mode über Bildung bis hin zu Lebensformen hat sich eine Annäherung von Männer- und Frauenrollen vollzogen, die das Bild von der „sittsamen Hausfrau" (Friedrich Schiller) allmählich revidierte. Verändert haben sich dabei auch die Normen, faktischen Möglichkeiten, Einstellungen und Handlungsweisen von Frauen hinsichtlich Erwerbstätigkeit einerseits und Mutterschaft andererseits. War die Kombination von Mutterschaft und Erwerbstätigkeit für bürgerliche Frauen zu Beginn des 20. Jahrhunderts fast ausgeschlossen, so wurde sie in den 70er Jahren zum Leitbild von Emanzipation und Gleichberechtigung und ist am Ende des 20. Jahrhunderts gestützt durch die technologischen Neuerungen der Reproduktionsmedizin auch für diejenigen Frauen im Prinzip möglich, die sich bis zur Vollendung des dritten Lebensjahrzehnts voll auf das Arbeitsleben eingelassen und die Entscheidung für ein Kind hinaus gezögert haben.

Im Folgenden wird der Zusammenhang von Erwerbstätigkeit und Mutterschaft im Verlauf der letzten fünfzig Jahre genauer in den Blick genommen. Darüber hinaus gilt es, die verschiedenen Facetten, Einflussfaktoren und Handlungsmomente, deren wechselseitige Beeinflussung chronologisch wie auch im Vergleich der beiden gesellschaftspolitischen Systeme BRD-DDR zu veranschaulichen. Die Entwicklung der Müttererwerbstätigkeit gestaltet sich, wie anhand des Unterschieds zwischen der DDR und der alten Bundesrepublik zu zeigen sein wird, in Abhängigkeit von strukturellen, sozial- und steuerpolitischen wie auch normativ-ideologischen Vorgaben. Darüber hinaus nehmen Faktoren, wie die demografische Entwicklung und medizinische Erfindungen (z.B. „die Pille") einen Einfluss darauf, ob und wie Frauen die Kombination von Mutter-Sein und Berufstätigkeit praktizieren und gestalten.

So soll im ersten Teil des vorliegenden Artikels die Thematik für die alte Bundesrepublik bis 1989 veranschaulicht werden. Auf der Grundlage einschlägiger sozialwissenschaftlicher Untersuchungen wird der Wandel des Verhältnisses von Mutterschaft und Erwerbsarbeit, so wie auch die Veränderungen in der sozialwissenschaftlichen Thematisierung dieses Zusammenhangs sichtbar gemacht. Dabei liegt der Schwerpunkt der Darstellung auf der Beschreibung der

Situation von verheirateten, erwerbstätigen Müttern.[1] Die spezifische Situation von Alleinerziehenden wird, um den vorgegebenen Rahmen nicht zu sprengen, nicht berücksichtigt.

Der zweite Teil des Artikels ist der Darstellung der Situation von arbeitenden Müttern in der DDR gewidmet. Hier bestand die besondere Situation, dass ca. 90% aller Frauen im erwerbsfähigen Alter einer Erwerbsarbeit nachgingen, von denen wiederum 92% auch Kinder hatten. Anhand ausgewählter Studien, sowohl solcher, die retrospektiv in den 90er Jahren angefertigt wurden, als auch solcher, die in der DDR durchgeführt wurden, soll die Chronologie der Besonderheiten veranschaulicht und eingeschätzt werden.

Im dritten Teil schließlich wird die Lage erwerbstätiger Mütter in den letzten zehn Jahren, aktuelle Einflussfaktoren, Trends und neue Problemlagen (z.B. Zunahme der Zahl von Alleinerziehenden, die Situation von eingewanderten arbeitenden Müttern wie auch das Phänomen einer Zunahme von Kinderlosigkeit) beschrieben und diskutiert. Dabei ist besonders auffällig, dass zwar eine Pluralisierung der Familienformen zu verzeichnen ist, von einer gesellschaftlichen Akzeptanz der Vollzeiterwerbstätigkeit von Müttern und Ehefrauen aber nur eingeschränkt gesprochen werden kann. Noch immer behindern sozialpolitische Regelungen und das Steuersystem eine Vollzeiterwerbstätigkeit von Frauen. So begünstigt das deutsche Steuersystem die Nicht- bzw. Teilzeiterwerbstätigkeit von Ehefrauen. Infrastrukturelle Begrenzungen (begrenzte Zahl von Krippen- und Kindergartenplätzen, kaum Möglichkeiten der Mittags- und Nachmittagsbetreuung von Schulkindern) lassen bestenfalls eine vormittägliche Halbzeitarbeit zu. Propagiert wird statt dessen auch heute ein „Phasenmodell" (zuerst Myrdal/Klein 1956), das eine zeitliche Reihung von Berufsphase, Familienphase und dann erneuter Berufsphase vorsieht. Dass dieses „Phasenmodell" nach wie vor für Frauen und in den allerseltensten Fällen für Männer gilt, ist auch im Jahr 2001 bundesrepublikanische Realität. Diesbezüglich hat sich trotz aller Dynamik des 20. Jahrhunderts eher wenig verändert.

2 Soziologische Perspektiven auf die Müttererwerbstätigkeit in der alten Bundesrepublik

Seit 1960 steht in der alten Bundesrepublik jede zweite Frau im Alter zwischen 15 und 60 Jahren dem Arbeitsmarkt zur Verfügung. Ein genauerer Blick in die Statistiken zeigt dabei, dass die Zunahme der weiblichen Erwerbstätigkeit nicht auf die Beteiligung alleinstehender Frauen am Arbeitsmarkt, sondern auf die der verheirateten Frauen zurückzuführen ist. Der Anteil verheirateter Frauen am Erwerbsleben hat sich stark gewandelt: So gingen zu Beginn des Jahrhunderts nur knapp 10% aller verheirateten Frauen auch einer Erwerbstätigkeit

---

[1] Vgl. hierzu die diesbezüglich weit ausführlichere Darstellung in der 1. Aufl. (Sommerkorn 1988)

nach. 1950 arbeiteten ein gutes Viertel der verheirateten Frauen. 1980 lag der Anteil bei knapp 50% und 1989, vor der Vereinigung beider deutscher Staaten, arbeiteten 54% aller verheirateten Frauen.[2]

Für erwerbstätige Frauen, die Kinder zu betreuen haben, liegen seit 1950 Zahlen vor.[3] Sie zeigen, dass in der alten Bundesrepublik, wie in anderen industrialisierten Ländern auch, die Erwerbstätigkeit von Müttern seit dem Zweiten Weltkrieg stetig zugenommen hat. In den drei Jahrzehnten von 1950 bis 1980 hat sich ihre Anzahl fast verdoppelt: War 1950 erst jede vierte Mutter mit Kindern unter 18 Jahren erwerbstätig, so war es 1961 jede dritte. In den 60er Jahren verharrte ihre Erwerbsquote bei gut einem Drittel, aber seit etwa Mitte der 70er Jahre erhöhte sich ihr Anteil auf rund 40%. 1982 lag die mütterliche Erwerbstätigenquote bei gut 42%, und 1989, im Jahr der „Wende", bei 44,6%. Nach der deutsch-deutschen Vereinigung stieg sie bis 1998 auf 59,8% an.[4]

Die Müttererwerbsquote variiert allerdings mit der Anzahl der Kinder unter 15 Jahren: Während in dem Zeitraum von 1950 bis 1982 bei den verheirateten Müttern mit nur einem Kind mehr als eine Verdoppelung stattfand (von 22,5% auf 46,2%) und bei Müttern mit zwei Kindern auch noch ein bedeutender Anstieg zu verzeichnen war (von 21,8% auf 36,7%), war demgegenüber der Zuwachs bei drei Kindern relativ gering, nämlich von rd. 26% auf 30%. Die Situation von Müttern mit Kindern im Vorschulalter wird erst seit 1961 statistisch erfasst. Für diese Kleinkind-Mütter hat die Erwerbsquote auch nur in relativ geringem Umfang zugenommen, nämlich von 1961 bis 1982 von ca. 30% auf gut 35%.[5] 1989 lag die Quote der erwerbstätigen Mütter mit Kindern unter sechs Jahren bei 36,3%.

---

[2] Zahlen entnommen aus Häußermann/Siebel 1995: 178.

[3] In den amtlichen Statistiken des Statistischen Bundesamtes wurde die Müttererwerbstätigkeit lange Zeit nicht kontinuierlich fortlaufend und auch nicht anhand vergleichbarer Kategorien berücksichtigt. Erst 1973 wurden im Statistischen Jahrbuch für die Zeit ab 1971 Mikrozensus-Daten zur Müttererwerbstätigkeit nach einheitlichen Kriterien veröffentlicht. Mit Rücksicht auf das Urteil des Bundesverfassungsgerichtes, das die für 1983 geplante Volkszählung untersagte, wurde 1983 und 1984 auch kein Mikrozensus durchgeführt. Die nachfolgenden Mikro-Zensus-Daten wurden erst 1985 und 1986 auf geänderter gesetzlicher Grundlage erhoben. In „Wirtschaft und Statistik" erschien 1951 ein Artikel zur Erwerbsbeteiligung von Frauen, der jedoch nicht nach Familienstand und/oder Kinderzahl differenzierte. Über das Ausmaß der Erwerbstätigkeit von Müttern mit Kindern unter 15 Jahren wird in dieser Zeitschrift zum ersten Mal 1954 anhand von Daten aus der Volkszählung von 1950 berichtet, während im Statistischen Jahrbuch diese Thematik erst 1967 zum Gegenstand einer Veröffentlichung wird.

[4] Siehe dazu die Tabelle 1 im Anhang.

[5] Vgl. Sommerkorn 1988: 299.

Generell gilt, dass der Anstieg der Frauenerwerbstätigkeit in der Bundesrepublik verbunden war mit einer Zunahme der Arbeitsplätze im tertiären Sektor und mit einer Vergrößerung der Anzahl der Teilzeitbeschäftigungen.[6] Damit verbunden war, dass die traditionelle geschlechtsspezifische Arbeitsteilung in der sogenannten Ernährer-Ehe durch die Teilzeitbeschäftigung als typische Erwerbsform von verheirateten Frauen mit Kindern nur geringfügig modifiziert wurde (Schulze Buschoff 2000: 3). Diese und weitere Kontinuitäten und Veränderungen im Zusammenhang von Mutterschaft und Erwerbstätigkeit werden in familiensoziologischen Untersuchungen der Nachkriegszeit sichtbar. Sie sollen im Folgenden im Überblick dargestellt werden.

2.1 Die Darstellung der Erwerbstätigkeit von Frauen in den familiensoziologischen Untersuchungen der Nachkriegszeit

Nach dem Zweiten Weltkrieg wurde das Überleben und die Daseinsvorsorge von Familien schwerpunktmäßig durch die Arbeit von Frauen und Müttern gesichert. Diese gesellschaftliche Realität stellte für die Soziologie jedoch keinen Anlass dar, die soziale Situation von Frauen oder die von erwerbstätigen Müttern systematisch zu untersuchen und zu reflektieren. Erst sehr viel später wurde in Retrospektivuntersuchungen über diese unmittelbare Nachkriegszeit die These eines „erzwungenen Matriarchats" aufgestellt (Nyssen/Metz-Göckel 1984: 317; vgl. auch Meyer/Schulze 1984; 1985; Nave-Herz 1986). Sofern die Berufstätigkeit von Frauen und Müttern in der Soziologie der Nachkriegsjahre eine Berücksichtigung fand, geschah dies im Rahmen von familiensoziologischen Untersuchungen – ein Ausdruck davon, dass die vorherrschende Sichtweise Frauen allein von ihrer familialen und nicht von ihrer beruflichen Rolle her definierte.

Die erste familiensoziologische Erhebung nach dem Kriege wurde von Februar 1946 bis zum Sommer 1947 von Hilde Thurnwald (1948) durchgeführt. Die Forscherin befragte und beobachtete ca. 500 Berliner Familien. Die Studie vermittelt einen anschaulichen Einblick in die entbehrungsreichen Lebensverhältnisse der Nachkriegszeit und des kalten Winters 1946/47. Sie macht deutlich, dass der Kampf ums Dasein und um das Überleben von Frauen geführt wird, diese Arbeit aber primär als Last und Bürde aufgefasst wird. Die ohnehin überlasteten Frauen betrachteten eine aus ökonomischen Gründen notwendige Erwerbsarbeit als „Nötigung" und zogen es vor, „durch Schwarzhandel leichter und ergiebiger Geld oder Naturalien zu erwerben als durch regelmäßige Lohnarbeit" (Thurnwald 1948: 32).

---

[6] Vgl. Statistische Jahrbücher: „Strukturdaten über Erwerbspersonen und Erwerbstätige". Kritisch anzumerken ist allerdings, dass der überwiegende Teil der statistischen Angaben zur Müttererwerbstätigkeit keine Angaben zur Wochenarbeitszeit macht und auf diese Art und Weise die Vollerwerbstätigkeit dieser Frauen suggeriert.

Die hier beschriebene Konzentration der Berliner Frauen auf Reproduktionsarbeit scheint allgemein für das damalige westliche Nachkriegsdeutschland gegolten zu haben. Eine statistische Untersuchung der „Entwicklung der deutschen Frauenarbeit von 1946 bis 1951" (Weichmann o.J., wahrscheinlich 1951), die auf dem Zahlenmaterial der ersten Berufszählung von Oktober 1946 u.a. amtlichen Statistiken beruht,[7] zeigt, dass Frauenarbeit bis zur Währungsreform „leicht rückläufig" war (Weichmann o.J.: 12; vgl. auch Sachs 1983: 106) und dass Frauen „erst mit der 1948 einsetzenden Währungssicherheit und Warenfülle (...) in wachsendem Umfang wieder auf den Arbeitsmarkt" strömten (Weichmann o.J.: 13f.). In der kurzen Zeitspanne von Juni 1948 bis Jahresende 1950 wuchs die Anzahl weiblicher Erwerbspersonen um mehr als 750.000 (Weichmann o.J.: 14f.). Allerdings ist zu bedenken, dass mit dieser raschen Zunahme der Zahl erwerbstätiger Frauen ein ebenso großer Anstieg der Zahl von arbeitslosen Frauen einherging.

Die große Zahl von arbeitssuchenden Frauen fand neben den ungünstigen Arbeitsbedingungen und sonstigen Belastungen durch die Wirtschaftslage einen weiteren Feind in der öffentlichen Meinung. Dieser hieß „Gegner des Doppelverdienertums" (Weichmann o.J.: 27). Die Anklage richtete sich, wie Elsbeth Weichmann konstatierte, ausschließlich gegen die mitverdienende Ehefrau. Allerdings ließ sich das Ausmaß der Frauen- und Müttererwerbstätigkeit in der unmittelbaren Nachkriegszeit, nicht mit Zahlen belegen (Weichmann o.J.: 28); Schätzungen sprechen von mindestens 40% (Weichmann o.J.: 29). Gleichzeitig wurde die soziale Festschreibung der Frauenrolle auf den Lebensbereich Familie so mächtig, dass die Forderung der Alten Frauenbewegung von der Mutterschaft als „Beruf" eine verbreitete gesellschaftliche Akzeptanz besaß. Selbst in Abhandlungen, die relativ ideologiefrei und leidenschaftslos über die historische Entwicklung der Frauenerwerbsarbeit berichteten und die eine Anerkennung der „beiden Berufsarten" – nämlich „Vollzeitmutter" einerseits und berufstätige Mutter andererseits – „als Hauptberufe der Frau" forderten, wurde dennoch im selben Atemzug eine Ungleichgewichtigkeit beider Berufsbereiche behauptet. So schreibt beispielsweise die Psychologin *Martha Moers*:

„Der ‚natürliche' Beruf der Frau – Hausfrau, Gattin, Mutter – läßt sich in gewisser Hinsicht nicht mit den Erwerbsberufen vergleichen. Er ist eben für die Frau die Erfüllung ihres ureigensten Seins, er bietet ihr die Möglichkeit, Körper und Seele so einzusetzen, wie es ihrer natürlichen Veranlagung – biologisch und auch seelisch-geistig gesehen – am besten entspricht. Die Erwerbsarbeit, im besonderen der außerhäusliche Beruf, kann zwar auch den Fähigkeiten der Frau in ausgezeichneter Weise angepaßt sein, aber wenn die Frau sich der Berufsarbeit ganz hingibt, so kann es doch vorkommen, daß – besonders in biologischer, aber auch in seelisch-geistiger Hinsicht – Grundanlagen und

---

[7] Die Ergebnisse der Berufszählung von September 1950 standen seinerzeit noch nicht zur Verfügung.

Kräfte nicht oder nicht voll zur Entfaltung gelangen. Wir sehen also, daß die beiden großen Berufsgruppen hinsichtlich der Anpassung an die natürliche Veranlagung der Frau im allgemeinen nicht von gleichem Wert sind" (Moers 1948: 31f.).

Statt die Erwerbsarbeit von Müttern als einen sozialen Tatbestand anzuerkennen, dominierte in der öffentlichen Meinung und wahrscheinlich auch im Selbstverständnis der betroffenen Frauen die Interpretation des Sachverhalts als existentiell notwendige Funktionsausübung im Sinne eines „familienbezogenen Instrumentalismus" (vgl. Eckart et al. 1979; auch Quack 1993). Als Mittel zur eigenen Emanzipation blieb die Erwerbstätigkeit von Müttern unerwähnt. Das zeigte sich auch bzw. insbesondere in den zu soziologischen Klassikern der Nachkriegszeit gewordenen familiensoziologischen Studien von Schelsky (1953) und Wurzbacher (1951). Beide Publikationen basieren auf denselben Monografien, die auf Grund von Beobachtungen und Befragungen von knapp 170 nicht-repräsentativ ausgewählten Familien zwischen Mitte 1949 und Mitte 1950 schwerpunktmäßig im norddeutschen Raum erstellt wurden.

In diesen soziografischen Fallstudien wird eindrücklich dargestellt, dass sich durch die Kriegs- und Nachkriegswirren auf Grund der historisch neuen, zusätzlichen Verantwortungsübernahme von Frauen im außerfamilialen Bereich eine größere Selbständigkeit von Frauen und Müttern entwickelt hatte, mit der parallel eine Reduzierung patriarchalischer Familienstrukturen einherging. Interpretiert wurde diese Veränderung als ein „durch die Not erzwungener Emanzipationserfolg" (Schelsky 1955: 312), als ein Leben in der „Spannung zwischen primären und abstrakten Sozialbeziehungen" (Schelsky 1955: 309; vgl. auch 345f.) verbunden mit physischer und psychischer Überbelastung der Frauen. Diesen Preis könne, so die Einschätzung der Forscher, die Ehefrau, die „entgegen ihren Lebenswünschen aus der Familie in die industrielle Arbeitswelt gedrängt wird", nur erbringen, „indem sie ihre Berufstätigkeit als Leistung und Pflicht gegenüber der Familie versteht, (nur dann) vermag die verheiratete Frau (...) ihre außerfamiliäre Berufsarbeit zu bejahen" (Schelsky 1955: 312; vgl. auch 314, 337ff.).

Auch in der dritten wichtigen familiensoziologischen Untersuchung der Nachkriegszeit (Baumert 1954), in der um 1950 im Darmstädter Raum 470 Stadt- und 518 Landfamilien mit zumindest einem Kind beobachtet und befragt wurden, kamen die Mütter selbst nicht direkt zu Wort. Wenn auch in dieser Erhebung keine direkten Informationen über die Ansichten der erwerbstätigen Mütter selbst vorliegen, so wird doch über die Bestimmung der Verwendung des Familieneinkommens deutlich, dass Berufstätigkeit zumindest ansatzweise ein Instrument der Emanzipation darstellt:

„Stets hat (...) die Frau, die durch Erwerbstätigkeit eigenes Einkommen erwirkt, eine ungleich stärkere Position in der Familie als die nicht-berufstätige Frau, und zwar lässt sich dieser Unterschied gleichermaßen in allen sozialökonomischen Gruppen feststellen" (Baumert 1954: 150; vgl. 140, 164).

Insgesamt zeigt diese Studie, dass „Partnerschaft" noch kein gesellschaftlich anerkanntes Leitbild der Familie war. Die durch Krieg und Nachkriegszeit bedingten Erfahrungen von Selbständigkeit seitens der Frauen wurden von ihnen selber subjektiv nicht als das wahrgenommen, was sie objektiv waren, nämlich eine Schrumpfung der „Basis der traditionellen Einordnung (der Frauen) in die patriarchalisch orientierte Familie" (Adorno im Vorwort zu Baumert 1954: VII).[8] Dieser Widerspruch kann als Anlass dafür angesehen werden, dass ab Mitte der 50er Jahre die Einstellungen und das Bewusstsein der berufstätigen Mütter selbst in den Blick der Forschung gerückt wurden (Pfeil 1961: IX).

So wurden zu dieser Thematik in etwa zeitgleichen Abständen mehrere Erhebungen durchgeführt, deren Ergebnisse sich jedoch angesichts der Unterschiedlichkeit der untersuchten Populationen und der Methoden der Datengewinnung kaum aufeinander beziehen lassen (Herrmann 1957; Hofmann/Kersten 1958; Hinze 1960; Pfeil 1961). Ihr jeweiliger Aussagewert ist u.a. auch dadurch eingeschränkt, weil – mit Ausnahme von Pfeil (1961: 435ff.) – weder die Schwierigkeit der Erforschung von komplexen Motivationsstrukturen noch eine mögliche Veränderung der Erwerbsmotivation im Laufe des Lebens und der Arbeitskarriere als methodisches Problem behandelt wurden. Wichtig ist ferner zu erwähnen, dass es zwar eine empirisch-methodische Weiterentwicklung darstellte, die erwerbstätigen Mütter selber zu Wort kommen zu lassen, dass aber weiterhin die normative Ausrichtung dieser Erhebungen am Leitbild der nicht-erwerbstätigen Familienmutter orientiert blieb. Das wird schon durch die Konzentration auf die Frage nach den Beweggründen, die eine Mutter veranlassen, berufstätig zu sein, deutlich. Eine solche Fragestellung gesteht dem sozial-historischen Faktum der Müttererwerbstätigkeit eine geringe Selbstverständlichkeit zu. Myrdal und Klein (1971: 147ff.) hingegen fragten in ihrer weithin bekannt gewordenen Untersuchung über die „Doppelrolle der Frau in Familie und Beruf" bereits 1956, warum denn eigentlich nicht die Frage umgekehrt gestellt wird: Warum gehen Mütter, wenn sie sich nicht gerade in der Phase der „aktiven Mutterschaft" befinden, eigentlich keiner Erwerbsarbeit nach?

Die empirischen Erhebungen vermitteln hingegen vielmehr den Eindruck, als ob die ökonomische Notwendigkeit den primären Beweggrund für eine Berufstätigkeit von Müttern darstellte. Hätten die Mütter die Freiheit der Wahl, so zeigen die Umfragen, würde die überwiegende Mehrzahl von ihnen ihre Doppelrolle wieder aufgeben (Hinze 1960: 248; Pfeil 1961: 213; Herrmann 1957: 109f. und 122f.). Dieses Ansinnen mag zum einen dem normativen Klima und dem Erwartungsdruck jener Zeit geschuldet sein. Zum anderen ist es auch ein Hinweis auf die starke Belastung und vielfältige Beanspruchung, die mit der Vereinbarung von Familie und Berufstätigkeit verbunden ist.

---

[8] Vgl. Kolbe/Rode/Sommerkorn (1988) über „Chancen und Grenzen der Emanzipation von Frauen in der Nachkriegszeit."

Die aus diesen Befragungen von den Forschenden gezogenen Schlussfolgerungen zeigen Ablehnung, Toleranz und die Ambivalenzen mütterlicher Erwerbstätigkeit: So konstatierten Hofmann und Kersten (1958), dass „es für jede Frau ursprüngliche Verpflichtungen gibt, denen sie sich nicht ohne Schaden entziehen kann" (Hofmann/Kersten 1958: 45) und sprachen von „eigennützigen Motiven, die familiären Aufgaben zugunsten des beruflichen Erfolgs (zu) vernachlässigen" (190). Denjenigen Frauen aber, die „für ihre Lieben" die doppelte Arbeitsbelastung in Beruf und Familie auf sich nahmen, schuldete man „Hochachtung und Dank" (Hofmann/Kersten 1958: 190). Herrmann hingegen vertrat die Ansicht, dass auch verheiratete Frauen sich nicht auf „ihr Wirken in der Ehe zu beschränken" brauchten, sofern denn die Familie durch die Erwerbstätigkeit der Mutter nicht vernachlässigt werde (Herrmann 1957: 18).

Hinze (1960: 46f.) arbeitete erstmalig die Doppelgleisigkeit und Zwiespältigkeit von Frauen zwischen Beruf und Familie heraus. Als Resultat der gesellschaftlich-normativen Zuschreibung der Familienrolle als einzige Lebenswirklichkeit von und für Frauen bei gleichzeitiger subjektiver Bezogenheit auf den Beruf wurde die Schwierigkeit thematisiert, beiden „Pflichtenkreisen" zu entsprechen. So hielten rd. 35% der befragten Mütter ihre Belastung in Beruf und Haushalt für miteinander vereinbar (Hinze 1960: 245f.) und das obwohl die Arbeitsbelastungen erheblich waren: 48 Stunden als reguläre Wochenarbeitszeit (210); lange Anfahrtswege bei starkem Berufsverkehr (208f.); familienunfreundliche Arbeitszeiten; körperlich anstrengende und gesundheitlich belastende Arbeitsbedingungen (213ff.); kaum Entspannungs- und Regenerierungsmöglichkeiten; an den Wochenenden wurden verstärkt Hausarbeiten nachgeholt (233); ein gesetzlicher Urlaubsanspruch bestand nur aus 12 Arbeitstagen (234). So erscheint es kaum erstaunlich, dass 70% der Befragten ihre Erwerbsarbeit neben den Familienpflichten als belastend empfanden und nur 30% eine positive Einstellung zur Berufsarbeit artikulierten (Hinze 1960: 249). Diese Befunde interpretierte die Verfasserin nicht, wie Schelsky u.a. es taten, als Dominanz der Familienorientierung im Bewusstsein von Frauen, sondern als subjektiv erlebte Ambivalenz hinsichtlich objektiver Schwierigkeiten und Widersprüche.

Eine ambivalente Grundeinstellung zum Phänomen Müttererwerbstätigkeit kommt auch zum Vorschein in der umfangreichsten bundesdeutschen empirischen Untersuchung zum Thema „Berufstätigkeit von Müttern", in der Studie von Elisabeth Pfeil (1961). Diese Studie kann mit Recht als „Westdeutsche Müttererhebung" (Pfeil 1963) bezeichnet werden und hat seither keine entsprechende Nachfolgestudie gefunden. Im Winter 1956/1957 interviewten Pfeil (1961) und ihre Mitarbeiter knapp 900 repräsentativ ausgewählte verheiratete Mütter aus vollständigen Familien mit mindestens einem Kind unter 15 Jahren, die in acht Städten verschiedener Größe in der alten Bundesrepublik lebten. Pfeil unterscheidet zwischen Stabilität und Veränderungen in der beruflichen Motivationsstruktur im Laufe der Erwerbskarriere, zwischen Hauptmotiven und zeitlich begrenzt wirkenden Nebenmotiven und bildet Typen von Verhaltens- und Einstellungsweisen und Bewusstseinslagen der befragten berufstätigen Mütter: die familienverbundenen Mütter, untergliedert in einen „Hausmuttertyp extremer Ausprägung" und einen „modifizierten Hausmuttertyp", die berufsverbundenen Mütter, unterteilt in einen „familienentfremdeten Berufsfrauentypus" und einen „familien-zugewandten Berufsfrauentypus" sowie einen weiteren Zwischentypus, für den eine Unausgewogenheit von Berufsrolle und Hausmutterrolle besteht. Die familiengebundenen Mütter waren als Verhaltenstyp in der Gesamtheit der Befragten am häufigsten verbreitet, jedoch zeigte sich ein klares Zurücktreten zugunsten der berufsorientierten Mütter in den gehobenen Schichten. Dass diese Mütter es nicht leicht hatten, von ihrer Umwelt sozial akzeptiert zu werden, verrät bereits die Diktion der Forschungsberichterstattung:

„Alle diese Frauen arbeiteten ausgesprochen gerne, sie sind häufig von brennendem Ehrgeiz erfüllt (...). Immer geht es diesen Frauen sehr stark um ihre eigene Person, um personale Erfüllung (...), selbst wenn es auf Kosten der Familie geht (...). Nicht durch ihre Kinder weisen diese Berufsfrauen sich aus, nicht als Mutter erwerben sie ihre soziale Würde, sondern aus eigener Provenienz" (Pfeil 1961: 260).[9]

Insgesamt zeigen die Befunde dieser Studie die Komplexität des weiblichen Lebenszusammenhangs und die widersprüchliche Verwobenheit zweier Lebenswelten. So sagt eine Interviewpartnerin: „Man möchte eine moderne Frau sein, weiß aber noch nicht so recht wie. Die alten Wertmaßstäbe wollen nicht mehr passen, neue fehlen" (Pfeil 1961: 269).

Auch andere empirische Befunde illustrieren, dass in den 50er und beginnenden 60er Jahren für erwerbstätige Mütter eine Begründung ihrer Berufstätigkeit im Sinne von Selbstbestätigung und/oder Selbstverwirklichung ohne öffentliche Diskriminierung kaum möglich war (vgl. diesbezüglich Kätsch 1965: 42/46), dass aber die höherqualifizierten Frauen eine Vorreiterfunktion einnahmen, denen man – wie bereits erwähnt – solche egoistischen, familienfremden Einstellungen eher nachsah, einmal, weil ihnen eine positive Verbindung zu ihrer Arbeit zugestanden wurde, und zum anderen, weil ihnen eine adäquate Versorgung ihrer Kinder finanziell und organisatorisch eher möglich war. Schüchterne Ansätze zu einer Doppelorientierung als Teil der weiblichen Lebensplanung sind also in den 50er Jahren trotz des Vorherrschens des gesellschaftlichen Leitbildes der familienbezogenen Hausfrau und Mutter als „weibliche Normalbiographie" (Levy 1977) bereits vorhanden und empirisch belegt. Allerdings gibt es für diese Zwischentöne in der sozialwissenschaftlichen Forschung jener Zeit noch kein theoretisches Konzept. So wurde bis zum Auf-

---

[9] Bei Pfeil (1961: 199) findet sich darüber hinaus die empirische Beobachtung, dass auch Arbeiterinnen und Angestellte ihren Beruf „interessant, abwechslungsreich und vielseitig" finden. Insgesamt erlebten 29% der Frauen aus den niedrigen Sozialschichten – Texitilarbeiterinnen, Verkäuferinnen, Bürokräfte – in ihrer Arbeit „Verantwortung und Selbständigkeit als Befriedigung".

kommen der feministischen Wissenschaft diese widersprüchliche Realität im weiblichen Lebenszusammenhang im öffentlichen und auch im sozialwissenschaftlichen Diskurs als „das soziale Dilemma der Frau" selbst interpretiert (Schelsky 1955: 335).

2.2. Umorientierungsprozesse in den 1960er und 1970er Jahren: Der erweiterte Bedeutungsgehalt von Müttererwerbstätigkeit

In den 60er und 70er Jahre wurden nur wenige empirische Erhebungen zum Thema „Mütterliche Erwerbstätigkeit" durchgeführt. Stattdessen wurde die Thematik ausführlich und mit großer Emotionalität in diversen Zeitschriften und Zeitungen diskutiert. Vor allem von Seiten der Kinderärzte und Psychiater (stellvertretend für andere seien hier genannt: Hellbrügge, Pechstein, Mewes sowie diverse entsprechende Artikel in der Zeitschrift „Der Kinderarzt" in dieser Zeitperiode) wurde öffentlicher Protest gegen mütterliche Erwerbstätigkeit erhoben; die Kinder erwerbstätiger Mütter galten als „Waisenkinder der Technik" (Hellbrügge 1960) oder als „Schlüsselkinder". Der den Zeitgeist widerspiegelnde Begriff des „Schlüsselkindes", der insbesondere in den 50er Jahren, aber auch noch bis in die 60er Jahre hinein das Symbol für moralische Entrüstung und Verurteilung der konsumorientierten, egoistischen, ihre Kinder vernachlässigenden Mutter war, ist ein gutes bzw. schlechtes Beispiel dafür, wie unzulässige Verallgemeinerungen aus empirischen Befunden gezogen wurden. Schon ihre tatsächliche Anzahl war gar nicht so groß wie allgemein angenommen (vgl. Schubnell 1964: 452ff.).[10]

Zudem wurden in diesem schuldzuweisenden Diskurs die Ergebnisse der Hospitalismusforschung von Spitz (1965, deutsch 1967) verkürzt und vergröbert als Belege herangezogen und damit mütterliche Erwerbstätigkeit mit Mutterlosigkeit gleichgesetzt. Auch das auf psychoanalytischen Ideen basierende Konzept der „maternal deprivation" von Bowlby (1951/1953, deutsche Übersetzung 1972) galt als übertragbar für die Situation von Kindern erwerbstätiger Mütter. Insbesondere beriefen sich auch die Gegner der mütterlichen Erwerbstätigkeit auf eine Untersuchung von Speck (1956), die den Anspruch erhob, „zur wissenschaftlichen Klärung" eines „soziologisch-pädagogischen Gegenwartsproblems" beizutragen. Kinder erwerbstätiger Mütter werden von Speck „grundsätzlich in die Kategorie der Kinder aus gestörten Familien" eingereiht (1956: 126f., 131; für eine detaillierte Darstellung dieser Konzepte und ihrer Rezeption in der breiteren Öffentlichkeit vgl. Schütze 1986: 90ff.). Da nach den Annahmen der Tiefenpsychologie die prophezeiten negativen Folge-

---

[10] Gehandelt wurde in der Öffentlichkeit eine Zahl von 3 Mio. unbetreuten „Schlüsselkindern". Eine sorgfältige statistische Erhebung zeigte jedoch, dass 1962 von den Kindern unter 10 Jahren, deren Mütter ganz- oder halbtags erwerbstätig waren, nur 50.000 „mindestens zeitweise der Betreuung entbehrten" (Schubnell 1964: 453).

erscheinungen von mütterlicher Erwerbsarbeit erst viel später sichtbar werden, sitzt die berufstätige Mutter auf einem Pulverfass, von dem sie zwar nicht weiß, wann es zündet, für dessen Explosion sie aber auf alle Fälle von der Umwelt – wie auch von sich selbst – mitverantwortlich gemacht wird. Das ist „das Mutter-Dilemma" (Oubaid 1987).[11]

Diese historische Hypothek des kulturellen Imperativs – „die Mutter gehört zu ihren Kindern" – führte dazu, dass 1964 noch die meisten der von Pfeil (1968: 63) befragten, damals 23-jährigen Frauen ihren Lebensentwurf als Alternative von Familie *oder* Beruf ansahen, wobei dem Beruf Nachrangigkeit zukam. Eine Doppelorientierung auf Familie *und* Beruf war noch nicht Bestandteil weiblicher Lebensperspektiven; das gilt selbst für die qualifiziertesten Frauen, die Abiturientinnen und Studentinnen (Schmidt-Relenberg 1965; Sommerkorn 1969; Reitz 1974). Noch gebot ihnen „keine Norm ... mehr zu tun, als die Ausstattung und Basis des Familienlebens mit zu erarbeiten" (Pfeil 1968: 99; vgl. auch Pross 1973: 106).

Der „Bericht der Bundesregierung über die Situation der Frau in Beruf, Familie und Gesellschaft" (1966) spiegelt noch eine primär ablehnende Einstellung zur berufstätigen Frau – und gar zur berufstätigen Mutter, die jedoch punktuell gebrochen ist. Zumindest wurden hier „Ansätze für ein anderes Leitbild der Frau" gesucht, gleichwohl sie dann doch wieder dem traditionellen, familienorientierten Selbstverständnis zugeschlagen werden. (Bericht der Bundesregierung 1966: 9f.). Nichtsdestotrotz nahm in der zweiten Hälfte der 60er Jahre der Widerspruch gegen die Verabsolutierung der gesellschaftlich-kulturellen Norm zu, Frauen als „naturgegebene Wesen" zu interpretierten (vgl. Nave-Herz 1972). Die Diskrepanz zwischen konservativen Rollenvorschriften und der wirtschaftlichen Notwendigkeit, Frauen als Arbeitskräfte zu gewinnen, wurde größer.[12] Zusätzlich begann in den 60er Jahren auch die sog. Bildungsexpansion, in denen der Bildungs- und Ausbildungsstand von Frauen in allen Sozialschichten anstieg, ihre Berufsneigung sich erhöhte, und Frauen sich in der Öffentlichkeit mehr Gehör schafften, um ihre Forderungen nach kollektiven Versorgungsformen und institutionellen Entlastungen bei der Erziehungs- und Familienarbeit durchzusetzen: das, was bisher als privates Dilemma der Frau galt, sollte nunmehr vergesellschaftet werden.

Insgesamt zeigen die vorhandenen empirischen Materialien (einschließlich Schullesebüchern), dass auch am Ende der 60er Jahre tradierte, familienorien-

---

[11] Der äußerst starke Druck der öffentlichen Meinung gegen mütterliche Erwerbstätigkeit ist übrigens in jener Zeit nicht nur auf die Bundesrepublik beschränkt. Eine Unesco-Untersuchung in verschiedenen Ländern brachte denn auch Anfang der 60er Jahre übereinstimmend folgendes normatives Diktum: „Single women *must* work; married women without children or grown-up children *may* work; married women with small children *must not* work" (International Social Science Journal 1962: 22).

[12] So auch auf dem Deutschen Fürsorgetag 1963, der unter das Motto „Die Mutter in der heutigen Gesellschaft" gestellt war und auch die Belastungen der erwerbstätigen Mütter thematisierte (Muthesius 1964).

tierte Frauenbilder zu den herrschenden Vorstellungen von der Rolle der Frau und Mutter gehörten (vgl. Sommerkorn/Nave-Herz 1970), dass aber gleichzeitig die Zahl der erwerbstätigen Mütter kontinuierlich stieg (Pross 1973). Die Einstellungen zur Müttererwerbstätigkeit wurden bei beiden Geschlechtern offener (Lehr 1969: 60ff.). Vorreiter waren die jungen Frauen im Vergleich zu den jungen Männern. Innerhalb der Gruppe der Frauen waren es wiederum die besser Ausgebildeten und die mit höherem Sozialstatus (Pfeil 1966: 1974; vgl. auch Schmidtchen 1984: 13ff.). Der skizzierte Wandlungsprozess in der Berufsorientierung erwerbstätiger Mütter (Pfeil 1961; 1968: 1974) setzte sich in den 70er Jahren als gesellschaftliche Entwicklung fort und wurde 1975 auch empirisch belegt (Bertram/Bayer 1984).

Ende der 60er Jahre erschienen dann die ersten Sekundäranalysen, die kritisch der Frage nach der Bedeutung der mütterlichen Erwerbstätigkeit im Hinblick auf die Sozialisation ihrer Kinder nachgehen. In der deutschen Familiensoziologie hat als erste und des öfteren Ursula Lehr (1969; 1973; 1974; 1975; 1979; vgl. auch Koliadis 1975) den Stand vor allem der angelsächsischen Forschungsergebnisse zusammengefasst und auf methodische Mängel sowie auf die beschränkte Aussagekraft der vorhandenen empirischen Erhebungen hingewiesen. Als übergreifendes Ergebnis ihrer Analysen stellt Lehr heraus, dass die Tatsache der mütterlichen Erwerbsarbeit *allein* keinen Unterschied in der kindlichen Sozialisation bewirkt. Diese Einschätzung wurde 1987 von Scarr bestätigt.

Trotzdem entflammte Anfang/Mitte der 70er Jahre anlässlich der Einführung des Modellversuchs „Tagesmutter" zur Betreuung von kleinen Kindern berufstätiger Mütter noch einmal eine heftige Debatte über den Einfluss mütterlicher Erwerbstätigkeit auf den Sozialisationsprozess der Kinder auf. In der Zeitschrift „Kinderarzt" sind die mit großer Vehemenz und Emotionalität geführten Kontroversen über das Für und Wider dieses Kinderbetreuungsmodells nachzulesen (vgl. insbesondere die Jahrgänge 1974 bis 1976; ebenso Zeitschrift für Pädagogik 1974). Die Fronten verliefen zwischen Kinderärzten und Psychiatern einerseits,[13] die von „Trennungs-Müttern" und von „Trennungs-Kindern" sprachen, und Pädagogen und Soziologen andererseits. Erst im Übergang zu den 80er Jahren wurden diese Kontroversen geringer und es gab erstmalig Ratgeber-Literatur mit dem Motto: „Die Doppelrolle meistern – gegen Vorurteile und Selbstzweifel" (Müller-Kaldenberg 1981; vgl. auch Wagnerova 1976).

---

[13] In einem offenen Brief mehrerer führender deutscher Kinderärzte an die damalige Familienministerin Katharine Focke heißt es: „Wir Kinderärzte warnen dringend vor solchen gefährlichen Experimenten an Säuglingen und Kleinkindern. Die vorgesehenen Mittel sollten statt dessen zum systematischen Abbau der außerhäuslichen Erwerbstätigkeit von Müttern mit Kindern unter drei Jahren eingesetzt werden" (Kinderarzt 1974: 206).

2.3 Die 80er Jahre: Wider die Dichotomisierung im Lebenszusammenhang von Frauen

Im Zuge der Kinderladen-Bewegung, der ersten Mütter-Zentren, der politischen Forderung nach „Lohn für Hausarbeit" sowie einem generellen Erstarken frauenpolitischer Anliegen in den 70er Jahren rückten die Ambivalenzen und Widersprüchlichkeiten, die Erwerbsarbeit für das Leben von Müttern in ihren beiden aufeinander bezogenen Lebensbereichen Familie und Beruf beinhaltet, systematisch in den Blick. Die Sichtung sozialwissenschaftlicher Studien zum Thema „Mutter und Beruf" zeigt, dass bis in die 70er Jahre hinein der wissenschaftliche wie auch der öffentliche Diskurs über die Lebenswirklichkeit der Frauen von der quantitativen Kumulation von Arbeitsanforderungen in zwei Lebensbereichen ausgeht – eben der Doppelrolle in Familie und Beruf. Um der Doppelbelastung entgegenzuwirken, sind verschiedene Lösungsmodelle diskutiert und praktiziert worden, die entweder auf eine zeitliche Trennung der beiden Rollen oder auf eine Reduzierung bzw. gar Abspaltung des Berufsbereiches abzielen. Erst der feministische Forschungsansatz zeigt, dass eine solche Trennung der interinstitutionellen Bereiche Familie und Beruf dem doppelten Lebenszusammenhang von Frauen nicht gerecht werden kann. Wegbereitend für einen solchen Perspektivenwandel waren Untersuchungen, die im Rahmen des DFG-Schwerpunktprogramms „Integration der Frau in die Berufswelt" (vgl. Becker-Schmidt et al. 1980-1984; Eckart et al. 1979; Weltz et al. 1979) entstanden sind.[14]

Es ist der Verdienst dieser Studien, das objektive und das subjektive Dilemma des Doppelrollenkonfliktes ausbuchstabiert zu haben. Der Lebenszusammenhang von Frauen ist deshalb so komplex, weil sich ihr Lebensmuster an den beiden Erfahrungsbereichen Beruf und Familie orientiert und weil die objektiven Belastungen einer Doppelrollenexistenz zusätzlich durch die „subjektive Verwiesenheit" (Becker-Schmidt 1980: 719) von Frauen auf Familie und Beruf vergrößert werden. Trotz und wegen der für industrielle Gesellschaften typischen Trennung beider Erfahrungsbereiche sind sie doch gleichzeitig aufeinander bezogen. Aus ihrem Wechselwirkungsverhältnis ergibt sich die Problematik für den Lebenszusammenhang von Frauen, denn weder Arbeitswelt noch Familie nehmen Rücksicht auf diese Interdependenz. Jeder der beiden Lebensbereiche hat seine spezifischen Widersprüchlichkeiten. So bestehen beispielsweise in der Familie einerseits persönliche Abhängigkeitsverhältnisse, andererseits auch Anhänglichkeitsbeziehungen. Die Erfahrungen am Arbeitsplatz sind sowohl abstrakt, fremdbestimmt und verschleißend, wie sie auch die Chance von Selbstwerterfahrung bieten. Es sind diese doppelten Dimensionen von Widersprüchlichkeiten mit ihren jeweiligen verschiedenen Zumutungen und Umstellungserfordernissen, die ein Hin- und Hergerissensein, psychische

---

[14] Für eine ausführlichere Darstellung feministischer Untersuchungen zum „Bewußtsein von Frauen zwischen Erwerbs- und Familienarbeit" (vgl. Milz 1984).

Belastungen und Ambivalenzen zum Charakteristikum der Lebenswirklichkeit von Frauen und Müttern haben werden lassen. Frauen können nicht gewinnen; es gilt: „Überforderungen durch Doppelbelastung – Unterforderung durch Segregation" (Becker-Schmidt 1981).

So zeigt die empirisch-sozialwissenschaftliche Literatur zum Thema mütterlicher Erwerbsarbeit in der Bundesrepublik bis 1989 zum einen, dass die Erwerbsbeteiligung von Müttern mit Kindern in verschiedenen Altersgruppen zugenommen hat. Zum zweiten war die Doppelorientierung am Ende der 80er Jahre als integraler Bestandteil des Lebensentwurfs von Frauen zu einer weithin akzeptierten kulturellen Selbstverständlichkeit geworden – und zwar nicht nur im Bewusstsein der betroffenen Frauen und Mütter aller Sozialschichten, sondern auch verbreitet in öffentlichen und privatwirtschaftlichen Institutionen (vgl. Familie und Arbeitswelt 1984). Ferner existierte die Doppelorientierung als Teil der Lebensgestaltung nicht nur bei hochqualifizierten Frauen, denen eine besondere Berufsverbundenheit schon immer zugestanden worden ist, sondern auch bei Frauen, denen man traditionellerweise kaum einen positiven Bezug zu ihrer Arbeit konzedierte, z.B. bei Fabrikarbeiterinnen (Becker-Schmidt et al. 1981; 1981a; 1984) und bei Frauen, in deren Lebensphase Schwierigkeiten der Vereinbarkeit von Familien- und Berufsaufgaben objektiv besonders offenkundig sind, z.B. bei Müttern von Kleinstkindern (Bertram/Bayer 1984; Bundesministerium für Arbeit und Sozialordnung 1986; Erler et al. 1983; Krüger et al. 1987).

3 Müttererwerbstätigkeit in der DDR: Soziologische Befunde und politische Zielsetzungen

Das Erwerbssystem der DDR-Wirtschaft war von Vollbeschäftigung nahezu aller Männer und Frauen im erwerbsfähigen Alter gekennzeichnet. So lag die Gesamterwerbstätigenquote der DDR 1989 bei 91,3% (alte BRD 70,9%), die der Männer in der DDR bei 93,2% (alte BRD 82,2%), der Frauen bei 90,9% (alte BRD 58,6%).[15] Von den 1989 insgesamt knapp 10 Millionen Erwerbstätigen waren fast alle abhängig beschäftigt. Nur 187.000 Personen arbeiteten als Selbstständige oder mithelfende Familienangehörige. Aufgrund einer tariflich vereinbarten Wochenarbeitszeit von 43,75 Stunden, kürzeren Urlaubszeiten und weniger Feiertagen lag die Jahresarbeitszeit in der DDR über der im Westen. Auch waren die Beschäftigten in der DDR besser ausgebildet: Ende der 1980er Jahre verfügten 61% der Beschäftigten über einen Facharbeiterab-

---

[15] Anteil der Erwerbstätigen an der Bevölkerung im Alter von 15 bis 65 Jahren bei Männern und von 15 bis 60 Jahren bei Frauen. Anzumerken ist allerdings, dass die Zählungen in der DDR auch die in Ausbildung befindlichen Frauen enthalten, diese in der Statistik der alten Bundesrepublik hingegen nicht berücksichtigt sind (Statistisches Jahrbuch 1990 für die Bundesrepublik Deutschland: 101).

schluss, 18% über einen Hochschulabschluss und nur ca. 10% über keine abgeschlossene Ausbildung (alte BRD 1989: 21% ohne Berufsabschluss) (Wiener 1997: 15).

Die eklatanten geschlechtsspezifischen Unterschiede in der Erwerbsstruktur der DDR und der BRD stehen im Zusammenhang mit konsequenten sozial- und familienpolitischen Maßnahmen, die es Frauen ermöglichten, sowohl einer Erwerbsarbeit als auch der Familienarbeit nachzugehen. Diese Politik wurde auch ironisch „Muttipolitik" genannt, weil sie zunächst nur auf die berufstätigen Mütter und auch später nicht explizit auf die Vereinbarkeit von Beruf und Familie für Väter abzielte.

3.1 Politische Rahmenbedingungen der Vereinbarkeit von Familie und Beruf

Im Unterschied zu den alten Bundesländern war in der DDR das Prinzip der weiblichen Berufsarbeit politisch gewollt. Während im Westen die im Grundgesetz verankerte Gleichberechtigung zwischen Männern und Frauen (GG Art. 3) erst in mehreren Anläufen und nach massiven Protesten von Seiten der Frauen gesetzlich umgesetzt wurde, regelte die Verfassung der DDR in Artikel 8 und 18 sowohl die Gleichstellung von Männern und Frauen als auch die sogenannte Vereinbarkeitsproblematik. So lautete Artikel 18: „Durch Gesetze der Republik werden Einrichtungen geschaffen, die es gewährleisten, dass die Frau ihrer Aufgabe als Bürgerin und Schaffende mit ihren Pflichten als Frau und Mutter vereinbaren kann". 1950 wurde ein ergänzendes „Gesetz über den Mutter- und Kinderschutz und die Rechte der Frau" beschlossen, das ein gemeinsames Entscheidungsrecht beider Eheleute über die Wahl des Wohnsitzes, Fragen der Haushaltsführung und Erziehung der Kinder verfügt. Frauen in die Erwerbstätigkeit einzubinden wurde als politisch sinnvoll und ökonomisch notwendig angesehen, und so hieß es im Oktober 1953 auf einer Frauenkonferenz der SED: „Die Frauen fördern heißt die Kampfkraft der Arbeiterklasse stärken" (Autorenkollektiv 1986: 95). Hier zeigt sich zum einen eine Bevorzugung der Klassenfrage vor der Geschlechterfrage. Auch darf vermutet werden, dass dieser Standpunkt durch einen Mangel an Arbeitskräften auch ökonomisch notwendig war. Zum anderen zeigt die politische Programmatik aber auch die systematische Frauenförderung und Frauenqualifizierung. Die Integration der Frauen in die Erwerbstätigkeit gelang langsam, aber stetig: 1989 arbeiteten 91% aller Frauen im erwerbsfähigen Alter. Davon waren 92% Mütter. In den letzten DDR-Jahren wurden 95,3% der Kinder von berufstätigen Müttern und weitere 3,6% von in der Ausbildung befindlichen Müttern geboren (Ministerrat 1989: 24).

Die Steigerung der Erwerbstätigkeit von Frauen vollzog sich wie folgt:

1953	1957	1962	1966	1970	1975	1980	1989	Jahr
60	65	70	78	82	86	88	91	Erwerbstätige

Anteil der weiblichen Erwerbstätigen und in der Ausbildung befindlichen an Frauen im sog. erwerbsfähigen Alter (zitiert nach Schröter 1997: 25)

Während in der alten Bundesrepublik die Frauenerwerbstätigkeit in Abgrenzung zum Modell der „Nur-Hausfrau" und als sogenanntes Drei-Phasen-Modell (Ausbildungs- und erste Erwerbstätigkeitsphase, Familienphase, Wiedereingliederungsphase) definiert und betrachtet wurde, machte die DDR die Kombination von Familie *und* Erwerbsarbeit zu einem zentralen Bestandteil ihrer Frauenpolitik. Dazu gehörte die systematische Schaffung von Krippen- und Kindergartenplätzen (vgl. Höckner 1995; Nave-Herz 1993: 106ff.), die Schaffung einer betrieblichen Infrastruktur, die die Vereinbarkeit von Erwerbsarbeit und Familienarbeit erleichterte, z.B. die Einrichtung von Kinderferienlagern, Haushaltstagen und Kantinen, in denen auch Familienangehörige essen konnten, Maßnahmen zur beruflichen Qualifizierung von Frauen wie auch die politische Forderung, die Anzahl der Frauen in Leitungsfunktionen zu erhöhen. Diese Forderung wurde erstmals 1961 vom Zentralkommittee der SED erhoben, jedoch bis zum Ende der DDR nur eingeschränkt umgesetzt: Bis zum Ende der 80er Jahre gab es kein weibliches Mitglied im Politbüro, und nur ein Drittel primär untere und mittlere Leitungsfunktionen waren mit Frauen besetzt (Helwig 1998: 30; Böckmann-Schewe et al. 1994: 34; Nave-Herz 1993: 106ff.).

Beratungsangebote für Belange weiblicher Lebenszusammenhänge gab es in der DDR seit den 60er Jahren. Eingerichtet und betrieben vom Demokratischen Frauenbund Deutschland (DFD) stellten sie wichtige soziale Einrichtungen in den Wohngebieten dar, die in der alten Bundesrepublik erst in den 70er und 80er Jahren im Zuge der Frauenbewegung erstritten wurden. Das Familiengesetzbuch von 1965 schrieb Vätern und Müttern die gleiche Verantwortung bei der Entwicklung der Familie und der Erziehung der Kinder zu und schaffte damit das Schuldprinzip bei Scheidungen ab. Im Gegensatz dazu hielt das Familienrecht der alten Bundesrepublik bis 1977 an der sogenannten Hausfrauen-Ehe fest. 1972 wurde in der DDR die Abtreibung arbeits- und versicherungsrechtlich mit dem Erkrankungsfall gleichgesetzt und räumte den Frauen das Recht ein, „über die Unterbrechung einer Schwangerschaft in eigener Verantwortung zu entscheiden" (§1, Absatz1).

Das im Familiengesetzbuch formulierte Leitbild einer „sozialistischen Familie" mit zwei bis drei Kindern wurde jedoch nie bruchlos in die Realität umgesetzt. Auch der Ausbau staatlicher Einrichtungen zur Kinderbetreuung konnte nicht die Vollerwerbstätigkeit aller Mütter garantieren. Im Gegenteil gab es Trends zur Teilzeitarbeit[16] und zu sinkenden Geburtenraten,[17] die bewirkten, dass die Frauen- und Familienförderung zwischen 1972 und 1986 ausgebaut wurde. So wurde beispielsweise im April 1972 ein erstes umfangreiches Maßnahmenpaket beschlossen, das Folgendes beinhaltete: Die Arbeitszeitverkürzung und die Gewährung zusätzlicher Arbeitstage für vollbeschäftigte Mütter mit mindestens zwei Kindern unter 16 Jahren, die bezahlte Freistellung zur Pflege erkrankter Kinder, ein bezahltes Babyjahr bei Fortdauer der Betriebszugehörigkeit, die Gewährung eines zinslosen Ehekredits, der nach dem dritten Kind nicht mehr zurückgezahlt zu werden brauchte, wie auch die Erhöhung von Ausbildungsbeihilfen für Schülerinnen und Schüler.

Mit der Regierungsübernahme durch Erich Honnecker 1971 setzte zum einen eine Kehrtwende in der Bildungspolitik ein, und der Anstieg der Zahl der HochschulabsolventInnen wurde deutlich vermindert. Zum anderen wurde von nun an eine explizite Familien- und Bevölkerungspolitik betrieben. Es wurde die Schwangerschaft während des Studiums propagiert, und das Heiratsalter sollte durch die Begrenzung der Vergabe von Ehekrediten auf Personen unter 26 Jahren herabgesetzt werden. In verschiedenen Studien, die im Rückblick auf die DDR angefertigt wurden, sprechen die Autorinnen von dieser Zeit als die Phase der „an die Frauen gerichteten Familienpolitik" (Böckmann-Schewe et al. 1994: 34), von der Phase der „Vereinbarkeit von Beruf und Familie" (Hildebrandt 1994), einer „Einengung statt Weiterentwicklung" (Kuhrig 1995: 229). Diese „Einengung" ist vor allem darin zu sehen, dass sich die Politik der angestrebten Arbeitsmarktintegration von Frauen der 60er Jahre nun allmählich in eine gezielte Bevölkerungspolitik verwandelte. Es ging, nach Einschätzung diverser Autoren und Autorinnen, nicht mehr primär um die Gleichstellung der Frauen und um die Erweiterung ihrer Möglichkeiten auf dem Arbeitsmarkt, sondern zunehmend auch darum, Frauen zum Gebären zu ermutigen (z.B. Kuhrig 1995; Huinink 1993; Sackmann 2000). Da auch in der DDR sich die Anzahl der Geburten allmählich reduzierte,[18] sollte jungen Familien die Geburt eines zweiten und eines dritten Kindes erleichtert werden. Eine Woche nach dem neunten SED-Parteitag 1976 wurde die Einführung der 40-Stunden-Woche für alle Mütter mit mindestens zwei Kindern unter 16 Jahren, Verlänge-

---

[16] Am Ende der DDR waren 27 % aller Frauen teilzeitbeschäftigt. Jutta Gysi und Dagmar Meyer gehen davon aus, dass die Anzahl der teilzeitarbeitenden Frauen weitaus höher gewesen wäre, wenn die Betriebe und Einrichtungen dies ermöglicht hätten. (Gysi/Meyer 1993: 142). Viele Arbeitsverträge mit verkürzter Arbeitszeit stammten aus den 60er und 70er Jahren, und der Anteil älterer Arbeitnehmerinnen unter den Teilzeitbeschäftigten war entsprechend hoch (vgl. Wiener 1997, 15)

[17] So reduzierte sich die Anzahl der Kinder pro Frau im gebärfähigen Alter von 1985 bis 1989 von 1,73 auf 1,57, um dann nach der Vereinigung beider deutscher Staaten im Jahr 1993 auf 0,80 auch deutlich unter das Niveau in Westdeutschland abzusinken, das 1993 bei 1,39 lag. (Zeitschrift für Bevölkerungswissenschaft 1993/94).

[18] Vgl. die vorangegangene Fußnote 17.

rung der Schwangerschaftsurlaubs von 20 auf 26 Wochen und ein bezahltes Babyjahr ab dem zweiten Kind beschlossen.

Da Umfragen zufolge sich lediglich 10% aller Frauen ein drittes Kind wünschten, wurden 1980 die Hintergründe dieser Einstellung erstmalig untersucht. Dabei wurden Bedenken wegen zu kleiner Wohnungen, Vorbehalte hinsichtlich der Vereinbarkeit von beruflichen und familiären Pflichten, die Sorge, keinen Krippenplatz zu bekommen sowie die Angst vor finanziellen Einschränkungen, geäußert (vgl. Helwig 1988: 472). Der Staat reagierte auf diese Befunde mit einer Erhöhung des Kindergeldes für das dritte Kind 1981 und in der Gewährung eines Anspruchs auf eineinhalb Jahre bezahlten Urlaubs nach der Geburt des dritten und jedes weiteren Kindes 1984.

Zusammenfassend kann festgehalten werden, dass die Frauen- und Familienpolitik der DDR zunächst einmal erwerbszentriert war und ihren Ausgangspunkt in wirtschaftspolitischen Zielvorgaben hatte. Der Konflikt zwischen familialen und beruflichen Anforderungen geriet erst in den Blick, als unerwünschte Entwicklungen wie der Geburtenrückgang und der wachsende Wunsch nach Teilzeitarbeit sichtbar wurden. So wurden mit Beginn der 70er Jahre bevölkerungspolitische Maßnahmen zur Erhöhung der Kinderzahl beschlossen. Diese waren pragmatisch auf die sogenannte Kernfamilie gerichtet. Sie wurden zentral beschlossen und zielten auf eine möglichst umfassende Realisierung und Durchsetzung (Trappe 1995: 8).

Auf diese Art und Weise wurde ein überschaubarer Rahmen für längerfristige biografische Perspektiven geschaffen, und so war es für die in der DDR geborenen und aufgewachsenen Frauen und Mädchen selbstverständlich, ein Leben lang berufstätig zu sein (Lange 1992: 310; Gysi 1989). Auch erfolgte die Berufstätigkeit für viele nicht aus rein finanziellen Erwägungen, sondern bedeutete einen Lebenssinn und eine Form der Selbstbetätigung, ermöglichte soziale Kontakte und Kommunikation wie auch die Verfügung über ein vom Ehemann unabhängiges Einkommen (Gysi/Meyer 1993: 141). Die Trennung zwischen Familie und Beruf, die das Leben von Frauen in der alten Bundesrepublik so maßgeblich regelte, war in der DDR insofern aufgehoben, als dass die Kombination von Kindern und Erwerbstätigkeit von fast allen Frauen praktiziert wurde und eher Fragen danach aufgeworfen wurden, was es für Frauen bedeutete, in einer solchen Gesellschaft *keine* Kinder zu haben. Es machte deshalb für das Leben von Frauen in der DDR wenig Sinn, von einem „doppelten Lebensentwurf" von Frauen – einen für das Privatleben und einen für das Erwerbsleben – zu sprechen. Familie und Beruf gehörten, auch wenn sie mit verschiedenen Anforderungen verbunden waren, dennoch zusammen. Sie waren nicht zwei Wünsche, sondern eine Realität.

3.2 Zum Zusammenhang von Sozialpolitik und individueller Lebensgestaltung

Die skizzierte Familien- und Sozial-Politik richtete sich an Frauen und machte sie damit zu Hauptverantwortlichen für die familiale Reproduktionsarbeit. Von der Vereinbarkeit von Beruf und *Vater*schaft war trotz aller Gleichstellungsbemühungen in der DDR nie die Rede. Die familienpolitischen Regelungen reagierten zwar auf die vielfältigen Beanspruchungen der Frauen in Familie und Beruf, sie installierten jedoch eine Art Sonderrechte für Frauen und förderten anstelle einer „beidseitigen Annäherung der Lebensverläufe von Frauen und Männern einseitige Anpassungsleistungen von Frauen" (Trappe 1995: 214) Diese Festschreibung von Zuständigkeiten wie auch die erwähnten familienpolitischen Maßnahmen hatten umgekehrt den Effekt, dass Frauen aus der Sicht der Arbeitgeber als Risikofaktoren galten und ihre Aufstiegschancen begrenzt waren. Die Forscherinnen des DFG-Projekts „Frauenerwerbsarbeit im Umbruch. Wertorientierungen, Interessen und Handlungsmuster von Frauen in den neuen Bundesländern" ziehen deshalb den Schluss, dass die Gleichstellungspolitik der DDR nicht darauf gerichtet war, „den Widerspruch zwischen den Interessen am und den Anforderungen des Berufslebens und denen im familialen Bereich zu lösen. Auch in der DDR waren Frauen somit auf individuelle Lösungen verwiesen, wenn sie Beruf und Familie unter einen Hut bringen wollten" (Böckmann-Schewe et al. 1994: 35).

Dass sich die staatlich-normative Vorstellung der Mehr-Kinder-Familie auch durch familienpolitische Maßnahmen nicht umstandslos durchsetzen ließ, zeigte sich ferner in der steigenden Anzahl vorehelich und außerehelich geborener Kinder – sie betrug 1989 über ein Drittel – und der hohen Quote alleinlebender unverheirateter Mütter. Gegen Ende der 1980er Jahre lebte jedes zehnte Kind in der DDR allein mit der Mutter (Gysi/Meyer 1993: 146). Über die Gruppe der Alleinerziehenden in der DDR ist jedoch relativ wenig bekannt. Sozialwissenschaftliche Forschungen aus DDR-Zeiten über diese Gruppe wie auch Medien-Berichte sind nicht vorhanden. Die Volkszählung von 1981 machte deutlich, dass der überwiegende Teil der alleinerziehenden Mütter (49,2%) geschieden, ein knappes Drittel ledig und der Rest verwitwet oder noch verheiratet, aber getrennt lebend war (Gysi/Meyer 1993: 146). Die Älteren unter ihnen waren bereits einmal geschieden und die ledigen alleinerziehenden Mütter waren zumeist jünger als 25 Jahre. Jutta Gysi und Dagmar Meyer weisen deshalb das in Teilen der DDR-Bevölkerung kursierende Vorurteil zurück, dass die unverheirateten Mütter wegen familienpolitischer Vorteile nicht heirateten: Die Älteren unter den Alleinerziehenden kamen wahrscheinlich nicht in den Genuss der Vergünstigungen der 70er und 80er Jahre: Der Staat garantierte den Alleinerziehenden eine bevorzugte Versorgung mit Krippenplätzen und bot Ausgleichszahlungen an, wenn die Mütter wegen Krankheit der Kinder kein Erwerbseinkommen erzielen konnten (Gysi/Meyer 1993: 146)

Die wachsende Anzahl von Alleinerziehenden wurde sozialpolitisch zwar unterstützt, war familienideologisch jedoch nicht erwünscht. Diese Diskrepanz führt Reinhold Sackmann auf „nicht intendierte Folgen der Familienpolitik der späten DDR" zurück, die zwar Familiengründungen förderte, Familienerweiterungen aber behinderte und deshalb dem selbst gesetzten Ziel, der Erhöhung der Kinderzahl pro Familie, nicht entsprechen konnte:

„Die späte DDR verfolgte eine individualistische Familienpolitik, die die Unabhängigkeit von Mutter-Kind-Dyaden gegenüber Vätern stärkte (u.a. durch Erwerbseinkommen von Frauen, staatliche Übernahme von Kinderbetreuung). Da rechtlich die Scheidungskosten (im Vergleich zu Westdeutschland) sehr niedrig waren, waren insgesamt die Scheidungsraten hoch (und seit den 70er Jahren steigend.) Wenn man sich dabei das Timing von Scheidungen ansieht, fällt auf, dass die meisten Scheidungen im Unterschied zu Westdeutschland sehr schnell, bereits nach zwei Ehejahren, stattfanden" (Sackmann 2000: 153).

Trotz derartiger unerwünschter Nebenfolgen waren die familienpolitischen Maßnahmen des SED-Regimes insofern erfolgreich, als dass sie für eine Standardisierung der weiblichen Lebensläufe sorgten. So gelangt Heike Trappe in ihrer Untersuchung kohortenspezifischer Muster der Familienentwicklung und Erwerbsbeteiligung zu der Einschätzung, dass die staatlich angebotenen Freistellungsregelungen wie auch die institutionelle Kinderbetreuung von nahezu allen Frauen genutzt wurden. „Frauen neigten nicht dazu, individuelle Gegenstrategien zu entwickeln, sondern viel eher dazu, die institutionellen Regelungssysteme strategisch und pragmatisch zu nutzen" (Trappe 1995: 210).

Darüber hinaus ist für die sozialpolitischen Maßnahmen der DDR wie auch für die frauenpolitischen Aktivitäten in der DDR festzuhalten, dass der Begriff des Feminismus sorgfältig vermieden wurde. Im Zentrum der Aufmerksamkeit stand nicht die Differenz, die mögliche Besonderheit oder Andersartigkeit weiblicher Lebenszusammenhänge, sondern die Kritik der noch nicht zufriedenstellend erfüllten Gleichstellung.[19] Die Behauptung, die Gleichberechtigung von Mann und Frau verwirklicht zu haben, gehörte zur offiziellen Propaganda der DDR seit den 70er Jahren. Die Emanzipation der Frauen kam von ‚oben', sie war keine erkämpfte Errungenschaft, sondern staatlich erwünscht und gefördert. Problematisch war dabei nicht die staatliche Unterstützung der Vereinbarkeit von Mutterschaft und Erwerbsleben, sondern vielmehr die Monopolisierung der Gleichstellungspolitik durch die SED. Sie führte dazu, dass es außerhalb staatlicher und parteipolitischer Strukturen wenig Möglichkeiten für Frauen gab, andere existierende Konflikte (z.B. Niedrigstlöhne in der Textilbranche als frauentypischer Arbeitgeber, rigide Krippen- und Kindergartenerziehung) zu thematisieren (Trappe 1995: 83). So blieb weitgehend unreflektiert, dass auch in der DDR Frauen weniger verdienten als Männer, dass sie

---

[19] Hildegard Maria Nickel typisiert die Frauenforschung der DDR als Defizitforschung und nicht als Differenzforschung (Nickel 1996: 327).

in Führungspositionen kaum vertreten waren, dass der vielgerühmte Haushaltstag nur in Ausnahmefällen auch von Männern beantragt werden konnte und dass die Vereinbarkeit von Familie und Beruf primär eine Angelegenheit von Frauen blieb. Patriarchale Strukturen im Privatleben, eine geschlechtsspezifische Verteilung der Familien- und Hausarbeit[20] und die generelle Typisierung der Reproduktionsarbeit als weiblich wurden auch durch die konsequente Sozialpolitik in der DDR nicht abgeschafft.

4 Müttererwerbstätigkeit im vereinigten Deutschland: Zurück zur Familie?

Seit 1990 ist die Erwerbsstruktur in der Bundesrepublik deutlich zweigeteilt. Während sich in den westlichen Bundesländern die Beschäftigungsstruktur wenig verändert hat, gab es in den östlichen Bundesländern dramatische Veränderungen, besonders in den ersten beiden Jahren nach der Vereinigung beider deutscher Staaten. So reduzierte sich die Zahl der abhängig Beschäftigten im Osten von 9,6 Millionen Personen 1989 auf 4,5 Millionen 1991, stieg 1995 auf 5,5 Millionen an (Wiener 1997: 17) und liegt seit 1997 um die 6,5 Millionen (Statistisches Jahrbuch 1998/99: 101). Der Verlust der Arbeitsplätze betraf insbesondere Frauen. Ein Großteil von ihnen wurde im Alter von 55 Jahren in den Vorruhestand geschickt. Frauen wurden zu geringeren Anteilen an Arbeitsbeschaffungs- und Umschulungsmaßnahmen beteiligt und waren deshalb überproportional häufig vom Verlust ihres Arbeitsplatzes betroffen: „Arbeitslosigkeit ist in den neuen Bundesländern quasi immer mehr zu einem ‚Frauenproblem' geworden" (Wiener 1997: 29; Bertram 1993: 7f.). Von drei Arbeitslosen in den östlichen Bundesländern sind heute zwei Frauen. Erhebungen zeigen, dass Resignation und Hoffnungslosigkeit von Frauen in Ostdeutschland nur fünf Jahre nach der sogenannten Wende ein bedenkliches Ausmaß erreicht haben (Sozialreport 1994; Sozialreport 1996; Schulze Buschoff 2000). So ist es auch nicht weiter verwunderlich, dass im vereinigten Deutschland die Ost-Frauen als „Verliererinnen der Einheit" bezeichnet werden. Dabei ist zum einen von der „ungebrochenen Erwerbsneigung" (Nolte 1995: 5) ostdeutscher Frauen die Rede, zum anderen haben die Frauen in den neuen Bundesländern ihren Kinderwunsch nicht aufgegeben (Seidenspinner et al. 1996: 219). Die Realisierung beider Ansprüche ist jedoch für Frauen im Osten der Republik zunehmend schwieriger geworden.

---

[20] Der Anteil der Frauen an der Hausarbeit blieb auch in der DDR weitaus höher als derjenige der Männer. Nach Angaben der Frauen wurde von nur 14% der Männer das gleiche Pensum an Hausarbeit wie von den Frauen geleistet (vgl. Gysi/Meyer 1993: 157).

4.1 Geburtenrückgang und Kinderlosigkeit

Solange die Vereinbarkeit von Berufs- und Familienarbeit nicht als strukturelle Aufgabe verstanden wird, die einer kollektiven, politischen Lösung bedürfen, werden die in Abschnitt 2.3 geschilderten Ambivalenzen von Müttererwerbstätigkeit individuell bearbeitet. Dies führt auch heute noch dazu, dass Frauen in dem einen wie dem anderen Lebensbereich Verzicht leisten. So stellen beispielsweise Frauen berufliche Perspektiven und Entwicklungsmöglichkeiten zurück und nehmen Nachteile, die mit einer längeren Unterbrechung der Erwerbstätigkeit verbunden sind, in Kauf und begreifen dies als selbstverständlich bzw. als normal. Andere wiederum lösen die Ambivalenz einseitig auf, indem sie eine befristete Kinderlosigkeit planen, die Realisierung eines Kinderwunsches aufschieben oder die Familienarbeit durch weniger Kinder auf ein erträgliches Maß reduzieren oder völlig auf Kinder verzichten (Nave-Herz 1988; siehe auch den Überblick bei Beck-Gernsheim 1988).

Die aktuelle Debatte um den Geburtenrückgang nahm seinen Auftakt mit dem historisch beispiellosen Rückgang der Geburten in den östlichen Bundesländern nach der Vereinigung beider deutscher Staaten. So sanken die Geburtenziffern in Ostdeutschland von 1,57 (1989) auf 0,77 (1994) und stiegen 1997 wieder auf 1,01, lagen damit aber immer noch unter der Geburtenziffer in Westdeutschland von 1,44 im Jahr 1997.[21] Dieser Fertilitätswandel im Osten seit 1990 ist mitunter als „Gebärstreik" ostdeutscher Frauen, als Schockreaktion oder gar als demographische Katastrophe bezeichnet worden (Zapf/Mau 1993).

Einerseits wird der Geburtenrückgang als Indikator einer nun auch im Osten möglichen „modernen" Lebensweise interpretiert. Durch den Wegfall des sozialpolitischen Anreizsystems der DDR, wie beispielsweise die Vergabe von Ehekrediten oder einer Wohnungsvergabepraxis, die Familien mit Kindern bevorzugte, entfiel auch ein Teil der Motive, Kinder zu bekommen (Huinink 1993). Reinhold Sackmann spricht in seinen Studien zur Lebenslaufpolitik vorsichtiger davon, dass Erwerbs-, Wohnungs- und Familienpolitik Randbedingungen für individuelle Kalküle schaffen, „die das Timing von Fertilitätsentscheidungen bestimmen" (Sackmann 2000: 146). Er zeigt, dass die Geburtenrate im Osten nach der Wende sich dergestalt veränderte, dass zum einen das Alter der Mutter bei der Geburt des ersten Kindes anstieg und zum zweiten der Abstand zwischen erster und zweiter Geburt in Ostdeutschland deutlich größer wurde als in Westdeutschland. Demzufolge gibt es eine Angleichung der ostdeutschen Frauen an die westdeutschen Frauen hinsichtlich des Timings und auch der Anzahl der Erstgeburten. Von einer Angleichung der Familienerweiterung im Osten und im Westen kann hingegen nicht gesprochen werden. Im Unterschied zu den Müttern im Westen sehen viele Mütter in den östlichen

---

[21] Vgl. Tabelle 3 im Anhang

Bundesländern den Erziehungsurlaub (heute „Familienzeit") nicht als einen Einstieg in ein „Nur-Hausfrauen-Dasein" an. Sie werden entweder wieder erwerbstätig (42%) oder melden sich arbeitssuchend (37%), während sich nur 4% der Mütter im Westen nach dem Erziehungsurlaub als arbeitssuchend begreifen und häufiger gewillt sind, einen vorübergehenden Hausfrauen-Status anzunehmen (Sackmann 2000: 157f.; Winkel 1995). Das, was so häufig in personalisierter Form als „ungebrochene Erwerbsneigung" ostdeutscher Frauen bezeichnet wird, ließe sich also auch politisch oder strukturell formulieren: Trotz geschlechtsspezifischer Diskriminierung auf dem Arbeitsmarkt erhalten die ostdeutschen Frauen ihre Forderung nach einem Recht auf bezahlte Arbeit aufrecht. Sie machen damit auf ein Legitimitätsdefizit der Politik im vereinigten Deutschland aufmerksam. Die Arbeits- und Familienpolitik nach der Wende ist für die erwerbswilligen Mütter in den neuen Bundesländern hauptsächlich mit Verlusten (an Kinder-Betreuungseinrichtungen, Erwerbsmöglichkeiten, finanziellen Unterstützungsleistungen) verbunden, die weder gewünscht noch gewählt, sondern primär strukturell aufoktroyiert sind.

Demgegenüber lässt sich für die alten Bundesländer eine gebrochenere, widersprüchlichere Entwicklung konstatieren: Einerseits gibt es die Tendenz einer zunehmenden Frauenerwerbstätigkeit bei einer gleichzeitigen Einschränkung der Arbeitsmarktintegration durch Familienunterbrechung und weitverbreiteter Teilzeitarbeit. Andererseits werden die begrenzten Möglichkeiten der Kinderbetreuung tendenziell auch von den Frauen selber akzeptiert. Im Vergleich zu anderen Ländern ist auffällig, dass westdeutsche Frauen eine Erwerbstätigkeit von Müttern nicht uneingeschränkt befürworten. Die Vorstellung, dass ein Kind zu seiner Mutter gehört, ist im Westen der Republik weiter verbreitet als im Osten (Schultheis 1998). So wie in der DDR beides, Familie und Beruf, als integraler Bestandteil im Lebenszusammenhang von Frauen angesehen wurden, so gilt dies in ähnlicher Weise für Einwandererfamilien, die in Deutschland leben. Vergleichende empirische Studien zeigen, dass für türkische Frauen und für Aussiedlerinnen diese beiden zentralen Lebensbereiche nicht in gleicher Weise als unvereinbar erachtet werden, wie es bei (West-) Deutschen der Fall ist (Herwartz-Emden 2000; Herwartz-Emden/Westphal 1999; Gümen et al. 1994).

4.2 Das Ende der Gleichheitsrhetorik

Die Abschaffung der institutionellen Strukturen im Osten, die es den Frauen ermöglicht hatten, Erwerbsarbeit mit Familienarbeit zu verbinden, war also nicht automatisch mit einer Angleichung der Einstellungen und Meinungen zur Erwerbstätigkeit der Frauen und Müttern von West- und Ostdeutschen verbunden. Im Gegenteil, es sind erhebliche Ost-West-Unterschiede nachweisbar. Beispielsweise bezeichneten sich 1996 nur 2,7% der Ostfrauen und 27,5% der Westfrauen als „freiwillige Hausfrauen". Die Aussage „Eine berufstätige Frau ist die bessere Mutter" erhielt 1996 zu 73% von ostdeutschen Frauen, aber nur von 28% westdeutschen Männern Zustimmung. 55% der westdeutschen Männer und 47% der westdeutschen Frauen waren der Ansicht, dass „Frauen zu Hause bleiben und die Kinder versorgen sollten", während diese Ansicht im Osten von nur 26% der Männer und Frauen vertreten wurde (Schröter 1997: 37ff.; Schröter 1995: 11ff.).

Auch aus einer nicht repräsentativen Studie von jungen Frauen aus den alten und neuen Bundesländern in der Mitte der 90er Jahre geht hervor, dass eine Parallelität von Familiengründung und Stabilisierung des Berufslebens äußerst schwierig schien und wohl eher in Form einer zeitlichen Versetzung der beiden Lebenswünsche zu realisieren sei. Die in der Studie von Gerlinde Seidenspinner et al. befragten jungen Frauen artikulieren, dass „sie sich im Beruf meist erst etablieren und ihre berufliche Situation festigen wollen, bevor sie sich zutrauen, eine Familie gründen zu können" (Seidenspinner et al. 1996: 216)

Aufgrund solcher Befunde ist zu vermuten, dass die Selbstverständlichkeit der Frauenerwerbstätigkeit auch in den Bundesländern der ehemaligen DDR zukünftig brüchig werden wird. Da Ost-Frauen auf dem Arbeitsmarkt des vereinigten Deutschlands im Vergleich zu Männern eher eingeschränkte Möglichkeiten haben, und da Mutterschaft die Chancen auf dem Arbeitsmarkt noch immer vermindert, wird eine selbstverständliche Ausrichtung auf gleichzeitige Mutterschaft und Erwerbstätigkeit zunehmend schwierig.

So bleibt abzuwarten, ob sich in den Lebenszusammenhängen von Frauen bzw. erwerbstätigen Müttern ein Wandel der Bedeutung von Familie wird ausmachen lassen. Ein stark familienzentriertes Verhalten, ein Rückzug aus dem öffentlichen Leben wertet den Privatbereich einerseits stark auf, belastet ihn aber auch mit diversen Ansprüchen auf Glück und Zufriedenheit.

Anhang

Tabelle 1: Erwerbstätige Mütter in der Bundesrepublik Deutschland 1950-1998 in %. Von 1950 bis 1989 altes Bundesgebiet, von 1990-1998 gesamtes Bundesgebiet

Jahr	mit Kindern unter 18 Jahren	mit Kindern unter 6 Jahren
1950	24,3	-
1961	34,7	29,7
1970	35,7	29,8
1980	42,3	35,8
1982	42,6	35,8
1986	43,1	35,5
1989	44,6	36,3
1992	58,2	48,4
1994	57,4	46,3
1998	59,8	48,5

Quellen: Wirtschaft und Statistik 6. Jg., 7, 1954: 327; 17 Jg. 11, 1965: 706; Statistisches Jahrbuch 1971: 128; 1981: 101; 1985: 105; 1988: 104; 1990: 100; 1994: 112; 1996: 112; 1999: 108.

Tabelle 2: Erwerbstätige Mütter in den neuen Bundesländern und Berlin Ost 1991 bis 1999 in %

Jahr	mit Kindern unter 18 Jahren
1991	78,7
1992	68,9
1993	66,8
1994	67,7
1995	69,1
1996	69,0
1997	67,5
1998	67,0
1999	69,1

Quelle: Statistisches Bundesamt, Fachserie 1, Reihe 2, 1991: 43; 1992: 32; 1993: 34; 1994: 34; 1995: 38; 1996: 38; 1997: 18; 1998: 38; 1999: 18.

Tabelle 3: Geburtenziffern in den alten und den neuen Bundesländern/altes Bundesgebiet und DDR von 1980 bis 1998

Jahr	Geburtenziffer altes Bundesgebiet	Geburtenziffer DDR/neue Bundesländer und Berlin Ost
1980	1,44	1,94
1983	1,33	keine Angaben
1985	1,27	1,73
1987	1,36	1,74
1989	1,39	1,57
1991	1,42	0,97
1993	1,39	0,77
1995	1,33	0,83
1997	1,43	1,03
1998	1,41	1,08

Geburtenziffer bezeichnet die Anzahl der Lebendgeborenen der Mütter bestimmten Alters je 1000 Frauen gleichen Alters
Quelle: Statistische Jahrbuch für die Bundesrepublik Deutschland 1982: 71; 1985: 74; 1990: 64; 1990: 64; 1991: 79; 1994: 73, 79; 1995: 73; 1997: 73; 1999: 71; 2000: 71; Statistisches Jahrbuch DDR 1990: 420

Literatur

Autorenkollektiv, 1986: Zur Rolle der Frau in der Geschichte der DDR (1945-1981). Leipzig.
Baumert, G. unter Mitwirkung von Hünninger, E., 1954: Deutsche Familien nach dem Kriege. Darmstadt.
Becker-Schmidt, R., 1980: Widersprüchliche Realität und Ambivalenz: Arbeitserfahrungen von Frauen in Fabrik und Familie. In: Kölner Zeitschrift für Soziologie und Sozialpsychologie, S. 705-725.
Becker-Schmidt, R., 1981: Überforderung durch Doppelbelastung – Unterforderung durch Segregation. In: U. Schneider (Hg.): Was macht Frauen krank? Frankfurt a. M./New York, S. 33-725.
Becker-Schmidt, R./Brandes-Erlhoff, U./Rumpf, R./Schmidt, B., 1983: Arbeitsleben – Lebensarbeit. Konflikte und Erfahrungen von Fabrikarbeiterinnen. Bonn.
Becker-Schmidt, R./Knapp, G.-A./Rumpf, M., 1981: Frauenarbeit in der Fabrik – Betriebliche Sozialisation als Lernprozeß? Über die subjektive Bedeutung der Fabrikarbeit im Kontrast zur Hausarbeit. In: Gesellschaft. Beiträge zur Marxschen Theorie, 14. Frankfurt a. M., S. 52-74.
Becker-Schmidt, R./Knapp, G.-A./Rumpf, M., 1981a: Familienarbeit im proletarischen Lebenszusammenhang: Was es heißt, Hausfrau zu sein. In: Beiträge zur Marxschen Theorie, 14. Frankfurt a. M., S. 52-74.
Becker-Schmidt, R./Knapp, G.-A./Schmidt, B., 1984: Eines ist zu wenig – beides ist zuviel: Erfahrungen von Arbeiterfrauen zwischen Familie und Fabrik. Bonn.
Beck-Gernsheim, E., 1988: Die Kinderfrage. Frauen zwischen Kinderwunsch und Unabhängigkeit. München.
Bericht der Bundesregierung über die Situation der Frauen in Beruf, Familie und Gesellschaft. 1966, Drucksache V/909. Bonn.

Bertram, B., 1993: „Nicht zurück an den Kochtopf" – Aus- und Weiterbildung in Ostdeutschland. In: G. Helwig/H. M. Nickel: Frauen in Deutschland 1945 – 1992. Bonn, S. 191-214.
Bertram, B., 1993: Zur Entwicklung der sozialen Geschlechterverhältnisse in den neuen Bundesländern. In: Aus Politik und Zeitgeschichte, B 6, S. 27-38.
Bertram, H./Bayer, H., 1984: Berufsorientierung erwerbstätiger Mütter: Zum Struktur- und Einstellungswandel mütterlicher Berufstätigkeit. München.
Böckmann-Schewe, L./Kulke, C./Röhrig, A., 1994: Wandel und Brüche in Lebensentwürfen von Frauen in den neuen Bundesländern. In: Aus Politik und Zeitgeschichte, 619, S. 33-44.
Bowlby, J., 1953: Child Care and the Growth of Love. Harmondsworth (deutsche Übersetzung: Mutterliebe und kindliche Entwicklung. München 1972).
Bundesministerium für Arbeit und Sozialordnung (Hg.), 1986: Erwerbstätigkeit und Mutterschaft. Möglichkeiten und Probleme von Berufsunterbrechung und Berufsrückkehr bei Müttern mit Kindern unter drei Jahren. Bonn.
Bundesministerium für Frauen und Jugend (Hg.), 1991: Frauen in den neuen Bundesländern im Prozeß der deutschen Einigung. Materialien zur Frauenpolitik, 11. Bonn.
Bundesministerium für Jugend, Familie und Gesundheit, 1984: Familie und Arbeitswelt. Gutachten des Wissenschaftlichen Beirats für Familienfragen beim Bundesministerium für Jugend, Familie und Gesundheit. Stuttgart.
Eckart, C./Jaerich, U. G./Kramer, H., 1979: Frauenarbeit in Familie und Fabrik. Frankfurt a. M.
Engelbrech, G., 1994: Frauenerwerbslosigkeit in den neuen Bundesländern. Folgen und Auswege. In: Aus Politik und Zeitgeschichte, 6, S. 22-32.
Erler, G./Jaeckel, M./Sass, J., 1983: Mütter zwischen Beruf und Familie. München.
Gümen, S./Herwartz-Emden, L./Westphal, M., 1994: Die Vereinbarkeit von Beruf und Familie als weibliches Lebenskonzept: eingewanderte und westdeutsche Frauen im Vergleich. In: Zeitschrift für Pädagogik, 1, S. 63-80.
Gysi, J. (Hg.), 1989: Familienleben in der DDR. Berlin.
Gysi, J./Meyer, D., 1993: Leitbild: berufstätige Mutter – DDR-Frauen in Familie, Partnerschaft und Ehe. In: G. Helwig/H. M. Nickel (Hg.): Frauen in Deutschland 1945-1992. Bonn, S. 139-163.
Harre, E./Schmidt, I., 1995: Wandel und Kontinuitäten in den Haltungen Ostberliner Mütter und Töchter zur Erwerbsarbeit und Familie. Berlin.
Häußermann, H./Siebel, W., 1995: Dienstleistungsgesellschaften. Frankfurt a. M.
Hellbrügge, Th., 1960: Waisenkinder der Technik. In: R. Demoll (Hg.): Menschheit im Schatten. München/Eßlingen.
Helwig, G., 1988: Staat und Familie in der DDR. In: G.-J. Glaeßner (Hg.): Die DDR in der Ära Honecker. Opladen, S. 466-480.
Helwig, G., 1998: Frauen in der Bundesrepublik und der DDR. In: Haus der Geschichte der Bundesrepublik Deutschland: Zeit-Fragen. Ungleiche Schwestern? Frauen in Ost- und Westdeutschland. Bonn/Berlin, S. 24-32.
Herrmann, A. H., 1957: Die außerhäusliche Erwerbsarbeit verheirateter Frauen. Stuttgart.
Herwartz-Emden, L. (Hg.), 2000: Einwandererfamilien: Geschlechterverhältnisse, Erziehung und Akkulturation. Osnabrück.
Herwartz-Emden, L./Westphal, M., 1999: Frauen und Männer, Mütter und Väter: Empirische Ergebnisse zu Veränderungen der Geschlechterverhältnisse in Einwandererfamilien. In: Zeitschrift für Pädagogik, 6, S. 885-902.
Hildebrandt, K., 1994: Historischer Exkurs zur Frauenpolitik der SED. In: B. Bütow/H. Stecker (Hg.): Eigenartige Ostfrauen. Frauenemanzipation in der DDR und in neuen Bundesländern. Institut Frau und Gesellschaft, 22. Bielefeld, S. 12-31.

Hinze, E. unter Mitarbeit von Knospe, Chr., 1960: Lage und Leistung erwerbstätiger Mütter: Ergebnisse einer Untersuchung in Westberlin. Berlin/Köln.

Höckner, M., 1995: Der Staat hat viele Väter – wo bleiben die Mütter? Ein Beitrag zur Vereinbarkeit von Erwerbstätigen und Mutterrolle in Deutschland-Ost und -West. In: B. Nauck/H. Bertram (Hg.): Kinder in Deutschland. Lebensverhältnisse von Kindern im Regionalvergleich. Opladen, S. 333-356.

Hofmann, A. C./Kersten, D., 1958: Frauen zwischen Familie und Fabrik. Die Doppelbelastung der Frau durch Haushalt und Beruf. München.

Holst, E./Schupp, J., 1994: Erwerbsbeteiligung und Erwerbsorientierung von Frauen in West- und Ostdeutschland 1990 bis 1993 – Zur Lösung der Beschäftigungsprobleme ist ein Umdenken in der Gesellschaft und Umbau der 'Institutionen' erforderlich. DIW Diskussionspapiere, 90. Berlin.

Huinink, J., 1993: Familienentwicklung und Haushaltsgründung in der DDR: Vom traditionellen Muster zur instrumentellen Lebensplanung? In: Arbeitsbericht 5 des Projektes „Lebensverläufe und historischer Wandel in der ehemaligen DDR", Max-Planck-Institut für Bildungsforschung. Berlin.

International Social Science Journal (UNESCO), 1962: Images of Women in Society, 14, 1.

Kätsch, E. M., 1965: Langfristige Bestimmungsgründe für die Erwerbstätigkeit verheirateter Frauen. Köln/Opladen.

Kolbe, N./Rode, D./Sommerkorn, I. N., 1988: Chancen und Grenzen der Emanzipation von Frauen in der Nachkriegszeit. In: Frauenforschung, 3, S.13-32.

Koliadis, E., 1975: Mütterliche Erwerbstätigkeit und kindliche Sozialisation. Weinheim/Basel.

Krüger, H./Born, C./Einemann, B./Heintze, S./Saiti, H., 1987: Privatsache Kind – Privatsache Beruf. Zur Lebenssituation von Frauen mit kleinen Kindern in unserer Gesellschaft. Opladen.

Kuhrig, H., 1995: „Mit den Frauen" – „Für die Frauen". Frauenpolitik und Frauenbewegung in der DDR. In: F. Hervé (Hg.): Geschichte der deutschen Frauenbewegung. Köln, S. 209-248.

Lange, S., 1992: Frauen aus der DDR im vereinigten Deutschland. In: G. Meyer/G. Riege/D. Strützel (Hg.): Lebensweise und gesellschaftlicher Umbruch in Ostdeutschland. Jena, S. 309-322.

Lehr, U., 1969: Die Frau im Beruf. Eine psychologische Analyse der Berufswahl. Frankfurt a. M.

Lehr, U., 1973: Die Bedeutung der Familie im Sozialisationsprozeß. In: Schriftenreihe des Bundesministers für Jugend, Familie und Gesundheit. Stuttgart.

Lehr, U., 1974: Die Rolle der Mutter in der Sozialisation des Kindes. Darmstadt.

Lehr, U., 1975: Die mütterliche Berufstätigkeit und mögliche Auswirkungen auf das Kind. In: F. Neidhardt (Hg.): Frühkindliche Sozialisation. Stuttgart, S. 230-267.

Lehr, U., 1979: Ist Frauenarbeit schädlich? Im Spannungsfeld von Familie und Beruf. Zürich/Osnabrück.

Levy, R., 1977: Der Lebenslauf als Statusbiographie. Die weibliche Normalbiographie in Perspektive. Stuttgart.

Merkel, I., 1990: „... und Du, Frau an der Werkbank!" Die DDR in den 50er Jahren. Berlin.

Meyer, S./Schulze, E., 1984: Wie wir das alles geschafft haben. Alleinstehende Frauen berichten über ihr Leben nach 1945. München.

Meyer, S./Schulze, E., 1985: Von Liebe sprach damals keiner. Familienalltag in der Nachkriegszeit. München.

Milz, H., 1984: Zum Bewußtsein von Frauen zwischen Erwerbs- und Familienarbeit. In: Karriere oder Kochtopf? Jb. der Hochschule für Wirtschaft und Politik. Hamburg, S. 161-179.

Ministerrat der DDR, 1989: Die Frau in der Deutschen Demokratischen Republik. Statistische Kennziffersammlung 4.9/229. Berlin.
Moers, M., 1948: Frauenerwerbsarbeit und ihre Wirkungen auf die Frau. Recklinghausen.
Müller-Kaldenberg, R., 1981: Mütter mit Beruf. Die Doppelrolle meistern gegen Vorurteile und Selbstzweifel. Reinbek.
Muthesius, H. (Hg.), 1964: Die Mutter in der heutigen Gesellschaft. Gesamtbericht über den 63. Deutschen Fürsorgetag 1963 in München. Köln/Berlin.
Myrdal, A./Klein, V., 1971: Die Doppelrolle der Frau in Familie und Beruf. Köln (Deutsche Übersetzung zuerst 1960, engl. Originalausgabe 1956).
Nauck, B., 1987: Erwerbstätigkeit und Familienstruktur. Weinheim.
Nave-Herz, R., 1972: Das Dilemma der Frau in unserer Gesellschaft. Der Anachronismus in den Rollenerwartungen. Neuwied.
Nave-Herz, R., 1986: Frauen und Familie nach 1945. In: G. Kraitzer (Hg.): 1945 – Die Stunde Null? Symposium im Rahmen der Ossietzky-Tage 1985 an der Universität Oldenburg. Oldenburg, S. 73-83.
Nave-Herz, R., 1988: Kinderlose Ehen. Eine empirischer Studie über kinderlose Ehepaare und die Gründe für ihre Kinderlosigkeit. Weinheim.
Nave-Herz, R., 1990: Die institutionelle Kleinkind-Betreuung in den neuen und den alten Bundesländern – ein altes, doch weiterhin hochaktuelles Problem für Eltern. In: Frauenforschung, 4, S. 45-59.
Nave-Herz, R., 1993: Die Geschichte der Frauenbewegung in Deutschland. Hannover.
Nickel, H. M., 1992: Frauenarbeit im Beruf und in der Familie – Geschlechterpolarisierung in der DDR. In: A. Joester/I. Schönigh, (Hg.): So nah beieinander und doch so fern. Frauenleben in Ost und West. Pfaffenweiler, S. 11-23.
Nickel, H. M., 1996: Feministische Gesellschaftskritik oder selbstreferentielle Debatte? Ein (ostdeutscher) Zwischenruf zur Frauen- und Geschlechterforschung. In: Berliner Journal für Soziologie, 3.
Nolte, C., 1995: Rede vor dem Deutschen Bundestag am 29.3. 1995. In: Pressemitteilung des Bundesministeriums für Familie, Senioren, Frauen und Jugend, 27.
Nyssen, E./Metz-Göckel, S., 1984: „Ja, die waren ganz einfach tüchtig" – Was Frauen aus der Geschichte lernen können. In: A.-E. Freyer/A. Kuhn (Hg.): Frauen in der Geschichte, Bd. 5. Düsseldorf, S. 312-347.
Obertreis, G., 1986: Familienpolitik in der DDR 1945-1980. Opladen.
Oubaid, M., 1987: Das Mutter-Dilemma. Warum Mütter sich schuldig fühlen. In: Psychologie Heute, 3, S. 20-26.
Pfeil, E. et al., 1968: Die 23jährigen. Eine Generationsuntersuchung am Geburtenjahrgang 1941. Tübingen.
Pfeil, E., 1961: Die Berufstätigkeit von Müttern. Eine empirisch-soziologische Erhebung an 900 Müttern aus vollständigen Familien. Tübingen.
Pfeil, E., 1963: Das Bild der Frau in der empirisch-soziologischen Forschung der letzten Jahre. In: Soziale Welt, S. 134-152.
Pfeil, E., 1964: Mütterarbeit gestern und heute. In: H. Muthesius (Hg.): Die Mutter in der heutigen Gesellschaft. Köln, S. 123-139.
Pfeil, E., 1966: Die Frau in Beruf, Familie und Haushalt. In: F. Oeter (Hg.): Familie und Gesellschaft. Tübingen, S. 141-175.
Pfeil, E., 1974: Die Einstellung der heute 23jährigen zur Erwerbstätigkeit der verheirateten Frau und Mutter. Hauswirtsch. Wissensch., S. 178-186.
Pfeil, E., 1975: „Männliche" und „weibliche" Rolle – Dynamik und ausgetragene Konflikte. In: Zeitschrift für Soziologie, S. 380-402.
Politische Akademie der Konrad-Adenauer-Stiftung (Hg), 1993: Die Lebenssituation von Frauen im Osten und Westen der Bundesrepublik Deutschland. Dokumentation eines

Kongresses am 4./5. März 1993 in Berlin. Interne Studien und Berichte Nr. 47. Sankt Augustin.

Pross, H., 1973: Gleichberechtigung im Beruf? Eine Untersuchung mit 7000 Arbeitnehmerinnen in der EWG. Frankfurt a. M.

Quack, S., 1993: Dynamik der Teilzeitarbeit. Implikationen für die soziale Sicherung von Frauen. Berlin.

Reitz, G., 1974: Die Rolle der Frau und die Lebensplanung der Mädchen. Analyse und Untersuchungen. München.

Sachs, A., 1983: Aspekte der beruflichen und sozialen Situation in den Jahren 1945 bis 1948. In: Frauenforschung 3/4, S. 103-109.

Sackmann, R., 2000: Geburtenentscheidungen und Lebenslaufpolitik im ostdeutschen Transformationsprozeß. In: Zeitschrift für Soziologie der Erziehung und Sozialisation, 3. Beiheft, S. 146-163.

Scarr, S., 1987: Mutter arbeitet. In: Psychologie Heute, S. 28.

Schelsky, H., 1955: Wandlungen der deutschen Familie in der Gegenwart. Darstellung und Deutung einer empirisch-soziologischen Tatbestandaufnahme, (3. erw. Aufl.). Stuttgart (1. Aufl. Dortmund 1953).

Schmidtchen, G., 1984: Die Situation der Frau. Trendbeobachtungen über Rollen- und Bewußtseinsänderungen Frauen in der Bundesrepublik Deutschland. Berlin.

Schmidt-Relenberg, N., 1965: Die Berufstätigkeit der Frau und die Familie in den Leitbildern von Abiturientinnen. In: Soziale Welt, S. 133-150.

Schröter, U., 1995: Ostdeutsche Frauen – sechs Jahre nach dem gesellschaftlichen Umbruch. Berlin.

Schröter, U., 1997: Die DDR-Frau und der Sozialismus – und was daraus geworden ist. In: E. Kaufmann/U. Schröter/R. Ullrich (Hg.): ‚Als ganzer Mensch leben'. Lebensansprüche ostdeutscher Frauen. Berlin, S. 13-51.

Schubnell, H., 1953: Der Geburtenrückgang in der Bundesrepublik Deutschland. Die Entwicklung der Erwerbstätigkeit von Frauen und Müttern, Bd. 6 der Schriftenreihe des Bundesministers für Jugend, Familie und Gesundheit. Bonn.

Schubnell, H., 1964: Die Erwerbstätigkeit von Frauen und Müttern und die Betreuung ihrer Kinder. Wirtschaft und Statistik, 8, S. 444-456.

Schultheis, F., 1998: Familiale Lebensformen, Geschlechterbeziehungen und Familienwerte im deutsch-französischen Gesellschaftsvergleich. In: R. Köcher/J. Schild (Hg.): Wertewandel im Deutschland und Frankreich. Opladen, S. 207-225.

Schulze Buschhoff, K., 2000: Über den Wandel der Normalität im Erwerbs- und Familienleben. Vom Normalarbeitsverhältnis und der Normalfamilien zur Flexibilisierung und zu neuen Lebensformen? In: Papers des Wissenschaftszentrums Berlin für Sozialforschung, Querschnittsgruppe Arbeit und Ökologie. Berlin.

Schütze, Y., 1986: Die gute Mutter: Zur Geschichte des normativen Musters „Mutterliebe". Bielefeld.

Seidenspinner, G./Keddi, B./Wittmann, S./Gross, M./Hildebrandt, K./Strehmel, P., 1996: Junge Frauen heute – Wie sie leben, was sie anders machen. Opladen.

Sommerkorn, I. N., 1969: Studien- und Berufsaussichten von Abiturientinnen. Neue Sammlung, 1, S. 65-80.

Sommerkorn, I. N., 1988: Die erwerbstätige Mutter in der Bundesrepublik: Einstellungs- und Problemveränderungen. In: R. Nave-Herz (Hg.): Wandel und Kontinuität der Familie in der Bundesrepublik. Stuttgart, S. 115-144.

Sommerkorn, I. N./ Nave-Herz, R., 1970: Women in Top Jobs in the Federal Republic of Germany. Women's Careers. London, S. 11-57.

Sozialreport '94: Daten und Fakten zur sozialen Lage in den neuen Bundesländern, Sozialwissenschaftliches Forschungszentrum Berlin-Brandenburg. Berlin.

Sozialreport '96: Sonderheft 1 und 2: Zur sozialen Situation und deren subjektiven Reflexion in den neuen Bundesländern. Sozialwissenschaftliches Forschungszentrum Berlin-Brandenburg. Berlin 1996.

Speck, O., 1956: Kinder erwerbstätiger Mütter. Ein soziologisch-pädagogisches Gegenwartsproblem. Stuttgart.

Speigner, W., 1990: Bevölkerungsentwicklung und Geburtenpolitik in der letzten zwei Jahrzehnten der DDR. In: Wirtschaftswissenschaft 38(12), S. 1601-1619.

Spitz, R., 1976: Vom Säugling zum Kleinkind. Stuttgart (englische Originalausgabe 1965).

Statistisches Bundesamt (Hg.), 1975 und 1983: Frauen in Familie, Beruf und Gesellschaft. Stuttgart.

Statistisches Bundesamt Wiesbaden, 2000: Entwicklung der Frauenerwerbstätigkeit in den neuen Ländern und Berlin-Ost sowie im früheren Bundesgebiet. Sonderdruck aus Wirtschaft und Statistik, 11, S. 841-846.

Statistisches Jahrbuch der Bundesrepublik Deutschland. 1952 bis 1999.

Statistisches Landesamt Baden-Württemberg (Hg.), 1985: Die Erwerbstätigkeit von Müttern und die Betreuung ihrer Kinder in Baden-Württemberg. Ergebnisse einer Mikrozensus-Zusatzerhebung vom April 1982. In: Materialien und Berichte der Familienwissenschaftlichen Forschungsstelle, 13.

Szepansky, G. (Hg.), 1995: Die stille Emanzipation. Frauen in der DDR. Frankfurt a. M.

Thurnwald, H., 1948: Gegenwartsprobleme Berliner Familien. Eine soziologische Untersuchung an 498 Familien. Berlin.

Trappe, H., 1995: Emanzipation oder Zwang? Frauen in der DDR zwischen Beruf, Familie und Sozialpolitik. Berlin.

Ullshoefer, H., 1976: Mütter im Beruf. Erfahrungsberichte, Überlegungen, Ratschläge zur Lösung eines vitalen Konflikts. Reinbek.

Wagnerova, A. K., 1976: Mutter, Kind, Beruf. Erfahrungsberichte, Überlegungen, Ratschläge zur Lösung. Reinbek.

Weichmann, E., o.J: Die Frau in der Wirtschaft. Entwicklungen der deutschen Frauenarbeit von 1946 bis 1951. Eine statistische Übersicht. Hamburg / Wiesbaden.

Weltz, F./Diezinger, A./Lussies, V./Marquardt, R., 1979: Junge Frauen zwischen Beruf und Familie. Frankfurt a. M./New York.

Wendt, H., 1992: Kein Platz für Nostalgie – Kritische Anmerkungen zur Wirklichkeit des Frauenalltags in der ehemaligen DDR. In: Frauenforschung 10, S. 89-95.

Wiener, B., 1997: Ausdifferenzierungsprozesse im Erwerbssystem und Neustrukturierung von Erwerbsmustern – Ein Überblick. In: S. Schenk (Hg.): Ostdeutsche Erwerbsverläufe zwischen Kontinuität und Wandel. Opladen, S. 11-57.

Willms, A., 1983: Grundzüge der Entwicklung der Frauenarbeit von 1880 bis 1980. In: W. Müller/G. Handl (Hg.): Strukturwandel der Frauenarbeit 1890-1980. Frankfurt a. M, S. 25-54.

Winkel, R., 1995: Zur Lage junger erwerbstätiger Mutter in den neuen Bundesländern, insbesondere zur Wirksamkeit von Erziehungsurlaub und Erziehungsgeld. Ergebnisse einer Untersuchung im Auftrag des Bundesministeriums für Familie, Senioren, Frauen und Jugend. Stuttgart/Berlin/Köln.

Winkler, G., 1988: Sozialpolitik in der DDR. In: Aus Politik und Zeitgeschichte 38(32), S. 21-28.

Wirtschaft und Statistik (WiSta), Jg. 1954-1978.

Wurzbacher, G., 1951: Leitbilder gegenwärtigen deutschen Familienlebens. Stuttgart.

Zapf, W. (Hg.), 1996: Wohlfahrtsentwicklung im vereinigten Deutschland. Sozialstruktur, sozialer Wandel und Lebensqualität. Berlin.

Zapf, W./Mau, S., 1993: Eine demographische Revolution in Ostdeutschland? In: Informationsdienst Soziale Indikatoren, 10.

Zeitschrift für Bevölkerungswissenschaft, Heft 4/1993/1994: Bericht über die demografische Lage in Deutschland.
Zeitschrift für Pädagogik: Diskussion um das Projekt „Tagesmutter", Heft 3 u. 6/1974.

Familie und Gewalt

Klaus A. Schneewind

1 Jugendgewalt – ein besorgniserregendes Phänomen?

Das Thema Gewalt hat in der gegenwärtigen Diskussion einen hohen Stellenwert. Glaubt man den Daten der Polizeilichen Kriminalstatistik (PKS), so hat es insbesondere in der Gruppe der Jugendlichen (14-18 Jahre) und der Heranwachsenden (18-21 Jahre) in den alten Bundesländern in der Zeit zwischen 1984 und 1998 einen massiven Zuwachs an Tatverdächtigen bei Delikten gegeben, die zur Gewaltkriminalität (d.h. vor allem: Raub und Körperverletzung) zählen (Pfeiffer/Wetzels 1999). Für die 14- bis 18-Jährigen gilt, dass die Zahl der Tatverdächtigen, die im Übrigen überwiegend männlichen Geschlechts sind, von 1984 bis 1998 um das 3,3-fache gestiegen ist. Allerdings sind die Zeitreihendaten der PKS mit Vorsicht zu interpretieren, da es sich dabei um sog. Hellfelddaten handelt, die unterschiedlichen Einflüssen wie einer erhöhten Anzeigebereitschaft, einer verstärkten Migrationsbewegung oder veränderten ökonomischen und sozio-kulturellen Bedingungen unterliegen. Um die Wirkung derartiger Einflüsse genauer abklären zu können, bedürfte es vor allem methodisch entsprechend kontrollierter Längsschnittstudien, die jedoch für Deutschland leider nicht vorliegen. Dass es an einer erhöhten Anzeigebereitschaft allein nicht liegen kann, legen z.B. die einschlägigen Analysen von Pfeiffer und Wetzels (1999) nahe. Auch sie kommen daher zu dem Schluss, dass insgesamt gesehen die Jugendkriminalität – wenn auch vermutlich nicht in dem Ausmaß, wie es in den PKS-Daten zum Ausdruck kommt – zugenommen hat.

Dieser Befund mag exemplarisch dafür sein, dass in Deutschland verbreitet der Eindruck eines generell erhöhten Gewaltpotentials entstanden ist. Zugleich wird nach den Gründen hierfür gefragt, wobei in der Hitliste möglicher gewaltbegünstigender Bedingungen in der Entwicklung der nachwachsenden Generation u.a. Desintegrationserscheinungen der sozialen Institution „Familie" (z.B. Trennung und Scheidung) sowie Defizite familiärer Erziehung und Sozialisation (z.B. Vernachlässigung oder körperliche Gewaltanwendung) einen herausgehobenen Platz einnehmen.

Gewalt in der Familie gewinnt hierbei den Status einer „unabhängigen" oder Erklärungsvariablen im Hinblick auf die Entstehung bzw. Zunahme von Jugendgewalt. Wir werden zu klären haben, ob und in welchem Maße diese Vermutung einer empirischen Prüfung standhält. Daneben stellt sich aber auch die Frage, wie es zur Gewalt in der Familie überhaupt kommt. Mithin ist Gewalt in der Familie als „abhängige Variable" auch ein erklärungsbedürftiges Phänomen, bei dem man davon ausgehen kann, dass es aufgrund vielfältiger Bedingungen zustande kommt und bei den Betroffenen zu vielfältigen Konsequenzen – und zwar nicht nur im Sinne von Gewalttätigkeit – führt. Auch dieses werden wir genauer unter die Lupe zu nehmen haben. Zunächst sollen jedoch noch ein paar Überlegungen zu den Begriffen „Familie" und „Gewalt" vorangestellt werden.

2   Gewalt: Begriffliche Klärung

Von Gewalt in der Familie zu sprechen, heißt zwei schwer definierbare Begriffe miteinander in Beziehung zu setzen. Verbindliche Definitionen für die beiden Begriffe sind kaum auszumachen. Dennoch ist es aus pragmatischen Gründen hilfreich, zumindest annäherungsweise zu klären, was unter Gewalt verstanden werden soll. Auf den in diesem Band zugrunde liegenden Familienbegriff wurde bereits im Einführungskapitel eingegangen.

2.1   Zum Gewaltbegriff

Was den Gewaltbegriff anbelangt, hat es sich eingebürgert, zwischen struktureller und personaler Gewalt zu unterscheiden. Während mit *struktureller Gewalt* im Hinblick auf gesellschaftliche Gegebenheiten vor allem soziale Ungleichheiten gemeint sind, die für einzelne Personen oder Personengruppen zu Einschränkungen ihrer Lebenschancen führen, bezieht sich *personale Gewalt* auf das individuelle Ausagieren von Aggressionen (Engfer 1997). Auch wenn – wie uns die soziologische Gewaltforschung lehrt – durchaus ein Zusammenhang zwischen struktureller und personaler Gewalt bestehen kann (Gil 1975), soll im Folgenden das Hauptaugenmerk auf der personalen Gewalt liegen. Dabei lässt sich grundsätzlich unterscheiden, ob sich die im Ausagieren von Aggressionen äußernden Gewaltakte (a) gegen Personen (einschließlich der gewaltausübenden Person selbst), (b) gegen andere Lebewesen (z.B. Tiere) oder (c) gegen unbelebte Objekte (z.B. Gegenstände in eigenem oder fremdem Besitz) richten. Unabhängig von dem Gegenstand aggressiven Verhaltens wird in der neueren Gewaltforschung Aggression „als eine Handlung definiert, die mit der Intention ausgeführt wird, eine Schädigung oder Verletzung zu bewirken" (Bierhoff 2000: 128). Dies impliziert, dass es sich einerseits um ein freiwilliges und gerichtetes Tun handelt, für das der Akteur verantwortlich gemacht werden kann. Andererseits wird dieses Tun als ungerechtfertigtes und soziale Normen verletzendes Verhalten interpretiert.

Freilich gibt es dabei Unterschiede hinsichtlich der Intensität, Rechtfertigung und gesellschaftlichen Akzeptanz gewalthaften Handelns. So wird etwa die sprichwörtliche „Ohrfeige" oder der „kleine Klaps" gegenüber Kindern im wesentlichen als „in Ordnung" eingestuft (Bussmann 2000: 99) und als erzieherische Maßnahme gerechtfertigt, deren Akzeptanz von einem breiten gesellschaftlichen Konsens getragen ist. Dennoch bleibt auch der „leichte Klaps" ein

Angriff auf die körperliche Integrität – und zwar auch dann, wenn sich keine nachhaltige körperliche „Schädigung oder Verletzung" nachweisen lässt oder wenn er aus momentanem elterlichem Ärger angesichts kindlichen Fehlverhaltens erfolgt (vgl. Abschnitt 4.1 zur definitorischen Klärung der Begriffe „Züchtigung" und „Misshandlung").

Wie sehr im Falle von „kleinen Klapsen" der Kontext eine Rolle spielt, macht Deegener (2000: 18) an folgendem fiktiven Szenario deutlich: „Sie werden von Ihrem Vorgesetzten wegen eines Fehlers zur Rede gestellt. Es ergibt sich ein kurzer Wortwechsel und plötzlich bekommen Sie ‚einen kleinen Klaps'!" Zumindest in unserem Kulturkreis halten die meisten Menschen das Verhalten des Vorgesetzten in diesem Szenario wegen des darin zum Ausdruck kommenden eklatanten Verstoßes gegen die Menschenwürde wohl für völlig unzumutbar. Deegener ergänzt dieses Szenario noch um folgenden Aspekt: „Sie beschweren sich beim Personalrat über das Verhalten des Vorgesetzten. Ihre Beschwerde wird abgelehnt, vor allen Dingen mit der Begründung, dass solche ‚kleinen Klapse' letztlich noch keinem so richtig geschadet hätten." Eine derartige Antwort würde vermutlich bei uns allen Empörung hervorrufen. Und doch ist genau diese Begründung, wenn es sich um Sanktionen gegen Kinder handelt, eine ebenso weit verbreitete wie akzeptierte Stammtischweisheit, die zumeist auf eigenen biographischen Erfahrungen sowie auf bis in die zweite Hälfte des 20. Jahrhunderts hineinreichende gesellschaftlichen Selbstverständlichkeiten beruht (Prengel 2001).

Diese wenigen Hinweise zu Phänomenen, die als Gewalt oder Aggression bezeichnet werden, lassen erkennen, dass eine begriffliche Klärung personaler Gewalt bereits auf der beschreibenden Ebene ein mit vielfältigen anthropologischen, gesellschaftlich-normativen und individuell-biographischen Vorannahmen imprägniertes Unterfangen ist. Ganz zu schweigen von den Versuchen, auf der Erklärungsebene den Entstehungsbedingungen und Ursachen personaler Gewalt auf den Grund zu gehen. Dennoch lassen sich – zumal im Kontext der Familie – einige grundsätzliche Erscheinungsformen personaler Gewalt unterscheiden.

2.2 Formen familiärer Beziehungsgewalt

Zu den Ereignissen, die dazu führen, dass Personen in engen persönlichen Beziehungen sich wechselseitig negativ beeinflussen, gehört eindeutig die Anwendung personaler Gewalt. Personale Gewalt manifestiert sich dabei als *Beziehungsgewalt* im Kontext enger persönlicher Beziehungen, und zwar unabhängig von einer weiteren Differenzierung, die der Frage nachgeht, wer in konkreten Gewaltepisoden Täter oder Opfer oder beides ist. Mit dem Blick auf Familien kann sich Beziehungsgewalt in unterschiedlichen familiären Beziehungskonstellationen äußern. Hierzu gehören:

- *Gewalt zwischen Partnern*, gleichgültig ob sie verheiratet oder nicht verheiratet, heterosexuell oder homosexuell sind (Partnergewalt);
- *Gewalt zwischen Eltern, Stief- oder Pflegeeltern und Kindern*, wobei in der Regel Kinder in jungen Jahren die Opfer sind (Eltern-Kind-Gewalt), in späteren Jahren – etwa als Jugendliche oder junge Erwachsene – aber auch als Täter in Frage kommen (Kind-Eltern-Gewalt);
- *Gewalt zwischen Geschwistern*, und zwar in unterschiedlichen Lebensaltern und -phasen (Geschwistergewalt);
- *Gewalt zwischen jüngeren und älteren Familienangehörigen im Erwachsenenalter*, die sich vor allem gegen alte, gebrechliche oder schwache Familienmitglieder richtet (Gewalt gegen alte Menschen);
- *Gewalt zwischen gesunden und körperlich oder geistig kranken Familienmitgliedern*, der unter anderem – unabhängig von ihrem Alter – behinderte Angehörige zum Opfer fallen (Gewalt gegen behinderte Menschen).

Im Folgenden können nicht alle diese z.T. auch empirisch untersuchten Beziehungskonstellationen dargestellt werden, in denen sich familiäre Beziehungsgewalt äußert. Wegen ihrer Relevanz für mögliche Interventionsmaßnahmen soll unter Bezug auf die empirische Befundlage in Deutschland das Augenmerk vor allem auf zwei Formen familiärer Gewalt gerichtet werden. Zum einen ist dies die Ausübung elterlicher Gewalt gegenüber ihren Kindern und zum anderen die Gewalt zwischen Partnern. Dabei wird sich zeigen, dass zwischen den beiden Varianten familiärer Gewalt durchaus Beziehungen bestehen. Anknüpfend an die Ergebnisse einschlägiger Studien lassen sich vor allem präventive Maßnahmen zur Reduktion familiärer Beziehungsgewalt ableiten. Sofern diese wirksam sind, können sie einen Beitrag dazu leisten, dass auch in außerfamiliären Lebenskontexten Alternativen zu gewalthaften Auseinandersetzungen zum Tragen kommen. Zuvor sollen jedoch noch einige Anmerkungen zur theoretischen Verortung von familiärer Beziehungsgewalt gemacht werden.

3 Ansätze zur Erklärung familiärer Beziehungsgewalt

Es gehört inzwischen zum Selbstverständnis der Erforschung familiärer Gewalt, dass monokausale Theorien – wie etwa die Annahme einer individualpathologischen Persönlichkeitsstruktur von Tätern – durch mehrfaktorielle theoretische Modelle ersetzt wurden (Engfer 1986). Dabei lassen sich grob zwei Ansätze unterscheiden, nämlich einmal solche, die auf einem kontextualistisch-systemischen Theoriehintergrund beruhen, und zum anderen solche, die eine Analyse von Risiko- und Schutzfaktoren und deren Wechselwirkungen zum Gegenstand haben.

3.1 Kontextualistisch-systemische Modelle

Kontextualistisch-systemische Modelle verdanken viel dem von Bronfenbrenner (1981) vorgeschlagenen Ansatz einer „Ökologie der menschlichen Entwicklung", in dem individuelle Entwicklung sich grundsätzlich auf dem Wege sog. proximaler Prozesse in unterschiedlichen, ineinander verschachtelten Systemen vollzieht, die von ihm als Mikro-, Meso-, Exo- und Makrosystem bezeichnet werden. Belsky hat diesen entwicklungsökologischen Ansatz nicht nur auf die kindliche Entwicklung im Allgemeinen angewandt (Belsky 1984) sondern auch speziell für das Phänomen der Kindesmisshandlung adaptiert (Belsky 1993; Belsky/Vondra 1989).

Ein Beispiel für ein kontextualistisch-systemisches Bedingungsmodell elterlicher Gewalt gegenüber ihren Kindern ist eine eigene Arbeit aus dem Jahre 1983, in der unter Bezug auf 570 westdeutsche Eltern mit Kindern im Alter zwischen 9 und 14 Jahren die Bedingungen und Konsequenzen harter elterlicher Strafen untersucht wurden (Schneewind/Beckmann/Engfer 1983). Dabei zeigte sich, dass die Erfahrungsgeschichte der Eltern und die sozioökonomische Lebenslage der Familie sich nicht direkt auf die Anwendung harter Strafen und deren Konsequenzen für die kindliche Entwicklung auswirken, sondern vermittelt über elterliche Persönlichkeitsmerkmale und Einstellungsmuster sowie kindliche Temperamentsmerkmale indirekt ihre Wirkung entfalten. Bemerkenswert ist auch, dass harte elterliche Strafen auf Kindseite dazu beitragen, dass sie sich von ihren Eltern abgelehnt fühlen, was die Wahrscheinlichkeit für die Manifestation externalisierender, zugleich aber auch internalisierender Verhaltensauffälligkeiten erhöht.

3.2 Biopsychosoziale Risiko- und Schutzfaktoren

Der zweite Theoriestrang, der sich auf die Analyse von Risiko- und Schutzfaktoren gründet und keineswegs mit einem kontextualistisch-systemischen Ansatz unvereinbar ist, wurde vor allem in der aufblühenden Disziplin der Entwicklungspsychopathologie entwickelt (Cicchetti 1993). Ein wichtiges forschungs- und praxisorientiertes Anliegen dieses Ansatzes besteht u.a. darin, vor allem protektive Faktoren auszumachen, die auch unter belastenden Lebensbedingungen einen möglichst ungestörten Entwicklungsverlauf wahrscheinlich machen. Im Falle von Kindern ist Kindesmisshandlung ein zentraler Risikofaktor für das Auftreten von Entwicklungsstörungen im somatischen, emotionalen, kognitiven, psychosozialen und Selbstwertbereich. Neben Kindesmisshandlung muss aber auch eine Reihe weiterer Risikofaktoren für die Entstehung kindlicher Entwicklungsstörungen in Betracht gezogen werden. Dabei muss im Sinne eines biopsychosozialen Bedingungsmodells von einem Komplex sich wechselseitig beeinflussender Risikofaktoren ausgegangen werden (Schmidtchen 2001). Unterstellt wird dabei, dass die einzelnen Merkmale sich wechselseitig beeinflussen und in ihrem Zusammenwirken die Wahrscheinlichkeit für die Entwicklung von psychischen Störungen bestimmen. In Bezug auf Misshandlungserfahrungen von Kindern ergibt sich nach einer Zusammenstellung von Johnson und Cohn (1990) ein breites Spektrum von kurz- und langfristigen Störungen auf der Verhaltens- und Persönlichkeitsebene. Auf der anderen Seite hat die entwicklungspsychopathologische Resilienzforschung eine Reihe von Schutzfaktoren zu Tage gefördert, denen zugeschrieben wird, dass sie die Wirkung abträglicher Lebensumstände im Hinblick auf unterschiedliche Störungsformen abzumildern oder gar zu verhindern vermögen (Lösel/Bender 1999).

Bei all dem ist freilich mit Blick auf das Phänomen familiäre Gewalt zu berücksichtigen, dass das Zusammenwirken von Risiko- und Schutzfaktoren nicht nur in Abhängigkeit von der Qualität, Intensität und Chronizität von Gewalthandlungen zu sehen ist, sondern auch erhebliche methodische Probleme, wie z.B. die Nichtlinearität von differentiellen Variablenmustern und deren systemische Entwicklungsdynamik, aufwirft (Bergman/Mahoney 1999; Lewis 1999). Dies wiederum erschwert es, zu generalisierenden Aussagen zu kommen.

4 Elterliche Gewalt gegen Kinder

Im Folgenden soll etwas ausführlicher auf das Phänomen elterlicher Gewaltanwendung gegen ihre Kinder eingegangen werden. Dabei ist es zunächst erforderlich, zwischen unterschiedlichen Formen elterlicher Gewaltausübung zu unterscheiden. Daran schließt sich ein Überblick über ausgewählte Forschungsbefunde aus repräsentativen Dunkelfeldstudien zur Prävalenz elterlicher Gewalt an, wobei der Fokus hauptsächlich auf dem Bereich körperlicher Gewaltanwendung liegen wird. Schließlich soll noch kurz der Frage nachgegangen werden, ob sich in Deutschland ein epochaler Wandel hinsichtlich der Qualität, Häufigkeit und Intensität elterlicher Erziehungsgewalt feststellen lässt.

4.1 *Formen elterlicher Gewaltausübung: Misshandlung und Züchtigung*

Wenn Eltern Gewalt gegen ihre Kinder ausüben, kann dies in unterschiedlicher Weise geschehen. Es hat sich eingebürgert, vier Formen von Kindesmisshandlung zu unterscheiden. Es sind dies körperliche Misshandlung, Vernachlässigung, seelische Misshandlung und sexueller Missbrauch. Günter Deegener, Vorsitzender des Deutschen Kinderschutzbundes im Saarland, kennzeichnet diese vier Formen wie folgt (Deegener 2000: 31f.):

„*Körperliche Misshandlung:* Schläge und andere gewaltsame Handlungen, die den Kindern Verletzungen zuführen können, also z.B. Schlagen mit Händen, Stöcken, Peitschen; Stoßen von der Treppe; Schleudern gegen die Wand;

Verbrennen mit heißem Wasser oder Zigaretten sowie auf den Ofen setzen; Einklemmen in Türen oder Autofensterscheiben; Pieksen mit Nadeln; ins kalte Badewasser setzen und untertauchen; eigenen Kot essen und Urin trinken lassen; Würgen; Vergiftungen.

Vernachlässigung: (Massive) Beeinträchtigung oder Schädigung der Entwicklung aufgrund unzureichender Pflege und Kleidung, Ernährung und gesundheitliche Fürsorge, Beaufsichtigung und mangelndem Schutz vor Gefahren. Häufig kommt es aufgrund finanzieller Not, beengter Wohnverhältnisse und dem Leben in sozialen Brennpunkten zu nicht hinreichenden Anregungen und der Förderungen der motorischen, geistigen, emotionalen und sozialen Entwicklung der Kinder (...)

Seelische Misshandlung: Ausgeprägte Ablehnung, Verängstigung, Terrorisierung und Isolierung des Kindes; sie beginnt beim täglichen Beschimpfen, Verspotten und Erniedrigen und reicht über Einsperren in dunklen Räumen sowie Anbinden im Bett bis zu vielfältigen Bedrohungen einschließlich Todesdrohungen. (...)

Sexueller Missbrauch: Jede Handlung, die an oder vor einem Kind entweder gegen den Willen des Kindes vorgenommen wird oder der das Kind aufgrund seiner körperlichen, seelischen, geistigen oder sprachlichen Unterlegenheit nicht wissentlich zustimmen kann. Die MissbraucherInnen nutzen ihre Macht- und Autoritätsposition aus, um ihre eigenen Bedürfnisse auf Kosten der Kinder zu befriedigen, die Kinder werden zu Sexualobjekten herabgewürdigt."

Wie die in den verschiedenen Misshandlungsformen aufgeführten Beispiele zeigen, handelt es sich dabei um massive Akte elterlicher Gewaltausübung. Gerade im Hinblick auf körperliche Gewalt muss daher zwischen körperlicher Züchtigung einerseits und körperlicher Misshandlung andererseits unterschieden werden. Wetzels (1997: 70) hat diese beiden Formen körperlicher Gewaltanwendung durch Eltern wie folgt definiert:

„*Elterliche körperliche Züchtigung* ist die nicht zufällige Zufügung kurzzeitiger körperlicher Schmerzen mit dem Zweck der erzieherischen Einflussnahme oder Kontrolle kindlichen Verhaltens. Die Intensität der einzelnen Handlung impliziert nicht das Risiko ernsthafter physischer Verletzungen. Physische oder psychische Schädigungen des Kindes ist nicht das Ziel der Handlung.

Elterliche körperliche Misshandlung ist die nicht zufällige, sozial nicht legitimierte Zufügung körperlicher Schmerzen, die mit der Absicht oder unter Inkaufnahme der Verursachung ernsthafter physischer Verletzungen oder psychischer Schäden begangen werden. Die Intensität bzw. das Verletzungsrisiko der Handlungen überschreiten auch dann, wenn die Absicht der erzieherischen Einflussnahme auf ein Kind verfolgt wird, zweifelsfrei die gesetzlichen Grenzen des elterlichen Züchtigungsrechts."

4.2 Empirische Befunde zur Ausübung elterlicher Gewalt

Zunächst sei darauf hingewiesen, dass in Deutschland größere repräsentative Dunkelfeldstudien erst ab 1990 auf Anregung der Gewaltkommission des Deutschen Bundestags (Schwind et al. 1990) auf den Weg gebracht wurden. Dennoch gibt es, zumindest für die Bundesrepublik vor der Wiedervereinigung, auch vor dieser Zeit einige einschlägige Untersuchungen, in denen familiäre Gewalt – insbesondere auch elterliche Gewalt gegen Kinder – thematisiert wurde.

In der bereits erwähnten eigenen Studie an 570 westdeutschen Familien mit Kindern im Alter zwischen 9 und 14 Jahren, deren Datenerhebung im Jahre 1976 stattfand, ergab sich, dass 75% der Mütter und 62% der Väter ihre Kinder geohrfeigt hatten. 50% der Mütter und 36% der Väter hatten ihren Kindern wenigstens einmal eine Tracht Prügel verabreicht. Und 10% der Mütter bzw. 8% der Väter gaben an, ihre Kinder mit einem Gegenstand geschlagen zu haben (Schneewind/Beckmann/Engfer 1983).

Zu ähnlichen Befunden kam Wahl (1990) auf der Basis einer 1985 durchgeführten repräsentativen Befragung von rund 2.600 deutschen Frauen und Männern. Etwa 50% der Eltern dieser Stichprobe gaben zu, ihr Kind geschlagen oder geohrfeigt zu haben. 75% bekannten sich zu einem Klaps oder leichtem Schütteln. Und gut zwei Drittel der Befragten vertraten die Auffassung, dass in manchen Erziehungssituationen nur eine Ohrfeige oder ein Klaps helfen würde.

Aufschlussreich sind auch die Befunde einer Studie von Bussmann (2000), in der im Jahre 1992 – also bereits nach den entsprechenden Empfehlungen der Gewaltkommission – im Rahmen eines rechtssoziologischen Projekts des Sonderforschungsbereichs 227 der Universität Bielefeld rund 2.400 Jugendliche im Alter zwischen 13 und 16 Jahren und 1994 ca. 3.000 Erwachsene u.a. hinsichtlich der Verbreitung bestimmter erzieherischer Sanktionen befragt wurden.

Die Ergebnisse dieser Studie zeigen, dass leichte Formen elterlicher Gewaltausübung wie „leichte Ohrfeige" oder „Klaps auf den Po" (letzteres bei den Jugendlichen nicht erfasst) sowohl bei den Jugendlichen als auch bei den Eltern mit Zustimmungsraten zwischen 73,2% und 83% gang und gebe sind. Und auch massivere Formen körperlicher Gewaltausübung wie „kräftig den Po versohlen" (nur Eltern) und „Tracht Prügel mit Blutergüssen" (nur Jugendliche) werden von rund einem Drittel der Befragten zugegeben. Im Übrigen spielen neben Verbotssanktionen wie „Fernsehverbot", „Ausgehverbot" und „Taschengeldkürzung" auch andere nicht-physische Sanktionen wie „Schweigen" oder „Niederbrüllen", die als Ausdrucksformen psychischer Gewalt angesehen werden können, mit Zustimmungsraten zwischen 36,9% und 58,4% eine nicht zu unterschätzende Rolle im Gesamttableau elterlicher Sanktionsmaßnahmen.

Ein weiterer Beleg für die Verbreitung elterlicher Gewalt findet sich in der 1992 durchgeführten retrospektiven Dunkelfeldstudie des Kriminologischen Forschungsinstituts Niedersachsen (KFN), in der rund 3.200 repräsentativ ausgewählte Personen im Alter zwischen 16 und 59 Jahren u.a. über ihre Kindheitserfahrungen mit körperlicher Erziehungsgewalt durch ihre Eltern befragt wurden (Wetzels 1997). In dieser Studie wurde die deutsche Übersetzung der Gewaltskala, die Teil der von Straus und Gelles (1988) entwickelten Konflikttaktikskala ist (Conflict Tactics Scale = CTS), verwendet. Diese Skala besteht aus 10 Feststellungen, zu deren Beantwortung den Befragten fünf Antwortalternativen („nie", „selten", „manchmal", „häufig", „sehr häufig") zur Verfügung standen. Die Ergebnisse dieser Studie sind in Tabelle 1 wiedergegeben (Wetzels 1997: 145).

Tabelle 1: Kindheitserfahrung mit körperlicher Erziehungsgewalt durch Eltern

„Meine Eltern haben..." (abgekürzte Itemformulierung)	selten (in %)	häufiger als selten (in %)	Summe (in %)
1. mit einem Gegenstand nach mir geworfen	7,0	3,7	10,7
2. mich hart angepackt oder gestoßen	17,9	12,1	30,0
3. mir eine runtergehauen	36,0	36,5	72,5
4. mich mit einem Gegenstand geschlagen	7,0	4,6	11,6
5. mich mit der Faust geschlagen, getreten	3,3	2,6	5,9
6. mich geprügelt, zusammengeschlagen	4,5	3,5	8,0
7. mich gewürgt	1,4	0,7	2,1
8. mir absichtlich Verbrennungen zugefügt	0,5	0,4	0,9
9. mich mit einer Waffe bedroht	0,6	0,4	1,0
10. eine Waffe gegen mich eingesetzt	0,6	0,3	0,9
körperliche elterliche Gewalt (insgesamt) (Item 1-10)	36,1	38,8	74,9
körperliche Züchtigung durch Eltern (Item 1-4)	36,1	38,4	74,5
körperliche Misshandlung durch Eltern (Item 5-10)	5,9	4,7	10,6

(N=3.249, Mehrfachnennungen möglich)
Quelle: Wetzels 1997: 145

Die Befunde machen deutlich, dass knapp 75% aller Befragten berichteten, „selten" oder „häufiger als selten" körperlicher Erziehungsgewalt ihrer Eltern ausgesetzt gewesen zu sein. 10,6% gaben an, von ihren Eltern körperlich misshandelt worden zu sein, 44% von ihnen „häufiger als selten". Was dies bedeutet, wird erkennbar, wenn man die Prävalenzraten der 16- bis 29-Jährigen, die mit 70,5% elterliche Körpergewalt und 10,1% körperlicher Misshandlung etwas niedriger liegen als die entsprechenden Werte der Gesamtstichprobe, auf die Grundgesamtheit dieser Altersgruppe überträgt. Auf der Basis der Bevölkerungszahlen von 1996 sind demnach rund 10,41 Millionen Jugendliche und junge Erwachsene körperlicher Gewalt ihrer Eltern ausgesetzt gewesen, 4,94 Millionen von ihnen „häufiger als selten". Opfer elterlicher Misshandlung waren 1,27 Millionen Personen dieser Altersgruppe und rund 430.000 von ihnen haben dies „häufiger als selten" erlebt.

Die jüngste vorliegende Studie zur innerfamiliären Gewalt gegen Kinder und Jugendliche wurde ebenfalls vom Kriminologischen Forschungsinstitut Niedersachsen realisiert und bezieht sich auf eine 1998 in neun deutschen Städten (Kiel, Hamburg, Hannover, Wunstdorff, Lilienthal, Leipzig, Stuttgart, Schwäbisch Gmünd und München) durchgeführte Befragung von insgesamt 16.190 Jugendlichen, die sich zum Befragungszeitpunkt in der 9. bzw. 10. Jahrgangsstufe einer allgemeinbildenden Schule befanden (Pfeiffer/Wetzels/Enzmann 1999). Auch in dieser Studie wurde die Konflikttaktikskala verwendet und eine Gruppierung der Antworten nach leichter und schwerer Züchtigung sowie seltener und gehäufter Misshandlung vorgenommen. Darüber hinaus wurden die Jugendlichen nach ihren Opfererfahrungen vor Vollendung des 12. Lebensjahres und separat davon nach elterlichen Gewalthandlungen in den letzten 12 Monaten befragt.

Nach diesen Befunden sind 43,3% der Jugendlichen ohne elterliche Gewalt aufgewachsen, 29,7% sind von ihren Eltern leicht gezüchtigt worden und 26,9% waren mit schwerer Züchtigung (17,1%) oder elterlicher Misshandlung (9,8%) konfrontiert. Diese Werte verschieben sich zugunsten einer Reduzierung elterlicher Gewalthandlungen, wenn es lediglich um die letzten 12 Monate geht.

Die Zahl der Jugendlichen, die in diesem Zeitraum keine Erfahrungen mit elterlicher Gewalt gemacht haben, steigt auf 58%. Über leichte elterliche Züchtigung berichten 26,7% und 15,3% geben an, schwerer elterlicher Züchtigung (8,1%) oder elterlicher Misshandlung (7,2%) ausgesetzt gewesen zu sein. Dies entspricht den Befunden anderer Studien, wonach Kinder und Jugendliche mit zunehmendem Alter immer seltener Opfer von körperlicher Gewalt ihrer Eltern werden.

Hinsichtlich des *sexuellen Missbrauchs* von Kindern und Jugendlichen, der in den letzten Jahren eine erhöhte öffentliche Aufmerksamkeit und Forschungsaktivität auf sich gezogen hat (Wipplinger/Amann 1997), ist aufgrund mehrerer Studien davon auszugehen, dass „etwa 15 bis 25% der befragten Frauen sowie 10% der befragten Männer sexuelle Missbrauchserfahrungen in ihrer Kindheit und Jugend angeben" (Deegener 2000: 67). Dabei ist allerdings zu berücksichtigen, dass nach den Befunden der KFN-Opferbefragung aus dem Jahre 1992 lediglich ein Viertel bis ein Drittel der Täter bei sexuellem Missbrauch aus dem engeren Kreis der Familie stammen (d.h. Väter oder Stiefväter sind), wobei interessanterweise Täterinnen – insbesondere solche aus dem Familienbereich – kaum genannt werden.

Im Gegensatz zu körperlicher Gewalt und sexuellem Missbrauch gegenüber Kindern liegt in Bezug auf weitere entwürdigende Maßnahmen, denen Kinder in der Familie ausgesetzt sind – hierzu gehören vor allem *psychische Gewalt* im Sinne von *Ablehnung und Vernachlässigung* –, wenig an verwertbarem empirischen Material vor. Esser (1994: 72), der Mitautor der Mannheimer Risikokinderstudie ist, geht davon aus, „dass in Deutschland 5-10% aller Kinder klinisch relevant durch ihre Eltern abgelehnt werden". Aufgrund der Daten der Mannheimer Risikokinderstudie, die sich auf eine inzwischen über 11 Jahre erstreckende prospektive Längsschnittstudie an knapp 400 erstgeborenen Kindern mit organischer und psychosozialer Risikobelastung bezieht, ergibt sich, dass bereits drei Monate nach der Geburt bei 15,4% aller Kinder Ablehnung oder Vernachlässigung nachgewiesen werden konnte. Im weiteren Verlauf der Studie zeigten die abgelehnten oder vernachlässigten Kinder neben deutlichen Rückständen in ihrer kognitiven Entwicklung vor allem Verhaltensauffälligkeiten, die dem Bereich des externalisierenden bzw. expansiven Syndroms zuzurechen sind, „also vor allem aggressives Verhalten mit Wutanfällen, Ungehorsam, Überaktivität und Impulsivität, Distanzlosigkeit und mangelnde Bindung an Bezugspersonen" (Esser 1994: 78). Es fällt auf, dass diese Verhaltensstörungen auch Kennzeichen massiver körperlicher Gewaltausübung von Eltern gegen ihre Kinder sind, was insofern nicht überraschend ist, als eine hohe Komorbidität von körperlicher und psychischer Misshandlung besteht (Crittenden 1998).

4.3 Epochale Effekte elterlicher Gewaltausübung

Neben dem bereits angesprochenen Alterseffekt, wonach vor allem jüngere Kinder elterlicher Gewalt zum Opfer fallen, gibt es auch einen epochalen Effekt, der – historisch betrachtet – darin besteht, dass sich im Schnitt eine Abnahme der Ausübung körperlicher Gewalt der Eltern gegen ihre Kinder feststellen lässt – vorsichtiger gesagt: eine Abnahme der *berichteten* körperlichen Gewalt der Eltern. Diese Interpretation legen zum einen Querschnittsuntersuchungen mit unterschiedlichen Alterskohorten nahe. Zum anderen lassen aber auch Längsschnittstudien, von denen es im deutschen Sprachraum leider nicht allzu viele gibt, diesen Trend erkennen.

In einer eigenen 16-jährigen Längsschnittstudie zur Persönlichkeits- und Familienentwicklung, die sich auf den Zeitraum von 1976 bis 1992 bezieht, konnten wir feststellen, dass die Anwendung von Körperstrafen als elterliches Sanktionierungsmittel deutlich zurückgegangen ist (Schneewind/Ruppert 1995). Die Analysen lassen erkennen, dass zum einen die erwachsenen Töchter und Söhne retrospektiv im Durchschnitt relativ genau das von ihren Eltern 16 Jahre zuvor angegebene Ausmaß an körperlicher Bestrafung einzuschätzen vermögen und zum anderen ein deutlicher Generationenunterschied hinsichtlich der Anwendung von Körperstrafen besteht. Bemerkenswert ist darüber hinaus, dass Mütter wie Väter sich hinsichtlich des Ausmaßes an körperlicher Bestrafung weitgehend an ihre Töchter bzw. Söhne angepasst haben, was in besonderer Weise als Beleg für einen epochalen Effekt gewertet werden kann. Dieser epochale Effekt ist im Übrigen eingebettet in eine deutliche Liberalisierung und Emotionalisierung des Eltern-Kind-Verhältnisses, die sich auch in anderen Merkmalen elterlicher Erziehungsziele, -einstellungen und -praktiken, wie z.B. erhöhter Selbstständigkeit, Permissivität und liebevoller Zuwendung äußert.

Epochale Effekte hinsichtlich der Ausübung körperlicher Elterngewalt gegen ihre Kinder lassen sich auch aus Querschnittsstudien im Rahmen retrospektiver Dunkelfeldstudien erschließen. Dies hat z.B. Bussmann (2000) in seiner bereits erwähnten Befragung von 3.000 Erwachsenen zu diversen Themen familiärer Gewaltanwendung getan. Für die knapp 1.200 Eltern dieser Stichprobe wurde u.a. erfasst, welche Sanktionen sie in ihrer eigenen Kindheit erfahren haben und welche sie gegenüber ihren Kindern ausüben. Dabei wurden vier Sanktionsklassen unterschieden, nämlich „sanktionsfrei", „körperstrafenfrei", „konventionell" und „gewaltbelastet". Die Ergebnisse sind in Tabelle 2 wiedergegeben (Bussmann 2000: 77).

Tabelle 2: Wanderungsbewegungen von elterlichen Sanktionsmustern

In der Kindheit *erfahrene* Sanktionen	*Eigene* Sanktionen				
	Sanktionsfrei	Körperstrafenfrei	Konventionell	Gewaltbelastet	N %
Sanktionsfrei	21 **43,8**	11 22,9	13 27,1	3 6,3	48 4,1
Körperstrafenfrei	15 18,3	31 **37,8**	32 39,0	4 4,9	82 7,0
Konventionell	27 6,2	37 8,5	333 **76,9**	36 8,3	433 36,7
Gewaltbelastet	25 4,1	48 7,8	343 55,7	200 **32,5**	616 52,2
N %	88 7,5	127 10,8	721 61,2	243 20,6	1179 100,0

Quelle: Bussmann 2000: 77

Die Befunde machen deutlich, dass insbesondere das Ausmaß einer „gewaltbelasteten" Erziehung von 52,2% auf 20,6% merklich zurückgegangen ist. Dies trifft insbesondere für diejenigen Eltern zu, die in ihrer eigenen Kindheit eine „gewaltbelastete" Erziehung genossen haben: von ihnen praktizieren nur noch 32,5% ein derartiges Sanktionsmuster gegenüber ihren eigenen Kindern, wobei die meisten in die Gruppe der „konventionell" erziehenden Eltern gewandert sind, für die eine gelegentliche Ohrfeige oder ein Klaps auf den Po gang und gäbe ist. Erkennbar ist auch, dass sich hinsichtlich einer „körperstrafenfreien" Erziehung kaum etwas bewegt hat. Der Prozentsatz derer, die selbst „körperstrafenfrei" erzogen wurden – nämlich 7% der Gesamtstichprobe – und derer, die selbst „körperstrafenfrei" erziehen – es sind dies 10,8% der Gesamtstichprobe – spricht dafür, dass dieses Sanktionsmuster insbesondere im Vergleich zu den „konventionellen" und „gewaltbelasteten" Erziehungsformen mit zusammen genommen 88,9% (erfahrene Sanktionen) bzw. 81,8% (eigene Sanktionen) nach wie vor deutlich unterrepräsentiert ist.

Allerdings ist daran zu erinnern, dass die von Bussmann (2000) mitgeteilten Werte für elterliche Gewalt in der Erziehung höher liegen als die Ergebnisse der Erwachsenenbefragung des Kriminologischen Forschungsinstituts Niedersachsen aus dem Jahre 1992, die sich in der Größenordnung von rund 75% bewegen (Wetzels 1997). Insbesondere tut sich eine Diskrepanz zu der jüngsten Schülerbefragung des KFN auf, wonach „lediglich" 56,7% der befragten Jugendlichen angaben, bis zur Vollendung ihres 12. Lebensjahres Opfer elterlicher Gewalt geworden zu sein. Inwieweit hierbei unterschiedliche Vorgehensweisen zur Operationalisierung elterlicher Gewalt oder tatsächlich ein epochaler Effekt zu Buche schlagen, bleibt eine offene Frage. Um den Nachweis epochaler Effekte zur Veränderung elterlicher Gewalt auf eine sichere methodische Basis zu stellen, bedarf es entsprechender prospektiver Längsschnittstudien – am besten unter Verwendung sequenzanalytischer Designs (Petermann 1998).

Ungeachtet der genannten empirischen Diskrepanzen und methodischer Unzulänglichkeiten vorliegender Studien kann – insgesamt gesehen – aus den dargestellten Befunden geschlossen werden, dass zwischen der empirisch ermittelten elterlichen Erziehungspraxis und der seit dem Jahre 2000 bestehenden Rechtsnorm, wonach Kinder gewaltfrei zu erziehen sind, eine tiefe Kluft besteht.

5   Partnergewalt

Das Phänomen „Partnergewalt" ist – zumindest in Deutschland – weit weniger untersucht als elterliche Gewalt gegen Kinder. Dennoch handelt es sich dabei aus zweierlei Gründen um ein wichtiges Phänomen. Zum einen beeinträchtigt Partnergewalt in ihren verschiedenen Erscheinungsformen, d.h. physische, psychische und sexuelle Gewaltausübung, nachweislich die körperliche Integrität und das seelische Wohlbefinden der Betroffenen. Zum anderen sind Kinder – sofern sie Zeugen von Gewalthandlungen ihrer Eltern werden – in ihrer psychischen Entwicklung besonders verletzlich. Im Folgenden sollen zunächst kurz einige Hinweise zur Prävalenz von Partnergewalt im allgemeinen gegeben werden. Sodann werden einige empirische Befunde zur wahrgenommenen Partnergewalt durch Kinder und ihre Bedeutung für die elterliche Gewalt gegenüber ihren Kindern dargestellt.

5.1 Prävalenz von Partnergewalt

In Deutschland gibt es lediglich drei größere Untersuchungen, die sich mit dem Thema Partnergewalt auseinandergesetzt haben. Wahl (1990) fand in seiner 1985 durchgeführten repräsentativen Befragung zur Gewalt in der Familie heraus, dass 9% aller Männer und 6% aller Frauen schon einmal Gewalt gegenüber ihrem Partner bzw. ihrer Partnerin angewendet haben. In einer weiteren Studie befragte Habermehl (1989) 553 Männer und Frauen, ob sie in ihren Partnerschaften Gewalt erlitten bzw. zugefügt hatten. Das Fazit dieser Untersuchung ist (Habermehl 1989: 195): „Nur jeder dritte Befragte zwischen 14 und 59 hat noch nie Gewalt durch einen Partner erlebt. Vier von zehn Männern und Frauen sind schon von einem Partner misshandelt worden, die meisten von ihnen mehr als einmal. Jeder dritte Mann und jede vierte Frau lebt mit einem Partner zusammen, der ihn schon einmal misshandelt hat."

Die Opferbefragung des Kriminologischen Forschungsinstituts Niedersachsen aus dem Jahre 1992 ist bei einer repräsentativen Teilstichprobe von rund 4000 Personen u.a. den Opfererfahrungen in engen sozialen Beziehungen – definiert als Personen, die zusammen in einem Haushalt leben – nachgegangen (Wetzels et al. 1995). Dabei wurden auch die Viktimisierungsraten für physische Gewalt ermittelt. Zu diesem Zweck wurde erneut die Konflikttaktikskala eingesetzt und ein Indikator für die insgesamt erfahrene sowie für schwere Gewalt bestimmt. Auf der Basis der empirisch begründeten Annahme, dass es sich bei zwei Drittel der Personen in engen sozialen Beziehungen um Partner bzw. Partnerinnen handelt, ergibt sich, dass für das Bezugsjahr 1991 in der Altersgruppe der 20- bis 39-Jährigen ca. 638.000 Männer und 1.013.000 Frauen Opfer physischer Partnergewalt waren. Opfer schwerer Gewalthandlungen waren rund 105.000 Männer und 114.000 Frauen. Die entsprechenden Zahlen liegen für die 40- bis 59-Jährigen bei den Männern bei 355.000 (schwere Gewalt: 39.000) und bei den Frauen bei 581.000 (schwere Gewalt: 50.000).

Die Daten zeigen zum einen, dass sich mit zunehmendem Alter das Ausmaß an physischer Partnergewalt verringert. Darüber hinaus wird erkennbar, dass – anders als bei sexueller Partnergewalt – die Frauen nicht nur Opfer sondern auch Täterinnen sind – ein Befund, der sich auch in den zuvor genannten Studien sowie aufgrund metaanalytischer Auswertungen US-amerikanischer Untersuchungen bestätigt (Archer 2000). Dabei ist allerdings zu bedenken, dass bei gewalthaften Auseinandersetzungen zwischen Partnern die Frauen schwerere Verletzungen davon tragen und dass in den meisten Studien nicht zwischen den Anlässen und der Interaktionsdynamik von Gewaltepisoden zwischen den Partnern unterschieden wird (Johnson/Ferraro 2000).

Auf das Phänomen *sexueller Gewalt in Partnerschaften* soll an dieser Stelle nicht weiter eingegangen werden, obwohl dieses Thema unter dem Stichwort „Vergewaltigung in der Ehe" ein hohes Öffentlichkeitsinteresse genießt. Für Deutschland gibt es – abgesehen von der KFN-Opferbefragung aus dem Jahre 1992 – keine repräsentativen Dunkelfeldstudien zur sexuellen Gewalt in Partnerschaften. In dieser Studie hatten immerhin 5,7% der Befragten angegeben, als Erwachsene Opfer innerfamiliärer sexueller Gewalt geworden zu sein (Wetzels et al. 1995). Rein quantitativ handelt es sich somit – ganz abgesehen von den physischen und psychischen Folgen sexuellen Missbrauchs – keineswegs um ein geringfügiges Phänomen. Dennoch soll im folgenden Abschnitt aufgrund des Umstands, dass Kinder in aller Regel nicht Zeuge sexueller Partnergewalt werden, ausschließlich die Bedeutung körperlicher Partnergewalt in der Wahrnehmung der Kinder näher beleuchtet werden.

5.2 *Wahrgenommene Partnergewalt durch Kinder*

Eine Reihe internationaler Studien belegt nachhaltig, dass die Konfrontation mit elterlicher Partnergewalt für die Entwicklung von Kindern – auch wenn sie nicht unmittelbar in die elterlichen Gewalthandlungen einbezogen sind – abträglich ist (Cummings/Davies 1994; Margolin 1998). Dies hat u.a. damit zu tun, dass für Kinder, die Zeugen elterlicher Partnergewalt werden, die Wahrscheinlichkeit zunimmt, selbst Opfer physischer Gewalt ihrer Eltern im Sinne von mehr oder minder stark ausgeprägten Züchtigungen und Misshandlungen zu werden. Dies belegen auch die beiden bereits erwähnten KFN-Studien, die 1992 als retrospektive Opferbefragung bei Erwachsenen und 1998 als Schülerbefragung durchgeführt wurden.

In der retrospektiven Opferbefragung Erwachsener ergab sich, das insgesamt 22,7% der Befragten in ihrer Kindheit Zeugen elterlicher Partnergewalt geworden waren, 8,9% von ihnen „häufiger als selten". Stellt man nun eine Verbindung zwischen dem Ausmaß an erlebter elterlicher Partnergewalt und der eigenen Erfahrung an physischer Elterngewalt her, dann belegen die Ergebnisse eindrucksvoll, dass ein deutlicher Zusammenhang zwischen erlebter elterlicher Partnergewalt und dem Ausmaß bzw. der Intensität der Viktimisierung durch elterliche Erziehungsgewalt besteht. Während in der Gruppe derer, die nie elterliche Partnergewalt erlebt haben, das Ausmaß an „häufiger als seltener" Züchtigung bzw. Misshandlung 32,5% beträgt, steigt dieser Anteil für diejenigen, die selten elterliche Partnergewalt erlebt haben, auf 60,9% und für diejenigen, die „häufiger als selten" über elterliche Partnergewalt berichten, auf 78,4%, wobei in dieser Gruppe das Ausmaß an Misshandlung mit 41,8% besonders stark ins Gewicht fällt. Ähnliche Befunde lassen sich im Übrigen auch für den Zusammenhang zwischen sexuellen Missbrauchserfahrungen und erlebter elterlicher Partnergewalt nachweisen (Wetzels 1997).

Auch die Daten der 1998 durchgeführten KFN-Befragung Jugendlicher sprechen hinsichtlich des Zusammenhangs zwischen erlebter elterlicher Partnergewalt und selbst erfahrener physischer Elterngewalt eine klare Sprache (Pfeiffer/ Wetzels 1999). Besonders markant sind die Unterschiede im Hinblick auf gehäufte Misshandlungserfahrungen Jugendlicher, wenn man die Gruppe derer, die nie elterliche Partnergewalt erlebt haben, mit denen vergleicht, die gehäuft Zeugen elterlicher Partnergewalt geworden sind. Dabei ergibt sich ein Verhältnis von 15,5 zu 1. Auch wenn zu bedenken ist, dass beileibe nicht alle Jugendliche, die häufige Zerwürfnisse zwischen ihren Eltern erleben, Opfer elterlicher Misshandlungen werden, macht eine über 15mal höhere Wahrscheinlichkeit für das Auftreten von elterlicher Misshandlung bei gleichzeitiger häufiger Partnergewalt doch deutlich, welch hohen Risikofaktor massive Partnerstörungen für eine belastete Eltern-Kind-Beziehung darstellen.

Im Übrigen ist dieses Risikoprofil auch bei einem Vergleich unterschiedlicher ethnischer Gruppen von Jugendlichen nachweisbar – allerdings jeweils auf einem unterschiedlichen Ausgangsniveau. Besonders herausgehoben sind dabei die Werte der jungen eingebürgerten Türken, für die sich im Vergleich zu den deutschstämmigen Jugendlichen eine etwa viermal so hohe Rate an erfahrener elterlicher Gewalt und an erlebter elterlicher Partnergewalt ergibt, was vermutlich auf erhöhte intergenerationale Konflikte im Akkulturationsprozess zurückzuführen ist (Pfeiffer/Wetzels 2000).

Unabhängig von diesen interethnischen Unterschieden stellt sich die Frage, wie im innerfamiliären Sozialisationsprozess der Zusammenhang zwischen interparentalen Konflikten und belasteten Eltern-Kind-Beziehungen zu erklären ist. In der bisherigen internationalen Forschung haben sich dabei vor allem drei Erklärungshypothesen herausgeschält, nämlich die sog. „spillover", Kompensations- und Abkapselungshypothese (Schneewind 2001a).

Eine Bestandsaufnahme und metaanalytische Zusammenfassung einschlägiger Forschungsstudien favorisiert eindeutig die „spillover"-Hypothese mit ihren verschiedenen Varianten (Erel/Burman 1995; Krishnakumar/Buehler 2000). Belastete Eltern-Kind-Beziehungen wiederum wirken sich auf die Entwicklung kindlicher Persönlichkeitsstörungen im Sinne externalisierender Verhaltensprobleme (z.B. unkontrolliertes, aggressives und unkooperatives Verhalten) aber auch internalisierender Verhaltensprobleme (z.B. ängstliches, zurückgezogenes, depressives Verhalten) aus. Darüber hinaus zeigt eine Zusammenfassung von Studien zum Zusammenhang zwischen interparentalen Konflikten und Verhaltensstörungen von Kindern und Jugendlichen, dass insbesondere offene und destruktiv ausgetragene Konflikte zwischen den Eltern sich auch ohne Umweg über belastete Eltern-Kind-Beziehungen direkt auf die Entwicklung kindlicher Persönlichkeits- und Verhaltensprobleme auswirken (Buehler et al. 1997). Dies wirft die Frage auf, welche Konsequenzen innerfamiliäre Gewalterfahrungen für die nachwachsende Generation haben.

6 Konsequenzen familiärer Gewalt

Dass familiäre Gewalterfahrungen in der Kindheit und Jugendzeit vielfache Auswirkungen auf die Entwicklung von Verhaltensstörungen haben, ist u.a. der Zusammenstellung einschlägiger Forschungsbefunde durch Johnson und Cohn (1990) zu entnehmen. Im Folgenden sollen die Konsequenzen familiärer Gewalt auf die Fragestellung eingeengt werden, ob und inwieweit nach dem Motto „Gewalt erzeugt Gewalt" familiäre Gewalterfahrungen in der Kindheit zu einer Reproduktion von Gewalt im Erwachsenenalter beitragen. Dabei ergeben sich grundsätzlich zwei Fragen, nämlich zum einen, ob elterliche Gewalt in der Kindheit dazu führt, dass Erwachsene, wenn sie selbst Eltern werden, auch gegenüber ihren eigenen Kindern Gewalt anwenden: dies ist die These der intergenerationalen Übertragung von Gewalt innerhalb der Familie. Zum anderen stellt sich die Frage, ob innerfamiliäre Gewalterfahrungen in Kindheit und Jugend die Wahrscheinlichkeit für die Ausübung von Gewalt in außerfamiliären Kontexten erhöht. Werfen wir zunächst einen Blick auf das Phänomen der intergenerationalen Übertragung von Gewalt.

6.1 Intergenerationale Übertragung von Gewalt

Im Zusammenhang mit der Frage, ob ein epochaler Wandel hinsichtlich der Häufigkeit und Intensität elterlicher Gewalt gegenüber ihren Kindern stattgefunden hat, hatten wir u.a. bereits die Befunde der repräsentativen Elternbefragung von Bussmann (2000) kennengelernt (vgl. Abschnitt 4.3, Tabelle 2). Dabei hatte sich insbesondere für die Gruppe derjenigen Eltern, die eine „gewaltbelastete" Erziehung erfahren hatten, herausgestellt, dass nur noch 32,5% von ihnen gegenüber ihren eigenen Kindern ein „gewaltbelastetes" Erziehungsverhalten praktizieren. Dies entspricht – ungeachtet der methodischen Probleme von Umfragestudien – in etwa auch den Ergebnissen, die in US-amerikanischen Studien berichtet werden (Egeland/Erickson 1993; Kaufman/Ziegler 1987).

Dabei muss man allerdings zwischen einer prospektiven und einer retrospektiven Sichtweise unterscheiden. Bei der *prospektiven Sichtweise* geht es darum, ob unter gewaltbelasteten Umständen erzogene Eltern selbst wieder einen gewaltbelasteten Erziehungsstil praktizieren, was – wie bereits gesagt – im Falle der von Bussmann durchgeführten Studie für 32,5% dieser Eltern zutraf (vgl. Tabelle 2). Ein anderes Bild ergibt sich bei einer *retrospektiven Sichtweise*, d.h. wenn man danach fragt, wie viele der Eltern, die aktuell gegenüber ihren Kindern ein „gewaltbelastetes" Sanktionsmuster zeigen, in ihrer Kindheit selbst Opfer körperlicher Elterngewalt gewesen sind. In diesem Fall ergibt sich für die Bussmann-Studie ein Wert von 82,3%.

Wegen der nicht vergleichbaren Operationalisierung von körperlicher Elterngewalt kommt die KFN-Studie aus dem Jahre 1992 zu zwar unterschiedlichen aber ähnlich diskrepanten Befunden hinsichtlich einer retrospektiven und prospektiven Sichtweise. So zeigt sich für Eltern, die ihre Kinder misshandeln – also massive körperliche Gewalt ausüben –, dass der größte Teil von ihnen, nämlich 77,7%, in ihrer Kindheit selbst häufiger gezüchtigt oder misshandelt wurden. Andererseits ist es nur ein kleiner Teil, nämlich 5,6%, der in ihrer Kindheit häufiger gezüchtigten oder misshandelten Eltern, die aktuell ihre Kinder misshandeln (Wetzels 1997). Dabei ist zusätzlich zu bedenken, dass es einen kumulativen Effekt hinsichtlich der Wirkung von in der Kindheit erfahrener Elterngewalt und im Erwachsenenalter erlebter Partnergewalt im Hinblick auf die aktive Gewalt für die eigenen Kinder gibt. Wetzels (1997: 237) stellt hierzu – allerdings lediglich für die ausschließlich untersuchte Stichprobe der Mütter – fest: „Die höchste Rate aktiver Gewalt gegen die eigenen Kinder ist bei Müttern zu finden, die in ihrer Kindheit Opfer elterlicher körperlicher Misshandlung waren und zugleich als Erwachsene durch schwere innerfamiliäre Gewalt reviktimisiert wurden."

Dennoch können wir aufgrund der vorliegenden Forschungsbefunde festhalten, dass zumindest in prospektiver Sicht einerseits zwar eine intergenerationale Übertragung von Gewalt stattfindet, die je nach Intensität und biographischem Kontext der Gewalterfahrung unterschiedlich groß ausfällt. Andererseits zeigt sich aber auch, dass Eltern, die aus gewaltbelasteten Familien stammen, zu einem großen Teil ihre eigenen Kindern weniger gewaltorientiert erziehen. Bei diesen Eltern dürften unterschiedliche protektive Faktoren dazu beigetragen haben, dass es bei ihnen im Vergleich zu ihren eigenen Eltern zumindest zu einer Mäßigung körperlicher Gewaltausübung gegenüber ihren Kindern gekommen ist.

Es darf allerdings auch nicht übersehen werden, dass eine nicht geringe Zahl von Eltern, die selbst eine gewaltfreie Erziehung genossen haben, im Kontakt mit ihren eigenen Kindern durchaus Gewalt anwenden. An dieser Stelle lässt sich vermuten, dass hierfür unterschiedliche riskikoerhöhende Faktoren verantwortlich gemacht werden können. Für Interventionszwecke wäre es hilfreich, sowohl über die mutmaßlichen protektiven Faktoren wie über die Risikofaktoren Genaueres zu wissen.

6.3 Familiäre Gewalt und außerfamiliäre Gewaltausübung

Wie schon für das Phänomen der intergenerationalen Übertragung familiärer Gewalt stellt sich auch für Gewalthandlungen im außerfamiliären Bereich die Frage, ob und in welchem Umfang aus Opfern Täter werden. Dabei ist die einfachste und naheliegendste Vermutung die, dass zwischen elterlicher Gewalt und Kinder- bzw. Jugendgewalt ein direkter Zusammenhang besteht. Die KFN-Jugendbefragung aus dem Jahre 1998 gibt hierzu einigen Aufschluss. Zur Erfassung eigener Gewalttaten wurden die Jugendlichen gefragt, „ob und gegebenenfalls wie oft sie in den letzten zwölf Monaten andere beraubt, erpresst, massiv geschlagen oder mit einer Waffe bedroht hatten" (Pfeiffer/Wetzels 2000: 14). Die Daten zur selbst berichteten Gewalt wurden dann mit den Angaben zum Ausmaß elterlicher Gewalt, die wiederum mit der Konflikttaktikskala erfasst worden war, in Beziehung gesetzt (Pfeiffer et al. 1999).

Die Ergebnisse zeigen einen deutlichen Zusammenhang zwischen der Intensität und der Häufigkeit elterlicher Gewaltausübung einerseits und den selbstberichteten außerfamiliären Gewaltaktivitäten der Jugendlichen andererseits. Im Vergleich zu den Jugendlichen, die über keine elterliche Gewalterfahrungen berichtet hatten, liegt das aktive Gewalthandeln von Jugendlichen, die in ihrer Kindheit häufig misshandelt wurden, rund zweimal höher. Die genauen Werte stellen sich wie folgt dar: keine Gewalterfahrungen in der Kindheit: 16,9%; leicht gezüchtigt: 18,5%; schwer gezüchtigt: 26,8%; selten misshandelt: 33,3%; häufig misshandelt: 35,6% (Pfeiffer et al. 1999: 21). Wird die elterliche Gewalterfahrung der letzten 12 Monate herangezogen, so erhöht sich die Täterrate der häufig misshandelten Jugendlichen auf 42,5%, während sie für die Jugendlichen ohne elterliche Gewalterfahrung in diesem Zeitraum mit einem Wert von 16,6% annähernd gleich hoch ist wie für die Jugendlichen, die eine Kinderzeit ohne elterliche Gewalt erlebt hatten. Für die übrigen Gruppen mit unterschiedlicher Züchtigungs- bzw. Misshandlungsintensität ergeben sich folgende Gewalttäterraten: leicht gezüchtigt: 22,3%; schwer gezüchtigt: 30%; selten misshandelt: 35,4% (Pfeiffer et al. 1999: 22). Diese Daten zeigen, dass bereits leichte Formen elterlicher Züchtigung, d.h. die sprichwörtliche „Ohrfeige" oder der „kleine Klaps", mit einer nachweisbaren – wenngleich nicht dramatischen – Erhöhung außerfamiliären Gewalthandelns einhergehen.

Bemerkenswert ist auch, dass die in den letzten 12 Monaten beobachtete elterliche Partnergewalt in einem Zusammenhang mit der Gewalttäterrate der Jugendlichen steht. Während die Täterrate bei denjenigen Jugendlichen, die in diesem Zeitraum keine Gewalthandlungen zwischen ihren Eltern beobachtet hatten, bei 19,3% liegt, steigt sie für die Jugendlichen, die von seltener elterlicher Partnergewalt berichteten, auf 27,5%, und nimmt für die Jugendlichen, die häufiger Zeuge elterlicher Partnergewalt geworden waren, noch einmal auf einen Wert von 33,9% zu. Leider liegen keine Auswertungen zur Kombination bzw. Kumulation von selbst erfahrener elterlicher Gewalt und beobachteter elterlicher Partnergewalt in ihrer Auswirkung auf die eigene Täterrate vor. Wohl aber gibt es Befunde dazu, dass häufige und schwere Elterngewalt, wenn sie dazu noch lange andauert, nicht unerheblich mit einer mehrfachen, d.h. mehr als fünf Delikte umfassenden Gewalttäterschaft der Jugendlichen zusammenhängt. Während Jugendliche ohne elterliche Gewalterfahrung in ihrer Kinder- und Jugendzeit lediglich zu 4,3% über eine Mehrfachtäterschaft berichten, liegt dieser Wert bei Jugendlichen mit schwerer elterlicher Gewalterfahrung bei 14,7%.

So sehr diese Befunde auch einen direkten Zusammenhang zwischen familiärer Gewalterfahrung und eigener Gewalttätigkeit nahe legen, so wenig sagen sie über die Prozesse aus, die diesen Zusammenhang vermitteln – ganz zu schweigen von weiteren familiären und außerfamiliären Einflüssen, die zu einer Manifestation von Gewaltaktivitäten Jugendlicher beitragen. Es kann hier nicht der Ort sein, die vielfältigen Entwicklungsbedingungen aggressiven, dissozialen und delinquenten Verhaltens im einzelnen auszubreiten (vgl. hierzu etwa Schneewind 2001; Streithauer/Petermann 2000). Dennoch sollte aus den dargestellten empirischen Befunden deutlich geworden sein, dass zentrale Aspekte familiärer Gewalt, nämlich elterliche Gewalt und Partnergewalt, in erheblichem Maße die Funktionsfähigkeit des Familiensystems sowie das physische und psychische Wohlergehen der Familienmitglieder beeinträchtigen. Deswegen soll abschließend noch ein Blick auf mögliche Interventionsmaßnahmen – insbesondere solche präventiver Art – geworfen werden.

7 Ansätze zur Intervention bei familiärer Gewalt

Im Hinblick auf das Phänomen Kindesmisshandlung kommt Engfer (1998: 966) in ihrem Überblick zu diesem Thema zu dem Schluss: „Obgleich es in Deutschland mit der Arbeit der Kinderschutzzentren und anderen präventiv arbeitenden Einrichtungen (Mütterzentren, Besuchsdiensten von Säuglingsschwestern, pädiatrischen Vorsorgeuntersuchungen) genügend Interventionsansätze zum Kinderschutz gibt, kann über deren Effizienz nichts gesagt werden, weil deren wissenschaftliche Evaluation bis heute aussteht." Diese Einschätzung dürfte in ähnlicher Weise auch für das Phänomen Partnergewalt zutreffen, obwohl insbesondere in den USA zu beiden Themenkomplexen vorbildhafte Ansätze vorliegen (z.B. Kolko 1998; Schellenbach 1998; Wekerle/Wolfe 1998).

Im Folgenden sollen einige Hinweise gegeben werden, wie auf der Basis wissenschaftlich fundierter Interventionsprogramme einen Beitrag zur Reduzierung familiärer Gewalt geleistet werden kann. Dabei soll der Fokus zum einen auf den Themenbereichen Partner- und Elterngewalt und zum anderen auf der Berücksichtigung präventiver Ansätze liegen. Warum gerade präventive Ansätze? Ein Hauptgrund besteht darin, dass es nicht bloß darum gehen kann, gewalthaftes Handeln oder auch andere Formen des entwürdigenden Miteinander-Umgehens, die Deegener (2000) unter dem Stichwort „Mobbing in der Familie" bzw. „Mobbing in der Erziehung" zusammengefasst hat, zu verhindern, wenn sie schon manifest geworden sind. Prävention setzt stattdessen darauf, Möglichkeiten aufzuzeigen, wie man möglichst von Anfang an respektvoll miteinander umgehen kann – und zwar vor allem in schwierigen und konfliktreichen Situationen. Mit anderen Worten: es geht um „Empowerment" im Sinne einer Stärkung von Beziehungs- und Erziehungskompetenzen (Schneewind 1995). Da – wie die Familientherapeutin Satir (1972) es ausgedrückt hat – „Partner die Architekten der Familie sind", beginnen wir mit präventiven Ansätzen im Bereich Partnergewalt.

7.1 Präventive Ansätze zur Reduzierung von Partnergewalt

Ein Kennzeichen präventiver Ansätze – insbesondere solcher, die dem Bereich der primären Prävention zuzurechnen sind, bei der noch keine Risikokonstellation gegeben ist – besteht darin, dass die präventiven Bemühungen möglichst frühzeitig einsetzen. Dies gilt auch für Paarbeziehungen. Daher sollte Prävention möglichst zu Beginn einer Paarbeziehung einsetzen, wenn sich noch keine dysfunktionalen Muster der Paarbeziehung entwickelt haben. Ein Beispiel dafür ist das in den USA entwickelte „Prevention and Relationship Enhancement Program" (PREP), das für junge Paare, die noch am Beginn ihrer Beziehung stehen, entwickelt wurde (Stanley et al. 1999). Das Programm beinhaltet die Vermittlung von grundlegenden Beziehungsfertigkeiten, wie aktives Zuhören und Selbstöffnung beim Sprechen sowie Strategien zur angemessenen Lösung von Problemen und Konflikten. Ein in unserem Zusammenhang wesentlicher Punkt ist, dass das PREP u.a. einer wissenschaftlichen Evaluation unterzogen wurde, wobei über einen Zeitraum von fünf Jahren Paare, die das Programm durchlaufen hatten, mit Paaren einer Kontrollgruppe verglichen wurden (Markman et al. 1993). Dabei stellte sich nicht nur heraus, dass die PREP-Paare sich seltener getrennt hatten bzw. geschieden wurden, ein höheres Maß an Beziehungszufriedenheit zeigten und in beobachteten Konfliktsituationen konstruktiver miteinander umgingen, sondern auch deutlich seltener in gewalthafte Auseinandersetzungen verwickelt waren.

In Deutschland wurde auf der Basis des amerikanischen PREP Programms unter der Bezeichnung „Ein Partnerschaftliches Lernprogramm" (EPL) ein inhaltlich ähnlich aufgebautes Präventionsprogramm für junge Paare entwickelt, für das inzwischen ebenfalls die Ergebnisse einer 5-jährigen kontrollierten Evaluationsstudie vorliegen (Thurmaier 1997). Die Effekte sind vergleichbar mit denen, die sich in den USA ergeben hatten, allerdings mit der Ausnahme, dass in der deutschen Evaluationsstudie keine expliziten Daten zur Partnergewalt erhoben wurden.

Mit einer etwas anderen Akzentsetzung, bei der vor allem die gemeinschaftliche Stressbewältigung der Partner im Vordergrund steht, hat Bodenmann (2000) in der Schweiz das „Freiburger Stresspräventionstraining für Paare" (FSTP) entwickelt, für das ebenfalls positive Evaluationsbefunde zur Partnerschaftsstabilität und -qualität ermittelt wurden. Im Prinzip stehen damit also relativ ökonomische und ausdrücklich nicht mit einer therapeutischen Absicht entwickelte Paartrainingsprogramme für junge Paare zur Verfügung, die neben den anderen genannten Effekten auch der Prävention von Partnergewalt dienen können.

7.2 Präventive Ansätze zur Reduzierung von elterlicher Gewalt gegen Kinder

Ähnlich wie für Paare gilt auch für präventive Ansätze im Bereich Eltern-Kind-Beziehungen, dass sie möglichst früh ansetzen sollten, d.h. zu einem Zeitpunkt, zu dem im wahrsten Sinne des Wortes „das Kind noch nicht in den Brunnen gefallen ist." Eines der weltweit am meisten verbreiteten und auch in Deutschland eingeführten Elterntrainingsprogramme ist das von Thomas Gordon entwickelte „Familienkonferenz"-Programm (Gordon 1989). Dieses Programm propagiert ausdrücklich eine gewaltfreie Erziehung, indem es den Eltern u.a. beibringt, mit Hilfe der sog. „niederlagelosen Methode" in Konfliktsituationen mit ihren Kindern eine Lösung auszuhandeln, in der beide Parteien – Eltern wie Kinder – sich mit ihren Bedürfnissen einbringen können. Abgesehen davon, dass in manchen Situationen die Philosophie dieses Programms sich schwer auf die Praxis des erzieherischen Alltags übertragen lässt, gibt es international nur wenige und für Deutschland gar keine Evaluationsstudien zur Effektivität des „Familienkonferenz"-Programms, und zwar insbesondere nicht zur Frage der Effektivität der Gewaltprävention.

Inwieweit dies für das in jüngster Zeit aus Australien übernommene „Triple P"-Programm (Triple P steht für Positive Parenting Program) zutrifft, das unter Zuhilfenahme von Videobeispielen aus einfach gehaltenen Informationsmaterialien zu konkreten erzieherischen Problemsituationen besteht, wird sich noch erweisen müssen (PAG Institut für Psychologie 2000). Jedenfalls gilt für dieses Programm und viele andere Versuche, wie z.B. kommerziell verbreitete Erziehungsratgeber oder diverse Ausgaben von Elternbriefen (Deegener 2000), dass sie im Prinzip alle das Ziel verfolgen, elterliche Erziehungskompetenzen zu stärken, was u.a. auch den von Gewalt und Entwürdigung freien Umgang mit schwierigen und herausfordernden Erziehungssituationen impliziert.

Diese Zielsetzung trifft insbesondere auch für ein in den USA im Bundesstaat Minnesota flächendeckend eingesetztes Programm zur Stärkung elterlicher Erziehungskompetenzen zu, das ebenfalls die Bezeichnung „Positive Parenting" trägt (Pitzer 2001). Von der University of Minnesota speziell ausgebildete Familientrainer/innen vermitteln anhand von Alltagsproblemen sehr konkrete Erziehungskompetenzen (z.B. aufnehmendes Zuhören, direkte Kommunikation, klares Grenzensetzen), wobei sie auf ein Mix von Methoden zurückgreifen können, das z.B. Videopräsentationen, mündliche und schriftliche Informationseinheiten, Rollenspiele, Gruppen-Diskussionen, Hausaufgaben etc. umfasst. Für dieses Programm liegt u.a. auch eine Evaluationsstudie vor, die der Frage nachgeht, ob durch das Programm eine Reduzierung elterlicher Gewaltanwendung erreicht werden konnte. Obwohl die Studie wegen einer fehlenden Kontrollgruppe methodisch nicht gerade anspruchsvoll ist, zeigt sich im Vorher-Nachher-Vergleich eine deutliche Verringerung der selbst-berichteten Gewaltanwendung von Eltern gegenüber ihren Kindern.

7.3 Innovative Formen der Prävention familiärer Gewalt

Obwohl zumindest teilweise nachgewiesen ist, dass präventive Paar- und Elterntrainingsprogramme nützliche Instrumente zur Stärkung von Beziehungskompetenzen und damit auch zur Verhinderung bzw. Reduzierung von familiärer Beziehungsgewalt sind, haben sie das Problem, dass sie häufig nicht die Zielgruppen erreichen, die es am nötigsten hätten (Bradbury/Sullivan 1997). Es gibt eine Reihe von Barrieren, die viele Menschen davon abhalten, präventive Angebote, die einen persönlichen Kontakt mit professionellen Anbietern – häufig auch noch in einem Gruppensetting – erforderlich machen, überhaupt ins Auge zu fassen.

Ein denkbarer Ausweg aus diesem Dilemma besteht darin, ein interessantes, niedrigschwelliges, die Privatheit der Nutzer respektierendes und zugleich möglichst flächendeckendes Präventionsangebot zu realisieren. Zunächst ist dabei an das Medium Fernsehen zu denken. In der Tat haben in Australien 5 bis 6-minütige Fernsehspots, die nach dem Prinzip des „Infotainment" interessant aufbereitete Szenarien mit herausfordernden Erziehungssituationen und deren Bewältigung zeigten, eine immense Zuschauerresonanz gefunden (Sanders 1998).

Eine weitere Möglichkeit besteht darin, die neuen Medien – insbesondere das Internet und interaktive CD-ROMs – für diese Zwecke zu nutzen, zumal diese Technik bereits direkt zur Gewaltprävention eingesetzt wird (vgl. BMW AG 1999). So berichten Hahlweg, Schröder und Lübcke (2000) über eine in Entwicklung befindliche interaktive CD-ROM zur Erhöhung von Paarbeziehungskompetenzen, die aus zehn Modulen besteht und Themen wie „Kommunikation verbessern", „positives Klima erhöhen", „Konflikte lösen" oder „Intimität erhöhen" behandelt.

Für Eltern existiert in den USA bereits seit einiger Zeit unter der Bezeichnung „Parenting Wisely" ein Programm, in dem mit Hilfe interaktiver CD-ROMs eine Reihe typischer Erziehungsprobleme (z.B. oppositionelles Verhalten, Nichteinhalten von Vereinbarungen, Unordentlichkeit) in kurzen Videosequenzen vorgestellt werden. Der Betrachter kann dann zwischen verschiedenen Handlungsalternativen wählen, die ebenfalls als Bildfolgen aufgezeichnet werden. Je nachdem welche Alternative er gewählt hat, bekommt er eine spezifische Rückmeldung über deren mutmaßliche Effektivität. Unter den angebotenen Handlungsmöglichkeiten befindet sich auch eine „beste" Lösung, deren weitere Konsequenzen wiederum als Videoausschnitt dargestellt und kommentiert werden. Auf diese spielerische Weise kann sich der Betrachter zunehmend ein aus lebendigen Fallbeispielen abgeleitetes Erziehungswissen aneignen bzw. seine bereits vorhandenen Erziehungsfertigkeiten vertiefen.

Don Gordon, der das „Parenting Wisely" Programm an der Ohio University entwickelt und bei unterschiedlichen Adressatengruppen von Eltern eingesetzt hat, berichtet über ermutigende Erfahrungen zur Effektivität dieses Ansatzes in einer Reihe kontrollierter Studien (Gordon 2000). Insbesondere zeigte sich bei denjenigen Eltern, die mit den interaktiven CD-ROMs gearbeitet hatten, eine deutliche Verbesserung ihrer Erziehungskompetenzen und parallel dazu bei den Kindern und Jugendlichen eine Verringerung von Verhaltensauffälligkeiten, wie z.B. oppositionelles oder unkooperatives Verhalten. Dies wiederum hatte insgesamt eine Verbesserung des Beziehungsklimas zwischen den Eltern und ihren Kindern zur Folge.

Wenn es nicht nur – wie es die Neufassung des § 1631, Abs. 2 des BGB festschreibt – darum geht, dass Kinder gewaltfrei erzogen werden, sondern um weit mehr, nämlich darum, dass Kinder und Jugendliche sich im Kontext der Familie zu lebensbejahenden, kompetenten und gemeinschaftsfähigen Mitgliedern unserer Gesellschaft entwickeln, sollten die Möglichkeiten der Medien – insbesondere auch der neuen Medien – genutzt werden, um für Paare und Eltern ein interessantes und leicht zugängliches Angebot zur Stärkung ihrer Beziehungskompetenzen zu machen. Dies wäre – neben anderen Maßnahmen, die z.B. im schulischen Bereich oder auf der politischen Ebene unzweifelhaft auch erforderlich sind – ein wichtiger Beitrag zur Verhinderung familiärer Gewalt.

Literatur

Archer, J., 2000: Sex differences in aggression between heterosexual partners: A meta-analytic review. Psychological Bulletin, 126, 5, S. 651-696.
Belsky, J., 1993: Etiology of child maltreatment. A developmental-ecological analysis. Psychological Bulletin 114, S. 413-433.
Belsky, J./Vondra, J., 1989: Lessons from child abuse: The determinants of parenting. In: D. Cicchetti/V. Carlson (Hg.): Child maltreatment. New York, S. 153-202.
Belsky, J., 1984: The determinants of parenting: A process model. In: Child Development, 55, S. 83-96.
Bergman, L. R./Mahoney, J., 1999: Ein musterorientierter Ansatz für die Erforschung von Risiko- und Schutzfaktoren. In: G. Opp, M. Fingerle/A. Freytag (Hg.): Was Kinder stärkt. München, S. 315-327.
Berscheid, E./Peplau, L. A., 1983: The emerging science of relationships. In: H. H. Kelley et al. (Hg.): Close relationships: Perspectives on the meaning of intimacy. New York, S. 1-19.
Bierhoff, H.-W., 2000: Sozialpsychologie (5. Aufl.). Stuttgart.
BMW AG (Hg.), 1999: Fass mich nicht an! Interaktive CD-ROM für PC und MAC. München.
Bodenmann, G., 2000: Stress und Coping bei Paaren. Göttingen.
Bronfenbrenner, U., 1981: Die Ökologie der menschlichen Entwicklung. Stuttgart.
Bundesministerium für Familie und Senioren (Hg.), 1994: Familien und Familienpolitik im geeinten Deutschland – Zukunft des Humanvermögens. Fünfter Familienbericht. Bonn.
Bussmann, K.-D., 2000: Verbot familialer Gewalt gegen Kinder. Köln.
Cicchetti, D., 1993: Developmental psychopathology: Reactions, reflections, and projections. In: Developmental Review, 13, S. 471-502.

Crittenden, P. M., 1998: Dangerous behavior and dangerous contexts: A 35-year perspective on research on the developmental effects of child physical abuse. In: C. J. Schellenbach (Hg.): Violence against children in the family and the community. Washington D. C., S. 11-38.

Cummings, E. M./Davis, P. T., 1994: Children and marital conflict: The impact of family dispute and resolution. New York.

Deegener, G., 2000: Die Würde des Kindes. Ein Plädoyer für eine Erziehung ohne Gewalt. Weinheim.

Egeland, B./Erickson, M., 1993: Implications of attachment theory for prevention and intervention. In: H. Parens/S. Kramer (Hg.): Prevention in mental health. Northvale, S. 23-50.

Engfer, A., 1986: Kindesmißhandlung. Stuttgart.

Engfer, A., 1997: Gewalt gegen Kinder in der Familie. In: U.T. Egle, S.O. Hoffmann/P. Joraschky (Hg.): Sexueller Mißbrauch, Mißhandlung, Vernachlässigung. Stuttgart, S. 21-34.

Engfer, A., 1998: Kindesmisshandlung und Vernachlässigung. In: R. Oerter/L. Montada (Hg.): Entwicklungspsychologie, (4. Aufl.). Weinheim, S. 960-966.

Erel, O./Burman, B., 1995: Interrelatedness of marital relations and parent-child relations: A meta-analytic review. In: Psychological Bulletin, 118, S. 108-132.

Esser, G., 1994: Ablehnung und Vernachlässigung im Säuglingsalter. In: P. Kürner/R. Nafroth/D. K. L. Nordrhein-Westfalen (Hg.): Die vergessenen Kinder. Köln, S. 72-80.

Gil, D. G., 1975: Unraveling child abuse. In: American Journal of Orthopsychiatry, 45, S. 346-356.

Gordon, D., 2000: Parent training via CD-ROM: Using technology to disseminate effective prevention practices. In: The Journal of Primary Prevention, 21, S. 227-251.

Gordon, T., 1989: Familienkonferenz. Die Lösung von Konflikten zwischen Eltern und Kind. München.

Habermehl, A., 1989: Gewalt in Familien. Hamburg.

Hahlweg, K./Schröder, B./Lübcke, A., 2000: Prävention von Paar- und Familienproblemen: Eine nationale Aufgabe. In: K. A. Schneewind (Hg.): Familienpsychologie im Aufwind. Göttingen, S. 249-274.

Hinde, R., 1997: Relationships. A dialectical perspective. London.

Johnson, C.F./Cohn, D. S., 1990: The stress of child abuse and other family violence. In: L.E. Arnold (Hg.): Childhood stress. New York, S. 268-295.

Johnson, M. P./Ferraro, K. J., 2000: Research on domestic violence in the 1990s: Making distinctions. In: Journal of Marriage and the Family, 62, S. 948-963.

Kaufman, J./Ziegler., 1987: Do abused children become abusing parents. In: American Journal of Orthopsychiatry, 57, S. 186-192.

Kolko, D., 1998: Treatment and Intervention for child victims of violence. In: P. K. Trickett/C. J. Schellenbach (Hg.): Violence against children in the family and community. Washington, D. C., S. 213-247.

Krishnakumar, A./Buehler, C., 2000: Interparental conflict and parenting behaviour: A meta-analytic review. In: Family Relations, 49, S. 25-44.

Lewis, M. D., 1999: Die Theorie dynamischer Systeme als neuer Zugang zur Erforschung von Resilienz. In: G. Opp/M. Fingerle/A. Freytag (Hg.): Was Kinder stärkt. München, S. 328-342.

Lösel, J./Bender, D., 1999: Von generellen Schutzfaktoren zu differentiellen protektiven Prozessen: Ergebnisse und Probleme der Resilienzforschung. In: G. Opp/M. Fingerle/A. Freytag (Hg.): Was Kinder stärkt. München, S. 37-58.

Margolin, G., 1998: Effects of domestic violence on children. In: P. K. Trickett/C. J. Schellenbach (Hg.): Violence against children in the family and the community. Washington, D.C., S. 57-101.

Markman, H. J./Renick, M. J./Floyd, F. J./Stanley, S. M./Clements, M.; 1993: Preventing marital stress through communication and conflict management training: A four- and five-year follow up. In: Journal of Consulting and Clinical Psychology, 61, S. 70-77.

PAG Institut für Psychologie., 2000: Positive Erziehung. Triple P Positives Erziehungsprogramm. Münster.

Petermann, F.; 1998: Methodische Grundlagen der Entwicklungspsychologie. In: R. Oerter/L. Montada (Hg.): Entwicklungspsychologie (4. Aufl.). Weinheim.

Pfeiffer, C./Wetzels, P., 1999: The structure and development of juvenile violence in Germany (KFN Forschungsberichte Nr. 76). Hannover.

Pfeiffer, C./Wetzels, P., 2000: Junge Türken als Täter und Opfer von rechter Gewalt. (KFN Forschungsberichte Nr. 81). Hannover.

Pfeiffer, C./Wetzels, P./Enzmann, D., 1999: Innerfamiliäre Gewalt gegen Kinder und Jugendliche und ihre Auswirkungen. Hannover.

Pitzer, R., 2001: Positive Parenting. Materialien zum Vortrag. In: Bundesministerium für Familie, Frauen, Senioren und Jugend/Deutsches Jugendinstitut (Hg.): Gewaltfreies Erziehen in Familien – Schritte der Veränderung. Materialien zur Familienpolitik, Nr. 8, Bonn/München, S. 58-66.

Prengel, A., 2001: Gewaltfreies Erziehen in Familien – Widerspruch von Freiheit und Strukturierung. In: Bundesministerium für Familie, Senioren, Frauen und Jugend (Hg.): Gewaltfreie Erziehung. Materialien zur Familienpolitik Nr. 9. Bonn, S. 1-19.

Sanders, M. R., 1998: Verhaltenstherapeutische Familientherapie: Eine „Public Health" Perspektive. In: K. Hahlweg/D. H. Baucom/R. Bastine/H. J. Markman (Hg.): Prävention von Trennung und Scheidung – Internationale Ansätze zur Prädiktion und Prävention von Beziehungsstörungen. Stuttgart, S. 273-288.

Satir, V., 1972: Peoplemaking. Palo Alto.

Schellenbach, C. J., 1998: Child maltreatment: A critical review of research on treatment for physically abusive parents. In: P. K. Trickett/C. J. Schellenbach (Hg.): Violence against children in the families and the community. Washington D. C., S. 251-268.

Schmidtchen, S., 2001: Allgemeine Psychotherapie für Kinder, Jugendliche und Familien. Stuttgart.

Schneewind, K. A., 1995: Kinder und Jugendliche im Kontext der Familie: Strategien für eine entwicklungsförderliche Erziehung. In: W. Edelstein (Hg.): Entwicklungskrisen kompetent meistern. Heidelberg, S. 43-51.

Schneewind, K. A., 2001a: Kompetente Partnerschaft: Der Weg zur kompetenten Elternschaft. In: Bundesministerium für Familie, Frauen, Senioren und Jugend/Deutsches Jugendinstitut (Hg.): Gewaltfreies Erziehen in Familien – Schritte der Veränderung. Materialien zur Familienpolitik Nr. 8. Bonn/München, S. 47-57.

Schneewind, K. A., 2001b: Wege in Gewalt und Kriminalität: die psychologische Perspektive. In: V. Schubert (Hg.): Gewalt. Kriminalität und Verbrechen in unserer Gesellschaft, S. 41-76.

Schneewind, K. A./Ruppert, S., 1995: Familien gestern und heute: Ein Generationenvergleich über 16 Jahre. München.

Schneewind, K. A./Beckmann, M./Engfer, A, 1983.: Eltern und Kinder. Stuttgart.

Schwind, H. D./Baumann, J./Lösel, F./Remschmidt, H./Eckert, R./Kerner, H.-J./Stümper, A./Wassermann,f./Otto, H./Rudolf, W./Berckhauer, F./Kube, E./Steinhilper, M./Steffen, W. (Hg.), 1996: Ursachen, Prävention und Kontrolle von Gewalt. Analysen und Vorschläge der unabhängigen Regierungskommission zur Verhinderung und Bekämpfung von Gewalt (Gewaltkommission) (Bd. I-IV). Berlin.

Stanley, S. M./Blumberg, S. L./Markman, H. J., 1999: Helping couples fight for their marriages: The PREP approach. In: R. Berger/M. T. Hannah (Hg.): Preventive approaches in couple therapy. Philadelphia, S. 279-303.
Streithauer, H./Petermann, F., 2000: Aggression. In: F. Petermann (Hg.): Lehrbuch der Klinischen Kinderpsychologie und -psychotherapie, (4.Aufl.). Göttingen, S. 187-226.
Thurmaier, F., 1997: Ehevorbereitung – Ein Partnerschaftliches Lernprogramm (EPL). Methodik, Inhalte und Effektivität eines präventiven Paarkommunikationstrainings. München.
Wahl, K., 1990: Studien über Gewalt in Familien. München.
Wekerle, C./Wolfe, D. A., 1998: Windows for preventing child and partner abuse: Early childhood and adolescence. In: P. K. Trickett/C. J. Schellenbach (Hg.): Violence against children in the family and the community. Washington D.C., S. 339-369.
Wetzels, P., 1997: Gewalterfahrungen in der Kindheit. Baden Baden.
Wetzels, P./Greve, W./Mecklenburg, E./Bilsky, W./Pfeiffer, C., 1995: Kriminalität im Leben alter Menschen. Stuttgart.
Wipplinger, R./Amann, G., 1997: Zur Bedeutung der Bezeichnungen und Definitionen von sexuellem Missbrauch. In: E. Amann/R. Wipplinger (Hg.): Sexueller Missbrauch. Tübingen, S. 13-38.

Familie und Armut in Deutschland*

Rolf Becker und Wolfgang Lauterbach

1 Einleitung

Familien werden zu den leistungsfähigsten Sozialeinheiten moderner Wohlfahrtsstaaten gerechnet. Sie erfüllen gesellschaftlich wichtige Aufgaben und erbringen Leistungen, für die es auf dem Markt wenige bis keine Substitute vergleichbarer Qualität gibt (vgl. Esping-Andersen 1999).[1] Diese Leistungen werden vorrangig für Familienangehörige erbracht, aber als nichtintendierte Konsequenzen familialer Handlungen kommen die Ergebnisse der Gesellschaft zugute, so dass diese Leistungen zum Allgemeinwohl beitragen. Auch wenn die produzierten familialen Güter und Dienstleistungen nicht in die volkswirtschaftliche Gesamtrechnung eingehen, sind Gesellschaften auf sie angewiesen. Wegen der Produktion von Humanvermögen und dessen Erhalt entsteht ein öffentliches Interesse an Familien bzw. an Familientätigkeit und Elternschaft (vgl. Kaufmann 1995).

Insbesondere für die Produktion und den Erhalt des Humanvermögens sind Familien auf ökonomische Sicherheit durch ausreichende und kontinuierlich verfügbare Einkommen angewiesen. So kostet beispielsweise in den 90er Jahren ein Kind bis zum achtzehnten Lebensjahr ungefähr zwischen 350.000 und 400.000 DM (vgl. BMFSFJ 1998). Für Eltern bedeutet daher eine Entscheidung für ein oder mehrere Kinder eine Reduzierung des Lebensstandards. Mit zunehmender Kinderzahl sinkt bei steigenden Opportunitätskosten das verfügbare Einkommen deutlich, da Mütter oftmals (für eine längere Zeitspanne oder – seltener – für immer) auf die Erwerbstätigkeit und damit auf ihren Beitrag zum Haushaltseinkommen verzichten müssen. Gesellschaftlich relevante, von Familien erbrachte Aufgaben und Leistungen sind daher nicht nur mit Einkommensnachteilen vieler Familien verbunden, sondern auch mit Armutsrisiken. So sind beispielsweise kinderreiche Familien bei den in Reichtum lebenden Haushalten deutlich unterrepräsentiert, während Alleinerziehende mit

---

* Unser Dank gilt insbesondere Stefan Weick und Gerhard Bäcker für hilfreiche Kommentare sowie die Bereitstellung aktueller Zahlen über Kinder, die in Armut leben.
[1] Zu den Aufgaben und Leistungen gehören neben der Existenzsicherung und Daseinsvorsorge der Familienmitglieder durch die Haushaltsführung (z.B. Ernährung, Wohnraum und Bekleidung) auch die Produktion und der Erhalt von Humanvermögen sowie die Ermöglichung der sozialen Inklusion für alle Familienmitglieder. Weitere Leistungen bestehen in der Erziehung, Pflege und Betreuung des Nachwuchses wie in den Möglichkeiten für Regeneration und Emotionalität (vgl. Nave-Herz 1999). Insbesondere die Kinder benötigen ein soziales Unterstützungssystem mit hoher Stabilität und dauerhaften Bezugspersonen. Diese Voraussetzungen erfüllen in optimaler Weise die Familien (vgl. Huinink 1995).

minderjährigen Kindern überdurchschnittlich häufig von Armut betroffen sind (Klocke/Hurrelmann 1998; Weick 2000: 3).

Wegen außerordentlicher ökonomischer Belastungen unterliegen Familien mit mehreren Kindern einem höheren Armutsrisiko. Zusätzlich kann für viele Familien das Armutsrisiko durch Arbeitslosigkeit, Erwerbsunfähigkeit oder eine Scheidung hervorgerufen werden oder sich verschärfen. Solche außerordentlichen Belastungen und Risiken offenbaren die strukturelle Rücksichtslosigkeit der Gesellschaft gegenüber Familien (vgl. Kaufmann 1995: 11). Eklatante Einkommensnachteile und Armutsrisiken führen oftmals zu Krisen, die das Familienklima, die Eltern-Kind-Beziehung und die Entwicklung von Kindern langfristig erheblich beeinträchtigen können (vgl. Walper 1997). Wenn Familien mit minderjährigen Kindern aus Armutsgründen ihre Aufgaben nicht oder nicht im vollem Umfang erbringen können, sind Defizite in der Produktion und dem Erhalt von Humanvermögen zu befürchten. Dies trifft insbesondere bei einem dauerhaften Mangel an ökonomischen Ressourcen zu. In diesen Fällen sind Eltern oftmals auch überfordert und kaum in der Lage, ihre Kinder vor den Armutsfolgen zu schützen (vgl. Lange/Lauterbach/Becker 2001).

Im Folgenden werden wir die Entwicklung der Einkommensarmut unter Familien in Deutschland seit dem Ende des Zweiten Weltkrieges beschreiben. Für die Zeit von 1950 bis 1990 wird zwischen der Bundesrepublik Deutschland und der DDR unterschieden und dann für die Zeit nach 1990 zwischen Ost- und Westdeutschland differenziert. Zusätzlich gehen wir auf die in jüngster Zeit diskutierte Frage der Entstehung einer Unterklasse infolge dauerhafter Einkommensnachteile und Armut ein. Abschließend betrachten wir langfristige Konsequenzen von Armut für die Kinder.

2 Historischer Abriss über Armut in Deutschland seit 1950

2.1 Armut in der (alten) Bundesrepublik Deutschland

Die Entwicklung von Armut in der Bundesrepublik Deutschland seit 1950 kann vereinfacht in fünf Abschnitte unterteilt werden (vgl. Hauser/Neumann 1992: 244-245). Im Nachkriegsdeutschland der späten 40er und frühen 50er Jahre war Armut durch Not und Elend infolge des verlorenen Krieges gekennzeichnet. Unter den Kriegszerstörungen, Hunger und Kälte sowie dem wirtschaftlichen Zusammenbruch hatten vor allem Witwen, Waisen, Kriegsversehrte unter den Kriegsopfern, Vertriebene, Flüchtlinge und Ausgebombte zu leiden (vgl. Leibfried et al. 1995: 212). Einer soziologischen Studie von Hilde Thurnwald (1948) über die Lebenslage von 498 Berliner Familien zufolge hatte jede fünfte Familie nur einen Raum zum Wohnen, den sich durchschnittlich drei Personen teilen mussten. In den wenigen unzerstörten Berliner Wohnungen drängten sich drei bis vier Familien und rund sieben Millionen Menschen waren obdachlos. Auch fehlte es an vielen täglichen Bedarfsgegenständen wie etwa Heizmittel oder Bekleidung. Familien erhielten von den Sozialämtern Bezugsscheine für Schuhe. Dennoch mussten viele Mütter ihre Kinder morgens in die Kindergärten und Schulen tragen, weil es ihnen an Schuhen mangelte (Thurnwald 1948: 57). Darüber hinaus führten Kälte und Hunger zu Anomie, persönlichen Mangelerscheinungen und Krankheitsanfälligkeiten (Thurnwald 1948: 94). Aber wegen des verlorenen Krieges und der Dynamik des Wiederaufbaus wurde die kollektive Armut und enorme Arbeitslosigkeit weder in der Öffentlichkeit noch in der Politik als gesellschaftlich nachteilig angesehen oder diskutiert (vgl. Schäfers 1992: 110).

Bereits in den 50er Jahren deutete sich eine „Wende von der Armut des Volkes zur Armut des Einzelnen" an (Eckardt 1997: 18). Sie wurde durch das Soforthilfegesetz aus dem Jahre 1949, das durch das Lastenausgleichsgesetz von 1952 abgelöst wurde, forciert. So ging es dann bereits bei der Sozialhilfedebatte des Jahres 1953 ausschließlich um die unzureichende Versorgung von Sozialleistungsempfängern und weniger um die von Armut bedrohten Arbeitslosen, kinderreichen Familien und älteren Menschen. Auch die Rentenreform von 1957 verfolgte armutspolitische Ziele, bei deren Realisierung die Bezüge der rund 6 Millionen Sozialrentner um mehr als die Hälfte erhöht wurden und die Sozialversicherung und die Sozialfürsorge ordnungspolitisch getrennt wurden.

Als Beginn der dritten Phase kann die aus dem Jahr 1961 stammende Reform des seit 1924 geltenden Fürsorgerechtes bezeichnet werden. Das ab 1962 geltende Bundessozialhilfegesetz (BSHG) bewirkte die „Individualisierung" der staatlichen Fürsorge in Form persönlicher Hilfen in Ausnahmesituationen, beispielsweise bei Krankheiten oder Behinderungen als Armutsursache. Gewährleistet werden sollte die Mindestsicherung eines soziokulturellen Lebensstandards bzw. eines menschenwürdigen Daseins. „Mit der Verabschiedung des BSHG schloss eine armutspolitische Epoche. Das Kernproblem der frühen 1950er Jahre, die kollektive Armut des Volkes, war gelöst, und ausgewählte Gruppen, primär die Rentner, waren – in einem im internationalen Vergleich beachtlichen Maß – am wachsenden Wohlstand beteiligt worden" (Buhr/Leisering/Ludwig/Zwick 1991: 512). Im Zuge des Wirtschaftswunders und der Erfolge der sozialen Marktwirtschaft trat das Phänomen Armut als kollektive Armut des Volkes in den Hintergrund. „Absolute Armut als Gefährdung der physischen Existenz, relative Einkommensarmut und subjektiv empfundene Mangelerscheinungen" (Hauser/Neumann 1992: 238) hatten – von wenigen lokalen sozialwissenschaftlichen Studien und sozialrechtlichen Abhandlungen abgesehen – keine Bedeutung mehr für die Gestaltung der Sozialpolitik und der Sozialforschung (vgl. Schäfers 1992: 110). So ist es auch nicht verwunderlich, dass in den 70er Jahren, in denen zwei Novellen des BSHG und Verbesserungen der Sozialleistungen vorgenommen wurden, materielle Armut nur noch als

Notlage von sozialen Randgruppen gesehen wurde. Erst in der zweiten Hälfte der 70er Jahre wurden Anzeichen einer Krise des Sozialstaates sichtbar und die „Neue soziale Frage" gewann zunehmend an Bedeutung für die Politik. Sie wurde vom damaligen CDU-Generalsekretär Heiner Geißler (1976) als parteipolitische Kritik an der sozialliberalen Regierungskoalition und den regierungsnahen Gewerkschaften und Verbänden in die öffentliche Diskussion gebracht. Die aufgeworfene sozialpolitische Problematik bestand nach Geißler darin, dass offensichtlich ältere Menschen, kinderreiche Familien, Frauen, Kinder, aber auch Obdachlose und andere soziale Randgruppen als benachteiligt angesehen wurden (vgl. Geißler 1976: 15). Sie könnten nicht im vollem Umfang am allgemeinen Wohlstand in der Bundesrepublik teilhaben, sondern seien hinsichtlich ihrer ungünstigen Lebenslage und sozialer Desintegration depriviert. So lebten nach Geißler (1976: 27) rund 5,8 Millionen Menschen in 2,2 Millionen Haushalten unterhalb der Sozialhilfebemessungsgrenze. Die nachfolgende Diskussion und damit in Zusammenhang stehende Kritik an den überzogenen Thesen bestand darin, dass die von Geißler vorgelegten Zahlen als Beleg für das Ausmaß der von Armut Betroffenen aufgrund fragwürdiger Berechnungen deutlich zu hoch waren (vgl. Krämer 2000: 15).

Mit zunehmender Arbeitslosigkeit in den 80er Jahren sowie den Einschnitten in das Arbeitsförderungsgesetz (AFG) rückte die „neue Armut" der ausgegrenzten Arbeitslosen in den Mittelpunkt der Armutsforschung und der öffentlichen Debatte (vgl. Balsen et al. 1984). Die Entwicklung des Arbeitsmarktes brachte auch eine Änderung der Armutsursachen und der Sozialhilfeklientel mit sich. So waren nicht nur vereinzelte Arbeitslose von Armut betroffen, weil sie keine Arbeitslosenunterstützung mehr erhielten, sondern verstärkt auch deren Familien. Zusätzlich wuchs der Anteil Alleinerziehender und von Kindern in der Armutspopulation an. An diesem Armutsbild, das mit den Etiketten von „Zwei-Drittel-Gesellschaft" (Glotz 1984), „Drei-Viertel-Gesellschaft" (Leibfried/Tennstedt 1985) oder „Vier-Fünftel-Gesellschaft" (Hauser/ Becker 1997) versehen wurde, hat sich bis in die Gegenwart kaum etwas geändert (Leibfried et al. 1995: 226). Hinzu gekommen sind noch die strukturellen Probleme der deutschen Einheit, die sozialpolitischen Kürzungen der konservativ-liberalen Regierungskoalition in den 80er und 90er Jahren sowie die zunehmende und lang anhaltende Massenarbeitslosigkeit in beiden Teilen Deutschlands. Diese Entwicklungen haben noch zum Anwachsen der Armutspopulation beigetragen (vgl. Schäfers 1992: 119).

Gegenwärtig beobachten wir die Gleichzeitigkeit von zunehmendem Wohlstand, der in der deutschen Geschichte einmalig ist, und sich verschärfender sozialer Ungleichheit, die sich in zunehmenden Wohlstandsabständen zwischen Bevölkerungsgruppen äußert (vgl. Hauser 1997). Ebenso stellen Armutsforscher bei einer abnehmenden Zahl geschlossener Ehen und sinkenden Kinderzahlen ein zunehmendes Risiko kinderreicher Familien fest, arm zu werden und auf sozialstaatliche Fürsorge angewiesen zu sein (vgl. Hanesch/Krause/Bäcker 2000). Als Folge davon sind in den Armutsstatistiken vor allem Familien mit minderjährigen Kindern überrepräsentiert (vgl. Weick 1999).

Im Weiteren möchten wir – unter besonderer Berücksichtigung von Familien und ihren Kindern – anhand der amtlichen Statistik und der bereits publizierten Ergebnisse aus Bevölkerungsumfragen das Ausmaß und die Zusammensetzung der von Armut betroffenen Bevölkerungsgruppen erläutern. Aus Gründen der Vergleichbarkeit und einheitlichen Darstellung beschränken wir uns auf die relative Einkommensarmut[2]. Das verfügbare und bedarfsgewichtete Netto-Einkommen von Haushalten ist ein zentraler Indikator für Benachteiligung bis hin zur Armut, weil die Lebenslage, der Lebensunterhalt, der Erwerb von Gütern und der Zutritt zu gesellschaftlichen Aktivitäten vornehmlich vom verfügbaren Einkommen abhängen (vgl. Hauser 1995, 1997: 31).

2.2 Einkommensarmut in der DDR

Obwohl im real existierenden Sozialismus der Deutschen Demokratischen Republik (DDR) Armut offiziell nicht existierte, gab es die der deutschen Sozialhilfe vergleichbare Sozialfürsorge. Im Unterschied zur Bundesrepublik Deutschland wurde in der DDR die Sozialfürsorgegrenze im Verlauf der Jahre neu definiert. Während es nach 1961 noch galt, sozial Gefährdete zu unterstützen, wurden diese in den 70er Jahren entweder als kriminell Gefährdete (sofern sie nicht bereits straffällig geworden waren) oder als arbeitsscheues Gesindel diskriminiert. So war nach Paragraph 248 des Strafgesetzbuches der DDR eine „asoziale Lebensweise" strafbar und wer der Pflicht zur Arbeit nicht nachkam, konnte sehr schnell mit dem Gesetz in Konflikt geraten (vgl. Krämer 2000: 16). Während es dem Statistischen Jahrbuch der DDR zufolge im Jahre 1961 rund 157.000 Unterstützungsempfänger gab, erhielten im Jahre 1984 nur noch rund 12.500 Personen fürsorgliche Unterstützung. In diesem Zeitraum ist die Fürsorgequote von 9,2 auf 0,7% und die der minderjährigen Kinder von 0,4% im

---

[2] Für die Bestimmung der Einkommensarmut wird das monatliche, mit der BSHG-Äquivalenzskala gewichtete Pro-Kopf-Haushaltsnettoeinkommen (Nettoäquivalenzeinkommen) einzelner Personen oder Haushalte herangezogen. Beträgt das Nettoäquivalenzeinkommen eines Haushalts weniger als 50% des entsprechenden Durchschnitts aller Haushalte, dann befindet sich dieser Haushalt in relativer Einkommensarmut. Unterschreitet jedoch das Äquivalenzeinkommen die 40-Prozent-Grenze, dann liegt strenge Armut vor. Jedoch ist bei einer gegebenen Einkommensverteilung in einer Gesellschaft nicht ausgeschlossen, dass das Ausmaß und die Dauer von Armutslagen sowie die Verteilung von Armutsrisiken von den gewählten definitorischen Abgrenzungen von Armut abhängt. Verändern sich Einkommensverteilungen, so können sich je nach gewählter Operationalisierung strukturelle Veränderungen im sozialen Bild von Armut ergeben, die aber auch statistische Artefakte darstellen können (vgl. Semrau/Stubig 1999). Insgesamt fallen die Messprobleme bei Einkommensangaben und Nichtberücksichtigung von Vermögen und Transfereinkommen wenig ins Gewicht und sind vor allem bei zeitlichen Vergleichen unerheblich. Definition und methodische Abgrenzungen der Armutsdefinition finden sich auch bei Hauser und Neumann (1992), Zimmermann (1998), Krämer (2000) sowie Klocke (2000).

Jahre 1978 auf 0,1% im Jahre 1984 gesunken. Die im Vergleich zur Bundesrepublik Deutschland überaus niedrigen Zahlen sind zu einem darauf zurückzuführen, dass ein Großteil dieser Sozialleistungen nicht zentral vom Staat, sondern vornehmlich von Betrieben geleistet wurden.[3] Zum anderen tat offensichtlich die Kriminalisierung von Armut ihr Übriges (vgl. Krämer 2000: 17).

Tabelle 1: Armut in der DDR – Armutsquoten von Arbeiter- und Angestelltenhaushalten

Personen im Haushalt	1970	1980	1988
1	5	5	4
2	30	10	10
3	20	9	7,5
4	34	10	6,6
5 und mehr	45	18	4
Insgesamt	30	12	10
Rentner	65	50	45

Quelle: Manz (1992: 88)

Obwohl die absolute Armut seit Ende der 1950er Jahre weitgehend beseitigt war und aus ideologischen Gründen eine Thematisierung von Armut in der DDR unterblieb, gab es in der DDR bis zu ihrem Zusammenbruch trotz garantiertem Mindestbruttolohn und sozialpolitischer Subventionierungen einkommensbedingte Armut (Manz 1992). Insbesondere Personen mit geringen Erwerbseinkommen oder Rentner verfügten über so wenige finanzielle Mittel, dass sie zusätzlichen Beschäftigungen nachgehen mussten, damit sie nicht unter das Existenzminimum gerieten. Auf Basis äquivalenzgewichteter Haushaltseinkommen und entsprechender Armutsgrenzen waren in der DDR im Jahre 1970 rund 65% der Rentner arm. Bis Ende 1988 sank die Armutsquote von Rentnern auf 45%. D.h. fast jeder zweite Rentner lebte noch in den 80er Jahren in Einkommensarmut (vgl. Tabelle 1). Größere Haushalte oder kinder-

---

[3] Im Jahre 1950 erhielten in der Bundesrepublik Deutschland rund 1,6 Millionen Personen (d.h. 33 Personen auf 1.000 Einwohner) Unterstützung durch die Fürsorge und ihre Zahl sank bis zum Auslaufen dieser Sozialleistung auf knapp 1 Million Empfänger bzw. auf 18 Fürsorgeempfänger pro 1.000 Einwohner. Seit Inkrafttreten des BSHG im Jahre 1963 stieg die Zahl der Sozialhilfeempfänger von 1,3 Millionen (24 Sozialhilfeempfänger auf 1.000 Einwohner) auf fast 3,8 Millionen (Sozialhilfequote: 59) im Jahre 1990 an. Im gleichen Zeitraum verdreifachte sich die Zahl der Empfänger laufender Hilfe zum Lebensunterhalt (außerhalb von Einrichtungen) von 761.000 auf über 2,7 Millionen Personen.

reiche Familien hatten in der DDR ebenso ein überproportional hohes Armutsrisiko. Während im Jahre 1970 fast jeder dritte Haushalt arm war, lebten rund 34% der Vier-Personen-Haushalte und 45% der Haushalte mit mehr als vier Personen unterhalb der Armutsgrenze. Über die Jahre hinweg änderten sich diese Armutsrisiken, so dass vorwiegend nur noch die Rentner wegen geringer Renten unter die Armutsschwelle fielen. Familienarmut war demnach in den 80er Jahren in der DDR weitgehend nicht existent.

2.3 Einkommensarmut im vereinigten Deutschland

In den 90er Jahren schwankte die Armutsquote für alle Privathaushalte zwischen 9 und 11%.

Tabelle 2: Familien in Armut – Quoten relativer Einkommensarmut in der Bundesrepublik Deutschland 1963-1998

	1990	1991	1992	1993	1994	1995	1996	1997	1998
Alle Haushalte	9,1	8,8	8,5	10,1	9,4	11,2	9,5	9,1	9,5
Paar-Haushalte mit 1 Kind	7,9	9,4	8,8	7,5	8,9	10,2	6,4	7,5	7,8
Paar-Haushalte mit 3 und mehr Kindern	19,7	20,9	19,8	24,5	25,7	23,2	21,5	21,6	24,7
Ein-Eltern-Haushalte	29,1	35,3	29,3	26,4	28,2	40,4	33,3	29,5	30,1

Quellen: Hanesch et al. (2000: 317) und Hauser/Semrau (1990: 34 und 36)

Vor allem in den östlichen Bundesländern scheint es eine synchrone Entwicklung von Wirtschaftswachstum, Arbeitslosigkeit und Einkommensarmut zu geben. Nach einem leichten Rückgang der von Armut betroffenen kinderreichen Familien bis gegen Ende der 80er Jahre folgte in den 90er Jahren ein Verharren auf einem Niveau zwischen 22 und 23%. Ende der 90er Jahren war jede vierte kinderreiche Familie arm. Dieses Ausmaß wird nur von der Wohlfahrtsposition der Alleinerziehenden übertroffen: In den 90er Jahren lebte fast jeder dritte Alleinerziehende Haushalt in Einkommensarmut. So hatten ebenso wie die kinderreichen Paarhaushalte vor allem Alleinerziehende mit mehreren Kindern ein überproportional hohes Armutsrisiko.

Tabelle 3: Entwicklung von relativer Einkommensarmut in der Bundesrepublik Deutschland 1988-1998 Haushalte und Familienkonstellationen

Westdeutschland	1991	1994	1997	1998
Alle Personen	8,8	9,4	9,1	9,5
Ehepaare ohne Kinder	4,7	3,9	4,9	3,4
Ehepaare mit Kindern	10,6	10,8	11,9	13,4
Ehepaare mit einem Kind	9,4	8,9	7,5	7,8
Ehepaare mit zwei Kindern	8,7	7,4	11,4	13,0
Ehepaare mit drei und mehr Kindern	20,9	25,7	21,6	24,7
Nichteheliche Lebensgemeinschaft mit Kindern	26,2	22,0	18,5	20,6
Alleinerziehende	35,3	28,2	29,5	30,1
Getrennt/Geschieden	32,4	31,9	31,0	29,4
Ledig	43,1	22,8	48,9	38,0
Verwitwet	21,2	3,3	6,5	11,4
Ostdeutschland	1991	1994	1997	1998
Alle Personen	4,1	7,5	6,3	4,6
Ehepaare mit Kindern	3,7	7,8	5,0	5,5
Ehepaare mit einem Kind	2,5	7,1	5,8	3,5
Ehepaare mit zwei Kindern	4,0	9,3	5,0	3,6
Ehepaare mit drei und mehr Kindern	5,8	16,5	14,7	22,7
Nichteheliche Lebensgemeinschaft mit Kindern	3,8	26,2	13,3	3,3
Alleinerziehende	17,6	26,8	24,2	13,4
Getrennt/Geschieden	22,3	19,2	22,3	7,1
Ledig	4,7	38,0	29,1	17,4

Quelle: Hanesch et al. (2000: 311 und 313), Statistische Jahrbücher 1988ff. und eigene Berechnungen

Ein Vergleich zwischen beiden Teilen Deutschlands zeigt, dass die Armutsrisiken von Familien in Westdeutschland deutlich höher sind als im Osten Deutschlands (siehe Tabelle 3). So bewegt sich das Armutsrisiko ostdeutscher Familien auf dem Niveau von kinderlosen Ehepaaren in Westdeutschland. Nur kinderreiche Familien in Ostdeutschland haben ein ähnlich hohes Armutsrisiko wie westdeutsche Familien mit mehr als zwei Kindern. Schließlich werden auch Alleinerziehende in Ostdeutschland deutlich seltener arm als westdeutsche Alleinerziehende. Dass die Wohlfahrtsposition ostdeutscher Alleinerziehender günstiger ist als die der westdeutschen Alleinerziehenden oder gar der kinderreichen Familien in beiden Teilen Deutschlands, dürfte an der ausgeprägten Erwerbsorientierung und -beteiligung dieser vergleichsweise jungen Mütter liegen.[4] Darüber hinaus wurde ein Großteil der erwerbstätigen Mütter in Ostdeutschland durch Scheidung bzw. Trennung zum alleinerziehenden Elternteil. Im Gegensatz dazu wurden die Mütter in Westdeutschland bei einem Verlust des Partners (Trennung, Scheidung oder Verwitwung) wegen ihrer Nichterwerbstätigkeit arm.

3 Familienphasen und Armutsrisiken

Verfügbare Haushaltseinkommen hängen nicht nur von der Zahl der Haushaltsmitglieder, die zur Erwirtschaftung des Einkommens beitragen, sondern auch von den Stationen ihrer individuellen Erwerbs- und Einkommensverläufe ab. Übertragen auf das Lebensalter und den Familienbildungsprozess kann daher ein Zusammenhang zwischen Wohlstandsposition und Familienphase erwartet werden (vgl. Eggen 1998: 89ff., 2000; Andreß/Lipsmeier 1998). Es ist zu erwarten, dass junge Ehepaare während der Gründung und des Aufbaus einer Familie Einbußen in ihrem Lebensstandard hinnehmen müssen und vergleichsweise höhere Armutsrisiken aufweisen. Diese Vermutung wird durch entsprechende, von Eggen (1998) vorgelegte Daten belegt (siehe Tabelle 4).

Abgesehen von älteren Ehepaaren, die bereits von der Rente leben, haben Ehepaare ohne Kinder günstigere Wohlstandspositionen als Familien und Ehepaare mit minderjährigen Kindern im Haushalt. Besonders in der Gründungsphase der Familien – wenn die Ehedauer unter drei Jahren liegt und das älteste Kind jünger als drei Jahre ist – schwächt sich die Wohlfahrt dieser jungen Familien bereits ab. Dem größten Armutsrisiko sind Familien in der Aufbauphase – nach einer Ehedauer von 3 bis 10 Jahren und einem Alter von maximal zehn Jahren des ältesten Kindes – und in der Stabilisierungsphase – bei einer Ehedauer von 10 bis 18 Jahren und einem Alter des ältesten Kindes zwischen drei und achtzehn Jahren – ausgesetzt. Diese Familien sind großen finanziellen Belastungen und Risiken ausgesetzt und im Vergleich zu kinderlosen Paaren deutlich benachteiligt. Nur während der Konsolidierungsphase – also bei einer Ehedauer von 18 bis 27 Jahren und einem jüngsten Kind, das älter als sechs Jahre ist – verbessert sich vor allem in Ostdeutschland die Wohlstandsposition dieser Familien. Erst in der Umorientierungsphase – nach einer Ehedauer von 28 Jahren und mit einem Jugendlichen im Elternhaus – erreicht die Familie wieder die Wohlstandsposition von Ehepaaren ohne Kindern in einer vergleichbaren Phase.

---

[4] Zusätzlich hat die homogene Einkommensverteilung in Ostdeutschland, die noch ein Erbe der DDR darstellt (Szydlik 1993), einen starken Einfluss auf die Wohlfahrtsposition.

Tabelle 4: Armut in Deutschland – Haushalte und Familien in unterschiedlichen Familienphasen nach relativen Wohlstandspositionen im Jahre 1994*

	Westdeutschland	Ostdeutschland
Privathaushalte	100	100
Familien	89	99
Darunter		
Ehepaare ohne Kinder	106	111
Darunter in		
Gründungsphase	132	137
Aufbauphase	143	139
Stabilisierungsphase	147	133
Konsolidierte Phase	136	134
Umorientierungsphase	100	111
Ältere Ehepaare	89	103
Darunter		
Ehepaare mit Kindern	82	96
Darunter in		
Gründungsphase	79	88
Aufbauphase	74	94
Stabilisierungsphase	74	91
Konsolidierte Phase	92	105
Umorientierungsphase	101	113

* Relative Wohlstandsposition=relative Abweichung der durchschnittlichen, nach den Regelsätzen des BSHG gewichteten Äquivalenzeinkommen der Familientypen (Median) vom durchschnittlichen Äquivalenzeinkommen der Privathaushalte.

Quelle: Eggen (1998: 152)

Diese Betrachtung belegt abermals die ökonomische Benachteiligung von Familien. Sie ist im Familienverlauf dann besonders stark, wenn es um die Vereinbarkeit von Erwerbs-, Haus- und Familienarbeit bzw. um die Synchronisation der Erwerbsverläufe der Ehepartner und des Familienverlaufes geht. So gesehen sind „junge" Familien nicht nur bei der Erzielung von Einkommen für den Lebensunterhalt relativ benachteiligt, sondern langfristig auch bei der Bildung von Privatvermögen (vgl. Bundesregierung 2001: 56-59). Darüber hinaus verschulden sich Familien oftmals in ihrer Gründungs-, Aufbau- und Stabilisierungsphase. Wenn diese Verschuldung in eine Überschuldung übergeht, die Zahlungsverpflichtungen nicht mehr eingehalten werden können, dann droht in der Regel Unterversorgung und Armut mit all ihren abträglichen Konsequenzen für die Eltern und ihre Kindern. Dem Armuts- und Reichtumsbericht der Bundesregierung (2001) zufolge ist die Überschuldung in Westdeutschland zwar seit 1997 rückläufig, aber in Ostdeutschland verschärft sie sich. Insbesondere die langanhaltende Massenarbeitslosigkeit in Ostdeutschland dürfte zu dieser Entwicklung beigetragen haben, die vor allem Familien in finanzielle Nöte bringt (vgl. Becker/Nietfeld 1999). So haben Familien die Einpersonenhaushalte als die stärkste Gruppe überschuldeter Haushalte abgelöst. „Während 1994 noch in gut der Hälfte der überschuldeten Haushalte Kinder lebten, belief sich 1999 der Anteil der überschuldeten Haushalte mit Kindern in Ost- wie Westdeutschland auf rund 43%" (Bundesregierung 2001: 69).

4 Armutsrisiken von Kindern und ihr Verbleib in Einkommensarmut

Wenn Familien arm sind, dann haben besonders die minderjährigen Kinder unter diese Mangellage zu leiden. Erst in letzter Zeit liegen detaillierte Informationen über das Ausmaß von Kindern in Armut vor (vgl. Joos 1997; Bieligk 1996; Klocke 1998). In Schaubild 1 ist die Entwicklung der Armutsquoten von Kindern in beiden Teilen Deutschlands dargestellt (Weick 1999).

Schaubild 1: Kinder in Armut – Quoten relativer Einkommensarmut in der Bundesrepublik Deutschland 1984-1998*

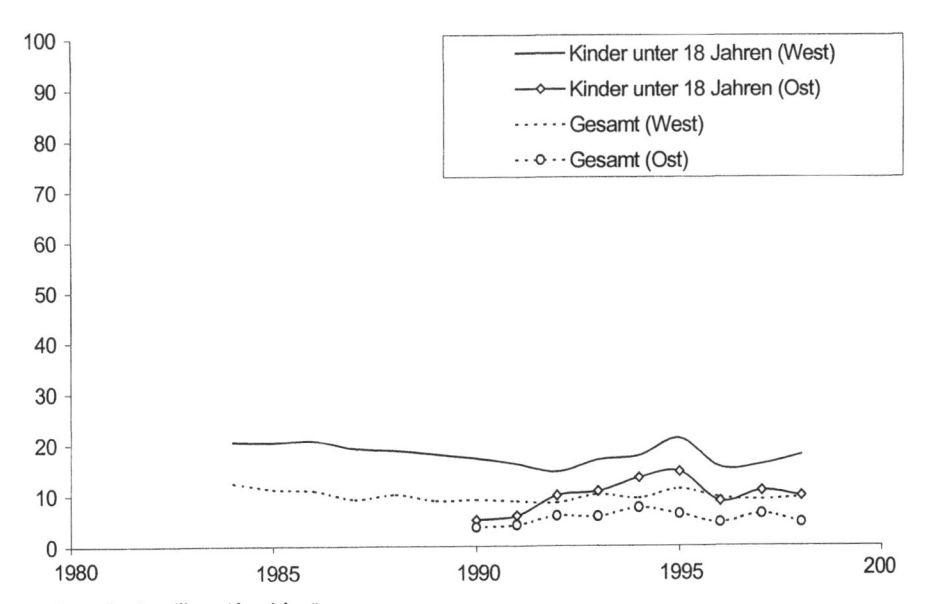

* Anteile an den jeweiligen Altersjahrgängen
Quelle: Weick (1999) und Zusatzberechnungen von Weick

Demnach sind Kinder überproportional höheren Armutsrisiken ausgesetzt als die Gesamtbevölkerung. Im Durchschnitt gesehen sind sie bei den west- und ostdeutschen Kindern doppelt so hoch wie für die restliche Bevölkerung. Während im Jahre 1984 rund 12% der westlichen Bevölkerung arm war, lebten rund 21% der minderjährigen Kinder in Westdeutschland in Armut. Ihr Anteil an ihren Altersjahrgängen sank bis auf 15% im Jahre 1992, stieg bis 1995 auf mehr als 21% an und betrug im Jahre 1998 noch 18%. Im Vergleich dazu waren im Jahre 1990 gerade 5% der minderjährigen Kinder in Ostdeutschland arm; bis zum Jahre 1995 stieg ihr Anteil auf fast 15% und lag im Jahre 1998 noch bei fast 10%.[5]

Darüber hinaus sind minderjährige Kinder nicht nur von einmaliger oder gelegentlicher Einkommensarmut ihres Elternhauses betroffen, sondern auch dem Risiko ausgesetzt, längere Zeit in Armut zu leben (siehe Tabelle 5). Während ungefähr jeder zehnte Erwachsene in Westdeutschland zwischen 1991 und 1995 permanent in Einkommensarmut lebte, so war nahezu jedes fünfte minderjährige Kind (19,6%) von permanenter Einkommensarmut der Eltern betroffen.

Tabelle 5: Kinder in Armut – Einkommensarmutsverläufe von 1991-1995*

	einmalig	gelegentlich	chronisch	persistent	Permanent
Ostdeutschland					
Gesamt	53,9	23,1	9,7	13,2	
Unter 18 Jahre	46,6	24,2	11,2	18,0	
Über 18 Jahre	57,3	22,6	9,1	11,0	
Westdeutschland					
Gesamt	39,5	23,1	7,9	16,2	13,3
Unter 18 Jahre	31,9	23,1	4,8	20,6	19,6
Über 18 Jahre	42,1	23,1	9,0	14,7	11,1

* 50-%-Schwelle; gelegentlich: mehrmals einmalig, chronisch: zwei Mal hintereinander und mehr, persistent: drei Mal hintereinander (evtl. mehr) und permanent: durchgehend unter der 50-%-Schwelle
Quelle: Weick (1999: 100)

In ähnlichem Ausmaß erfuhren sie persistente Armut im Elternhaus. Auch in Ostdeutschland müssen minderjährige Kinder mit permanenter sowie persistenter Armut Bekanntschaft machen. In dieser Hinsicht sind die Erfahrungen der Kinder in West- und Ostdeutschland sehr ähnlich.

---

[5] Nachrichtlich sei noch für Gesamtdeutschland erwähnt, dass die Armutsquote für minderjährige Kinder bei über 22% im Jahre 1990 lag. In den darauffolgenden Jahren sank sie kurzfristig und betrug im Jahre 1995 rund 19% und im Jahre 1998 fast 17%. In der Armutsforschung ist für diese Entwicklung der irreführende Begriff „Infantilisierung der Armut" geprägt worden (vgl. Hauser/Neumann 1992).

5 Arme Familien als Unterklasse?

Mit dem Anwachsen einer in Armut lebenden Bevölkerung während der 80er und der 90er Jahre kam die Frage auf, ob auch eine dauerhafte Ausgrenzung dieser Gruppe aus der Gesellschaft stattfindet. Neben der Kennzeichnung der Gesellschaft als eine „Zwei-Drittel-Gesellschaft", „Drei-Viertel-Gesellschaft" oder „Vier-Fünftel-Gesellschaft" gewann auch der Begriff der „Unterklasse" an Bedeutung, um Veränderungen im Schichtgefüge der Bundesrepublik Deutschland zu beschreiben. Damit ist die Vorstellung verknüpft, dass immer mehr Menschen entweder an den Rand oder aus dem Beschäftigungssystem herausgedrängt werden und somit den Zugang zu den Wohlstandspositionen verlieren, in der die Mehrheit der Bevölkerung lebt. Die damit verbundene gesellschaftliche Exklusion bedeutet den dauerhaften Ausschluss von Teilhabemöglichkeiten am sozialen Leben sowie die Auflösung sozialer Bindungen und die Reduzierung der sozialen Beziehungen auf den Kreis der Benachteiligten. Wenn Familien langfristig in marginalisierten Einkommenslagen leben, dann ist es nicht ausgeschlossen, dass die Benachteiligung der Eltern auf die Kinder übertragen wird. Dann würde sich in der Generationenabfolge eine Unterklasse am unteren Ende der sozialen Schichtung konsolidieren und reproduzieren. In welchen Umfang sind Familien und ihre Kinder solchen Entwicklungen unterworfen?

5.1 Dauerhaftigkeit von Armut und prekären Einkommenslagen

Wesentliche Ergebnisse der dynamischen Armutsforschung besagen, dass Menschen häufig nur für relativ kurzfristige Zeiträume in Armut leben und dass Armut deswegen eine temporär begrenzte Lebenslage ist. So wurde für den Beginn der 90er Jahre nachgewiesen, dass sich rund 42% der Armen nach einem Jahr nicht mehr in einer Armutslage befinden (vgl. Krause 1994: 193; Andreß 1994, 1999). Nach weiteren vier Jahren überschreiten nochmals ca. 50% die Armutsgrenze (vgl. Habich/Headey/Krause 1991: 495). Nach ungefähr fünf Jahren überwanden also mehr als 90% die Einkommensarmut.

Die meisten Familien und Einzelpersonen wechseln nach kurzer Dauer in der Armut wieder in eine Wohlstandsposition oberhalb der Armutsgrenze. Zwar sind Sprünge über mehrere Einkommensgruppen nur äußerst selten zu beobachten (vgl. Müller/Frick 1997); eher befinden sich ehemals arme Familien danach in einem armutsnahen und daher prekären Wohlstand.[6] Diese

---

[6] Liegt das Nettoäquivalenzeinkommen in den Grenzen zwischen 50 und 75%, dann definiert dies den *prekären Wohlstand*. Manchmal wird auch die Grenze von 66% als oberstes Limit verwendet, um prekären Wohlstand zu messen (vgl. Abel-Smith/Townsend 1965). In diesen Grenzen liegen auch Personen und Haushalte, die zwar erwerbstätig sind, dabei aber so geringe Arbeitseinkommen erzielen, dass sie dauerhaft in armutsnahen Lebenslagen leben („working poor"). Die hier vorge-

Wohlstandsposition hat auch unter den Familien an Bedeutung gewonnen. In den Einkommensklassen, die zwischen 50 und 66% des durchschnittlichen bedarfsgewichteten Einkommens erhalten, leben derzeit abermals ca. 12 bis 15% der Bevölkerung (vgl. Hauser 1999: 141).

In Tabelle 6 ist – gemessen am Niedrigeinkommen – die Entwicklung des prekären Wohlstands von Familien im Vergleich zu anderen Haushalten dargestellt. Für den Zeitraum von 1963 bis 1983 sind Ehepaare und insbesondere Ehepaare ohne Kinder, aber auch Ehepaare nur mit einem Kind, bei den Niedrigeinkommen unterrepräsentiert. Dagegen leben kinderreiche Familien eher im prekären Wohlstand. Nach 1983 – und nach 1990 auch für Ostdeutschland – hat sich wenig an der relativen ökonomischen Benachteiligung von Familien, insbesondere kinderreichen Familien und Alleinerziehenden, aber auch nichtehelichen Lebensgemeinschaften mit Kindern, geändert. Mehr als die Hälfte der Familien mit zwei und mehr Kindern und mehr als zwei Drittel der Alleinerziehenden verfügen über Niedrigeinkommen. Als dramatisch muss wiederum die Lage von ledigen Müttern bezeichnet werden, die mit eingeschränkten finanziellen Ressourcen auskommen und permanent Armutsrisiken vergegenwärtigen müssen (vgl. Hübinger 1996; Hauser 1997).

---

legten Zeitreihen sind nicht ohne Einschränkungen vergleichbar, weil unterschiedliche Datengrundlagen und Referenzgruppen verwendet wurden.

Tabelle 6: Entwicklung von Niedrigeinkommensquoten in der Bundesrepublik Deutschland 1963-1998 Haushalte und Familienkonstellationen*

Westdeutschland	1963	1969	1973	1978	1983	1985	1988	1991	1994	1997	1998
Alle Haushalte	28,7	20,2	14,0	15,3	15,9	35,9	33,9	34,9	35,1	35,6	32,3
Ehepaare	30,1	20,0	13,5	14,9	14,7						
Ehepaare ohne Kinder	17,0	11,1	10,4	10,4	9,1						
Paarhaushalte mit Kindern						46,7	46,6	48,2	46,5	48,3	47,0
Mit einem Kind	14,8	8,3	4,3	6,5	9,6	34,0	32,9	36,5	35,4	32,9	34,0
Mit zwei Kindern						47,9	52,1	49,0	46,8	56,8	52,4
Mit drei und mehr Kindern						76,5	70,4	70,4	68,0	63,6	63,9
Mit zwei und mehr Kindern	44,1	29,9	19,0	21,4	21,3						
Nichteheliche Lebensgemeinschaft mit Kindern						44,9	26,9	64,2	51,3	53,4	45,2
Alleinerziehende	40,2	21,6	14,5	27,9	36,6	67,2	65,4	64,2	72,8	67,4	69,7
Mit einem Kind	21,2	11,4	12,7	14,4	24,0						
Mit zwei und mehr Kindern	58,7	33,6	17,7	40,8	51,7						
Getrennt/ Geschieden						61,7	67,8	62,5	77,3	68,8	71,4
Ledig						76,7	74,6	84,9	79,3	85,5	83,7
Verwitwet						69,4	52,4	56,5	48,0	38,7	35,1
Ostdeutschland								1991	1994	1997	1998
Alle Haushalte								22,1	25,0	22,8	26,9
Paarhaushalte mit Kindern								24,1	32,5	33,0	35,0
Mit einem Kind								16,8	20,5	22,9	25,3
Mit zwei Kindern								25,5	34,5	34,6	37,3
Mit drei und mehr Kindern								42,3	70,4	67,0	66,6
Alleinerziehende								47,8	57,5	62,1	51,1
Getrennt/ Geschieden								46,8	59,2	68,6	51,2
Ledig								45,6	53,9	52,5	44,6

* 1963-1983: 60%-Grenze (des durchschnittlichen gewichteten verfügbaren Pro-Kopf-Einkommens auf der Basis der volkswirtschaftlichen Gesamtrechnungen; nur Personen in deutschen Privathaushalten; ohne Anstaltsbevölkerung; ohne Ausländer und ohne Haushalte mit besonders hohen Einkommen; Datenbasis: Einkommens- und Verbraucherstichproben und 1985-1998: 75-%-Grenze (Datenbasis: SOEP).

Quelle: Semrau (1990: 121); Hanesch et al. (2000: 308, 311 und 313).

Die vermeintliche Volksweisheit „Einmal arm, immer arm" ist jedoch weitgehend unzutreffend und entbehrt empirischer Evidenz. Vielmehr ist eine hohe Fluktuation in den Armutslagen zu konstatieren. Diese überaus große Mobilität lässt den Schluss zu, dass Armut in Deutschland kein dauerhaftes Phänomen einer Randgruppe ist, sondern dass es offensichtlich große Bevölkerungsgruppen gibt, die nur temporär vom Wohlstand abgekoppelt sind. Durch diese hohe Fluktuation wird verhindert, dass die in Armut lebenden Personen und Haushalte eine randständige Unterklasse bilden. Allenfalls lassen sie sich als negativ privilegierte Versorgungsklasse bezeichnen.

5.2 Armut trotz Erwerbstätigkeit

Zur negativ privilegierten Versorgungsklasse gehören neben den kinderreichen Familien im prekären Wohlstand vor allem alleinerziehende Mütter. Aufgrund von Problemen bei der Vereinbarkeit von Familie und Beruf müssen sie oftmals auf die Erwerbstätigkeit und damit eigenständige Erzielung von Arbeitseinkommen verzichten. Jedoch ist der Umkehrschluss, dass die meisten Armen dem Arbeitsmarkt nicht zur Verfügung stehen, nicht zulässig. Annähend 46% der Erwerbspersonen in Einkommensarmut sind nicht am Arbeitsmarkt beteiligt und beziehen auch keine Arbeitslosenunterstützung (52% in West- und 25% in Ostdeutschland). Für ganz Deutschland betrachtet sind lediglich 20% dieser Armen arbeitslos (Ostdeutschland: 30% und Westdeutschland: 15%). Immerhin 33% der Armen sind erwerbstätig und trotzdem als arm anzusehen (30% im Westen und 40% im Osten Deutschlands).

Schließen wir jüngere und ältere Personen, die in höherem Maße nicht mehr oder noch nicht am Arbeitsmarkt beteiligt sind aus der Betrachtung aus und konzentrieren uns auf die 25- bis 55-Jährigen, so zeigt sich noch offensichtlicher, dass der größte Anteil der Armen nicht dauerhaft vom Arbeitsmarkt ausgeschlossen ist und zwar in beiden Teilen Deutschlands (Strengmann-Kuhn 2000). Insgesamt sind in dieser Altersgruppe nahezu 45% erwerbstätig, 25% arbeitslos und nur 32% nicht am Arbeitsmarkt beteiligt (vgl. Strengmann-Kuhn 1997: 120f.). Dabei sind deutlich mehr Personen in Westdeutschland (40%) aus dem Arbeitsmarkt ausgeschlossen als in Ostdeutschland (12%). Das für die Unterklasse bedeutsame Kriterium der Ausgrenzung aus dem Arbeitsmarkt trifft den einfachen deskriptiven Befunden nach nicht für die Mehrheit der Armen zu. Annähernd 70% der Personen im Alter zwischen 25 und 55 Jahren sind unmittelbar durch Erwerbstätigkeit in den Arbeitsmarkt integriert und stehen mittelbar durch den Bezug von Arbeitslosenunterstützung dem Arbeitsmarkt zur Verfügung. Lediglich 30% dieser Personen sind vom Erwerbssystem ausgeschlossen. In Westdeutschland gehören dazu vornehmlich Frauen. Es sind Frauen, die als Alleinerziehende dem Arbeitsmarkt nicht zur Verfügung stehen, oder die in Paarhaushalten, mit oder ohne Kinder, der Rolle der Hausfrau nachgehen. Es zeigt sich daher, dass der größte Teil der Armen dem Arbeitsmarkt zur Verfügung steht.

5.3 Armut in der Abfolge von Generationen

Die Rolle der Verfestigung von Armut kann in der intergenerationalen Weitergabe der Armutsrisiken von den Eltern an ihre Kinder festgemacht werden. Kinder werden von den eingeschränkten ökonomischen Ressourcen des Elternhauses auch indirekt betroffen, wenn Anpassungsreaktionen der Eltern an die veränderte Einkommenssituation stattfinden (Elder/Caspi 1990). Bedürfnisse und Ausgaben werden an die reduzierten finanziellen Ressourcen angepasst, und häufig ändert sich bei einer darauffolgenden Deprivation auch das Familienklima und der Erziehungsstil der Eltern (vgl. Ulbricht et al. 1995: 131; Nietfeld/Becker 1999).

Die bedeutsamste langfristige Konsequenz infolge der reduzierten Ausgaben für den Bildungserwerb sehen wir in den eingeschränkten Bildungschancen und -teilhabe der armen Kinder (vgl. Lauterbach/Lange 1999; Becker 1999). Insbesondere bei länger andauernden Einkommenseinbußen werden Ausgaben für Bildung und Kultur häufig zugunsten alltäglicher Ausgaben (Ernährung, Kleidung, Wohnung) verringert. Ist der Nutzen langfristiger Investitionen in die Bildung von Kindern ungewiss, werden bei Armut und dauerhafter sozioökonomischer Deprivation kurze und scheinbar sichere Bildungslaufbahnen vorgezogen (vgl. Silbereisen/Walper 1989: 545). Vor allem von Eltern aus niedrigen Sozialschichten beobachtet man armutsbedingt reduzierte Bildungsaspirationen (vgl. Becker 1998; Becker/Nietfeld 1999).

Besonders der Übergang von der Grundschule in den Sekundarbereich I ist hierfür entscheidend. Dieser Übertritt bildet eine Schnittstelle, an der individuelle biografische Verläufe und soziale Strukturen – Verzweigungen gesellschaftlich vorgeformter Entwicklungsbahnen – zusammentreffen und in besonderer Weise die langfristige Platzierung in der Gesellschaft präformieren. Dieser Übergang stellt ein Nadelöhr für gesellschaftlichen Erfolg dar, und kann im weiteren Bildungsverlauf kaum revidiert werden (vgl. Henz 1997). Misslingt aufgrund der finanziell prekären Lebenslage ein entsprechender Bildungserwerb, somit die (Re-)Produktion des Humanvermögens der Kinder, werden diese mit großer Wahrscheinlichkeit selbst wiederum arm. So könnte es zur intergenerationalen Weitergabe von Armutsrisiken kommen.

Empirisch zeigen nun die Befunde der letzten Jahre für Westdeutschland, dass sich Armut markant auf die Bildungschancen der Schulkinder auswirkt (vgl. Lauterbach/Lange 1998). Vor allem beim Übergang in den Sekundarbereich I entscheiden sich Eltern häufig gegen die länger andauernde und damit teurere Bildungslaufbahn ihres Kindes und zugunsten eines niedrigeren Bildungsabschlusses (siehe Tabelle 7).

Tabelle 7: Bildungsübergänge in den Sekundarbereich I und II (Abstromprozente) – nur Westdeutschland (1984-1995)

	Gesicherter Wohlstand		Prekärer Wohlstand		In Armut lebend	
	Jungen	Mädchen	Jungen	Mädchen	Jungen	Mädchen
Sekundarbereich I Grundschule – Hauptschule	43,9	33,3	58,4	55,7	63,6	80,4
Sekundarbereich II Hauptschule – Keine Lehre	5,6	14,5	11,3	19,2	17,0	19,9
10. Klasse RS/Gymnasium – Lehre	40,9	49,1	63,0	60,7	44,0	58,1
10. Klasse RS/Gymnasium – Keine Lehre	2,2	2,1	-	3,6	8,0	3,2

Quelle: Sozio-ökonomisches Panel (DIW, Berlin): Welle 1-12 (West) – eigene Berechnungen

Lesehilfe: Von Jungen, die in Armut leben und sich beim Wechsel von der Grundschule auf die Sekundarstufe I befinden, gehen 63,6% auf die Hauptschule und nur 36,4% besuchen die Realschule oder das Gymnasium (100-63,6). Dies sind 44,8% mehr als bei den Jungen, die in gesicherten finanziellen Lebensverhältnissen leben.

Familien, die in relativer Einkommensarmut leben, entscheiden sich häufiger dafür, ihre Kinder auf die Hauptschule zu schicken. Dies trifft insbesondere für Mädchen zu. Aber selbst noch Familien, die sich in prekären Einkommenslagen befinden – also ein Einkommen geringfügig oberhalb der Armutsgrenze haben – entscheiden sich häufiger für die Hauptschule als Familien in gesicherten Wohlstandsverhältnissen. Jungen, die in Armut leben und sich beim Wechsel von der Grundschule auf die Sekundarstufe I befinden, gehen zu 63,6% auf die Hauptschule und nur zu 36,4% auf die Realschule oder das Gymnasium (100-63,6). Dies sind 44,8% mehr als bei den Jungen, die in gesicherten finanziellen Lebensverhältnissen leben.[7] Ähnliche Größenordnungen für beeinträchtigte Bildungschancen wurden für Kinder im prekären Wohlstand festgestellt (vgl. Lauterbach/Lange 1998). Dieser Befund trifft auch für den Wechsel in die Sekundarstufe II zu (siehe Tabelle 7). Auch hier zeigt sich, dass ein größerer Teil von Jugendlichen etwa keine Berufsausbildung absolviert als bei den Jugendlichen, die in gesicherten Lebensverhältnissen auf-

---

[7] Machen sich Eltern – und hierbei vor allem die Mütter – Sorgen um die zukünftige wirtschaftliche Situation des Haushaltes, dann verstärken diese eine ‚risikoaverse' Bildungsentscheidung zugunsten einer kurzen schulischen Ausbildung. Diese Kinder wechseln dann auch signifikant häufiger auf die Hauptschule.

wachsen. Durchgängig gilt, dass Kinder und Jugendliche in Armut mit einer höheren Wahrscheinlichkeit nicht auf eine weiterführende Schule wechseln.

Auch für Ostdeutschland sind deutliche Auswirkungen von Armut oder prekärem Wohlstand auf die elterlichen Bildungsentscheidungen, die schulischen Leistungen ihrer Kinder und damit auf ihre Bildungschancen nachzuweisen (siehe Tabelle 8). Eltern, die in einer prekären finanziellen Lebenslage leben, entscheiden sich bei der Frage nach der schulischen Bildungsqualifikation ihrer Kinder allenfalls für die Realschule, viel wahrscheinlicher jedoch für die Hauptschule. Als arm zu bezeichnende Eltern schicken ihre Kinder fast ausschließlich auf die Hauptschule als weiteren Bildungsweg. Zwar suchen arme Eltern hauptsächlich für ihr Kind die Hauptschule aus dem Bildungsangebot aus, aber im Unterschied zu Westdeutschland verbleiben vornehmlich die Jungen in der untersten Schullaufbahn, während die Mädchen eher auf die Realschule wechseln. Geschlechtsspezifisch betrachtet, sind insbesondere Jungen stärker benachteiligt als Mädchen. So wechseln mit 36% drei Mal so viele Mädchen in relativer Einkommensarmut auf das Gymnasium als Jungen.

Tabelle 8: Bildungsübergänge in den Sekundarbereich I und II (Abstromprozente) – nur Ostdeutschland (1991-1995)

	Gesicherter Wohlstand		Prekärer Wohlstand		In Armut lebend	
	Jungen	Mädchen	Jungen	Mädchen	Jungen	Mädchen
Sekundarbereich I						
Grundschule – Hauptschule	16,5	10,6	20,0	21,6	48,0	9,1
Grundschule – Realschule	53,4	38,9	71,4	62,2	40,0	54,5
Grundschule – Gymnasium	30,1	50,5	8,6	16,2	12,0	36,4
Sekundarbereich II						
Hauptschulabschluss	12,1	8,0	34,5	22,7	33,3	20,0
Mittlere Reife	60,0	48,9	44,8	59,1	63,0	60,0
Gymnasiale Oberstufe	27,9	43,1	20,7	18,2	3,7	20,0

Quelle: Sozio-ökonomisches Panel (DIW, Berlin): Welle 1-6 (Ost) – eigene Berechnungen
Lesehilfe: Von allen in Armut lebenden Jungen wechselten am Ende der Grundschulzeit 48% auf die Hauptschule, 40% auf die Realschule und 12% auf das Gymnasium. Von allen armen Mädchen im Alter von 15 bzw. 16 Jahren schlossen 20% ihre Schulausbildung mit der Hauptschule ab und 60% erwarben den Realschulabschluss. Rund 20% dieser armen Mädchen, die in den Sekundarbereich II wechselten, gingen auf die gymnasiale Oberstufe.

Nur jeder zehnte arme Junge wechselt auf diese höchste Schullaufbahn, während drei Mal so viele der im gesicherten Wohlstand lebenden Jungen auf das Gymnasium gehen. Die hohen Bildungsaspirationen ostdeutscher Eltern zeigen sich auch bei denen, die im prekären Wohlstand leben. Sie versuchen – im Unterschied zu den armen Eltern in Westdeutschland – wenigstens die Lebenschancen ihrer Kinder dadurch zu bewahren, indem sie diese auf die Realschule schicken.[8]

Armut wirkt sich beim Verlassen der Sekundarstufe I für beide Geschlechter negativ aus. Arme Jungen und Mädchen haben offensichtlich geringere Wahrscheinlichkeiten, eine qualifizierte berufliche Ausbildung zu absolvieren, als Kinder in finanziell gesicherten Lagen. Jungen und Mädchen armer Eltern beginnen weitaus häufiger als Ungelernte mit einer Erwerbstätigkeit als mit einer qualifizierenden Ausbildung. Die Einkommenschancen im späteren Leben der Kinder werden daher während ihrer gesamten Erwerbsphase merklich schlechter sein, als bei denjenigen, die eine qualifizierte Ausbildung oder ein Studium absolvieren. Ebenso erhöht sich damit die Wahrscheinlichkeit, dass die jungen Erwachsenen in unqualifizierten Teilarbeitsmärkten beschäftigt werden. Insbesondere zeigt sich, dass Hauptschüler benachteiligt sind. Nicht nur dass sie den niedrigsten Schulabschluss erwerben, sondern sie haben zusätzlich die höchste Wahrscheinlichkeit, ohne berufliche Ausbildung als Ungelernte in den Arbeitsmarkt einzutreten.

6 Schlussbemerkungen

Dass Kinder Kosten verursachen und das Familienbudget mitunter erheblich belasten, ist nicht neu. Jedoch ist das Ausmaß dieser Kosten in der Öffentlichkeit wenig bekannt. Legt man verschiedene Randbedingungen zugrunde, müssen Familien im Durchschnitt (einschließlich der Betreuungs- und Versorgungskosten) 360.000 DM aufwenden, bis ihr Kind volljährig geworden ist. Im Schnitt beträgt der monetäre Aufwand bei 1.400 DM pro Monat. Berücksichtigt man zusätzlich Qualifikationsverluste, die durch die Unterbrechung entstehen, und die entgangenen Rentenzahlungen, so kommt man bei einem Kind auf einen finanziellen Verlust von 504.000 DM, wenn es seine Ausbildung mit einem Hochschulabschluss beendet.

Nun kann man einwenden, dass diese Kosten durch steuerliche Freibeträge für Kinder, durch Kindergeld, durch Anerkennung von Erziehungszeiten oder auch kindbezogene Wohngeldzahlungen abgemildert werden. Jedoch kommen solche Berechnungen in der Regel zu dem Schluss, dass bei einem

---

[8] Im Unterschied zu amerikanischen Studien zeigen Befunde für beide Teile Deutschlands, dass der Einfluss der Dauer der sozioökonomischen Deprivation geringer ist als die sozioökonomischen Bedingungen des Familienhaushaltes unmittelbar vor dem Übertritt auf die weiterführende Schulstufe. Aufgrund der Struktur des deutschen Bildungssystems sind eher die sozioökonomischen Bedingungen des Familienhaushaltes zum Zeitpunkt des Übertritts oder kurz vor dem Übertritt in die weiterführende Schulstufe ausschlaggebend. So wirkt sich das Zusammentreffen von Armut und der zeitlichen Phase, in der eine Bildungsentscheidung getroffen werden muss, deutlich negativ auf die Bildungschancen aus. Haben hingegen Kinder erst einmal den Übergang in eine weiterführende Schule geschafft, so wirkt sich eine danach auftretende prekäre Einkommenslage kaum noch auf die weiteren Bildungsaspirationen der Eltern aus.

durchschnittlichen Einkommen und einer achtjährigen Unterbrechung die staatlichen Ausgleichsleistungen nur ca. 15% der Versorgungs- und Betreuungsleistungen betragen (Lampert 1996: 183). Kinder sind also zu einem teuren Gut in der Gesellschaft geworden und sie stellen für Familien ökonomische Kosten dar, die durch staatliche Transferzahlungen nicht ausgeglichen werden.

Sind Kinder gegenwärtig teurer als in den 50er Jahren, die „Blütezeit des Haupternährermodells" waren? In den 50er Jahren und bis Mitte der 60er Jahre verließen etwa 58% aller Kinder im Alter von 14 bis 15 Jahren die Schule mit dem Hauptschulabschluss (vgl. Arbeitsgruppe Bildungsbericht 1994: 271). Diese Jugendlichen begannen eine berufliche Ausbildung oder waren sofort erwerbstätig. Hingegen absolvierten in den 60er Jahren nur ungefähr 5 bis 10% das Abitur, in den 50er Jahren waren es sogar nur 4 bis 5%. Im Jahr 2000 dagegen absolvierten 30% eines Jahrganges das Abitur, und in manchen Stadtstaaten wie beispielsweise Berlin sind es sogar knapp 50%. Diese Jugendlichen sind dann durchschnittlich 18 bzw. 19 Jahre alt. Berücksichtigt man noch den gestiegenen Anteil von Realschulabsolventen, so wird ersichtlich, dass Eltern annähernd drei bis fünf Jahre länger ihre Kinder mit einem Betrag von 1.400 DM pro Monat finanziell unterstützen. Wenn ihre Kinder studieren, so verlängert sich die Dauer der Unterstützung abermals um einige Jahre. Jüngere Untersuchungen zeigen, dass nahezu die Hälfte der Eltern ihre studierenden Kinder häufig bis in die Mitte der dritten Lebensdekade unterstützen, und 20 bis 30% der Eltern tun dies sogar noch länger.

So ist es nicht verwunderlich, dass das klassische Modell des Haupternährers für eine große Zahl von Familien nicht mehr die ausschließliche ökonomische Basis der Familie bilden kann. Das Armutsrisiko ist in Deutschland, aber auch in anderen Ländern in Europa und vor allem in den USA, von der Zahl der Kinder und der Zahl der Einkommensbezieher in einer Familie abhängig. Armut oder Niedrigeinkommen sind vor allem dann zu erwarten, wenn in einem Mehrpersonen-Haushalt nur eine Person zum kontinuierlichen Einkommen beiträgt, oder wenn mehrere Kinder in der Familie leben und die Mütter deswegen auf die Erwerbstätigkeit verzichten müssen.

Dieses sozialpolitische Problem ist jedoch nicht den Familien anzulasten, sondern von der Gesellschaft und dem Wohlfahrtsstaat mit seinen defizitären Leistungen für die Familie zu verantworten. So gesehen ist die Familie trotz des Wohlfahrtsstaates eine verwundbare Sozialeinheit, die finanziell leicht überfordert werden kann. Stehen nur unzureichende Ressourcen für die Erfüllung ihrer Bildungsaufgaben zur Verfügung, so sind Eltern immer weniger in der Lage, ihre Kinder vor Bildungsproblemen zu bewahren. Die Indifferenzen der Gesellschaft für Kinder und die anwachsenden Risiken für Armut verschärfen die soziale Benachteiligung von Familien.

Literatur

Abel-Smith, B./Peter, T., 1965: The Poor and the Poorest. In: Occasional Papers on Social Administration, No. 17. London.
Andreß, H.-J., 1994: Steigende Sozialhilfezahlen. Wer bleibt, wer geht und wie sollte die Sozialverwaltung darauf reagieren? In: M. M. Zwick (Hg.): Einmal arm, immer arm? Frankfurt a. M., S. 75-105.
Andreß, H.-J., 1999: Leben in Armut. Opladen.
Andreß, H.-J./Lipsmeier, G., 1998: Kosten von Kindern. Auswirkungen auf die Einkommensposition und den Lebensstandard der betroffenen Haushalte. In: A. Klocke/K. Hurrelmann (Hg.): Kinder und Jugendliche in Armut. Opladen, S. 26-50.
Arbeitsgruppe Bildungsbericht am Max-Planck-Institut für Bildungsforschung, 1994: Das Bildungswesen in der Bundesrepublik Deutschland. Reinbek.
Balsen, W./Nakielski, H./Rössel, K./Winkel, R., 1984: Die neue Armut. Ausgrenzung der Arbeitslosen aus der Arbeitslosenunterstützung. Köln.
Becker, R., 1998: Dynamik rationaler Bildungsentscheidungen im Familien- und Haushaltskontext. Eine empirische Untersuchung zum Bildungserfolg ostdeutscher Jugendlicher in Armutslagen, Technische Universität: Manuskript. Dresden.
Becker, R.1999: Kinder ohne Zukunft? Kinder in Armut und Bildungsungleichheit in Ostdeutschland seit 1990. In: Zeitschrift für Erziehungswissenschaft, 2, S. 251-271.
Becker, R./Nietfeld, M., 1999: Arbeitslosigkeit und Bildungschancen von Kindern im Transformationsprozeß. Eine empirische Studie über die Auswirkungen sozioökonomischer Deprivation auf intergenerationaler Bildungsvererbung. In: Kölner Zeitschrift für Soziologie und Sozialpsychologie, 51, S. 55-79.
Bieligk, A., 1996: „Die armen Kinder". Armut und Unterversorgung bei Kindern, Belastungen und ihre Bewältigung. Essen.
Buhr, P., 1995: Dynamik von Armut. Opladen.
Buhr, P., 1998: Übergangsphase oder Teufelskreis? Dauer und Folgen von Armut bei Kindern. In: A. Klocke/K. Hurrelmann (Hg.): Kinder und Jugendliche in Armut. Opladen, S. 72-86.
Buhr, P./ Leisering, L./Ludwig, M./Zwick, M., 1991: Armutspolitik und Sozialhilfe in vier Jahrzehnten. In: B. Blanke/H. Wollmann (Hg.): Die alte Bundesrepublik: Kontinuität und Wandel. Sonderheft 12 des Leviathan. Opladen, S. 502-546.
Bundesministerium für Familie, Senioren, Frauen und Jugend (BMFSFJ), 1998: Zehnter Kinder- und Jugendbericht. Bonn.
Bundesregierung, 2001: Lebenslagen in Deutschland. Der erste Armuts- und Reichtumsbericht der Bundesregierung. Berlin.
Eckardt, T., 1997: Armut in Deutschland. München.
Eggen, B., 1998: Privathaushalte mit Niedrigeinkommen. Baden-Baden.
Eggen, B., 2000: Familien in der Sozialhilfe und auf dem Arbeitsmarkt. In: Sozialer Fortschritt, 49, S. 149-153.
Elder, G. H., Jr./Caspi, A., 1990: Persönliche Entwicklung und sozialer Wandel. Die Entstehung der Lebensverlaufsforschung. In: U. K. Mayer, (Hg.): Lebensverläufe und sozialer Wandel. Opladen 1990, S. 22-58.
Esping-Andersen, G., 1999: Social Foundations of Postindustrial Economies. Oxford.
Geißler, H., 1976: Die neue soziale Frage. Freiburg.
Glotz, P., 1984: Die Arbeit der Zuspitzung: Über die Organisation einer regierungsfähigen Linken. Berlin.
Habich, R./Headey, B./Krause, P., 1991: Armut im Reichtum: Ist die Bundesrepublik Deutschland eine Zwei-Drittel-Gesellschaft? In: U. Rendtel/G. Wagner (Hg.): Zur Einkommensdynamik in Deutschland seit 1984. Frankfurt a. M., S. 488-509.

Habich, R./Krause, P., 1995: Armut in der Bundesrepublik Deutschland – Probleme der Messung und die Reichweite empirischer Untersuchungen. In: E. Barlösius/E. Feichtinger/M. Köhler (Hg.): Ernährung in der Armut. Berlin, S. 62-86.
Hanesch, W./Krause, P./Bäcker, G., 2000: Armut und Ungleichheit in Deutschland. Reinbek.
Hauser, R., 1995: Das empirische Bild der Armut in der Bundesrepublik Deutschland – ein Überblick. In: Aus Politik und Zeitgeschichte, 31-32, S. 3-13.
Hauser, R., 1997: Wächst die Armut in Deutschland. In: S. Müller/U. Otto (Hg.): Armut im Sozialstaat. Neuwied, S. 29-48.
Hauser, R., 1999: Tendenzen zur Herausbildung einer Unterklasse? In: W. Glatzer/I. Ostner (Hg.): Deutschland im Wandel. Sozialstrukturelle Analysen, Sonderband 11. Opladen, S. 133-147.
Hauser, R./Neumann, U., 1992: Armut in der Bundesrepublik Deutschland. Die sozialwissenschaftliche Thematisierung nach dem Zweiten Weltkrieg. In: S. Leibfried/W. Voges (Hg.): Armut im modernen Wohlfahrtsstaat. Sonderheft 32 der Kölner Zeitschrift für Soziologie und Sozialpsychologie. Opladen, S. 237-271.
Hauser, R./Semrau, P., 1990: Zur Entwicklung von Einkommensarmut von 1963 bis 1986. In: Sozialer Fortschritt, 39, S. 27-42.
Hauser, R./Becker, I. (Hg.), 1997: Einkommensverteilung und Armut. Deutschland auf dem Weg zur Vierfünftel-Gesellschaft? Frankfurt a. M.
Henz, U., 1997: Die Messung der intergenerationalen Vererbung von Bildungsungleichheit am Beispiel von Schulformwechseln und nachgeholten Bildungsabschlüssen. In: R. Becker (Hg.): Generationen und sozialer Wandel. Opladen, S. 111-135.
Hübinger, W., 1996: Prekärer Wohlstand. Neue Befunde zu Armut und sozialer Ungleichheit. Freiburg.
Huinink, J., 1995: Warum noch Familie. Zur Attraktivität von Partnerschaft und Elternschaft in unserer Gesellschaft. Frankfurt a. M.
Joos, M., 1997: Armutsentwicklung und familiale Armutsrisiken von Kindern in den neuen und alten Bundesländern. In: U. Otto (Hg.): Aufwachsen in Armut. Erfahrungswelten und soziale Lagen von Kindern armer Familien. Opladen, S. 47-78.
Kaufmann, F.-X., 1995: Zukunft der Familie im vereinten Deutschland. München.
Klocke, A., 1998: Kinderarmut in Europa. In: A. Klocke/K. Hurrelmann (Hg.): Kinder und Jugendliche in Armut. Opladen, S. 136-159.
Klocke, A., 2000: Methoden der Armutsmessung. Einkommens-, Unterversorgungs- und Deprivationskonzept. In: Zeitschrift für Soziologie, 29, S. 313-330.
Klocke, A./Hurrelmann, K. (Hg.), 1998: Kinder und Jugendliche in Armut. Opladen.
Kohl, J., 1992: Armut im internationalen Vergleich. In: S. Leibfried/W. Voges (Hg.): Armut im modernen Wohlfahrtsstaat. Sonderheft 32 der Kölner Zeitschrift für Soziologie und Sozialpsychologie, S. 272-299.
Krämer, W., 2000: Armut in der Bundesrepublik Deutschland. Frankfurt a. M.
Krause, P., 1994: Zur zeitlichen Dimension von Einkommensarmut. In: W. Hanesch/E.-M. Bordt (Hg.): Armut in Deutschland. Reinbeck, S. 189-214.
Lampert, H., 1996: Priorität für die Familie. Plädoyer für eine rationale Familienpolitik. Berlin.
Lange, A./Lauterbach, W./Becker, R., im Druck: Armut und Bildungschancen. Auswirkungen von Niedrigeinkommen auf den Übergang von der Grundschule auf weiterführende Schullaufbahnen. In: Ch. Butterwegge/M. Klundt (Hg.): Kinderarmut und Generationengerechtigkeit. Opladen.
Lauterbach, W./Lange, A., 1998: Aufwachsen in materieller Armut und sorgenvoller Familienumwelt. Konsequenzen für den Schulerfolg von Kindern am Beispiel des Übergan-

ges in die Sekundarstufe I. In: J. Mansel/G. Neubauer (Hg.): Armut und soziale Ungleichheit bei Kindern. Opladen, S. 106-129.

Lauterbach, W./Lange, A., 1999: Armut im Kindesalter. Ausmaß und Folgen ungesicherter Lebensverhältnisse, Diskurs 9, S. 88-97.

Leibfried, S./Tennstedt, F. (Hg.), 1985: Politik der Armut und die Spaltung des Sozialstaats. Frankfurt a. M.

Leibfried, S. et al., 1995: Zeit der Armut. Frankfurt a. M.

Manz, G., 1992: Armut in der „DDR"-Bevölkerung. Augsburg.

Müller, K./Frick, J., 1997: Die Äquivalenzeinkommensmobilität in den neuen und alten Bundesländern 1990 bis 1994. In: S. Hradil/E. Pankoke (Hg.): Aufstieg für alle? Opladen, S. 103-155.

Nave-Herz, R., 1999: Wozu Familiensoziologie? Über die Entstehung, Geschichte und die Aufgaben der Familiensoziologie. In: F. W. Busch/R. Nave-Herz/B. Nauck (Hg.): Aktuelle Forschungsfelder der Familienwissenschaft. Würzburg, S. 15-33.

Nietfeld, M./Becker, R., 1999: Harte Zeiten für Familien. Theoretische Überlegungen und empirische Analysen zu Auswirkungen von Arbeitslosigkeit und sozio-ökonomischer Deprivation auf die Qualität familialer Beziehungen Dresdner Familien. In: Zeitschrift für Soziologie der Erziehung und Sozialisation, 19, S. 369-387.

Schäfers, B., 1992: Lebensverhältnisse und soziale Konflikte im neuen Europa. Frankfurt a. M.

Semrau, P., 1990: Entwicklung der Einkommensarmut. In: D. Döring/W. Hanesch/E.-U. Huster (Hg.): Armut im Wohlstand. Frankfurt a. M., S. 111-128.

Semrau, P./Stubig, H.-J., 1999: Armut im Lichte unterschiedlicher Messkonzepte. In: Allgemeines Statistisches Archiv, 83, S. 324-337.

Silbereisen, R. K./Walper, S., 1989: Arbeitslosigkeit und Familie. In: R. Nave-Herz/M. Markefka (Hg.): Handbuch der Familien- und Jugendforschung, Bd.1: Familienforschung. Neuwied, S. 535-559.

Statistisches Bundesamt, 1999: Sozialhilfe in Deutschland: Entwicklungen und Strukturen. Wiesbaden.

Strengmann-Kuhn, W., 2000: Erwerbstätigkeit und Einkommensarmut: Armut trotz Erwerbstätigkeit? In: F. Büchel/M. Diewald/P. Krause/A. Mertens/H. Solga (Hg.): Zwischen drinnen und draußen. Arbeitsmarktchancen und soziale Ausgrenzung in Deutschland. Opladen, S. 139-153.

Strengmann-Kuhn, W., 1997: Erwerbs- und Arbeitsmarktbeteiligung der Armutspopulation in der Bundesrepublik Deutschland. In: I. Becker/R. Hauser (Hg.): Einkommensverteilung und Armut: Deutschland auf dem Weg zur Vierfünftel-Gesellschaft. Frankfurt a. M., S. 113-135.

Szydlik, M., 1993: Arbeitseinkommen und Arbeitsmarktsstrukturen. Berlin.

Thurnwald, H., 1948: Gegenwartsprobleme Berliner Familien: eine soziologische Untersuchung an 498 Familien. Berlin.

Ulbricht, G./Schmidt, G./Friebe, D., 1995: Veränderte Reihenfolge der Bedürfnisse bei geringem Einkommen in den neuen Bundesländern. In: E. Barlösius/E. Feichtinger/B. M. Köhler (Hg.): Ernährung in der Armut. Berlin, S. 128-140.

Walper, S., 1997: Wenn Kinder arm sind. Familienarmut und ihre Betroffenen. In: L. Böhnisch/K. Lenz (Hg.): Familien. Eine interdisziplinäre Einführung. Weinheim, S. 265-281.

Weick, S., 1999: Relative Einkommensarmut bei Kindern. Dissertation. Universität Gießen.

Weick, S., 2000: Wer zählt zu den „Reichen" in Deutschland? In: Informationsdienst Soziale Indikatoren, S. 1-5.

Zimmermann, G. E., 1998: Formen von Armut im Kindes- und Jugendalter. In: A. Klocke/K. Hurrelmann (Hg.): Kinder und Jugendliche in Armut. Opladen, S. 51-71.

Wohnen und Familie

Hartmut Häußermann und Walter Siebel

1 Der Idealtypus des modernen Wohnens: die Familienwohnung

Familie und Wohnen scheinen wie selbstverständlich zusammenzugehören. Aber der Haushalt als die soziale Einheit des Wohnens ist für die Masse der Bevölkerung erst im Laufe des 20. Jahrhunderts identisch geworden mit der Kleingruppe von Eltern und ihren (leiblichen) Kindern. Zugleich wurde die Wohnung zum Ort der Freizeit und Erholung stilisiert. Damit rückten die verbliebenen Reste der Hausarbeit zusammen mit der Hausfrau an den Rand in abgelegene, räumlich auf ein Minimum beschränkte Küchen. Hausarbeitszimmer verschwinden ganz zugunsten des Wohnzimmers, dem nach Ausstattung, Lage und Größe besten Raum. Alles, was an Arbeit erinnern könnte, was Geruch, Lärm oder Schmutz verursacht, wird draußen gehalten. Das Wohnzimmer signalisiert die Hierarchie der Personen und der Nutzungen in der modernen Wohnung. Diese Wohnvorstellung ist in den Richtlinien des Wohnungsbaus der Bundesrepublik festgeschrieben. DIN 18011 legt für das Wohnzimmer als einzigem Raum eine Mindestgröße fest, die nicht unterschritten werden darf, für die übrigen Räume sind Ausstattung, Lage, Stellflächen und Größe so festgelegt, dass sie nur monofunktional als Schlafzimmer, Kinderzimmer oder Küche, Bad, WC genutzt werden können. Zwei Drittel des heutigen Wohnungsbestandes in den alten Bundesländern sind nach diesen Richtlinien errichtet worden. Damit ist eine Wohnweise allgemein geworden, die noch vor 100 Jahren die Wohnweise einer Schicht war, nämlich des Bürgertums.

Bis auf die Form der Aneignung ist dieses Wohnmodell identisch mit dem, das dem industrialisierten Massenwohnungsbau in der DDR zugrunde lag. Die Grundrissprinzipien waren die selben, nur die Bau- und Flächenstandards waren etwas niedriger, und die Ausstattung mit Infrastruktur zur ganztägigen Betreuung der Kinder war in den Neubausiedlungen der DDR nahezu vollständig realisiert (Geißler 1992: 254). Nach dem Parteitagsbeschluss 1971, die „Wohnungsfrage als soziales Problem bis 1990" zu lösen (Hannemann 2000: 96), setzte in der DDR zu Beginn der 70er Jahre eine fordistische Industrialisierung des Bauwesens ein, die als notwendige Voraussetzung der Rationalisierung der Bauproduktion die Standardisierung der Wohnweise verlangte. Dazu orientierte sich die DDR an demselben Modell der kleinfamilialen Lebensweise wie der soziale Wohnungsbau in der BRD, allerdings erweitert um die Unterstützung der Berufstätigkeit der Frau durch eine ausgebaute Infrastruktur zur Kinderbetreuung. Die Rationalisierung der Haus(frauen)arbeit diente dabei zwei Zielen, die schon in den Bemühungen des Neuen Bauens in den 20er Jahren des vorigen Jahrhunderts um die rationelle Arbeitsküche (Frankfurter Küche) im Vordergrund gestanden hatten: der Entlastung der Frau von Hausarbeit, um sie für die betrieblich organisierte Arbeit freizusetzen, und der Einsparung von Wohnfläche (ebd.: 53). Im Ergebnis wurden die Wohnungen weit stärker standardisiert als der Industriebau, da die Erfordernisse unterschiedlicher Produktionsabläufe nicht so leicht vernachlässigt werden konnten. „Die Platte" beruhte auf einem Menschenbild, „das auf funktionalisierbare Grundbedürfnisse reduziert worden war ... Der Mensch mit seinen Wohnbedürfnissen (wurde) offensichtlich eher als rationalisierbar und damit der Wohnungsbau als leichter industrialisierbar angesehen" (ebd.: 97). Die Platte hatte drei ideologische Voraussetzungen: die Kleinfamilie als „kleinste Zelle der Gesellschaft" (Präambel des Familiengesetzbuchs der DDR), die Idee der Gleichheit durch Standardisierung von Wohnung und Wohnumfeld und der Glaube an den technischen Fortschritt als Weg zur Lösung aller gesellschaftlichen Probleme im Sozialismus (ebd.: 108).

Das im sozialen Wohnungsbau der BRD und in der gesamten Wohnungsproduktion der DDR dominant gewordene Wohnmodell verkürzt Wohnen auf eine Summe von addierbaren Funktionen. Aber Wohnen ist vermischtes Tun. Arbeit und Konsum sind nicht systematisch voneinander und vom Gespräch mit anderen geschieden, alles mögliche wird gleichzeitig, manches nebenher erledigt, und die Poren der Ruhe sind noch nicht aus den Arbeitsvorgängen herausgepresst und zur Freizeit an Abend und Wochenende zusammengefasst. Mit diesem Durcheinander suchte der Funktionalismus aufzuräumen, indem er die Funktionen trennte und ihnen besondere Räume, Zeiten und zuständige Personen zuwies. Im Schlafzimmer hält man sich nur nachts und zum Schlafen auf, in der Küche kann nur einer arbeiten, üblicherweise die Frau, im Wohnzimmer wird gewohnt. Indem Wohnen der Logik tayloristischer Rationalisierung unterworfen wurde, um Arbeit, Zeit und Fläche zu sparen für das reine Wohnen, wird die besondere Qualität von Wohnen gerade zerstört. Was im Wohnzimmer geschieht, ist außer durch das, was dort nicht geschehen soll, charakteristischerweise nicht mehr angebbar.

2 Erziehung durch Wohnungsbau

Die Durchsetzung des kleinfamilialen, von Arbeit gereinigten und intimisierten Wohnens ist das überdeterminierte Ergebnis sich überlagernder gesellschaftlicher Entwicklungen, aber auch Ergebnis einer Erziehung von Oben. Der soziale Wohnungsbau der BRD und der industrialisierte Wohnungsbau der DDR haben beide dieselben Ahnherren: die Wohnungsreformbewegung des 19. und das Neue Bauen Anfang des 20. Jahrhunderts. Aus Sicht der bürgerlichen Wohnungsreformer verhinderten die Wohnverhältnisse, dass das Proletariat gemäß den Normen bürgerlicher Sittlichkeit lebte. Folgerichtig wird im 19. Jahrhundert die Wohnung zur dritten Erziehungsanstalt neben Fabrik und

Schule. Nicht viel anders die Avantgarde des Neuen Bauens in den 20er Jahren des vorigen Jahrhunderts: 1928 veröffentlicht Wichert in der damals einflussreichen Zeitschrift „Das neue Frankfurt" einen Artikel unter dem Titel „Die neue Baukunst als Erzieher" (Kähler 1988: 544). Erzogen werden sollte zu Sparsamkeit, Sittlichkeit, einer gesunden und rationellen Lebensführung und vor allem zum Leben in der Kleinfamilie. Als Steuerungs- und Kontrollinstrumente standen der Bau und die Zuteilung von Wohnungen, das Familienrecht, die Wohnungsinspektion sowie die Fürsorge zur Verfügung. Vor allem der halboffenen proletarischen Familienstruktur und dem Schlafgängerwesen, die bei bürgerlichen Wohnungsreformern mehr sexuelle Phantasien als Gedanken über materielle Not provozierte, suchte man beizukommen. Dass Wohnungspolitik ein durchaus wirksames Instrument der Familienförderung sein kann, belegen die früheren und häufigeren Eheschließungen in der DDR, die auch damit erklärt werden, dass nur so eine der begehrten Neubauwohnungen zu bekommen war (Huinink 1995: 12).

Neben dem kleinfamilialen Wohnen zielte die Erziehung durch Wohnungspolitik auf eine Rationalisierung des Wohnverhaltens entsprechend den Prinzipien tayloristischer Industrieproduktion. Dass diese Prinzipien sich in der Wohnungspolitik durchsetzen konnten, verdankt sich auch der Tatsache, dass die Prinzipien des Neuen Bauens sich aufs beste vertrugen mit den ökonomischen Zwängen einer Versorgung „breiter Schichten des Volkes", wie die Zielsetzung des sozialen Wohnungsbaus lautet. Diese verlangte Industrialisierung der Bauproduktion, Standardisierung des Wohnverhaltens und Minimierung der Wohnfläche. Was da nicht hineinpasste, wurde verurteilt als unhygienisch (Wohnküche), als unwirtschaftlich (gute Stube) oder schlicht als überflüssig wie z.B. „herumstehende Fotographien" (von Saldern 1988: 208ff.).

3 Wohnungsversorgung

Die wohnungspolitische Definition dessen, was eine bedürfnisgerechte, menschenwürdige Wohnform sei, war in den beiden deutschen Staaten ähnlich. Der Unterschied bestand darin, mit welcher Konsequenz diese Antwort jeweils durchgesetzt wurde. In der DDR wurde der gesamte Mietwohnungsbau in staatlicher Regie durchgeführt, privater Wohnungsbau und Wohneigentum spielten nur eine marginale Rolle. Planung und Produktion von Wohnungen waren hoch zentralisiert. Dabei setzte die DDR einseitig auf die Industrialisierung der Bauproduktion, was wiederum dazu zwang, das Wohnen so weit wie möglich zu standardisieren. 1985 wurden 83% aller Neubauten mit der Platte ausgeführt. Am Ende der DDR wohnte jeder fünfte DDR-Bürger in einer Großsiedlung des industriellen Wohnungsbaus mit mehr als 2500 WE, in der BRD dagegen nur 1,7% (Bundestags Drucksache 12/8406: 29).

In der Bundesrepublik hat die öffentliche Subventionierung des Wohnungsbaus das Wohnen als räumlich abgesonderte, emotional aufgeladene Gegenwelt der Familie zu Fabrik und Büro breiten Schichten der Bevölkerung ermöglicht. Aber in der BRD blieb die Wohnungsproduktion im Vergleich zur DDR sehr differenziert. Es konkurrieren verschiedene Bauträger, gemeinnützige und private Wohnungsbaugesellschaften, Einzelpersonen, die in den Wohnungsbau als Alterssicherung investieren oder ihr eigenes Haus bauen, und dementsprechend existiert der handwerkliche Einzelbau weiter neben industrialisierten Produktionsformen, Großwohnanlagen neben kleineren Mietgebäuden, Reihenhäusern und Einfamilienhäusern, und nicht nur das Wohnen zur Miete, sondern auch das Wohneigentum wird gefördert. Im sozialen Mietwohnungsbau (der lediglich ca. 20% der gesamten Wohnungsversorgung in den alten Bundesländern ausmacht) wurden weitgehend standardisierte Grundrisse realisiert, ansonsten aber wurde die Wohnungsproduktion vom Staat kaum qualitativ gesteuert. Dadurch konnte sich in der BRD ein nach städtebaulichen, architektonischen und Nutzungsgesichtspunkten differenzierterer, nach Wohnfläche, Ausstattung und Bauqualität besserer Wohnungsbestand entwickeln als in der DDR.

Der Wohnungsbestand spiegelt erhebliche Differenzen zwischen den beiden Systemen. Die folgende Tabelle enthält die wichtigsten Indikatoren:

Tabelle 1: Wohnungsversorgung in den alten und neuen Bundesländern (1987/1993)

	Alte BL	Neue BL
Eigentumsform aller Wohnungen		
- Kommunal		41%
- Genossenschaftlich/Gemeinnützige Ges.	13,8%	18%
- Sonstige Wohnungsunternehmen	6,3%	
- Private Eigentümer	79,9%	41%
Mietwohnungen in % von allen (amtl. Statistik)	60,7%	73%
Haushalte in privatem Wohneigentum* (Umfrage 1993) [1]	45,3%	33,6%
- darunter Eigentumswohnung [1]	7,7%	2,1%
- Eigenheim	37,6%	31,5%
- in Orten unter 20.000 Ew.	57,5%	73,7%
in Ein-/Zweifamilienhaus	79,2%	92,8%
Baualter vor 1949	26,9%	73,1%
Gebäudegröße		
mit 1 Wohnung	62,3%	56,6%
mit 2 Wohnungen	20,8%	18,5%
mit 3 bis 6 Wohnungen	11,8%	13,4%
mit 7 bis 12 Wohnungen	4,0%	9,8%
mit 13 und mehr Wohnungen	1,1%	1,7%
Baujahr (alle Wohngebäude)		
- bis 1918	18%	35%

- 1919-1945	12%	19%
- nach 1945	70%	46%
Ausstattung		
- mit Bad/Dusche	95%	82%
- mit Innen-WC	98%	76%
- mit moderner Heizung	75%	47%
Wohnungsgröße*		
- 1 oder 2 Räume	24,1%	22,7%
- 3 Räume	31,1%	44,0%
- 4 Räume	21,3%	22,7%
- 5 Räume	12,7%	6,7%
- 6 oder mehr Räume	10,6%	4,0%
Wohnfläche je Wohnung	86,1 m^2	64,3 m^2
Wohnfläche je Mietwohnung	69,2 m^2	62,0 m^2
Wohnfläche je Einwohner	36,8 m^2	27,4 m^2
Räume je Wohnung	4,4	3,8
Räume je Einwohner	1,9	1,6
Wohnungen je 1.000 Einwohner	428	426

Quelle: Ulbrich 1993: 30. Die mit * gekennzeichneten Angaben sind dem Wohnungsbestandspanel der BfLR (vgl. Schwandt 1994) entnommen, die aus einer Umfrage im Jahr 1993 stammen. Die Daten zur Eigentümerstruktur und zu den Wohnungsgrößen weichen erheblich von den amtlichen Statistiken ab; bei den Wohnungsgrößen sind durch die Umfrage die unterschiedlichen Erfassungsmethoden von DDR- und BRD(alt)-Statistik beseitigt; in der BRD(alt)-Statistik waren alle Räume einer Wohnung, soweit sie Wohnzwecken dienten (also auch Küchen) gezählt worden, in der DDR-Statistik jedoch nur die ‚reinen' Wohnräume. Die Eigentumsquote ist gegenüber der DDR-Statistik von 1989 erheblich höher, weil bereits viele Häuser durch das Restitutionsverfahren an ihre früheren Eigentümer zurückgegeben worden waren. Da die Daten aus verschiedenen Quellen und aus verschiedenen Zeitpunkten stammen, summieren sich die Prozentwerte nicht immer auf 100%.

1) Nach der Gebäude- und Wohnungszählung 1993 beträgt der Anteil der von den Eigentümern selbst bewohnten Wohnungen (Eigentümerwohnungen) am gesamten Wohnungsbestand in den alten Ländern 41,7%, in den neuen Bundesländern 26,4%.

In den alten Bundesländern waren zur Zeit der staatlichen Vereinigung die Wohnungen im Durchschnitt neuer, besser ausgestattet und größer, es gab etwas mehr Wohnungen pro Einwohner, und sie befanden sich sehr viel häufiger im privaten Eigentum und in Ein- bzw. Zweifamilienhäusern. Die BRD hat also mehr und besseren Wohnraum produziert trotz (oder wegen) der erheblichen Anstrengungen der DDR zur Industrialisierung des Bauens. Hinsichtlich der Wohnsicherheit und der Belastung des Haushaltsbudgets durch die Wohnkosten bot jedoch die DDR günstigere Bedingungen. Vor allem hinsichtlich der Ungleichheit in der Wohnsituation unterschied sich die Wohnungsversorgung in der DDR von der der BRD, in der der Wohnungsbestand sehr viel ungleicher verteilt war. Allerdings kann daraus nicht unmittelbar auf eine größere Gerechtigkeit in den Verteilungsmechanismen der DDR geschlossen werden, da in der DDR aufgrund der im Neubau sehr gleichmäßigen Größen und Qualitäten geringere Spielräume für ungleiche Wohnsituationen bestanden. Dennoch lässt sich sagen, dass sich die beiden Länder auf die Lösung jeweils anderer Aspekte der Wohnungsversorgung konzentriert haben: In der BRD wurden

Qualität und Differenziertheit des Wohnungsbestandes erhöht aber zu Lasten einer polarisierten Wohnungsversorgung, in der DDR standen dagegen Sicherheit sowie Kosten- und Gleichheitsfragen im Vordergrund, aber dafür wurden Qualität und Differenzierung der Wohnbausubstanz vernachlässigt. Wie in vielem, so haben die beiden Staaten auch hinsichtlich der Wohnungsversorgung sich die jeweils vergessenen Seiten vorgehalten. Aber in einem waren sie sich einig: Beide haben die qualitative Frage der Wohnungsreform danach, was denn eine menschenwürdige Wohnung sei, ähnlich beantwortet: die von produktiven Funktionen weitgehend gereinigte private Sphäre der Kleinfamilie.

4 Wohnungsversorgung und Haushaltstypus

Eine summarische Beschreibung des Wohnungsbestandes ist nicht hinreichend, um die Wohnungsversorgung der Bevölkerung zu charakterisieren, vielmehr muss dazu die Verteilung des verfügbaren Wohnraums auf die verschiedenen Gruppen der Bevölkerung dargestellt werden. Wir gehen im folgenden auf einige Zusammenhänge zwischen Haushaltsstruktur und Wohnungsversorgung sowie Wohnstandort und Ungleichheit ein. (Zu Verteilungsfragen nach Nationalität, Schicht etc. vgl. Häußermann/Siebel 2000).

Die Haushaltsgröße hat erhebliche Konsequenzen für die Wohnungsversorgung. Generell gilt: Je größer der Haushalt, desto schlechter die Wohnungsversorgung – eine Korrelation, die einer Wohnungspolitik, die sich als Familienpolitik versteht, kein gutes Zeugnis ausstellt.

Tabelle 2: Wohnungsversorgung von Familienhaushalten 1993 in den alten Bundesländern

Haushaltstyp	Wohnfläche je Person (in qm)	Haushalte im selbstgenutzten Wohneigentum (in % aller Haushalte)	Mietbelastung* in % des Haushaltsnettoeinkommens
Alleinlebende	63	23	25
Ehepaare			
- ohne Kinder	45	51	18
- mit 1 Kind	32	39	21
- mit 2 Kindern	27	51	22
- mit 3 Kindern	23	52	23

* Bruttokaltmiete (Kaltmiete einschließlich Betriebskosten)
Quelle: BMFSFJ 1998: 167

Eindeutig zu erkennen ist die negative Korrelation zwischen Haushaltsgröße und Wohnfläche. Der Abstand zwischen den Haushalten ohne Kinder und jenen mit Kindern hat sich im Zeitverlauf sogar vergrößert: Innerhalb der letzten dreißig Jahre konnten die kinderlosen Haushalte ihre durchschnittliche Wohnfläche um 33% von 82 auf 107,5 qm steigern, die Haushalte mit Kindern dagegen nur um 29% von 102 auf 132 qm (FAZ, 4.5. 2001, Nr. 103: 55). Lässt man die Alleinlebenden außer Acht, so steigt trotz der pro Person sinkenden Wohnfläche die Wohnkostenbelastung der Mieterhaushalte mit der Zahl der Kinder. Nur beim Wohneigentum (und damit bei der Wohnsicherheit) zeigt sich eine positive Korrelation zur Kinderzahl, was aber häufig mit hohen Abzahlungsbelastungen und peripheren Standorten einhergeht. Dieses Missverhältnis ist sogar in den Wohnungsbaurichtlinien festgeschrieben. Während der Wissenschaftliche Beirat beim damaligen Bundesministerium für Jugend, Familie und Gesundheit eine Vergrößerung der Wohnfläche proportional zur Vergrößerung des Haushalts empfiehlt, sehen die Richtlinien vor, dass die Pro-Kopf-Fläche mit Zunahme der Personenzahl pro Haushalt sinkt (Flade 1987: 97). Dementsprechend verschlechtert sich die Wohnraumversorgung mit steigender Kopfzahl pro Haushalt auch im sozialen Wohnungsbau (vgl. Abb. 1).

Abbildung 1: Durchschnittliche Zahl der bewohnten Räume pro Person (nur Deutsche) in öffentlich geförderten Wohnungen (1987)

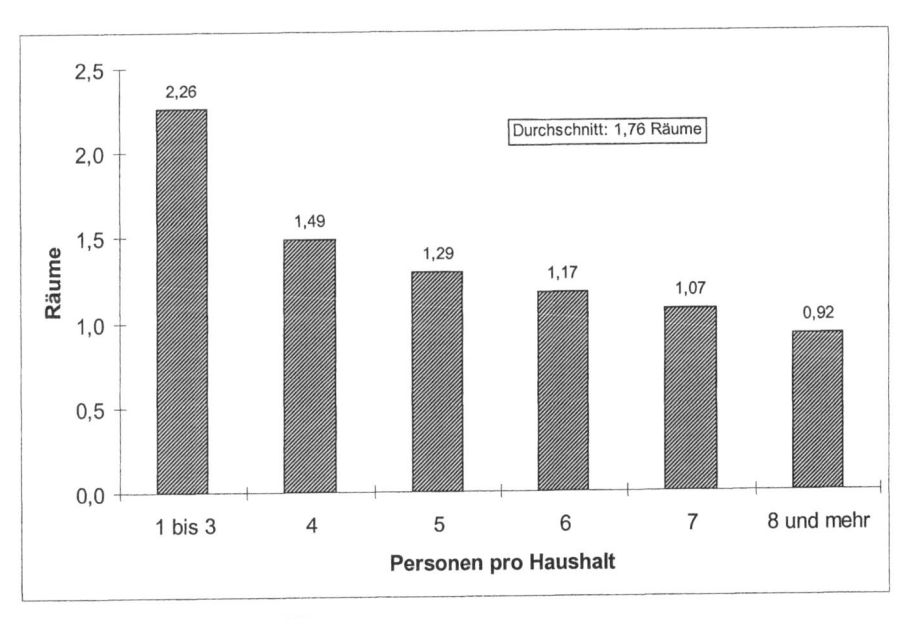

Quelle: Statistisches Bundesamt 1987

Zwar hat sich die Situation, betrachtet man den Anteil der unterversorgten Haushalte, zwischen 1978 und 1987 verbessert, doch nicht für die großen Haushalte mit 5 und mehr Personen (vgl. Abb. 2).

Abbildung 2: Anteil der mit Wohnraum unterversorgten Haushalte von Mietern nach Haushaltsgröße (1978 und 1987) – in %

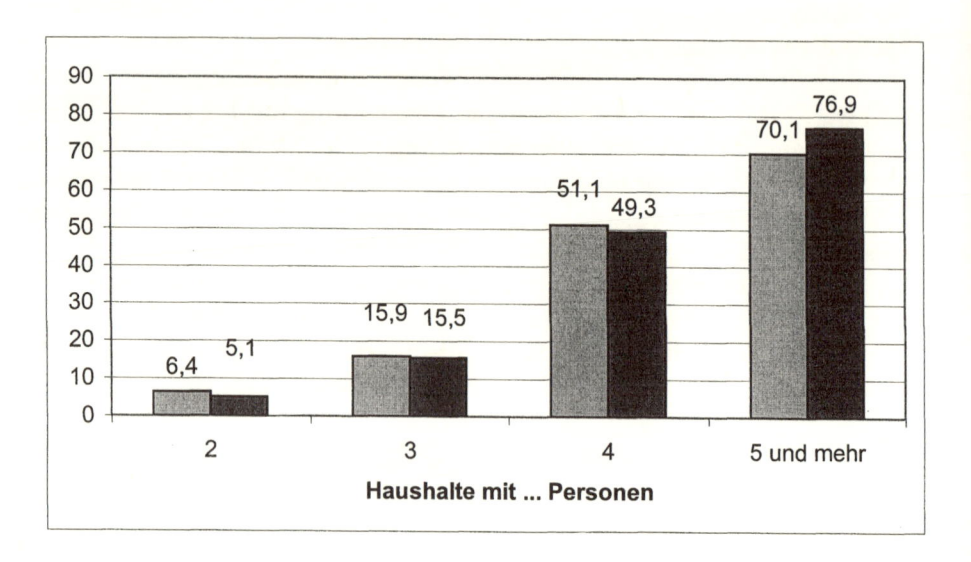

[Bar chart: Haushalte mit ... Personen — 2: 6,4 / 5,1; 3: 15,9 / 15,5; 4: 51,1 / 49,3; 5 und mehr: 70,1 / 76,9]

Große Haushalte von *Ausländern* leben noch sehr viel beengter als die deutscher Staatsangehöriger. Ausländern standen in Westdeutschland 1997 im Durchschnitt pro Person 24,7 qm Wohnfläche und 1,1 Räume zur Verfügung, deutschen Staatsangehörigen dagegen 37,6 qm. Im Durchschnitt hatte 1997 die Wohnung eines ausländischen Haushalts eine Wohnfläche von 76,5 qm, die eines deutschen dagegen von 94 qm. Deutsche Haushalte (in den Grenzen der damaligen BRD) verfügten im Jahr 1989 über beinahe doppelt so viele Räume pro Person als die ausländischen Haushalte (1,9 zu 1,1). Nimmt man den Maßstab „1 Raum pro Person" als ‚ausreichende Versorgung', dann waren 1997 lediglich 7% der Haushalte mit deutscher Wohnbevölkerung, aber 37% der Haushalte mit ausländischen Bewohnern unterversorgt (Statistisches Bundesamt 2000: 570). Nach den Daten des SOEP[1] stand in 22% aller deutschen Großhaushalte (5 und mehr Personen) weniger als ein Raum pro Person zur Verfügung, bei den ausländischen Großhaushalten dagegen in fast 83%. Diese Ungleichheit ist um so schwerwiegender, als sehr viel mehr Ausländer als deutsche Staatsangehörige in größeren Haushalten leben: Lediglich 8,2% aller deutschen Haushalte haben mehr als fünf Personen, aber 16,5% aller Ausländer-Haushalte (Mehrländer et al. 1996: 249). Die durchschnittliche Haushaltsgröße

---

[1] Wir danken Andrea Janssen und Hans-Peter Litz für die Auswertung der Daten des Sozioökonomischen Panels.

betrug 1997 bei Ausländern 3,1 Personen, bei Deutschen nur 2,5 (Statistisches Bundesamt 2000: 570).

Der Zusammenhang von Haushaltsgröße und Wohnraumversorgung wendet sich im Alter aber ins Positive, denn mit dem Auszug der Kinder verbessert sich die Wohnraumversorgung der Eltern automatisch. Besonders deutlich wird diese ‚passive' Verbesserung der Wohnraumversorgung bei älteren Frauen als Effekt der Verwitwung (Motel et al. 2000: 131). Durch diesen Prozess der Haushaltsverkleinerung steigt allerdings auch die relative Belastung des Haushaltsbudgets, da – insbesondere im Ruhestand – gleichbleibende Wohnkosten mit einem schrumpfenden Haushaltseinkommen bezahlt werden müssen. Die relative höhere Belastung durch die Kosten des Wohnens schränken wiederum die Teilhabemöglichkeiten alter Menschen in anderen Lebensbereichen ein. Wenn trotzdem im Alter seltener umgezogen wird, so gibt es dafür neben der emotionalen Verbundenheit mit der Wohnung den ökonomisch-rationalen Grund, dass die Mieten mit steigender Wohndauer relativ zu anderen Wohnungen sinken, eine kleinere neue Wohnung also eventuell teurer sein kann – abgesehen von den Kosten des Umzugs und dem Verlust gewachsener sozialer Beziehungen in der Nachbarschaft und einer vertrauten Umgebung.

Die Haushaltssituation hat auch erhebliche Konsequenzen für den Wohnstandort. Seit langem zeichnet sich in deutschen Stadtregionen eine großräumige Segregation ab zwischen den Kernstädten, in denen mehr als ¾ aller Haushalte keine Kinder haben, und dem Umland, wo sich die deutschen ‚Normalfamilien' konzentrieren. ‚Normalhaushalte' in der Kernstadt sind mit hoher Wahrscheinlichkeit nicht-deutsche Familien. In der Stadt polarisiert sich die Sozialstruktur zwischen kaufkräftigen, hochqualifizierten und kinderlosen Erwachsenen mit innenstadtorientierten Lebensstilen einerseits, und andererseits den ‚vier A-Gruppen' (Arme, Alte, Arbeitslose, Ausländer). Letztere konzentrieren sich in Quartieren, die benachteiligende Wirkungen haben können (vgl. Häußermann 2001).

5 Wohnsituation und soziales Verhalten

5.1 Wirkungen der physischen Wohnumwelt

Menschen nutzen verschiedene Räume sehr unterschiedlich. In der stadtsoziologischen Forschung ist das insbesondere unter sozialstrukturellen Fragestellungen als Phänomen der Segregation untersucht worden. Seit einiger Zeit wird auch geschlechtspezifischen Aneignungs- und Verhaltensmustern insbesondere mit Bezug auf die Polarität von öffentlichen und privaten Räumen viel Aufmerksamkeit gewidmet. Nissen (1998) hat diese Fragestellung auf Jugendliche bezogen. Sie beschreibt den Wandel kindlicher Raumnutzungsmuster mit den Kategorien Verhäuslichung, Verinselung und Institutionalisierung und stellt geschlechtstypische Unterschiede im Raumnutzungsverhalten heraus: Jungen fahren Skateboard, Mädchen reiten, Jungen betreiben Mannschaftssport, Mädchen „individuelles Turnen und Seilhüpfen". Damit wird die Reproduktion der Geschlechtsrollen im raumbezogenen Verhalten eindrucksvoll illustriert. Aber inwieweit dafür Merkmale der physischen Umwelt verantwortlich sein könnten, bleibt ungeklärt. Das gilt auch für andere Bereiche menschlichen Verhaltens, wenn man von extremen Situationen absieht wie Gefängnissen.

Dass Wohnungsgrundrisse, Gebäudeformen und die weitere physische Wohnumwelt das Verhalten beeinflussen, ist ein Glaubenssatz, der notwendigerweise allen Hoffnungen zugrunde liegt, über die Gestaltung der physischen Umwelt Menschen erziehen zu können. Dieser Glaube ist besonders unter Architekten und Stadtplanern populär. Aber die Popularität solcher Vermutungen steht in keinem Verhältnis zu den schwachen Belegen, die die Fülle empirischer Untersuchungen dafür bisher erbracht hat (als Überblick vgl. Mühlich et al. 1978).

Die in den 20er Jahren im Reformwohnungsbau berühmt gewordene Frankfurter Küche, mit der die Hausarbeit rationalisiert und dadurch reduziert werden sollte, erlaubte mit ihren 6 qm den Aufenthalt nur einer Person in der Küche, was die Möglichkeit, bei der Küchenarbeit zu helfen, beinahe unmöglich machte. Aber die Frankfurter Küche ist nicht verantwortlich dafür, dass immer nur die Frau in der Küche arbeitete. Es hätte – soweit es auf die Grundrisse ankam – genauso gut den Mann treffen können. Die gebaute Umwelt kann bestimmte Verhaltensweisen zwar erschweren oder erleichtern, aber sie erzeugt sie nicht.

Vergleichsweise eindeutig sind die Belege dafür, dass sich messbare Umweltqualitäten wie Lärm, Verkehrsbelastung, und Luftverschmutzung auf Wohlbefinden und Gesundheit auswirken. Schon sehr viel weniger deutlich nachweisbar ist der Einfluss von Dichte als Umweltstressor. Ob die gleichzeitige Anwesenheit vieler Menschen auf begrenztem Raum als belastend wahrgenommen wird, hängt sowohl von der Raumsituation ab – öffentlicher oder privater Raum –, vom Ausmaß der Umweltkontrolle – kann ich den Raum verlassen oder nicht –, auch von der emotionalen Bedeutung der Aktivität, die unter beengten Bedingungen ausgeübt wird, und von Merkmalen der Persönlichkeit, z.B. dem Geschlecht. Männer fühlen sich sehr viel schneller als Frauen beengt – sei es durch kleine Räume oder durch die Anwesenheit mehrerer Personen (Walden et al. 1981). Fanning (1967) hat in einer Studie mit britischen Militärangehörigen, die zufällig und ohne soziale Selektivität entweder in Einfamilienhäuser oder in drei- bis vierstöckige Etagenhäuser eingewiesen worden waren, festgestellt, dass die Etagenbewohner signifikant häufiger erkrankten. Aber lag das nun an physischen Effekten der Gebäudeform oder daran, dass die Etagenbewohner sich zurückgesetzt fühlten? Gillis (1977) hat exakt gegenläufige

Reaktionen von Männern und Frauen auf dasselbe Wohnungsmerkmal festgestellt: Während Frauen sich um so unwohler fühlten, je höher ihre Wohnung gelegen war, war es bei Männern gerade umgekehrt. Entscheidend also sind die Persönlichkeitsmerkmale, die physische Umwelt an sich produziert allenfalls sehr vieldeutige Wirkungen.

Vor allem für die Sozialisation von Kindern werden Wirkungen der gebauten Umwelt vermutet. Da Kinder ihre Umwelt nur wenig kontrollieren können, sind bei ihnen auch am ehesten Dichteeffekte feststellbar. Flade (1987: 132) zitiert eine Studie, wonach Kinder aus beengten Wohnverhältnissen bei der Lösung von Puzzle-Aufgaben häufiger versagten als Kinder aus Wohnungen mit größerer Fläche. Auch gibt es unmittelbar plausible Hinweise auf die Bedeutsamkeit von Gebäudeformen für die Freiheiten, die Kindern gelassen werden. So dürfen unter 6-jährige Kinder aus Hochhäusern sehr viel seltener unbeaufsichtigt draußen spielen als solche aus dreistöckigen Häusern (ebd.: 107). Vorschulkinder spielen um so häufiger in der Wohnung und werden um so seltener von anderen Kindern besucht, je höher das Stockwerk liegt, in dem sie wohnen (Mundt 1980).

Auch an die hierarchisierten und engen Grundrisse des sozialen Wohnungsbaus sind Vermutungen über mögliche Konsequenzen für das Familienleben, die geschlechtsspezifische Arbeitsteilung und die Kindererziehung geknüpft worden. Danach können solche Wohnungen zu Konflikten zwischen Ordnungsstandards der Eltern und Spielbedürfnissen der Kinder führen. Sie schreiben insbesondere durch zu weit von Kinderzimmern und Essplatz entfernte und flächenmäßig minimierte Funktionsküchen die häusliche Arbeitsteilung zu Lasten der Frau fest und erschweren sie zugleich: „die Kinder werden nörgelig und schwierig, was sich im Laufe der Zeit zu Verhaltensstörungen verfestigen kann" (Flade 1987: 98). Solche Aussagen sind nicht ohne Plausibilität, allerdings angesichts der Überdeterminiertheit der vermuteten Konsequenzen empirisch kaum nachweisbar.

5.2 Sozialisationswirkungen der Wohnumwelt

In der neueren Diskussion über Stadtentwicklung, soziale Ungleichheit und Ausgrenzung sind zunächst in den Vereinigten Staaten Hypothesen über benachteiligende oder sogar ausgrenzende Wirkungen von Wohnquartieren formuliert worden. Dabei spielen Überlegungen über mögliche sozialisierende Wirkungen der gebauten Umwelt eine Rolle, doch stets in Verbindung mit sozialen und kulturellen Faktoren. Auch für deutsche Städte liegen mittlerweile Untersuchungen vor, die nachweisen, dass die Wohnsituation nicht nur die sozio-ökonomische Position eines Haushalts widerspiegelt, sondern diese auch verfestigen kann, also auch eigenständige Wirkungen für die soziale Lage entfaltet (vgl. Friedrichs/Blasius 2000; Farwick 2001).

Drei Dimensionen lassen sich unterscheiden, in denen Wohnung und Wohnumgebung benachteiligend wirken können: die materielle, die soziale und die kulturelle. Wohnquartiere und Wohnung beeinträchtigen:

- die materiellen Lebensbedingungen, insofern sie schlechte Wohnbausubstanz, beengte Wohnverhältnisse, unzulängliche Infrastrukturen und private und öffentliche Dienstleistungen sowie belastende physische Umweltqualitäten und wenig Erwerbsmöglichkeiten bieten,

- die sozialen Lebensbedingungen, indem sie lediglich kleine, unzuverlässige und wenig leistungsfähige informelle soziale Netze bieten und durch das dichte Nebeneinander unverträglicher Lebensweisen Konflikte erzeugen (GdW 1998).

- die kulturellen Lebensbedingungen, indem sie das Selbst- und das Fremdbild der Bewohner beschädigen. Verwahrloster öffentlicher Raum und heruntergekommene Gebäude signalisieren den Bewohnern ihre eigene Wertlosigkeit. Eine schlechte Adresse kann die Chancen verschlechtern, einen Job oder eine Lehrstelle zu bekommen. Das negative Image des Quartiers in der Wahrnehmung von außerhalb kann als negatives Selbstbild von den Bewohnern übernommen werden und so Apathie und Hoffnungslosigkeit vertiefen.

Die materiellen, sozialen und symbolischen Nachteile solcher Quartiere veranlassen jene, die über die entsprechenden Mittel verfügen, fortzuziehen, zumindest nicht in ein solches Quartier zuzuziehen. Der Fortzug der integrierten Mittelschicht und der Zuzug von Problemgruppen setzen eine kumulative Abwärtsentwicklung in Gang. Betroffen davon sind in erster Linie innerstädtische Altbauquartiere und die peripheren, hochverdichteten Großsiedlungen des sozialen Wohnungsbaus. Am Ende einer solchen negativen Karriere eines Gebietes kann sich ein Armutsmilieu entwickeln, das krank macht, zu Konflikten in den Familien beiträgt und die Bildungschancen der Kinder beeinträchtigt (MAGS 1994: 193). Und diese Benachteiligungen können über negative Sozialisationswirkungen des Milieus ‚vererbt' werden.

Soziales Lernen erfolgt in der Familie, durch die Medien, in der Schule und in Peer-Groups – mit den beiden zuletzt genannten Institutionen ist die Nachbarschaft bzw. das Quartier als Lernraum angesprochen. Das entscheidende Problem besteht darin, dass in einer Nachbarschaft, in der vor allem Modernisierungsverlierer, sozial Abweichende und Diskriminierte konzentriert wohnen, vor allem bestimmte (abweichende) Normen und Verhaltensweisen repräsentiert sind, andere (mainstream) hingegen nicht oder immer weniger. Dadurch kann eine Rückkopplung erzeugt werden, die zur Dominanz der abweichenden Normen führt, was wiederum Anpassungsdruck auslöst. Sowohl durch sozialen Druck wie durch Imitationslernen werden diese Normen im Quartier verbreitet, die Kultur der Abweichung kann zur dominanten Kultur werden. Kinder und Jugendliche haben immer weniger Möglichkeiten, andere Erfahrungen zu machen. Die Erfahrung, mit dem eigenen Verhalten und mit den eigenen Normen ‚außerhalb' auf Ablehnung zu stoßen, führt dann nicht zu einer Verunsicherung und zur Erfahrung anderer Möglichkeiten, sondern zum Rückzug ins eigene Milieu und damit zu weiterer Distanzierung von der ‚normalen' Gesellschaft.

Die Verstärkung der subkulturellen Qualität beschleunigt die Abwanderung jener, die andere, mittelschichtstypische normative Orientierungen und Verhaltensweisen haben. Das gilt besonders für Familien mit schulpflichtigen Kindern. Im Alltag können Kontakte zwischen den verschiedenen Kulturen weitgehend vermieden werden, nicht dagegen in der Schule. Die Schule aber wird mehr und mehr zum entscheidenden Filter für das spätere berufliche Schicksal. Je mehr die Eltern für die Bildungschancen ihrer Kinder fürchten, desto eher werden sie bereit sein, abzuwandern, eine Tendenz, die in deutschen Städten auch bei aufstiegsorientierten Ausländerhaushalten feststellbar ist. Je mehr Haushalte mit Wegzug reagieren, desto geringer werden in diesen Quartieren die Erfahrungsmöglichkeiten mit ‚positiven' Rollen, es gibt immer weniger unterschiedliche (Verhaltens- bzw. Lebens-)Modelle, an denen Jugendliche ihr eigenes Verhalten orientieren könnten.

Beispiele dafür lassen sich leicht formulieren: Wenn Kinder oder Jugendliche niemanden mehr in ihrer alltäglichen Umwelt kennen lernen, der einer regelmäßigen Erwerbsarbeit nachgeht, entwickeln sie keine Vorstellung davon, dass z.B. pünktliches und regelmäßiges Aufstehen oder die Aufrechterhaltung einer äußeren Ordnung eine Lebensmöglichkeit darstellen, die mit Vorteilen verbunden sein kann. Oder: Wenn ein Jugendlicher in seinem Bekanntenkreis die Insignien ökonomischen Erfolgs nicht mehr als den Ertrag ‚normaler' Erwerbstätigkeit, sondern krimineller Aktivitäten kennen lernt, wenn jene, die sich Autos, teure Uhren und eine spektakuläre Lebensführung ohne großen Aufwand an Selbstdisziplin ermöglichen, sich obendrein über seinen mühseligen Schulbesuch lustig machen – welche Handlungsalternativen wird ein solcher Jugendlicher dann für sich selbst sehen können?

Die Einschränkung der Erfahrungswelt insbesondere von Jugendlichen und Kindern durch die fehlende Repräsentation von sozialen Rollen, die ein ‚normales' Leben ausmachen (z.B. Erwerbstätigkeit, regelmäßiger Schulbesuch etc.), stellt eine Benachteiligung dar, weil sie die Möglichkeiten sozialen Lernens beschränkt und einen Anpassungsdruck in Richtung von Normen und Verhaltensweisen erzeugt, die von der übrigen Gesellschaft mit Ausgrenzung beantwortet werden. Dieses Argumentationsmuster ist zuerst von Oscar Lewis (1961) mit seiner These von der „Kultur der Armut" entfaltet worden. Danach erfordert das Leben in Slums Verhaltensweisen, die unverträglich sind mit den Werten der Mittelschicht. Die Anpassung an das Leben in einem Slum erschwert daher den Aufstieg in die Normalität der Gesellschaft oder macht ihn gar unmöglich. William Julius Wilson (1987) argumentiert ähnlich in Bezug auf die Herausbildung einer new urban underclass in US-amerikanischen Städten: Jugendliche in den innerstädtischen Armutsmilieus der US-amerikanischen Schwarzen-Ghettos finden keine positiven Rollenvorbilder, die ihnen die Werte der amerikanischen Mittelstandsgesellschaft vermitteln könnten. Dadurch vererbt sich die Ghettosituation.

Oscar Lewis hat seine These von einer über negative Sozialisationsprozesse „vererbbaren" Kultur der Armut in Untersuchungen über südamerikanische Slums entwickelt. Wilson hat mit der These von einer new urban underclass die Situation der Schwarzen in den Ghettos von Chicago vor Augen, deren Situation selbst für US-amerikanische Städte nicht ohne weiteres typisch ist. Damit sind Hypothesen zu möglichen Wirkungen eines sehr spezifischen sozialen Milieus formuliert. Die Vermutungen hinsichtlich der (negativen) Sozialisationseffekte von Wohnmilieus setzen eine ghettohafte Abgeschlossenheit und Homogenität voraus, die sich auf absehbare Zeit in europäischen Städten kaum entwickeln dürfte (vgl. Wacquant 1996).

6   Die Bedeutung der Wohnung im Lebenszyklus

Mit der eigenen Wohnung wird besonders häufig ‚Sich-richtig-wohl-fühlen' assoziiert als Summe von Komfort, Sicherheit, Geborgenheit. An zweiter Stelle stehen Stolz auf das Erreichte und sozialer Status (Motel et al. 2000: 154). Welch hohe Bedeutung dem Wohnen zugemessen wird, lässt sich am Eigenheim beobachten. Es ist die in allen westlichen Ländern mit Abstand bevorzugte Wohnform. In den Wortbestandteilen ‚eigen' und ‚Heim' fließen Assoziationen zusammen, die offensichtlich tiefe Sehnsüchte berühren und eine große Attraktivität ausüben. Der Erwerb eines Eigenheims ist eines der wichtigsten Ziele vieler Haushalte. Auf dieses Ziel hin werden ganze Lebensläufe strukturiert (Jessen et al. 1987). Die Haushalte nehmen für lange Zeiten teilweise erstaunliche Anstrengungen und Konsumverzichte in Kauf, um dieses Lebensziel zu erreichen. Dabei spielen ökonomische, praktische und symbolische Vorzüge eine Rolle: Es gilt als sichere Vorsorge für das Alter; es bietet mehr Platz und mehr Freiraum; man ist sein eigener Herr ohne Vermieter und Hausordnung; das freistehende Eigenheim kann jederzeit an gewandelte Erfordernisse des Haushalts angepasst werden, etwa bei der Geburt von Kindern oder deren Auszug, da man keine Nachbarn und keine Hausherrn zu fragen hat. Und schließlich gilt es als Ausweis ökonomischen Erfolgs und als Symbol eines gelungenen (Familien)Lebens. Sparen in Form der Eigentumsbildung im Wohnungsbau wird staatlich gefördert, insbesondere in der Form des ‚Familienheims'. Bundeswohnungsbauminister Lücke erklärte in den 50er Jahren das freistehende Einfamilienhaus mit Garten zur familiengerechten Wohnform, während die Miet(Etagen)wohnung „den Willen zum Kind töte und zur Empfängnisverhütung, Abtreibung und Entsittlichung und damit zum biologischen Volkstod" zwinge (zit. nach Schulz 1988: 418).

Welche Bedeutung der Wohnung zukommt, wird erheblich durch den Lebenszyklus beeinflusst. Für junge, ‚ungebundene' Alleinstehende ist die jeweilige Wohnung eher Stützpunkt als Mittelpunkt des Lebens. In der Familienphase wird die Wohnung für die erwerbstätigen Mitglieder zur komplementären Ergänzung des Berufslebens. Sie dient als Ort der Erholung und der Freizeit. Für den nicht berufstätigen Elternteil, meist die Mutter, ist sie dagegen Lebensmittelpunkt. Mit dem Auszug der Kinder ändert sich das Tätigkeitsspektrum in der Wohnung und spätestens mit dem Rückzug aus dem Berufsleben wird die Wohnung auch für die ehemals Berufstätigen zum zeitlich, funktional und emotional wichtigsten Ort. Die 55- bis 69-Jährigen verbringen zu über der Hälfte (60%) mindestens 20 Stunden eines durchschnittlichen Werktages innerhalb ihrer Wohnung, bei den Älteren sind es noch mehr (Motel et al. 2000: 148).

7 Familie, Erben und Wohneigentum

Familien sind nicht nur emotionale Gemeinschaften, sondern auch ökonomische Systeme. Sie sind wichtige Garanten für die Perpetuierung sozialer Ungleichheit. Das zeigt sich an der starken Abhängigkeit des Bildungsweges der Kinder vom Bildungsstand der Eltern: Eltern mit höherer Bildung gelingt es zumeist, dass auch ihre Kinder einen höheren Bildungsabschluss erwerben. Schichthöhere Eltern unterstützen ihre Kinder über ihren gesamten Lebenslauf auf vielfältige Weise. Neben kulturellem und sozialem Kapital wird natürlich auch ökonomisches Kapital innerhalb von Familien weitergegeben. Dabei kumulieren diese verschiedenen Erbschaften (vgl. Szydlik 1999). Eine weitere Determinante sind Hilfsleistungen zwischen den Generationen. Wer jemandem hilft bzw. pflegt, erwartet in Zukunft eher eine Erbschaft. Dies ist Bestandteil einer innerfamiliären Wertübertragung: Erklärt sich ein Kind (meistens eine Tochter) bereit, die Mühen der Pflege eines kranken Elternteils zu übernehmen, wird es mit der Aussicht auf ein Erbe belohnt. Dieses Muster ist bei Familien, die über Hauseigentum, aber ansonsten über kein Finanzvermögen verfügen, besonders ausgeprägt.

Auch ob man im Eigentum wohnt oder zur Miete, lässt sich „vererben": Wer im Wohneigentum aufwuchs, erwirbt mit einer um knapp 60% höheren Wahrscheinlichkeit selbst Wohneigentum als jene, die in einer Mietwohnung aufwuchsen (Kurz 2000). Wagner/Mulder (2000) zeigen, dass elterliches Hauseigentum die Chancen für die Söhne und Töchter um 86% erhöht, selbst ins Wohneigentum zu wechseln.

Schließlich ist der Familienverlauf von großer Bedeutung für den Übergang ins Wohneigentum. Die Chance ins Eigentum zu wechseln, ist im Jahr der Heirat gegenüber den kinderlos Verheirateten um den Faktor 4,6 erhöht, wenn die Frau nicht schwanger ist, und um den Faktor 6,7 erhöht, wenn im Jahr der

Eheschließung auch eine Schwangerschaft vorlag. Dennoch ist die Eheschließung im Vergleich zur Familiengründung das wichtigste Moment. (ebd.: 55).

8   Tendenzen des Wandels

Das moderne Wohnen ist Ergebnis eines historischen Entdifferenzierungsprozesses, der mit der Vereinheitlichung von Lebensbedingungen im Zuge der gesellschaftlichen Modernisierung in den letzten 150 Jahren korrespondierte. Damit ist allerdings nicht das Ende der Entwicklung erreicht, vielmehr differenzieren sich heute die Wohnformen erneut aus. Bis auf die auch weiterhin dominanten Formen der Verfügung über die Wohnung durch Eigentum oder Mietvertrag berührt dieser Wandel alle Dimensionen, die den Idealtypus des modernen Wohnens charakterisieren: Das Verhältnis von Wohnen und (beruflicher) Arbeit, Wohnen als Ort der Privatheit und die Zwei-Generationen-Familie als dominanter Haushaltstypus.

8.1   *Wohnen und Arbeiten*

Das schiefe Bild vom privaten Haushalt als Konsumeinheit und der Wohnung als eines Ortes der Erholung von beruflicher Arbeit wurde durch die feministische Kritik zurechtgerückt (Schneider 1992). Die Wohnung war immer auch Ort von (Haus-)Arbeit geblieben, obwohl die berufliche Arbeit weitgehend aus den Wohnhäusern ausgewandert ist. Mit dem Übergang zur Dienstleistungsgesellschaft zeichnen sich heute Tendenzen ab, dass die Wohnung wieder in größerem Umfang der Ort von Arbeit wird. Neue Haushalts- und neue Informationstechnologien, kürzere und flexiblere Arbeitszeiten, längere Ausbildung und beständige Fortbildung, frühere Pensionierung und längere Lebenszeit werden das räumliche und zeitliche Gegenüber von Wohnung und Freizeit einerseits, Betrieb und Arbeit andererseits abschwächen.

Die in der Wohnung verbliebene Hausarbeit und andere Formen der informellen Arbeit verändern ihre Qualität, ihren Umfang und ihre räumlich-materiellen Voraussetzungen. Die klassische Hausarbeit wird kapitalisiert und professionalisiert. Schon heute entspricht der Gegenwert der durchschnittlichen Ausstattung eines westdeutschen Haushalts den durchschnittlichen Investitionskosten eines gewerblichen Arbeitsplatzes.

Neben technischen Veränderungen wandeln sich auch die sozialen Aspekte der Arbeit im Haus. So gibt es Tendenzen, die Hausarbeit innerhalb der Familie gleichmäßiger zu verteilen. Der Anteil alter Menschen und damit der Anteil der Pflegebedürftigen wird erheblich zunehmen. Schließlich kann der ökologische Umbau die Wohnformen ändern: War die ‚moderne' Wohnung vor allem auf ein möglichst bequemes, von Arbeit freies Leben ausgerichtet, so verlangt eine ökologisch verträgliche Haus- und Stadttechnik, dass die Haushalte sich in bestimmten Bereichen einschränken, sich mehr Wissen aneignen und Verantwortung übernehmen. Voraussichtlich werden sie auch mehr Arbeit innerhalb der Wohnung und im Wohnumfeld leisten müssen, wenn der Energie- und Flächenverbrauch ebenso gesenkt werden sollen wie die Menge des Abfalls, die ein Haushalt heute produziert (vgl. Gestring et al. 1997).

8.2 Privatheit und Öffentlichkeit

Die Grenzen zwischen privatem und öffentlichem Bereich, die traditionell zwischen Wohnung und öffentlich zugänglichem Raum gezogen waren, verschieben sich teilweise in die Wohnung und werden zugleich nach außen hin durchlässiger. Die Individualisierung der Wohnweise, die in der rasanten Zunahme der Einpersonenhaushalte ihren deutlichsten Ausdruck findet, führt auch in der Wohnung des traditionellen Familienhaushaltes zu neuen Raumaufteilungen. Andererseits zeigt sich in neuen Wohnformen wie Wohn- und Hausgemeinschaften eine Öffnung der privaten Sphäre gegenüber einer allerdings sozial sehr eng umgrenzten Nachbarschaft (Voesgen 1989).

8.3 Neue Haushaltstypen

Die Kernfamilie hat sich im Zuge einer Spezialisierung der Familie auf emotional-expressive Bedürfnisse gegenüber den sehr viel stärker ökonomisch geprägten Funktionen des „Ganzen Hauses" ausdifferenziert. Diese Ausdifferenzierung setzt sich fort in verschiedenen Haushaltsformen, in denen sehr heterogene Ansprüche verschiedener Alters-, Berufs- und Lebensstilgruppen deutlich werden. Dabei wächst die Zahl derer, die in einer Art experimenteller Wohnbiographie verschiedene Gesellungsformen und damit auch verschiedene Wohnformen ausprobieren.

Die soziale Einheit des Wohnens, der Haushalt, ist immer seltener eine Familie. Neben und anstelle des Familienhaushalts entwickeln sich sogenannte ‚neue Haushaltstypen' (vgl. Spiegel 1986). Als ‚neue Haushaltstypen' werden die Alleinstehenden (Singles), die unverheiratet zusammenlebenden Paare, die Alleinerziehenden und die Wohngemeinschaften bezeichnet (ausführlich hierzu Nave-Herz in diesem Bd.).

Wohngemeinschaften sind der einzige neue Haushaltstyp, der bewusst und teilweise in politischer Absicht gegen die dominante Wohn- und Lebensform der Kleinfamilie entworfen worden ist, aber diese Wohnform hat sich inzwischen zu einer pragmatischen Antwort auf Wohnungsversorgungsprobleme einer wachsenden Zahl von noch in der Ausbildung stehenden, jüngeren Erwachsenen gewandelt.

Die Zahl der Familienhaushalte mit ‚Familienfremden' sank kontinuierlich von 26,1% im Jahr 1910 auf 1,1% aller Mehr-Personenhaushalte im Jahr 1990.

Zur Untermiete Wohnen ist heute sehr selten. Die Zahl der Haushalte, in der ‚nur Familienfremde' wohnen (Wohngemeinschaften), blieb bis 1970 konstant bei 0,9% aller Mehr-Personenhaushalte. Danach verdreifachte sie sich bis 1982 und versechsfachte sich bis 1990 auf nun 1,02 Mio. Auch hier dürfte die tatsächliche Zahl noch erheblich höher liegen.

Das Zusammenwohnen im selben Haushalt ist in modernen Gesellschaften kein gültiger Indikator mehr für die Beziehungen zwischen den Generationen. Deshalb lässt sich aus den sinkenden Haushaltsgrößen nicht auf gelockerte Intergenerationen-Beziehungen schließen. Zusammenwohnen von Eltern und erwachsenen Kindern kann auch Anlässe für Konflikte bergen, die durch räumliche Distanz entschärft werden können. Das ist gemeint, wenn Tartler von einer „inneren Nähe durch äußere Distanz" schreibt (zit. nach Kohli et al. Jahr 2000: 177). Kohli et al. haben deshalb auch bei der Untersuchung der Generationsbeziehungen das Wohnen im selben Haus bei getrennten Wohnungen und in der unmittelbaren Nachbarschaft einbezogen und dabei eine erstaunliche „Nähe" der Generationen feststellen können: Nimmt man als Grundgesamtheit nur jene Älteren (über 40 Jahre), die lebende Nachkommen haben, so wohnen ein gutes Viertel von ihnen mit mindestens einem Kind im selben Haushalt oder im selben Haus, rechnet man diejenigen hinzu, bei denen mindestens ein Kind in der Nachbarschaft wohnt, so ergibt sich ein Anteil von fast 45% (Kohli et al. 2000: 186). Und vier Fünftel haben mindestens ein Kind am selben Ort. Haushalt und Familie sind also immer weniger identisch, aber verwandtschaftliche Beziehungen sind immer noch sehr häufig identisch mit räumlicher Nähe. Ein ähnliches Verhalten, das räumliche Distanz und Intimität wahrt, lässt sich bei jenen Singles vermuten, die zwar in einer festen Beziehung, aber nicht im selben Haushalt leben: ‚living apart together'. Auch hier lässt sich aus der Wohnform nicht auf die Unverbindlichkeit einer Beziehung oder gar auf Isolation schließen, wie es manchmal bei vorschnellen Interpretationen der gestiegenen Zahlen von jungen Single-Haushalten geschieht.

Im letzten Jahrhundert hat sich, gefördert durch eine Wohnungspolitik, die sich als Familienpolitik verstand, ein bestimmtes Wohnmodell in den Förderbestimmungen, in den subjektiven Präferenzen und im Wohnungsbestand als dominant durchgesetzt. Seit den 70er Jahren aber beginnen die Menschen, wieder aus diesem Modell auszuwandern. Doch sie ziehen nicht in alternative Wohnformen. Es handelt sich vielmehr um einen Prozess der Differenzierung in unterschiedliche Wohnweisen, die auf die Anforderungen bestimmter Lebensstile und Lebensphasen spezialisiert sind. Das gilt auch für die einzige explizit als Alternative bezeichnete Wohnform, die Wohngemeinschaften. Dies ist die Wohnform einer Übergangsphase zwischen Auszug aus dem elterlichen und der Gründung eines eigenen selbständigen Haushalts. In einer Wiener Untersuchung (Eisenmenger et al. 1983) gaben 18% der in der Ausbildung Stehenden an, sie würden vielleicht in eine WG ziehen, von der Gesamtbevölkerung würden dies, wenn die Möglichkeit bestünde, sicher 4%, vielleicht 7% tun.

Für Senioren kamen nach einer von Flade (1987: 121) zitierten Studie Wohngemeinschaften nur bei 2% „vielleicht" in Frage – ein Wert, der sich inzwischen leicht erhöht haben dürfte. Bei der Generation der Alt-68er ist das bereits etwas anders: 12% der 40- bis 54-Jährigen können sich Wohn- und Hausgemeinschaften für ihr Alter vorstellen und damit immer noch bedeutend häufiger als das Schreckbild Alten- oder Pflegeheim. Dass es sich dabei um einen 68er Effekt handelt, machen Motel et al. (2000: 162) auch damit plausibel, dass im Westen jeder Siebte, im Osten aber nur jeder Dreißigste sich ein solches Wohnen für sich vorstellen kann.

Die seit Thomas Morus und später von den Frühsozialisten propagierten Alternativen einer Kollektivierung des Wohnens und der Überwindung der ‚Zwangsgemeinschaft' von Ehe und Familie haben immer wieder viel Diskussionen, aber kaum eine entsprechende Praxis zur Folge gehabt. Wenn Alternativen zu realisieren versucht wurden, dann in sehr reduzierter Form und nur vorübergehend in vereinzelten Modellen. Das Einküchenhaus, in dem die Wohnungen nicht mehr über eine eigene Küche verfügen und die Haushalte über eine Zentralküche versorgt werden, ist zwar um 1900 zuerst in Kopenhagen, dann in Berlin in einzelnen Exemplaren gebaut worden, aber es hat sich nie durchgesetzt (vgl. Uhlig 1979). In den Berliner Einküchenhäusern wurden nach dem Konkurs der Trägergesellschaft Einzelküchen eingebaut. Zu Beginn der Sowjetunion war noch mit Kommunehäusern in der Tradition der frühsozialistischen Wohnkonzepte experimentiert worden, was dann unter Stalin schnell beendet wurde. In der DDR sind Alternativen zur kleinfamilialen Wohnweise und zur Funktionstrennung innerhalb der Wohnung wie im Städtebau nicht einmal diskutiert worden (Hannemann 2000: 106). Auch das bis heute umfangreichste und lebensfähigste Groß-Experiment einer alternativen Lebens- und Wohnform, die israelischen Kibbuzim, haben ihre alternative Qualität langsam verloren. Die Veränderungen in den Kibbuzim weisen in Richtung auf jene Merkmale moderner kapitalistischer Gesellschaften, die ihre an frühsozialistischen Vorbildern orientierten Gründer gerade vermeiden wollten: Arbeitsteilung, soziale Ungleichheit und private Haushaltsführung in der Kleinfamilie.

9 Konsequenzen für den Wohnungsbau

Welche Konsequenzen lassen sich aus der Ausdifferenzierung der Wohnweisen nach Lebensphasen (und nach Familienzyklen) und nach Lebensstilen für den Wohnungsbau ziehen? Die Forderung ist naheliegend, der Wohnungsbau müsse sich entsprechend differenzieren hinsichtlich der Standorte, der Gebäudeformen und Grundrisse. Aber so einfach liegen die Dinge wie üblich nicht. Eine exakte Anpassung der Bausubstanz an menschliche Verhaltensweisen ist weder möglich noch wünschenswert.

Erstens, weil ein Gebäude im Laufe seiner Existenz fast immer sehr verschiedene Nutzer beherbergen muss. Ein Gebäude lebt in der Regel länger, als die Nutzer, an die der Architekt beim Entwurf gedacht hat. Auch ziehen heute fast alle Menschen mehrfach im Verlauf ihres Lebens um. Es wird also kaum eine Wohnung geben, die für die Dauer ihrer Existenz nicht eine Vielzahl von Bewohnern beherbergt. Wenn aber dem einen gefällt, was ein anderer gerade ablehnt, dann wird vielleicht bereits der zweite Nutzer die Wohnung, die dem ersten die Verwirklichung seiner Träume war, als Zumutung empfinden.

Zweitens, weil Menschen im Verlauf ihres Lebens ihre Verhaltensweisen ändern. Eine auf eine bestimmte Lebensphase allzu genau zugeschnittene Wohnung würde dann zu einem Umzug mit all seinen materiellen und sozialen Kosten zwingen, sobald der Haushalt aus dieser Phase herausgewachsen ist.

Drittens, weil sich das Wohnverhalten und die Anforderungen an die Wohnung laufend ändern. Die exakt auf ein bestimmtes Wohnmodell hin entworfenen Bestände der Großsiedlungen in Ost und West werfen heute größere Sanierungsprobleme auf als die Spekulationsbauten des 19. Jahrhunderts, in denen relativ schematisch gleichförmige Räume nebeneinander gestellt wurden.

Ambivalenz, Vielfalt, Differenziertheit und Wandelbarkeit des Wohnverhaltens setzen der Anpassung der gebauten Umwelt an soziale Anforderungen Grenzen. Es gibt eine objektive Distanz zwischen dem sozialen Leben und den Räumen, in denen es stattfindet. Versuche, diese Distanz zu unterschlagen, indem man räumliche Strukturen für bestimmte soziale Funktionen maßschneidert, haben häufig zu trostloser Architektur und zu unbequemen Grundrissen geführt. Der Versuch einer exakten Anpassung von gebautem Raum an soziales Verhalten könnte nur in extremen, streng kontrollierten Situationen gelingen, wie es z.B. in Gefängnissen, Hotels oder Krankenhäusern der Fall ist – alles keine Orte, die man unbedingt mit menschenwürdigem Wohnen in Verbindung bringen würde. Räume, in denen Menschen leben sollen, müssen Distanz zu ihrem Alltag halten, eine Art von Neutralität bewahren.

Ein weiterer handfester Grund für die Distanz zwischen Wohnbedürfnissen und der Bausubstanz liegt in den politischen, ökologischen und ökonomischen Grenzen, die ihrer Realisierung entgegenstehen. Um es an einem Beispiel deutlich zu machen: Die wohl einzige unbezweifelbare Empfehlung, die ein Soziologe zur sozialen Qualität des Wohnens geben könnte, müsste lauten: Doppelt so groß und halb so teuer. Diese Empfehlung ist jedoch ebenso zutreffend wie sie praxisfremd ist. Aber daran wird deutlich, dass die Grenzen der Anpassung des Gebauten an die Bedürfnisse der Bewohner auch in den Grenzen der Praxis selber liegen.

Die neuen Tendenzen im Wohnverhalten sind Ausdruck von gestiegenen Wahlmöglichkeiten, und diese stellen den Wohnungsbau vor differenzierte und teilweise widersprüchliche Anforderungen. Einmal müssen neue Bauformen und Infrastrukturangebote entwickelt werden, die auf sehr spezialisierte Anforderungen bestimmter Gruppen in bestimmten Lebensphasen zugeschnitten sind, zum anderen aber verändern die Menschen ihre Wohnformen im Laufe ihres Lebens häufiger und radikaler als früher. Auf der einen Seite also besteht die Notwendigkeit, sehr spezialisierte Bauformen anzubieten, auf der anderen Seite müssen die gebauten Strukturen sehr flexibel gegenüber sich ändernden Verhaltensweisen sein. Beides ist offenkundig schwer miteinander vereinbar. Nichtsdestoweniger können diese widersprüchlichen Anforderungen in einer vorgegebenen Standardisierung erstickt werden. Das heißt: neutralere Grundrisse, größere Wohnungen, Erleichterung von Wohnungsmobilität und vor allem leichtere Umbaumöglichkeiten. Den Umbau von Bausubstanz zu erleichtern ist nicht nur, ja nicht einmal vorrangig eine Frage der technischen Flexibilität, sondern primär eine der Verfügung über die Wohnung. Offenheit für neue Wohnformen ist eine Frage der Architektur und des Einkommens, aber auch und vor allem eine der Verfügung über die gebaute Umwelt.

Literatur

Bertram, H., 1994: Die Stadt, das Individuum und das Verschwinden der Familie. In: Aus Politik und Zeitgeschichte, 29/30, S. 15-35.
BMFSFJ (Bundesministerium für Familie, Senioren, Frauen und Jugend), 1998: Die Familie im Spiegel der amtlichen Statistik, (aktualisierte und erweiterte Aufl.).
Brunner, O., 1956: Das „ganze Haus" und die alteuropäische Ökonomik. In: O. Brunner: Neue Wege der Verfassungs- und Sozialgeschichte. Göttingen, S. 103-127.
Deutscher Bundestag, 12. Wahlperiode: Bundestags Drucksache 12/8406. Bonn, S. 29.
Eisenmenger, H. et al., 1983: Wohngemeinschaft. Hat die neue Wohnkultur eine Chance? In: Wohnbau, 4, S. 20-25.
Elias, N., 1983: Die höfische Gesellschaft. Frankfurt a. M.
Fanning, D. M., 1967: Families in Flats. In: British Medical Journal, 4, S. 382-386.
Farwick, A., 2001: Segregierte Armut. Opladen.
Flade, A., 1987: Wohnen psychologisch betrachtet. Bern/Stuttgart/Toronto.
Friedrichs, J./Blasius, J., 2000: Leben in benachteiligten Stadtteilen. Opladen.
GdW (Hg.), 1998: Überforderte Nachbarschaften. Zwei sozialwissenschaftliche Studien über Wohnquartiere in den alten und den neuen Bundesländern. GdW Schriften, 48, Bundesverband deutscher Wohnungsunternehmen e.V. Köln/Berlin.
Geißler, R., 1992: Die Sozialstruktur Deutschlands. Ein Studienbuch zur Entwicklung im geteilten und vereinten Deutschland. Opladen.
Gestring, N./Heine, H./Mautz, R./Mayer, H.-N./Siebel, W., 1997: Ökologie und urbane Lebensweise. Untersuchungen zu einem anscheinend unauflöslichen Widerspruch. Braunschweig/Wiesbaden.
Gillis, A. R., 1977: High-rise housing and psychological strain. In: Journal of Health and Social Behaviour, 18, S. 418-431.
Gleichmann, P. R., 1976: Wandel der Wohnverhältnisse, Verhäuslichung der Vitalfunktionen, Verstädterung und siedlungsräumliche Gestaltungsmacht. In: Zeitschrift für Soziologie, 5, S. 319-329.
Gleichmann, P. R., 1980: Schlafen und Schlafräume. In: Journal für Geschichte, 2, S. 14-19.
Hannemann, C., 2000: Die Platte: industrialisierter Wohnungsbau in der DDR, (2. erw. Aufl.), Reihe: Architext 4. Berlin.

Häußermann, H., 2001: Aufwachsen im Ghetto – Folgen sozialräumlicher Differenzierung in den Städten. In: K. Bruhns/W. Mack (Hg.): Aufwachsen und Lernen in der Sozialen Stadt. Kinder und Jugendliche in schwierigen Lebensräumen. Opladen, S. 37-51.
Häußermann, H./Siebel, W., 1995: Dienstleistungsgesellschaften. Frankfurt a. M.
Häußermann, H./Siebel, W., 2000: Wohnverhältnisse und soziale Ungleichheit. In: A. Harth/G. Scheller/W. Tessin (Hg.): Stadt und soziale Ungleichheit. Opladen, S. 120-140.
Häußermann, H./Siebel, W., 2001: Wohnen. In: B. Schäfers/W. Zapf (Hg.): Handwörterbuch zur Gesellschaft Deutschlands. Opladen, S. 761-771.
Huinink, J., 1995: Vergleichende Familienforschung: Ehe und Familie in der ehemaligen DDR und der Bundesrepublik Deutschland. Max-Planck-Institut für Bildungsforschung (Arbeitsbericht 17).
Jessen, J./Siebel, W./Siebel-Rebell, C./Walther, U.-J./Weyrather, I., 1987: Arbeit nach der Arbeit. Schattenwirtschaft, Wertewandel und Industriearbeit. Opladen.
Kähler, G., 1988: Von der „Raumzelle" zum „freien Grundriß" – und zurück. In: A. Schildt/A. Sywottek (Hg.): Massenwohnung und Eigenheim. Frankfurt a. M./New York, S. 537-568.
Kohli, M./Künemund, H./Motel, A./Szydlik, M., 2000: Generationenbeziehungen. In: M. Kohli/H. Künemund (Hg.): Die zweite Lebenshälfte. Gesellschaftliche Lage und Partizipation im Spiegel des Alters-Survey. Opladen, S. 176-211.
Kurz, K., 2000: Sozialstrukturanalyse – Wohneigentum, Soziale Ungleichheiten beim Übergang zu Wohneigentum. In: Zeitschrift für Soziologie, 29, S. 27-43.
Lewis, O., 1961: The Children of Sanchez. New York.
MAGS (Ministerium für Arbeit, Gesundheit und Soziales) des Landes NRW, 1994: Landessozialbericht, Bd. 6: Ausländer und Ausländerinnen in Nordrhein-Westfalen. Neuss.
Mehrländer, U./Ascheberg, C./Ueltzhöffer, J., 1996: Repräsentativuntersuchung '95: Situation der ausländischen Arbeitnehmer und ihrer Familienangehörigen in der Bundesrepublik Deutschland. Bundesministerium für Arbeit und Sozialordnung (Hg.). Berlin/Bonn/Mannheim.
Motel, A./Künemund, H./Bode, Chr., 2000: Wohnen und Wohnumfeld. In: M. Kohli/H. Künemund (Hg): Die zweite Lebenshälfte. Gesellschaftliche Lage und Partizipation im Spiegel des Alters-Surveys. Opladen, S. 124-175.
Mühlich, E./Zinn, H./Kröning, W./Mühlich-Klinger, I., 1978: Zusammenhang von gebauter Umwelt und sozialem Verhalten im Wohn- und Wohnumweltbereich. Schriftenreihe „Städtebauliche Forschung" des Bundesministers für Raumordnung, Bauwesen und Städtebau.
Mundt, H.W., 1980: Vorschulkinder und ihre Umwelt. Weinheim.
Niethammer, L./Brüggemeyer, F., 1976: Wie wohnten Arbeiter im Kaiserreich? In: Archiv für Sozialgeschichte Bd. XIV, S. 61-134.
Nissen, U., 1998: Kindheit, Geschlecht und Raum. Sozialisationstheoretische Zusammenhänge geschlechtsspezifischer Raumaneignung. Weinheim/München.
Perrot, M., (Hg.), 1992: Von der Revolution zum Großen Krieg. Frankfurt a. M.
Saldern, A. von, 1988: Neues Wohnen. Wohnverhältnisse und Wohnverhalten in Großwohnanlagen der 20er Jahre. In: A. Schildt/A Sywottek (Hg.): Massenwohnung und Eigenheim. Wohnungsbau und Wohnen in der Großstadt seit dem Ersten Weltkrieg. Frankfurt a. M./New York, S. 201-221.
Schneider, U., 1992: Neues Wohnen – Alte Rollen? Der Wandel des Wohnens aus der Sicht von Frauen. Pfaffenweiler.
Schulz, G., 1988: Eigenheimpolitik und Eigenheimförderung im ersten Jahrzehnt nach dem Zweiten Weltkrieg. In: A. Schildt/A. Sywottek (Hg.): Massenwohnung und Eigenheim. Frankfurt a. M./New York, S. 409-439.

Schwandt, A., 1994: Zu einigen Indikatoren der Wohnungsversorgung und deren Bewertung durch die Bewohner in den ersten Jahren nach der Vereinigung. In: Informationen zur Raumentwicklung, 10/11, S. 691-720.
Spiegel, E., 1986: Neue Haushaltstypen. Frankfurt a. M./New York.
Statistisches Bundesamt (Hg), 2000: Statistisches Jahrbuch. Stuttgart/Mainz, S. 570.
Szydlik, M., 1986: Erben in der Bundesrepublik Deutschland, zum Verhältnis von familialer Solidarität und sozialer Ungleichheit. In: Kölner Zeitschrift für Soziologie und Sozialpsychologie, 51, S. 80-104.
Szydlik, M., 1999: Erben in der Bundesrepublik Deutschland: zum Verhältnis von familialer Solidarität und sozialer Ungleichheit. in: Kölner Zeitschrift für Soziologie und Sozialpsychologie, 51, I, S. 80-104.
Teuteberg, H. J./Wischermann, C. (Hg.), 1985: Wohnalltag in Deutschland 1850-1914. Bilder – Daten – Dokumente. Münster.
Uhlig, G., 1979: Zur Geschichte des Einküchenhauses. In: L. Niethammer (Hg.): Wohnen im Wandel. Wuppertal, S. 151-170.
Ulbrich, R., 1993: Wohnungsversorgung in der Bundesrepublik Deutschland. In: Aus Politik und Zeitgeschichte. Beilage zur Wochenzeitung Das Parlament 8/9, S. 16-31.
Voesgen, H., 1989: Stunden der Nähe – Tage der Distanz. In: J. Brech (Hg.): Neue Wohnformen in Europa, Berichte des Vierten Internationalen Wohnbundkongresses. Darmstadt.
Wacquant, L., 1996: Red Belt, Black Belt: Racial Division, Class Inequality and the State in the French Urban Periphery and the American Ghetto. In: E. Mingione (Hg.): Urban Poverty and the Underclass. Oxford (UK)/Cambridge (MA), S. 234-274.
Wagner, M./Mulder, C. H., 2000: Wohneigentum im Lebenslauf, Kohortendynamik, Familiengründung und sozioökonomische Ressourcen. In: Zeitschrift für Soziologie, 29, S. 44-59.
Walden, T. A./Nelson, P. A./Smith, D. E., 1981: Crowding, privacy and coping. In: Environment and Behaviour, 13, S. 205-224.
Wilson, W. J., 1987: The Truly Disadvantaged. The Inner City, the Underclass, and Public Policy. Chicago/London.
WiSta (Wirtschaft und Statistik), 1994, Nr.7.
WiSta (Wirtschaft und Statistik), 1989, Nr. 10.

Die Bedeutung von Internet und Mobiltelefon im familialen Alltag – der Wandel der medialen Umwelt von Familien

Niels Logemann und Michael Feldhaus

1 Vorbemerkung

In relativ kurzer Zeit ist die weltweite Vernetzung jeder Art und die Beschleunigung der durch Technik vermittelten Kommunikation zu einer Selbstverständlichkeit geworden. Unterstützt wurde und wird dieser Prozess zur „Informationsgesellschaft" und „Kommunikationsgesellschaft" (Münch 1991) durch die Wirtschaft und auch durch die Politik, weil man im Multimedia- und Telekommunikationsmarkt das größte und profitabelste Geschäft des 21. Jahrhunderts vermutet. Noch vor wenigen Jahren war daher kaum abzusehen, wie schnell sich gerade auch die neuen Kommunikationsmittel in den Familien verbreiten würden, so dass eine Behauptung von Giddens gerade auch für den familialen Bereich zutreffen könnte: „Die Welt kommt durch die verzögerungsfreie globale Informationsübertragung per Kabel oder Satellit direkt ins Haus, durchdringt alle Lebensbereiche und sorgt – langsam, aber sicher – für eine tiefgreifende Umstrukturierung des Alltagslebens (...). Das Zusammenleben erhält so eine andere Dimension, über scheinbar unüberwindbare Distanzen hinweg. Das Individuum ist angehalten, auf die neuen Einflüsse der Außenwelt zu reagieren und tut dies auch" (Giddens 1997: 55).

Dieser Prozess einer zunehmenden Ausdifferenzierung von Medien, der von einigen Kommunikations- und Mediensoziologen als „Mediatisierung der Gesellschaft" bezeichnet wird (z.B. Krotz 2001), hat inzwischen zu einer Pluralität von Medien-Formaten geführt, dass nahezu für alle Interessen medial gestützte spezifische Angebote zu bekommen sind. Wenn auch der Konsum aller Medien zugenommen hat, besitzen vor allem das Massenmedium Fernsehen und das Individualmedium Telefon eine herausragende Bedeutung in der familialen Mediennutzung, was sich auch in der Ausstattung der Haushalte mit Zweit- und Drittgeräten niederschlägt.

Zusätzlich zu den „klassischen" Medien wie Radio, Fernsehen und Telefon, die seit den 70er Jahren eine einsetzende „Veralltäglichung" in der Familie erfahren haben (Rammert 1989), dringen seit Anfang der 90er Jahre die so genannten „neuen Medien", allen voran das Mobiltelefon und Internet, in den familialen Bereich vor. Von Bedeutung für das familiale Zusammenleben sind die Medien aus unterschiedlichen Gründen: Zum einen wird das Internet durch die Integration einer Vielzahl anderer Medien zu einem Multi-Mediagerät und erweitert die Informations-, Interaktions- und Kommunikationsmöglichkeiten des Einzelnen um ein Vielfaches. Zum anderen ermöglicht das Mobiltelefon eine „ubiquitäre Erreichbarkeit" der Familienmitglieder untereinander und damit eine Erweiterung familialer Kommunikationsmöglichkeiten unter veränderten raum-zeitlichen Bedingungen. Ab jetzt ist familiale Kommunikation, abgesehen von Funklöchern, immer und überall möglich: Das private wird ubiquitär.

Angesichts der zuvor angedeuteten Medienkomplexität und -vielfalt kann eine erschöpfende Bearbeitung des Gegenstandes Familie und Medien hier nicht erfolgen. Vor dem Hintergrund einer rasanten Verbreitung von Mobiltelefon und Internet im privaten Bereich und aufgrund ihres kommunikativen Potenzials beschränken sich die folgenden Ausführungen daher auf die Beantwortung der Frage nach der Integration dieser beiden Medien in den familialen Alltag und nach einem möglichen Wandel der Interaktionsbeziehungen innerhalb der Familie. Zuvor sollen in einem kurzen Überblick bedeutende Veränderungen der Medienausstattung privater Haushalte für Ost- und Westdeutschland sowie das kommunikative Potenzial jener beiden Medien beschrieben werden.

2 Veränderungen in der Ausstattung privater Haushalte mit ausgewählten Medien seit dem Zweiten Weltkrieg

Die Ausstattung des familialen Bereichs mit verschiedenen Medien stellt heute fast eine unreflektierte Selbverständlichkeit dar. Am Beispiel von Fernsehen und Telefon lässt sich allerdings zeigen, dass dieser Prozess erst vor 30 Jahren begann. Eine Ausnahme bildet das Radio, denn bereits über 80% der Haushalte in Deutschland besaßen nach dem Zweiten Weltkrieg dieses Medium. Erst ab 1960 setzt eine rasante Verbreitung des Fernsehens ein, und zwar sowohl in Westdeutschland als auch in Ostdeutschland. Wenn auch die Verbreitung des Fernsehens in der ehemaligen DDR relativ ähnlich zu der in der Bundesrepublik verläuft (vgl. Abb.1), so gibt es doch einen gravierenden Unterschied in der Rezeption: Denn viele DDR-Bürger bezogen unzensierte Informationen über Rundfunk und Fernsehen aus dem Westen.

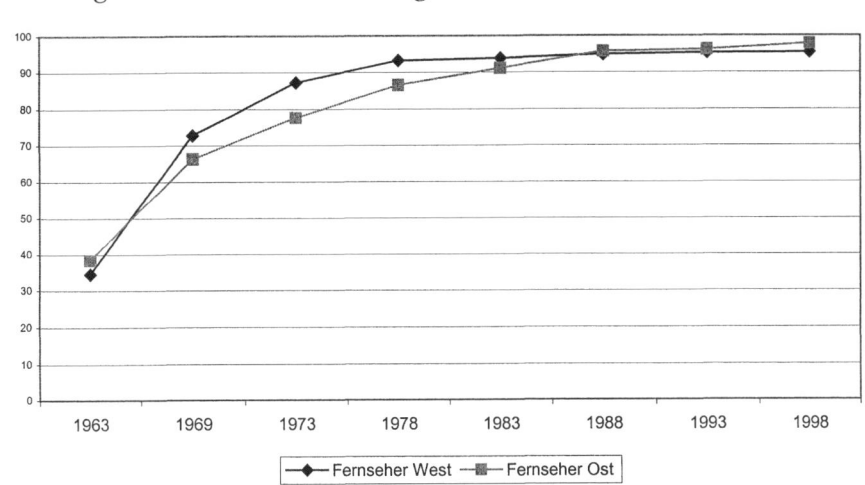

Abbildung 1: Fernsehausstattung in Ost- und Westdeutschland – in %

Quelle: Zusammenstellung nach Angaben des Statistischen Jahrbuchs der DDR (1989) und des StBA, Einkommens- und Verbraucherstichprobe (1962/63; 1969; 1973; 1978; 1983; 1988; 1993; 1998).

Interessant ist, dass Anfang der 70er Jahre das Telefon in der (alten) Bundesrepublik, aber vor allem in der DDR, nicht diese Verbreitung aufweist wie das Fernsehen (vgl. Abb. 2).

Abbildung 2: Telefon- und Computerausstattung in Ost- und Westdeutschland – in %

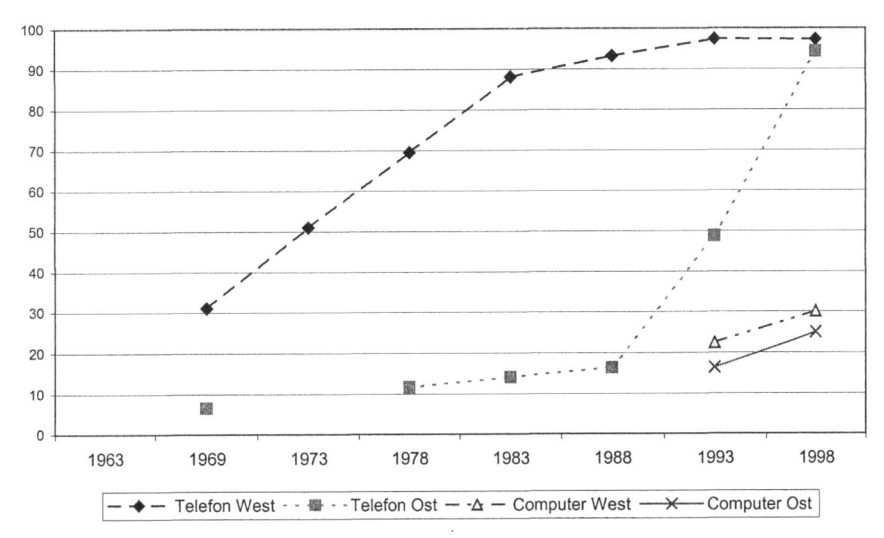

Quelle: Zusammenstellung nach Angaben des Statistischen Jahrbuchs der DDR (1989) und des StBA, Einkommens- und Verbraucherstichprobe (1962/63; 1969; 1973; 1978; 1983; 1988; 1993; 1998). Die Vergleichsdaten für das Telefon in Ostdeutschland stammen aus den Jahren 1970; 1980; 1985; 1988.

In der Bundesrepublik gehört das Telefon erst seit Anfang der 1980 Jahre zur Mediengrundausstattung privater Haushalte und in der DDR bzw. für Ostdeutschland trifft diese sprunghafte Verbreitung erst für die Zeit nach der Wiedervereinigung zu.

Die Verbreitung des Personal-Computers (PC), der die Schnittstelle zwischen Nutzer und Internet darstellt, verläuft in Ost- und Westdeutschland ähnlich, wenn auch auf unterschiedlichem Niveau. Im Jahre 2000 sind 48,2% der westdeutschen und 43,8% der ostdeutschen Haushalte bereits mit einem PC ausgestattet (StBA 2001), wobei 17,4% im Westen und 12,2% im Osten auch über einen Internetzugang verfügen.

Neben den ansteigenden Ausstattungsquoten der Haushalte ist auch das schnelle Anwachsen der Internet-Nutzer ein Indiz für die zunehmende Bedeutung des Mediums Internet. Nach Zahlen der ARD/ZDF Online-Studie 2001 (van Eimeren et al. 2001) stieg die Zahl der Internet-Nutzer von 4,1 Mio. im Jahre 1997 auf etwa 25 Mio. in 2001 an, wobei 65% der Haushalte mit Jugendlichen einen Internetanschluss haben (Feierabend/Klingler 2002). Auch der Ort der Internetnutzung hat sich in den letzten Jahren verändert: War 1997 zu 56% der Arbeitsplatz der bevorzugte Ort der Internetnutzung (im Gegensatz zu 27% im privaten Haushalt), hat sich dieses Verhältnis zugunsten des Haushaltes verschoben, wo nunmehr 46% der Nutzung stattfindet (im Gegensatz zu 22% am Arbeitsplatz). Das vormals der Wissenschaft und dem Militär dienende Medium Internet hat sich demzufolge zu einem öffentlichen, der Allgemeinheit zugänglichen Medium gewandelt. Das Internet ist ein Netz von Netzen und umfasst unterschiedliche Dienste wie die Kommunikationsdienste Internet-Chat, E-Mail, Newsgroups oder den Informationsdienst des World-Wide-Web (vgl. Hafner/Lyon 2000).

Noch stärker als das Medium Internet hat das Mobiltelefon vor allem seit dem Ende der 90er Jahre in Deutschland eine weite Verbreitung gefunden. Einer respräsentativen Allensbach-Umfrage zufolge, besitzen 65% der 14- bis 64-Jährigen ein Mobiltelefon. Vor allem unter Jugendlichen ist der Besitz eines Handys weit verbreitet. So haben 67% der 14- bis 15-Jährigen sowie 79% der 16- bis 17-Jährigen bereits ein eigenes Mobiltelefon (ACTA 2001).

Dieser kurze Überblick über ausgewählte Medien verdeutlicht nicht nur die mediale Erweiterung und Ergänzung des familialen Haushalts mit PC, Internet und Mobiltelefon, sondern auch, dass die heute für „selbstverständlich" gehaltenen Medien Fernsehen und Telefon erst im Laufe von ca. 30 Jahren zu einer „Veralltäglichung" von Technik (Rammert 1989) im Privaten beigetragen haben.

Diese Entwicklung hin zu einer „Veralltäglichung" haben vor allem die neuen Medien Internet und Mobiltelefon in sehr kurzer Zeit durchlaufen. Wie ist diese rasante Verbreitung dieser neuen Medien im familialen Bereich zu erklären? Welche Attraktivität geht von ihnen aus und welche (möglichen) Einflüsse haben sie auf das Familienleben? Um den Antworten auf diese Fragen näher zu kommen, sei zunächst kurz auf die Besonderheit von Internet und Mobiltelefon, nämlich auf ihr kommunikatives Potenzial, eingegangen.

3 Neue Medien und neue kommunikative Möglichkeiten

Das gemeinsame Kennzeichen der hier im Mittelpunkt stehenden Medien Internet und Mobiltelefon ist, dass sie – wie auch noch andere Medien (Fernsehen, Radio, BTX, Videorecorder, Telefon usw.) – auf einer technisch vermittelten Kommunikationsform basieren. Dies bedeutet zunächst nichts anderes, als dass ein technisches Medium in den Prozess der Kommunikation zwischengeschaltet wird (vgl. ausführlicher Höflich 1996). Des Weiteren ist ihnen gemeinsam, dass die jeweilige Technik nicht ihren sozialen Gebrauch vorschreibt, sondern dass vielmehr gesellschaftliche Deutungsmuster sowie der familiale und individuelle Kontext die spezifischen Gebrauchsweisen näher bestimmen (Rammert 2000; Höflich 1997).

Handelt es sich beim „Familienmitglied Fernsehen" (Hurrelmann et al. 1996) um ein seit den 80er Jahren – im Zuge der Konkurrenz privater Anbieter – stark ausdifferenziertes Massenkommunikationsmedium, welches bis auf wenige Ausnahmen bis jetzt noch nach dem ursprünglichen Sender-Empfänger-Modell arbeitet, liegt beim Mobiltelefon – wie schon beim herkömmlichen Telefon – eine Individualkommunikation (inklusive der SMS-Nutzung) vor. Zwar haben einige Mobiltelefone die Möglichkeit internetfähige Seiten aufzurufen, derartige Anwendungen sind aber gegenwärtig noch finanziell gesehen und hinsichtlich der Nutzerfreundlichkeit zu aufwendig und stoßen auf keine große Nachfrage. Das Mobiltelefon stellt eine technische Möglichkeit dar, immer und überall für Familienmitglieder und Nicht-Familienmitglieder erreichbar zu sein. Mit dem Handy – wie das Mobiltelefon ausschließlich im deutschsprachigen Raum heißt – hat eine „raumzeitliche Auflösung" von Kommunikation (vgl. Burkart 2000: 211) stattgefunden, und man kann ergänzen, auch von familialer Kommunikation zwischen den (Ehe)Partnern und zwischen Eltern und Kindern.

Eine mediale Sonderrolle nimmt das Internet bzw. der internetfähige Computer ein. Was ehemals getrennte Kommunikationsmedien waren – Telefon, Fernseher, Brief, Radio – wird jetzt in einem Medium, dem Internet, zusammengeführt und ist „nur einen Mausklick voneinander entfernt" (Krotz 1998: 116). Neben dieser Multimedialität erlaubt das Internet als weitere Besonderheit den relativ schnellen Wechsel zwischen Massen- und Individualkommunikation. Höflich bezeichnet deshalb den Computer als Hybridmedium (1997: 94), für Döring hingegen sind Computernetze Hybridmedien, weil sie die ehemals vorhandenen Grenzen zwischen Massen-, Gruppen und Individualkommunikation auflösen (1999: 88). So ist es möglich, jederzeit Websites zu sehen, die auch für viele andere zugänglich sind; andererseits kann man private E-Mails schreiben, von denen andere ausgeschlossen sind. Der Wechsel zwischen Öffentlichem und Privatem kann somit unmittelbar vollzogen werden. Stellt das Internet eher ein umfassendes Informations- und Kommunikationsmedium dar, das innerhalb des familialen Haushalts genutzt werden kann, so erfüllt das Mobiltelefon vor allem „individuelle Kommunikationsbedürfnisse" und diese ortsungebunden.

Für die Familie könnten sich aus diesen medialen Veränderungen bereits bekannte, jedoch auch neue Herausforderungen ergeben, denen im Folgenden nachgegangen werden soll. Dabei handelt es sich um Dimensionen, die immer wieder im Zusammenhang mit familialer Mediennutzung betont werden und für die Familie von besonderer Bedeutung sind (vgl. Lukesch 1988): die Belastung des Familienbudgets durch die Medienanschaffung und Nutzung; die durch Medien bedingte familiale Freizeitgestaltung; der Einfluss auf die familialen Interaktionsbeziehungen; die elterliche Kontrolle der Mediennutzung sowie das elterliche Erziehungsverhalten im Zusammenhang mit der Nutzungsweise der Medien.

4 Mögliche Einflüsse der neuen Medien auf das Familienleben

4.1 Familienbudget

Fast die Hälfte aller Haushalte verfügten 2000 über einen PC (47,3%) und 16,4% über Internet- oder Online-Dienste (StBA 2001: 564). Da der Zugang zum Internet über den PC mittels eines analogen Modems erfolgen kann, sind die Belastungen für das Haushaltsbudget der Familie zunächst nicht sehr hoch. Anders sieht es aus, wenn die PC-Anschaffung in die Aufwendungen einkalkuliert wird und wenn zudem schnellere Internet Zugangsverbindungen (ISDN, DSL) angeschafft werden. Auch die monatlich anfallenden Nutzungsentgelte können bei hoher Intensität zu einer Belastung des Haushaltsbudgets führen. In einer von Feldhaus, Logemann und Nave-Herz (Nave-Herz 2001; Logemann/Feldhaus 2002) durchgeführten qualitativen Untersuchung über familiale Veränderungen durch die Nutzung von Internet und Mobiltelefon zeigten sich u.a. höhere finanzielle Aufwendungen für die Familie als Folge der Internetnutzung. So kam es entweder zur Anschaffung neuer Computer oder zur Umstellung auf ISDN-Anschlüsse oder DSL-Verbindungen, um einerseits die Nutzung komfortabler zu gestalten, andererseits aber auch, um die parallele Nutzung von Internet und Telefon sicherzustellen. Bereits die finanzielle Belastung durch das Internet kann aus Sicht der Familienmitglieder zu Konflikten führen.

Ähnliches gilt für das Mobiltelefon, welches ebenso finanzielle Belastungen mit sich bringen und damit auch z.T. zu Konflikten innerhalb der Familie führen kann. Dies gilt nicht nur in Bezug auf die Anschaffungskosten des Geräts, sondern vor allem auch hinsichtlich der Nutzungsgebühren. Obwohl die 14- bis 16-Jährigen zu ca. 70% ein Prepaid-Handy besitzen (Höflich/Rössler 2000: 5), so dass durch ein Abtelefonieren von im Voraus bezahlten Telefonkarten ein gewisses Kontrollmoment der Nutzung und ein Vorbeugen vor hoher Verschuldung bei unreflektierter Nutzung gewährleistet wird, klagen viele Eltern über die finanziellen Belastungen durch das Handy (auch durch Anrufe vom elterlichen Festnetz auf Mobiltelefone der Freunde). So betragen die durchschnittlichen Handykosten bei Jugendlichen ca. 25 Euro (ohne Grundgebühren und Anschaffungskosten für die Geräte). Während ein Fünftel der Handy-Besitzer pro Monat bis zu 10 Euro ausgibt, kommen 14% bereits auf Kosten von 50 Euro und mehr, wobei die 12- bis 13-Jährigen zu ca. 60% und die 18-Jährigen zu 85% ihre Rechnung selber bezahlen müssen (JIM 2000: 53). Aber nicht allen Jugendlichen ist es möglich, sich immer wieder neue Karten zu kaufen, weshalb sie zeitweilig ihren Freunden nicht antworten können oder ihre Eltern um einen Taschengeldvorschuss bitten – nach Aussagen von Eltern nicht immer mit Erfolg. Die verbreiteten Prepaid-Karten sind daher inzwischen auch zu einer beliebten Geschenkidee geworden.

4.2 Freizeitgestaltung

Da die Familie der Ort ist, an dem Kinder den ersten Kontakt mit Medien haben (Barthelmes/Sander 1999) und Medien insgesamt, auch aufgrund ihrer quantitativen Verbreitung, immer mehr Raum in der Familie einnehmen, sind Kinder schon von früh an daran gewöhnt, diese auch als Mittel der Freizeitbeschäftigung einzusetzen, was insbesondere für das Fernsehen und den Computer zutrifft. Teilweise setzen Eltern Medien auch bewusst zur Freizeitgestaltung bzw. als Erziehungsmittel ein (s.u.).

Wenn auch die Freizeit heute zu einem großen Teil durch Mediennutzung gestaltet wird, so zeigt sich gerade für die Altersgruppe der 14- bis 19-Jährigen immer noch ein großer Anteil an außerhäuslicher Freizeitbeschäftigung (Media Perspektiven Basisdaten 2001). Auch die 13. Shell Jugendstudie (Fritzsche 2000) kommt zu dem Ergebnis, dass im „Konzert" verschiedener Freizeitbeschäftigungen bei den 14- bis 25-Jährigen Partys/Feiern deutlich vor Computerspielen rangieren (2000: 206). In einer Untersuchung über Computerspiele und Kinderkultur belegen die Autoren, dass interaktive Medien zwar zu einer Selbstverständlichkeit in der Alltags- und Freizeitkultur von Kindern geworden sind, dass es dadurch aber nicht zu einer Ablösung traditioneller Freizeitbeschäftigungen kommt (Fromme et al. 2000). In der Altersgruppe der 6- bis 13-Jährigen stellt beispielsweise das Treffen mit Freunden die präferierte Freizeitbeschäftigung dar (KIM 2000). Trotzdem bietet das Internet aufgrund seiner Multimedialität, also der Integration verschiedener Medien, ein beliebtes Mittel moderner Freizeitgestaltung. So sind insbesondere unter Jugendlichen der Internet-Chat, Online-Spiele oder das Downloaden von Musikstücken eine beliebte Freizeitbeschäftigung (van Eimeren et al. 2001: 386).

Nach Medienanalysen ist das primäre Nutzungsmotiv des Internet die Informationsbeschaffung, gefolgt von Unterhaltungs- und Interaktions- bzw. Kommunikationsbedürfnissen (Oehmichen/Schröter 2001). Allerdings gibt es Unterschiede zwischen den jeweiligen Nutzergruppen. So zeigen Ergebnisse der ARD/ZDF-Online-Studie bei einer Stichprobendifferenzierung nach unterschiedlichen Lebensstilgruppen, dass gerade das Kommunikationsbedürfnis und das Motiv des Zeitvertreibs in der jüngeren Altersgruppe Priorität besitzt. Da das Internet für Jugendliche einen hohen Freizeitwert besitzt und die Nutzung immer mehr von zu Hause erfolgt, bleibt ein Einfluss auf das Familienleben nicht aus, unabhängig davon, ob dieser positiv oder negativ ausfällt.

Die von Jugendlichen aufgewendete Zeit für Computer- und Internetnutzung wird oftmals aus erwachsenenpädagogischer Perspektive als wenig sinnvoll erachtet – wie schon früher in Bezug auf das Fernsehen. Im Gegenteil: Internetnutzung wird von Eltern vorwiegend dann als sinnvoll eingeschätzt, wenn es sich dabei um Informationsbeschaffung oder bildungsrelevante Aspekte handelt und eben nicht um Spiele (Leu 1993). Insofern können sich gerade für die Familie Konfliktpotenziale ergeben, weil das Medium mit unterschiedlichen Bedeutungen belegt wird.

Das primäre Anschaffungsmotiv für den Internetzugang oder die Frage: „Wie kommt das Internet in die Familie?" ist Umfragedaten zufolge das Interesse an Information. Eine derartige Generalisierung von Anschaffungsmotiven führt aus der Perspektive der Familienmitglieder allerdings zu vorschnellen Schlüssen, denn die Anschaffungsmotive müssen sehr wohl nach Familienmitgliedern differenziert betrachtet werden. Sofern noch kein Internetanschluss im Haushalt vorhanden war und Eltern auch beruflich nur wenig Vorerfahrungen mit dem Medium hatten, sind eher die Jugendlichen die Initiatoren in Bezug auf die Medienanschaffung, wie die Ergebnisse von qualitativen Interviews zeigen (Nave-Herz 2001). Sie argumentierten mit der Nutzung des Internet für schulische Belange, wenn auch der tatsächliche Gebrauch sich später anders gestaltet. Aus der Perspektive der Jugendlichen ist das Internet nämlich weniger ein Informationsmittel (wofür es auch aus Sicht der Eltern ursprünglich angeschafft wurde) als vielmehr ein Kommunikationsmittel oder ein Medium zur Freizeitbeschäftigung.

Die Gestaltung von kindlicher und jugendlicher Freizeit basiert zunehmend auf gezielten Organisationsplänen, wobei das Telefon und neuerdings auch das Mobiltelefon als ein notwendiges Instrument dient (vgl. Büchner 1989). Gerade das Handy bietet nunmehr für die Jugendlichen eine Erweiterung des Handlungs- und Kommunikationsspielraums, denn sie können von unterwegs die Erlaubnis ihrer Eltern über angestrebte Unternehmungen einholen bzw. sie darüber unterrichten. Sie können sich aber auch mit ihren Freunden verabreden, die sie nunmehr immer erreichen können, auch wenn diese selber nicht mehr zu Hause sind. Das Mobiltelefon erleichtert damit die Organisation von Freizeit. Ferner rangiert das Handy als Gesprächsthema 12- bis 19-jähriger Jugendlicher nach dem Thema Fernsehen an zweiter Stelle, und zwar sowohl bei Mädchen als auch bei Jungen (Feierabend/Klingler 2002: 20). Und selbst die Nutzung des Handys, vor allem die SMS-Funktion, wird als eine neue Art von Freizeitbeschäftigung angesehen, wie schon das Telefonieren mit dem herkömmlichen Telefon (vgl. Strozda 1996). Darüber hinaus gehört der Besitz eines Handys zum „In-Sein" dazu, wie es auch ein Prestigeobjekt unter den – vor allem männlichen – Jugendlichen darstellt. Das Handy bildet damit ein weiteres, wichtiges Kommunikationsnetz und Kommunikationsthema zwischen den Jugendlichen (vgl. auch Logemann/Feldhaus 2001). Die Erweiterung des Handlungsspielraums trifft aber nicht nur für die Kinder, sondern auch für die Eltern zu, die in ihrer Freizeit z.B. abends ausgehen können und nicht an bestimmte Aufenthaltsorte gebunden sind, von denen sie wissen, dass ihre Kinder sie dort in dringenden Fällen telefonisch erreichen können. Sie sind nunmehr ortsunabhängig zu erreichen. Diese Erweiterung des Handlungsspielraums für die Eltern kann aber auch mit einer zunehmenden Kontrolle der Eltern *durch die Kinder* einhergehen.

4.3 Einfluss auf familiale Interaktionsbeziehungen

Medien, die als Kommunikationsmedien eingesetzt werden, können starken Einfluss auf die familialen Interaktionsbeziehungen nehmen, sowohl innerhalb der Familie als auch in Bezug auf ihre Außenkontakte. Gerade dem Fernsehen wurde im Zusammenhang mit den innerfamilialen Kommunikationsbeziehungen oftmals ein zerstörerisches Potenzial nachgesagt (vgl. Lüscher 1989; Barthelmes/Sander 1990).

Für die Kommunikationsdienste des Internet (Chat, Newsgroups und E-Mail) trifft es zu, dass sie einerseits die Kommunikation der Familie nach außen hin organisieren können, anderseits kann das WWW auch Anlass zur familialen Interaktion geben – wie bereits die Programminhalte anderer Medien (z.B. Fernsehen). Fragen nach den gesuchten und gefundenen Inhalten sowie deren Bewertung können aus Sicht der einzelnen Familienmitglieder gesprächsinitiierende Gelegenheiten darstellen. Der inhaltliche Aspekt des Internet wird in den nachfolgenden Punkten Kontrolle und Erziehung nochmals aufgenommen. Bereits die Anschaffung eines Computers kann im Vorfeld der Nutzung intensive Interaktionsprozesse unter den Familienmitgliedern auslösen, wie beispielsweise die Untersuchung von Leu (1993) deutlich gemacht hat.

Bei jenen Jugendlichen, die einen internetfähigen Computer im eigenen Zimmer haben, besteht die Möglichkeit einer „Abschottung", d.h. eines Rückzugs aus dem familialen Interaktionssystem trotz häuslicher Präsenz. Für die Familie ließe sich im Anschluss an die „Abschottungs-These" prüfen, inwieweit die interaktive individualisierte Kommunikation mittels Internet (im Gegensatz zum passiven Fernseh-Konsum) eine Einbettung – auch auf emotionaler Ebene – in außerfamiliale Netzwerke fördern könnte, so dass trotz räumlicher Anwesenheit im Haushalt persönliche Beziehungen zu familienfremden Personen oder Gruppen bedeutungsvoller werden als die zu den eigenen Familienmitgliedern (vgl. Nave-Herz 2001). Einerseits bedingt die Internet-Nutzung eine gewisse Abgrenzung zu den Familienmitgliedern, weil Internet-Chats oder das Schreiben von E-Mails häufig als etwas Privates empfunden werden, von dem man Anwesende ausschließt. Andererseits kann sie aber auch gemeinschaftsbildende Effekte haben, wenn die ganze Familie zusammen vor dem Internet sitzt.

Aus familien- und jugendsoziologischer Perspektive ist zu bemerken, dass der Internet-Chat von Jugendlichen zur Konstruktion virtueller Identitäten genutzt werden kann, dass aber davon nur wenig Gebrauch gemacht wird, wie empirische Untersuchungen dazu zeigen (Fix 2001). Wichtig für die Chatter sind die sozialen Aspekte wie das Kennenlernen neuer Gesprächspartner, der Erfahrungsaustausch und allgemein die Erfüllung von Kommunikationsbedürfnissen. Gleichzeitig eröffnen sich hier aber auch Gefahrenpotenziale für Jugendliche, weil Erwachsene unter Vortäuschung falscher Identitäten ungehemmt mit Kindern in Kontakt treten können. Die interaktiven Kommunikationsmöglichkeiten des Internet bieten den Nutzern damit Möglichkeiten zur globalen Kommunikation mit der Außenwelt und zur Überschreitung der eigenen provinziellen Erziehungsgrenzen (Cornelißen 1999). Um Gleichgesinnte zu treffen kann der Schritt vor die Tür gleichsam durch das Einloggen in die virtuelle Welt ersetzt werden. Das gilt neben dem Chat auch für die künstlichen Spielwelten, die so genannten MUDs.

Auch das Mobiltelefon zeigt eine Vielfalt von Einflussmöglichkeiten auf das familiale Zusammenleben und deren Interaktionsbeziehungen. Familiale Intimität entsteht und wird vor allem durch interaktive Kommunikation erhalten, für die nach Luhmann (1975) Anwesenheit und gegenseitige Wahrnehmung Vorbedingungen sind. Lange Zeit war Anwesenheit und gegenseitige Wahrnehmung raumabhängig. Doch bereits das Telefon, das erst seit den 70er Jahren in Westdeutschland eine verstärkte Verbreitung fand, hob die Vorbedingung des gleichen Raumes für unmittelbare, fast zeitgleiche interaktive Kommunikationsprozesse auf, war selbst aber noch ortsgebunden. Das Mobiltelefon erst ermöglichte völlige Ortsungebundenheit und damit eine ubiquitäre Erreichbarkeit – auch der Familienmitglieder (vgl. Höflich 1998; Burkart 2000). Wenn Luhmann (1975) ferner betont, dass bei Interaktionen immer die Anwesenden „eine bevorzugte Beachtlichkeit genießen" und dass die Rücksicht auf Nichtanwesende, also nicht an der Interaktion beteiligte Personen, zurücktritt, dann gilt dieser Sachverhalt auch für Interaktionen mittels Handy, nur dass die nicht-räumlich anwesenden Personen nunmehr gegenüber den räumlich Anwesenden „bevorzugt" werden, indem z.B. eine Gesprächsunterbrechung stattfindet.

Dieser Sachverhalt gilt gerade auch für das familiale Interaktionssystem: Einerseits können nunmehr innerhalb des familialen Wohnbereichs mittels Handy (und mittels Telefon) familienfremde Personen zu „bevorzugten" Gesprächspartnern werden trotz räumlicher Abwesenheit. Aber andererseits ermöglicht das Mobiltelefon den Eltern auch außerhalb des familialen Haushalts eine ubiquitäre Erreichbarkeit ihrer Kinder. Dem könnte man entgegenhalten, dass man sich durch ein Abschalten bzw. eine Nichtmitnahme des Geräts der Erreichbarkeit durch andere Familienmitglieder entziehen könnte, doch dies bedarf – wie die Interviewpartner betonten – einer nachträglichen Rechtfertigung (vgl. Logemann/Feldhaus 2002). Denn die Funktion des Familiensystems – darin bestätigen die vorliegenden Daten die These von Luhmann – ist nach wie vor „die gesellschaftliche Inklusion der Vollperson (...). Die Familie lebt von der Erwartung, dass man hier für alles, was einen angeht, ein Recht auf Gehör, aber auch eine Pflicht hat, Rede und Antwort zu stehen" (Luhmann 1993: 208). Ein Entziehen ist daher mit negativen Sanktionen verbunden, sowohl zwischen Eltern und Kindern als auch zwischen den Eltern. Zu fragen wäre jedoch, wie die Familienmitglieder selbst die technisch vermittelte interpersonale Kommunikation mittels Handy, die nunmehr nicht mehr an den Grenzen der Wohnung halt macht, beurteilen. Welche positiven oder negativen Bedeutungen werden der mobilen Kommunikation im Rahmen des familialen Zusammenlebens zugeschrieben?

Durchweg begrüßt wird von Eltern und deren Kindern die Sicherheitsfunktion des Mobiltelefons (vgl. Nave-Herz 2001). Dies gilt vor allem dann, wenn die Kinder gerade in den Ablösungsprozess vom Elternhaus eingetreten sind. Die verlängerten Ausgehzeiten der Kinder, auch bis in die Abendstunden hinein, und die daraus seitens der Eltern u.U. resultierenden Ängste und Sorgen, werden mittels des Handys zu reduzieren versucht. Das Mobiltelefon stellt demnach für die Familie ein Medium der Sicherheit dar, eine Funktion, die besonders auch von Alleinerziehenden geäußert wird (vgl. Nave-Herz 2001).

Interessanterweise benutzen Jugendliche das Handy auch, um ihren Eltern, vor allem der Mutter, spontane Empfindungen, Schulprobleme, unerwartete Ereignisse u.ä.m. sofort an ihrem Arbeitsplatz mitzuteilen. Die Kinder „entgrenzen" also mittels Handy die räumliche Trennung zwischen Familien- und Berufsbereich und werden für einen Moment zum „bevorzugten Kommunikationspartner" während der Arbeitszeit der Eltern, ohne eine Zurückweisung, Konflikte u.a. hierdurch zu „produzieren" bzw. zu erfahren. Nach eigenen Berichten zeigen sich ihre Eltern, zumeist die Mutter, gegenüber derartigen spontanen Gesprächen jederzeit aufgeschlossen (vgl. Nave-Herz 2001). Das Handy garantiert daher z.T. eine „Verfügungsmacht" seitens der Kinder über ihre Eltern (Mutter) in Bezug auf ihre subjektiven Bedürfnisse, z.B. für Lösungsversuche bei gerade aufgetretenen Problemen, für die sofortige verbale Abreaktion ihrer Frustrationen, entstanden im außerfamilialen Bereich usw. Damit dient das Mobiltelefon nicht nur der emotionalen Stabilisierung der Familienmitglieder – eine Funktion die auch schon dem herkömmlichen Telefon zugeschrieben wurde (Adler 1992) –, sondern unterstützt auch noch ein Stück weit die Vereinbarkeit von familialen und beruflichen Ansprüchen, vor allem wenn der Beruf mit einer hohen Mobilität verbunden ist (vgl. auch Rakow/Navarro 1993).

Werden die zuvor geschilderten außerhäuslichen Nutzungsformen des Handys von Eltern und deren Kinder als systemfördernd begrüßt, scheint die Familie auf das neue Kommunikationsmittel im häuslichen Bereich anders zu reagieren. Die Wohnung, der Ort des Familienbereiches, der häufig als „privat" – im Gegensatz zur Öffentlichkeit – apostrophiert wird (auch von den Familienmitgliedern selbst), ermöglicht in stärkerem Maße Intimität und Exklusivität der familialen Beziehungen, wobei die „Wohnungstür" eine Grenzziehung zwischen den Familien- und Nichtfamilien-Mitgliedern symbolisiert. Das Mobiltelefon – wie auch schon das herkömmliche Telefon – hält sich jedoch nicht an die räumlichen Grenzen der Privatheit. Diese Möglichkeit, durch das Handy „von außen" im familialen Wohnbereich für familienfremde Personen immer erreichbar zu sein, so betonten sowohl die Eltern als auch die Jugendlichen, wird häufig als störend empfunden und führt zuweilen zu Spannungen und Konflikten zwischen den Familienmitgliedern. Deshalb gelten in einigen Familien inzwischen Regeln in Bezug auf die Handy-Nutzung, um sie vor weiteren Störungen zu schützen: So wird es in den meisten Fällen nicht erlaubt, dass Kinder ihr Mobiltelefon während der betonten Familienzeiten (z.B. Mittag- und Abendessen) mit sich führen dürfen, sondern sie sollen es überwiegend in ihren Zimmern aufbewahren (vgl. Nave-Herz 2001). Die „Handyraum-Regelung" entspricht im Übrigen den neuen „Grenzziehungen" innerhalb der Wohnung, die mit steigendem Wohnraum eine Separierung der einzelnen Familienmitglieder erlaubt. So positiv die ständige Erreichbarkeit der Familienmitglieder untereinander außerhalb des Haushalts empfunden wird, innerhalb des Haushalts wird sie von den Eltern z.T. als eine Störung der Privatsphäre empfunden – wie schon durch das Telefon – und mit Sanktionen belegt.

4.4 Kontrolle der Mediennutzung

Von jeher ein zentrales Thema im Zusammenhang mit Medien und Familie ist die mögliche Kontrolle der Mediennutzung seitens der Erziehungsberechtigten, um Kinder und Jugendliche vor möglichen Gefahren zu schützen. Allerdings können sich hinter dem Schlagwort „Kontrolle der Mediennutzung" – je nach Medium – ganz unterschiedliche Mechanismen verbergen. Geht es beim Internet um die Kontrolle der genutzten Inhalte sowie um die Kontrolle der Nutzungszeiten, so steht bei der Kontrolle des Telefons oder des Mobiltelefons die soziale und/oder personale Kontrolle im Vordergrund.

Die Kontrolle der Internetnutzung aus Sicht der Familie betrifft insbesondere die Eltern-Kind-Perspektive, vor allem ihre Kommunikationsstrukturen und damit auch die Frage der Erziehung. Bei der Internetnutzung geht es vorwiegend um die Kontrolle von WWW-Inhalten, die aus Erwachsenensicht nicht unbedingt altersgerecht sind und sich damit nicht konform zur beabsichtigten Entwicklung der Jugendlichen verhalten. Ferner wird die Dauer der Internetnutzung von den Eltern kontrolliert. Erschwert wird die Kontrolle einerseits durch die teils eingeschränkten Medienkompetenzen der Eltern, andererseits aber auch durch die gewährten Freiräume. Denn zur Entwicklung von Jugendlichen in der Adoleszenzphase gehört neben der Ablösung vom Elternhaus auch der Erwerb von Selbstständigkeit und Handlungskompetenz (Schäfers 2001: 91). Darunter verstehen Eltern auch einen selbstständigen und möglichst reflektierten Umgang der Jugendlichen mit Medien. So stellt sich die Frage, inwieweit sie den Jugendlichen Freiräume gewähren, um den komplexen Anforderungen des Alltags unter Individualisierungsbedingungen gerecht zu werden (Matsche 2001), denn Kontrolle bedeutet immer einen Eingriff in den Selbst-Bildungsprozess der Jugendlichen. Mit „Selbst-Bildung" ist hier gemeint, dass sich Kinder ohne Erwachsene aufgrund von Impulsen aus ihrer materiellen und medialen Umwelt durch aktive Auseinandersetzung selbst-bilden (Matsche 2001:38ff).

Ergebnisse aus einer qualitativen Studie (Nave-Herz 2001) machen deutlich, dass viele Eltern, mit Ausnahme derjenigen, die über gute eigene Internetkenntnisse verfügen, Befürchtungen bzgl. einer sinnvollen Nutzung des Internet seitens ihrer Kinder haben. Ferner aber auch, dass sie selbst die genutzten Inhalte der Kinder – abhängig vom Alter – eigentlich stärker kontrollieren müssten. Die Eltern erahnen, dass durch die Internet-Nutzung ein Selbst-Bildungsprozess ihrer Kinder unterstützt wird, den sie ihnen durch die Medienanschaffung ermöglicht haben, aber an dem sie selbst nicht teilnehmen und dessen „Impulse" und Richtung sie nicht kennen. Aus den diesbezüglichen elterlichen Äußerungen spricht Hilflosigkeit, resultierend aus ihrem Wissensdefizit bei gleichzeitigem Bewusstsein ihrer Verantwortung. Für einige Eltern wird diese Ambivalenz zwischen intendierter Zielsetzung der Medienanschaffung und letztendlicher Nutzung durch die Jugendlichen zu einem Dilemma, weil sie nicht immer im Stande sind, die Erfüllung der Zielsetzung zu gewährleisten.

In diesem Zusammenhang lässt sich auch die These von der „medialen Klassengesellschaft" und der sich daraus ergebenden Differenz zwischen „Medien-Analphabeten" (Opaschowski 1999: 8) und „Info-Eliten" aufgreifen. Trotz eines fortschreitenden Rückgangs des immer noch vorhandenen Ungleichgewichts der Bildungsabschlüsse der Internetnutzer lässt sich heute noch ein Trend zur „digitalen Spaltung der Gesellschaft" nach sozialer Schichtung konstatieren. Einen Lösungsweg zum Ausgleich der Wissensunterschiede sieht Opaschowski (2001) in groß angelegten Bildungsoffensiven der Gesellschaft und auch die Politik versucht der gesellschaftlichen Spaltung mit unterschiedlichen Initiativen, wie „Schulen ans Netz" oder „Senioren ans Netz" entgegen zu wirken (Hochreiter 2001). Jäckel (1999) weist aber zu Recht darauf hin, dass einfache Appelle kaum verändernd wirken werden, jedenfalls dann nicht, wenn die Nicht-Nutzung auf mangelnder „thematischer Relevanz" beruht und damit nicht nur auf ökonomischen Bedingungen.

Im Zuge der Spezialisierung von Wohnraum und der abnehmenden Kinderzahl in Familien ergibt sich, dass Jugendliche heute oftmals über ein eigenes Zimmer und damit über eine eigene Rückzugsmöglichkeit verfügen. In diesen Zimmern erfolgt der Umgang mit Medien weitestgehend unter Ausschluss der anderen Familienmitglieder. Kontrolle spielt sich deshalb zwischen den Polen Kontrollverzicht und Selbstkontrolle ab. Zur Gewährleistung einer besseren Kontrolle wird in einigen Familien der Computer mit Internet-Zugang bewusst nicht in den Zimmern der Jugendlichen installiert. Ähnliches geht aus US-amerikanischen Untersuchungen hervor (PEW Internet & American Life Project 2001). Negativ unterstützt wird die Kontrollproblematik durch die oftmals vorhandenen Wissensdifferenzen hinsichtlich der Mediennutzung zwischen der Elterngeneration und den Jugendlichen. Das Wissensdefizit zwischen Eltern und ihren Kindern kommt allerdings nicht allein durch mangelnden Einsatz seitens der Eltern zustande, sondern auch, weil Jugendliche den eigenen Wissensvorsprung und damit den eigenen Vorteil nicht wirklich preisgeben wollen. Wie empirische Ergebnisse zeigen (Nave-Herz 2001) verwenden sie teilweise eine komplexe Fachsprache mit vielen technischen Begriffen, um Eltern von allzu interessierten Fragen abzuhalten. Vielfach bezieht sich das elterliche Kontrollverhalten dann auf Nutzungszeiten und weniger auf genutzte Inhalte.

Die Kontrolle der Mediennutzung beim Mobiltelefon verläuft überwiegend durch die bereits erwähnte räumliche Regelung der Handynutzung. Eine inhaltliche Kontrolle (z.B. der SMS-Inhalte) findet seitens der Eltern nicht statt, bzw. wird von den Jugendlichen mit dem Argument, es sei ihre Intimsphäre, oftmals abgelehnt. Die Kontrolle der Mediennutzung verhält sich deshalb z.T. diametral zur ursprünglichen elterlichen Intention, denn die Jugendlichen selbst ziehen sich in ihre Zimmer zurück, um Handy-Gespräche ungestört entgegennehmen zu können oder um in Ruhe – außerhalb des elterlichen Blicks – eine ankommende SMS zu lesen. Das Handy wird daher auch bewusst genutzt, um sich der elterlichen Kontrolle über die häusliche Telefonnutzung und -beschränkung oder über die Wahl der Kommunikationspartner, zu entziehen (vgl. dazu auch Höflich 2001: 11). Dieses Nutzungsmotiv gewinnt nochmals dadurch an Gewicht, wenn man bedenkt, dass, obwohl das Handy ein mobiles Medium ist, die meisten SMS-Nachrichten von zu Hause verschickt werden (vgl. Höflich/Rössler 2000: 10). Die Einführung einer Handy-Raum-Nutzung zum Schutz familialer Kommunikationsräume hat daher in einigen Fällen geradezu den paradoxen Effekt abnehmender Kontrollmöglichkeiten von nichtfamilialen Kommunikationsbeziehungen innerhalb des Hauses.

4.5 Mediennutzung und Erziehungsverhalten

Für die Familie sind Medien oftmals mit Ambivalenzen verbunden. Ermöglichen sie auf der einen Seite z.B. ein Mehr an Wissen, so bieten sie auf der anderen Seite Inhalte, die oftmals aus Elternsicht für inakzeptabel gehalten werden. Auch der Faktor Zeit im Sinne einer sinnvollen Zeitgestaltung ist ein oft zitiertes Argument seitens der Eltern. Jugendliche Mediennutzung spiegelt immer auch ein Stück weit die Medieneinstellungen und damit die Medienerziehungsvorstellungen der Eltern wider (Barthelmes/Sander 1999). Denn wie Jugendliche mit Medien umgehen ist vielfach schon durch den Medienumgang in der Familie bestimmt, weil Medien heutzutage immer stärker in das familiale Alltagsleben eingebettet sind. So beinhaltet Medienerziehung z.B. das Vereinbaren von Regeln, aber auch Diskussionen über den in der Familie gewünschten Umgang.

Aus Gründen der Einfachheit kontrollieren Eltern die Internetnutzung der Jugendlichen eher über deren Nutzungsdauer als über die genutzten Inhalte. Sofern die Nutzung eine – nach dem elterlichen Empfinden – bestimmte Intensitätsschwelle überschreitet, gehen sie teilweise dazu über, befristete Internet-Nutzungsverbote auszusprechen und das Internet (wie das Fernsehen) damit als Erziehungsmittel einzusetzen.

So ist das Aufstellen von Nutzungsregeln auch wichtig, um mögliche Konflikte im Geschwistersystem zu minimieren. Wobei diese Schritte nur dann notwendig sind, wenn das Medium für die Geschwister eine ähnlich hohe Bedeutung besitzt, was wiederum von anderen Faktoren wie z.B. Alter und Geschlecht abhängig ist. Ähnliche Ergebnisse gehen auch aus US-Internet-Studien hervor (Kiesler et al. 2000).

Gerade auch das Mobiltelefon ermöglicht durch eine „unbegrenzte Erreichbarkeit" der Familienmitglieder eine Unterstützung der elterlichen Erziehung. Nutzen Jugendliche das Medium Handy auch, wie bereits betont, um sich *innerhalb* des Hauses der elterlichen Kontrolle zu entziehen, so stellt es umgekehrt *außerhalb* des Hauses für die Eltern einen „Erfüllungsgehilfen" des Erziehungsauftrages und eine Möglichkeit der besseren Kontrolle ihrer Kinder dar. So ist mittels des Mobiltelefons ein Stück weit die bessere Vereinbarkeit von Beruf und Familie sowie ein ergänzender Einsatz hinsichtlich der Organisation und Koordination des familialen Haushalts möglich. Gerade das kurze Absprechen von Terminen, die Ergänzung von Einkaufslisten oder gezielte Absprachen zwischen den Elternteilen und zwischen den Eltern und den Kindern wird von beiden Seiten – Eltern und deren Kinder – als positive Funktion des Mobiltelefons begrüßt (vgl. Nave-Herz 2001).

Nur bei wenigen Eltern ging die ständige Erreichbarkeit ihrer Kinder auch mit einer zunehmenden sozialen Kontrolle einher: In jenen Fällen wird nicht Bezug genommen auf zuvor vereinbarte zeitliche Verabredungen zwischen Eltern und Kindern oder auf plötzliche Terminveränderungen, sondern das Mobiltelefon wird gezielt eingesetzt, um „abzufragen", was man gerade macht und wo man ist. Die in dieser Form kontrollierten Kinder – und auch (Ehe)partner – reagieren zwar mit Ablehnung, können sich dem aber nur schlecht entziehen, denn selbst ein Abschalten des Geräts verlangt – wie bereits betont – eine spätere Rechtfertigung gegenüber dem Anrufenden. Vor allem Kinder und Jugendliche kommen dadurch in das sogenannte „Erreichbarkeits-Dilemma" (vgl. Lange 1991). Einerseits müssen sie für den Freundeskreis erreichbar sein, um wichtige Informationen zu bekommen, die relevant sind für gruppendynamische Prozesse, andererseits wollen sie dies aber nicht unbedingt auch für die Eltern gelten lassen, was im nachhinein zu Konflikten führt.

5 Schlussbemerkung

Die zentrale Frage das Aufsatzes nach der Integration der betrachteten Medien in den familialen Alltag und nach ihrer Bedeutung für die Familienmitglieder – festgemacht an ihrem Gebrauch – hat Folgendes deutlich gemacht: Zwar weisen beide Medien eine hohe Verbreitung auf, insbesondere das Mobiltelefon, und besitzen auch ähnliche Funktionen für die Familienmitglieder, doch sie erfüllen schließlich ganz unterschiedliche Bedürfnisse.

So lässt sich für die Integration des Mobiltelefons in den familialen Alltag konstatieren, dass es ein „ambivalentes Medium" ist. Das Handy kann sowohl zur emotionalen Stabilisierung, zur besseren Koordination wie auch zur abgesicherten Erweiterung des Handlungsspielraums seiner Mitglieder genutzt werden und durch bestimmte Arten von Gesprächsinhalten Intimität aufbauen, als auch zur verstärkten sozialen Kontrolle von Familienmitgliedern außerhalb des Haushalts eingesetzt werden. Darüber hinaus können störende Anrufe, finanzielle Belastungen und Diskussionen um die Notwendigkeit eines Handys Konfliktpotenzial in der Familie hervorbringen.

Ambivalenzen lassen sich aus Sicht der Familienmitglieder auch für das Internet zeigen, beispielsweise wenn es um die genutzten Inhalte geht. Diese sind aber sowohl von den jeweiligen Kompetenzen als auch von dem Gebrauchswert des Mediums abhängig. Für Eltern bedeutet ein sinnvoller Medienumgang z.B. Informationssuche, für Kinder und Jugendliche ist es der damit verbundene positive Freizeitwert oder auch die technisch vermittelte Erfüllung kommunikativer Bedürfnisse. Wenn Giddens schreibt, „Das Individuum ist angehalten, auf die neuen Einflüsse der Außenwelt zu reagieren und tut dies auch" (Giddens 1997: 55), so gilt dies auch für die Familie und die Frage nach der Integration beider Medien in den familialen Alltag.

Literatur

ACTA, 2001: Allensbacher Computer- und Telekommunikationsanalyse. www.acta-online.de.
Adler, J., 1992: Telefonieren in Deutschland. WIK-Diskussionsbeitrag '97. Bad Honnef.
Barthelmes, J./Sander, U., 1999: Medien in Familie und Peer-Group. Vom Nutzen der Medien für 13- bis 14-Jährige, (2. Aufl.). Opladen.
Barthelmes, J./Sander, U., 1990: Medien und Familie. Forschungsergebnisse und kommentierte Auswahlbibliographie. Weinheim/München.
Büchner, P., 1989: Das Telefon im Alltag von Kindern. In: Forschungsgruppe Telefonkommunikation: Telefon und Gesellschaft. Bd. 2. Berlin, S. 263-275.
Burkart, G., 2000: Mobile Kommunikation. Zur Kulturbedeutung des „Handy". In: Soziale Welt, S. 209-232.
Cornelißen, W., 1999: Soziale Erfahrung und Selbsterfahrung online. In: Medien und Erziehung, 43 (6), S. 343-347.
Döring, N., 1999: Sozialpsychologie des Internet. Die Bedeutung des Internet für Kommunikationsprozesse, Identitäten, soziale Beziehungen und Gruppen. Göttingen u.a.
Eimeren, B. van/Gerhard, H./Frees, B., 2001: ARD/ZDF Online-Studie 2001: Internetnutzung stark zweckgebunden. In: Media Perspektiven, 8, S. 382-397.
Feierabend, S./Klingler, W., 2002: Medien- und Themeninteressen von Jugendlichen. Ergebnisse der JIM-Studie 2001 zum Medienumgang 12- bis 19-Jähriger. In: Media Perspektiven, 1, S. 9-21.
Fix, T., 2001: Generation @ im Chat. Hintergrund und explorative Motivstudie zur jugendlichen Netzkommunikation. München.
Fritzsche, Y., 2000: Modernes Leben: Gewandelt, vernetzt und verkabelt. In: Deutsche Shell: Jugend 2000. 13. Shell Jugendstudie, Bd. 1. Opladen, S. 181-219.
Fromme, J./Meder, N./Vollmer, N., 2000: Computerspiele in der Kinderkultur. Opladen.
Giddens, A., 1997: Die Moderne als weltweites Experiment. In: Diskurs, 2, S. 55-57.
Hafner, K./Lyon, M., 2000: Arpa Kadabra oder die Geschichte des Internet, (2. Aufl.). Heidelberg.
Hochreiter, R., 2001: Die E-Commerce Politik der Bundesregierung. In: TA-Datenbank Nachrichten 10 (4), S. 50-56.
Höflich, J.R., 1996: Technisch vermittelte interpersonale Kommunikation. Grundlagen, organisatorische Medienverwendung; Konstitution „elektronischer Gemeinschaften". Opladen.
Höflich, J.R., 1997: Zwischen massenmedialer und technisch vermittelter interpersonaler Kommunikation der Computer als Hybridmedium und was die Menschen damit machen. In: K. Beck/G. Vowe (Hg.): Computernetze – ein Medium öffentlicher Kommunikation. Berlin, S. 85-104.
Höflich, J.R., 1998: Telefon: Medienwege – von der einseitigen Kommunikation zu mediatisierten und medial konstruierten Beziehungen. In: M. Faßler/W. R. Halbach (Hg.): Geschichte der Medien. München, S. 187-227.
Höflich, J.R., 2001: Das Handy als „persönliches Medium". Zur Aneignung des Short Message Service (SMS) durch Jugendliche. In: kommunikation@gesellschaft, Jg. 2, Beitrag 1.
Höflich, J.R./Rössler, P., 2000: Jugendliche und SMS. Gebrauchsweisen und Motive. Erfurt.
Hurrelmann, B./Hammer, M./Stelberg, K., 1996: Familienmitglied Fernsehen. Fernsehgebrauch und Probleme der Fernseherziehung in verschiedenen Familienformen. Opladen.
Jäckel, M., 1999: Inklusion und Exklusion durch Mediennutzung? In: C. Honegger/S. Hradil/F. Traxler (Hg.): Grenzenlose Gesellschaft? Verhandlungen des 29. Kongresses

der Deutschen Gesellschaft für Soziologie, des 16. Kongresses der Österreichischen Gesellschaft für Soziologie, des 11. Kongresses der Schweizerischen Gesellschaft für Soziologie in Freiburg i. Br. 1998. Opladen, S. 692-706.

JIM, 2000: Jugend, Information, (Multi-)Media. Basisuntersuchung zum Medienumgang 12- bis 19jähriger in Deutschland. Medienpädagogischer Forschungsverbund Südwest. Baden-Baden.

Kiesler, S./Zdaniuk, B./Lundmark, V./Kraut, R., 2000: Troubles with the Internet: The Dynamics of help at home. In: Human Computer Interaction, 15, S. 323-351.

KIM '99 (2000): Kinder und Medien. Basisuntersuchung zum Medienumgang 6- bis 13jähriger in Deutschland. Medienpädagogischer Forschungsverbund Südwest. Baden-Baden.

Krotz,F., 1998: Digitalisierte Medienkommunikation: Veränderungen interpersonaler und öffentlicher Kommunikation. In: I. Neverla (Hg.): Das Netz-Medium. Opladen, S. 113-135.

Krotz,F., 2001: Die Mediatisierung kommunikativen Handelns: der Wandel von Alltag und sozialen Beziehungen, Kultur und Gesellschaft durch die Medien. Wiesbaden.

Lange, K., 1991: Zur Ambivalenz des Mobiltelefons. In: D. Garbe/K. Lange (Hg.): Technikfolgenabschätzung in der Telekommunikation. Schriftenreihe des Wissenschaftlichen Instituts für Kommunikationsdienste. Heidelberg, S. 153-164.

Leu, H. R., 1993: Wie Kinder mit Computern umgehen. Studie zur Entzauberung der neuen Technologie in der Familie. Weinheim und München.

Logemann, N./Feldhaus, M., 2001: Neue Medien als Herausforderung für die Jugendphase. In: Kind, Jugend, Gesellschaft. Zeitschrift für Jugendschutz, S. 50-54.

Logemann, N./Feldhaus, M., 2002: Zwischen SMS und download – erste Ergebnisse zur Untersuchung der neuen Medien Mobiltelefon und Internet in der Familie. In: Kommunikation@Gesellschaft, Jg 2, Beitrag 2.

Luhmann, N., 1975: Interaktion, Organisation, Gesellschaft. In: N. Luhmann: Soziologische Aufklärung, 2. Opladen, S. 9-20.

Luhmann, N., 1993: Sozialsystem Familie. In: N. Luhmann: Soziologische Aufklärung, 5. Opladen, S. 196-217.

Lukesch, H., 1988: Von der „radio-hörenden" zur „verkabelten" Familie – Mögliche Einflüsse der Entwicklung von neuen Massenmedien auf das Familienleben und die familale Sozialisation. In: R. Nave-Herz (Hg.): Wandel und Kontinuität der Familie in der Bundesrepublik Deutschland. Stuttgart, S. 173-197.

Lüscher, K., 1989: Familie und Medien. Plädoyer für mehr Theorie. In: Bundesministerium für Jugend, Familie, Frauen und Gesundheit (Hg.): 40 Jahre Bundesrepublik Deutschland. Zur Zukunft von Familie und Kindheit. Bonn, S. 107-115.

Matsche, R., 2001: Die Bedeutung von Eltern und Peers für Selbst-Bildungsprozesse von Kindern. In: Diskurs, 1, S. 38-44.

Media Perspektiven Basisdaten. Daten zur Mediensituation in Deutschland 2001.

Münch, R., 1991: Dialektik der Kommunikationsgesellschaft. Frankfurt a. M.

Nave-Herz, R., 2001: Chancen und Risiken der neuen Informations- und Kommunikationstechnologien für den privaten Bereich. Fortsetzungsantrag. Hektographiertes Manuskript. Oldenburg.

Oehmichen, E./Schröter, C., 2001: Information: Stellenwert des Internets im Kontext klassischer Medien. Schlussfolgerungen aus der ARD/ZDF-Online-Studie 2001. In: Media-Perspektiven, 8, S. 410-421.

Opaschowski, H. W., 2001: BAT Medienanalyse 2001. Computer erstmals wichtiger als Bücher. EP, URL am 7.3.2001: http://www.bat.de/_default/_a/16qbhw3/_default/ Aktuell.PublikationDetail?FE=0&CID=346&CE=5.

Opaschowski, H.W., 1999: User & Loser. Die gespaltene Informationsgesellschaft. In: medien praktisch, S. 8-9.
PEW Internet Project & American Life, 2001:Teenage Life online – The rise of the instant-massage generation and the Internet´s impact on friendships an family relationships. EP: URL am 1.3.2002: http://www.pewinternet.org/reports/pdfs/PIP_Teens_Report.pdf
Rakow, L.f./Navarro, V., 1993: Remote Mothering and the Parallel Shift: Women meet the Cellular Telephone. In: Critical Studies in Mass Communication, 10, 2, S. 144-157.
Rammert, W., 1989: Wie das Telefon in den Alltag kam. In: J. Becker (Hg.): Telefonieren. Hessische Blätter für Volks- und Kulturforschung. Marburg, S. 77-90.
Rammert, W., 2000: Mit dem Computer zu Hause in den digitalen Alltag? Vision und Wirklichkeit privater Computernutzung. In: W. Rammert: Technik aus soziologischer Sicht. Kultur – Innovation – Virtualität. Opladen, S. 96-127.
Schäfers, B., 2001: Jugendsoziologie, (7. Aufl.). Opladen.
Statistisches Bundesamt (Hg.), 2001: Laufende Wirtschaftsrechnung. Ausstattung privater Haushalte mit Informationstechnik. Webdokument.
Statistisches Jahrbuch der Deutschen Demokratischen Republik, 1989. Berlin.
Strozda, C., 1996: Freizeitverhalten und Freizeitmuster. In: R. K. Silbereisen/L. A. Vaskovics/J. Zinnecker (Hg.): Jungsein in Deutschland. Jugendliche und junge Erwachsene 1991 und 1996. Opladen, S. 261-279.

Familie und soziales Netzwerk

Michael Wagner

1   Problem

Die Familien- und die Netzwerkforschung haben sich bislang vor allem in zweierlei Hinsicht berührt: Zum einen wurde die Familie als eine Haushaltsgruppe angesehen, die der externen sozialen Beziehungen bedarf. Gerade der Familienhaushalt lässt sich als ein soziales System auffassen, das eine Systemgrenze ausbildet, interne Leistungen erbringt und soziale Umweltbeziehungen unterhält und unterhalten muss („Familie im Netzwerk"). Die Forschung richtete sich auf die Frage, in welchen Ausmaß Familienmitglieder über diese Beziehungen verfügen und von ihnen profitieren. Zum anderen wurde die Netzwerkanalyse angewendet, um Familien selbst als Netzwerke aufzufassen. Der Einzelne unterhält demnach soziale Beziehungen zu Familienmitgliedern, die inner- oder außerhalb des Haushalts leben können. Die haushaltsgebundene Sichtweise auf die Familie wird abgelöst („Familie als Netzwerk"), und es wird zu einer offenen Frage, inwiefern sich die sozialen Beziehungen zwischen haushaltsinternen und -externen Familienangehörigen signifikant unterscheiden.

Für die erste Forschungsperspektive, die Familie als Haushaltsgruppe auffasst, ist eine sozial- und familienpolitische Debatte bedeutsam, in der es um das Problem geht, inwieweit der Staat, private Organisationen oder informelle Netzwerke Familien unterstützen sollen oder können (Kaufmann et al. 1989). So werden gerade in Zeiten knapper öffentlicher Mittel verwandtschaftliche Hilfe aber auch die Etablierung eines Selbsthilfesektors zu einem wichtigen Thema (Nokielski/Pankoke 1982).

Die zweite Forschungsperspektive wurde prägnant im Vierten Familienbericht vertreten, der sich im Schwerpunkt mit der Lage alter Menschen befasst hat. Hier wird „Familie" sehr weit definiert, nämlich als eine „Gruppe von Menschen, die miteinander verwandt, verheiratet oder verschwägert sind, gleichgültig, ob sie zusammen oder getrennt leben, ob die einzelnen Mitglieder noch leben oder bereits verstorben sind" (BMJFFG 1986: 14). Das Kriterium des gemeinsamen Haushalts für die Definition von Familie wird hier also aufgegeben. Dies impliziert, dass das Zusammenwohnen und das gemeinsame Wirtschaften nicht als ein zentraler Tatbestand für die Erklärung der Qualität und der Quantität familialer Beziehungen angesehen werden.

Die Erhebung von Familiennetzwerken in der empirischen Sozialforschung wurde seit dem Ende der 80er Jahre von der Forschergruppe um den Familiensurvey am Deutschen Jugendinstitut in München propagiert (Bien/

Marbach 1991). Begründet wird dieses Vorgehen zum einen damit, dass viele familiale Beziehungen nicht „sichtbar" werden, wenn man sich auf die Haushaltsgrenzen beschränkt. Zum anderen wird argumentiert, dass Gesellschaftsmitglieder nicht nur Verwandte, mit denen man zusammenlebt, zur Familie zählen, sondern auch diejenigen, mit denen man nicht zusammenlebt (Bertram 2000).

An der Auffassung, die Familie sei selbst ein Netzwerk, wird deutlich, dass eine präzise Abgrenzung dieser beiden Begriffe schwierig ist. In dieser Situation wird man zwischen der Familie im engeren und im weiteren Sinn unterscheiden müssen. Im engeren Sinn wird unter „Familie" eine Gruppe verstanden, in der Eltern und Kinder zusammenleben (Neidhardt 1975: 9). Versteht man unter „Zusammenleben" ein gemeinsames Wirtschaften, so ist Familie hier immer auch Familienhaushalt. Im weiteren Sinn ist „Familie" identisch mit dem Familiennetzwerk und führt zu der obigen Definition aus dem Vierten Familienbericht. Familie als Netzwerk entspricht hier weitgehend dem Begriff der Verwandtschaft.

Auch der Begriff soziales Netzwerk wird nicht immer gleich verwendet. Allgemein kann man unter einem sozialen Netzwerk ein Beziehungsgeflecht zwischen Personen, Gruppen oder Organisationen verstehen. Das einfachste Netzwerk besteht aus zwei Personen, zwischen denen eine soziale Beziehung besteht. Studien, die sich mit den Netzwerken von Familienmitgliedern beschäftigen, betrachten in der Regel informelle ego-zentrierte Netzwerke. Dabei wird eine Focus- oder Ankerperson vorausgesetzt, von der aus die Beziehungen zu anderen Personen betrachtet werden. Die Mitgliedschaft in Netzwerken ist nicht an feste Regeln gebunden, demzufolge haben sie im Gegensatz zu Haushalten oder Organisationen keine festen Außengrenzen.

Netzwerkdefinitionen unterscheiden sich unter anderem danach, ob Haushaltsmitglieder zum Netzwerk hinzugenommen werden oder nicht (Cochran 1990). Das Kriterium des gemeinsamen Haushalts ist demnach nicht nur für die Präzisierung des Familien-, sondern auch des Netzwerkbegriffs bedeutsam. Broese van Groenou/van Tilburg (1996: 200) definieren: „A personal network is defined (...) as the group of persons (network members) with whom a focal individual (anchor) has a direct relationship". Cochran/Brassard (1979), die kindliche Entwicklung in Abhängigkeit von Netzwerkmerkmalen betrachten, definieren dagegen: „This network is defined as those people outside the household who engage in activities and exchanges of an affective and/or material nature with the members of the immediate family (...)". Hier wird das Netzwerk also außerhalb der Haushaltsgrenzen angesiedelt.

Wichtige Merkmale von Netzwerken sind deren Größe, Dichte, Heterogenität sowie Multiplexität. Die Größe bezieht sich auf die Anzahl der Netzwerkmitglieder, die Dichte auf den Anteil der beobachteten zu den möglichen Beziehungen, die Heterogenität auf die Streuung von sozialen Merkmalen der Netzwerkmitglieder und die Multiplexität auf den Anteil der Netzwerkmitglieder, zu dem eine Person mehrere Arten sozialer Beziehungen unterhält. Es ist ferner zu bedenken, dass es nicht *das* Netzwerk einer Familie gibt. Jedes Familienmitglied hat sein Netzwerk und es ist eine empirische Frage, inwieweit sich diese Netzwerke überlappen. Der Überlappungsgrad von Netzwerken ist möglicherweise sehr bedeutsam, um zu verstehen, wie sich Netzwerke und Dyaden gegenseitig beeinflussen (Surra 1988: 58).

Dieser Beitrag befasst sich mit den folgenden drei Fragen: Von welcher Art sind die Netzwerkbeziehungen von Familienmitgliedern? Wie beeinflusst der Haushaltskontext soziale Beziehungen außerhalb des Haushalts? Wie haben sich soziale Netzwerke von Familienmitgliedern gewandelt?

2 Verwandtschaft, Freundschaft, Nachbarschaft und Familie

Durkheim hat die Gattenfamilie als die für moderne Gesellschaften typische Familienform bestimmt. In der Gattenfamilie leben verheiratete Eltern mit ihren unverheirateten Kinder zusammen. Während diese eine primäre Zone bildet, ordnet Durkheim die übrige Verwandtschaft einer sekundären Zone zu (Wagner 2001). Parsons hat diese Sichtweise noch verstärkt. Danach ist die Familie von der restlichen Verwandtschaft ökonomisch, sozial und räumlich isoliert. Zwar unterhalten Familienmitglieder zahlreiche soziale Beziehungen zu anderen Verwandten und Nicht-Verwandten, doch ist dies normativ nur wenig gefordert und strukturell nicht notwendig.

Die Unterscheidung von Verwandten und Nicht-Verwandten ist – wie uns die Soziobiologie lehrt (Voland/Paul 1998) – universal und im Bewusstsein der Gesellschaftsmitglieder tief verankert. Verwandtschaftsbeziehungen haben zunächst einen formellen Charakter, da sie rechtlich konstituiert werden. So kennt das deutsche Verwandtschaftsrecht die Blutsverwandtschaft, die Schwägerschaft und die Adoption (Lucke 1998). Verwandtschaftsbeziehungen bestehen auch dann, wenn keine Interaktionen stattfinden, sie bestehen lebenslang und werden beispielsweise auch nicht durch Ehescheidungen aufgehoben. Daher konstituiert Verwandtschaft ein formales oder normatives Netzwerk, das durch Rollen, gegenseitige Pflichten und Rechte gekennzeichnet ist. Seine Größe hängt nicht nur von der eigenen Heirat und Familienbildung, sondern auch von der Kinderzahl der Eltern- und Großelterngeneration ab.

Man kann Verwandtschaft als eine Matrix latenter Beziehungen auffassen (Riley 1983). Verwandte sind ein Potential oder eine Gelegenheitsstruktur für diverse Formen sozialer Unterstützung, die gemeinsame Lebenszeit verbringen und gewissermaßen im Konvoy (Antonucci/Akiyama 1987) altern. Da Verwandtschaftsbeziehungen auch manifest werden und durch emotionale Nähe gekennzeichnet sein können (Lüschen 1989), bestehen sie nicht nur aus Pflicht, sondern unter bestimmten Bedingungen auch aus Neigung (Schütze 1989).

Während Beziehungen zu Verwandten zugeschrieben sind und kaum gekündigt werden können, sind die Beziehungen zu Nicht-Verwandten erworben und kündbar. Die Nicht-Verwandten, wie Freunde, Bekannte, Nachbarn, bilden ein informelles Netzwerk, das nicht durch spezifische rechtliche Regelungen geprägt wird. Solche Beziehungen bestehen, weil sie emotional befriedigend oder nützlich sind. Freundschaften lassen sich nur schwer von anderen sozialen Beziehungen abgrenzen, die frei gewählt sind und auf Sympathie beruhen. Im Unterschied zu Bekannten lassen sich Freundschaften durch einen höheren Grad „gewachsener Intimität", gegenseitiger Sympathie und innerer Befriedigung kennzeichnen (Bruckner et al. 1993: 35). Weiterhin bedeutet „Freundschaft" nicht in allen Kulturen dasselbe. So bestehen im Ländervergleich große Unterschiede bei der Anzahl der Freunde. Während 20% der Westdeutschen und Österreicher angeben, keinen Freund zu haben, sind dies 34% in Ungarn, aber nur 5% in den USA und Australien (Höllinger/Haller 1990). Schließlich ist es durchaus möglich, dass Freunde und Bekannte in der Nachbarschaft wohnen, die genannten Kategorien also nicht trennscharf sind. Das Eigentümliche an der Nachbarschaft ist, dass die Beziehungen zwar freiwillig sind, man ihnen dennoch nicht immer ausweichen kann. Nachbarn sind rasch erreichbar und daher wichtig, wenn es auf kurzfristige und schnelle Unterstützung ankommt (Hollstein 2001: 125ff.).

Was leisten Verwandte, Freunde, Bekannte oder Nachbarn für Familienmitglieder? Cantor (1979) hat verschiedene Operationsformen von Unterstützungsnetzwerken unterschieden, die sich aus Ehepartnern, Kindern, Geschwistern und anderen Verwandten, Freunden, Nachbarn und formalen Organisationen zusammensetzen können. Vier Unterstützungsmodelle wurden unterschieden. Nach dem ersten Modell ist die Art der empfangenen Unterstützung innerhalb des Unterstützungsnetzwerks zufällig verteilt. Was einzelne Personen oder Organisationen leisten, unterliegt keiner Systematik, und die Summe der Einzelleistungen macht die Gesamtunterstützung aus (additives Unterstützungsmodell). Ein zweites Modell nennt Cantor asymmetrisch. Demnach enthält das Unterstützungsnetzwerk ein Element (eine Person oder eine Organisation), deren Unterstützung die Leistungen aller anderen Elemente stark dominiert. Das dritte Modell, das auf die Arbeiten von Eugene Litwak zurückgeht, nennt Cantor aufgabenspezifisch (task-specific). Demnach erbringen bestimmte Typen von Unterstützungspersonen bestimmte Leistungen. Es gibt demnach Leistungen, die in erster Linie von der Verwandtschaft übernommen, andere vor allem von Nachbarn etc. Schließlich gibt es bei Cantor noch das hierarchisch-kompensatorische Modell. Nach diesem Modell gibt es im Hinblick auf potentielle Unterstützungspersonen Präferenzen, die hierarchisch angeordnet sind. Wenn beispielsweise Verwandte und ihre Leistungen hoch bewertet werden, dann wird – unabhängig von der Art der erforderlichen Hilfeleistung – zunächst dort um Unterstützung nachgesucht. Wenn keine Verwandten erreichbar sind, können andere Elemente des Netzwerks den Ausfall der präferierten Gruppe kompensieren. Die eigenen empirischen Arbeiten von Cantor unterstützen das hierarchisch-kompensatorische Modell, wobei die Verwandten als potentiell unterstützende Personen eine herausragende Rolle spielen.

Gelegentlich wird jedoch übersehen, dass soziale Beziehungen keineswegs immer unterstützende Auswirkungen haben. Gerade familiale Beziehungen sind besonders konfliktträchtig (Tyrell 2001), und Verhaltensweisen, die einem selbst oder anderen Personen schaden, können gerade durch enge Netzwerkpartner verstärkt oder ausgelöst werden.

3   Probleme empirischer Forschung

Bereits die ersten familiensoziologischen Studien nach dem Zweiten Weltkrieg lieferten qualitatives, empirisches Material zum Verhältnis zwischen Kernfamilie und weiterer Verwandtschaft (Wurzbacher 1958). Später, in den 60er und 70er Jahren, wurden die sozialen Beziehungen der Familien mit quantitativen Verfahren untersucht (Pfeil 1965, Pfeil/Ganzert 1973). Mittlerweile enthalten zahlreiche Surveys Datenmaterial, das sich zur Beschreibung sozialer Netzwerke von Familien eignet. Hierzu gehören als *Querschnittstudien* die Wohlfahrtssurveys (GESIS 2001), die Allgemeine Bevölkerungsumfrage der Sozialwissenschaften (ALLBUS – vor allem die Umfrage aus dem Jahr 1986; vgl. Zentralarchiv 2001), die international vergleichend angelegten Studien des International Social Survey Programme (ISSP), die in den Jahren 1986 und 2001 den Schwerpunkt soziale Netzwerke hatten (ISSP 2002) sowie der Alterssurvey (Kohli/Künemund 2000). Die ostdeutsche Lebensverlaufsstudie des Max-Planck-Instituts für Bildungsforschung erhebt soziale Netzwerke zwar nicht retrospektiv, aber doch zum Zeitpunkt des Interviews (Solga 1996). *Längsschnittliche Analysen* von Netzwerken lassen nur sehr wenige Studien zu. Zu nennen sind hier die Längsschnittstudie „Lebenslage und Alltagsorganisation junger Familien in Nordrhein-Westfalen" (Buhr et al. 1987), das Sozioökonomische Panel (DIW 2001) sowie der Familiensurvey des Deutschen Jugendinstituts (Bien/Marbach 1991), dessen dritte Welle im Jahr 2000 erhoben wurde.

Mit solchen Datensätzen wurden vor allem zwei Arten von Untersuchungen durchgeführt. Zum einen handelt es sich um Studien, die danach fragen, welche Beziehungen Familienmitglieder zu verwandten und nicht-verwandten Personen außerhalb des Haushalts unterhalten und wie die Quantität und Qualität dieser Beziehungen erklärt werden kann (z.B. Diewald 1991; Bruckner et al. 1993; Künemund/Hollstein 2000). So können soziale Beziehungen eher einen formal-rechtlichen Charakter haben, sie können durch Emotionen geprägt werden oder durch Austausch und Interaktion (Fischer 1982: 35ff.; vgl. auch Broese van Groenou/van Tilburg 1996). Besonders intensiv sind die Beziehungen zwischen erwachsenen Kindern und deren Eltern untersucht worden (Szydlik 2000).

Zum anderen gibt es eine Fülle von Studien, die Merkmale von Netzwerken und Netzwerkbeziehungen zur Erklärung individueller und familialer Faktoren einsetzen. Hierzu gehören Studien, die sich den Auswirkungen von Netzwerken auf die kindliche Entwicklung (Cochran/Brassard 1979), auf die soziale Lage im Alter (Wagner 1997), auf die Bewältigung von Ehescheidungen (vgl. Fooken/Lind 1996: 105), auf Einsamkeit (Diewald 1991; Döring/Bortz 1993; Wagner 1997), die Gesundheit (Waltz 1981), die Arbeitsteilung in der Ehe (Bott 1968) oder den Zugang zu Arbeitsplätzen (Preisendörfer/Voss 1988) widmen. Bei vielen dieser Studien wird deutlich, dass Netzwerkbeziehungen ein soziales Kapital darstellen können, dessen Aufbau eigene Initiativen und Investitionen erfordert, das dann aber auch für eigene Zwecke produktiv eingesetzt werden kann (Pappi 1998).

Der Forschungsstand weist mehrere Defizite auf. Erstens wurden bislang in keiner Studie Netzwerke oder soziale Beziehungen *aller* Haushalts- oder Familienmitglieder erhoben. Wir wissen damit auch nicht, inwieweit sich die Netzwerke von Familienmitgliedern überlappen. Ein weiteres Versäumnis der bisherigen Forschung besteht darin, dass Analysen zur Dynamik sozialer Netzwerke vernachlässigt wurden. So liegen – zweitens – kaum Erkenntnisse darüber vor, wie sich Netzwerke in Folge familialer Ereignisse wie Heirat, Geburt von Kindern, Ehescheidung oder Verwitwung verändern. Drittens ist eine historische Betrachtungsweise über die Veränderungen von Netzwerken gegenwärtig noch kaum möglich, da nur für relativ kurze historische Zeiträume und nur für sehr wenige Indikatoren Zeitreihen vorhanden sind.

Ein viertes, prinzipielles Problem ergibt sich aus dem Umstand, dass soziale Beziehungen und egozentrierte Netzwerke unterschiedlich erhoben werden (vgl. Pfenning/Pfenning 1987). Dies schränkt die Vergleichbarkeit der Ergebnisse stark ein. Instrumente für die Erhebung sozialer Beziehungen und Netzwerke, insbesondere die entsprechenden Namensgeneratoren, werden in den Beiträgen von Bruckner/Knaup/Müller (1993), Bien/Marbach (1991) und Künemund/Hollstein (2000) dargestellt. Während einige Instrumente die erwartete Unterstützung oder Verfügbarkeit erheben, konzentrieren sich andere auf tatsächliche Hilfen oder Unterstützungen. Der Familiensurvey des Deutschen Jugendinstituts ist beispielsweise so angelegt, dass der Namensgenerator besonders zur Erhebung des Familiennetzwerks geeignet ist. Dies führt hier zu geringen Netzwerkgrößen. Ferner darf bezweifelt werden, dass die Namensgeneratoren des ISSP und des Alters-Surveys identische Netzwerke hervorbringen. Es wird deutlich, dass es nur sehr begrenzt möglich ist, empirische Befunde auf der Basis dieser Datensätze miteinander zu vergleichen.

Fünftens fehlen Studien über Verwandtschaftsnetzwerke. Eine umfassende Erhebung der Verwandtschaft würde sich nicht nur auf Eltern, Kinder und Geschwister richten, sondern auch auf die entfernteren Verwandten, unabhängig davon, ob ein enger Kontakt zu diesen Verwandten besteht oder nicht.

4 Ausgewählte Befunde

Die Beziehungen zu den Haushaltsmitgliedern sind in der Regel „starke" Beziehungen, weil sie multiplex sind, also verschiedene Leistungen umfassen. Darüber hinaus bildet der Haushalt ein Netzwerk, das durch Rechte und Rollenbeziehungen strukturiert ist. Der Haushalt stellt also ein wichtiges Netzwerk innerhalb eines weiteren Netzwerks dar. Wir wollen uns dennoch mit der Haushaltssituation nur insofern befassen, als diese das haushaltsexterne Netzwerk beeinflusst. Die Umweltbeziehungen von Haushalten, so die These, variieren zwischen den Haushaltstypen. Insbesondere interessiert hier, ob Mitglieder von Familienhaushalten andere Netzwerke haben als Personen, die nicht in Familienhaushalten leben.

4.1 *Allgemeines*

Wurzbacher (1958) glaubte aus den von ihm analysierten Familienmonographien ablesen zu können, dass das Verhältnis zwischen der Kernfamilie und der weiteren Verwandtschaft angesichts der Notlagen der Nachkriegszeit besonders eng war. Noch 15 Jahre später berichten Pfeil/Ganzert (1973) von einer Befragung von Müttern in vier Hamburger Stadtteilen, dass viele Hilfeleistungen zwischen Verwandten erbracht werden. Zwischen Töchtern und Müttern und Verwandten, die in demselben Stadtteil wohnen, ist der Kontakt besonders intensiv.

Nach den ISSP-Daten nennen die Westdeutschen durchschnittlich 14 Netzwerkmitglieder, einschließlich der Haushaltsmitglieder (Bruckner et al. 1993: 42). Im internationalen Vergleich ist dies kein herausragender Wert, denn für die USA wurden knapp 20 Netzwerkmitglieder errechnet. Dennoch lässt eine derartige Zahl vermuten, dass die meisten Gesellschaftsmitglieder vielfältige Unterstützungen von Verwandten und Nicht-Verwandten erwarten können, wenn sie diese benötigen.

Die personale Zusammensetzung der Netzwerke variiert kaum zwischen den Ländern, die an der ISSP-Studie teilnahmen: „In allen Ländern stammen rund 30% der Netzwerkmitglieder aus der nahen Verwandtschaft, 50% zählen zur weiteren Verwandtschaft und circa 20% gehören dem engen Freundeskreis an" (Bruckner et al. 1993: 41). Die Autoren räumen allerdings ein, dass diese Dominanz der Verwandtschaft in den Netzwerken auch durch das Erhebungsdesign bedingt sein könnte, das verwandte Personen bei der Nennung begünstigt. Pfenning und Pfenning (1987: 67) zeigen, dass der Anteil verwandter Personen am Gesamtnetzwerk in Vergleich von vier Namensgeneratoren zwischen 39% und 56% schwankt. Damit liegt ihr Maximalwert deutlich unter dem Wert, der von Bruckner/Knaup/Müller berichtet wird. Ebenfalls zu einer Überschätzung des Anteils verwandter Personen am Gesamtnetzwerk kommt es beim DJI-Familiensurvey, aus dessen Daten sich ein Anteil von 80% errechnet (Diaz-Bone 1997: 176). Pappi/Melbeck (1988: 233) berichten auf der Basis eines Wahlpanels zur Bundestagswahl 1987 einen Verwandtenanteil von 60%, und eine Kölner Netzwerkstudie ergab einen Verwandtenanteil von 41% (Kecskes/Wolf 1996: 129).

Ein zentraler und gesicherter Befund lautet, dass nur ein Teil der Personen, die ein Gesamtnetzwerk ausmachen, auch *Unterstützung* leisten. Im Hinblick auf dieses Unterstützungsnetzwerk, das nach der ISSP-Studie in Westdeutschland im Durchschnitt 4,3 Personen umfasst, sind Haushaltsmitglieder – und darunter wiederum die Partner – mit Abstand die wichtigsten Personen (Höllinger/Haller 1990; Bruckner et al. 1993). Wer mit einem Partner zusammenlebt, kann viel Unterstützung erwarten, die Personen außerhalb des Haushalts dann nicht mehr erbringen müssen.

Auch nach den Daten des Alterssurveys (Künemund/Hollstein 2000: 270ff.) geben nur etwa 10% der Ost- und Westdeutschen im Alter zwischen 40 und 85 Jahren an, dass sie keine Person um Rat fragen könnten, wenn sie wichtige persönliche Entscheidungen zu treffen haben, und auch keine Person haben, die sie einmal tröstet oder aufmuntert. Hierbei sind Haushaltsmitglieder eingeschlossen. Häufiger kommt es offenbar vor, dass Personen keine instrumentelle Unterstützung (Arbeiten im Haushalt, kleinere Reparaturen, beim Einkaufen) von *außerhalb* des Haushalts bekommen haben oder bekommen können. Dies sind in Westdeutschland 29% und in Ostdeutschland 25% der Befragten.

Freundschaften sind in Deutschland weit verbreitet. Legt man die Daten des Wohlfahrtssurveys zugrunde, so hatten im Jahr 1998 86% der Bevölkerung in West- und 85% in Ostdeutschland mindestens einen „wirklich" engen Freund außerhalb der Familie (vgl. Tabelle 1).

Tabelle 1: Vorhandensein und Anzahl von Freunden

	Westdeutschland					Ostdeutschland		
	1978	1984	1988	1993	1998	1990	1993	1998
Vorhandensein enger Freunde außerhalb der Familie	74%	73%	81%	87%	86%	75%	81%	85%
Durchschnittliche Anzahl von Freunden			4,6	4,9	4,1	4,3	4,4	4,2

Quelle: Statistisches Bundesamt (Hg.) 1989: 468; Statistisches Bundesamt (Hg.) 2000: 600; Datenbasis: Wohlfahrtssurveys 1988, 1990-Ost, 1993, 1998

Das Vorhandensein von Freundschaften unterliegt einer sozialstrukturellen Differenzierung. Freundschaften existieren um so seltener, je älter die Menschen sind (Bruckner et al. 1993: 40; Höllinger 1989: 528; Künemund/Hollstein 2000: 269). Außerdem geben Männer mehr Freundschaften an als Frauen (Bruckner et al. 1993: 40). Bei der Frage, ob ein wirklich enger Freund vorhanden ist, unterscheiden sich die Geschlechter allerdings kaum (Statistisches Bundesamt 1989: 468). Ferner nimmt mit dem Bildungsniveau die Wahrscheinlichkeit zu, dass ein Freund vorhanden ist (Statistisches Bundesamt 1989: 468). Auch die Anzahl der Freunde steigt mit dem Bildungsniveau (Bruckner et al. 1993: 40). Nicht überraschend ist dann, dass diejenigen, die sich selbst der Arbeiterschicht zuordnen, besonders selten angeben, einen engen Freund zu haben (Statistisches Bundesamt 1989: 468).

Nach den vorliegenden Studien kommt es nicht zu einer Substitution von engen Verwandten durch Freunde (Bruckner et al. 1993: 68; Diewald 1991: 173). Eher ist die Korrelation sogar positiv: Je mehr Verwandte, desto mehr Freunde. Für die Gruppe älterer Menschen hat Diewald (1993a: 750) gezeigt, dass man von Freunden weniger Hilfe erwartet, wenn Kinder in der Nähe wohnen. Das Vorhandensein von Freunden reduziert aber nicht die Unterstützungserwartungen der Kinder.

Die Bedeutung der *Nachbarschaft* im sozialen Netzwerk ist deutlich geringer als es bei der Verwandtschaft und der Freundschaft der Fall ist. Schon Umfragen aus den 60er und 70er Jahren zeigten, dass man sich bei Krankheiten unterstützt, mit Lebensmitteln aushilft, sich einlädt oder mit Nachbarn Probleme bespricht. Aber es kommt auch häufiger vor, dass man sich durch Lärm oder Kinder belästigt fühlt, von den Nachbarn unangenehm beobachtet wird oder von ihnen beneidet wird (Ballerstedt/Glatzer 1979: 242). Der Wohlfahrtssurvey 1984 zeigt, dass 31% der Befragten von ihren Nachbarn isoliert leben, das heißt, dass sie keine Nachbarn haben, mit denen sie sich gut verstehen, oder die sie besuchen. Der Kontakt zu den Nachbarn ist offenbar in den höheren Altersgruppen intensiver und häufiger als in den jüngeren (Statistisches Bundesamt 1989: 461). Insofern kann man vermuten, dass die Altersabhängigkeit von nachbarschaftlichen Beziehungen und Freundschaftsbeziehungen gerade gegenteilig verläuft. Enge nachbarschaftliche Beziehungen sind in den stärker urbanisierten Regionen seltener als in den schwächer urbanisierten Regionen (Tabelle 2), ferner sind die nachbarschaftlichen Beziehungen in den ostdeutschen Bundesländern offenbar weniger eng als in den westlichen.

Tabelle 2: Enger oder sehr enger Kontakt zu den Nachbarn nach Regionsgrößenklassen[1] (in %)

Bundesländer	unter 2.000	2.000 - 5.000	5.000 - 20.000	20.000 - 50.000	50.000 - 100.000	100.000- 500.000	über 500.000
alte Bl.	48,5	39,0	46,6	41,2	46,8	33,2	36,9
neue Bl.	39,0	40,4	39,1	37,0	39,1	33,8	31,0
Gesamt	44,9	39,3	45,9	40,1	43,6	33,3	36,0

Quelle: Motel et al. 2000: 138

1) Einwohnerzahl von BIK-Strukturtypen (Kern-, Verdichtungs-, Übergangsbereich, peripherer Bereich, keine Zuordnung); vgl. Hoffmeyer-Zlotnik (1994)

Ein wichtiger Unterschied zwischen den alten und neuen Bundesländern betrifft die *Arbeitskollegen*. Für die Ostdeutschen sind die Beziehungen zu Arbeits- und Berufskollegen bedeutsamer als für die Westdeutschen. In westdeutschen Netzwerkuntersuchungen werden Kollegen kaum erwähnt oder sie erhalten eine ähnlich untergeordnete Rangstellung wie Nachbarn. Das Leben in den Betrieben der DDR war nicht nur auf Arbeitsrollen beschränkt. Vielmehr organisierten die Betriebe in der DDR eine Reihe außerbetrieblicher Dienstleistungen und Aktivitäten. Zwar waren auch in der DDR Partnerschaften und intergenerationale Beziehungen für die Unterstützung am wichtigsten, doch bei einigen Formen sozialer Unterstützung wie „Sprechen über Probleme am Arbeitsplatz" und „Vermittlung von Anerkennung über die eigene persönliche Leistung" landen Kollegen auf dem zweiten Rang (Diewald 1995: 237).

4.2 Lebenslauf und Netzwerk

Soziale Netzwerke unterliegen im Lebenslauf erheblichen Veränderungen. So geht die Größe des sozialen Netzwerks mit dem Alter zurück, der Anteil der Verwandten nimmt dagegen zu. Letzteres ist eine Folge davon, dass Freunde und Bekannte häufiger aus dem Netzwerk ausscheiden als Verwandte (Wagner et al. 1996; Wagner/Wolf 2001). Die erwähnte Altersabhängigkeit des Verwandtschaftsnetzwerkes wird auch im Altersurvey deutlich, obwohl Personen im Alter von unter 40 oder über 85 Jahren nicht vertreten sind. Allerdings gibt es auch Verwandte, die in dieser Altersspanne kontinuierliche Wegbegleiter sind: Dies sind in erster Linie die Geschwister. Es gibt kaum Beziehungen, die länger bestehen als die Geschwisterbeziehungen, die schon in der Herkunftsfamilie beginnen und bis ins hohe Alter andauern. So haben zwischen 75 bis 80% der Befragten mindestens ein Geschwister, wobei dieser Anteil in Ostdeutschland etwas niedriger liegt (Künemund/Hollstein 2000). Bruckner/Knaup/Müller (1993: 31) berichten, dass 77% der Bevölkerung über 18 Jahre erwachsene Geschwister haben, wobei die Anzahl der Geschwister bei 25- bis

54-Jährigen, bei Personen mit niedriger Bildung und bei unqualifizierten Arbeitern besonders hoch ist.

Auch die personale Zusammensetzung des Verwandtschaftsnetzwerks einer Person verändert sich im Lebenslauf. Aus der Sicht der Kinder sind die Verwandten außerhalb des Haushalts Angehörige der beiden älteren Generationen, also Onkel und Tanten aus der Generation der Eltern sowie die Generation der Großeltern. Aus der eigenen Generation sind dies Kinder der Geschwister der Eltern, also Cousins und Cousinen. Aus der Sicht der alten Menschen stellt sich das Verwandtschaftsnetzwerk ganz anders dar. Zur eigenen Generation gehören die Geschwister, zu den beiden jüngeren Generationen die Kinder und Enkel.

Die Familien- und Netzwerkforschung hat nur selten die Perspektive der *Kinder* eingenommen und nach den Beziehungen zu Verwandten gefragt. Festzuhalten ist zunächst, dass trotz steigender Ehescheidungsziffern und einem Anstieg der alleinerziehenden Eltern die große Mehrheit der Kinder nach wie vor in einer Gattenfamilie aufwächst. Zudem wachsen weitaus die meisten Kinder mit Geschwistern auf, wobei es jedoch zunehmend seltener geworden ist, dass Kinder mehr als zwei Geschwister haben (Nauck 1995; Lauterbach 2000: 163). Die Gruppe der Einzelkinder hat sich im Vergleich der Geburtskohorten 1941-1946, 1961-1966 und 1981-1986 nur von 12% auf 15% erhöht.

Einige Hinweise auf Netzwerkbeziehungen von Kindern liefert die qualitative Studie von Zeiher/Zeiher über die alltägliche Lebensführung von Kindern im Alter von zehn Jahren (Zeiher 1998). Hier wird deutlich, dass entfernte Verwandte durchaus eine bedeutsame Rolle im Leben von Kindern spielen. Dabei werden Kinder nicht nur von Verwandten erzogen oder betreut, sondern sie dienen auch der psychischen Stabilisierung der Erwachsenen. Etwa die Hälfte aller 10- bis 14-Jährigen, bei denen die Großmutter oder der Großvater (väterlicherseits) noch leben, wohnen im gleichen oder einem weniger als eine Fahrstunde entfernt liegenden Ort wie die Großeltern (Engstler 1998: 30).

Mehr als 90% der Kinder verlassen ihr Elternhaus, meistens findet der Auszug im dritten Lebensjahrzehnt statt. Die Beziehungen zu den Eltern bleiben aber eng, und häufig – in starker Abhängigkeit vom Bildungsniveau der Kinder – bleiben die Kinder in der Nähe wohnen. Die Beziehungen zwischen Eltern und den erwachsenen Kindern sind in Deutschland gut untersucht. Der Familiensurvey und viele andere Studien zeigen, dass die Beziehungen zwischen den Generationen von beiden Seiten mehrheitlich als eng oder sehr eng bezeichnet werden. Etwa 75% der 40- bis 85-Jährigen, die noch Eltern haben, bezeichnen ihre Beziehung zu den Eltern in dieser Weise, und über 90% der Eltern in dieser Altersgruppe schätzen ihre Beziehung zu den Kindern so ein (Kohli et al. 2000: 188). Immerhin drei Viertel aller Kinder geben an, sie hätten mindestens einmal pro Woche Kontakt zu ihren Eltern, umgekehrt sind es 85% der Eltern (Kohli et al. 2000: 190; vgl. Tabelle 3). Es ist ebenfalls gut belegt, dass Kinder häufig in der Nähe ihrer Eltern wohnen bleiben. Bei etwa

50% der Kinder wohnen die Eltern in demselben Ort oder näher, 80% der Eltern geben an, dass ein Kind im Ort oder näher wohnt (Kohli et al. 2000: 186). Und gerade die geographische Nähe ist die wichtigste Determinante für die Besuchshäufigkeit und den Austausch instrumenteller Hilfeleistungen.

Tabelle 3: Kontakthäufigkeit zu Eltern bzw. erwachsenen Kindern außerhalb des Haushalts bei 40- bis 85-Jährigen (in %, kumuliert)

	Kontakt der Kinder mit Eltern	Kontakt der Eltern mit Kindern
Täglich	23,7	38,4
Mehrmals pro Woche	52,4	68,1
Einmal pro Woche	75,1	84,7
1 bis 3mal im Monat	88,9	93,9
Mehrmals im Jahr	95,4	97,7
Seltener	98,3	98,9
Nie	100,0	100,0

Quelle: Kohli et al. 2000: 190

Es ist ebenfalls sicher, dass in Form eines Kaskadenmodells Geld- und größere Sachgeschenke von den älteren zu den jüngeren Generationen fließen. Eltern leisten um so häufiger Transfers an ihre Kinder, je besser ihre finanzielle Lage und je bedürftiger die Kinder sind (zum Beispiel in Ausbildung). Wenn Eltern drei und mehr Kinder haben oder die Kinder unter 45 Jahre alt sind, sind die Transfers pro Kind geringer (Kohli et al. 2000: 198). Auch dann, wenn die Kontakthäufigkeit seltener als einmal im Monat beträgt, sind Transfers von den Eltern seltener. Die emotionale Enge der Beziehung ist im multivariaten Modell nicht erklärungskräftig, auch nicht das Geschlecht der Kinder, der Partnerschaftsstatus oder die Bildung der Kinder.

4.3 Lebensform und Netzwerk

Die Frage, durch welche Netzwerke sich Familien charakterisieren lassen, wird nur dann präziser beantwortet, wenn der Zusammenhang zwischen dem Haushaltstyp und dem haushaltsexternen Netzwerk untersucht wird. Entscheidend ist, ob die Netzwerke von Familien Besonderheiten aufweisen, sich unterscheiden von Netzwerken Alleinlebender oder kinderloser Paare. Ferner ist bedeutsam, ob Netzwerkbeziehungen mit dem Familientyp variieren und in welcher Weise sie sich durch Heirat, Scheidung, Geburten oder Auszug der Kinder verändern.

Die große Mehrheit der Deutschen lebt mit einem *Partner* zusammen: Den Zensusdaten aus dem Jahr 1996 kann man entnehmen, dass 65,5% der Deutschen über 18 Jahre mit einem Partner zusammenleben. Die Unterschiede zwischen Ost- und Westdeutschland sind gering (Ost: 67,8%, West 65,1%). Es leben 68,6% der Männer und 62,9% der Frauen im Alter von 18 und mehr Jahren verheiratet oder unverheiratet mit einem Partner zusammen. Bis zur Altersgruppe 35-44 Jahre leben Frauen häufiger ein einer Partnerschaft, in den älteren Altersgruppen sind es die Männer (Engstler 1998: 24).

Das Zusammenziehen und das Zusammenleben mit einem Partner haben bedeutsame Konsequenzen für die Struktur sozialer Netzwerke. Wie Marbach/Tölke (1996: 136ff.) mit den querschnittlich analysierten Daten des Familiensurveys zeigen, haben Personen mit Partner (im Alter zwischen 18 und 30 Jahren) nicht nur seltener Kontakt zu den Eltern als diejenigen ohne Partner, sondern offenbar reduziert sich auch die Vielfalt der Sozialbeziehung zu den Eltern. Ehen und nichteheliche Lebensgemeinschaften unterscheiden sich hier offenbar nicht. Dagegen ist für den Kontakt zu den Partner- oder Schwiegereltern durchaus relevant, ob man in einer nichtehelichen oder einer ehelichen Partnerschaft lebt. Je höher der Institutionalisierungsgrad der Partnerschaft, desto intensiver und vielfältiger sind die Beziehungen zu den Partner- oder Schwiegereltern. Dagegen scheint der Kontakt zu den Freunden an Intensität zu verlieren: er ist bei den ledigen Personen ohne Partner am höchsten und bei den Verheirateten am niedrigsten. Alles in allem sprechen die Befunde von Marbach/Tölke dafür, dass sich zusammenwohnende junge Paare stärker von der sozialen Umwelt abgrenzen als diejenigen ohne Partner.

Andere Studien zeigen indessen, dass Verheiratete größere Netzwerke haben als Personen, die von ihrem Partner getrennt leben oder geschieden sind, die verwitwet oder ledig sind (Antonucci 1985: 104). Eine Untersuchung von Frauen im Alter zwischen 47 und 57 Jahren ergab, dass Frauen mit einem (Ehe-)Partner ein familiales Netzwerk haben, das um durchschnittlich 3,6 Personen größer ist als dasjenige alleinlebender Frauen (Schulz 1995: 257). Eine niederländische Studie bei 54- bis 89-Jährigen erbrachte den Befund, dass Personen mit einem Partner über besonders große Netzwerke verfügen (van Tilburg 1995: 91). Bedeutsamer ist jedoch, dass das Vorhandensein eines Partners im Haushalt die wichtigste Determinante für die Nennung Verwandter als potentielle Helfer ist. Lebt eine Person mit ihrem Partner zusammen, so nennt sie bei fünf Problemen durchschnittlich dreimal einen Verwandten; lebt sie ohne Partner, werden im Durchschnitt 4,6mal Verwandte genannt (Bruckner et al. 1993: 107). Fehlt der Partner im Haushalt, rücken andere Verwandte als potentielle Helfer nach, obwohl Alleinlebende im Vergleich zu Personen, die mit einem Partner leben, insgesamt weniger Verwandtschaftskontakte unterhalten (Bruckner et al. 1993: 68).

Wie Diewald (1991: 145ff.) gezeigt hat, ist die große Bedeutung des Partners für die Gewährung von Unterstützungsleistungen weitgehend unabhängig davon, ob es sich um eine eheliche oder um eine nicht-eheliche Beziehung handelt, sofern man mit dem Partner nur zusammenlebt. Ehen und nicht-eheliche Partnerschaften unterscheiden sich im Hinblick auf die Außenbeziehungen, wenn auch nicht sehr stark. So haben Freunde als Unterstützungspersonen für die nichtehelichen Partnerschaften eine etwas größere Bedeutung als es bei Ehen der Fall ist. Im Hinblick auf die Bedeutung von Verwandten, Nachbarn oder Arbeitskollegen scheint es jedoch keine nennenswerten Unterschiede zu geben (ausführlich vgl. Diewald 1993b).

Weniger gut wissen wir darüber Bescheid, wie die *Geburt eines Kindes* die Netzwerkbeziehungen der Familienmitglieder verändert. Der Querschnittsvergleich zwischen Partnerschaften mit und ohne Kinder zeigt, dass zumindest in jüngeren Jahren keine Unterschiede im Hinblick auf die Kontakthäufigkeit zu Verwandten bestehen. Bei kinderlosen Paaren im Alter sind diese jedoch deutlich geringer als bei Familien (Diewald 1991: 153). Verheiratete mit Kindern haben eher überdurchschnittlich häufig Freunde, und Kleinkinder sind offenbar kein Hindernis für die Pflege von Freundschaften (Statistisches Bundesamt 1989: 468).

Über den Zusammenhang zwischen der Geburt von Kindern und den Netzwerkbeziehungen gibt auch die erwähnte Bielefelder Längsschnittstudie einige Hinweise. So konnte ermittelt werden, dass junge Mütter nicht nach der Geburt des ersten Kindes, sondern erst nach der Geburt des zweiten Kindes den Kontakt zu ihren Eltern verstärken, wobei es im Hinblick auf die Schwiegereltern und die Geschwister (und den übrigen Verwandten) genau umgekehrt war (Buhr et al. 1987: 59).

Aus den üblichen Netzwerkstudien erfahren wir nur wenig über externe, informelle Hilfen bei der Kinderbetreuung, da die entsprechende Frage nicht zu den Stimulus- bzw. Problemsituationen gehört, die zur Generierung von Netzwerken herangezogen werden. Dabei haben alle Studien, die sich diesem Thema gewidmet haben (vgl. auch die oben aufgeführten Arbeiten von Pfeil), herausgefunden, dass den Verwandten, insbesondere den Großmüttern, hier eine besondere Stellung zukommt (vgl. auch Herlyn et al. 1998). Angesichts einer im internationalen Vergleich schlechten bis mittelmäßigen Infrastruktur im Hinblick auf Kinderhorte und Kindergärten, die zumindest in Westdeutschland bestand und besteht (Engstler 1998: 131), kommen eine Reihe von Autoren zu dem Ergebnis, dass viele Mütter junger Kinder nur dann eine Chance zur Erwerbstätigkeit haben, wenn die Kinderbetreuung durch Verwandte, vielleicht auch durch Freunde gesichert werden kann (Pfeil 1965; Pfeil/Ganzert 1973; Buhr et al. 1987: 59). Nachbarn wird man um derart aufwendige und kontinuierliche Hilfeleistungen nicht bitten. In Nordrhein-Westfalen leben Anfang der 80er Jahre bei zwei Dritteln aller jungen Familien die Eltern der Frau in unmittelbarer Nähe, das heißt weniger als 15 Minuten entfernt (Buhr et al. 1987: 49). Wenn die Mutter vollerwerbstätig ist, dann werden 23% der Kinder vormittags und 32% der Kinder nachmittags von den Großeltern betreut (Buhr et al. 1987: 93ff.).

Familien leben seltener von ihren Nachbarn isoliert als beispielsweise junge Ledige, Alleinerziehende, Geschiedene und junge kinderlose Paare (Diewald

1991: 163). Da die räumliche Distanz zu Netzwerkmitgliedern und die Besuchshäufigkeit eng zusammenhängen, ist ferner bedeutsam, dass gerade bei Familien Verwandte und Freunde in einer geringeren Distanz voneinander wohnen als dies bei den nichtfamilialen Haushalten der Fall ist (Diewald 1991: 167). Hier spielt eine Rolle, dass die Eheschließung und die Geburt von Kindern die räumliche Mobilität deutlich reduzieren (Wagner 1989).

Selten wird bedacht, dass die Geburt von Kindern langfristige Konsequenzen für die Sozialstruktur der Netzwerke aufweist und beispielsweise dazu führt, dass durch die Geburt von Enkeln und von anderen Angehörigen jüngerer Generationen der Anteil der Familienmitglieder stark ansteigen kann und sich gerade im Alter hier deutliche Unterschiede zu den Kinderlosen zeigen (Wagner et al. 1996; Wagner/Wolf 2001).

Die *Ehescheidung* verändert soziale Netzwerke, doch sind aussagekräftige Befunde rar. Im Querschnittsvergleich haben Geschiedene eher kleinere Netzwerke als Verheiratete. Manche Freundschaften gehen verloren, auch ein Wohnungswechsel, der im Zuge einer Scheidung oft erfolgt, kann insbesondere lokale Sozialbeziehungen schwächen (Fooken/Lind 1996). Spicer/Hampe (1975) ermitteln bei einer Befragung geschiedener Männer und Frauen, dass trotz einer Ehescheidung eine hohe Kontinuität bei den Kontakten zu den Blutsverwandten, jedoch eine abnehmende Intensität zu den affinen Verwandten besteht. Frauen erweisen sich dabei als die „kin-keeper". Es sind vor allem Personen, die ursprünglich dem ehemaligen Partner näher standen, andere Paare, angeheiratete Verwandte oder „cross-sex associates", zu denen der Kontakt nach einer Scheidung abbricht (vgl. Milardo 1987: 81). Broese van Groenou/Flap/Tazelaar (1990) kommen zu dem Ergebnis, dass soziale Beziehungen trotz einer Ehescheidung dann erhalten bleiben, wenn schon vor der Ehescheidung eine intensive Beziehung bestand, wenn die jeweilige Person die Ehescheidung nicht verurteilt, wenn sich die geographische Distanz nach der Ehescheidung nicht vergrößert hat, wenn das Bildungsniveau der Geschiedenen nicht höher ist als dasjenige der Netzwerkmitglieder, wenn die Geschiedenen wenig Zeit, aber viele ökonomische Ressourcen haben. Schließlich spielt die Dauer seit dem Zeitpunkt der Trennung eine Rolle.

Wird eine Ehe mit Kindern geschieden, so kommt es häufig dazu, dass die Kinder bei einem Elternteil aufwachsen, meistens bei der Mutter. Die Netzwerke Alleinerziehender sind mittlerweile in mehreren Studien beschrieben worden. Es schälen sich hier mehrere Sachverhalte heraus. Erstens kann die Lage von Alleinerziehenden deshalb prekär sein, weil im Notfall nicht nur die haushaltsinterne, sondern auch die externe Hilfe fehlt, insbesondere bei der Betreuung noch nicht schulpflichtiger Kinder (Schneider et al. 2001: 263). Zweitens sind es vor allem die eigenen Verwandten, die helfen, weniger die aus einer vorangegangenen Ehe vorhandenen angeheirateten Verwandten (Napp-Peters 1987: 103f.). Die Mutter der Alleinerziehenden ist diejenige Person, die am meisten Unterstützung leistet. Dagegen betonen Erdmann (1999: 164) und

Nave-Herz/Krüger (1992: 110), dass Freundschaften gegenüber Verwandtschaftsbeziehungen in den Netzwerken alleinerziehender Mütter dominieren. Fooken/Lind (1996: 139) vermuten, dass als Folge der Ehescheidung bei Frauen eine stärkere Hinwendung zur Familie, bei Männern zu den Freunden festzustellen sei. Alles in allem verfügen alleinerziehende Männer aber wohl über weniger unterstützende Personen als alleinerziehende Frauen (Schneider et al. 2001: 261).

Ob die Verwitwung soziale Netzwerkbeziehungen stärkt oder schwächt, ist immer noch nicht sicher geklärt. Gegenüber Verheirateten sind die Netzwerke der Verwitweten jedoch kleiner (Wagner/Wolf 2001).

Was Freundschaften anbelangt, so kommt Diewald (1991: 159) zu dem Schluss, dass „Freundschaftsbeziehungen, insgesamt betrachtet, vergleichsweise wenig nach verschiedenen Lebensformen variieren". Insofern wird auch die Abnahme von Freundschaften mit dem Alter nicht durch die Lebensform erklärt, obwohl Ledige deutlich häufiger Freunde haben als Geschiedene oder Verwitwete (Statistisches Bundesamt 1989: 468).

Es sind in Deutschland offenbar gerade nicht die Familien, die sozial isoliert sind. Keine Studie hat ergeben, dass Partnerschaft und Elternschaft mit einer nennenswerten Reduktion in Qualität und Quantität von Netzwerkbeziehungen einhergehen. Diesbezüglich sind eher andere Bevölkerungsgruppen benachteiligt. So sind Verwandtschaftskontakte insbesondere bei den Älteren relativ gering, insbesondere bei Paaren und Verwitweten ohne Kinder im Haushalt sowie bei alleinwohnenden Ledigen (Diewald 1991: 154).

4.4 Zum Wandel der Netzwerke

Da sich die Familiensoziologie dem Thema der Verwandtschaft in der Vergangenheit kaum gewidmet hat, wissen wir – sieht man von sehr wenigen genealogisch-demographischen Studien ab (vgl. Post et al. 1997) – wenig über den *Wandel verwandtschaftlicher Beziehungen*. Nach Einschätzung von Borscheid (1988) und Rosenbaum (1998) sind die Verwandtenbeziehungen im 19. Jahrhundert bis in die unmittelbare Nachkriegszeit hinein häufig eng und sogar überlebensnotwendig gewesen. Der Krieg, Flucht und Vertreibung haben vermutlich manche Verwandtenkreise gefestigt, andere gelockert.

Die These von der Deinstitutionalisierung verwandtschaftlicher Beziehungen beruhte immer auch auf der Vermutung, dass die räumliche Mobilität der Bevölkerung im Zuge von Industrialisierung und Modernisierung zunimmt und dadurch Verwandtschaftskreise auseinander gerissen werden. Was Westdeutschland anbelangt, so hat allerdings nach dem Ende des Zweiten Weltkriegs die Wohnortmobilität keineswegs kontinuierlich zugenommen. Vielmehr haben beispielsweise die Wanderungen zwischen den alten Bundesländern in den 70er Jahren deutlich abgenommen und sind bis Ende der 80er Jahre auf relativ niedrigem Niveau verblieben (Wagner 1989).

Es gibt dennoch mittlerweile eine Reihe recht gut belegter Erkenntnisse zum Wandel der Verwandtschaftsstrukturen. Hierzu zählt die Tatsache, dass die gemeinsame Lebenszeit zwischen den Generationen zugenommen hat. Noch nie war die gemeinsame Lebenszeit zwischen Kindern und ihren Eltern so hoch wie in der Gegenwart. Mütter, die 1875 geboren wurden, erlebten ihr Kind 38,9 Jahre. Wurden die Mütter aber 1940 geboren, so schätzt man die gemeinsame Lebenszeit auf 51,8 Jahre. Bei Vätern liegt die gemeinsame Lebenszeit etwa acht Jahre niedriger (Lauterbach 1995). Die sogenannte Sandwich-Generation, die aus solchen Personen besteht, die eigene Kinder und die Eltern zu versorgen und zu pflegen hat, ist quantitativ nur von geringer Bedeutung. Nach einer Studie von Dykstra (1997, zitiert bei Kuijsten 1999: 113) gehören dieser Gruppe nur 5% der 35- bis 64-Jährigen in den Ländern der Europäischen Union an.

In den vergangenen Jahrzehnten ist der Anteil der Gesellschaftsmitglieder, die in Partnerhaushalten leben, offenbar nur leicht zurückgegangen. So ist in den alten Bundesländern dieser Anteil von 69,4% im Jahr 1972 auf 65,1% im Jahr 1996 gesunken (Engstler 1998: 25). Auch Klein (1999) berichtet, dass zwar im Kohortenverlauf die Eheschließungen abgenommen haben, der Anteil derjenigen, die überhaupt einen Partner haben („Bindungsquote"), ist jedoch nahezu konstant geblieben. Hinter einer stabilen Bindungsquote verbergen sich dennoch deutliche Veränderungen. Die „starken" Beziehungen unter den Haushaltsmitgliedern, also die Partner, sind demnach weiterhin sehr verbreitet. Aus Veränderungen im Bereich der Partnerschaft erwachsen demnach keine besonderen oder neuen Anforderungen an haushaltsexterne Unterstützungsleistungen. Es leben jedoch immer weniger verheiratet mit einem Partner zusammen, immer mehr in einer nichtehelichen Lebensgemeinschaft. Dies hat Konsequenzen für die Verwandtschaftsnetzwerke: Der Anteil von Personen mit angeheirateten Verwandten am Netzwerk müsste zurückgegangen sein.

Allerdings wird es nicht ohne Konsequenzen für die haushaltsexternen Netzwerke sein, dass immer weniger Personen mit Kindern zusammenleben. Der Anteil der Bevölkerung, der mit *minderjährigen Kindern* zusammenlebt, hat in den letzten Jahrzehnten deutlich abgenommen. Während in den alten Bundesländern 1972 noch 37% der Erwachsenen mit minderjährigen Kindern zusammenlebten, waren es 1990 nur noch 25,3%. In den neuen Bundesländern ist dieser Trend weniger stark ausgeprägt: 1982 waren es 36,1% der Erwachsenen, die mit Kindern zusammenlebten und 1992 immerhin noch 32,4% (Deutscher Bundestag 1998: 502).

Die Wende in der DDR könnte man als ein Ereignis ansehen, das nicht nur die gesellschaftliche Ordnung, sondern auch die Ordnung der einzelnen Familien bedrohte und herausforderte. Einerseits könnte eine hohe soziale und räumliche Mobilität die Verwandtschaftsbeziehungen gelockert haben, andererseits wurden diese Beziehungen möglicherweise enger, weil eine entsprechende Solidarität allen half und gerade die staatlichen Formen der Unterstützung nicht mehr oder noch nicht vorhanden waren. Hat die Wende in der DDR die Verwandtenbeziehungen verändert? Es gibt Autoren, die behaupten, dass Familie und Verwandtschaft der Inbegriff einer Nischen-Kultur in der DDR gewesen seien. Andere Autoren verweisen darauf, dass die DDR ein moderner Staat war und deshalb auch „moderne" Sozialbeziehungen ausgebildet hat, die denjenigen in westlichen Ländern durchaus vergleichbar waren. Nimmt man als Indikator „Rat in schwieriger persönlicher Lage", so zeigt sich im direkten Vergleich zwischen Ost- und Westdeutschland die schon erwähnte große Dominanz von Partnerschaften. In Westdeutschland fragen Kinder ihre Eltern seltener um Rat als in Ostdeutschland. Was die Verwandtenkreise betrifft, so hat die Wende in Ostdeutschland diese offenbar weder deutlich enger noch weiter werden lassen (Diewald 1998). In der Wahrnehmung der Befragten sind die Beziehungen zu Partnern oder Kindern entweder stabil geblieben oder intensiver geworden. Bei den Geschwistern und sonstigen Verwandten hat es offenbar auch einen gegenteiligen Trend gegeben: Etwa ein Viertel der Befragten berichten von einer Abnahme an Vertrautheit und instrumentellen Hilfeleistungen, unter 10% berichten von einer diesbezüglichen Zunahme. Die Beziehungen zu Freunden und Kollegen haben sich offenbar noch wesentlich stärker gelockert, wobei dies allerdings nicht die Frage betrifft, ob man „als Mensch anerkannt" wird, sondern eher den Bereich instrumenteller Unterstützungsleistungen.

Seit Mitte der 70er Jahre hat in Westdeutschland und seit 1990 in Ostdeutschland der Anteil der Bevölkerung, die Freundschaftsbeziehungen haben, deutlich zugenommen (vgl. Tabelle 1). Nave-Herz (1984) berichtet von einer retrospektiven Befragung von Verheirateten in Oldenburg. Demnach hat sich der gemeinsame Freundes- und Bekanntenkreis bei Ehebeginn im Vergleich der Ehekohorten 1950, 1970 und 1980 ausgedehnt. Diewald (1991: 245) belegt zudem, dass die Häufigkeit von Unterstützungsleistungen unter Freunden in den alten Bundesländern zwischen 1980 und 1988 zugenommen hat. Hervorzuheben ist der Anstieg der Hilfeleistungen bei der Betreuung kleiner Kinder und die Hilfe bei persönlichen Problemen. Es gibt keinen Grund anzunehmen, dass nicht auch Familienmitglieder von dieser zunehmenden quantitativen und qualitativen Bedeutung der Freundschaften profitieren. Die nachbarlichen Leistungen sind in den 80er Jahren eher stabil geblieben oder haben leicht zugenommen (Diewald 1991: 245).

Über den zeitgeschichtlichen Wandel des Zusammenhangs zwischen der Geburt von Kindern und den familialen Außenbeziehungen ist wenig bekannt. Nave-Herz (1984) vermutet, dass sich nach der Geburt des ersten Kindes zunehmend eine Reduktion und Einschränkung der Außerhausaktivitäten ergeben hat. Jedenfalls konnte in der oben erwähnten Untersuchung festgestellt werden, dass zunehmend häufiger von einer Auflösung der Bekannten- und Freundeskreise im Zuge der Geburt des ersten Kindes berichtet wurde.

5 Diskussion

Obwohl die Forschung bislang wenig kumulativ angelegt war, können daraus doch eine Reihe von Schlussfolgerungen gezogen werden. Ein erster Befund ist, dass gerade kernfamiliale Haushalte enge Beziehungen mit ihrer sozialen Umwelt unterhalten. Dies gilt für Beziehungen zu Verwandten, Freunden und Nachbarn. Es gibt in der familiensoziologischen Forschung der unmittelbaren Nachkriegsjahre bis heute keine qualitativen und quantitativen empirischen Befunde, die der Kernfamilie ein von wichtigen Sozialbeziehungen abgeschnittenes soziales Dasein attestieren würden (vgl. auch Nave-Herz 1984). Allerdings – und das relativiert die Bedeutung der haushaltsexternen Beziehungen – sind Partner mit Abstand die wichtigsten Unterstützungspersonen. Lebt man mit einem Partner zusammen, so werden dadurch aber nicht etwa die haushaltsübergreifenden Beziehungen geschwächt, sondern eher gestärkt. Beispielsweise bestehen Freundschaftsbeziehungen weitgehend unabhängig von der Haushaltsform. Die Vorstellungen von Durkheim und Parsons von „starken" kernfamilialen Beziehungen im Kontrast zu „schwachen" oder „schwächeren" Umweltbeziehungen zu Verwandten und zu Nicht-Verwandten wird durch solche Ergebnisse gestützt.

Der Anteil von Verwandten und Nicht-Verwandten an allen Netzwerkmitgliedern hängt im Erwachsenenalter in mehrfacher Hinsicht von den Lebensformen ab, in denen jemand aufgewachsen ist und für die man sich nach dem Auszug aus dem Elternhaus entschieden hat. Geschwister hat man fast lebenslang. Wer beispielsweise nicht mit beiden leiblichen Eltern aufwächst, wird zu dem Elternteil, mit dem er nicht aufgewachsen ist, eine schwächere Beziehung haben als zu dem Elternteil mit dem er aufgewachsen ist. Wer im frühen oder mittleren Erwachsenenalter eine Familie gegründet hat, wird im Alter viel mehr Verwandte in seinem Netzwerk haben als die Kinderlosen.

Über die langfristigen historischen Veränderungen der Netzwerkbeziehungen von Familien lassen sich keine gesicherten Aussagen treffen. Was die letzten zehn, zwanzig Jahre anbelangt, so kann man aber doch immerhin feststellen, dass es keinerlei Anzeichen für eine Abschwächung verwandtschaftlicher Beziehungen gibt und Familienmitglieder Freundschaften eher noch intensiver pflegen.

Es gibt zudem aber eine Reihe von weiteren Entwicklungen, die der These einer Lockerung der Netzwerkbeziehungen von Familien widersprechen. So kann man erstens feststellen, dass sich die Haushaltskonstellationen nicht derart geändert haben, dass sich daraus ein gesteigerter Bedarf an Unterstützungsleistungen von haushaltsexternen Personen ergeben würde. Das Zusammenleben mit einem Partner ist nach wie vor verbreitet, und das Zusammenleben mit Kindern, das eher externe Unterstützung erfordert, ist seltener geworden. Die räumliche Mobilität, in deren Folge sich Netzwerkbeziehungen abschwächen können, ist – sieht man einmal von den unmittelbaren

Auswirkungen der Wende ab – nicht hoch und vor allem im Laufe der letzten Jahrzehnte auch nicht deutlich gestiegen.

Eine weitere Konsequenz ist, dass der Ansatz, Familien als Netzwerke aufzufassen, zwar für deskriptive Zwecke geeignet sein mag. Theoretisch und empirisch zeigt sich jedoch, dass der Haushalt die zentrale Organisationsform familialen Lebens bleibt und es innerhalb der Haushaltsgrenzen zu einer Qualität und Quantität von emotionalen und instrumentellen Beziehungen kommt, die mit haushaltsexternen Beziehungen nicht zu vergleichen ist. Die haushaltsgebundene Sichtweise auf Familie impliziert nicht die Annahme, es würden keine weiteren verwandtschaftlichen Beziehungen bestehen. Man wird auch nicht in Abrede stellen, dass viele Mitglieder der entfernteren Verwandtschaft zur Familie zählen, obwohl man ihnen nicht zusammenlebt. Die Haushaltszugehörigkeit markiert jedoch immer noch eine wichtige sozialstrukturelle Differenzierung. Im übrigen ist seit nunmehr 50 Jahren bekannt, dass von einer allgemeinen Isolation der Kernfamilie im Sinne fehlender Außenkontakte zu Verwandten und Freunden nicht die Rede sein kann.

Hierzu mag ein Zusammenhang beitragen, der bislang wenig aufgeklärt ist, nämlich die Erweiterung des eigenen sozialen Netzwerks durch Personen, die dem Netzwerk der Familienmitglieder angehören. Am augenfälligsten findet diese „Aneignung" bei der Heirat statt: Die Verwandten des Ehepartners werden zu eigenen Verwandten. Man wird diese „Aneignung" von Netzwerkmitgliedern jedoch auf Nicht-Verwandte verallgemeinern können. Die innerfamiliale Überlappung der sozialen Kreise führt vermutlich zu einer Erweiterung und Vergrößerung der sozialen Netzwerke, sofern nicht gleichzeitig solche Personen aus dem Netzwerk ausscheiden, die nur im Netzwerk eines Familienmitglieds vorhanden sind, beispielsweise die „alten Freunde", die man vor der Heirat hatte.

Bruckner/Knaup/Müller (1993: 134) fassen die Befunde ihrer internationalen Vergleichsstudie wie folgt zusammen: „Trotz gestiegener Mobilität und abnehmender Bedeutung der *Verwandtschaft* für die soziale Stellung eines Individuums, hat sich damit die Verwandtschaft in allen Nationen als *eine der wichtigsten Solidaritätsinstanzen* erwiesen. Die *Priorität der Partnerbeziehung* wie auch die große Bedeutung sonstiger Haushaltsmitglieder für soziale Unterstützungsleistungen weist allerdings darauf hin, dass die *häusliche Gemeinschaft* einen zentralen Faktor darstellt. Die moderne Abgrenzung der Familie als Privatsphäre hat eine große Intensität der Beziehungen innerhalb dieser Kernfamilie, insbesondere zwischen den Partnern ermöglicht. Die räumliche Trennung von der Verwandtschaft verweist die Partner zunächst einmal aufeinander und rückt die Verwandtschaft ins zweite Glied".

Es gibt auch keinerlei Hinweise auf markante Unterschiede in den Netzwerkbeziehungen von Ost- und Westdeutschen. Von Einzelbefunden abgesehen, beispielsweise im Hinblick auf die instrumentellen Hilfeleistungen, die in den neuen Bundesländern intensiver gepflegt werden, oder den geringeren nachbarschaftlichen Austausch im Osten, dominiert das Bild ähnlicher Familien- und Netzwerkbeziehungen in Ost und West.

Was die Auswirkungen der Wende in der DDR auf die Sozialbeziehungen anbelangt, so können wir davon ausgehen, dass gerade die partnerschaftlichen und intergenerationalen Beziehungen noch an Bedeutung gewonnen haben oder zumindest stabil geblieben sind. Beziehungen zu den weiteren Verwandten, zu Freunden oder Kollegen sind nunmehr allerdings weniger stark durch instrumentelle Unterstützungsleistungen geprägt. Vieles leistet nun der Markt, was früher informell beschafft werden musste.

Der vorliegende Beitrag soll aber auch verdeutlichen, dass unser Wissen um die sozialen Beziehungen von Familienmitgliedern noch zahlreiche Lücken aufweist. So sind die haushaltsinternen Beziehungen von der Netzwerkforschung noch wenig aufgeklärt werden. Zu bemängeln ist auch, dass die empirischen Ergebnisse zu den Sozialbeziehungen zu selten nach dem Haushaltstyp der Befragten gegliedert werden. Schließlich gibt es keine neuere Studie, die simultan die Netzwerkbeziehungen aller Mitglieder von Familienhaushalten erhoben hätte.

Literatur

Antonucci, T. C., 1985: Personal Characteristics, Social Support, and Social Behaviour. In: R. H. Binstock/E. Shanas (Hg.): Personal Characteristics, Social Support and Social Behaviour. New York, S. 94-128.

Antonucci, T. C./Akiyama, H., 1987: Social Networks in Adult Life and a Preliminary Examination of the Convoy Model. In: Journal of Gerontology, 42, 5, S. 519-527.

Ballerstedt, E./Glatzer, W., 1979: Soziologischer Almanach. Handbuch gesellschaftlicher Daten und Indikatoren. Frankfurt a. M/New York.

Bertram, H., 2000: Die verborgenen familiären Beziehungen in Deutschland. In: M. Kohli/M. Szydlik (Hg.): Generationen in Familie und Gesellschaft. Opladen, S. 97-121.

Bien, W./Marbach, J., 1991: Haushalt – Verwandtschaft – Beziehungen. Familienleben als Netzwerk. In: H. Bertram (Hg.): Die Familie in Westdeutschland. Stabilität und Wandel familialer Lebensformen. Opladen, S. 3-44.

Borscheid, P., 1988: Zwischen privaten Netzen und öffentlichen Institutionen – Familienumwelten in historischer Perspektive. In: Deutsches Jugendinstitut (Hg.): Wie geht's der Familie? Ein Handbuch zur Situation der Familien heute. München, S. 271-280.

Bott, E., 1968: Family and Social Network. Roles, Norms, and External Relationships in Ordinary Urban Families. London.

Broese van Groenou, M./Flap, H./Tazelaar,F., 1990: Changes in Personal Relationships After Divorce: A Test of an Investment Model. In: The Interuniversity Center for Sociological Theory and Methodology: Contributions of ICS AIO's to the 12th I.S.A. World Congress of Sociology, Madrid, 1990 Groningen/Utrecht, S. 150-171.

Broese van Groenou, M./van Tilburg, T., 1996: Network Analysis. In: J. E. Birren (Hg.): Encyclopedia of Gerontology. Age, Aging, and the Aged, Bd. 2. San Diego, S. 197-210.

Bruckner, E./Knaup, K./Müller, W., 1993: Soziale Beziehungen und Hilfeleistungen in modernen Gesellschaften. Arbeitspapier Nr. 1. Mannheimer Zentrum für Europäische Sozialforschung. Universität Mannheim.

Buhr, P./Strack, P./Strohmeier, K. P., 1987: Lebenslage und Alltagsorganisation junger Familien in Nordrhein-Westfalen. Regionale Unterschiede und Veränderungen im Zeitablauf. IBS-Materialien Nr. 26.: Universität Bielefeld, Institut für Bevölkerungsforschung und Sozialpolitik. Bielefeld.

Bundesministerium für Jugend, Familie, Frauen und Gesundheit (BMJFFG) (Hg.), 1986: Vierter Familienbericht. Die Situation der älteren Menschen in der Familie. Bonn.

Cantor, M. H., 1979: Neighbours and Friends. An Overlooked Resource in the Informal Support System. In: Research in Aging, 1, 4, S. 434-463.

Cochran, M., 1990: Personal networks in the ecology of human development. In: M. Cochran/M. Larner/D. Riley/L. Gunnarsson/C. R. Henderson Jr. (Hg.): Extending families. The social networks of parents and their children. Cambridge, S. 3-33.

Cochran, M. M./Brassard, J. A., 1979: Child Development and Personal Social Networks. In: Child Development, 50, S. 601-616.

Deutscher Bundestag (Hg.), 1998: Zweiter Zwischenbericht der Enquete-Kommission Demographischer Wandel. Bonn.

Diaz-Bone, R., 1997: Ego-zentrierte Netzwerkwerkanalyse und familiale Beziehungssysteme. Wiesbaden.

Diewald, M., 1991: Soziale Beziehungen: Verlust oder Liberalisierung? Soziale Unterstützung in informellen Netzwerken. Berlin.

Diewald, M., 1993a: Hilfebeziehungen und soziale Differenzierung im Alter. In: Kölner Zeitschrift für Soziologie und Sozialpsychologie, 45, 4, S. 731-754.

Diewald, M., 1993b: Netzwerkorientierungen und Exklusivität der Paarbeziehung. Unterschiede zwischen Ehen, nichtehelichen Lebensgemeinschaften und Paarbeziehungen mit getrennten Haushalten. In: Zeitschrift für Soziologie, 22, 4, S. 279-297.

Diewald, M., 1995: Persönliche Netzwerke in der DDR. In: J. Huinink/K. U. Mayer/M. Diewald, H. Solga/A. Sørensen/H. Trappe (Hg.): Kollektiv und Eigensinn. Lebensverläufe in der DDR und danach. Berlin, S. 223-260.

Diewald, M., 1998: Persönliche Bindung und gesellschaftliche Veränderungen – Zum Wandel von Familien- und Verwandtschaftsbeziehungen in Ostdeutschland nach der Wende. In: M. Wagner/Y. Schütze (Hg.): Verwandtschaft. Sozialwissenschaftliche Beiträge zu einem vernachlässigten Thema. Stuttgart, S. 183-202.

DIW, 2001: http://www.diw_berlin.de/deutsch/sop/index.html

Döring, N./Bortz, J., 1993: Einsamkeit in Ost- und Westdeutschland. In: Kölner Zeitschrift für Soziologie und Sozialpsychologie, 45, 3, S. 507-527.

Engstler, H., 1998: Die Familie im Spiegel der amtlichen Statistik. Bundesministerium für Familie, Senioren, Frauen und Jugend. Bonn.

Erdmann, R. I., 1999: Soziale Netzwerke und institutionelle Unterstützung alleinerziehender Mütter. In:f. W. Busch/B. Nauck/R. Nave-Herz (Hg.): Aktuelle Forschungsfelder der Familienwissenschaft. Würzburg, S. 161-184.

Fischer, C. S., 1982: To Dwell Among Friends. Personal Networks in Town and City. Chicago.

Fooken, I./Lind, I., 1996: Scheidung nach langjähriger Ehe im mittleren und höheren Erwachsenenalter. Schriftenreihe des Bundesministeriums für Familie, Senioren, Frauen und Jugend, Bd. 113. Stuttgart.

GESIS, 2001: http://www.gesis.org / Dauerbeobachtung / Sozialindikatoren / Daten / Wohlfahrtssurvey / wseinf.htm.

Herlyn, I./Kistner, A./Langer-Schulz, H./Lehmann, B./Wächter, J., 1998: Großmutterschaft im weiblichen Lebenszusammenhang. Eine Untersuchung zu familialen Generationenbeziehungen aus der Perspektive von Großmüttern. Pfaffenweiler.

Hoffmeyer-Zlotnik, J. H. P., 1994: Regionalisierung von Umfragen. In: ZUMA-Nachrichten, 34, S. 35-57.

Höllinger, F., 1989: Familie und soziale Netzwerke in fortgeschrittenen Industriegesellschaften. Eine vergleichende empirische Studie in sieben Nationen. In: Soziale Welt, 40, 4, S. 513-537.

Höllinger, F./Haller, M., 1990: Kinship and social network in modern societies: a crosscultural comparison among seven nations. In: European Sociological Review, 6, 2, S. 103-124.

Hollstein, B., 2001: Grenzen sozialer Integration. Zur Konzeption informeller Beziehungen und Netzwerke. Opladen.

ISSP, 2002: http://www.issp.org/homepage.htm.

Kaufmann, f.-X./Engelbert. A./Herlth, A./Meier, B./Strohmeier, K. P., 1989: Netzwerkbeziehungen von Familien. In: Bundesinstitut für Bevölkerungsforschung: Materialien zur Bevölkerungswissenschaft, Sondcrheft 17. Wiesbaden.

Kecskes, R./Wolf, C.; 1996: Konfession, Religion und soziale Netzwerke. Zur Bedeutung christlicher Religiosität in personalen Beziehungen. Opladen.

Klein, D. M.7White, J. M.; 1996: Family Theories. An Introduction. Thousand Oaks.

Klein, T.; 1999: Verbreitung und Entwicklung Nichtehelicher Lebensgemeinschaften im Kontext des Wandels partnerschaftlicher Lebensformen. In: T. Klein7W. Lauterbach (Hg.): Nichteheliche Lebensgemeinschaften. Analysen zum Wandel partnerschaftlicher Lebensformen. Opladen, S. 63-94.

Kohli, M./Künemund, H. (Hg.), 2000: Die zweite Lebenshälfte. Opladen.

Kohli, M./Künemund, H./Motel, A./Szydlik, M., 2000: Generationenbeziehungen. In: M. Kohli, H. Künemund (Hg.): Die zweite Lebenshälfte. Opladen, S. 176-211.

Kuijsten, A., 1999: Households, Families, and Kin Networks. In: L. J. G. van Wissen/P. A. Dykstra (Hg.): Population Issues. An Interdisciplinary Focus. New York, S. 87-122.

Künemund, H./Hollstein, B., 2000: Soziale Beziehungen und Unterstützungsnetzwerke. In: M. Kohli/H. Künemund (Hg.): Die zweite Lebenshälfte. Opladen, S. 212-276.

Lauterbach, W., 1995: Die gemeinsame Lebenszeit von Familiengenerationen. In: Zeitschrift für Soziologie, 24, 1, S. 22-41.

Lauterbach, W., 2000: Kinder in ihren Familien. Lebensformen und Generationsgefüge im Wandel. In: A. Lange/W. Lauterbach (Hg.): Kinder in Familie und Gesellschaft zu Beginn des 21sten Jahrhunderts. Stuttgart, S. 155-186.

Lucke, D., 1998: Verwandtschaft im Recht – Rechtssoziologische Aspekte verwandtschaftlicher Beziehungen. In: M. Wagner, Y. Schütze (Hg.): Verwandtschaft. Sozialwissenschaftliche Beiträge zu einem vernachlässigten Thema. Stuttgart, S. 59-89.

Lüschen, G., 1989: Verwandtschaft, Freundschaft, Nachbarschaft. In: R. Nave-Herz/M. Markefka (Hg.): Handbuch der Familien- und Jugendforschung, Bd. 1. Neuwied/Frankfurt a. M, S. 435-452.

Marbach, J. H./Tölke, A., 1996: Junge Erwachsene. Wandel im Partnerschaftsverhalten und die Bedeutung sozialer Netzwerke. In: J. Behrens/W. Voges (Hg.): Junge Erwachsene. Wandel im Partnerschaftsverhalten und die Bedeutung sozialer Netzwerke. Frankfurt a. M/New York, S. 114-153.

Milardo, R. M., 1987: Changes in Social Networks of Women and Men Following Divorce. In: Journal of Family Issues, 8, 1, S. 78-96.

Motel, A./Künemund, H./Bode, C., 2000: Wohnen und Wohnumfeld. In: M. Kohli/H. Künemund (Hg.): Die zweite Lebenshälfte. Opladen, S. 124-175.

Napp-Peters, A., 1987: Ein-Eltern-Familien. Soziale Randgruppe oder neues familiales Selbstverständnis? Weinheim/München.

Nauck, B., 1995: Lebensbedingungen von Kindern in Einkind-, Mehrkind- und Vielkindfamilien. In: B. Nauck/H. Bertram (Hg.): Kinder in Deutschland. Lebensverhältnisse von Kindern im Regionalvergleich. Opladen, S. 137-169.

Nave-Herz, R., 1984: Familiale Veränderungen in der Bundesrepublik Deutschland seit 1950. In: Zeitschrift für Sozialisationsforschung und Erziehungssoziologie, 4, 1, S. 45-63.

Nave-Herz, R./Krüger, D., 1992: Ein-Eltern-Familien. Eine empirische Studie zur Lebenssituation und Lebensplanung alleinerziehender Mütter und Väter. Bielefeld.

Neidhardt,F., 1975: Die Familie in Deutschland. Gesellschaftliche Stellung, Struktur und Funktion. Opladen.

Nokielski, H./Pankoke, E., 1982: Familiale Eigenhilfe und situative Selbsthilfe. In: F.-X. Kaufmann (Hg.): Staatliche Sozialpolitik und Familie. München/Wien, S. 267-284.

Pappi,f. U., 1998: Soziale Netzwerke. In: B. Schäfers/W. Zapf (Hg.): Handwörterbuch zur Gesellschaft Deutschlands. Bundeszentrale für politische Bildung. Opladen, S. 584-596.

Pappi,f. U./Melbeck, C., 1988: Die sozialen Beziehungen städtischer Bevölkerungen. In: J. Friedrichs (Hg.): Soziologische Stadtforschung. Opladen, S. 223-250

Pfeil, E., 1965: Die Familie im Gefüge der Großstadt. Zur Sozialtopographie der Stadt. Hamburg.

Pfeil, E./Ganzert, J., 1973: Die Bedeutung der Verwandten für die großstädtische Familie. In: Zeitschrift für Soziologie, 2, 4, S. 366-383.

Pfenning, A./Pfenning, U., 1987: Egozentrierte Netzwerke: Verschiedene Instrumente – verschiedene Ergebnisse? In: ZUMA-Nachrichten, 21, S. 64-77.

Post, W./van Poppel, F./van Imhoff, E./Kruse, E., 1997: Reconstructing the Extended Kin-Network in the Netherlands with Genealogical Data: Methods, Problems, and Results. In: Population Studies, 51, S. 263-278.

Preisendörfer, P./Voss, T., 1988: Arbeitsmarkt und soziale Netzwerke. Die Bedeutung sozialer Kontakte beim Zugang zu Arbeitsplätzen. In: Soziale Welt, 39, 1, S. 104-119.

Riley, M. W., 1983: The Family in an Aging Society. In: Journal of Family Issues, 4, 3, S. 439-454.

Rosenbaum, H., 1998: Verwandtschaft in historischer Perspektive. In: M. Wagner/Y. Schütze (Hg.): Verwandtschaft. Sozialwissenschaftliche Beiträge zu einem vernachlässigten Thema. Stuttgart, S. 17-33.

Schneider, N.f./Krüger, D./Lasch, V./Limmer, R./Matthias-Bleck, H., 2001: Alleinerziehen. Vielfalt und Dynamik einer Lebensform. Weinheim/München.

Schulz, R., 1995: Soziale Netzwerke von Frauen im mittleren Alter. In: Zeitschrift für Bevölkerungswissenschaft, 20, 3, S. 247-270.

Schütze, Y., 1989: Pflicht und Neigung: Intergenerationelle Beziehungen zwischen Erwachsenen und ihren alten Eltern – Ergebnisse einer Pilotstudie. In: Zeitschrift für Familienforschung, 1, 3, S. 72-102.

Solga, H., 1996: Lebensverläufe und historischer Wandel in der ehemaligen DDR. In: ZA-Information, 38, S. 28-38.

Spicer, J. W./Hampe, G. D., 1975: Kinship Interaction After Divorce. In: Journal of Marriage and the Family, 37, S. 113-119.

Statistisches Bundesamt (Hg.), 1989: Datenreport 1989. Zahlen und Fakten über die Bundesrepublik Deutschland. Bonn.

Statistisches Bundesamt (Hg.), 2000: Datenreport 1989. Zahlen und Fakten über die Bundesrepublik Deutschland. Bonn.

Surra, C. A., 1988: The Influence of the Interactive Network on Developing Relationships. In: R. M. Milardo (Hg.): The Influence of the Interactive Network on Developing Relationships. Newbury Park, S. 48-82.

Szydlik, M., 2000: Lebenslange Solidarität? Generationenbeziehungen zwischen erwachsenen Kindern und Eltern. Opladen.

Tyrell, H., 2001: Das konflikttheoretische Defizit der Familiensoziologie. In: J. Huinink/K. P. Strohmeier/M. Wagner (Hg.): Solidarität in Partnerschaft und Familie. Würzburg, S. 43-63.
van Tilburg, T., 1995: Delineation of the Social Network and Differences in Network Size. In: C. P. M. Knipscheer/J. de Jong Gierveld/T. G. van Tilburg/P. A. Dykstra (Hg.): Living Arrangements and Social Networks of Older Adults. Amsterdam, S. 83-96.
Voland, E./Paul, A., 1998: Vom „egoistischen Gen" zur Familiensolidarität – Die soziobiologische Perspektive auf die Verwandtschaft. In: M. Wagner/Y. Schütze (Hg.): Verwandtschaft. Sozialwissenschaftliche Beiträge zu einem vernachlässigten Thema. Stuttgart, S. 35-58.
Wagner, M., 1989: Räumliche Mobilität im Lebensverlauf. Eine empirische Untersuchung sozialer Bedingungen der Migration. Stuttgart.
Wagner, M., 1997: Über die Bedeutung von Partnerschaft und Elternschaft im Alter. In: J. Mansel/G. Rosenthal/A. Tölke (Hg.): Generationen-Beziehungen, Austausch und Tradierung. Opladen, S. 121-136.
Wagner, M., 2001: Soziale Differenzierung, Gattenfamilie und Ehesolidarität. Zur Familiensoziologie Emile Durkheims. In: J. Huinink/K. P. Strohmeier/M. Wagner (Hg.): Solidarität in Partnerschaft und Familie. Zum Stand familiensoziologischer Theoriebildung. Würzburg, S. 19-42.
Wagner, M./Schütze, Y./Lang,f. R., 1996: Soziale Beziehungen alter Menschen. In: K. U. Mayer/P. B. Baltes (Hg.): Die Berliner Altersstudie. Berlin, S. 301-319.
Wagner, M./Wolf, C., 2001: Alter, Familie und soziales Netzwerk. In: Zeitschrift für Erziehungswissenschaft, 4, 4, S. 529-554.
Waltz, E. M., 1981: Soziale Faktoren bei der Entstehung und Bewältigung von Krankheit – ein Überblick über die empirische Literatur. In: B. Badura (Hg.): Soziale Faktoren bei der Entstehung und Bewältigung von Krankheit – ein Überblick über die empirische Literatur. Frankfurt a. M., S. 40-119.
Wurzbacher, G., 1958: Leitbilder gegenwärtigen deutschen Familienlebens. Methoden, Ergebnisse und sozialpädagogische Folgerungen einer soziologischen Analyse von 164 Familienmonographien. Stuttgart.
Zeiher, H., 1998: Kinder und ihre Verwandten. In: M. Wagner/Y. Schütze (Hg.): Verwandtschaft. Sozialwissenschaftliche Beiträge zu einem vernachlässigten Thema. Stuttgart, S. 127-145.
Zentralarchiv, 2001: http://www.gesis.org/Dauerbeobachtung/Allbus/service_ guide. htm.

Wandel in den Beziehungen zwischen Familie und Schule

Friedrich W. Busch und Wolf-Dieter Scholz

> „Das ganze Haus ist in Fesseln gelegt, wenn den Eltern am Fortkommen des Kindes in den Klassen des Gymnasiums etwas gelegen ist."[1]

1 Einleitung

Die wachsende Bedeutung von Bildung, Ausbildung und Weiterbildung und in ihrem Kontext die des Bildungssystems gehören zu den Bedingungen und Folgen moderner Gesellschaften. Die individuellen Bildungsbemühungen und ihr Erfolg (oder ihr Misserfolg) werden zu einem zentralen Kriterium im gesellschaftlichen Statuszuweisungsprozess. Der Idee nach kann und darf der Lebenserfolg des Individuums nicht mehr von besonderen Verwandtschaftsbeziehungen oder von der Zugehörigkeit zu einer spezifischen ethnischen Gruppe abhängen, vielmehr „kann der einzelne nur als individueller, selbstverantwortlicher Mensch und Bürger seinen Ort finden" (AG Bildungsbericht 1994: 46). Damit wird aber zunächst nur die normative Seite angesprochen. Tatsächlich zeigen die schichtspezifische Sozialisationsforschung ebenso wie die bildungsstatistischen Darstellungen über den Zusammenhang von Bildungserfolg und sozialer Herkunft, dass die schulischen und beruflichen Lebens- und Sozialchancen junger Menschen in deutlicher Abhängigkeit von den familialen Lebensbedingungen verlaufen und „stark vom Verhältnis und dem Zusammenwirken der Institutionen Familie und Schule (abhängig sind)" (Engel/Hurrelmann 1989: 485).

Wer also die Entwicklungs- und Entfaltungsmöglichkeiten und Chancen der nachfolgenden Generation durch die Bildungsinstitutionen – speziell durch die Schule – angemessen einschätzen und im Interesse einer stärkeren Egalisierung von Bildungschancen verändern will, muss sich die Besonderheiten der Beziehungen von Familie[2] und Schule vergegenwärtigen. Dabei muss reflektiert werden, in welchem komplementären und/oder divergenten Zusammenhang Familieninteresse und schulisches Interesse stehen. Es muss etwa gefragt werden, warum sich Eltern bzw. Erziehungsberechtigte für die Schule interessieren

---

[1] Elternmund aus dem Jahr 1834, zit. bei Krumm 1988: 614; nach Müller 1981: 78.
[2] Wir verwenden im Text die Begriffe Familie/Elternhaus/Eltern und Schule/Lehrer ohne die mit diesen Begriffen jeweils unterschiedlich weit gefassten Definitionen.

und engagieren, wo die gemeinsamen und die unterschiedlichen Interessen von Elternhaus und Schule liegen, in welchen Formen und institutionalisierten Regelungen das Zusammenwirken organisiert, wie es genutzt und in seiner Wirksamkeit eingeschätzt wird und ob sich im Kontext gesellschaftlicher Veränderungen neue Formen der Arbeitsteilung zwischen Familien und Schule ergeben haben. In diesem Zusammenhang wird auch zu untersuchen sein, welche Auswirkungen die Verlagerung von schulischen Funktionen auf die Familie insbesondere bei veränderten Familienformen für die Einlösung der Forderung nach Chancengleichheit für alle Schülerinnen und Schüler haben (vgl. Nave-Herz 1994: 71f.).

Familie und Schule sind soziologisch betrachtet zwei gesellschaftliche Institutionen, die jeweils ihre eigene Rollenstruktur, ihre spezifischen Funktionen, ihre Geschichte und ihre Eigendynamiken haben. Gleichwohl gibt es aber neben diesen Besonderheiten eine gemeinsame, wenngleich eine unterschiedlich zu realisierende gesellschaftliche Aufgabe. Familie und Schule gehören in modernen Gesellschaften zu den zentralen Institutionen für die Sozialisation und Erziehung. Beide haben die Aufgabe, die nachwachsende Generation mit den Fertigkeiten, Fähigkeiten und normativen Orientierungen auszustatten, die sie gesellschaftsfähig macht und damit gesellschaftliche Kontinuität sichert (vgl. Durkheim 1972). Die *Familie* erfüllt ihre Sozialisations- und Erziehungsaufgaben im Rahmen eines besonderen Kooperations- und Solidaritätsverhältnisses, das durch eine spezifische Rollenstruktur gekennzeichnet ist (vgl. Nave-Herz 1994) und die – im Gegensatz zur Schule – nicht durch ein definiertes und explizites System aus Zielen, Inhalten und Methoden zu ihrer Umsetzung curricular gesteuert wird. Eltern haben zwar eine grundgesetzliche Zuständigkeit und Verantwortung für die Erziehung ihrer Kinder, sie müssen für diese verantwortungsvolle Aufgabe aber keine erzieherischen Kompetenzen nachweisen. Insofern ist der Sozialisationsprozess durch die Familienmitglieder nichtprofessionell organisiert. Die *Schule* hat demgegenüber wesentlich andere Strukturen und Funktionen. Sie ist eine curricular geleitete professionalisierte und bürokratisch strukturierte Institution, in der fachwissenschaftlich und pädagogisch ausgebildetes Personal den Bildungs- und Sozialisationsprozess hauptberuflich verantwortet.

Auch wenn die Bildungsforschung noch keine überzeugenden Erklärungen über die Vermittlungsprozesse von familialen Lebensbedingungen für den Schulerfolg der Schülerinnen und Schüler liefern konnte, die statistischen Zusammenhänge zwischen sozialer Herkunft, Schulerfolg sowie erreichtem Bildungsabschluss sind empirisch evident und verweisen auf die Bedeutung der Wechselwirkungen zwischen Elternhaus und Schule. In einer gesellschaftlichen Situation, in der die Schule eine wachsende Relevanz für die Lebenschancen der Menschen bekommt und in der immer mehr Eltern die Erfahrung machen, dass über Bildungsabschlüsse sozialer Aufstieg realisiert werden kann, wächst deren Interesse an der Schule, genauer am schulischen Erfolg ihrer Kinder.

Das gilt ganz besonders für die bildungsambitionierten Träger der Expansion mittlerer und höherer Schulbildung: die Beamten- und Angestelltenfamilien. Eine Verstärkung findet dieser Sachverhalt in den Wechselwirkungen von moderner Wirtschaftsstruktur, damit verbundener Sozialstruktur und einem bewussten und zielgenauen Bildungsverhalten der Eltern für die eigenen Kinder.

Vor diesem Hintergrund wird das Interesse und das Engagement der Eltern plausibel und legitim, die Schullaufbahn ihrer Kinder über formelle und informelle Mitwirkung in der Schule zu beeinflussen. Das gilt für die *Grundschule*, in der wichtige Entscheidungen für die weitere Schulkarriere der Kinder fallen, das gilt aber besonders für die *weiterführenden Schulen*, die Realschule und das Gymnasium. Es geht dabei um nicht mehr aber auch nicht weniger als den sozialen Status für die eigenen Kinder zu sichern oder zu verbessern. Dass dabei das partikulare Interesse der Eltern als den „natürlichen" Erziehungsberechtigten mit dem prinzipiell universalistischen Interesse der „professionellen" Erziehenden (vgl. Parsons 1968) in der Schule zu Konflikten führen kann, liegt in der Natur der Sache, bestimmt mithin auch die Beziehungen zwischen Elternhaus und Schule.

Die Frage nach der formalen und inhaltlich-qualitativen Struktur der Beziehungen zwischen Familie und Schule hat zwei Aspekte. Es geht zum einen darum, wie sich die schulischen Erfahrungen der Kinder und die schulischen Erwartungen der Eltern auf die innere familiale Situation auswirken, und es geht zum anderen um die Gestaltung und Veränderung der direkten Beziehungen zwischen beiden Institutionen.

Beide Aspekte sollen in unserem Beitrag erörtert werden. Es wäre zweifellos reizvoll, dieses in einer historischen Betrachtung für die ehemals zwei deutschen Staaten, Bundesrepublik und Deutsche Demokratische Republik, darzustellen. Die Quellenlage lässt dieses jedoch nicht zu. Da es aber eine gute Dokumentation der *formalen* Regelung der Elternmitwirkung in der DDR gibt, wird dieser Aspekt mit den entsprechenden Regelungen für die Bundesrepublik kurz angesprochen (für Einzelheiten vgl. Busch 1972, 1972a und 1986).

2 Erziehung, Bildung und Sozialisation als gemeinsame und arbeitsteilige Aufgabe von Elternhaus und Schule

Wir wollen zunächst der Frage nachgehen, in welchem gesellschaftlichen Zusammenhang das Verhältnis von Elternhaus/Familie und Schule zu interpretieren ist. Dabei werden von uns insbesondere die Veränderungen in den Bildungsambitionen der Eltern für ihre Kinder herausgestellt, weil wir in ihnen wichtige Bedingungen sehen, die die Formen und die Dynamik dieses Verhältnisses bestimmen und auch für die Frage nach der Nutzung und Wirksamkeit der rechtlich institutionalisierten Formen der Elternmitwirkung relevant sind. Wir werden außerdem ansprechen, ob sich in dem seit dem Zweiten Weltkrieg festzustellenden Wandel von Familie und Kindheit Erklärungen für ein verändertes Verhältnis zwischen Eltern und Schule finden lassen. Weiterhin sollen die institutionalisierten Formen der Elternmitwirkung kurz beschrieben und auf ihre Wirkungen hin betrachtet werden. Die Ausgangsfrage nach dem Wandel bzw. der Kontinuität in den Beziehungen zwischen Elternhaus und Schule soll dabei, soweit es die empirisch verfügbaren Daten zulassen, jeweils aufgegriffen werden. Es muss aber schon an dieser Stelle darauf hingewiesen werden, dass es relativ wenig empirisch gehaltvolles Material gibt, durch das sich ein Verlaufsmuster im Verhältnis von Elternhaus und Schule nach dem Zweiten Weltkrieg nachzeichnen lässt. In der Literatur zum Verhältnis von Elternhaus und Schule im angezielten Zeitraum gibt es zumindest in einem Punkt eine deutlich feststellbare Kontinuität in der Situationsbeschreibung. Alle empirischen Untersuchungen, die nach dem Zweiten Weltkrieg durchgeführt worden sind, kommen zu dem Ergebnis, dass dieses Verhältnis in einem hohen Maße durch vielfältige Ambivalenzen gekennzeichnet ist. Diese Ambivalenzen betreffen die Perspektive der Eltern ebenso wie die der Lehrerinnen und Lehrer.

Dabei spielt die strukturelle Grundvoraussetzung ihres Verhältnisses zueinander eine wichtige Rolle. Dieses hat eine (verfassungs-)rechtliche und eine sozialisationsbezogene Perspektive. Die Schule muss im Rahmen ihrer verfassungsgegebenen Verpflichtung das Recht der Eltern zur Erziehung ihrer Kinder beachten[3] (vgl. Art. 6, Abs. 2, GG).

Die Erziehungsaufgaben von Eltern und Lehrern sind nicht streng voneinander zu trennen, sie bewegen bzw. konkretisieren sich nur auf unterschiedlichen Ebenen und durch unterschiedliche Aufgaben. Beide sind eingebunden in die Verpflichtung, die Heranwachsenden zu Persönlichkeiten zu bilden und ihre geistigen, seelischen und körperlichen Fähigkeiten zu entwickeln (vgl. Fölsch 1990).[4]

---

[3] Dies trifft so für die DDR nicht zu. In deren Verfassungen von 1949 und 1965 werden Ehe und Familie als grundlegend für das Gemeinschaftsleben bezeichnet; eine nähere Bestimmung etwa der Rechte der Eltern unterbleibt. Dies hängt (offensichtlich) mit dem Grundgedanken der sozialistischen Familienideologie zusammen (vgl. Busch 1972: 63ff.), wonach die Erziehung in der und durch die Familie die Erfüllung eines gesellschaftlichen Auftrages darstellt, die Erziehung der Kinder mithin keine Privatangelegenheit der Eltern ist, und die Erziehungsabsichten und Interessen der Gesellschaft prinzipiell mit denen der Familie übereinstimmen (vgl. Kuhrig 1962: 108f.).

[4] Für die DDR gilt zunächst Gleiches, denn der Gedanke, „daß die verschiedenen Erziehungsträger an der Heranbildung der jungen Generation zu beteiligen sind, ist kein spezifisch sozialistischer Gedanke, sondern eine alte pädagogische Wunschvorstellung, die unabhängig ist von einer bestimmten Gesellschaftsordnung. Sozialistische Züge erhält diese Vorstellung durch die mitgegebene Begründung und durch die Bestimmung der führenden Kräfte im Wechselverhältnis der Erziehungsträger" (Busch 1972: 237). Eine auf dem VI. Pädagogischen Kongress (1961) ‚verabschiedete' Empfehlung, wonach die „Schule, das Elternhaus, die Pionierorganisation Ernst Thälmann und die Freie Deutsche Jugend (.) gemeinsam den aktiven Bürger unseres sozialistischen Staates erziehen (sollen)", ist von allen dem Kongress folgenden bildungspolitisch relevanten Gesetzen und Verordnungen (vgl. Jugendgesetz 1965, Familiengesetz 1965, Bildungsge-

Hier liegen vielfältige Anlässe für Misstrauen und Konkurrenzdenken beider Gruppen.

Die Schule greift sehr nachhaltig in das Familienleben ein, beeinflusst mithin stark die Beziehung zwischen Kindern und Eltern und trägt viele Probleme, Belastungen und Konflikte in das Familienleben hinein. Umgekehrt wirken sich die familialen Interaktionsprozesse stark als Lernbedingungen auf das schulische Lernen aus. Das müsste beide Seiten zu einer stärkeren pädagogischen Kooperation führen.

3 Elternhaus und Schule in unterschiedlichen Interessenszusammenhängen

Eltern haben es gegenüber der Schule oft mit Gefühlen der Abhängigkeit und Ohnmacht zu tun wegen der zukunftsentscheidenden Bedeutung der Lehrer für die eigenen Kinder. Die empirischen Befunde sind relativ eindeutig und konsistent[5]. Dieses führt bei vielen Eltern zu Vorwürfen und Unterstellungen wie z.B. die Lehrer seien ungerecht und willkürlich bei der Zensurengebung, als Eltern hätten sie keine Möglichkeiten, gegen pädagogisch und didaktisch unfähige Lehrkräfte vorzugehen. Schulische Forderungen werden von den Eltern oft als Überforderungen und als Schulstress für die Kinder interpretiert. Der expandierende Lernstoff und neue Methoden setzen den Eltern enge Grenzen, wenn sie Fragen der Kinder beantworten sollen; das führt bei vielen zu Ratlosigkeit und Verunsicherung. Bei Hausaufgabenhilfe, Unterstützung bei schulischen Veranstaltungen etc. fühlen sich viele Eltern als „unbezahlte Hilfskräfte" ausgenutzt. Eltern übertragen oft die Ängste, Misserfolgserlebnisse, Unlustgefühle aus ihrer eigenen Schulzeit auf die Lehrer ihrer Kinder. Sie sind außerdem unsicherer geworden über die richtigen Wege und Ziele der Erziehung der Kinder; diese Unsicherheit wird häufig auf die Lehrkräfte projiziert. Diese nehmen dann gleichsam eine „Sündenbockrolle (...) für die erzieherische Selbstunsicherheit des Zeitalters" ein (Hofstätter 1968: 223; zit. bei Fölsch 1990: 93). Gleichzeitig wächst der Anteil derjenigen unter den Eltern, die der Schule das Recht streitig machen, „an der Allgemein-Erziehung der Kinder (anstatt lediglich an der Ausbildung) beteiligt zu sein" (Fölsch 1990: 93). Hinzu

---

setz 1965, Elternbeiratsverordnung 1968) aufgenommen und zu einem verpflichtenden Prinzip für alle Erziehungsträger gemacht worden.

[5] Ab Mitte der 50er Jahre wurden auch in der DDR Probleme der Zusammenarbeit von Schule und Elternhaus Gegenstand wissenschaftlicher Arbeiten. Die meisten dieser Arbeiten sind wissenschaftliche Qualifikationsschriften, die dem westdeutschen Leser erst nach der Vereinigung der beiden deutschen Staaten zugänglich wurden. Aus einer kursorischen Durchsicht kann gefolgert werden, dass sie weniger den Stand der Arbeit in den Elternvertretungen und die bildungspolitische Informiertheit der Bevölkerung, insbesondere der Elternschaft untersuchen wollten, als vielmehr helfen sollten, die praktische Arbeit effektiver zu gestalten und neue Wege und Methoden der Zusammenarbeit zwischen Elternhaus und Schule zu erproben (vgl. u.a. Turczynki 1955; Kunath 1958).

kommt, dass Eltern Angst haben, dass ihre kritischen Einwendungen gegenüber den Lehrern Nachteile für ihre Kinder mit sich bringen. Das führt dazu, dass Lehrer oftmals geringschätzig gesehen werden.

Umgekehrt findet sich bei den Lehrern die Bereitschaft relativ stark ausgeprägt, die Eltern ebenfalls stereotyp zu sehen. Viele Lehrer haben nicht gelernt, mit Eltern umzugehen. Das führt zu Unsicherheiten und Abwehr. Lehrer fühlen sich von der Gesellschaft überfordert, alleingelassen und zu wenig anerkannt. Sie neigen deshalb auch dazu, Defizite im Verhalten der Schüler (Unerzogenheit, Faulheit, Disziplinlosigkeit, Rücksichtslosigkeit, zu hohes Anspruchsdenken, Schulunlust) auf mangelhafte Erziehungsleistungen der Eltern zurückzuführen. Lehrer sind unsicher, ob ihre Erziehungsvorstellungen mit denen der Eltern und der Gesellschaft noch übereinstimmen. Sie fühlen sich außerdem in ihrer Professionalität beeinträchtigt, wenn „Laien" in ihre beruflichen Angelegenheiten hineinreden. Deshalb auch werden Elternbeiräte so oft mit Misstrauen betrachtet. Viele Lehrer befürchten, dass Eltern ihr Kind als Projektionsfläche für eigene Wünsche betrachten und dadurch die Kinder überfordern. Das trifft z.B. beim Besuch der höheren Schule trotz geringer Leistungen zu. Lehrer fühlen sich durch ihre primären Aufgaben des Unterrichtens so stark belastet, dass sie keine Zeit haben für „sozialtherapeutische Aufgaben" (Fölsch 1990: 95). Sie sparen die mangelnde Zeit am ehesten bei der Elternarbeit ein. Das Verhältnis der Lehrer zu den Elternvertretungen wird auch dadurch getrübt, dass sie oft erleben, dass Elternvertretungen in der Schuladministration mehr Beachtung finden als sie selbst oder ihre Interessenvertretung.

Das Verhältnis zwischen Eltern und Lehrern ist dann relativ problemlos und eher unauffällig, wenn die Leistungen der Schüler den Vorstellungen ihrer Eltern entsprechen und wenn die Bildungsambitionen der Eltern von ihren Kindern im großen und ganzen erfüllt werden. Problematisch und belastend wird es dann, wenn dieses nicht der Fall ist. Das gewinnt seine besondere Brisanz im Zuge steigender Bildungsambitionen der tragenden Schichten der Bildungsexpansion in Deutschland seit den 60er Jahren. Die Schulleistung bzw. der eng an sie gekoppelte Erwerb von weitergehenden Berechtigungen durch höherwertige Schulabschlüsse wird zunehmend zum beherrschenden Aspekt von Schule (vgl. Ulich 1989: 29; vgl. auch Ulich 2001: 7). Schlechte Leistungen ihrer Kinder führen bei vielen Eltern dazu, dass sie gar nicht oder nur sehr defensiv zu den Lehrersprechstunden und den Elternsprechtagen in die Schule kommen, außerdem sind sie häufig Ursachen für Spannungen und Konflikte in der Familie. „Die Eltern-Kind-Beziehung wird über weite Strecken zu einer Schulbeziehung, denn die Schule gibt wichtige Themen und Anlässe vor, die zwischen Eltern und Kindern eine Rolle spielen" (Ulich 2001: 7).

Die Beziehungen zwischen Elternhaus und Schule haben in der Folge der deutlich angewachsenen Beteilungsquoten an höherer und mittlerer Schulbildung und der subjektiven und objektiven „universalen Relevanz für Existenzbemühungen" (Fend 1984: 255), die den Bildungsbemühungen in unserer Gesellschaft immer stärker zuwächst, in den letzten 40 Jahren deutliche Veränderungen erfahren. Der Stellenwert von Schule ist im Bewusstsein der Eltern deutlich gewachsen. Eltern sind in der Regel heute besser als ihre eigenen Eltern informiert über die Schullaufbahn ihrer Kinder, über notwendige Abschlüsse, über schulische Anforderungen, über Lernprobleme, über Disziplinprobleme und anderes mehr. Vor allem aber sind die Ansprüche an die schulische Qualifikation ihrer Kinder gewachsen.

Dass die Schule für Eltern in der DDR auch einen sehr hohen Stellenwert bei der Entwicklung der Kinder und der Sicherung von Bildungschancen hat, ist zwar empirisch nicht eindeutig belegt, kann aber etwa aus den Diskussionen über die Kriterien gefolgert werden, die – aus Sicht der Schulpolitik – erfüllt sein müssen, wenn einem Übergang aus der 10-klassigen Polytechnischen Oberschule (POS) in die 12-klassige Erweiterte Oberschule (EOS) zugestimmt werden kann – vorausgesetzt die quantitativ niedrige Obergrenze ist nicht überschritten. Hier spielt(e) vor allem die „soziale Herkunft" -Arbeiter- und Bauernklasse – und das gesellschaftliche Engagement (der Eltern) eine große Rolle.

Wie sehr sich die Bildungsambitionen der Eltern und der Schüler expansiv entwickelt haben, zeigen die seit Ende der 70er Jahre vom Institut für Schulentwicklungsforschung in Dortmund regelmäßig durchgeführten Befragungen (vgl. Rolff et al. 1980-2000). Im Jahr 1979 haben auf die Frage nach dem gewünschten höchsten Schulabschluss noch 31% der Eltern die Hauptschule für wünschbar genannt, seit den 80er Jahren hat sich dieser Anteil auf etwas mehr als 10% verringert. Entsprechend gestiegen sind die Erwartungen und Wünsche an den Abschluss des Abiturs. Er ist von 37% im Jahr 1979 auf 45% im Jahr 2000 angestiegen, hatte allerdings in den späten 80er Jahren noch höhere Werte. Die Zahlen machen in ihrer Entwicklung und Stabilität aber deutlich, dass der mittlere Schulabschluss zur kulturellen Mindestnorm in der Bundesrepublik Deutschland geworden ist, der gymnasiale Abschluss die größte Priorität hat und der Hauptschulabschluss marginal ist (vgl. Rolff et al., Bd. 11, 2000: 15ff.).

4 Steigende Bildungserwartungen und psychosoziale Probleme

Die wachsenden Bildungsambitionen treffen zusammen mit Veränderungen in den Lebensverhältnissen der Familien. Neben den Veränderungen der Familienformen zeichnen sich erhebliche Veränderungen in den Binnenverhältnissen der Familien ab, die die Lebenssituation der Kinder und Jugendlichen nachdrücklich berühren und sich auf die Sozialisation und Erziehung auch in der Schule auswirken können. Zu den wichtigsten Veränderungen in den Binnenstrukturen der heutigen Familie gehört der Geburtenrückgang. Ca. 1/3 aller Kinder wachsen ohne Geschwister auf, 45% haben nur ein Geschwisterteil. Die durchschnittliche Kinderzahl pro ehelicher Lebensgemeinschaft liegt bei ca. 1,3 Kindern. Damit verlieren immer mehr Kinder Geschwistererfahrungen als Konflikt- und Solidaritätserfahrungen. Diese Entwicklungen sind für die Kinder und ihre Eltern mit Chancen und Problemen verbunden. Chancen bestehen darin, dass viele Kinder Privilegien haben, weil ihnen die ungeteilte soziale, emotionale und materielle Zuwendung der Eltern zukommt und sie auch früh Eigenverantwortung übernehmen müssen (vgl. Schütze 1988: 95ff.). Probleme ergeben sich dadurch, dass viele Einzelkinder Schwierigkeiten haben. So müssen sie z.B. in der Schule Vieles mit Vielen teilen und Bedürfnisbefriedigungen langfristig aufzuschieben. Probleme ergeben sich aber auch für Eltern, Lehrkräfte und Kinder, wenn die (Einzel-)Kinder die ganze Last der schulischen Leistungserwartungen ihrer Eltern tragen müssen.

Zu den für das Verhältnis von Elternhaus und Schule folgenreichen Veränderungen gehört aber auch die Zunahme Alleinerziehender – vor allem alleinerziehender Mütter. Hier wächst die Last und Verantwortung für den schulischen Erfolg des Kindes für den einzelnen Elternteil insbesondere dann dramatisch an, wenn es bei der erwerbstätigen alleinerziehenden Person um Hausaufgabenhilfe für das Kind, aber auch um ein aktives Beteiligen an allgemeinen schulischen Angelegenheiten geht.

Für viele Eltern ist in der Folge dieser Veränderungen ihr Verhältnis zur Schule widersprüchlich und konfliktreich geworden. Sie befinden sich im Schnittpunkt unterschiedlicher und oftmals auch diskrepanter Erwartungen zwischen Eigeninteressen, Interessen der Schule und den Erwartungen ihrer Kinder. Einerseits sollen sie die Härten schulischer Entscheidungen auffangen, insbesondere wenn es um Schulversagen geht, andererseits üben sie selber Druck auf ihre Kinder aus, möglichst gute Schulleistungen und die begehrten höheren Bildungsabschlüsse zu erlangen. Dieses erfolgt durchaus auch in der Einsicht, dass das nicht immer dem psychosozialen Wohle der Kinder zuträglich ist; es erfolgt aber auch aus der Erfahrung heraus, dass höhere schulische Abschlüsse die beste Garantie für die Wahrnehmung sozialer Chancen im späteren Leben bieten. Eltern ist durchaus bewusst, dass eine wachsende Zahl von Kindern – auch die eigenen Kinder! – für schulische Leistungen doppelt beurteilt werden: in der Schule und anschließend im Elternhaus. Durch Lob, Tadel, Hausaufgabenkontrolle, Übungs- und Verbesserungsforderungen setzt sich die Schule auch nach der Schule in der Familie fort und spannt die Eltern (zumeist die Mütter) mit ein. Wie stark die gewachsenen Bildungsambitionen von Eltern und Schülern zu psycho-sozialen Belastungen und in deren Folge zu pyschosomatischen Erkrankungen der Schülerinnen und Schüler führen, zeigen die Untersuchungen von Hurrelmann und Mansel (1998) unmissverständlich und beunruhigend. Hier wird deutlich erkennbar, dass die wachsenden Bildungserwartungen und die Bildungsexpansion im Zeitvergleich von 1986 zu 1996 mit einer so „ungünstige(n) Veränderung der subjektiven gesundheitlichen Befindlichkeit der Jugendlichen" korrespondiert (Hurrelmann/Mansel 1998: 180), dass insgesamt „von einem engen Zusammenhang zwischen der familialen Erwartung an schulische Anforderungen, der Selbsterwartung der Jugendlichen und ihrer subjektiven gesundheitlichen Befindlichkeit ausgegangen werden (kann)" und der „Zusammenhang von gesundheitlicher Belastung und hohem, weiter ansteigendem schulischen Anspruchsniveau der Eltern und der Jugendlichen (belegt ist)" (Hurrelmann/Mansel 1998: 181).

5 Einschätzung der Qualität der Beziehungen zwischen Familie und Schule

Das spannungsreiche Spektrum der Elternerwartungen an die Schule bewegt sich zwischen der Forderung nach individueller Leistungsförderung für den schärferen schulischen Konkurrenzkampf um wichtige Abschlüsse und Berechtigungen auf der einen Seite und dem Wunsch nach Förderung der individuellen Persönlichkeit des Kindes auf der anderen Seite. Beides ist gleichzeitig nur schwer in der schulischen Realität einzulösen und bestimmt damit auch das Ausmaß an Enttäuschungserfahrungen bzw. Zufriedenheit mit der Schule, insbesondere bei Leistungsproblemen der eigenen Kinder. Dass es hier eine langsame Spiralbewegung nach unten gibt, zeigen die Befragung von Schülereltern im Westen wie im Osten durch das Institut für Schulentwicklungsforschung aus Dortmund: So gering wie im Jahr 2000 war die Zufriedenheit der Eltern mit der Schule noch nie! 1979 waren es im Westen noch 60%, die uneingeschränkt sagen, dass ihr Kind gerne zur Schule geht; im Jahr 2000 sind es nur noch 40% im Westen und 37% im Osten (1993 waren es noch 54%) (vgl. Rolff et al. 2000: 23ff.).

Offensichtlich ist also seit den 70er Jahren die Zufriedenheit mit der Schule gesunken, die Leistungserwartungen an die Schule sind aber gleichzeitig deutlich angewachsen. 26% bemängeln zu niedrige Anforderungen (gegenüber 6% 1979), für 23% sind die Anforderungen zu hoch (gegenüber 60% 1979), und für 52% sind die Anforderungen gerade richtig (gegenüber 34% 1979) (vgl. Rolff et al. 2000: 26f.). Dieses ist ein weiterer Indikator dafür, dass die angestiegenen Bildungsambitionen der Eltern zu ambivalenten Beziehungen zur Schule führen.

Dazu passt, dass auch das Verhältnis zu den Lehrern eher durch Misstrauen als durch Vertrauen bestimmt ist. Nur jeweils ein Drittel in West und Ost haben im Jahr 2000 noch ein volles Vertrauen zu den meisten Lehrern (gegenüber 45% 1983). Diese Ergebnisse (vgl. Rolff et al. 2000: 29 sowie 1988: 31) können vor allem in ihrer zeitlichen Entwicklung durchaus als eine wachsende Vertrauenskrise im Verhältnis von Elternhaus und Schule interpretiert werden. Allerdings sind auch sie nicht umstandsfrei konsistent, weil in denselben Befragungen von denselben Eltern fast alle Schularten mit sehr gut, gut oder befriedigend beurteilt werden.

Die Diskrepanzen zwischen Idee und Wirklichkeit über die gemeinsame aber arbeitsteilige Verantwortung von Elternhaus und Schule bei der Erziehung und Bildung von Kindern und Jugendlichen haben viele Ursachen. Brezinka sieht sie u.a. in der Zerstückelung der Erziehung durch die Heterogenität der Schule, ferner durch nicht-familiale Erziehungsinstitutionen, durch anwachsende Erziehungsunsicherheit und Entlastungsbestrebungen bei den Eltern, in der Überlastung der Schulen mit schulfremden Erziehungsaufgaben, in der mangelnde Kooperationsbereitschaft und in den Interessensunterschieden zwischen Eltern und Lehrern. Erschwerend hinzu kommt ein gleichsam struktureller Interessenskonflikt zwischen der Schule als gesellschaftlicher Institution mit öffentlichen Funktionen und dem Elternhaus mit familistisch-partikularen Interessen (vgl. Brezinka 1991: 382 ff.).

6 Elternhaus und schulischer Lernerfolg

Der Zusammenhang zwischen den familialen Lernbedingungen der Schüler, dem sozialen Anregungsmilieu ihres Elternhauses und den Bildungsambitionen sowie dem schulischen Lernerfolg ist seit den 50er Jahren hinreichend erkannt und wird auch durch neuere Untersuchungen und die Bildungsstatistiken bestätigt (vgl. Geißler 1992: 221ff.; Bellenberg/Klemm 1995: 221ff.).

Kob (1959) hat diesen Zusammenhang bereits für die 50er Jahre empirisch nachweisen können. In seinen Untersuchungen stellt er fest, dass die schulischen Leistungen der Kinder mit der Intensität, mit der sich die Eltern um die schulischen Belange im Elternhaus kümmern, deutlich zusammenwirken[6]. Diese Ergebnisse werden auch 40 Jahre später in den Untersuchungen von Wild/Wild (1997) bestätigt. 1992 und 1993 haben sie SchülerInnen der Sekundarstufe I aller drei Schulformen und deren Eltern in West- und Ostdeutschland schriftlich befragt, um zu untersuchen, ob und wie familiale Sozialisationsbedingungen mit den Bildungszielen und den Lernmotivationen von Schülern der Sekundarstufe zusammenhängen. Sie kommen zu dem Ergebnis,

---

[6] Der Zusammenhang zwischen der Teilnahme der Eltern an Elternabenden und dem Schulerfolg ihrer Kinder ist (in der DDR) von Böttcher (1966) an 557 Schülern mehrerer Leipziger Oberschulen untersucht worden. Die Annahme, dass insbesondere Eltern leistungsschwacher SchülerInnen sich aktiv bei den Elternabenden verhalten, wurde eindrucksvoll widerlegt. Denn nicht die Eltern schwacher oder unangepasster Kinder besuchen regelmäßig den Elternabend; vielmehr ergab sich in 17 von 18 Klassen „eine positive Korrelation zwischen guten Noten der Schüler und der Beteiligung der Eltern am Elternabend" (Böttcher 1966: 729).
Diese Beobachtung wird auch durch die empirischen Untersuchungen von Löwe (1963), Rösler (1967) und Wiedemann (1964) bestätigt. Löwe meint, dass der Lernerfolg in erster Linie von Bedingungen abhängt, die nur zum Teil vom Elternhaus zu beeinflussen sind (z.B. spezielle Leistungsschwäche, Verhaltensstörungen) bzw. nur indirekt mit Leistungsdispositionen zu tun haben (gestörte Familienverhältnisse, Ehescheidungen).

„dass vor allem die Qualität der Eltern-Kind-Beziehungen eine wichtige Rolle für die Intensität, mit der sich Schüler mit schulischen Lerninhalten auseinandersetzen, zu spielen scheint" (Wild/Wild 1997: 73). In den von ihnen sekundär ausgewerteten Untersuchungen und in der eigenen Studie wird erkennbar, dass für die Herausbildung einer positiven Entwicklungs- und Lernumgebung für Schüler das soziale, intellektuelle und ökonomische Kapital ihrer Herkunftsfamilie bedeutsam sind (vgl. Wild/Wild 1997: 56). Von besonderer Bedeutung für die Herausbildung von Bildungsambitionen der Schüler scheinen die Bildungs- und Ausbildungswünsche der Eltern zu sein. Das gilt auch bei statistischer Kontrolle der sozialen Schicht (vgl. Wild/Wild 1997: 59). Berufs- und Bildungsabschluss der Eltern bestimmen aber nicht nur die Bildungsambitionen für die eigenen Kinder, sie wirken sich auch aus auf die Erziehungspraktiken und die „schulbezogenen Aktivitäten(, die) sie zur Erreichung ihrer Erziehungsziele einsetzen" (Wild/Wild 1997: 61). Hinzu kommt, dass sich die Schüler intensiver und ausdauernder mit den schulischen Lerninhalten auseinandersetzen, wenn sie ihr Elternhaus als harmonisch und konfliktfrei empfinden, wenn dort Wärme und Zuneigung erlebt werden, wenn sie Ermutigung statt Strafe erfahren, kein autoritärer Erziehungsstil erlebt wird und wenn den Kindern Entscheidungen plausibel gemacht werden, die Eltern über die Interessen und Aktivitäten ihrer Kinder informiert sind, ein hohes Engagement für schulische Angelegenheiten und hohe Erwartungen an den Schulerfolg ihrer Kinder zeigen (vgl. Wild/Wild 1997: 62, 68f.). Stolz kommt in seiner empirischen Untersuchung über den Zusammenhang von Elternhaus, Schule und Freundschaftsgruppen zu dem Ergebnis, dass drei Faktoren für den schulischen Erfolg von herausragender Bedeutung sind. Es sind dies die schulische Abschlusserwartung der Eltern, deren eigener Bildungsabschluss und ihre direkte Beteiligung am Schulleben (vgl. Stolz 1987: 150).

Das Verhältnis zwischen Schülereltern und Schule hängt auch mit den Erwartungen der Eltern an die berufliche Rolle der Lehrer und von deren eigenem beruflichen Selbstverständnis ab. Die erzieherischen Erwartungen der Eltern an die Lehrkräfte korrelieren bereits in den 50er Jahren deutlich mit der Schulform und dem Elternverständnis von der Rolle der dort arbeitenden Lehrerinnen und Lehrer. Eltern, die ihre Kinder auf der *Volksschuloberstufe* haben, erwarten in einem starken Maße eine allgemeine Erziehung, die sogar fürsorgerische Momente beinhaltet (vgl. Kob 1959: 145). Ganz anders sind dagegen die Erwartungen der Eltern, deren Kinder auf die *höheren Schulen* gehen. Sie erwarten vor allen Dingen von den Lehrern Bemühungen in den jeweiligen fachlichen Sachgebieten und weniger im Hinblick auf allgemeine Erziehung.

7 Schulische Partizipationsformen für Eltern und deren Wandel

In der einschlägigen Literatur zum Verhältnis von Elternhaus und Schule herrscht weitgehende Übereinstimmung darüber, dass in der Bundesrepublik Deutschland die rechtlich vorgegebenen Möglichkeiten von den Eltern kaum oder nur sehr unzureichend genutzt werden (vgl. Perschmann 1997; Krumm 1996; Sustek 1987; Speichert 1989; Ellwein 1998). Dieses erscheint umso erstaunlicher, als die Bedeutung der Schule für die Eltern seit der Durchsetzung der allgemeinen Schulpflicht so zugenommen hat, dass Kob schon aus der Perspektive der 50er Jahre von der „Pädagogisierung der Gesellschaft" gesprochen hat (Kob 1959: 100).

Woran liegt es nun, dass die Eltern die bestehenden Möglichkeiten der institutionalisierten Mitgestaltung an schulischen Angelegenheiten nur marginal nutzen, was sind die Ursachen dafür, dass einer rechtlichen Öffnung der Schule gegenüber den Eltern keine wirklich pädagogische Mitwirkung gefolgt ist. Die öffentliche Schule scheint de facto für die Eltern weitgehend verschlossen zu sein, bzw. Elternmitwirkung wird nur auf marginale, nicht unterrichtsbezogene Hilfsdienste, „auf Pflichtrituale beschränkt, in deren Rahmen es nicht zu intensiver Beratung pädagogischer Kernprobleme kommt" (Krumm 1988: 604).

Bevor wir uns dazu kurz äußern, sollen zunächst einige Überlegungen zum rechtlichen Rahmen und zu den Verlaufsformen der Elternmitwirkung und zu ihrer Einschätzung durch Lehrkräfte und Eltern dargestellt werden.

7.1 Der rechtliche Rahmen der Elternmitwirkung

In der Bundesrepublik Deutschland hat das Verhältnis von Eltern(haus) und Schule wie schon in der Weimarer Republik Verfassungsrang. Art. 6, Abs. 2, GG, definiert ausdrücklich die Pflege und Erziehung der Kinder als natürliches Recht der Eltern und die ihnen zu förderst obliegende Pflicht. Allerdings wird einschränkend gesagt, dass über ihre Betätigung die staatliche Gemeinschaft wacht. Daraus folgt, dass das Erziehungsrecht sich der staatlichen Mitwirkung und staatlichen Kontrolle stellen muss (vgl. Lemberg/Klaus-Roeder 1968). Art. 7, Abs. 1, GG, stellt das gesamte Schulwesen unter die Aufsicht des Staates. Das Grundgesetz macht deutlich, dass Elternhaus und Schule „eigenständige verfassungsrechtliche Legitimationsquellen und eigene Dispositionsbereiche (sind), in welche die jeweilige andere Instanz nicht eingreifen darf" (Richter 1973: 45). Der Anspruch von Eltern auf Mitwirkung in schulischen Angelegenheiten wird nach allgemeinem Rechtsverständnis heute unter zwei Gesichtspunkten begründet: Zum einen geht es um das verfassungsmäßige Grundrecht an der Mitgestaltung der Erziehung und der Verantwortung für die Erziehung der Kinder und zum anderen darum, die Schule im modernen Rechtsstaat zu demokratisieren und dabei den Eltern als Erziehungsberechtigten eine mitbestimmende Rolle zuzubilligen. Die in den 50er Jahren von den Bundesländern eingeräumten Mitwirkungsformen für die Eltern wurden in den 60er Jahren ausdifferenziert und zumeist in den jeweiligen Länderschulgesetzen normiert (vgl. Witjes/Zimmermann 2000: 222).

Die in der Bundesrepublik geführten Diskussionen über das Recht der Eltern, an der schulischen Entwicklung ihrer Kinder mitzuwirken, haben in der DDR zu keiner Zeit eine Parallele gefunden.[7] Nach Auffassung des Ministeriums für Volksbildung gibt es keinen „absoluten Begriff" vom Elternrecht. Je nach Klassenstandpunkt und Situation der gesellschaftlichen Verhältnisse würden vom Staat Verhaltensregeln festgelegt und sanktioniert, d.h. zu „Rechtsnormen erhoben", um gesellschaftliche Zustände und Verhältnisse, „die der Mehrheit des Volkes genehm und vorteilhaft sind", zu schützen und zu stärken (Min. f. Volksb. 1956: 11).

Die heute vorfindbaren Mitwirkungsrechte der Eltern beschränken sich nicht nur auf die Klasse oder Schule ihrer Kinder, sie sind gestuft angelegt und finden sich auch auf den jeweils höheren Ebenen (Stadt-/Gemeindeelternräte, Kreiselternräte, Landesschulbeiräte, Bundeselternrat). Diese schulgesetzlich geregelten Elternmitwirkungsrechte berühren gleichwohl kaum die pädagogischen und administrativen Kernbereiche der Schule. Sie umfassen nicht Eingriffe in die Unterrichts- und Erziehungsarbeit der Schule bzw. der Lehrkräfte. Und sie haben ausdrücklich keine Bedeutung im Hinblick auf Verwaltungsfunktionen, auf die Befugnisse der Schulleitung, der Schulaufsicht und auf die Gestaltung des inneren Schullebens wie Unterricht und Erziehung. Auch bei der Auswahl von Lehrkräften haben Eltern kein Mitentscheidungsrecht. Im Wesentlichen wird das Verhältnis von Schule und Elternhaus formaldemokratisch und weniger pädagogisch gesehen (vgl. Keck 1979: 14).

Die landesrechtlichen Elternmitwirkungsmöglichkeiten in der Bundesrepublik Deutschland variieren erheblich. Auf der einen Seite gibt es Bundesländer, die sich am Leitbild der demokratischen Schulgemeinde orientieren wie zum Beispiel Niedersachsen, Hessen und Bremen, auf der anderen Seite findet sich aber immer noch das Modell „der hierarchischen Lehrerschule" (wie zum Beispiel in Baden-Württemberg, Thüringen und Nordrhein-Westfalen) (vgl. Witjes/Zimmermann 2000: 255).

Hier liegt auch das Zentrum demokratietheoretisch und pädagogisch orientierter kritischer Analysen und Bewertungen der geltenden Rechtsnormen und der daraus folgenden Praxis der Elternmitwirkung (vgl. Krumm 1988; Brezinka 1991; Ulich 1989; Ellwein 1998). Ellwein kommt in einer Bewertung zu

---

[7] Dafür bestand nach Auffassung des Ministeriums für Volksbildung auch kein Grund. Denn mit Gründung der DDR „bestand objektiv kein Gegensatz mehr zwischen dem Recht der staatlichen Schule und dem Elternrecht. Die berechtigten Interessen des überwiegenden Teiles der Elternschaft entsprechen (.) vollkommen den Absichten und Handlungen der staatlichen Schule als eines Instrumentes in den Händen der Arbeiterklasse und ihrer Verbündeten (Min. f. Volksb. 1956: 73).

dem Ergebnis, dass seit der Gründung der Bundesrepublik Deutschland bis heute die Eltern als wichtige Teilöffentlichkeiten für die Schule „keine oder nur eine marginale Rolle spielen" (Ellwein 1998: 95), und dass vielmehr eher von ihrem Ausschluss als von einer echten Einbeziehung in schulische Entscheidungsprozesse geredet werden könne. Damit sind übergreifende Gesichtspunkte des Bildungswesens nur schwer durchzusetzen, der standespolitisch akzentuierte Partikularismus wird begünstigt und das Gemeinsame geschwächt: „Das Allgemeine hat kaum Chancen; das Besondere dominiert" (Ellwein 1998: 101).

Krumm spricht davon, dass die öffentliche Schule für die Eltern faktisch weitgehend verschlossen ist und ihre Mitwirkung eher auf marginale, nicht unterrichtsbezogene Hilfsdienste, „auf Pflichtrituale beschränkt (ist), in deren Rahmen es nicht zu intensiver Beratung pädagogischer Kernprobleme kommt" (Krumm 1988: 604). Einschlägige empirische Untersuchungen (vgl. Gehmacher 1979; Brühl/Knake 1978; Thomas 1985; Melzer 1987) zeigen in der Quintessenz, dass die Eltern „mehr im Dienste der Schule als die Lehrer im Dienste der Eltern zu stehen (scheinen)" (Krumm 1988: 605).

7.2 Zwischen Rechtsnormen und Realität: Formen, Verlauf und Ergebnisse der Elternmitwirkung

Wir haben in den vorangegangenen Ausführungen darauf hingewiesen, dass Mitspracherechte und Mitwirkungsmöglichkeiten für Eltern nur im staatlich gezogenen Rahmen vorhanden und die Handlungsfelder an schulischen Angelegenheiten relativ eng sind und auf eher marginale Dienstleistungsfunktionen für die Schule bzw. die Lehrkräfte beschränkt bleiben.

Die Kooperation zwischen Lehrern und Eltern hat deshalb auch in der Regel ein einheitliches Muster an Erwartungen und Handlungen beider Seiten. Vorrangig informiert der *Lehrer* die Eltern. Viele Lehrer haben nicht gelernt, auf die Eltern wirklich einzugehen. „Ihre Gespräche sind Verkündigungen an die Eltern, aber kein Hineinhorchen in den Hintergrund des Kindes" (Becker 1970: 117), Eltern geraten gleichsam in die Rollensituation von Schülern (du Bois-Reymond 1977: 128). Ausgangs- und Bezugspunkt der Motivation der *Eltern* an der Mitwirkung in Schule sind in aller erster Linie die Probleme des eigenen Kindes wie Schulleistungen, Verhaltensprobleme im Unterricht, Schullaufbahnfragen (vgl. Preuss 1970: 49; Brühl/Knake 1978: 68, Tabelle 29; Ditton 1987: 125; Speichert 1989: 384; Krumm 1988, 1996). Es geht also weniger um die Anliegen der Institution Schule oder der Klassenschülerschaft insgesamt. Daraus ergibt sich auch eine besondere Häufung informeller Kontakte zwischen Eltern und Lehrern und ein geringes Interesse der meisten Eltern an den Regelungen des Schulgesetzes. Dennoch scheinen vielen Eltern ihre Mitwirkungsrechte durchaus zumindest in den Grundzügen bekannt zu sein (vgl. Witjes/Zimmermann 2000: 247). Das überwiegend an Partikularinteressen orientierte Verhalten der Eltern hängt sicherlich stark mit der wachsenden Bedeutung der Schule im Statuszuweisungsprozess zusammen und ist von daher auch legitim und nachvollziehbar (vgl. Melzer 1997: 301). Solange der Gesetzgeber die Mitwirkungsrechte der Eltern im Interesse des Kindeswohls nicht auf pädagogische Aspekte erweitert und das Verhältnis von verfassungsmäßig definiertem natürlichem Recht der Eltern auf die Erziehung ihrer Kinder mit dem Verfassungsrecht auf staatliche Schulhoheit nicht neu gewichtet wird, ist mit einer Veränderung der jetzigen Form der Elternmitwirkung vermutlich nicht zu rechnen (vgl. Melzer 1997: 310).

Die eingeschränkten Mitwirkungsrechte der Eltern scheinen sich allerdings nicht in der erwarteten Weise auf die konkreten Formen der Elternmitwirkung in der Schule auszuwirken. Die Befragungen von Witjes und Zimmermann kommen zu dem überraschenden Ergebnis, dass der „Anteil engagierter Eltern, das Spektrum elterlicher Aktivitäten in der Schule wie auch die geäußerten Beteiligungswünsche und die damit wahrgenommenen Defizite (nicht) mit dem Ausmaß der Mitwirkungsrechte (variieren)" (Witjes/Zimmermann 2000: 255). Vielmehr haben sie für alle fünf untersuchten Bundesländer feststellen können, dass das Elternengagement in außerunterrichtlichen Bereichen und in den Gremien relativ hoch ist, während direkte unterrichtsbezogene Mitwirkungen mit Ausnahme von Gesamtschuleltern eher die Ausnahme bilden (vgl. Witjes/Zimmermann 2000: 255). Für eine pädagogisch wirksamere Kooperation zwischen Eltern und Schule mag auch die eher defensive Einschätzung der Lehrkräfte hinderlich sein. Alle empirischen Untersuchungen zur Wert- und Einschätzung der Elternmitwirkung aus der Sicht der Lehrkräfte machen deutlich, dass die Eltern(vertretungen) von vielen Lehrkräften eher instrumentell im Sinne ihrer eigenen Interessen gesehen werden. Sie sind ihnen nützlich, wenn es darum geht, Hilfestellung, Entlastungsfunktionen und Weiterführung ihrer schulischen Arbeit durch die bzw. in der Familie zu erreichen. Dazu gehören ganz selbstverständlich die Begleitung auf Schulausflügen, die Übernahme von Organisationsaufgaben, die Beschaffung von Geldern – aber auch, dass die Kinder gut vorbereitet in die Schule kommen, mit ordentlichen Hausaufgaben der Schule Aufgaben abnehmen und damit die Arbeit für den Lehrer vereinfachen. Im Wesentlichen geht es also darum, dass die Lehrer durch die Elternarbeit zwar entlastet werden wollen (vgl. Krumm 1996; Witjes/Zimmermann 2000) aber andererseits befürchten, dass eine pädagogisch orientierte Ausweitung der Kooperation mit den Eltern mit erheblicher Mehrbelastung und zusätzlicher unbezahlter Arbeit verbunden ist. Die Einsicht, dass sich der Mehraufwand positiv entlastend für die schulische Arbeit auswirken kann, fehlt vielfach (vgl. Krumm 1988).

Vor diesem Hintergrund und der Befürchtung, dass die Mitwirkung in pädagogischen Kernbereichen des Unterrichts ihr professionelle Selbstverständnis als die Experten für Lehr- und Lernprozesse einschränken könnte, ist die Abwehrhaltung vieler Lehrkräfte gegenüber einer geregelten Mitwirkung der Eltern oder die Einbindung der Elternvertreter in pädagogische Fragen, in fachliche, didaktische und methodische Angelegenheiten nicht verwunderlich (vgl. Ulich 1989). Deshalb findet auch die Forderung nach einer Ausweitung der Elternrechte bei ihnen geringe Resonanz. In einer Untersuchung von Melzer aus dem Jahr 1985 sprachen sich 75% der Lehrkräfte gegen eine Ausweitung der Elternrechte aus, nur etwa jeder Dritte befürwortet die Mitarbeit von Eltern bei der Planung und Durchführung des Unterrichts. 90% allerdings sind für eine Mitwirkung der Eltern, wenn es darum geht, im Pausen- und Freizeitbereich und bei Klassenfahrten durch die Eltern Unterstützung zu bekommen (vgl. Melzer 1985: 121). Häufig wird die elterliche Mitwirkung mit dem Argument abgewehrt, dass die Eltern vor allen Dingen ein Interesse daran haben, den Vorteil der eigenen Kinder zu wahren (vgl. Melzer 1985: 122; Hopf et al. 1979: 56). Es ist deshalb auch nicht überraschend, dass in drei Viertel aller Gespräche zwischen den Eltern und den Lehrern Leistungsprobleme und Probleme des Übergangs zu weiterführenden Schulen im Vordergrund stehen (vgl. Speichert 1989: 384, sowie Preuss 1970: 49).

In der praktischen Wahrnehmung der formellen Elternmitwirkungsmöglichkeiten (Gestaltung von Elternabenden, Mitgliedschaft in der Elternvertretung auf den verschiedenen Ebenen) zeigen sich zum Teil eindeutige, zum Teil aber auch widersprüchliche Zusammenhänge mit dem Geschlecht und dem sozialen Status der Eltern. So gibt es eine geschlechtsspezifische Aufteilung der Elternmitwirkung. Die im Schulgesetz formal vorgesehenen Aufgaben werden eher von den Männern, die informellen Mitwirkungen in der Schule eher von den Müttern erfüllt (vgl. Perschmann 1997). Insgesamt scheint es so zu sein, dass relativ unabhängig von der jeweiligen Schulform die Mütter das Rückgrat des schulischen Engagements bilden (vgl. Brühl/Knake 1978: 68; Ditton 1987: 128; Melzer 1987: 139; Witjes/Zimmermann 2000: 255f.). Der Zusammenhang zwischen der sozialen Lebenslage der Eltern und ihrer Bereitschaft, sich im Rahmen der Elternmitwirkung zu engagieren, ist nicht so eindeutig. Brühl und Knake haben für die 70er Jahre festgestellt, dass „gerade auch die Eltern in restriktiven Lebensbedingungen entgegen der herkömmlichen Vorstellungen der Schule gegenüber recht aufgeschlossen sind" (Brühl/Knake 1978: 506), gleichwohl aber Eltern aus günstigeren sozial-kulturellen Verhältnissen ihre Interessen gegenüber der Schule stärker artikulieren und durchsetzen als diejenigen aus sozial schwachen Lebensverhältnissen (vgl. Brühl/Knake 1978: 509). Perschmann kommt in ihrer Befragung niedersächsischer Eltern zu einem ähnlichen Ergebnis. Danach sind Eltern aus den Mittelschichten deutlich ambitionierter und viel eher bereit, sich in Elternvertretungen wählen zu lassen und sich dort auch aktiv zu engagieren als Eltern aus sozial schwächeren Verhältnissen (vgl. Perschmann 1997: 93ff.). Auch Melzer stellt in seiner Untersuchung fest, dass vor allem Eltern (überwiegend Mütter) mit einem höheren sozialen Status die Mitwirkungsmöglichkeiten nutzen (vgl. Melzer 1987: 139). Zu einem anderen Ergebnis kommen Witjes und Zimmermann. In ihrer Untersuchung bilden „Eltern aus höher qualifizierten Berufen an den meisten Schulen nicht die Mehrheit der Aktiven" (Witjes/Zimmermann 2000: 256).

8 Fazit und pädagogischer Ausblick

Wir haben zu Beginn unserer Ausführungen bereits darauf hingewiesen, dass der Wandel in den Beziehungen zwischen Familie und Schule nur im Rahmen der dazu eher spärlich verfügbaren Literatur zu diskutieren ist. Dennoch gibt es als Quintessenz der Beschreibung und Analyse einige plausible und empirisch gehaltvolle Tendenzen. So lässt sich feststellen, dass das Verhältnis zwischen Eltern und Schule in einem hohen Maße ambivalent ist und durch die zunehmende Bedeutung, die in unseren modernen Gesellschaften die Schule im Statuszuweisungsprozess einnimmt, nach dem Zweiten Weltkrieg in Deutschland weiter verstärkt worden ist. Alle empirischen Untersuchungen zeigen sehr klar, dass die Bildungserwartungen der Eltern an ihre Kinder und damit mittelbar auch an die Schule deutlich angewachsen sind. Das erhöht einerseits die Notwendigkeit der Eltern, sich um schulische Angelegenheiten zu bemühen – mindestens um solche, die dem Wohl und Nutzen des eigenen Kindes dienen. Das führt andererseits aber auch dazu, dass bei vielen Eltern Gefühle der Abhängigkeit gegenüber der Schule bzw. den Lehrkräften anwachsen, weil sie befürchten, dass sie nicht mehr allein die zentrale Zukunftsentscheidungen für ihr Kind treffen, sondern diese an die Schule bzw. die Lehrkräfte abtreten. Vielfach findet sich die Grundhaltung: „Dieser Lehrer hält die Fäden in der Hand. Er kann das Kind fördern oder vernichten" (Becker 1970: 118).

Umgekehrt argwöhnen viele Lehrkräfte, dass das Interesse der Eltern an der Mitwirkung in der Schule ausschließlich oder doch überwiegend durch partikulare Interessen motiviert wird und zudem in die professionelle Autonomie ihrer Arbeit eingreift. Ganz offensichtlich zieht sich dieses Grundmuster der gegenseitigen Aversionen und des gegenseitigen Misstrauens kontinuierlich durch die vergangenen Jahrzehnte. Trotz der gemeinsamen Aufgaben, die Schule und Familie in der Erziehung und Sozialisation der Heranwachsenden haben, behalten beide Systeme auch unabhängig voneinander ihre eigendynamischen Aspekte. Auch wenn die Schule in die Familie hineinwirkt – nicht nur bei den Hausaufgaben – und umgekehrt die Familie in die Schule, gibt es relativ stabile Unsicherheiten auf beiden Seiten, wenn „die gewohnten ‚Systemgrenzen' (...) verwischt (werden)" (Ulich 1989: 129).

Unabhängig von den Veränderungen in Schule und Familie im Zeitraum der letzten 50 Jahre scheint es immer noch so zu sein, dass das Verhältnis der Schule zu den Familien resp. den Elternhäusern vor allem durch einseitige Dienstleistungserwartungen bestimmt wird. Eltern sollen einen Beitrag dazu leisten, dass die schulische Arbeit für die Lehrkräfte geschmeidiger verläuft, dass die Schüler mit Leistungsmotivationen in den Unterricht kommen, dass Verhaltensauffälligkeiten durch die Elternhäuser verhindert werden, dass die schulischen „Hausaufgaben" so bearbeitet werden, dass der Unterricht darauf konstruktiv aufbauen kann; kurzum, die Elternhäuser sollen ein außerschulisches Umfeld bilden, dass die schulische Arbeit leichter macht, ohne dass sich die Eltern in die pädagogischen und administrativen Kernbereiche der Schule einmischen. Dabei gibt es keinen Zweifel darüber, dass „die Hausaufgabe als Fortsetzung des Unterrichts zu Hause (...) zu einer unzuträglichen Belastung der Familie geworden (ist)" (Keck 1979: 165) und in vielen Fällen Anlass für dauerhafte Konflikte und Kritik sind (vgl. Keck 1979: 165, 174; sowie Ditton 1987: 109). Gewünscht wird das Engagement der Eltern aber auch dort, wo es um Unterstützung bei Schul- und Klassenfesten, Klassenfahrten u.ä. geht.

Ein kritisches Resümee kann mit guten Gründen von einer asymmetrischen Beziehung zwischen Schule und Familie sprechen. Die Schule *erwartet* Hilfe von der Familie. Deshalb ist es auch wenig überzeugend, von einem Funktionsverlust der Elternhäuser bzw. Familien in den modernen Bildungsgesellschaften zu sprechen. Vielmehr ist es so, dass die Bedeutung der Schule zwar durch den wachsenden Tauschwert schulischer Berechtigungen objektiv und aus der Perspektive der Eltern und Schüler subjektiv weiter zunimmt, dass damit aber auch die Bildungsambitionen und Selbstverpflichtungen der Eltern gegenüber der Schule weiter anwachsen. Immer mehr Eltern fühlen sich verpflichtet, durch ihre Mitarbeit in schulischen Angelegenheiten einen Beitrag zu leisten, um ihren Kindern nicht nur bessere Startbedingungen im schulischen Wettlauf um die besten Plätze und Abschlüsse zu ermöglichen, sondern auch den abschließenden Erfolg zu sichern. Viele Eltern empfinden diese Situation durchaus kritisch und als Zumutung. Einerseits sehen sie deutliche Zusammenhänge zwischen dem schulischen Erfolg ihrer Kinder und ihrer Unterstützung und Hilfestellung bei den Hausaufgaben. Auf der anderen Seiten sehen sich viele dabei als (unbezahlte) Hilfslehrer, die Aufgaben übernehmen, die genuin schulischer Art sind (vgl. Ditton 1987: 100 ff.). Hinzu kommt, dass diese schulischen Hilfsaufgaben überwiegend von den Frauen, den Müttern geleistet werden und damit die Belastung der (Haus-)frauen in einem wesentlichen Bereich des häuslichen Friedens verstärkt. Dieses gewinnt angesichts der Veränderungen in den Familienstrukturen – und der in diesem Kontext wachsende Anteil von alleinerziehenden Müttern – eine besondere und wachsende gesellschaftspolitische Bedeutung, weil damit die schulischen Chancen der Kinder aus solchen Familien weiter sinken, wenn bzw. weil ihre Mütter durch die notwendige Erwerbstätigkeit zu wenig Zeit haben, sich auch noch intensiv um die schulischen Probleme ihrer Kinder zu kümmern.

Das „unfreiwillig freiwillige" Engagement der Eltern für die Schule gilt besonders für die sozialen Mittelschichten, die als Generation erfahren haben, dass sozialer Aufstieg durch Bildung tatsächlich zu realisieren ist. Sie sind und bleiben die aufstiegsorientierten Träger der Bildungsexpansion nicht nur in Deutschland (vgl. Scholz 1993; Wolter 1997). Unter diesen Bedingungen lässt sich prognostizieren, dass sich das ambivalente Grundverhältnis zwischen Eltern und Schule gleichsam strukturell verfestigen und auch in Zukunft wirksam bleiben wird. Änderungen wären vermutlich nur durch eine Neubestimmung der Kooperation zwischen beiden Gruppen bzw. Systemen der Erziehung der nächsten Generation zu erwarten.

Die *pädagogisch* geführte Diskussion über das Verhältnis zwischen Elternhaus und Schule ist in ihren normativen Absichten weitgehend übereinstimmend. Sie fordert die pädagogische Öffnung der Schule für die Eltern, die sich nicht wie bisher auf bloße Dienstleistungs- und Hilfefunktionen beschränken darf, sondern die breite Palette der schulischen Arbeit umfassen muss. Lemberg hat schon 1970 gefordert, dass das Modell der Kooperation zwischen Elternhaus und Schule überprüft und verändert werden müsse. „Statt einer als Interessensvertretung mißdeutbaren Elternorganisation, der die Lehrerschaft als opponierende Interessensgruppe gegenübertritt, wäre eine Arbeitsgemeinschaft zu entwickeln, die ja einem gemeinsamen Ziel dient und also gemeinsame Interessen hat – was eine scharfe Diskussion gegensätzlicher Standpunkte nicht ausschließt" (Lemberg 1970: 156). Was das Grundmuster der hierin enthaltenden Beschreibung der damaligen Kooperationsmodi betrifft, hat sich bis heute im Verhältnis von Elternhaus und Schule offenbar wenig geändert. Immer noch besteht die Gefahr, dass die Eltern im Lehrer den potenziellen Feind ihrer Kinder sehen und die Lehrer die Eltern als eher störendes Moment ihrer pädagogischen Arbeit (miss-)verstehen.

Es liegt im Interesse der Kinder und der Gesellschaft, dass die Zusammenarbeit zwischen Lehrern und Eltern *pädagogisch* verbessert wird – durchaus im Sinne des Urteils des Bundesverfassungsgerichtes vom 6. Dezember 1972 zum hessischen Förderstufenstreit: „Die gemeinsame Erziehungsaufgabe von Eltern und Schule, die die Bildung der einen Persönlichkeit des Kindes zum Ziel hat, verlangt ein sinnvolles Zusammenwirken der beiden Erziehungsträger" (BverfG DVBL 1973, 258, Leitsatz 4). Auch wenn hier offen bleibt, wie sich die Elternmitwirkung konkret legitimiert und welche Auswirkungen sie auch im Verhältnis von Kind- und Elternrecht hat (vgl. Dietze 1973), sie ist dennoch ein deutlicher Hinweis auf die Notwendigkeit einer stärkeren Verzahnung von Elternhaus und Schule im Interesse der Persönlichkeitsentwicklung des Kindes. Dabei wird anerkannt, dass die Lernprozesse und die Lernergebnisse der Schüler sowohl in der Familie wie auch in der Schule „stark voneinander abhängig sind" (Krumm 1988: 606) – beide haben es mit demselben Kind zu tun, weil die Eltern einen großen Teil der außerschulischen Lernzeit des jungen Menschen verantworten und weil die Vernachlässigung der der Schule vorausgehenden Lernbedingungen dazu führt, dass sich der Abstand zwischen den guten und den schlechten Schülern noch weiter vergrößert. Die Ergebnisse der PISA-Studie 2000 zeigen gerade für Deutschland einen erheblichen Handlungsbedarf (vgl. Deutsches PISA-Konsortium 2001).

Literatur

Arbeitsgruppe (AG) Bildungsbericht am Max-Planck-Institut für Bildungsforschung, 1994: Das Bildungswesen in der Bundesrepublik Deutschland. Strukturen und Entwicklungen im Überblick. Reinbek.
Becker, A., 1970: Der Lehrer und die Eltern. In: K. Seidelmann: Schüler, Lehrer, Eltern. Hannover, S. 116-120.
Becker, A., 1970: Eltern und Unterricht. In: K. Seidelmann: Schüler, Lehrer, Eltern. Hannover, S. 158-160.
Bellenberg, G./Klemm, K., 1995: Bildungsexpansion und Bildungsbeteiligung. In: W. Böttcher/K. Klemm (Hg.): Bildung in Zahlen. Statistisches Handbuch zu Daten und Trends im Bildungsbereich. Weinheim/München, S. 217-226.
Böttcher, H. R., 1966: Teilnahme der Eltern am Elternabend und Schulerfolg der Kinder. In: Wissenschaftliche Zeitschrift der Universität Leipzig, 15, 4, S. 727-731.
Brezinka, W., 1991: Erziehung heute – Elternhaus und Schule in gemeinsamer Verantwor0tung. In: Pädagogische Rundschau, 45, S. 373-394.
Brühl, D./Knake, H., 1978: Eltern und Schule. Die Auswirkungen gesellschaftlicher und binnenstruktureller Bedingungen der Familie auf das Verhältnis der Eltern zur Schule. Oldenburg.
Busch, F. W., 1972: Elternhaus und Schule in der DDR. In: K. Schleicher (Hg.): Elternhaus und Schule. Kooperation ohne Erfolg? Düsseldorf, S. 56-79.
Busch, F. W., 1972a: Die Mitverantwortung der Eltern an der sozialistischen Erziehung (in der DDR) durch die Schule. In: F. W. Busch: Familienerziehung in der sozialistischen Pädagogik der DDR. Düsseldorf, S. 241-255.
Busch, F. W., 1986: Zwischen staatlichen Vorgaben und individuellen Interessen – Mitwirkungsmöglichkeiten von Eltern im Schulwesen der DDR. In: O. Anweiler (Hg.): Staatliche Steuerung und Eigendynamik im Bildungs- und Erziehungswesen osteuropäischer Staaten und der DDR. Berlin, S. 233-252.
Deutsches PISA-Konsortium (Hg.), 2001: PISA 2000. Basiskompetenzen von Schülerinnen und Schülern im internationalen Vergleich. Opladen.
Dietze, L., 1973: Chancen und Grenzen des Elternrechts. In: K. Schleicher (Hg.): Elternmitsprache und Elternrecht. Düsseldorf.
Ditton, H., 1987: Familie und Schule als Bereiche des kindlichen Lebensraumes. Frankfurt a. M.
du Bois-Reymond, M., 1977: Verkehrsformen zwischen Elternhaus und Schule. Frankfurt a. M.
Durkheim, E., 1972: Pädagogik und Soziologie. In: E. Durkheim: Erziehung und Soziologie. Düsseldorf, S. 72-94.
Ellwein, Th., 1998: Die deutsche Gesellschaft und ihr Bildungswesen. Interessenartikulation und Bildungsdiskussion. In: Ch. Führ/K.-L. Furck (Hg.): Handbuch der deutschen Bildungsgeschichte, Bd. VI, erster Teilband. München, S. 87-109.
Engel, U./Hurrelmann, K., 1989: Familie und Bildungschancen. Zum Verhältnis von Familie, Schule und Berufsausbildung. In: R. Nave-Herz/M. Markefka (Hg.): Handbuch der Familien- und Jugendforschung, Bd. 1: Familienforschung. Neuwied, S. 475-490.
Fend, H., 1984: Selbstbezogene Kognitionen und institutionelle Bewertungsprozesse im Bildungssystem: Verschonen schulische Bewertungsprozesse den „Kern der Persönlichkeit"? In: Zeitschrift für Sozialisationsforschung und Erziehungssoziologie 4, 2, S. 251-269.
Fölsch, G., 1990: Beratungsgespräche mit Eltern: Probleme und Chancen. In: Die Deutsche Schule. Sonderheft, S. 90-99.

Gehmacher, E., 1979: Die Schule im Spannungsfeld von Schülern, Eltern und Lehrern. Wien
Geißler, R., 1992: Die Sozialstruktur Deutschlands. Opladen.
Geißler, R., 1994: Soziale Schichtung und Bildungschancen. In: R. Geißler (Hg.): Soziale Schichtung und Lebenschancen in Deutschland, (2. Aufl.). Stuttgart, S. 111-159.
Hofstätter, P. R., 1968: Psychologie. Das Fischer-Lexikon. Hamburg.
Hopf, D., 1979: Soziale Erfahrungen in der Grundschule. In: betrifft: erziehung, 7/8, S. 56-73.
Hurrelmann, K./Mansel, J., 1998: Gesundheitliche Folgen wachsender schulischer Leistungen. In: Zeitschrift für Sozialisationsforschung und Erziehungssoziologie, 18, 2, S. 168-182.
IFS-Umfrage, 2000: Die Schule im Spiegel der öffentlichen Meinung. Ergebnisse der elften IFS-Repräsentativbefragung der bundesdeutschen Bevölkerung. In: H.-G. Rolff et al. (Hg.): Jahrbuch der Schulentwicklung, Bd. 11. Daten, Beispiele und Perspektiven. Weinheim/München, S. 13-50.
Jürgens, H. W., 1977: Der Einfluß des Elternhauses auf den Bildungsweg der Kinder. Stuttgart.
Keck, R. W. (Hg.), 1979: Kooperation Elternhaus – Schule. Analysen und Alternativen auf dem Weg zur Schulgemeinde. Bad Heilbrunn.
Keck, R. W., 1979: Erziehungskontinuität und Kooperation – Analyse des Verhältnisses Elternhaus – Schule. In: R. W. Keck (Hg.): Kooperation Elternhaus – Schule. Analysen und Alternativen auf dem Weg zur Schulgemeinde. Bad Heilbrunn, S. 17-32.
Keck, R. W./Sandfuchs, U., 1979: Elternmitwirkung als aktuelles Problem – Forderungen und Vorbehalte. In: R. W. Keck (Hg.): Kooperation Elternhaus – Schule. Analysen und Alternativen auf dem Weg zur Schulgemeinde. Bad Heilbrunn, S. 11-16.
Kob, J., 1959: Die Rollenproblematik des Lehrerberufes. Die Erzieherrolle im Selbstverständnis des Lehrers und in den Erwartungen der Eltern. In: P. Heintz (Hg.): Soziologie der Schule. In: Kölner Zeitschrift für Soziologie und Sozialpsychologie. Sonderheft 4, (1971 in der 9. Aufl.), S. 91-107.
Krumm, V., 1988: Wie offen ist die öffentliche Schule? In: Zeitschrift für Pädagogik, 34, 5, S. 601-619.
Krumm, V., 1996: Über die Vernachlässigung der Eltern durch Lehrer und Erziehungswissenschaft. In: Zeitschrift für Pädagogik, Beiheft 34, S. 119-137.
Kuhrig, H., 1962: Zur Entwicklung sozialistischer Familienbeziehungen in der Deutschen Demokratischen Republik. In: Einheit, 17, 8, S. 38-50 und 9, S. 101-111.
Kunath, P., 1958: Über die Zusammenarbeit zwischen Elternhaus und Schule. Berlin.
Leder, G., 1979: Erziehungsrechte und Erziehungspflicht. Ein Beitrag zum Thema Kooperation zwischen Elternhaus und Schule vor dem Hintergrund des Bonner Grundgesetzes. In: R. W. Keck (Hg.): Kooperation Elternhaus – Schule. Analysen und Alternativen auf dem Weg zur Schulgemeinde. Bad Heilbrunn, S. 81-91.
Lemberg, E., 1970: Elternlose Schule. In: K. Seidelmann: Schüler – Lehrer – Eltern. Der Mensch in der Schule. Hannover, S. 139-157.
Lemberg, E./Klaus-Roeder, R., 1968: Familie – Schule – Sozialisation. In: G. Wurzbacher, (Hg.): Die Familie als Sozialisationsfaktor. Der Mensch als soziales und personales Wesen, Bd. III. Stuttgart, S. 133-173.
Löwe, R., 1963: Probleme des Leistungsversagens in der Schule. Berlin (2. stark bearbeitete und erweiterte Neuauflage 1971).
Melzer, W., 1985: Eltern – Schüler – Lehrer. Zur Elternpartizipation an Schulen. Weinheim/München.
Melzer, W., 1987: Familie und Schule als Lebenswelt. Zur Innovation von Schule durch Elternpartizipation. Weinheim/München.

Melzer, W., 1997: Elternhaus und Schule – ein Beispiel misslungener und gelungener gesellschaftlicher Partizipation von Familie. In: L. Böhnisch/K. Lenz (Hg.): Familien. Eine interdisziplinäre Einführung. München, S. 299-310.

Meyenberg, R., 1996: Schule und Recht in Niedersachsen. Eine Sammlung der wichtigsten Rechts- und Verwaltungsvorschriften. Hannover.

Ministerium für Volksbildung (Hg.), 1956: Schulrecht und Schulverwaltung in der Deutschen Demokratischen Republik. Allgemeinbildende Schulen. Berlin.

Nave-Herz, R., 1994: Familie heute. Wandel der Familienstrukturen und Folgen für die Erziehung. Darmstadt.

Neumann, K., 1979: Elternmitwirkung aus der Sicht der Gesetzgebung der Bundesländer. In: R. W. Keck (Hg.): Kooperation Elternhaus – Schule. Analysen und Alternativen auf dem Weg zur Schulgemeinde. Bad Heilbrunn, S. 92-100.

Parsons, T., 1968: Die Schulklasse als soziales System. In: T. Parsons: Sozialstruktur und Persönlichkeit. Frankfurt a. M., S. 161-191.

Perschmann, K., 1997: Elternmitwirkung in der Schule. Zur Problematik pädagogischer Leitvorstellungen und ihrer Realisierungschancen, (Dissertationsschrift).Oldenburg.

Preuss, O., 1970: Soziale Herkunft und die Ungleichheit der Bildungschancen. Weinheim/Basel.

Reuband, K.-H., 1997: Aushandeln statt Gehorsam. Erziehungsziele und Erziehungspraktiken in den alten und neuen Bundesländern im Wandel. In: L. Böhnisch/K. Lenz (Hg.): Familien. Eine interdisziplinäre Einführung. München, S. 129-154.

Reuter, L. R., 1998: Partizipation im Schulwesen. In: Ch. Führ/K.-L. Furck (Hg.): Handbuch der deutschen Bildungsgeschichte, Bd. VI, zweiter Teilbd.: Deutsche Demokratische Republik und neue Bundesländer. München, S. 228-233.

Richter, I., 1973: Bildungsverfassungsrecht. Stuttgart.

Rösler, H.-D., 1967: Leistungshemmende Faktoren in der Umwelt des Kindes. Leipzig.

Rolff, H.-G. et al. (Hg.), 1980-2000: Jahrbuch der Schulentwicklung. Daten, Beispiele und Perspektiven. Institut für Schulentwicklungsforschung, Bde. 1-11. Weinheim/München.

Schleicher, K. (Hg.), 1972: Elternhaus und Schule. Kooperation ohne Erfolg? Düsseldorf.

Schleicher, K. (Hg.), 1973: Elternmitsprache und Elternrecht. Düsseldorf.

Scholz, W.-D., 1993: Hochschulstudium im Wandel. Empirische Untersuchungen zur Veränderung der Bedeutung akademischer Bildung. Oldenburg.

Schütze, Y., 1988: Zur Veränderung im Eltern-Kind-Verhältnis seit der Nachkriegszeit. In: R. Nave-Herz (Hg.): Wandel und Kontinuität der Familie in der Bundesrepublik Deutschland. Stuttgart, S. 95-114.

Seidelmann, K, 1970: Sechs Fragen zum Verhältnis von Eltern und Schule. In: K. Seidelmann: Schüler – Lehrer – Eltern. Der Mensch in der Schule. Hannover, S. 128-138.

Speichert, H., 1989: Elternarbeit. In: D. Lenzen (Hg.): Pädagogische Grundbegriffe. Bd. 1: Aggression bis Interdisziplinarität. Reinbek, S. 379-385.

Stolz, G. E., 1987: Das Zusammenwirken von Elternhaus, Schule und Freundschaftsgruppen in der Erziehung. Weinheim.

Sustek, H., 1987: Eltern und Lehrer als Erziehungspartner. Essen.

Thomas, L., 1985: Verhältnis von Eltern und Schule in einem pädagogischen Reformprojekt. Frankfurt a. M.

Turczynski, J. J., 1955: Die Zusammenarbeit zwischen Familie und Schule bei der Erziehung der Kinder, (Diss. päd.; Manuskriptdruck). Berlin.

Ulich, K., 1989: Schule als Familienproblem. Konfliktfelder zwischen Schülern, Eltern und Lehrern. Frankfurt a. M.

Ulich, K., 2001: Kinder im Leistungsdruck zwischen Elternhaus und Schule. Wie Eltern den Leistungsdruck vermindern und das Lernen fördern können. In: Stimme der Familie, 48, 7-8, S. 7-10.

Walther, R./Grassel, H./Parlow, H. (Hg.), 1968: Lehrer und Eltern. Hinweise für Lehrer zur Zusammenarbeit mit den Eltern. Berlin.

Wiedemann, M., 1964: Über die Erziehung der Schüler zur sozialistischen Lernhaltung im Elternhaus unter besonderer Berücksichtigung der Rolle des Klassenleiters. Leipzig (unveröffentlichte Dissertation).

Wild, E./Wild, K.-P., 1997: Familiale Sozialisation und schulische Lernmotivation. In: Zeitschrift für Pädagogik, 43, 1, S. 55-77.

Wisotzky, A. (Hg.), 1968: Unsere Elternvertretung. Helfer der sozialistischen Schule. Berlin.

Witjes, W./Zimmermann, P., 2000: Elternmitwirkung in der Schule – Eine Bestandsaufnahme in fünf Bundesländern. In: H.-G. Rolff et al. (Hg.): Jahrbuch der Schulentwicklung. Daten, Beispiele und Perspektiven, Bd. 11. Weinheim/München, S. 221-256.

Wolter, A., 1997: Das deutsche Gymnasium zwischen Quantität und Qualität. Die Entwicklung des Gymnasiums und der Wandel gesellschaftlichen Wissens. Oldenburger Universitätsreden Nr. 95. Oldenburg.

Familienarbeit und Erwerbsarbeit im Spannungsfeld struktureller Veränderungen der Erwerbstätigkeit

Hans-Günter Krüsselberg

1 Fakten und Befunde

Der Auseinandersetzung mit der Frage nach den potenziellen Einflüssen der Wandlungen in der Struktur der Erwerbstätigkeit auf das Leben der Familien droht eine Gefahr: die einer unzulässigen Verallgemeinerung von in der Realität tatsächlich zu beobachtenden Prozessen. So gilt es zunächst, einschlägige Fakten zu betrachten und Befunde zu sichern.

1.1 Erwerbstätigkeit

Auch wenn es in den Jahren 1948 und 1949 in der Bundesrepublik Deutschland einige Anlaufschwierigkeiten gab, *der Blick in die Beschäftigungsstatistik zeigt, dass sich seit 1950 bis hin zur Gegenwart eine stetige Zunahme in der Zahl der Erwerbstätigen vollzog:* Waren es im Westteil 1970 noch 26.343 Tausend, belief sich deren Zahl für 2000 immerhin auf 30.009 Tausend. Selbst die Wiedervereinigung änderte an diesem Anstieg nichts, obwohl sich dieser wegen der wirtschaftlichen Schwächen in Ostdeutschland deutlich reduzierte. *Das ist ein erster wichtiger Befund:* In der Bundesrepublik Deutschland scheint es trotz zahlreicher Äußerungen vermeintlicher „Vordenker" durchaus noch Chancen zum Aufbau neuer Arbeitsplätze zu geben. Gewiss ist die Entwicklung in der Vergangenheit nicht stetig verlaufen; das wird auch weiterhin der Fall sein. Dass zur unstetigen Entwicklung immer wieder Fehlentwicklungen in der Wirtschafts- und Sozialpolitik beigetragen haben, ist gleichfalls zu vermerken. Mit welchen Problemen eine Wettbewerbswirtschaft umzugehen hat, ist Gegenstand der Diskussion im obigen Abschnitt 2. Der vorhandene Sockel an Arbeitsplätzen ist sehr hoch und wird nicht in wenigen Jahren abzuschmelzen sein. Gleichwohl: Dass Wachstum und Beschäftigung in Deutschland zur Zeit des Übergangs in das neue Jahrtausend schwächeln, ist nicht zu bezweifeln. Das in diesem Kontext generell zu konstatierende „strukturelle" Problem sieht die nationale und internationale Fachwelt allerdings weniger in einem generellen Abbruch wirtschaftlicher Dynamik, sondern eher im Tatbestand in der Politik unterlassener struktureller Reformen sowohl auf dem Arbeitsmarkt als auch im System der Sozialen Sicherung, insbesondere in einer mangelhaften Abstimmung zwischen dem Steuer- und Transfersystem, was die Anreize zur Schaffung neuer Arbeitsplätze mindert.

Bemerkenswert bleibt bislang die hohe Robustheit der mittelständischen Wirtschaft trotz aller Zumutungen, die ihnen eine Politik aufbürdet, die eher auf die Interessen der Großindustrie schaut (Krüsselberg 1998b). Noch scheint es so zu sein, dass die Tugenden der mittelständischen Unternehmen, die vielfach familienorientiert geleitet werden, die wirtschaftliche und gesellschaftliche Stabilität sichern. Sie zielen auf die Befähigung zur Investition als Grundlage für die Sicherung zukünftiger Versorgungslagen. So lange hier mit der laufenden Erneuerung des „produktiven Vermögens", dessen Anpassung an neue Techniken und Bedarfe, Zukunft antizipiert wird, dürfte es ein hohes Niveau an Beschäftigungsmöglichkeiten geben. Die Tatsache, dass dazu die Qualität des „Humanvermögens" passen muss, was durch „Investitionen in den Menschen" in den Familien seine Grundlegung erfährt, verknüpft unentrinnbar die Welt der Unternehmen und der Familien. Nur mit der „nachhaltigen" Gewährleistung der investiven Leistungen in Familien und Unternehmen lässt sich die Zukunft einer Gesellschaft sichern. Bislang jedenfalls ging in der Bundesrepublik Deutschland der Zuwachs an Bevölkerung und der Aufbau von Erwerbstätigkeit Hand in Hand.

1.2 Arbeitslosigkeit durch verringerte Anpassungsflexibilität

Wesentliche strukturelle Veränderungen der negativen Art spiegeln sich im massiven Zuwachs der Arbeitslosenzahlen seit den 70er Jahren. In % der „abhängigen zivilen Erwerbspersonen" gemessen lag der Anteil der Arbeitslosigkeit (West) 1970 bei 0,7; er erreichte bislang seinen Höhepunkt im Jahr 1997 mit 11,0% bei etwas mehr als 3 Mio. arbeitslosen Frauen und Männern. Die Arbeitslosenquoten stiegen auf aktuelle Höchstwerte im Februar 2001 mit 8,0% (West) und 18,9% (Ost) (alle Zahlenangaben in: Institut der deutschen Wirtschaft, 2001: Deutschland in Zahlen oder iwd-Informationsdienst des IdW, hier 3/2002).

Es ist in diesem Zusammenhang empfehlenswert zu erwähnen, dass die wissenschaftliche Forschung zum Thema *„Strukturwandlungen der Wirtschaft"* in Deutschland zunächst um 1927/28 große Aufmerksamkeit auf sich zog. Obwohl für die Jahre 1924 bis 1929 von einem steigenden Lebensstandard und wachsendem Wohlstand berichtet wird, was sich 1930 mit der Überschattung durch die Weltwirtschaftskrise deutlich änderte, waren bereits 1928 und 1929 „nennenswert wachsende Arbeitslosenzahlen" zu registrieren. Es kam zu einem massiven Verlust des Vertrauens der Bevölkerung bezüglich der Sicherheit ihrer Arbeitsplätze (Stucken 1976: 260f.), was seitdem als Basiskriterium die Debatte über die vermeintliche „Zukunft des Kapitalismus" zu begleiten scheint. Nach dem Zweiten Weltkrieg wurde erstaunlicherweise erst in der Mitte der 70er Jahre die Strukturberichterstattung reaktiviert. Das erste grundsätzlich bedeutsame Forschungsergebnis erklärt das zwischenzeitlich vorherrschende Desinteresse. Die Industriegesellschaft der Bundesrepublik Deutschland hatte in den 50er und 60er Jahren die „von der Nachfrage nach Industrieprodukten ausgelösten Strukturveränderungen ohne allzu große Schwierigkeiten" bewältigt. Danach aber ging das zyklische Zusammenspiel von „vorübergehender Beschleunigung des Strukturwandels mit vorübergehender Beruhigung" nicht mehr auf, womit eine „beunruhigende Entwicklung" ihren Lauf nahm. Berichtet wird, dass seinerzeit „Erschwernisse" für die Beschäftigungs- und Investitionspolitik der Unternehmen deren Potenzial an Anpassungsflexibilität und das daraus resultierende Niveau der Nachfrage nach Arbeitskräften gemindert hatten. Für die Anfänge der 80er Jahre schreibt der damals führende Strukturforscher Rolf Krengel deshalb der deutschen Wirtschaft zu, international zwar noch ein „Riese", aber bereits deutlich „gelähmt" zu sein. Daher sei eine „bedrohlich wachsende Arbeitslosigkeit" für die Zukunft nicht mehr auszuschließen (Krengel 1983: 146ff., 156).

Der Gesetzgeber in Deutschland verpflichtet die Bundesanstalt für Arbeit, Arbeitsmarkt- und Berufsforschung zu betreiben. Dies geschieht im Zuge der Entwicklung von Szenarien, mit deren Hilfe die *„Arbeitslandschaft der Zukunft* nach Umfang, Branchen und Tätigkeitsprofilen vorausgeschätzt" (Klauder 1991: 91) werden soll. Hier gelten Zahl und Anteil der Bevölkerung im erwerbsfähigen Alter als „die eigentlich zentrale Bevölkerungsgröße" für das Erwerbspersonenpotenzial. Die Alterungs- und Schrumpfungsvorgänge im Bestand dieses Potenzials sind langfristig vorhersehbar. Für die Prognosen bezüglich der Einschätzung der Beschäftigungswirkungen des Strukturwandels in Wirtschaft und Beruf sind neben der „natürlichen" Veränderung der Anzahl und Struktur der Bevölkerung (die „demographische Komponente") die Veränderungen im Erwerbsverhalten und in der Zu- und Abwanderung in Rechnung zu stellen. Einschlägige Interpretationen der projektierten Ergebnisse für die Zeit zwischen 1990 und 2010 führten kompetente Autoren der Bundesanstalt für Arbeit und des Instituts für Arbeitsmarkt- und Berufsforschung der Bundesanstalt damals zu einer von der Gegenwart nicht bestätigten Mutmaßung. Bei einem behutsamen politischen Umgang mit der Einwanderung und den Rahmenbedingungen für wirtschaftliches Handeln sei *nicht auszuschließen,* dass „die Zahl der registrierten Arbeitslosen im Jahre 2000 in Westdeutschland deutlich die Millionengrenze unterschreitet" (Klauder 1991: 106; Franke/Buttler 1991: 126). Natürlich ging es um eine nur „bedingte Prognose". Sie setzte ein bestimmtes politisches Gestaltungspotenzial voraus, das offensichtlich nicht wahrgenommen wurde. Sollte wieder einmal – wie es schon zuvor um 1970 propagiert worden war (Scherf 1986: 30f.) – die Belastbarkeit der Wirtschaft getestet werden? Oder verließ man sich auf einen wirtschaftlichen Automatismus, den es historisch noch nie gab? – Somit muss *der zweite Befund* lauten: *Jeglicher Verzicht auf die Wahrnehmung von Warnungen wissenschaftlich fundierter Studien ist Politikversagen.*

1.3 Die These von der Gestaltbarkeit der „Arbeitslandschaft der Zukunft" – doch was ist „Arbeit" und was ist Gegenstand von Politik?

Angesichts der mannigfachen sorgfältigen wissenschaftlichen Bemühungen um die Erhellung der Zukunft wird eines deutlich: Zukunftsbilder lassen sich nur zeichnen vor dem Hintergrund der Ausdeutung von Entwicklungspfaden der Vergangenheit. Für diese Pfade der Vergangenheit wird ihr Anpassungs- und Gestaltungspotenzial diagnostiziert. Wird es als defizitär ausgemacht, werden an die Zukunftsstrategien Veränderungserwartungen geknüpft. Eingefordert wird die Stärkung der Bereitschaft und Fähigkeit von Wirtschaft und Gesellschaft, sich offensiv den unvermeidlichen Veränderungen in den wirtschaftlichen und gesellschaftlichen Daten zu stellen, um Zukunft zu gestalten. Offensiv mit neuen umweltfreundlichen Techniken umzugehen, sie markt-, d.h. bedarfsorientiert zu nutzen – so heißt es – fördere Wirtschaftswachstum und Beschäftigung. Bei defensiven Strategien, starken Beharrungstendenzen, Protektionismus, innen- und außenpolitischen Polarisierungen sei eher mit einer tendenziell sinkenden Beschäftigung zu rechnen (Klauder 1991: 92f.). Fraglich werden damit alle Maßnahmen, die den vorzeitigen Ausstieg aus der Erwerbstätigkeit zu Lasten der Arbeitskosten fördern. Offensiv sind dagegen Maßnahmen, die das Thema der Flexibilisierung von Beschäftigungsverhältnissen zumindest von drei Ebenen her angehen, mit einer gezielten Förderung des Zugangs zu neuen Berufen sowie zur beruflichen Selbständigkeit und zudem mit der Erprobung und Durchsetzung jener Varianten einer Arbeitszeitstruktur, die Arbeitnehmern und Arbeitgebern wechselseitige Vorteile bescheren mögen (vgl. Krüsselberg 1986: 27ff., 49ff.).

Das ist *der dritte Befund* dieses Eingangskapitels: *Die Arbeitslandschaft der Zukunft ist gestaltbar,* doch zur Erfassung der Arbeitslandschaft der Zukunft reicht eine Skizze privat- und staatswirtschaftlicher Erwerbstätigkeit nicht aus. Hinzugehört die *Ergänzung um die Volumina und Strukturen der Familienarbeit.* Zeiten des Umbruchs als Zeiten eines Aufbruchs zu neuen Ufern zu verstehen bedeutet Entscheidungen zu treffen unter Abwägung der Chancen und Risiken für die Handlungszentren in jeweils den öffentlich-rechtlichen, den privatwirtschaftlichen und familienhaushaltswirtschaftlichen Ebenen. Dazu Orientierungshilfen anzubieten ist eine der vorrangigen Aufgaben der Wissenschaft. Wenn dabei detailliert über die Voraussetzungen für eine familienorientierte politische Begleitung des Strukturwandels am Arbeitsmarkt nachgedacht würde, wäre dies schon ein Fortschritt im Vergleich zum status quo. Um solches leisten zu können, müsste Bereitschaft bestehen, ein vergleichbar griffiges Kriterium für Politikversagen wie im oben genannten Fall des Verfehlens an sich möglicher Reduktion von Arbeitslosigkeit in die Diskussion einzuführen. Ziel von Politik kann kaum die Verfolgung von Eigeninteressen des Staates, seiner Bürokratie und der Wirtschaft sein. Alle Varianten von Politik erhalten in einer

Demokratie ihre *gesellschaftliche Legitimation* lediglich auf Grund der Mutmaßung, dass sie sich verdient machen um die *Förderung der Lebenslage von Familien*.

In der Realität kann und sollte, sucht man nach Maßstäben für den Erfolg von Politik, vornehmlich pragmatisch verfahren werden. Zu entscheiden wäre dann, wo zu jedem Zeitpunkt *die dringlichsten Defizite* bestehen. So muss wohl aus aktuellem Anlass zunächst das äußerst gravierende Ausmaß an *„Transferausbeutung" von Familien* durch ein am Arbeitsvertrag ausgerichtetes System der Altersversorgung in das Licht der Öffentlichkeit gerückt werden. Das wäre zudem ein Beispiel, welches nahezu unübertrefflich sichtbar macht, dass es keine Zone im Zusammenspiel von Erwerbswirtschaft und Familientätigkeit gibt, die als „staatsfreier Raum" angesehen werden kann. Auch diese Aussage mag als ein allgemeingültiger *Befund* eingestuft werden, das Maß für alle gesellschaftlichen Aktivitäten setzt die Verfassung. Wo liegt das Problem?

1.4 Über die Verfassungswidrigkeit der Belastung von Familien mit Steuern und Beiträgen

Am 8. Mai 2001 legte die amtierende Bundesregierung ihren „Ersten Armuts- und Reichtumsbericht" vor. Dort heißt es: „Die meisten Familien leben in sicheren materiellen Lebensverhältnissen und sind keineswegs von Armut bedroht". Ungefähr einen Monat vorher hatten Deutschlands Gazetten gemeldet: *„Karlsruher Richter zetteln eine familienpolitische Revolution an".* So oder ähnlich formulierten jedenfalls Journalisten, als sie über die vier Entscheidungen berichteten, die *der Erste Senat des Bundesverfassungsgerichts am 3. April 2001* verkündet hatte. Dort hatte sich dieser mit verschiedenen Aspekten der Pflegeversicherung befasst. Die Schlagzeilen bezogen sich im Kern nur auf eines dieser Urteile, auf jenes, in dem es um die *Verfassungswidrigkeit der Nicht-Berücksichtigung von Betreuung und Erziehung von Kindern bei der Bemessung von Versicherungs-Beiträgen/Prämien* geht.

Die Kernsätze dieses Urteils lauten wie folgt: „Die Versicherungsleistung versicherter Eltern begünstigt innerhalb eines umlagefinanzierten Sozialversicherungssystems, das der Deckung eines maßgeblich vom Älterwerden der Versicherten bestimmten Risikos dient, in spezifischer Weise Versicherte ohne Kinder" (...) „Eltern, die unterhaltsbedürftige Kinder haben" und „kinderlos bleibende Versicherte im erwerbsfähigen Alter", (...) „beide sind *bei einer Finanzierung der Sozialversicherung im Umlageverfahren darauf angewiesen, dass Kinder in genügend großer Zahl nachwachsen"* (...) *„Wird ein solches allgemeines, regelmäßig erst in höherem Alter auftretendes Lebensrisiko durch ein Umlageverfahren finanziert, so hat die Erziehungsleistung konstitutive Bedeutung für die Funktionsfähigkeit dieses Systems"* (...) *„Für ein solches System (ist) nicht nur der Versicherungsbeitrag, sondern auch die Kindererziehungsleistung konstitutiv.* Wird dieser generative Beitrag nicht mehr in der Regel von allen Versicherten erbracht, führt dies zu einer spezifischen Belastung kindererziehender Versicherter". Das ist deshalb eine verfassungswidrige Benachteilung, weil sie die Verfassungsgebote des Art. 3 Abs. 1 und des Art. 6 Abs.1 GG verletzt. Sie verletzt einmal den Gleichheitssatz, zum anderen die Verpflichtung des Staates, Eingriffe in die Familie zu unterlassen, und die darüber hinausgehende Pflicht des Staates, Ehe und Familie zu schützen und zu fördern.

Die eben zur Kenntnis genommene Situationskritik beleuchtet sehr konkret, was sich in die Rubrik „Politikversagen" einordnen lässt. Schließlich ist der hier gerügte Tatbestand der „Transferausbeutung" das Ergebnis dessen, dass im Alterssicherungssystem der Bundesrepublik hohe Prozentsätze (geschätzt werden 40%) der Leistungen der Alterssicherung an anspruchsberechtigte Personen von den Kindern *anderer* Personen aufgebracht werden. In einer Klage, die schon früher die Verfassungswidrigkeit einer derartigen Praxis vom Bundesverfassungsgericht bestätigt haben wollte, wurden folgende Zahlen genannt: In ansteigender Größenordnung sei jährlich eine *Vermögensübertragung* von (inzwischen erwerbstätigen und deshalb abgabepflichtigen) Kindern an andere Personen, oder besser gesagt: *von Familienmitgliedern an andere Personen*, eben eine „Transferausbeutung", erfolgt von zunächst über 150 Milliarden DM im Jahr 1990 auf bislang mehr als 200 Milliarden DM. Das sind Zahlen, die vor dem Verfassungsgericht verhandelt und von ihm nicht beanstandet wurden, als es die Beanstandung der Kläger hinsichtlich der *Verfassungswidrigkeit grundsätzlich akzeptierte*. Ähnlich kritisch hat sich wiederholt das Bundesverfassungsgericht zum Thema der Steuerlast von Familien geäußert; auch dort wird Veränderungsbedarf angemeldet. Vor diesem Hintergrund sollte es an sich in Zukunft für die Politik schwerer werden, die Gestaltungsziele oder auch nur die Veränderungsziele bezüglich des Schutzes und der Förderung von Familien zu missachten. Das ist *ein vierter Befund: die Verfassungswidrigkeit der Belastung von Familien mit Steuern und Beiträgen in der Bundesrepublik Deutschland.*

1.5 Dienstleistungen als investiver Faktor

In seinen Betrachtungen über die Arbeitswelt der Zukunft zitiert Wolfgang Klauder, über viele Jahre hinweg als Leitender Wissenschaftlicher Direktor des Instituts für Arbeitsmarkt- und Berufsforschung der Bundesanstalt für Arbeit in Nürnberg tätig, aus den vorhandenen Projektionen zur Struktur des zukünftigen Arbeitskräftebedarfs: Die Projektionsergebnisse nach Tätigkeiten (statt nach Branchen) zeigen, dass im Jahre 2010 fast 75% der Erwerbstätigen überwiegend Dienstleistungen (im weitesten Sinne) ausüben dürften. Danach verschieben sich innerhalb der Dienstleistungen die Anteile stark von den „primären" zu den „sekundären". Bei den verbleibenden schrumpfenden produktionsorientierten Tätigkeiten fällt auf, dass nahezu 40% auf das „Einrichten, Einstellen und Warten von Maschinen" entfallen, nicht nur in Produktionsbetrieben, sondern zu einem Viertel ebenfalls im Bereich der Dienstleistungsbetriebe.

Übersicht 1: Erwerbstätige nach Tätigkeitsgruppen 1985 und 2010
– ohne Auszubildene, Anteile in % –
(Bundesrepublik in den Grenzen von 1989)

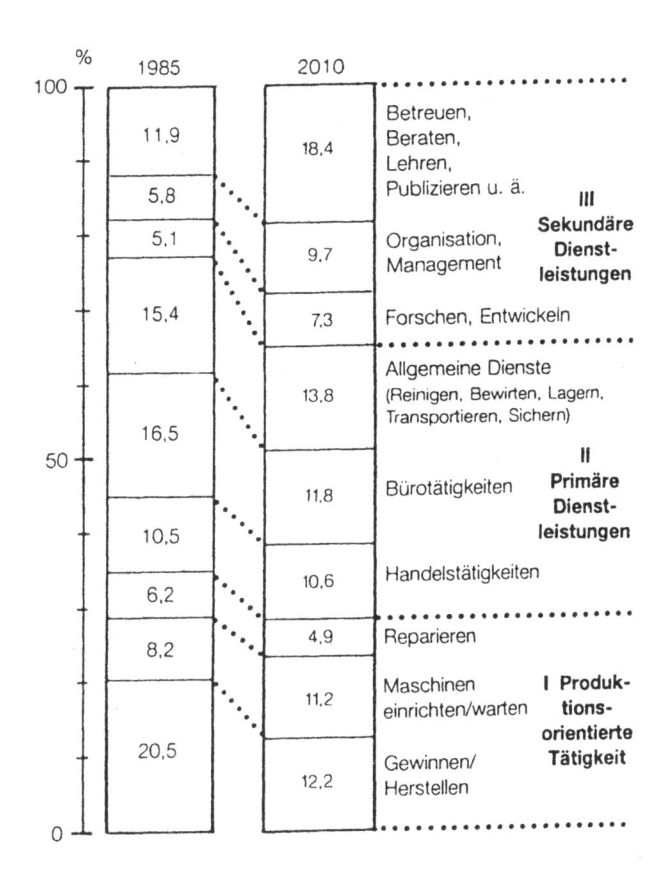

1985	2010	Tätigkeit	Gruppe
11,9	18,4	Betreuen, Beraten, Lehren, Publizieren u. ä.	III Sekundäre Dienstleistungen
5,8			
5,1	9,7	Organisation, Management	
15,4	7,3	Forschen, Entwickeln	
16,5	13,8	Allgemeine Dienste (Reinigen, Bewirten, Lagern, Transportieren, Sichern)	II Primäre Dienstleistungen
	11,8	Bürotätigkeiten	
10,5			
6,2	10,6	Handelstätigkeiten	
8,2	4,9	Reparieren	I Produktionsorientierte Tätigkeit
	11,2	Maschinen einrichten/warten	
20,5	12,2	Gewinnen/ Herstellen	

Quelle: Klauder 1991: 159

Spätere Erhebungen bestätigen diesen Trend. Für die Zeit zwischen 1991 bis 2000 nimmt die Erwerbstätigkeit bei starken Einbußen im produzierenden Gewerbe vor allem in den Bereichen: Finanzierung, Vermietung und Unternehmensdienstleister, aber auch bei den öffentlichen und privaten Dienstleitern zu (IdW 2001: 13).

Die Projektionsergebnisse nach den Tätigkeitsanforderungen belegen, dass der Anteil der höherqualifizierten Tätigkeiten sich bis 2010 zu Lasten des Anteils einfacher Tätigkeiten auf fast 40% erhöht – bei einem kaum veränderten Anteil der mittelqualifizierten Tätigkeiten. Klauder folgert, die Qualifikation der Erwerbstätigen dürfte zu einer Schlüsselgröße für die Bewältigung des Strukturwandels und damit für die zukünftige Wirtschafts- und Arbeitsmarktentwicklung in Deutschland werden (Klauder 1991: 176).

Übersicht 2: Erwerbstätige nach unterschiedlichen Anforderungsprofilen der Tätigkeiten 1985 und 2010
– ohne Auszubildene, Anteile in % –
(Bundesrepublik in den Grenzen von 1989)

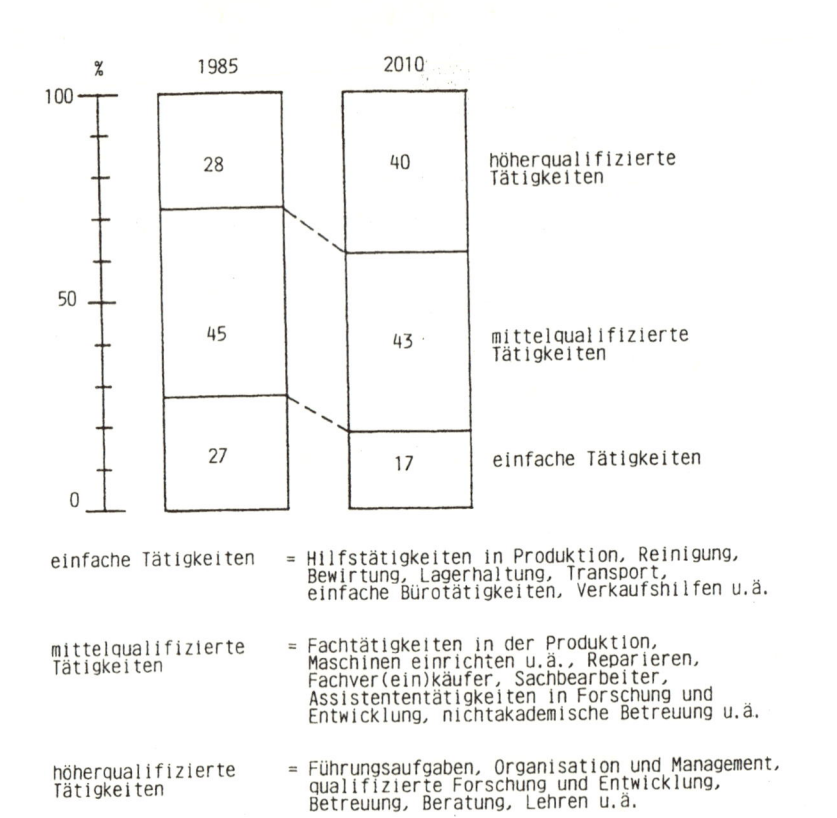

	1985	2010	
	28	40	höherqualifizierte Tätigkeiten
	45	43	mittelqualifizierte Tätigkeiten
	27	17	einfache Tätigkeiten

einfache Tätigkeiten = Hilfstätigkeiten in Produktion, Reinigung, Bewirtung, Lagerhaltung, Transport, einfache Bürotätigkeiten, Verkaufshilfen u.ä.

mittelqualifizierte Tätigkeiten = Fachtätigkeiten in der Produktion, Maschinen einrichten u.ä., Reparieren, Fachver(ein)käufer, Sachbearbeiter, Assistententätigkeiten in Forschung und Entwicklung, nichtakademische Betreuung u.ä.

höherqualifizierte Tätigkeiten = Führungsaufgaben, Organisation und Management, qualifizierte Forschung und Entwicklung, Betreuung, Beratung, Lehren u.ä.

Quelle: Klauder 1991: 162

Das ist ein fünfter Befund, dessen Bedeutung für die Einschätzung der wirtschaftlichen Entwicklung in der Zukunft bislang kaum hinreichend erkannt wird: *In einer Volkswirtschaft, die bis zur Gegenwart ein gewaltiges Volumen an Vermögen aller Art, an Produktiv-, Geld-, Finanz- und Verbrauchsvermögen, aber auch an Infrastrukturvermögen und Sozialem Sicherungsvermögen (vgl. Krüsselberg 1997: 317ff.), angehäuft hat, wird es immer gewichtiger und zugleich prekärer, dessen Bestandserhaltung zu gewährleisten.* Es ist deshalb zukunftsweisend, unter diesem Aspekt, der anderweitig zu Recht mit der Formel des Gebots der „Nachhaltigkeit" des Wirtschaftens verknüpft wird, die Veränderungen in der Beschäftigungsstruktur zu analysieren. Vermögenssicherung wird in Zukunft immer mehr menschliche Tätigkeit binden. Viele der sogenannten Dienstleistungen werden dann den Rang investiver Aktivitäten für sich beanspruchen können.

1.6 Humanvermögen und die Arbeit in Familien

Das ist ein bemerkenswerter Befund. Er lenkt die Aufmerksamkeit auf die große Gefahr, dass Defizite in der Vermögensbildung eine Destabilisierung von Einkommenschancen der Zukunft einleiten. Das gilt für alle Varianten von Vermögen, insbesondere aber für die Verfügbarkeit von menschlichem Handlungspotenzial. Ökonomisch geht es um den Aufbau, um „Investitionen" in das Humanvermögen der Gesellschaft und dessen Erhaltung im Lebenszyklus. Verhaltenstheoretisch gesehen geht es um den Erwerb jener individuellen Handlungspotenziale, die den Menschen zu aktivem Handeln in Gesellschaften befähigen, um die Aneignung von Alltags- und Fachkompetenzen durch den heranwachsenden Menschen, deren Grundlegung durch „Investitionen in den Menschen" erfolgt, was am „Arbeitsplatz Familie" geleistet wird.

Die Partie aus dem Bericht der Sachverständigenkommission im Dritten Familienbericht der Bundesregierung aus dem Jahr 1979 mit dem Titel „Familie und Bevölkerung", maßgeblich von Hermann Schubnell verfasst, kann heute geradezu als ein Lehrstück gelesen werden über die Unfähigkeit von Politik, die zeitlichen, räumlichen und sozialkulturellen Dimensionen des generativen Verhaltens zu erfassen. Damals wurde ebenso über die zu erwartenden Finanzierungsengpässe von „Rentenbergen" berichtet (125) wie über die „Erhaltung der Bevölkerungszahl" als potenziell zu empfehlende „politische Leitlinie" zur Sicherung zukünftiger Einkommensströme (133) oder auch über die Notwendigkeit von „Maßnahmen mit dem Ziel der Erhöhung der Geburtenzahl". Zumindest um Chancen zu gewähren für die Verwirklichung der Kinderwünsche junger Eltern seien die relevanten wirtschaftlichen und sozialkulturellen Voraussetzungen zu schaffen. „Zu diesem Zweck" müssten Eltern „langfristig die Gewissheit haben, nicht jahrelang materielle Benachteiligungen hinnehmen zu müssen". Es ist kein Geheimnis, dass der Dritte Familienbericht in der Schar der damaligen Politiker wenig Freunde fand. Wegen der andauernden Missachtung der demographischen Komponente in jeglicher Art von Politik fordern heute Bevölkerungswissenschaftler zu Recht das Eingeständnis eines Politikversagens an. Ihnen widerfährt Gerechtigkeit durch das Urteil des Bundesverfassungsgericht vom 3. April 2001, das dem Gesetzgeber vorwirft, „seine Regelungen nicht anhand inzwischen möglicher (bevölkerungswissenschaftlicher, Einf. H.G.K.) Erkenntnisse und Erfahrungen überprüft" zu haben, womit er „auf den Versuch einer sachgerechten Lösung verzichtet(e)" und der Gesellschaft Schaden zufügte. In dieser Entscheidung des Bundesverfassungsgerichts wird als „sachgerecht" eine Lösung für den Bereich der Sozialen Sicherung angemahnt, die die Leistungen der Familien für die nachwachsende Generation als Anspruchsgrundlage hinreichend berücksichtigt.

Wie sehr sich das Bild der „Arbeitslandschaft" der Gegenwart und der Zukunft verändert, wenn diese Leistungen ebenfalls als „Arbeit" betrachtet werden, zeigen die Ergebnisse der Zeitbudgetstudien für unsere Republik. Für 1992 wurde errechnet, dass im „alten" Bundesgebiet der Umfang der – wie das Bundesamt für Statistik durchgängig argumentiert – „unbezahlten" Arbeit (im Familienhaushalt) mit 76,5 Mrd. Stunden um 61% über dem der Erwerbsarbeit (47,5 Mrd. Stunden) lag. Frauen leisten dabei mit etwa fünf Stunden fast doppelt soviel unbezahlte Arbeit wie die Männer (mit 2 3/4 Stunden täglich). Von den unbezahlten Arbeiten nehmen die hauswirtschaftlichen Tätigkeiten mit 76% die weitaus meiste Zeit in Anspruch. Die Differenzierung nach dem Geschlecht zeigt, dass Frauen vor allem für hauswirtschaftliche Tätigkeiten und für die Pflege und Betreuung von Kindern und Erwachsenen deutlich mehr Zeit aufwenden als Männer (Blanke et al. 1996). Das gilt auch dann, wenn Frauen erwerbstätig sind (Krüsselberg et al. 1986: 198). Für die gesamte Bundesrepublik Deutschland lautete die Relation „unbezahlt" zu „bezahlt": 95,5 Mrd. Stunden zu 60 Mrd. Stunden. *Das ist der sechste Befund: Er zielt auf den Realitätsverlust einer Analyse der „Arbeit der Zukunft", die Familienarbeit ausblendet.*

1.7 Über die in Zukunft gesellschaftlich notwendige Umverteilung der auf die familiale Versorgung zielenden Dienstleistungsarbeit

Nachdenken über Erziehung hat derzeit Konjunktur in unserem Land, nicht zuletzt deshalb, weil Erziehung wieder einmal zum Problem geworden ist. Titel wie „Erziehungskatastrophe" oder „Erziehungsnotstand", vor allem aber die „nachdenklich stimmende" Publikation der internationalen Schülervergleichsstudie PISA haben Erziehung und Bildung in den Blickpunkt des öffentlichen Interesses gerückt. Auf der einen Seite besteht ein breiter gesellschaftlicher Konsens darüber, dass die nachwachsende Generation das wichtigste „Humanvermögen" ist, will unser Land in einer zunehmend globalisierten Welt bestehen können. Um für zukünftige Herausforderungen gerüstet zu sein, sollten Kinder und Jugendliche über entsprechende Voraussetzungen wie Leistungsbereitschaft, Kompetenz und Gemeinschaftsfähigkeit verfügen. Hingegen zeigt sich, dass immer mehr Kinder und Jugendliche Persönlichkeits- und Verhaltensstörungen aufweisen. Alarmierende Zahlen, die das Bild eines psychisch gesunden „Humanvermögens" in Gestalt der nachwachsenden Generation deutlich trüben, veranlassen die Wissenschaft, sich für ein Konzept der „Stärkung elterlicher Erziehungskompetenz" einzusetzen (Schneewind im Druck).

Akzeptiert wird hier die Alltagserfahrung, dass die Anforderungen, die die moderne Gesellschaft an das Wissen, an die Verlässlichkeit, an die Effizienz und Kreativität des Handelns ihrer Menschen stellt, in erster Linie zu Ansprüchen an die Qualität der Bildung des Humanvermögens in den Familien werden. Ohne den Aufbau der Fähigkeit junger Menschen in ihren Familien, miteinander und anderen zu sprechen, zu kommunizieren, Wahrnehmungen aufzunehmen, sie dabei in eine soziale Umwelt einzuordnen, sich als eigene Person zu empfinden und zu entdecken – dürfte unmöglich die Vermittlung von Befähigungen zur Lösung qualifizierter gesellschaftlicher Aufgaben in einer arbeitsteiligen Wirtschaftsgesellschaft und zur bewussten Einflussnahme auf die Umwelt und zu deren Gestaltung nach eigenen Entwürfen gelingen. Der Erwerb sozialer Daseinskompetenz ist eine unverzichtbare Voraussetzung für den späteren Aufbau von Fachkompetenzen (Arbeitsvermögen im weiten Sinne) und die Entfaltung einer eigenen Persönlichkeit. Begründet werden Potenziale für kreatives Handeln in komplexen Umwelten: Alltagswissen und Gesundheit, Bildung, Wissen und Lernbereitschaft zum Erwerb von Qualifikationen für den Umgang mit Schule und Arbeitwelt, mit Demokratie und Politik.

Von einem Bedeutungsverlust von Ehe und Familie kann in unserer Gesellschaft nicht die Rede sein. Im Gegenteil: Die Ansprüche an die Familien als Lebens- und Solidargemeinschaften und die ökonomischen Belastungen der Familien waren in unserem Kulturkreis zu keiner Zeit so herausfordernd und verantwortungsvoll wie heute. Eine der größten sozialen Veränderungen während der letzten Jahrzehnte stellt der Wandel von Kindheit und der Erwartungen an deren Gestaltung dar. In allen sozialen Schichten sind die Leistungsanforderungen an die Eltern, die Erwartungen an die Pflege-, Förderungs- und Erziehungsleistungen der Familien umfassender als je zuvor. Gleichzeitig sind die Aufwendungen, die mit der Erbringung dieser Leistungen verbunden sind, gestiegen (Nave-Herz im Druck).

Eltern erleben täglich, dass sie als Akteure der Institution Familie ungemein hohen Ansprüchen unterworfen, manche meinen: gar überfordert sind. Sie erfahren täglich, dass viele der Institutionen, die ihre im Grundsätzlichen auf das Alltagsleben in Familien bezogenen Aktivitäten unterstützend und ergänzend begleiten sollen, durch Leistungsdefizite Lasten auf die Eltern zurückverlagern, ohne dass diese nennenswerte Chancen haben, sich dieser Zusatzbelastung zu erwehren. Solche Defizite gibt es im Bereich der Elternbildung, der Erziehungsberatung und im Bildungs- und Gesundheitssektor; über die in der familialen Altersversorgung wurde bereits gesprochen.

Leistungsdefizite im Bereich der Schulen führen ebenfalls zu Zusatzbelastungen der Eltern. „Nachhilfe ist inzwischen an allen allgemeinbildenden Schulformen – auch an Grundschulen – zu einer festen Einrichtung avanciert", so lautet das Ergebnis einer Elternbefragung in Nordrhein-Westfalen 1997/98. Die Hochrechnung ergibt, bezogen auf das gesamte Bundesgebiet, dass von jährlich getätigten Ausgaben für Nachhilfeunterricht in Höhe von 11,8 Milliarden DM ausgegangen werden kann. Wird dazu noch der Aufwand der familiären Nachhilfe und des unbezahlten Nachhilfeunterrichts durch der Familie nahestehende Personen gerechnet, liegt das „kalkulierte jährliche Investitionsvolumen" für diese gesellschaftlich notwendige Variante von familialen Dienstleistungen in Deutschland bei rund 4,5 Milliarden DM (Kramer/Werner 1998: 51ff.). Im Informationsdienst des Instituts der Deutschen Wirtschaft vom 25. Februar 1999 wird die Vermutung geäußert, allzu lange würden die Eltern „die offensichtlichen Mängel der Institution Schule wohl nicht mehr hinnehmen".

Bislang aber haben die Eltern angesichts der monopolartigen Form des schulischen Angebots offensichtlich keine nennenswerte Chance, sich dieser Zusatzbelastung zu erwehren. Hier rächt es sich, dass die wohl begründeten Empfehlungen des Wissenschaftlichen Beirats für Familienfragen aus dem Jahr 1979 in der Politik kein Gehör fanden, vor allem dort, wo der Staat in die Leistungserstellung für die nachwachsende Generation eingreift, immer wieder die Frage nach deren Qualität und Effektivität aufzuwerfen. Im konkreten Fall müsse „dargetan werden, weshalb ein im öffentlichen Interesse gewünschtes Versorgungsniveau der nachwachsenden Generation nicht durch entsprechende Transferzahlungen an die Erziehungsberechtigten erreicht werden kann und inwieweit ein kollektives Angebot eher geeignet ist, ein solches Versorgungsniveau sicherzustellen". In ordnungspolitischer Sicht geht der Beirat davon aus, dass „staatliche Maßnahmen die Entscheidungsfreiheit von Individuen nur in begründeten Fällen einschränken sollen" (Wissenschaftlicher Beirat 1979: 13f., 147ff., 183ff.; vgl. Büchner im Druck).

Nur mit der erfolgreichen Humanvermögensbildung in Familie und Schule wird eine innovative und effiziente Wirtschaft möglich und darüber hinaus eine dynamische, weltoffene Gesellschaft – das war die Botschaft des Fünften Familienberichts. Sie muss zugleich als Maßstab gelten für die von allen Seiten für die Bundesrepublik Deutschland angemahnte grundlegende Reform des Sozialstaats. Es muss in einem erheblich höheren Ausmaß als bisher darüber nachgedacht werden, welche Verfahren angebracht sind, um zu einer problemorientierteren Leistungsbewertung für die vom Staat offerierten Geld- und Realtransfers zu gelangen. Eine Förderung der Leistungskontrolle durch die Nutzer, die Verstärkung der Chancen für eine nachfragebezogene Bewertung dürfte zu einer sowohl gerechteren als auch effizienteren Angebotsstruktur im Bildungs- und Sozialleistungssektor führen. Damit gelangen wir mit der folgenden Zwischenüberlegung zu einem zunächst letzten Befund. Die Chance, Familie in der Gegenwart der Bundesrepublik Deutschland leben zu können, wird nicht zuletzt davon abhängen, ob unsere Gesellschaft erkennt und anerkennt, dass dazu ein bestimmtes Volumen an familienorientierten Dienstleistungen erforderlich ist, und davon, dass sich mit einer aufklärerischen familienpolitischen Offensive die Einsicht durchsetzt, wie sehr jede Gesellschaft ihre Zukunft der Überlebensfähigkeit der Institution Familie verdankt. Dazu jedoch bedarf es der Rückverlagerung von Handlungspotenzialen und Entscheidungssouveränität in die Familien. Die derzeit letzten Entscheidungen des Bundesverfassungsgerichts zeigen dazu mögliche Wege.

Das ist dann unser *siebter Befund*, als bedingte Prognose formuliert: *Mit dem Bedarf an Umstrukturierung im Sektor der öffentlich-rechtlichen Dienstleister wird sich entscheiden, wie die Struktur der Erwerbstätigkeit in den nächsten Jahrzehnten verändert werden wird. Sollte es gelingen, die „Transferausbeutung" und die Überlast an Steuern von den Familien zu nehmen, wird sich über die Stärkung des investiven Potenzials der Gesellschaft die Beschäftigung ebenfalls stabilisieren.*

2 Der „Alltag" einer Wettbewerbswirtschaft

2.1 Über die Dynamik wettbewerblicher Prozesse als Quelle der Wohlstandssteigerung

Die mit dem Erleben ständigen Wandels generell beschriebene Alltagserfahrung gilt im Alltag von Unternehmen, die unter Wettbewerbsbedingungen arbeiten, als eine Normalität. Seit Joseph Schumpeters Untersuchungen über die Besonderheit „kapitalistischer" Produktion akzeptieren die Ökonomen dessen Umschreibung der Dynamik dieser Prozesse mit der Formel von der „schöpferischen Zerstörung". Gemeint ist damit, dass marktwirtschaftliche Systeme bezüglich der Wohlstandssteigerung auf die Dynamik des Wettbewerbs vertrauen: Die *Dynamik des Wettbewerbs* gilt als *Quelle der Wohlstandssteigerung*, zugleich *aber* auch als *Ursache der stetigen Umsetzung von Arbeit*. Die Qualitätssteigerung der Versorgung durch neue Produkte und neue Märkte, die Effizienzsteigerung durch neue Verfahren und neue Organisationsstrukturen gehen systembezogen einher mit einer permanenten Veränderung der Produktions- und zugleich der Erwerbsstruktur, also einer Veränderung in der Struktur der Erwerbsarbeit, die weit in die Lebenswelt der Familien hineinwirkt, weil dort die Anpassungsleistungen erbracht werden müssen.

Die Dynamik dieser wettbewerblichen Variante des Marktprozesses zeigt sich auf den Arbeitsmärkten vor allem in den Zahlen des jährlichen Beschäftigungswechsels. Nach der Beschäftigungsstatistik der Bundesanstalt für Arbeit wandelte sich 1998 in der Bundesrepublik Deutschland das Beschäftigungsverhältnis für fast ein Drittel der Erwerbstätigen. Das bedeutet, dass sich gegenwärtig die Erwerbsstruktur in einer 3-Jahres-Frist nahezu komplett erneuert. Wer meint, das sei ein Resultat des Globalisierungsprozesses, sollte sich mit den Zahlen vertraut machen, die aus Arbeitsmarkt-Untersuchungen während der 70er und 80er Jahren stammen: Bei einem Gesamtvolumen der Arbeitsplätze von ca. 26-27 Mio. erfolgten jährliche Neubesetzungen in Höhe von 10-12 Mio. Diese rekrutierten sich aus Zugangs- und Abgangsmobilität in Höhe von 3-4 Mio. (das sind 12-15% aller Arbeitsplätze), durch zwischenbetriebliche Wanderungen in Höhe von ca. 2,5 Mio. (das ist ungefähr ein Fünftel aller Ar-

beitsplatzwechsel); innerbetriebliche Umsetzungen erreichten ein Gesamtvolumen von ca. 4-5 Mio. (vgl. Reyher/Bach 1982: 130ff.).
Angesichts dieser Dynamik und ihrer konkret nicht vorsehbaren Details muss grundsätzlich davon ausgegangen werden, dass es zu allen Zeiten ein gewisses Ausmaß unfreiwilliger Arbeitslosigkeit geben wird. Die daraus resultierenden individuellen Belastungen abzufangen und die rasche Wiedereingliederung in die Erwerbstätigkeit zu fördern ist das Ziel der in Deutschland weit entwickelten Gesetzgebung zur Arbeitsförderung und Arbeitslosenversicherung. In Zeiten, in denen das mit der Dynamik des Wettbewerbsprozesses verbundene Volumen an Freisetzung und Absorption von Arbeitskräften deckungsgleich und sozialverträglich bleibt – das sind im allgemeinen solche mit hohen Steigerungsraten des Sozialprodukts –, verkümmert rasch das Bewusstsein dafür, dass hier äußerst sensible und komplizierte Prozesse der Marktsteuerung am Werk sind. Exakt die Eindrücke aus den „Wirtschaftswunder"-Zeiten und die daran anknüpfenden politischen Beteuerungen, „Vollbeschäftigung" könne staatlich garantiert werden, mögen dazu beigetragen haben, dass das statistisch ausgewiesene Volumen an Arbeitslosigkeit als Indiz gewertet wird für „Arbeitsmarktversagen". Hinsichtlich der Beurteilung der Effizienz der Arbeitsmärkte erscheint allerdings das gängige Informationsmuster über den Bestand an Arbeitslosen an bestimmten Stichtagen, das allein auf hochaggregierte Zahlen abstellt, also lediglich die Makroperspektive ins Bild rückt, als äußerst problematisch.

Das Charakteristikum eines marktwirtschaftlichen Systems ist seine Grundlegung durch ein Steuerungsmuster dezentraler Planung. Es besteht darin, dass eine Vielfalt von Produktionseinheiten (Unternehmen) selbständig und selbstverantwortlich Pläne zur Befriedigung der Bedürfnisse prinzipiell zu umwerbender Nachfrager (Kunden) durch spezielle Produkt- und Dienstleistungsangebote entwirft und dabei die zur Erstellung dieser Angebote notwendigen Produktionsfaktoren durch Verträge an sich bindet.

Unternehmen offerieren Beschäftigungsmöglichkeiten für Erwerbsarbeit auf der Grundlage eines Systems ausgeprägter Arbeitsteilung. Durch die Annahme des Arbeitsplatzangebots durch Arbeitnehmer, konkret: durch die tatsächliche Aufnahme der Beschäftigung, entstehen Beschäftigungsverhältnisse, deren Bedingungen durch Arbeitsverträge für Arbeitgeber und Arbeitnehmer verbindlich geregelt sind.

Zu den Leistungsanforderungen an alle Beschäftigten zählen neben ihrer speziellen beruflichen Qualifikation ein hochgradig ausgebildeter Sinn für Pünktlichkeit, Genauigkeit und Präzision im Arbeitsvollzug, Verantwortungsgefühl für Anlagen und zudem die soziale Fähigkeit zur Anpassung ihrer Aktivitäten an die anderer Menschen sowie zu einem kooperativen Arbeitsstil. Solche *Kompetenzen, die letztlich in den Familienhaushalten ausgebildet werden*, sind zentrale Voraussetzungen für die auf Markt-Effizienz ausgerichtete Organisation von Arbeitsabläufen in Unternehmen, die ihrerseits die Basis ist für verbindlich an die Belegschaft zu entrichtende Arbeitsentgelte. Auf der Grundlage von Arbeitsplatz- und Leistungsbewertungen ermittelt bilden trotz aller staatlichen Leistungen im Bereich der Sozialen Sicherung die *auf den Arbeitsmärkten vereinbarten Entgelte die weitaus beachtlichste Quelle der in der Volkswirtschaft von den Familienhaushalten erzielten Einkommen.*

2.2 Die Bedeutung der Größenverteilung der Unternehmen für die Beschäftigung und Einkommenssicherung

In 1.1 war die Rede davon, dass in der Bundesrepublik Deutschland der Sockel an verfügbaren Arbeitsplätzen sehr hoch und nicht in wenigen Jahren abzuschmelzen sei. Von besonderer Bedeutung für diesen Tatbestand ist das strukturelle Profil der Welt der Unternehmen, ihre Aufteilung auf unterschiedliche Größenordnungen, auf Groß-, Mittel- und Kleinunternehmen. Hier ist insbesondere die Tatsache hervorzuheben, dass im Jahr 2000 fast 80% der sozialversicherungspflichtig Beschäftigten in Westdeutschland in mittelständischen Betrieben tätig waren, insgesamt mehr als 17,5 Millionen Arbeitnehmer. Dagegen hatte lediglich knapp eine Million einen Arbeitsplatz in den westdeutschen Großunternehmen mit mehr als 5.000 Beschäftigten. Auffallend ist, dass nahezu alle spektakulären Fälle von Arbeitslosigkeit aus den Kreisen der Großindustrie gemeldet werden. Vor diesem Hintergrund gilt es, bezüglich des Themas vermeintlich stetiger Freisetzung von Arbeitskräften infolge technischen Fortschritts nachdrücklich darauf aufmerksam zu machen, dass im Hinblick auf die Aufrechterhaltung eines hohen Beschäftigungsniveaus der unternehmerische Mittelstand das eigentliche Herzstück der deutschen Wirtschaft darstellt.

Die rund 2,1 Millionen kleinen und mittleren Unternehmen in Westdeutschland – statistische Abgrenzung: bis zu 500 Beschäftigte und/oder bis zu 100 Millionen DM Jahresumsatz – machen 99,8% aller Unternehmen aus. Auf sie entfielen im Jahre 1990 knapp die Hälfte aller versteuerbaren Umsätze, gut die Hälfte der Bruttowertschöpfung aller Unternehmen, gut zwei Fünftel aller Bruttoinvestitionen, vier Fünftel aller Auszubildenden.

Von überragender Bedeutung ist der Beitrag des unternehmerischen Mittelstands für die Sicherung bestehender und die Schaffung neuer Arbeitsplätze. In kleinen und mittleren Unternehmen sind rund zwei Drittel aller abhängig Beschäftigten tätig. Ohne die Wirtschaftsbereiche Landwirtschaft, Post, Bahn, Gebietskörperschaften und Sozialversicherung sind es sogar annähernd drei Viertel.

Besonders gute Beschäftigungschancen haben in kleinen und mittleren Unternehmen offenbar Frauen und Jugendliche. Auch die Teilzeitbeschäftigung ist hier deutlich höher als bei den großen Unternehmen.

Der beschäftigungspolitische Beitrag der kleinen und mittleren Unternehmen ist in den entwickelten Marktwirtschaften des Auslandes ebenfalls beachtlich. In den Ländern der Europäischen Union (EU) sind gut drei Viertel der Beschäftigten in mittelständischen Unternehmen tätig.

In der Europäischen Union erhöhte sich die Anzahl der Arbeitsplätze in mittelständischen Unternehmen zwischen 1988 und 1993 um rund 2,6 Millionen, während die Beschäftigung in den größeren Unternehmen zurückging. Unter den zwölf EU-Ländern schnitten die westdeutschen Mittelständler mit einem jahresdurchschnittlichen Beschäftigungswachstum von 2,6% (EU-Durchschnitt 0,8%) in der gleichen Zeit am besten ab.

Für eine weiterführende Debatte (vgl. Krüsselberg 1998b: 605-649) ist es unerlässlich zu registrieren, dass die konkrete Entwicklung „zunächst einer breiteren Gruppe von Fachleuten" spätestens in den 70er Jahren deutliche „Schwächen der Großbetriebe" im Hinblick auf ihre gesamtwirtschaftliche Leistungsfähigkeit bewusst machte. In einer an dieser Stelle angreifenden Studie, die den Titel trägt: „Die Größe der Kleinen" versuchen Aiginger und Tichy, „(d)ie überraschenden Erfolge kleiner und mittlerer Unternehmungen in den achtziger Jahren" – so lautet dann auch der Untertitel – zu analysieren (Aiginger/Tichy 1985: 5). Ihr Befund ist eindeutig: „Eine generelle Überlegenheit größerer wirtschaftlicher Einheiten kann in keiner Weise belegt werden; eher erlaubt das Material die Aussage, dass mittlere wirtschaftliche Einheiten die höchste Effizienz und kleinere und mittlere Einheiten die höchste Rentabilität aufweisen" (144). Der Sektor der Klein- und Mittelbetriebe gilt als effizient, wenngleich riskant (85ff.). Es wird weiterhin darauf verwiesen, dass unter diesen Voraussetzungen Konzentrationsvorgänge „primär unter dem Gesichtspunkt der Verminderung der Effizienz, ihre wachstumsdrückenden und strukturverschlechternden Wirkungen" zu sehen sind. Dass Oligopole und Monopole nur dann über entsprechende Preissetzungsmacht verfügen, wenn der Zugang zum Markt beschränkt ist, war bereits in den sechziger Jahren diskutiert worden (Krüsselberg 1969, vgl. etwa 196ff., 225f., dort Fn. 101). Zu Recht vermerken Aiginger und Tichy, dass die volkswirtschaftliche Bedeutung der kleinen und mittelgroßen Unternehmen auch daran zu messen ist, dass sie außer Effizienz, Rentabilität und Wachstum stärker als die großen Arbeitsplatzsicherung, Zufriedenheit am Arbeitsplatz, sozialen Frieden, Umweltqualität und den Ausgleich regionaler Einkommensunterschiede gewährleisten (95). Zutreffend wird gefolgert, dass von kleineren und mittleren Unternehmen „ein rascherer und nachhaltigerer Beitrag" zur Bewältigung des Strukturwandels zu erwarten sei als von den größeren (109, 116).

Der unternehmerische Mittelstand gilt für die Lösung der aktuellen Arbeitsmarktprobleme als beschäftigungspolitischer Hoffnungsträger. Dabei wirke sich – so meint man – immer auch die Neugruppierung des Faktors Arbeit in den großen Unternehmen für sie günstig aus – was bereits Schumpeter avisierte. Als Zulieferer seien die meist mittelständischen Unternehmen Nutznießer einer verstärkten marktorientierten Arbeitsteilung: Die Verringerung der Produktionstiefe und die Ausgliederung von Wertschöpfungsprozessen (Outsourcing) aus den großen Unternehmen sorge für neue Beschäftigungschancen bei den mittleren Unternehmen. Gewiss findet sich hier eine zentrale Begründung für die hohen Zuwachsraten im Wirtschaftssektor „Unternehmensdienstleister" (vgl. Institut der deutschen Wirtschaft 2001: 13).

2.3 Ein zentrales Ergebnis: Der Mittelstand als Motor des Arbeitsmarktes

Wie begründet die oben erörterten Einschätzungen bezüglich der Beschäftigungschancen in der deutschen Wirtschaft sind, zeigt die folgende aktuelle Tabelle :

Tabelle 1: Der Mittelstand – Motor des Arbeitsmarktes
Versicherungspflichtig Beschäftigte in Westdeutschland nach Betriebsgrößen in 1.000

Beschäftigte	1980	1990	2000	Veränderung 1980 bis 2000
1-4	1.681	1.866	2.077	+ 395
5-9	1.580	1.778	1.980	+ 400
10-99	6.432	6.946	7.821	+1.389
100-499	5.028	5.316	5.716	+ 688
500-999	1.921	2.064	1.912	–9
1.000-4.999	2.930	3.030	2.379	–551
Mehr als 5.000	1.382	1.368	962	–419
insgesamt	20.954	22.368	22.847	+1.894

Quelle: Ursprungsdaten: IAB – Darstellung: Institut der deutschen Wirtschaft Köln, iwd 36/2001: 7.

Es ist schon verwunderlich, dass die *Warnungen* von Wirtschaftswissenschaftlern, die sich der Idee der Sozialen Marktwirtschaft verpflichtet fühlen, in den 90er Jahren (und zuvor) *vor einem schleichenden Substanzverzehr im selbständigen Mittelstand* nahezu ohne politische Resonanz blieben. Gewiss war das Thema auf der Agenda, dort allerdings ebenfalls unter der Rubrik: Reformstau. Die noch heute gültigen Forderungen an die Politik zur Stabilisierung des Beschäftigungsniveaus lauteten seit langem: Die *Risikokapitalbildung* müsse attraktiver werden. Notwendig werde die *Beseitigung steuerlicher Diskriminierungen* von Eigenkapital, die *Stärkung der Generationenbrücke in der Unternehmensnachfolge* und eine *effizientere Existenzgründungsförderung,* insbesondere wegen der in der Gründungsphase zu beobachtenden Wettbewerbsnachteile mittelständischer Unternehmen im Vergleich zu Großunternehmen. Beanstandet werden zudem die Unterentwicklung der Venture-Capital-Märkte, die *geringe Vitalität des Beteiligungsmarktes für kleine und mittlere Unternehmen,* das reformbedürftige Insolvenzrecht und hohe Bürokratiekosten. Man ist sich einig, dass moderne Mittelstandspolitik darauf ausgerichtet sein sollte, die Rahmenbedingungen für die Entfaltung privater Initiativen zu pflegen und, wo nötig, zu verbessern. Generell wird plädiert für einen „schlankeren Staat", einen Staat, den gleichwohl der Aufbau einer angemessenen Infrastruktur für wirtschaftliches Handeln zu interessieren hat. In diesem Kontext wird kritisiert, die Investitionen in persönliches Wissen, die Investitionen in Humanvermögen, die „Qualität" und Quantität des menschlichen Handlungs- und Entscheidungspotenzials würden in den gegenwärtigen Reformplänen hintangestellt. So kommt es hier zu einem weiteren *Befund: Das Problem der aktuellen Politik ist ihr Defizit an „der Zukunft zugewandten" Investitionen.*

3 Das Problem der Einkommenssicherheit in der Welt der Arbeit

3.1 Arbeit im Lebenszusammenhang

Mit dem Begriff der Zwei-Drittel-Gesellschaft wird heute gern als vermeintlich gegenwartsnah ein gesellschaftlicher Zustand umschrieben, der rund ein Drittel der Bevölkerung dauerhaft arm sein lässt und damit gesellschaftlich ausgrenzt, stigmatisiert, in eine Randständigkeit zur Gesellschaft abdrängt. Rifkin sieht an der Schwelle des 21. Jahrhunderts die USA sogar in zwei Hälften zerfallen. Die Spannung zwischen Arm und Reich werde das Land in zwei feindliche Lager spalten (Rifkin 1996: 143). Unterstellt wird, die Ursache dieses Phänomens sei – ähnlich wie es einst in den zwanziger und dreißiger Jahren der Fall war – Massenarbeitslosigkeit. Nur für maximal zwei Drittel der Arbeitsuchenden bleibe Erwerbsarbeit verfügbar. Damals – in der Zeit nach 1929 – brachen die Volkswirtschaften in der westlichen Welt einschließlich der USA produktionsbezogen gravierend ein. In den USA sank die Industrieproduktion um ca. 50%; die Arbeitslosigkeit stieg auf 25%. Ähnlich verliefen die Entwicklungen in anderen Industriestaaten.

Die zeitgenössische Interpretation von Anti-Marktwirtschaftlern lautete damals: Zusammenbruch des kapitalistischen Systems. Heute gilt vielen als bedeutsamster Kandidat im Feld der Erklärungsversuche für eine vermeintlich Massenarbeitslosigkeit schaffende wirtschaftliche Entwicklung eine „Globalisierung" der Wirtschaft, die diese von einer Zügelung durch „Politik" befreie. So wie seinerzeit die pauschale Ideologisierung einer sehr komplexen Gesamtsituation nicht ausreichte, wichtige Politikentscheidungen zu fundieren, ist es gegenwärtig ebenfalls wenig hilfreich, Problem-Szenarien zu verabsolutieren. *Der Auseinandersetzung mit der Frage nach den potenziellen Einflüssen der Wandlungen in der Struktur der Erwerbstätigkeit droht eine Gefahr: die einer unzulässigen Verallgemeinerung von in der Realität tatsächlich zu beobachtenden Prozessen.* Für die Beurteilung der Weltwirtschaftskrise in den dreißiger Jahren des letzten Jahrhunderts gilt als gesicherte Erkenntnis, dass institutionelle Schwächen der Geld- und Währungsordnung sowie massive Fehler in der Geld-, Finanz- und Gesellschaftspolitik auf nationaler und internationaler Ebene einen wirtschaftlichen Einbruch auslösten, dessen Ausmaß verstärkt und dessen Dauer verlängert wurde durch den Verzicht auf institutionelle Reformen oder einen forcierten Vollzug schlecht durchdachter Reformschritte. *Heute* wird vorgetragen, wie sehr gesellschaftliche Entwicklungspotenziale durch „institutionelle Sklerose" behindert werden und ungenutzt bleiben. Gemeint ist, dass sich in entwickelten Demokratien ein „mächtiges Netzwerk von Sonderinteressenorganisationen" aufbaut, das die Anpassung der Gesellschaft an sich ändernde Umstände und Technologie verzögert. Eine wichtige Aufgabe der Wissenschaft müsste darin bestehen, zeitgerechte institutionelle Arrangements zu erforschen, die Lösungsmöglichkeiten für gegebene Gegenwartsprobleme versprechen (Olson 1985: 102ff., 308f.).

Im Kern wurde und wird mit der (wiederbelebten) These der säkularen Unterbeschäftigung behauptet, dass der modernen Gesellschaft die Arbeit ausgehe. Allerdings mehren sich die Stimmen, die sich gegen die „Empirieferne" solcher Voten auflehnen: „Empirisch belegt werden *Veränderungen von Arbeit* gewiss, nicht aber *die ‚Abschaffung' der Arbeit*" (Schmidt 1999: 20f.). Hier scheint sich die Auffassung von Arbeit durchzusetzen, die im Fünften Familienbericht breit erörtert wurde (vgl. dort Kap. VII.: 146-152): „Arbeit" umfasst alle Tätigkeiten zur Daseinsvorsorge im Lebenszusammenhang von Frauen und Männern. *Bestritten wird die Überzeugungskraft einer Denkstruktur, die bewusst oder unbewusst suggerieren möchte, dass die Entfaltung persönlicher, familiärer und gesellschaftlicher Wohlfahrt und Kultur vornehmlich das Ergebnis industrieller Produktion und der für sie typischen Form der Erwerbsarbeit sei.* Sicherlich strukturierte Erwerbstätigkeit den Lebensstil einer industriellen Wirtschaftsgesellschaft, die gegenwärtig ihre Dominanz verliert. Deren Grundformen bestimmten das Zeitmuster von Tages-, Wochen- und Jahresabläufen und einen Grossteil der sozialen Kontakte. Das bei dieser Variante von Arbeit erzielte Einkommen fundierte das Niveau der materiellen Lebensführung – und zudem die Zukunftserwartungen der Menschen. Die Partizipation an Aktivitäten entlohnter Arbeit bescherte Sozialprestige, das Gefühl der persönlichen Akzeptanz durch die Gesellschaft sowie den Eindruck, in wichtige Elemente der Wirklichkeit einbezogen zu sein. Erwerbstätigkeit vermittelte und vermittelt auch weiterhin wesentliche Grunderfahrungen in bezug auf die eigene Kompetenz, Selbstwertschätzung und die Chance, eigene Interessen, Fähigkeiten und Kenntnisse einzusetzen. Sie trägt zur Entwicklung einer personalen Identität bei.

Inzwischen jedoch wird entdeckt, wie sehr die stark überhöhte Wertigkeit der Erwerbstätigkeit andere Arten gesellschaftlich notwendiger Arbeit diskriminiert, Disparitäten begründet, Asymmetrien zwischen Rechten und Pflichten entstehen lässt, aus denen Unrecht erwächst gegenüber anderen, die gesellschaftlich wertvolle Arbeit leisten; das sind insbesondere die Träger der Familienarbeit, die Erzieher von Kindern, vornehmlich die Mütter. In einer Gesellschaft, die sozialen Status und soziale Chancen wesentlich durch Erwerbsarbeit begründet, sind sie in ihren Lebenschancen beeinträchtigt, solange sie, ohne gleichzeitig erwerbstätig zu sein, für ihre Arbeitsleistung keine ebenbürtige Wertschätzung erfahren.

Das Thema ist in der deutschsprachigen Theorie der Sozialpolitik seit den 50er Jahren präsent: Weibliches Geschlecht, Alter, Kinderreichtum seien die Merkmale der *Neuen Armut*, und das gelte „quer durch alle Sozialschichten hindurch". Es gehe um potenzielle Armutskonstellationen, die als Folge eines Ausschlusses von Erwerbsarbeit zu befürchten seien. Von Armut bedroht sind in dieser Sicht in einem umfassenden Sinn all jene, die nicht in der Lage sind, durch Arbeitsertrag oder Sicherungsleistungen der Sozialpolitik für sich selbst als Individuum die Voraussetzungen zur Verwirklichung einer angemessenen Lebenslage zu erfüllen. Die schwierige Stellung der Frau mit ihrer oft unerträglichen Mehrfachbelastung durch Erwerbstätigkeit, Kindererziehung und Haushaltsführung, die Wahrung der Menschenwürde im Alter, die Lage der Gastarbeiter, die soziale Sicherung älterer Selbständiger, die Probleme der Kinder in einer Welt der Erwachsenen, die Frage der Erziehungsfähigkeit „unserer" Familien und die Schwierigkeiten von Behinderten und Alleinstehenden; sie seien *neue soziale Probleme* und verlangten nach einer Fortentwicklung der Sozialpolitik, der Entwicklung neuartiger sozialpolitischer Problemlösungen vor allem unter Berücksichtigung des Grundwertes der Gerechtigkeit (Krüsselberg im Druck).

Aktuell bleibt diese Einsicht vor dem Hintergrund der weiterhin praktizierten gesellschaftlichen Unterbewertung der Familienarbeit im Vergleich zur Erwerbsarbeit und des daraus resultierenden Wert- und Zielkonflikts zwischen den Entscheidungen für Familienarbeit und Erwerbsarbeit. Niemand leugnet, dass die Arbeit, die in den privaten Haushalten geleistet wird, als ein unentbehrliches Kernstück der gesellschaftlichen Daseinsvorsorge anzusehen ist. Gleichwohl konzentrieren sich die Diskussionen über den Wert der „Arbeit" für den modernen Menschen auf das Thema: Erwerbsarbeit. *Es ist nicht zu übersehen, wie sehr diese Einseitigkeit der Diskussion die Bemühungen all jener belastet, deren Lebensplanung von der Vereinbarkeit aller Varianten von Arbeit, nicht zuletzt der von Familien- und Erwerbsarbeit, ausgehen möchte.* Entscheidend ist dabei der im Alltag nahezu als selbstverständlich unterstellte Tatbestand, dass in allen Schichten der Bevölkerung die Sicherung der familialen Existenzen über jene Geldeinkommen gewährleistet wird, die im Marktprozess erzielt werden. Das gilt selbst für jene Einkommensteile, die nach der staatlichen Umverteilung als Sozialtransfers bestimmten Familienhaushalten zufließen.

Arbeit als Tätigkeit zur Daseinsvorsorge, als bewusstes zweckgerichtetes Handeln erstreckt sich auf alle Lebensbereiche: auf Erwerbs- und Schatten-(Schwarz-)Arbeit, unentgeltlich geleistete Arbeit in Familie und Haushalt, auf unentgeltlich für öffentliche Belange dargebotene Arbeit. Und überall gibt es hier „Märkte", auf denen ein Angebot auf eine Nachfrage trifft. Es gibt also – so schrieb ich 1985 – „vier Austauschfelder für Arbeit – zumindest vier. (Sie) begründen das ‚Realphänomen Arbeitsmarkt'. Sie sind in ihrer jeweiligen Besonderheit und wechselseitigen Verknüpfung zu analysieren", soll die Prozessdimension der Lebensplanung einigermaßen korrekt eingefangen werden. Für unsere Gegenwartsgesellschaft wäre das Klassifikationssystem für Arbeit zu ergänzen um die Kategorie eines (weitgehend politisierten) Marktsystems für Bildung und Ausbildung und ein (nahezu vollständig politisierten) für Soziale Sicherung. Die dazu aufgebauten Institutionen sollten die gesellschaftspolitische Funktion der lebenszyklischen Stabilisierung des Prozesses des Aufbaus und der Erhaltung von Humanvermögen durch eine institutionalisierte Garantie der Einkommenssicherheit in den Zeiten des Übergangs in die Arbeitsfähigkeit und aus der Arbeitsfähigkeit übernehmen. Ihr gegenwärtig sichtbar werdender Misserfolg zwingt zu einer Neubesinnung im Hinblick auf die Wahl und den Entwurf alternativer Verfahrensmuster.

In der familienpolitischen Perspektive wird auf den Arbeitsmärkten darüber entschieden, in welcher Kombination das in den Familien und Bildungsinstitutionen aufgebaute Humanvermögen mit den in den Unternehmen als Produktionsstätten bereitgestellten Sach- oder (realen) Produktivvermögen zur kostengünstigsten und zugleich bedarfsgerechten Versorgung einer Volkswirtschaft mit Gütern und Dienstleistungen beiträgt. Erst die Verknüpfung von Human- und Sachvermögen gewährleistet die volkswirtschaftliche Wertschöpfung. Alle Einkommen, die aus der Wertschöpfung erwachsen, leiten ihren Wert aus einem Güter- und Dienstleistungsangebot ab, das ohne das in den Menschen verkörperte Handlungspotenzial, ihrem „Humanvermögen", nicht bereitgestellt werden kann. Erinnert sei erneut an die These der Fünften Familienberichtskommission: „Im Lebenszyklus geht die familiale und schulische Sozialisation stets der Erwerbstätigkeit voraus. Nur mit dem Sozialisationserfolg wird effiziente Wirtschaft möglich". „Vor diesem Hintergrund spricht einiges dafür, dass die Prägekraft der Erwerbsarbeit als Vergesellschaftungsmoment abnimmt bzw. relativiert werden muss (...) Allerdings wäre es falsch, diesen Strukturwandel mit einer *Krise der Arbeitsgesellschaft* gleichzusetzen" (Bonß 1999: 153).

3.2 Arbeit in der Dienstleistungsgesellschaft?

Was als US-Beschäftigungswunder durch die Expansion im Dienstleistungssektor weltweit diskutiert wurde, ist bis in die unmittelbare Gegenwart hinein kontrovers beurteilt worden. Die Ergebnisse einer Auswertung dieser Debatte im Jahre 1995 (Krüsselberg 1995: 15-37) sind weiterhin aktuell. In den USA sind dort allein in den Jahren 1992 bis 1994 fast 3,7 Millionen neue Arbeitsplätze geschaffen worden – immerhin ein Zuwachs von 4,3%. Zu vermerken war, dass sich innerhalb des Dienstleistungssektors die Beschäftigung sehr differenziert entwickelt hatte. Transporteure, Banken und Versicherungen weisen etwa konstante Belegschaftszahlen auf. Im Handel und im Bereich der sonstigen Dienste wurde die Beschäftigung kräftig ausgeweitet. Immerhin 2,3 Millionen Arbeitsplätze sind damals in der Rubrik „Sonstige Dienste" entstanden, und 1 Million neuer Stellen gab es im Gesundheitswesen, in den sozialen Diensten, in Kraftfahrzeug-Werkstätten, an Tankstellen, Parkplätzen und in den Kinos. Hier dominieren die niedrig entlohnten und weniger geschützten Jobs. Mit einem Plus von mehr als 900.000 Plätzen gab es hingegen einen äußerst beachtlichen Beschäftigungszuwachs im Sektor der hoch- und höchstqualifizierten unternehmensbezogenen Dienste: Softwarehäuser, Ingenieurbüros, Marketing- und Werbeagenturen.

Betrachtet man im Vergleich dazu die Entwicklung in der Bundesrepublik Deutschland, so zeigt sich, dass immer mehr Bundesbürger Arbeit im Freizeitsektor finden. 1993 belief sich ihr Anteil bereits auf über 8% aller Arbeitnehmer in Deutschland. Betrachtet man die Branchentrends, gelangt man zu einer überraschenden Entdeckung in der Arbeitsmarktstatistik. Die höchsten Zuwachsraten in der Beschäftigungszahl erzielten in der Zeit von 1983 bis 1993 private Straßenreinigungen und private Heime. Insgesamt wird ein Beschäftigungs-Boom bei privaten Diensten konstatiert, durch den innerhalb eines Jahrzehnts knapp 12% der fast 3 Millionen neuen Arbeitsplätze geschaffen wurden, die in jener Zeit entstanden. In den zehn beschäftigungsstärksten Wirtschaftszweigen fanden 1989 rund 888.000 mehr Menschen eine Arbeit als zehn Jahre zuvor.

Immer wieder taucht hier die Frage auf, in welchem Umfang einkommensschwache Beschäftigung oder einkommensstarke Beschäftigung zustande kommt. Während die meisten neuen Arbeitsplätze mit 228.000 im Einzelhandel entstanden, folgten auf Platz 2 die Architekten- und Ingenieurbüros mit 190.000 zusätzlichen Stellen. Die dritte Position übernahm der Großhandel mit 169.000 neuen Arbeitsplätzen .

Das vom Institut der deutschen Wirtschaft vorgelegte Material erlaubt ein wohlabgewogenes Urteil: Der Dienstleistungssektor stabilisiert die Beschäftigung. Der tertiäre Sektor zeigt einen Beschäftigungstrend, der kontinuierlich nach oben weist. Vor allem die „sonstigen Dienstleister" befinden sich auf Expansionskurs: Freiberufler, Gesundheits- sowie Kultur- und Bildungsdienstleister. Ihr Arbeitsplatzanteil im tertiären Sektor erhöhte sich seit 1967 um volle 10 Punkte auf 35%. Betont wird, dass es sich bei diesen Unternehmen um hochproduktive Firmen handele. Im ersten Halbjahr 1994 übertrafen sie mit ihren 6,14 Millionen Erwerbstätigen bei einer Wertschöpfung von insgesamt 252 Milliarden DM sogar die Leistung des produzierenden Gewerbes, obwohl dort noch etwa 10,33 Millionen Erwerbstätige gezählt werden. Generell ist wohl auszugehen, dass die Nachfrage nach konsumnahen Dienstleistungen in einem hohen Maße preis- und einkommenselastisch ist. Hier ist die potentielle Nachfrage weitgehend ungesättigt. Es ist auch „im Gegensatz zu landläufigen Befürchtungen" zu unterstellen, dass in diesen Bereichen der markt- und beschäftigungsexpansive Effekt den arbeitssparenden Effekt moderner Technologien überkompensiert. Im Prinzip können durch produktivitätssteigernde Innovationen im Dienstleistungssektor durchaus positive beschäftigungswirksame Entwicklungen erwartet werden. „Wäre die Ausstattung der rund 55 Millionen erwerbsfähigen Deutschen mit Dienstleistungsjobs genauso hoch wie in Dänemark oder in den USA, dann hätten wir hierzulande rund 8,5 Millionen Dienstleistungsarbeitsplätze mehr" (iwd 1999: 5).

Diese Betrachtungen sind von grundsätzlicher Bedeutung. Noch scheint vielfach die *Sorge* vorzuherrschen, *dass die wirtschaftliche Basis durch die Schrumpfung des industriellen Sektors erodiert wird*. Der Dienstleistungssektor sei wertschöpfungsarm und damit kein Ersatz für die bisherige wirtschaftliche Struktur. Gleichwohl schreitet die „De-Industrialisierung" Hand in Hand mit der Tertiarisierung der Wirtschaft fort. Dieses zur Kenntnis zu nehmen heißt, die Chancen zu erkennen, die sich vor allem im Bereich der mittelständischen Wirtschaft an Beschäftigungspotenzialen ergeben, – nicht zuletzt im Hinblick auf die erwerbswirtschaftliche Chancengleichheit für Frauen. Das gilt bis hin zur kommunalen Ebene. Die beschäftigungsorientierten Handlungskonzepte der Städte sollten sich – hierin ist sich die kommunalwissenschaftliche Forschung zunehmend einig – nicht allein auf den Bedarf an unternehmensorientierten Dienstleistungen konzentrieren. Augenmerk sollte beispielsweise auch auf quartierbezogene Dienstleistungen gelegt werden. Erwartet wird, dass solche Konzepte zu einer sozialen Stabilisierung in den Stadtteilen beitragen, in gewissem Umfang zudem Erwerbsmöglichkeiten bereitstellen – nicht zuletzt durch den Aufbau sozialer Netze, die in Ergänzung treten zu Aktivitäten des familialen oder Nachbarschafts-Sektors.

3.3 Das Problem der potenziellen Erosion der wirtschaftlichen Basis der Familienhaushalte im Prozess wirtschaftlicher Dynamik

Wenn die Dynamik des Wettbewerbs als Quelle der Wohlstandssteigerung gilt, zugleich *aber* auch als *Ursache der stetigen Umsetzung von Arbeit*, wenn die Qualitätssteigerung der Versorgung durch neue Produkte und neue Märkte, die Effizienzsteigerung durch neue Verfahren und neue Organisationsstrukturen mit guten Begründungen durch den Ausbau des Dienstleistungssektors zu erwarten ist, wird die Frage zentral, wie die Wirtschaft, die Politik und Familienhaushalte die Befähigung erlangen, die dazu notwendigen Anpassungsleistungen zu erbringen. Für die Gesamtheit der Entwicklung in der Bundesrepublik Deutschland kann sicherlich weiterhin davon ausgegangen werden, dass ca. 80% aller Beschäftigten in Tätigkeitsbereichen aktiv sind, deren Leistungen in mehr oder weniger direktem Maße marktabhängig sind. Es ist zudem damit zu rechnen, dass mittelständische Existenzen nach wie vor den breitesten Sockel für Erwerbstätigkeit bieten. Es ist nicht auszuschließen, dass bei einer Veränderung der Rahmenbedingungen, die den oben genannten Kriterien folgt, die Zahl der selbständig Erwerbstätigen wächst. All das impliziert, dass die Einkommensverhältnisse und damit die Lebenslagen der Familien auch weiterhin mit der Wirtschaftsentwicklung unmittelbar verknüpft sind. Allerdings dürfte die Stabilität der Einkommenserzielung in den Familienhaushalten wachsen, wenn es im selbständigen Bemühen gelingt, „Mehrfach-Beschäftigung" zu praktizieren.

Beispielhaft kann eine diesbezügliche Entwicklung *bei* einer Minorität von landwirtschaftlichen Haushalten *festgestellt* werden, die es vermochte, sich den veränderten Agrar*verhältnissen* und gesamtgesellschaftlichen Rahmenbedingungen flexibel anzupassen. *Mit diesem Beschäftigungsmodell hat* sich „die Landwirtschaft in ihrer Gesamtheit immer mehr in Richtung auf eine *Teilzeitbeschäftigung* hinaus bewegt". So konnten über eine Diversifikation von Aktivitäten, die *Wahrnehmung* von in verschiedenen „Sektoren" stattfindenden Teilzeitaktivitäten, Einkommen erzielt werden, deren Niveau über denjenigen „aller Privathaushalte" liegen (Schmitt 1994: 47, 52, 58). Das ist – so bemerkte ich seinerzeit – ein bedenkenswertes Ergebnis. „Es könnte einen Weg vorzeichnen für Anpassungsmuster in anderen Beschäftigungssektoren. Neu ist, dass sich *in diesem Fall* der Selektionsprozess der *Arbeitsplatzwahl* über alle Sektoren der Wirtschaft, vom primären Sektor bis hin in den tertiären, erstreckt" (Krüsselberg 1995: 31ff.).

Das Neuartige am Strukturtyp dieser beobachteten Minderheit im *Bereich* der bäuerlichen Familienhaushalte besteht darin, dass sich das Muster dieser Variante von Einkommenserzielung abgekoppelt hat von den Erwerbschancen in lediglich einem Sektor, dass es angesichts der Bündelung von „Teilzeitarbeitsverhältnissen" kein „Normalarbeitsverhältnis" mehr gibt, dass sich starke Anreize bieten zur Bildung von privatem Vermögen einschließlich der Investition in die eigene Qualifikation, das Humanvermögen, und dass die Möglichkeit des Zugriffs auf die Leistungen des Systems der Sozialen Sicherung die Existenz von finanziellen Brücken zur Alimentierung etwaiger einkommensloser Zeiten im Übergang zwischen den Tätigkeitsebenen garantiert. Es ist zu prognostizieren, dass überall dort, wo diese Elemente konstitutiv für die in den Familienhaushalten vorhandenen Handlungspotenziale sind, der einschlägige Entscheidungsprozess der Anpassung an eine sich stetig wandelnde Umwelt, ein Entscheidungsprozess mit einem hohen Anteil an Risiko-Management, gelingt. Jede Variante von Politik, die geeignet ist, das Handlungspotenzial von Familienhaushalten dahingehend zu stärken, das ein „pluri-activity"-System Einkommensstabilität gewährleistet, fördert zugleich die Stabilisierung des gesellschaftlichen Lebens.

3.3.1 *Das Arbeitsförderungsrecht und Reformbedarf*

Anlässlich der derzeit letzten Novelle des Arbeitsförderungsgesetzes wurde ausdrücklich anerkannt, dass die ursprüngliche, durch die Euphorie postkeynesianischen Beschäftigungsdenkens getragene Idee, durch staatliches Handeln nicht nur Vollbeschäftigung garantieren, sondern zugleich auch das wirtschaftliche Wachstum fördern zu können, als eine Überschätzung der konkreten

Möglichkeiten anzusehen sei. Hinfort solle die *Unterstützungsfunktion der Arbeitsförderung* besonders herausgestellt werden; sie soll *Brücken zum regulären Arbeitsmarkt bahnen* und stärker auf eine gestaltende, aktive Arbeitsvermittlung ausgerichtet sein. Arbeitsförderung umfasst sowohl Aktivitäten zur Verhütung von Arbeitslosigkeit als auch Leistungen bei Arbeitslosigkeit. Letztere sind nach dem Willen des Gesetzgebers so auszugestalten, dass sie die Ein- oder Wiedereingliederung des von Arbeitslosigkeit Betroffenen in das Arbeitsleben so rasch wie möglich erreichen lassen. Danach gilt eindeutig das *Prinzip des Vorrangs der Sicherung vor Arbeitslosigkeit*, also der Vermittlung in Ausbildung und Arbeit, vor der Sicherung bei Arbeitslosigkeit durch die Gewährung von Lohnersatzleistungen an potenziell Erwerbsfähige in Zeiten unfreiwilliger Beschäftigungslosigkeit. Gleichwohl soll ein gesetzlich fundierter Anspruch begründet werden, der Barleistungen denjenigen zufließen lässt, deren Lebensunterhalt infolge Arbeitslosigkeit als nicht gesichert anzusehen ist. Der Gesetzgeber folgt damit der Auffassung, generell steigere die Dynamik einer Wettbewerbswirtschaft den wirtschaftlichen und gesellschaftlichen Wohlstand.; wenn diese Dynamik allerdings für Einzelne zu unfreiwilliger Arbeitslosigkeit führt, schulde die Gesellschaft ihnen einen Lohnersatz und Hilfeleistungen bei der Suche nach einem neuen gleich- oder gar höherwertigen Arbeitsplatz.

Im Gesamtsystem der sozialen Sicherung soll die öffentliche Sozialhilfe die Lücken schließen, die andere Sozialleistungssysteme offen ließen. Ihre Aufgabe besteht darin, den Empfängern der Hilfe eine menschenwürdige Lebensführung auf dem sozialkulturellen Mindestniveau der Gesellschaft in der Bundesrepublik Deutschland zu ermöglichen. Als allgemeines Auffangnetz für Menschen, die in Not geraten, d.h. nicht in der Lage sind, aus eigenen Kräften ihren Lebensunterhalt zu bestreiten, fungiert die Sozialhilfe, die grundsätzlich allen Bürgern des Landes bei Bedürftigkeit per Rechtsanspruch zusteht. Jeder Hilfeempfänger soll durch staatliche Hilfe befähigt werden, sich wiederum in das allgemeine Arbeitsleben der Gemeinschaft einzugliedern. Dazu nach eigenen Kräften mitzuwirken, ist gefordert.

Im Vergleich zum Jahr 1980, in dem nur etwa 10% der damals knapp 1,3 Millionen Hilfeempfänger arbeitslos waren, ist deren Anteil im Jahr 1998 bei 2,9 Millionen Sozialhilfeempfängern auf 40% angestiegen. Als eine der Hauptursachen für die nahezu explosive Erhöhung des Volumens der Sozialhilfeleistungen in der Bundesrepublik Deutschland ist das beachtlich angewachsene Ausmaß an Langzeitarbeitslosigkeit zu nennen. Durch den Anspruch eines jeden Bürgers auf Unterstützungsleistungen in Höhe des Sozialhilferegelbedarfs ist in allen Fällen, in denen die Arbeitslosenhilfe oder das Arbeitslosengeld dieses Niveau nicht erreicht, die Differenz durch Sozialhilfemittel zu decken. Konkrete Fallstudien für das Jahr 1996 kamen zu dem Ergebnis, dass insbesondere geringqualifizierte Arbeitslose mit Familie über die Leistungen aus der ergänzenden Sozialhilfe Bezüge erhielten, die in ihrer Gesamtheit bis zu 90%

oder gar 106% ihres früheren verfügbaren (Arbeits-)Einkommens erreichten (Klös 1998: 20).

Die politische Schlussfolgerung lautet nun, dass das deutsche Sozialhilfesystem somit in ein Spannungsfeld gerät zwischen einer sozialorientierten Versorgung und der Motivation für die Arbeitslosen, sich um eine neue Beschäftigung zu bemühen oder auch um eine bessere berufliche Qualifizierung. Es wird daher in Wissenschaft und Praxis von der Existenz einer durch die Politik geschaffenen „Abhängigkeitsfalle" gesprochen und zu einer Reform geraten, die die Bemühungen von Arbeitslosen, sich aus der Arbeitslosigkeit zu lösen, auch finanziell belohnt. In allen Reformvorschlägen geht es letztlich darum, eine Kombination von Geldleistungen zu finden, die der Anbahnung von Erwerbsarbeit dient, zugleich aber soziale Härten vermeidet. Dabei muss stets bedacht werden, wie die Verantwortlichkeiten verteilt werden sollen. Zu erinnern ist daran, dass die sich im Zuge des Industrialisierungsprozesses entwickelnden Selbsthilfeorganisationen der Gewerkvereine und Gewerkschaften lange Zeit wegen der Nähe zu den Betroffenen als die geeignetesten Träger einer Arbeitslosenversicherung angesehen wurden, insbesondere dann, wenn die öffentliche Hand Teile der Finanzierung zu übernehmen bereit ist. Auch dieser Weg wird wiederum als Reformschritt angeboten. Gewiss aber sollten jene Anregungen ebenfalls besondere Aufmerksamkeit finden, die den Kommunen die Zuständigkeit für eine aktive Beschäftigungspolitik übertragen und gleichzeitig gewährleistet wissen wollen, dass diesen aus dem vertikalen Finanzausgleich entsprechende finanzielle Mittel zufließen. Ohne wohl durchdachte und schrittweise zu erprobende Reformen wird sich das aktuelle Beschäftigungsdilemma kaum bewältigen lassen, aber Reformen sind möglich.

3.3.2 (Erwerbs-)Arbeitslosigkeit als individuelles und familiales Schicksal

Welche persönlichen Konsequenzen für den Einzelnen aus länger andauernder (Erwerbs-) Arbeitslosigkeit resultieren, dazu gibt es zahlreiche Befunde (vgl. Fünfter Familienbericht: 154ff.). Ein gravierendes praktisches Problem bezüglich des interpretierenden Umgangs mit diesen Urteilen verbleibt gleichwohl. In allen einschlägigen Bestandsaufnahmen bezüglich der Frage nach den Kenntnissen über die Situation in den Familien, die von Arbeitslosigkeit betroffen sind, wird festgestellt, dass der konkrete Informationsstand über die Einzelschicksale äußerst unbefriedigend sei. Es wird sogar unverblümt davon gesprochen, dass dabei meist von einem „Arbeitslosen-Robinson" die Rede sei, d.h. von einem Menschen, der erwerbslos ist, über den aber völlig ohne Berücksichtigung seines sozialen Umfeldes gesprochen wird, ohne Bezugnahme insbesondere auf sein Leben in einer Familie und das daraus erwachsende gemeinsame Verarbeitungspotenzial in bezug auf diese Krise. Gleichwohl berichten alle Studien über durchgängig zu konstatierende Tatbestände, die bei längerfristiger Erwerbslosigkeit die Lebenslagen der Betroffenen äußerst stark belasten. In der Literatur wird betont, dass sich in Familien mit Erwerbslosen nicht unwesentliche Negativkonsequenzen bei den Kindern und Jugendlichen zeigen. Gesprochen wird von der „Erziehungsnot" der Kinder, der Zunahme von Schwererziehbarkeit und Verwahrlosung, vom Verzicht auf Ausbildung und Gleichgültigkeit gegenüber der eigenen Zukunft. Wenn selbstverständlich Arbeitslosigkeit nicht als einzig verursachende Bedingung für Erziehungsmängel u.a. gelten kann, so ist sie dennoch sehr wohl als Stressor für familiale Beziehungen zu bezeichnen. Diese Verstärker-Wirkung kann sie gerade auch im Hinblick auf die Gefahr einer Ehescheidung besitzen, wenn eheliche Konflikte bereits vor Eintritt der Arbeitslosigkeit auftraten (vgl. ausführlicher: Fünfter Familienbericht 1994: 155ff.). Es steht also außer Frage, dass Erwerbslosigkeit hohe Herausforderungen an die Familien stellt, die mit diesem Phänomen konfrontiert sind.

Moderne Studien bestätigen gleichwohl die bereits aus den dreißiger Jahren stammenden Erkenntnisse, dass Familien mit zuvor harmonischen Beziehungen zwischen ihren Mitgliedern die Belastungen aus Erwerbslosigkeit besser überstehen. Rollenmuster, die auf Egalität zwischen Frau und Mann abstellen, zeigen dabei positive Konsequenzen. In solchen Belastungssituationen übernehmen innerhalb der Familienbeziehungen die Mütter zunehmend Schlüsselfunktionen. Dabei sind nicht unerhebliche Unterschiede innerhalb der gesellschaftlichen Schichten zu registrieren. Insgesamt wird in der Forschung durchgängig vor übereilten und unzulässigen Verallgemeinerungen von Einzelbeobachtungen gewarnt. Über den Umgang mit Erwerbslosigkeit in den Familien konkrete Aussagen zu machen, scheint heute deutlich schwieriger geworden zu sein, als es noch in der unmittelbaren Nachkriegszeit oder gar in der Weltwirtschaftskrise der Fall war.

Gleichwohl muss der Tatbestand vermerkt werden, dass es inzwischen wohl eine beachtlich große Gruppe von (Erwerbs-)Arbeitslosen gibt, die mit einer raschen Wiedereingliederung in den Arbeitsmarkt rechnen kann. Die Zeit bis zur Rückkehr in die Beschäftigung wird finanziell durch verbindliche Zahlungen eines staatlich sanktionierten Versicherungssystems überbrückt, die die Einkommenssituation stabilisieren. (Erwerbs-)Arbeitslosigkeit mit kurzer Frist kann somit u.U. vom Einzelnen als Abwicklung eines normalen Versicherungsfalls empfunden und erlebt werden. Das Alltagsleben in einer entwickelten, auf rasche Veränderungen ausgelegten Wirtschaftsgesellschaft kann für den Einzelnen und für Familien tragfähiger werden, wenn die von Arbeitslosigkeit Betroffenen erfahren konnten, wie soziale Sicherung bei Arbeitslosigkeit z.B. produktive Suchzeiten ermöglichen und damit den Weg zu akzeptablen Arbeitsplätzen ebnen kann. Unter diesen Umständen könnte diskontinuierliche Beschäftigung, d.h. der Tatbestand einer lediglich auf Zeit erfolgenden Unterbrechung von Erwerbstätigkeit, dem Einzelnen als fester Bestandteil seiner Erwerbsbiographie erscheinen.

Unterstellt wird hier, dass das System der sozialen Sicherung im Fall von Erwerbslosigkeit das leistet, was es von seiner Konzeption her leisten soll. Das bereits erwähnte in der Bundesrepublik Deutschland seit dem 25. Juni 1969 geltende, inzwischen mehrfach novellierte Arbeitsförderungsgesetz soll im Rahmen der von der jeweiligen Bundesregierung betriebenen Sozial-, Wirtschafts- und Finanzpolitik dazu beitragen, den Ausgleich am Arbeitsmarkt zu fördern. Gleichwohl zeigt die Empirie, dass es gravierende Vermittlungsprobleme gibt (Fünfter Familienbericht 1994: 155).

Beachtlich wird hier neben der Frage der konkreten Chancen für eine Arbeitsvermittlung nicht zuletzt das Problem der *„Langzeitarbeitslosigkeit"* („ein Jahr und länger arbeitslos") als Folge einer *Kumulation von mehreren vermittlungserschwerenden Faktoren*. Einer davon ist die bereits bestehende Dauer der Arbeitslosigkeit. Wichtig ist deshalb eine zügige Wiederbeschäftigung. Scheitert diese wegen hoher Anpassungshürden, z.B. der Lohnstarrheit in den Tarifsystemen, droht – wie es etwa 1997 beobachtet wurde – trotz generell sinkender Arbeitslosigkeit ein Anstieg der Langzeitarbeitslosigkeit. Dieser Tatbestand lässt erkennen, wie wichtig einmal die systematischen Unterscheidungen zwischen den Anlässen für Arbeitslosigkeit bezüglich der Wahl der wirtschaftspolitischen Maßnahmen zu deren Bekämpfung sind. Zum anderen ist zu sehen, dass diese Unterscheidung allein nicht genügt; es muss stets gleichzeitig die für jeden Einzelfall greifende Verflechtung von Ursachen und Wirkungen beachtet werden. Übersieht die Diagnose die potenzielle Vielfalt verursachender Faktoren, muss auch die Therapie scheitern. Leider mangelt es in der Alltagspolitik allzu häufig an einer hinreichend differenzierten Analyse.

In jedem Fall aber setzt der Weg aus der Arbeitslosigkeit für jeden Einzelnen voraus, dass sie/er über Ressourcen als Hilfsmittel verfügt und über ein menschliches Handlungspotential, das zur vollwertigen oder zumindest hinreichenden Partizipation an allen gesellschaftlichen Prozessen befähigt und deshalb zu Recht heute als Humanvermögen bezeichnet wird. Diese Befähigung, gekoppelt mit Zugangsmöglichkeiten zur aktiven Nutzung anderer Varianten von Vermögen, was vor allem durch die (Förderung der) Bildung von Vermögen aller Art in Arbeitnehmerhand zu erreichen ist, muss deshalb mit aller Kraft unter Einsatz aller denkbaren Mittel gestärkt werden.

4 Auf dem Weg zu einer die Stabilität von Familien fördernden und stützenden Lebensform? Vom Leitbild vermögensgestützter Familienhaushaltseinkommen

Es wäre weltfremd zu unterstellen, dass familieninterne Entscheidungen völlig frei, ohne Berücksichtigung dessen erfolgen, was sich an Handlungsmöglichkeiten in der jeweils sozialen Umwelt anbietet. Natürlich sind alle relevanten Handlungsfelder institutionell verfasst. Daraus resultieren stets Handlungsrestriktionen wie auch Handlungspotenziale. Exakt aber die Frage nach den Handlungspotenzialen für Familienhaushalten in den Gegenwartsgesellschaften der hoch entwickelten Ländern, nach den realen *Chancen für Familienhaushalte,* „*souverän ein Leben lang ein selbstbestimmtes Lebensweisekonzept realisieren"* zu können, hatte uns veranlasst nach einem Leitbild zu suchen für ein das familiale Umfeld ordnende und gestaltende Handeln. Um es nicht zu plakativ zu machen, wollten wir zunächst vorsichtig von einem „Leitbild vermögensgestützter Familienhaushaltseinkommen" sprechen, dessen Konturen in der Gegenwart immer deutlichere Züge annehmen.

In der Debatte über die Höhe und Struktur der Haushaltseinkommen gewinnt zunehmend die Erörterung der „Querverteilung der Einkommen" an Gewicht. Gemeint ist die Fähigkeit von Haushalten und Personen, Einkommen aus mehreren (Vermögens-)Quellen zu beziehen. Die Ergebnisse der Volkswirtschaftlichen Gesamtrechnung (vgl. Brümmerhoff/Lützel 1994: 300, 372; Stobbe 1994: 331ff.; Krüsselberg 1976: 15ff.) sind eindeutig, in Deutschland steigt tendenziell die Bedeutung der Querverteilung, da immer mehr Arbeitnehmer auch Vermögenseinkünfte beziehen und zudem der Anteil der „Übertragungen", der Zahlungen und Einnahmen „ohne spezielle Gegenleistung", der sogenannten „Transfereinkommen" (Renten, Pensionen, Unterstützungen, Beihilfen, Versicherungsleistungen), wächst.

Inwieweit sich darin *die empirisch bedeutsamsten Aspekte des Strukturwandels* in den Familienhaushalten ausdrücken, Aspekte, die in einem hohen Maße als Folge gesetzgeberischen Handelns anzusehen sind, wird in der aktuellen Diskussion viel zu oft übersehen. Mit zwei Angaben kann belegt werden, in welch erheblichem Umfang die jeweils bei den Haushalten verbleibenden Einkommen und Vermögen durch das staatliche Abgaben- und Umverteilungsmuster bestimmt werden: Die Abgabenbelastung des Bruttoinlandsprodukts mit Steuern und Sozialbeiträgen liegt in der Bundesrepublik bei 40,7%. Jährlich (1999) fließen durchschnittlich DM 8.138 an Sozialausgaben an jeden Einwohner. Es ist aus einer familienpolitischen Perspektive heraus gesehen völlig einsichtig, dass die umverteilungspolitischen Gegebenheiten die Verhaltensmuster der Familien ebenso prägen wie die Situation auf den Erwerbsarbeitsmärkten. Gewiss sind es nicht allein die Ressourcen und Qualifikationen, die in den Familien und von den Familien selbst bereitgestellt oder erworben werden, welche hier beachtlich sind. Es sind die gesellschaftlichen Arrangements, die in ihrer Gesamtheit zu betrachtenden gesellschaftlichen Rahmenbedingungen, die einmal regeln, welchen Zugang zu Ressourcen die Familien und ihre Mitglieder haben, und zum anderen durch die Nutzungsregeln abgrenzen, mit welchen je spezifischen Chancen sie in den Sozialisations- und Bildungsprozess ein- und schließlich an die Arbeitsmärkte herantreten und gegebenenfalls wieder aus ihnen ausscheiden. Festzuhalten ist, dass der Umverteilungstatbestand im individuellen Planungshandeln immer wichtiger geworden ist im Hinblick auf die individuellen oder haushaltsbezogenen *Übergänge* zwischen Erwerbstätigkeit und Arbeitslosigkeit, zwischen Selbständigkeit und Unselbständigkeit, zwischen unterschiedlichen Beschäftigungsverhältnissen und dem planmäßigen Ausscheiden aus dem Erwerbsarbeitsleben. *Die Tatsache, dass gesetzlich begründete Ansprüche auf den Zugriff auf „Sozialeinkommen" bestehen, wird zu einem Bestandteil der Lebensplanung.*

Vor diesem Hintergrund wird zu fragen sein, ob und inwieweit die Idee der Zukunftsträchtigkeit eines Modells, das von einem „Leitbild vermögensgestützter Familienhaushaltseinkommen" getragen wird, die Chance, zu einer gesellschaftspolitischen Initiative zu werden, erhalten kann. Bislang wurde jedenfalls in der Debatte über die „Zukunft der Arbeitswelt" – so weit wir wissen – an keiner Stelle die Entdeckung der oben geschilderten Sonderkonstellation in der Landwirtschaft in dem Sinne diskutiert, wie es hier der Fall ist. Gründe dafür lassen sich rasch finden: Einmal wird in der Politik nahezu immer das ohne Aufmerksamkeit bleiben, was sich, ohne als besonderes Ziel politischer Aktivitäten deklariert worden zu sein, als problemlösende Folge individueller oder besser: spontaner Selbsthilfe-Bemühungen in den Familienhaushalten einstellt. Überdies gilt der Sektor Landwirtschaft ohnehin als ein „Ausnahmebereich" sowohl der wirtschaftlichen Entwicklung als auch der Politik, dem wegen seiner Subventionsabhängigkeit vermeintlich keine besondere Rolle bezüglich der Bewältigung der „Strukturrevolution" zugedacht sein kann. Für die Gruppe, die von uns in ihren Dispositionen als „innovativ" und kreativ im Bau von Einkommens-Brücken in einer vielfältigen Strategie der Existenzsicherung eingeschätzt wurde, trifft – wie erwähnt – zu, dass sie selbst dort als eine Minderheit zu betrachten ist, wo sie sich in der Rubrik „Nebenerwerbsbetriebe" nur als Teilausschnitt einer Gesamtheit repräsentiert. In der Rhetorik der Politik signalisiert bereits der Begriff „*Nebenerwerbsbetrieb*" den Gegensatz zu einem „Vollerwerbsbetrieb", der die Norm setzt für das, was als Paritätseinkommen, als ein Einkommen, das dem gewerblicher Betriebe entspricht, politisch gefordert wird. Das ergibt *eine interessante gedankliche Parallele zur Orientierung der Beurteilung des Standards unselbständiger Erwerbsarbeit anhand der Merkmale des sogenannten „Normalarbeitsverhältnisses".* In beiden Fällen treten politisch starke Interessenorganisationen dafür ein, dass sich die staatliche Gesetzgebung um die Sicherung solcher „Institutionen" bemüht. Der Gedanke, dass sich *durch individuelle Abweichungen von diesen „Normalstandards" für Einzelne wünschenswertere Lebensformen* erzielen lassen, die zudem für die Zukunft Vorbildcharakter haben könnten, passt nicht oder nur bedingt in die jeweilige politische Landschaft und schon gar nicht in den Entwurf eines Reformprogramms.

Ein weiteres Handicap mag dem Leitbildvorschlag angeheftet werden, weil ihn die Implikation begleitet, „unternehmerische Leistungen" seien gefordert. So wie die Forderung nach Vermögensbildung in Arbeitnehmerhand vielfach die spöttische Ablehnung provozierte, jetzt würden wohl alle Arbeiter zu kleinen Unternehmern, wird auch hier zu erwarten sein, dass die Aussage vom Leitbildcharakter unter Ideologieverdacht gestellt wird. Dabei ist in einer anderen Wendung allerdings gleichfalls nicht auszuschließen, dass mit dem Argument, die Zukunft präsentiere sich als „unternehmerische Wissensgesellschaft" der Blick auf das Alltagsphänomen der Arbeit in seinen jeweiligen Kontexten verstellt wird (vgl. Baethge 1999: 29ff.). *Die Verkörperung von Wissen und Kompetenzen im Humanvermögen vieler Einzelner befähigt zu individuell und gesellschaftlich nutzbaren Leistungen immer nur in Verbindung mit verfügbaren Ressourcen.* Das Entscheidende an der Konzeption des vermögensgestützten Familieneinkommens besteht in der Schaffung von Rahmenbedingungen, die gewährleisten, dass etwa fehlende „Besitz"-Einkommen als Sicherungseinkommen substituiert werden können durch alternative institutionelle Arrangements. Genau die Gewährleistung eines Wahlpotenzials begründet die Attraktivität dieses Modells, in dem historisch zwar die Verfügbarkeit von Grundbesitz das Startpotenzial ausmachte, welches sich dann aber im Entwicklungsprozess als unzureichend erwies und der Anreicherung durch andere Potenziale bedurfte. Ausdrücklich sei vermerkt, dass hierzu ebenfalls Leistungen aus dem System der sozialen Sicherung zählen (Krüsselberg 1998c: 67).

So wird dann auch dieses Leitbild erst vollends die öffentliche und die politische Aufmerksamkeit auf sich ziehen können, wenn bedacht wird, dass der mit dem Grundbesitz verbundene bäuerliche Ursprung in der Gegenwart *eine entscheidende Umwidmung* erfahren hat. *Konstitutiv für die Verhaltenspotenziale dieses Modells wurde nämlich die Qualitätssteigerung des Humanvermögen im Zuge des Modernisierungsprozesses.* So ist es aktuell zunächst die qualifizierte Facharbeiterschaft oder die Gruppe der akademisch Ausgebildeten, die dieses Modell zu praktizieren imstande ist. Wichtig ist zudem, dass es sowohl Familientätigkeit einschließt und damit die Beziehungen zwischen den Generationen und den daran anknüpfenden Tatbestand möglicher Vermögenstransfers zwischen den Mitgliedern von Familien im Lebenszyklus. Bedeutsamer als je zuvor wird im Hinblick auf die Zukunftsträchtigkeit dieses Modells für erheblich breitere Bevölkerungsschichten das familiale Erbe werden – nicht zuletzt in Zeiten, in denen sich die Belastbarkeit des praktizierten System der Sozialen Sicherung verringert. *Unser Befund lautet deshalb: Hier zeigen sich die Grundmuster einer stabilen Lebensform für die Familienhaushalte der Zukunft.*

Unter diesem Gesichtspunkt sollte weiterhin über unsere Realität nachgedacht werden. 1998 fand eine Tagung am Zentrum für Interdisziplinäre Forschung der Universität Bielefeld statt, deren Ergebnisse unter dem Titel „Kein Ende der Arbeitsgesellschaft" (Schmidt 1999) veröffentlicht wurden. Dort wurde von einer „ungetilgte(n) Bringschuld der Sozialwissenschaften gegenüber der im Wandel begriffenen Gesellschaft" gesprochen. Erwartet wird eine *Variante von Sozialwissenschaft, die „die veränderten Umstände ... auf sich neu eröffnende Möglichkeiten" hin prüft, weil für gestaltendes Handeln „der Blick auf mögliche Prozessausgänge jenseits des bisher Gegebenen und Möglichen (...) unverzichtbar"* ist. Wie wir sehen einige Autoren den Ansatzpunkt für gestaltendes Handeln darin, dass „ein nennenswerter und noch wachsender Teil der erwerbstätigen Bevölkerung über eine (im wesentlichen kognitive, im geringeren Umfang auch materielle) *Ausstattung* verfügt, die *alternative Optimierungsstrategien* zugänglich macht" (Wiesenthal 1999: 142, 131, 135ff.). Die Defizite in der politischen Praxis zeigen deutliche Versäumnisse in der Wahrnehmung von sich wandelnder Realität. Hier rächt es sich, dass in den Sozialwissenschaften folgende – schon längst konstatierte – faktische Veränderungen der sozialen und wirtschaftlichen Struktur nur unzureichend zur Kenntnis genommen worden sind: Ihre Hauptmerkmale sind 1) die breitere, sich über alle Gesellschaftsmitglieder erstreckende Streuung der Vermögen, 2) die Entwicklung von Institutionen, die sich im Bereich zwischen dem Produktions- und Haushaltssektor ansiedeln wie Versorgungsfonds in privater und öffentlicher Regie, 3) der über viele Jahren hinweg wachsende und inzwischen äußerst starke Sektor der Staatstätigkeit sowie 4) die besondere über alle Bevölkerungsschichten hinweg erfolgte breit angelegte Förderung der Bildung von Humanvermögen, der Investitionen in Humanvermögen in den Familien, im Schulsystem und in den Unternehmen (Krüsselberg 1976: 11ff.). Übersehen wurde zu Lasten der Überlebensfähigkeit des gegenwärtigen Systems der Sozialen Sicherung, dass sich dann, wenn sich in dem sozialen Umfeld permanent derart gravierende Strukturveränderungen vollziehen, die Reaktionsmuster der Mitglieder von Familienhaushalten ebenfalls wandeln werden. Das weit verbreitete Klagen über den Missbrauch von Sicherungsleistungen zeigt nur, wie wenig dieser Tatbestand erkannt wurde.

Es ist schon richtig zu folgern, „eine erfolgswichtige Nebenbedingung der Desozialisierung der Hauptproduktionsfaktoren", eben der Anerkennung der Tatsache einer breiteren Streuung, also einer Individualisierung des Zugangs zu einkommensstiftenden Aktiva in der Gesellschaft, sei „die Universalisierung der Unternehmerrolle". Gemeint ist die Fähigkeit, die Nutzung verschiedener Aktiva so zu kombinieren, dass sie den gesetzten Lebenszielen bestmöglich dient. Zunehmend stärker werde im Alltagsleben gefordert die Entscheidungsfähigkeit von Personen und Familienhaushalten im Bereich von Portfoliostrategien der Vermögensbildung – *nicht zuletzt zur „Kalkulation vorsorgebedürftiger und versicherungsfähiger Lebensrisiken"* (Wiesenthal 1999: 137f.). Exakt diese Frage verknüpft sich mit derjenigen nach den ethischen Grundlagen jeder modernen Gesellschaft. Sie veranlasste auch mich dazu, vor einigen Jahren daran zu erinnern, dass Kreativität und Verantwortlichkeit *die investiven Leistungen der Familie* ebenso charakterisieren, wie es die Moral des Marktes von der Unternehmertätigkeit fordert (Krüsselberg 1998).

Die Ausbildung solcher Fähigkeiten schließt nicht aus, dass sich deren konkrete Nutzung nicht mehr mit den Vorstellungen deckt, die den Gesetzgeber einst leiteten. Das mag amtliche Instanzen veranlassen, bestimmte Anpassungsreaktionen zu behindern, indem sie diese diskriminiert oder gar als ungesetzlich deklariert („Schwarzarbeit"; „Missbrauch von Sozialleistungen"). In solchen Fällen sollte es Gegenstand aller Debatten über die Auswirkungen eines raschen Strukturwandels sein, darüber nachzudenken, inwieweit ein gesellschaftliches Interesse daran besteht, Anpassungsreaktionen der von solchem Wandel Betroffenen in sozialverträglicher Weise steuern oder begleiten zu wollen, dazu selbst Anpassungsaktivitäten zu entfalten und gegebenenfalls auch Anpassungslasten zu übernehmen. Ziel müsste es sein, möglichst vielen Familienhaushalten durch den Zugang zu einer Palette von Ressourcen, von „Vermögensrechten", die Soziale Sicherung einschließen, Chancen zu eröffnen, ihre individuelle Wahl zu treffen bezüglich der Bündelung der ihnen verfügbaren vermögensgestützten Arbeit. Das wäre eine große Chance für die Bundesrepublik Deutschland, dem seit geraumer Zeit beklagten „Reformstau" im Beschäftigungs- und Sozialsystem zu begegnen. Dazu bedarf es – so meinen wir jedenfalls – der Anleitung durch ein Leitbild, das auf die Befähigung zur raschen Anpassung an neue gesellschaftliche Herausforderungen setzt und zur Abkehr von standardisierten Produktions- und Lebensmustern sowie von starren Organisationsformen ermutigt.

5 Zukunftsperspektiven für eine reformbereite Gesellschaft: Gedanken zum Thema einer „gesellschaftliche Nachhaltigkeit sichernden Arbeit"

Auf der Grundlage empirischer Forschungsarbeiten konnte für die alten Bundesländer Deutschlands die These entwickelt werden, dass (inzwischen) zahlreiche Erwerbstätige dazu fähig seien, Unterbrechungen in ihrem Erwerbsverlauf biographisch zu normalisieren. Unterbrechungen der Erwerbsarbeit würden unter bestimmten Voraussetzungen von vielen Kurzzeit-Arbeitslosen nicht mehr als schicksalhafte Ereignisse empfunden, die mit dem Stigma der materiellen und psychischen Verelendung behaftet sind. Es sei an der Zeit, „sich von den Horrorszenarien einer Zwei-Drittel- oder Drei-Viertel-Gesellschaft und damit verbundenen ‚Belastungsdiskursen' mit ihrer einseitigen Betonung einer auf Dauer gestellten Ausgrenzung aus dem Beschäftigungssystem endgültig zu verabschieden". *Weder der stabile, ununterbrochene Erwerbsverlauf noch der unfreiwillige, dauerhafte Ausschluss aus dem Erwerbssystem sei die Regel, sondern die häufig wiederkehrende, kurz oder lang andauernde – also verzeitlichte – Diskontinuität* (Mutz 1994: 78).

Inzwischen liegen weitere differenzierende Forschungsergebnisse vor. Im Wissenschaftszentrum für Sozialforschung Berlin beschäftigt sich eine Querschnittsgruppe „Arbeit und Ökologie" mit der Frage nach den „Perspektiven einer nachhaltigen Arbeitsgesellschaft". Zum Thema „Zukunft des Arbeitslebens" verlautet, unbefristete Vollzeitbeschäftigung werde immer seltener, es entstehe auf veränderten Arbeitsmärkten ein *neuer Arbeitstyp*. Auch hier kommt die Feststellung ins Spiel, dass Arbeit in ihrer Gesamtheit zu betrachten sei, wenn über Lebenslage und Lebensqualität geredet werden soll. „Zur Organisation des Privatlebens gehört ... das Verhältnis zwischen Erwerbsarbeit und den sogenannten informellen Arbeiten, die für die individuelle Lebensführung und die gesellschaftliche Reproduktion unverzichtbar sind". Betont wird die Erosion des „Normalarbeitsverhältnisses" und die „Entgrenzung zwischen Erwerbsarbeit und Leben". Wiederum werden zu Schlüsselpositionen in der Analyse die Hinweise auf die „zunehmende Diskontinuität von Beschäftigungsverhältnissen und Arbeitsorten" die „Arbeitszeitflexibilisierung innerhalb der Arbeitsverhältnisse", die „Normalität von Unterbrechungen durch Phasen der Weiterbildung, der Familienarbeit, der Erholung, aber auch der Arbeitslosigkeit". Erneut wird gefragt, ob es „Arbeitsmärkte" gibt, in denen es Einzelnen oder Gruppen gelungen ist, über „Qualifikations- und Finanzstrukturen, Lohnmechanismen, Modelle der sozialen Sicherung" zu Lebenslagen-Lösungen zu gelangen, die „die wachsenden Unsicherheiten und Risiken in den Beschäftigungssystemen auffangen", „mehr Beweglichkeit und Wahlfreiheit gewährleisten", gleichwohl „dem Bedürfnis nach Einkommens- und Vertragssicherheit" entgegenkommen. Auch diese Forscher werden fündig. Sie kommen zu dem Schluss, dass die Strukturmerkmale von Künstlerarbeitsmärkten zumindest paradigmatisch die Merkmale des „Arbeitsmarkts der Zukunft" abzubilden vermögen. Ihnen erscheint die These „nicht allzu gewagt zu sein, dass die Arbeitswelt von morgen zunehmend den Funktionsprinzipien folgt, wie sie traditionell auf den Künstlerarbeitsmärkten vorhanden sind" (Haak/Schmid 1999; WZB 2000: 26ff.). Die hier genannten „Funktionsprinzipien" decken sich voll mit denen des von uns für die Zukunft favorisierten Familienhaushaltstyps: *Es sind die selbstbestimmteren, kompetitiveren und wechselhafteren Beschäftigungsverhältnisse; die vielfältigeren und wechselnden Arbeitsaufgaben, die lebenslanges Lernen verlangen, gleichwohl mit schwankenden Einkommen verbunden sind; Tätigkeiten, die stark projekt- oder teamorientiert, zunehmend in Netzwerke statt in Betriebe integriert werden. Arbeit wird zudem unter dem Aspekt möglicher Nichterwerbsphasen gesehen; sie wird mit anderen Einkommensquellen kombiniert, zu denen sich Leistungen fügen, die aus Eigenarbeit und Familienarbeit resultieren* (WBZ 2000: 28).

Diese Erkenntnisse mögen die These stützen, dass ein Modell wie das des vermögensgestützten Familienhaushaltseinkommens die neuen Maßstäbe setzt. Nicht die Betriebseinheit, sondern der Familienhaushalt entscheidet im Hinblick auf die Wahl der Lebensform darüber, in welcher Weise die familialen Ressourcen einkommens- bzw. nutzenstiftend eingesetzt werden. Das familiale Gesamteinkommen ist dann Resultat einer Diversifikation von Aktivitäten in einer Bündelung von Teilzeitaktivitäten; solche Aktivitäten stehen sowohl im Zeichen von Selbständigkeit als auch von unselbständiger Beschäftigung. In Verbindung mit der Nutzung potenziell anderer Vermögensvarianten, aber auch unter Inanspruchnahme von Transferleistungen können auf diese Weise Kombinationen von einkommensorientierten und freizeitorientierten *Aktivitäten* möglich werden, *die dem jeweiligen Lebensstil in großer Mannigfaltigkeit die individuelle Akzeptanz sichert*. In einer stark verkürzten Betrachtungsweise nennt man solche Konstellationen auch „Kombi-Einkommen". Verkürzt ist diese Perspektive deshalb, weil sie unterschätzt, in welchem Umfang sich die Rahmenbedingungen verändern müssen, soll die gewünschte Stabilisierung der Lebenslage erreicht werden. Eine unabdingbare Voraussetzung für die Realisierung solcher Ideen in der gesellschaftspolitischen Praxis ist eine deutliche Verbesserung aller Vermögenspositionen von insbesondere jungen Familien (Krüsselberg 1998a: 86ff.).

Wenn über strukturelle Veränderungen des Arbeitsmarktes in der Gegenwart und deren Auswirkungen auf das Leben von Familien gesprochen werden soll, muss all dies bedacht und zudem diskutiert werden, welche Politikvarianten geeignet sind, solche Entwicklungen sozialverträglich zu begleiten. Es geht um die Sicherung der Zukunft durch eine Politik des behutsamen Umgangs mit der wichtigsten gesellschaftlichen Ressource, ihrem Humanvermögen (Fünfter Familienbericht 1994). Diese Politik ist möglich; sie muss so gestaltet sein, dass die vielfach zu registrierenden Bürokratie- und Politik-Fehler in Zukunft vermieden werden.

In diesem Zusammenhang wird auch über Familienarbeit neu zu reden sein. Schon thematisieren sich Bemühungen um die „Aufwertung der Erziehungsarbeit". In einem ersten Schritt ging es um eine Bestandsaufnahme von Modellen bzw. Vorgehensweisen bezüglich einer (verstärkten) Anerkennung und Honorierung der familiären Betreuungs- und Erziehungsarbeit durch Staat und Gesellschaft in verschiedenen europäischen Ländern (Leipert 1999). In einem zweiten Schritt erfolgten Analysen zum Thema „Familie als Beruf" (Leipert 2001). In völliger Übereinstimmung mit der Diktion der Fünften Familienberichtskommission heißt es hier: „Die Aufgaben, die beim Großziehen von Kindern in der Familie von den Eltern über lange Zeit erfüllt werden, sind für die Gesellschaft elementar, konstitutiv und wichtig." (...) „Familien schaffen mit ihrer Versorgungs-, Erziehungs- und Betreuungsarbeit das Humanvermögen der Zukunft, auf das Gesellschaft und Politik in der Wissensgesellschaft von morgen dringend angewiesen sind. Durch ihr Engagement in der Familie stellen die Eltern den stabilen Bezugsrahmen bereit, der den fruchtbaren Nährboden für eine erfolgreiche und möglichst störungsfreie Entwicklung ihrer Kinder – vor allem in den sensiblen ersten Lebensjahren – bildet. Von Menschen mit stabilem Selbstvertrauen, gesunder Leistungsbereitschaft und Sinn für solidarisches Handeln – Eigenschaften, deren Herausbildung auf elterliches Engagement und elterlichen Erziehungswillen angewiesen ist – profitieren Gesellschaft und Staat in vielfältiger Weise." Gefolgert wird, eine Orientierung am *Modell der allgemeinen Erwerbstätigkeit für alle arbeitsfähigen Erwachsenen* – wenn möglich ohne, höchstens aber mit kurzen Unterbrechungen –, „wie sie sich vor dem Hintergrund der demographischen Nöte in der aktuellen Politik immer mehr durchsetzt", führe in die *Sackgasse*. „Die Abdrängung der Familie an den Rand der Gesellschaft durch eine expandierende Erwerbsgesellschaft" gehe vor allem „auf Kosten der Kinder und der Mütter" (Leipert 2001: 13ff.).

Bezweifelt wird inzwischen einmal, dass die Gegenwartsgesellschaft zu Recht die Einlassung akzeptiert, Einkommenssicherung in erwerbsarbeitsfreien Zeiten von Familienarbeit sei im wesentlichen Privatsache oder sollte in einer zentralen Abhängigkeit von bereits existierenden Erwerbsarbeitsverhältnissen stattfinden. Zum anderen beantwortet diese Einschätzung des gesellschaftlichen Werts von Familientätigkeit in Verbindung mit der Botschaft von der Notwendigkeit ihrer gesellschaftlichen Aufwertung eine besonders prekäre Frage. Diese Frage stellte Richard Sennett in seinem Buch: „Der flexible Mensch". Dort heißt es: „Wer braucht mich?" sei eine Frage, die „der moderne Kapitalismus" völlig zu negieren scheine (Sennett 1998: 201). Wenn allerdings zutrifft, dass die Investition in das Humanvermögen über die Zukunft der Gesellschaft entscheidet, beantwortet sich diese Frage zumindest für die Familienarbeit sehr schnell.

Literatur

Aiginger, K./ Tichy, G., 1985: Die Größe der Kleinen. Die überraschenden Erfolge kleiner und mittlerer Unternehmungen in den achtziger Jahren. Wien.
Baethge, M., 1999: Subjektivität als Ideologie. In: G. Schmidt (Hg.): Kein Ende der Arbeitsgesellschaft. Arbeit, Gesellschaft und Subjekt im Globalisierungsprozess. Berlin, S. 29-44.
Blanke, H./Ehling, M./Schwarz, N., 1996: Zeit im Blickfeld. Ergebnisse einer repräsentativen Zeitbudgeterhebung. Schriftenreihe des Bundesministeriums für Familie, Senioren, Frauen und Jugend, Bd. 121. Stuttgart/Berlin/Köln.
Bonß, W., 1999: Jenseits der Vollbeschäftigungsgesellschaft – Zur Evolution der Arbeit in globalisierten Gesellschaften. In: G. Schmidt (Hg.): Kein Ende der Arbeitsgesellschaft. Arbeit, Gesellschaft und Subjekt im Globalisierungsprozess. Berlin, S. 145-175.
Brümmerhoff, D./Lützel H., 1994: Lexikon der Volkswirtschaftlichen Gesamtrechnungen. München/Wien.
Büchner, P., im Druck: Die erziehungswissenschaftliche Botschaft: Über biographisches Lernen – Von der Erwachsenenzentriertheit des Kindes zur Kindorientierung der Erwachsenen. In: H.-G. Krüsselberg/H. Reichmann (Hg.): Zukunftsperspektive Familie und Wirtschaft – Vom Wert von Familie und Wirtschaft, Staat und Gesellschaft. Grafschaft.
Bundesministerium für Familie, Senioren, Frauen und Jugend (Hg.), 1994: Familien und Familienpolitik im geeinten Deutschland – Zukunft des Humanvermögens. Fünfter Familienbericht. Bonn.
Bundesregierung, 2001: Lebenslagen in Deutschland, Erster Armuts- und Reichtumsbericht, Bundestagsdrucksache 14/5990.
Franke, H./Buttler, F., 1991: Arbeitswelt 2000. Strukturwandel in Wirtschaft und Beruf. Frankfurt a. M.
Haak, C./Schmid, G., 1999: Arbeitsmärkte für Künstler und Publizisten – Modelle einer zukünftigen Arbeitswelt ? WBZ discussion paper, S. 99-506.
Institut der deutschen Wirtschaft, 2001: Deutschland in Zahlen. Köln.
Iwd, 1999: Dienstleistungen, Treibstoff für den Job-Motor. In: Informationsdienst des Institut der deutschen Wirtschaft, 5.
Iwd, 2001: Mittelstand im Alleingang. In: Informationsdienst des Instituts der deutschen Wirtschaft, 27, S. 6-7.
Klauder, W., 1991: Ohne Fleiß kein Preis – Die Arbeitswelt der Zukunft. Zürich/Osnabrück.
Klös, H.-P., 1998: Arbeit plus Transfers. Zur Reform der kommunalen Beschäftigungspolitik. Köln.

Kramer, W./Werner, D., 1998: Familiäre Nachhilfe und bezahlter Nachhilfeunterricht. Köln.
Krengel, R., 1983: Der gelähmte Riese – Zum Strukturwandel der Produktionsfaktoren in der Bundesrepublik. In: Institut der deutschen Wirtschaft (Hg.): Wirtschaftliche Entwicklungslinien und gesellschaftlicher Wandel. Köln.
Krüsselberg, H.-G., 1969: Marktwirtschaft und ökonomische Theorie. Ein Beitrag zur Theorie der Wirtschaftspolitik. Schriftenreihe: Beiträge zur Wirtschaftspolitik, Bd. 9. Freiburg/Br.
Krüsselberg, H.-G., 1976: Aspekte der Einkommensverteilung: Theorie und Politik. In: D. Cassel/H. J. Thieme (Hg.): Einkommensverteilung im Systemvergleich. Stuttgart, S. 11-29.
Krüsselberg, H.-G., 1985: Unternehmen in dynamischen Arbeitsmärkten. In: Unternehmensverhalten und Beschäftigung. Marburg Forschungsstelle zum Vergleich wirtschaftlicher Lenkungssysteme, Arbeitsberichte zum Systemvergleich, Nr. 8. Marburg, S. 18-40.
Krüsselberg, H.-G., 1986: Flexibilisierung der Beschäftigungsverhältnisse – Volkswirtschaftliche Perspektiven. In: E. Gaugler/H.-G. Krüsselberg: Flexibilisierung der Beschäftigungsverhältnisse. Berlin, S. 27-65.
Krüsselberg, H.-G., 1995: Strukturelle Veränderungen des Arbeitsmarktes in der Nachkriegszeit: Arbeit in der Dienstleistungsgesellschaft? In: S. Gräbe (Hg.): Private Haushalte und neue Arbeitsmodelle: Arbeitsmarkt und Sozialpolitik im Kontext veränderter Lebensformen. Frankfurt a. M. u. a., S. 15-37.
Krüsselberg, H.-G., 1997: Ethik, Vermögen und Familie – Quellen des Wohlstands in einer menschenwürdigen Ordnung. Stuttgart.
Krüsselberg, H.-G., 1998a: Zukunft in Wirtschaft und Gesellschaft – Ist die Zweidrittel-Gesellschaft zu vermeiden? In: D. Sauberzweig/W. Laitenberger (Hg.): Stadt der Zukunft – Zukunft der Stadt. Baden-Baden, S. 71-90.
Krüsselberg, H.-G., 1998b: Marktwirtschaft ohne Mittelstand? Zur Rolle der unternehmerischen Selbständigkeit in der Sozialen Marktwirtschaft. In: D. Cassel (Hg.): 50 Jahre Soziale Marktwirtschaft. Schriften zu Ordnungsfragen der Wirtschaft, Bd. 57. Stuttgart, S. 605-649.
Krüsselberg, H.-G., 1998c: Familie und Familienpolitik – Zukunft des Humanvermögens. In: Arbeitskreis Evangelischer Unternehmer (Hg.): Die Bedeutung der Familie in unserer Gesellschaft. Karlsruhe, S. 50-69.
Krüsselberg, H.-G., im Druck: Familienpolitik heute: Historisches, Grundsätzliches und Aktuelles. In: H.-G. Krüsselberg/H. Reichmann (Hg.): Zukunftsperspektive Familie und Wirtschaft – Vom Wert der Familie für Wirtschaft, Staat und Gesellschaft. Grafschaft.
Krüsselberg, H.-G./Auge, M./Hilzenbecher, M., 1986: Verhaltenshypothesen und Familienzeitbudgets – Die Ansatzpunkte der „Neuen Haushaltsökonomik" für Familienpolitik. Schriftenreihe des Bundesministers für Jugend, Familie und Gesundheit, Bd. 182. Stuttgart/ Berlin/Köln/Mainz.
Krüsselberg, H.-G./Reichmann, H. (Hg.), 2002: Zukunftsperspektive Familie und Wirtschaft – Vom Wert von Familie für Wirtschaft, Staat und Gesellschaft. Grafschaft.
Leipert, C. (Hg.), 1999: Aufwertung der Erziehungsarbeit. Europäische Perspektiven einer Strukturreform der Familien- und Gesellschaftspolitik. Opladen.
Leipert, C. (Hg.), 2001: Familie als Beruf: Arbeitsfeld der Zukunft. Opladen.
Mead, M., 2000: Der Konflikt der Generationen. Eschborn.
Mutz, G., 1994: Unterbrechungen im Erwerbsverlauf und soziale Ungleichheit. In: M. M. Zwick (Hg.): Einmal arm, immer arm? – Neue Befunde zur Armut in Deutschland. Frankfurt a. M./New York, S. 178.

Nave-Herz, R., im Druck: Über die Gegenwart prägende Prozesse familialer Veränderungen: Thesen und Anti-Thesen. In: H.-G. Krüsselberg/H. Reichmann (Hg.): Zukunftsperspektive Familie und Wirtschaft – Vom Wert von Familie für Wirtschaft, Staat und Gesellschaft. Grafschaft.

Olson, M., 1985: Aufstieg und Untergang von Nationen. Tübingen.

Reyher, L./Bach, H.-U., 1982: Arbeitskräfte-Gesamtrechnung. In: D. Mertens (Hg.): Konzepte der Arbeitsmarkt- und Berufsforschung. BeitrAB 70. Nürnberg, S. 120-143.

Rifkin, J., 1996/1995: Das Ende der Arbeit und ihre Zukunft. Frankfurt a. M./New York.

Scherf, H., 1986: Enttäuschte Hoffnungen – vergebene Chancen: die Wirtschaftspolitik der Sozial-Liberalen Koalition 1969-1982. Göttingen.

Schmidt G., 1999: Kein Ende der Arbeitsgesellschaft, Überlegungen zum Wandel des Paradigmas der Arbeit in „frühindustrialisierten Gesellschaften" am Ende des 20. Jahrhunderts. In: G. Schmidt (Hg.): Kein Ende der Arbeitsgesellschaft. Arbeit, Gesellschaft und Subjekt im Globalisierungsprozess. Berlin, S. 9-28.

Schmidt, G. (Hg.), 1999: Kein Ende der Arbeitsgesellschaft. Arbeit, Gesellschaft und Subjekt im Globalisierungsprozess. Berlin.

Schmitt, G. H., 1994: Wie verhält es sich eigentlich mit der Einkommenssituation der westdeutschen Landwirtschaft? Eine empirische Analyse und eine theoretische Erklärung. In: Zeitschrift für Wirtschafts- und Sozialwissenschaften, 114, S. 41-62.

Schneewind, K. A., im Druck: „Freiheit in Grenzen" – die zentrale Botschaft zur Stärkung elterlicher Erziehungskompetenz. In: H.-G. Krüsselberg,/H. Reichmann (Hg.): Zukunftsperspektive Familie und Wirtschaft – Vom Wert von Familie für Wirtschaft, Staat und Gesellschaft. Grafschaft.

Sennett, R., 1998: Der flexible Mensch: die Kultur des neuen Kapitalismus, (7. Aufl.). Berlin.

Stobbe, A., 1994: Volkswirtschaftliches Rechnungswesen. Heidelberg/New York/London.

Stucken, R., 1976: Schaffung der Reichsmark, Reparationsregelungen und Auslandsanleihen, Konjunkturen (1924-1930). In: Deutsche Bundesbank, Währung und Wirtschaft in Deutschland 1876-1975. Frankfurt a. M.

Wiesenthal, H., 1999: Constraint-Soziologie als Risiko. In: G. Schmidt (Hg.): Kein Ende der Arbeitsgesellschaft. Arbeit, Gesellschaft und Subjekt im Globalisierungsprozess. Berlin, S. 123-144.

Wissenschaftlicher Beirat für Familienfragen, 1979: Leistungen für die nachwachsende Generation in der Bundesrepublik Deutschland. Schriftenreihe des Bundesministers für Jugend, Familie und Gesundheit, Bd. 73. Stuttgart et al.

WZB Mitteilungen, 1999: Forschungsschwerpunkt Technik-Arbeit-Umwelt, 86.

WZB Mitteilungen, 2000: Zukunft des Arbeitslebens, 89, S. 26-29.

Dreißig Jahre Migrantenfamilien in der Bundesrepublik. Familiärer Wandel zwischen Situationsanpassung, Akkulturation, Segregation und Remigration

Bernhard Nauck

1 Wandel bei Migrantenfamilien als Mehrebenenproblem

Seit den ersten Analysen zu Migration und Familie (Nauck 1985) und den ersten zusammenfassenden Darstellungen zum sozialen, inter- und intragenerativen Wandel dieser Familien in Deutschland (Nauck 1988; 1988a) hat sich die Situation in mehrfacher Hinsicht verändert: Nicht nur hat sich das Bild der Migrantenfamilien durch die Ergänzung der zum damaligen Zeitpunkt allein dominierenden Gruppe der Arbeitsmigranten durch größere Kontingente von Aussiedlern und Asylbewerbern geändert, vielmehr haben sich auch bei den Familien von Arbeitsmigranten insofern Veränderungen ergeben, als nunmehr bereits die Kinder dieser Migranten Familien gegründet haben. Dadurch ist eine nach regionaler Herkunft, Aufenthaltsstatus, vollzogenem Eingliederungsprozess und Statusdifferenzierung zunehmend größere Heterogenität Kennzeichen von Migrantenfamilien. Gleichzeitig haben sich die politischen Rahmenbedingungen der Lebensverhältnisse dieser Familien durch die im politisch vereinigten Deutschland sich nachhaltig neugestaltende Migrations- und Eingliederungs- und Einbürgerungspolitik verändert, was seinen Niederschlag nicht nur in einer veränderten Gesetzgebung findet, sondern auch in einer expliziten Berücksichtigung der besonderen Belange dieser Familien in der Jugend- und Familienberichterstattung (Bundesministerium für Familie, Senioren, Frauen und Jugend 1998; 2000). Schließlich hat sich auch die Forschungssituation insofern grundlegend verändert, als Personen ausländischer Herkunft nicht nur Teil der systematischen, sozialwissenschaftlichen Dauerbeobachtung in mehreren größeren Erhebungen geworden sind, sondern auch eine Reihe von größeren Spezialerhebungen durchgeführt worden sind, die Familien ausländischer Herkunft zum Gegenstand haben.

Nicht geändert hat sich hingegen, dass der Wandel bei Migrantenfamilien besonders komplex und methodisch schwierig zu erfassen ist (Nauck 1999). Eine Auseinandersetzung mit dem Wandel muss nämlich auf mehreren Ebenen gleichzeitig ansetzen:

1. dem gesamtgesellschaftlichen Wandel in den Herkunfts- und Aufnahmegesellschaften,
2. dem sozialstrukturellen Wandel in der Zusammensetzung der Migrantenpopulation,

3. dem *inter*generativen Wandel zwischen den Wanderungs- und Folgegenerationen,

4. dem *intra*generativen, individuellen Wandel der Migranten im Lebensverlauf und Eingliederungsprozess.

Gegenstand einer Analyse des Wandels bei Migrantenfamilien im engeren Sinne sind die (von den sich ebenfalls wandelnden Kontextbedingungen beeinflussten) Wechselwirkungen zwischen dem Verlauf der Migrations- und Eingliederungskarriere einerseits und dem Verlauf der Familienkarriere andererseits. Solche Wechselwirkungen ergeben sich insbesondere durch den Zeitpunkt der Migration im Lebensverlauf, d.h. in welcher Phase des Familienzyklus sie stattfindet, und durch die Beziehung zu anderen Familienmitgliedern im Migrationsprozess, d.h. ob es sich um eine „Pionier"- oder „Ketten"-Migration handelt bzw. welche Generation von der Migrationserfahrung unmittelbar betroffen gewesen ist („Erste" und „Zweite" Migrantengeneration). Ebenso wirkt der Verlauf der bisherigen Familienbiographie auf den Migrations- und Eingliederungprozess zurück, z.B. durch den Zeitpunkt der Heirat oder die Geburt von (mehreren) Kindern im Herkunftskontext.

2 Sozialstruktureller Wandel der Migrantenfamilien

2.1 Bevölkerungsentwicklung

Die doppelte Selektion durch Zu- und Abwanderung in der Entwicklung der ausländischen Bevölkerung ist gerade in Deutschland ein Charakteristikum der Migrationssituation, die sich von anderen Ländern deutlich unterscheidet:
– Ende des Jahres 1999 lebten 7,3 Millionen Ausländer in Deutschland; sie bildeten damit ca. 9% der Wohnbevölkerung in der Bundesrepublik Deutschland. 1961 lebten ca. 700 Tausend Ausländer in Westdeutschland und bildeten zu diesem Zeitpunkt 1,2% der Wohnbevölkerung. Entsprechend ist davon auszugehen, dass *die Mehrzahl der in Deutschland lebenden Ausländer Migranten der ersten Generation* sind, deren Kinder (der zweiten Migrantengeneration) derzeit in etwa das Alter erreichen, das ihre Eltern zum Zeitpunkt ihrer Migration hatten und Angehörige der dritten Migrantengeneration in Deutschland bislang eher selten sind. Diese Personengruppe umfasst jedoch nicht die Gesamtheit der Personen ausländischer Herkunft in Deutschland: Hinzuzurechnen sind hierzu mindestens die ca. 3,9 Millionen Aussiedler, die zwischen 1955 und 1999 nach Deutschland eingereist sind, wobei die meisten Zuwanderungen seit 1985 erfolgen, so dass wiederum davon auszugehen ist, dass die direkten Migrationserfahrungen überwiegen.

Anders als bei den Aussiedlern handelt es sich bei der ausländischen Wohnbevölkerung keineswegs um eine im Bestand gleichbleibende Personengruppe, vielmehr ist eine ganz erhebliche Fluktuation zu verzeichnen. Zwischen 1974 und 1999 sind 15 Millionen Ausländer nach Deutschland zugezogen und 12,3 Millionen fortgezogen. Diese Fluktuation macht somit ein Mehrfaches des Bestandes aus und ist keineswegs auf solche Ausländer beschränkt, die aus EU-Mitgliedsstaaten stammen und keinerlei Mobilitätsbarrieren unterliegen. So stehen in diesem Zeitraum bei den Italienern 1,3 Millionen Zuzügen 1,5 Millionen Fortzüge gegenüber, bei den Türken 2,2 Millionen Zuzügen 1,9 Millionen Fortzüge. Ebenso wenig beschränken sich Fortzüge etwa auf ältere Migranten: Im gleichen Zeitraum kehrten insgesamt 654.393 der unter 18-Jährigen türkischer Staatsangehörigkeit in die Türkei zurück (39,6% aller Rückkehrer). 1999 beträgt der Anteil der unter 18-Jährigen bei den Italienern 12,6%, bei den Türken 16,9%. Insgesamt liegt der Anteil der Zu- und Fortzüge an der gesamten ausländischen Bevölkerung in Deutschland bei 15 bis 20% pro Jahr und ist damit höher als z.B. in Großbritannien (4%), Frankreich (5%), Belgien (8%), Schweden (8 bis 10%), den Niederlanden (11 bis 12%) und der Schweiz (12 bis 13%) (Hansen/Wenning 1991).

Die Bevölkerungsentwicklung wird am Beispiel der italienischen und türkischen Wohnbevölkerung in Deutschland seit dem Anwerbeverbot 1973 gut deutlich. Die Italiener haben als erste Anwerbenation zu diesem Zeitpunkt bereits ein hohes „Konsolidierungsniveau" mit einem hohen Anteil an Migranten mit längerer Aufenthaltsdauer. Da sie zugleich vom Anwerbeverbot nicht betroffen sind, ist dessen Einfluss auf die italienische Wohnbevölkerung gering: Bei leichter Abnahme der Gesamtbevölkerung ist eine starke kontinuierliche Abnahme von Personen mit kurzer Aufenthaltsdauer zugunsten Personen mit längerem Verbleib zu beobachten: Beträgt der Anteil von Italienern mit kürzer als sechsjährigem Aufenthalt 1973 noch 62,8%, so ist er 1985 auf 19,5% zurückgegangen und beträgt 1997 18,6%; insgesamt leben 1997 608 Tausend Italiener in Deutschland. Bei den Türken als letzter Anwerbenation sind dagegen eine Reihe diskontinuierlicher Bevölkerungsbewegungen zu beobachten, die in mehreren Wellen zu einer schnellen Zunahme der türkischen Wohnbevölkerung führen. Gleichwohl nimmt auch der Anteil von Türken mit kürzerem als sechsjährigem Aufenthalt von 82,8% (1973) auf 22,6% (1985) ab und liegt 1997 bei 22,8%; insgesamt leben 1997 2,1 Millionen Türken in Deutschland. Jedoch täuschen auch diese Zahlen zur Aufenthaltsdauer, denn sie unterschätzen die Anteile derjenigen mit langem Aufenthalt: Da auch die in Deutschland geborenen Ausländer in diese Statistik eingehen, werden (insbesondere bei Nationalitäten mit höheren Geburtenraten wie den Türken) die Anteile mit kurzer Aufenthaltsdauer maßgeblich durch Geburten beeinflusst.

2.2 Familienstand

Die „Normalisierung" des Altersaufbaus der ausländischen Bevölkerung durch den Zuzug von Frauen und Kindern und durch Familiengründung in Deutschland bewirkt deutliche Veränderungen im Familienstand. 1961 hatte die ausländische Bevölkerung zu 60% aus Männern zwischen 20 und 40 Jahren bestanden (den klassischen „Gastarbeitern"), mit einem deutlichen Schwerpunkt bei den 20- bis 30-Jährigen, deren Anteil über dem *aller* ausländischen Frauen zu diesem Zeitpunkt liegt. 1997 ist zwar der Männerüberschuss in allen Altersgruppen bis 70 immer noch deutlich höher als bei der deutschen Bevölkerung, hat sich jedoch in dem Zeitraum kontinuierlich verringert. Während 1961 die ausländischen Männer eine Verheiratetenquote von 85% im Alter von 30 – 35 Jahren erreichen, verschiebt sich diese Quotenhöhe 1976 auf das Alter von 40-45 Jahren, 1985 sogar auf 50-55 Jahre. 1997 sind in der Altersgruppe der 30- bis 35-jährigen ausländischen Männer 48,7% verheiratet (bei den deutschen Männern: 44,3%). Nach wie vor setzt der Verheiratungsprozess bei den ausländischen Frauen früher ein als bei den deutschen: In der Altersgruppe der 20- bis 25-Jährigen sind 27,1% verheiratet (Deutsche: 10,8%), in der Altersgruppe der 30 bis 35-jährigen sind es 66% (Deutsche: 58,8%), das Maximum wird mit 83,2% in der Altersgruppe der 45- bis 50-Jährigen Ausländerinnen erreicht (Deutsche: 77,2%).

Dass der Verheiratungsprozess nicht über die standesamtliche Meldestatistik, sondern nur über den Familienstand im Melderegister verfolgt werden kann, liegt daran, dass bei Ausländern der Ort der Partnerwahl und der Heiratsort nicht zusammenfallen müssen. Tatsächlich ist davon auszugehen, dass die Mehrzahl der Ehen von Ausländern im Heimatland geschlossen werden, und zwar nach wie vor auch dann, wenn die Partnerwahl in der Aufnahmegesellschaft erfolgt. Dafür spricht, dass die Anzahl der in Deutschland geschlossenen Ehen zwischen Ausländern in den letzten 20 Jahren praktisch nicht zugenommen haben, und dass in jedem Jahr in Deutschland mehr Ehen zwischen Deutschen und Ausländern geschlossen werden als zwischen Ausländern untereinander, d.h., allenfalls gemischtnationale Ehen werden eher in der Aufnahmegesellschaft geschlossen (Straßburger 2000): 1998 wurden vor deutschen Standesämtern 32 Tausend Ehen zwischen einer Ausländerin und einem Deutschen, 27 Tausend Ehen zwischen einem Ausländer und einer Deutschen geschlossen, d.h. etwa jede sechste Eheschließung in Deutschland ist binational; dagegen werden nur 11 Tausend Ehen zwischen Ausländern geschlossen (3,4% aller Eheschließungen).

Partnerwahl und Eheschließungen gehören neben der intergenerativen Transmission in den Eltern-Kind-Beziehungen zu den „strategischen" Entscheidungen bei Angehörigen von Migrantenminoritäten bezüglich des Eingliederungsverhaltens im Generationenzusammenhang. Grundsätzlich lassen sich hierbei drei Heiratsmärkte voneinander unterscheiden: (1) die Aufnahmegesellschaft, (2) die eigene Migrantenminorität und (3) die jeweilige Herkunftsgesellschaft bzw. darin eine spezifische ethnische, regionale oder verwandtschaftliche Abstammungsgemeinschaft. Je nachdem, ob der Ehepartner unter den Mitgliedern der Aufnahmegesellschaft, den Angehörigen der eigenen Migrantenminorität oder unter den Mitgliedern der Herkunftsgesellschaft gewählt wird, hat dies sowohl weitreichende Folgen für den eigenen Eingliederungsprozess und eigene weitere Mobilitätsoptionen des/der Heiratenden als auch für den Sozialisations- und Akkulturationsprozess der aus dieser Verbindung hervorgehenden Kinder.

Wie Befunde zur sozialen Distanz immer wieder zeigen, sind Familienbeziehungen diejenigen, in denen „zuletzt" interethnische Beziehungen gewünscht werden. Entsprechend häufig sind interethnische oder gemischtnationale Eheschließungen als ein besonders „harter" Indikator für den Zustand interethnischer Beziehungen in einer Gesellschaft und für den Assimilationsgrad von Zuwandererminoritäten herangezogen worden. Empirische Untersuchungen von Heiratsbeziehungen zwischen ethnischen Minoritäten und der Bevölkerungmajorität haben deshalb in den klassischen Einwanderungsländern, insbesondere in den USA, eine lange Tradition (Gordon 1964; 1975; Crester/Leon 1982; Heer 1985). In der Bundesrepublik sind hingegen entsprechende Untersuchungen nach wie vor spärlich (Müller-Dincu 1981; Buba et al. 1984; Kane/Stephen 1988; Scheibler 1992; Klein 2000; Straßburger 2000; Vetter 2001). Die meisten Analysen basieren dabei ausschließlich auf Zeitreihen der Registrierung gemischtnationaler Eheschließungen vor *deutschen* Standesämtern, während (auch binationale) Heiraten in den Herkunftsländern oder in Drittstaaten dabei von vornherein unberücksichtigt bleiben. Aber selbst wenn davon abgesehen wird, lassen sich solche Eheschließungsregister keineswegs so eindeutig als „Gradmesser" sozialer Distanz bzw. von Assimilation interpretieren, vielmehr sind sie das aggregierte Ergebnis von vielfältigen, sich überlagernden Prozessen, die einer differenzierten Analyse bedürfen, wenn Fehlschlüsse vermieden werden sollen.

Für das Verständnis von Eheschließungen bei Migranten ist es z.B. notwendig, einerseits zwischen ethnisch endogamen und exogamen Heiraten zu unterscheiden, d.h. ob innerhalb der eigenen ethnisch-kulturellen Gruppe geheiratet wird oder nicht, und andererseits zwischen nationalitätsinternen und externen Heiraten. Die Einführung dieser Unterscheidung ist nötig, weil Staatsangehörigkeit und ethnische Herkunft in der Einwanderungssituation oft nicht übereinstimmen. Zunehmende Einbürgerungen von in Deutschland lebenden Ausländern werden dazu führen, dass nationale und ethnische Zugehörigkeiten häufiger auseinander fallen. Entsprechend muss z.B. eine Zunahme deutsch-türkischer Eheschließungen nicht zwangsläufig ein Indiz für eine Annäherung zwischen der türkischen Minderheit und der deutschen Mehrheitsbevölkerung sein. Das Ausmaß von Ehen, in denen die Partner zwar unterschiedliche Pässe, aber dieselbe ethnisch-kulturelle Herkunft haben, steigt ebenso wie die Anzahl der Ehen, in denen eine Einbürgerung bewirkt hat, dass die Staatsangehörigkeit der Partner identisch ist, obwohl sich ihr ethnisch-kultureller Hintergrund unterscheidet.

Binationale Partnerwahlen hängen – wie Partnerwahlen generell – von zwei Faktoren ab: (a) den jeweiligen Gelegenheitsstrukturen, einen Partner zu finden, und (b) den individuellen Präferenzen der Partnersuchenden. Die Gelegenheitsstrukturen für intraethnische Partnerwahlen in der Aufnahmegesellschaft hängen somit ganz erheblich von der jeweiligen Gruppengröße der jeweiligen Ethnie ab, die sich im Zuwanderungsprozess deutlich verändert. Hinzu kommt typischerweise ein erhebliches Ungleichgewicht in den Geschlechterproportionen, d.h. in der Pioniermigrations-Situation besteht wegen des Überhangs an Männern eine größere Nachfrage nach Frauen, als es der intraethnische Heiratsmarkt in der Aufnahmegesellschaft hergeben kann. Dies betrifft in Deutschland die Arbeitsmigranten ebenso wie die hierzulande stationierten ausländischen Streitkräfte und Asylbewerber. Da nicht immer auf den Heiratsmarkt in der Herkunftsgesellschaft zurückgegriffen werden kann, führt dies dazu, dass männliche Migranten insbesondere in Pionierwanderungssituationen verstärkt in die einheimische Bevölkerung einheiraten. Da seit geraumer Zeit auch in der deutschen Bevölkerung im heiratsfähigen Alter ein Männerüberschuss herrscht, führt dies zu einer erheblichen Konkurrenz auf dem Heiratsmarkt in Aufnahmegesellschaften.

Entsprechend bleibt in einer solchen Situation den heiratswilligen Migranten keine andere Wahl, als entweder eine Frau in der Herkunftsgesellschaft oder eine Angehörige der Bevölkerungsmajorität zu heiraten. Da die Heiraten mit Frauen der Herkunftsgesellschaft fast ausschließlich dort stattfinden (und dort nicht gesondert im Standesamtsregister ausgewiesen werden, und somit als „Migranten"-Heiraten nirgendwo in Erscheinung treten), werden in der deutschen Aufnahmegesellschaft die in der „Pionier"-Migrationssituation vergleichsweise vielen binationalen Ehen erfasst, die auf diese besondere Gelegenheitsstruktur zurückzuführen sind. Entsprechend ist nicht verwunderlich, dass mit zunehmendem Nachzug („Kettenmigration") und der damit verbundenen Veränderung auf dem intra-ethnischen Heiratsmarkt (Vergrößerung des „Angebots", Angleichung der Geschlechterproportionen) binationale Eheschließungen abnehmen. Da die Gelegenheitsstrukturen aber insbesondere von den kleinräumigen Lebensbedingungen abhängen, wirken sich hier die Konzentration von Ausländern in bestimmten Regionen und Wohnquartieren ebenso verstärkend auf diesen Prozess aus wie ihre Konzentration in bestimmten Beschäftigungszweigen und Arbeitsverhältnissen. National homogene Beschäftigungs- und Wohnverhältnisse erhöhen deshalb die Wahrscheinlichkeit, einem Partner gleicher Herkunft zu begegnen und vermindern die Wahrscheinlichkeit einer binationalen Partnerwahl.

Diese Entwicklungstendenzen sind vielfach als besorgniserregende Tendenz „zunehmender ethnischer Schließung", zur „Segregation" und zur wachsenden Konfliktträchtigkeit interethnischer Beziehungen missdeutet worden, da unterstellt wurde, dass diese Entwicklung nicht auf veränderte Gelegenheitsstrukturen, sondern auf sich verändernde Präferenzen zurückzuführen ist. Veränderungen in den Präferenzen treten jedoch erst langfristig ein, sie können somit keinesfalls erklären, warum am Anfang eines Zuwanderungsprozesses binationale Ehen besonders häufig sind. Von solchen Präferenzveränderungen ist jedoch dann auszugehen, wenn entweder die ethnische Zugehörigkeit als Selektionskriterium seine Bedeutsamkeit verloren hat oder sogar eine bewusste Distanzierung von der Herkunftskultur erfolgt. Dies kann aufgrund vollzogener Assimilationsprozesse der ersten Migrantengeneration eintreten, oder wenn im Laufe der Zeit eine zunehmende Zahl von Angehörigen der zweiten Migrantengeneration in den Heiratsmarkt eintreten. Diese beiden, sich überlagernden Prozesse führen mittelfristig zu dem für Zuwanderernationalitäten typischen U-förmigen Entwicklungsverlauf binationaler Eheschließungen. Diese U-Kurve ist inzwischen nicht nur für viele andere Zuwanderungsgesellschaften, sondern auch für den Verlauf der Einheiratungsquoten der meisten Nationalitäten von Arbeitsmigranten in Deutschland beobachtet worden (Kane/Stephen 1988; Klein 2000). So haben seit 1990 die Ehen von Ausländern vor deutschen Standesämtern erstmals seit den 60er Jahren steigende Tendenz.

Interethnische Partnerwahl wird jedoch nicht ausschließlich von den Gelegenheitsstrukturen des Partnerschaftsmarkts beherrscht, vielmehr sind mit kulturellen Faktoren wichtige Selektionsregeln verknüpft. Das jeweilige soziale Prestige der ethnischen Gruppen hat hierbei ebenso Auswirkungen auf die interethnische Partnerwahl wie die wahrgenommene kulturelle Nähe bzw. Distanz zur eigenen Kultur (Heer 1985: 180; Müller-Dincu 1981: 69; Pagnini/Morgan 1990). Solche Selektionsregeln werden darüber hinaus geschlechtsspezifisch modifiziert: Eine empirische Regelmäßigkeit aus weltweit vorliegenden Befunden ist, dass Männer aus Minoritäten eine höhere Einheiratsrate in die dominierende Bevölkerung haben als Frauen, bzw. dass Frauen aus der Mehrheitsgesellschaft eher bereit sind, Minoritätsangehörige zu heiraten als Männer. Diese Regelmäßigkeit gilt auch dann, wenn keine Ungleichgewichte auf dem Partnerschaftsmarkt herrschen.

Tabelle 1: Die zehn häufigsten Nationalitäten deutsch-ausländischer Eheschließungen im Jahr 1999

deutscher Mann heiratet Frau aus ...	Anzahl	deutsche Frau heiratet Mann aus ...	Anzahl
Polen	5304	Türkei	3971
Russische Föderation	2223	Jugoslawien	3314
Thailand	2148	Italien	2005
Rumänien	1592	Vereinigte Staaten	1254
Ukraine	1435	Bosnien-Herzegowina	991
Türkei	1188	Österreich	931
Bosnien-Herzegowina	1097	Polen	858
Italien	1002	Niederlande	768
Kroatien	949	Großbritannien	766
Österreich	893	Marokko	695

Quelle: Statistisches Bundesamt, Fachserie 1, Reihe 1, 1999

Die verschiedenen Nationalitäten heiraten in sehr unterschiedlichem Umfang in die deutsche Bevölkerung ein. Bei deutschen Männern wird die Liste der häufigst gewählten Ausländerin mit großem Abstand von Polinnen angeführt, gefolgt von Frauen aus Russland, Thailand, Rumänien und der Ukraine. Bei deutschen Frauen dominieren hingegen die Männer aus der Türkei und Jugoslawien, gefolgt von Italien, den USA und Bosnien-Herzegowina. Allerdings ist auch diese Reihenfolge der Nationalitäten mit dem Problem belastet, dass die verschiedenen Nationalitäten u.U. zu unterschiedlichen Anteilen vor deutschen Standesämtern heiraten und damit in der Eheschließungsstatistik erfasst werden. Die Bereitschaft zur Heirat in der Bundesrepublik hängt vermutlich auch davon ab, ob der Mann oder die Frau deutsch ist. Keine Auskunft gibt diese Statistik darüber, in welchem Umfang es sich bei den Heiraten mit Partnern aus Osteuropa um „Kettenmigration" handelt, die von eingebürgerten Aussiedlern dadurch ausgelöst worden ist, dass sie einen Partner aus ihrer Herkunftsregion geheiratet haben.

Binationale Ehen durchlaufen durchaus „Konjunkturen" und Zyklen, wobei die internationalen Heiratsmärkte deutscher Männer und Frauen nur partielle Überschneidungen aufweisen (Klein 2000). Keine geschlechtsspezifischen Unterschiede gibt es in der Wahl von spanischen, österreichischen, französischen oder niederländischen Ehepartnern; bei diesen Nationalitäten, die alle der Europäischen Union angehören, hat in den letzten dreißig Jahren stets ein etwa ausgeglichenes Verhältnis zwischen den Heiraten mit Beteiligung deutscher Männer und Frauen auf deutschen Standesämtern geherrscht. Ein (deutliches) Übergewicht der Beteiligung deutscher Männer findet sich dagegen bei Eheschließungen mit Ehepartnern von den Philippinen, aus Thailand und Polen, während ein (ebenso deutliches) Übergewicht der Beteiligung deutscher Frauen bei Eheschließungen mit Ehepartnern aus Italien, der Türkei, den USA und Afrika zu verzeichnen ist. Bis auf die Ehen mit Frauen von den Philippinen (nach rapidem Anstieg in den frühen 80er Jahren seit 1987 rückläufig) und Amerikanern (starke Abnahme in den 60er Jahren, seitdem weiterhin leicht rückläufig) hat die Entwicklung binationaler Ehen mit anderen Nationalitäten (z.T. stark) ansteigende Tendenz. Bei den deutschen Männern spielen inter*ethnische* Heiraten eine deutlich geringere Rolle als bei den deutschen Frauen. Dies wird nicht nur am absoluten Aufkommen binationaler Ehen deutlich, sondern insbesondere auch daran, dass die beiden stärksten Nationalitäten (Polen und Russland) deutliche Hinweise darauf geben, dass es sich hier zu einem großen Teil um Ehen von Aussiedlern mit Frauen aus der gleichen Herkunftsregion handeln wird, d.h. es sind zwar binationale Ehen, aber mit vergleichsweise geringer kultureller Distanz. Frauen aus der ausländischen Wohnbevölkerung in Deutschland sind dagegen als potenzielle Heiratspartner für deutsche Männer nach wie vor von geringer Bedeutung, wenn auch die Heiraten mit türkischen Frauen kontinuierlich ansteigen (sofern diese Entwicklung nicht auf Heiraten mit eingebürgerten Männern türkischer Herkunft zurückzuführen ist). Dagegen sind die binationalen Partnerwahlen deutscher Frauen sehr viel stärker von den diesbezüglichen Gelegenheitsstrukturen in Deutschland bestimmt, denn außer den klassischen Anwerbestaaten der Arbeitsmigranten finden sich auch die Staaten mit ausländischen Streitkräften in Deutschland unter den wichtigsten Nationalitäten.

Auskunft darüber, in welchem Ausmaß soziale Distanz zwischen einheimischen und zugewanderten Bevölkerungsgruppen interethnische Heiraten beeinflusst, geben Bevölkerungsumfragen. In zwei vom Bundesministerium für Arbeit und Sozialordnung in Auftrag gegebenen Repräsentativerhebungen (König/Schultze/Wessel 1986; Mehrländer/Ascheberg/Ueltzhöffer 1996) wurden 1985 und 1995 ausländische Eltern danach gefragt, ob sie damit einverstanden wären, wenn ihr Kind einen Deutschen oder eine Deutsche heiraten würde (Tabelle 2).

Tabelle 2: Einstellung ausländischer Eltern zur Heirat ihrer Kinder mit Deutschen nach Nationalität und Geschlecht der Befragten 1985 und 1995 (in %)

		Türken		Italiener		Griechen	
		1995	1985	1995	1985	1995	1985
Einverstanden	Mütter	50,0	31,2	84,8	61,0	88,6	44,8
	Väter	55,9	35,3	93,0	72,0	89,9	50,7
Nicht einverstanden	Mütter	46,3	68,8	7,1	39,0	9,5	55,2
	Väter	38,1	64,7	3,8	28,0	8,5	49,3
Keine Angabe	Mütter	3,7	-	8,1	-	1,9	-
	Väter	6,0	-	3,2	-	1,5	-

Quelle: U. Mehrländer, C. Ascheberg/J. Ueltzhöffer 1996: 227

1995 sagten etwas mehr als 50% der türkischen und rund 90% der italienischen und griechischen Eltern, sie wären mit einer Heirat ihrer Kinder mit einem deutschen Partner bzw. einer deutschen Partnerin einverstanden. Die Gegenüberstellung zu den 10 Jahre zurückliegenden Befragungsergebnissen zeigt insbesondere, dass in diesem – vergleichsweise kurzen – Zeitraum die Akzeptanz interethnischer Ehen bei den Familien ausländischer Herkunft aller befragten Nationalitäten stark zugenommen hat: Die Anteile derjenigen, die binationale Ehen ihrer Kinder akzeptieren würden, ist bei allen Eltern um etwa 20 Prozentpunkte gestiegen. Die Unterschiede zwischen den Türken einerseits und den Italienern und Griechen andererseits dürften dabei vor allem auf die längere Aufenthaltsdauer dieser Bevölkerungsgruppen in Deutschland zurückzuführen sein: Mit zunehmendem Alter der befragten Eltern nimmt nämlich deren Bereitschaft zur Akzeptanz einer binationalen Ehe zu (Mehrländer et al. 1996: 224).

In der gleichen Befragung wurden auch ausländische Arbeitnehmer und Arbeitnehmerinnen, die noch nicht verheiratet sind, aber heiraten möchten, gefragt, ob sie einen deutschen Partner oder eine deutsche Partnerin wählen würden (Tabelle 3).

Tabelle 3: Bereitschaft unverheirateter ausländischer Frauen und Männer zu einer Ehe mit Deutschen (in %)

		Türken		Italiener		Griechen	
		1995	1985	1995	1985	1995	1985
Positive Einstellung	w	44,3	13,8	73,8	50,6	70,6	27,5
	m	42,8	49,1	63,4	58,3	71,9	31,7
Negative Einstellung	w	38,3	63,1	18,7	31	7,3	43,1
	m	34,3	35,2	26,9	20,5	18,8	33,3
Unentschlossen	w	17,4	23,1	7,6	18,4	22,1	29,4
	m	22,9	15,7	9,7	21,2	9,3	34,9

Quelle: U. Mehrländer et al. 1996: 243

Die Bereitschaft zur Ehe mit deutschen Partnern variiert nach Nationalität und Geschlecht. Über 70% der griechischen Frauen und Männer sagten 1995, sie wären bereit, Deutsche zu heiraten. Hier liegt sowohl der insgesamt höchste Anteil als auch die größte Steigerungsrate im Vergleich zu 1985 vor. Die Bereitschaft italienischer Frauen und Männer war hingegen auch schon 1985 relativ hoch. Bei türkischen Männern ist mit rund 43% die geringste Zustimmung zu einer Ehe mit einer deutschen Partnerin zu verzeichnen; sie ist im Vergleich zu 1985 sogar um rund 6 Prozentpunkte gesunken, was möglicherweise auf die zwischenzeitlich gestiegenen Möglichkeiten zur innerethnischen Heirat zurückzuführen ist. Hingegen hat sich die Einstellung türkischer Frauen im selben

Zeitraum erheblich zugunsten gemischtnationaler Ehen verändert und ist von 14 auf 44% gestiegen.

Heiratsmigration wird in ihrer quantitativen Bedeutung in Zukunft zunehmen. Dies gilt insbesondere, so lange eine restriktive Zuwanderungspolitik keine anderen Zuwanderungsmöglichkeiten zulässt und entsprechend insbesondere für solche Personengruppen, deren Herkunftsländer von restriktiven Zuwanderungsmöglichkeiten betroffen sind. Heiratsmigration kann unter solchen Bedingungen zur Erzielung und Verfestigung des eigenen Aufenthaltsstatus beitragen. Nur hierdurch sind z.B. die periodischen Schwankungen in den Heiraten zwischen türkischen Männern und deutschen Frauen zu erklären (Abb. 2). Dadurch ergeben sich starke Anreize für Angehörige der ersten und zweiten Zuwanderergeneration, ihren Ehepartner nicht in der Aufnahmegesellschaft, sondern in der Herkunftsgesellschaft zu suchen: der eigene verfestigte Aufenthaltsstatus dient als zusätzliche Offerte auf dem Heiratsmarkt in der *Herkunftsgesellschaft*, der eingesetzt werden kann, um dort einen Ehepartner mit höherem sozialen Status zu bekommen – ein Vorteil, der auf dem Heiratsmarkt in der Aufnahmegesellschaft weder bezüglich der Einheimischen noch der Angehörigen der eigenen Zuwanderungsminorität zur Geltung käme: „Marrying into a Turkish family in Germany is an added attraction for young men in Turkey and raises the bride-price and bargaining power of a young girl's family inasmuch as they can offer a future son-in-law prospects of a residence permit and access to the German labour market" (Wilpert 1992: 183f.).

2.3 Generatives Verhalten

Ebenso schwierig wie das Heiratsverhalten ist der Wandel des generativen Verhaltens von Ausländern auf der Basis von Meldestatistiken zu verfolgen, da für diese nur die in Deutschland gemeldeten Neugeborenen die empirische Basis bilden. Haushaltsstatistiken können dieses Problem deshalb nicht lösen, weil sie in noch viel stärkerem Maße von selektiver Migration bestimmt werden, und weil – insbesondere bei hohen Kinderzahlen – die generative Phase länger dauern kann als die Aufenthaltsdauer der Kinder im elterlichen Haushalt. All diese Faktoren tragen vornehmlich dazu bei, die Fertilität von Ausländern systematisch zu unterschätzen, und zwar (hierin liegt das eigentliche Problem) zu verschiedenen Zeiten des Migrationsprozesses und bezüglich der jeweiligen Nationalitäten in unterschiedlichem Maße.

Wie ein Blick auf die Entwicklung der Geburtenziffern bei ausländischen Frauen in Deutschland zeigt, sind sie vom generellen Geburtenrückgang in Wohlstandsgesellschaften keineswegs ausgenommen (Tabelle 4).

Tabelle 4: Zusammengefasste Geburtenziffern für Westdeutsche und Ausländerinnen in der Bundesrepublik Deutschland 1975-1993

	Migrantinnen						Einheimische im Herkunftsland			
	1975	1980	1985	1987	1990	1993	1975	1985	1990	1993
Westdeutsche							1,3	1,3	1,4	1,3
Türkinnen	4,3	3,6	2,4	2,9	3,0	2,5	5,1	4,1	3,0	2,8
Italienerinnen	2,3	2,0	1,5	1,6	1,5	1,3	2,2	1,5	1,4	1,3
Griechinnen	2,8	1,8	1,2	1,2	1,2	1,2	2,3	1,7	1,4	1,4
Portugiesinnen	2,2	1,6	1,3	1,5	1,2	1,2	2,6	1,7	1,5	1,5
Spanierinnen	2,0	1,7	1,2	1,3	,7	,6	2,8	1,8	1,3	1,2

Quelle: B. Nauck 1997a.

Die Geburtenziffern der Migrantinnen liegen für den jeweiligen Beobachtungszeitpunkt allgemein niedriger als bei der einheimischen Referenzbevölkerung, d.h. Migration ist allgemein mit einer Reduzierung von Geburten verbunden. Außerdem gehen die zusammengefassten Geburtenziffern bei den Frauen aller Arbeitsmigranten-Anwerbenationen im Beobachtungszeitraum drastisch zurück und liegen seit 1980 nur mehr bei den türkischen Migrantinnen bei einer positiven Nettoreproduktionsziffer. Bei allen anderen Anwerbenationen unterbieten 1993 die zusammengefassten Geburtenziffern sogar die der deutschen Frauen. Die größten Rückgänge sind dabei am Anfang des Beobachtungszeitraumes zu verzeichnen gewesen, d.h. unmittelbar im Anschluss an die mit dem Anwerbestopp von 1973 einsetzende Familienzusammenführung. Dass auch bei den türkischen Migrantinnen die Geburten sich innerhalb von nur zehn Jahren annähernd halbiert haben, ist ein umso bemerkenswerterer Sachverhalt, als die amtliche Statistik die tatsächlichen Verhaltensänderungen eher unterschätzt: Da am Anfang des Beobachtungszeitraumes ein größerer Anteil der Geburten dieser Frauen noch in der Herkunftsgesellschaft erfolgt sein dürfte als am Ende des Beobachtungszeitraumes, ist die tatsächliche migrationsbedingte Geburtenreduktion höher, als an den erhobenen Zahlen ablesbar.

Analysen zu Veränderungen im Familienbildungsprozess bei Familien ausländischer Herkunft liegen bislang nur für türkische Migrantenfamilien vor (Nauck 1997a). Da hierbei gewanderte mit nichtgewanderten türkischen Familien verglichen worden sind, werden die Auswirkungen der Migration auf den Familienbildungsprozess unmittelbar sichtbar. Zwei sich überlagernde Trends des sozialen Wandels konnten dabei beobachtet werden: Erstens zeigt sich (bei Geburtskohorten zwischen 1940 und 1960) eine kontinuierliche *Vorverlagerung des Familienbildungsprozesses* im Lebensverlauf; der Median des Heiratsalters (d.h. des Lebensalters, bei dem die Hälfte der Frauen verheiratet ist) nimmt von 20,8 Jahre auf 18,0 Jahre ab, der entsprechende Wert für die Geburt des ersten Kindes von 24,6 auf 19,4 Jahre – einen ähnlichen historischen Trend spiegeln übrigens auch demographische Erhebungen in der Türkei wider. Da auch die Abstände zwischen den weiteren Geburten zurückgehen, bedeutet dies eine deutliche *Schrumpfung der Familienbildungsphase*. Zweitens macht sich zwischen den Kohorten der säkulare *Geburtenrückgang* bemerkbar. Dieser betrifft allerdings ausschließlich die später nachfolgenden Geburten (ab dem 4. Kind). Keinen Wandel gibt es hingegen darin, dass praktisch alle Frauen eine Familie gründen: Unverheiratete Frauen sind ebenso selten wie Kinderlose. Die Frage nach Unterschieden im Familienbildungsprozess nichtgewanderter und gewanderter türkischer Frauen beantwortet Tabelle 5, in der der Familienbildungsprozess beider Gruppen türkischer Frauen gegenübergestellt worden ist, die bis 1945 bzw. danach geboren worden sind.

Tabelle 5: Familienbildungsprozess bei türkischen Migrantinnen und nichtgewanderten Türkinnen

Geburtskohorte	nichtgewanderte Türkinnen		türkische Migrantinnen	
	bis 1945	ab 1946	bis 1945	ab 1946
Heirat bis 35	99,0%	100,0%	91,5%	99,5%
Median Heirat	20,1	18,8	28,2	20,1
1. Geburt bis 35	97,8%	99,5%	89,5%	98,8%
Median 1. Geburt	22,8	20,5	28,9	21,8
2. Geburt bis 35	82,5%	92,0%	71,0%	92,2%
Median 2. Geburt	30,9	24,9	32,5	25,3
3. Geburt bis 35	54,9%	71,1%	40,8%	58,3%
Median 3. Geburt	35,3	28,8	40,0	32,8
4. Geburt bis 35	26,6%	44,4%	13,2%	19,8%
5. Geburt bis 35	13,2%	23,7%	3,9%	5,7%
6. Geburt bis 35	5,9%	8,4%	3,9%	2,3%
7. Geburt bis 35	1,5%	2,8%	1,3%	1,0%

Quelle: B. Nauck 1997a

Für die nichtgewanderten türkischen Frauen bestätigen die Befunde den Trend zur Vorverlegung der Familiengründung, was insbesondere in den verringerten Altersmedianen und der höheren Zahl von bis zum 35. Lebensjahr eingetretenen Familienbildungsereignissen ablesbar ist. Für die Migrantinnen gelten dagegen zwei zusätzliche Sonderentwicklungen: Bei den (wenigen) Frauen der älteren Kohorten, die vor der Geburt ihres ersten Kindes gewandert sind, fällt das (für türkische Standards) außerordentlich hohe Heiratsalter auf; entsprechend spät werden auch ihre – vergleichsweise wenigen – Kinder geboren.

Dieser Befund lässt darauf schließen, dass die Pioniermigrationssituation, in der sich noch vergleichsweise wenige Angehörige der eigenen Minorität in der Aufnahmegesellschaft befinden, den Familienbildungsprozess der Migrantinnen außerordentlich verzögert. Für die nachfolgenden Kohorten türkischer Migrantinnen lässt sich nämlich eine weitgehende „Normalisierung" beobachten: Zwar liegen die Familienbildungsereignisse etwas später als bei der Vergleichsgruppe der nichtgewanderten türkischen Frauen, und die Geburten höherer Parität gehen deutlich zurück, doch ähnelt der Familienbildungsprozess dieser Migrantinnen weit mehr dem der Angehörigen der gleichen Kohorte in der Herkunftsgesellschaft als dem der älteren Türkinnen, die sich (unverheiratet bzw. kinderlos) in der Ausnahmesituation der Pioniermigrantin befunden haben.

Ab der Geburt des dritten Kindes zeigen sich deutliche Unterschiede im Familienbildungsprozess gewanderter und nichtgewanderter türkischer Frauen: 76% der nichtgewanderten türkischen Frauen bekommen ein 3. Kind (aber nur 69% der Frauen, die sich bereits vor der Geburt ihres ersten Kindes in Deutschland befunden haben), 51% ein 4. Kind (21%), 34% ein 5. Kind (5%), 18% ein 6. Kind (6%) und 13% ein 7. Kind (3%). Insgesamt ist damit festzustellen, dass unter Migrationsbedingungen die Geburt von 4 und mehr Kindern bei türkischen Frauen schon sehr selten ist; ebenso selten ist die Geburt von weniger als 2 Kindern, so dass die „typische" in der Aufnahmegesellschaft entstandene Migrantenfamilie zwei oder drei Kinder hat. Höhere Kinderzahlen sind also vornehmlich das Ergebnis eines mit Kettenwanderungen einhergehenden Kinder-"Imports" gewesen.

Die Migration führt somit innerhalb einer Generation zu einer deutlichen und raschen Standardisierung des Lebenslaufs türkischer Frauen in der für Unterschicht-Angehörige in Industriegesellschaften typischen Form des Familienzyklus. Wie schnell diese Reorganisation der weiblichen Lebensläufe erfolgt, hängt dabei insbesondere von der *schulischen Bildung der Frau* ab. Geringe bzw. fehlende schulische Bildung wirkt sich hierbei in doppelter Hinsicht auf die Strukturierung des Lebenslaufs der Migrantin aus: Sie begünstigt hohe Kinderzahlen und einen längeren Verbleib in der Herkunftsgesellschaft; die Anzahl der zu versorgenden Kinder vermindert zugleich aber auch die Möglichkeiten der Eingliederung in die Aufnahmegesellschaft durch Erwerbstätigkeit, wobei durch die fehlende Ausbildung ohnehin die individuellen Voraussetzungen hierzu ungünstig sind. Umgekehrt verstärken sich bei gut ausgebildeten Frauen diese Effekte zu einer rascheren Reorganisation des Lebenslaufs. Die Differenzen zwischen den Frauen werden an folgendem Vergleich sichtbar: Frauen ohne Primarschulabschluss sind in der Türkei zu 50% mit 18,6 Jahren verheiratet und haben mit 21,1 Jahren ihr erstes Kind geboren; Frauen mit Primarschulabschluss sind zu 50% mit 19,6 Jahren verheiratet und haben mit 21,6 Jahren ihre erste Geburt. Bei den Migrantinnen gibt es zwar keine Unterschiede im mittleren Heiratsalter (20,6 bzw. 20,7 Jahre), doch wird bei den gebildeteren Frauen der Geburtstermin des ersten und zweiten Kindes näher an den Heiratstermin herangerückt (Median: 22,3 und 26,5 Jahre gegenüber 23,6 und 27,7 Jahre). Ab dem dritten Kind werden nicht nur die Unterschiede in der zeitlichen Platzierung des Familienbildungsprozesses, sondern auch die in der Wahrscheinlichkeit weiterer Geburten erheblich: 99% der Frauen ohne Schulabschluss (aber nur 56% mit Schulabschluss) bekommen in der Türkei ein drittes Kind, 88% (26%) ein viertes Kind, 66% (12%) ein fünftes Kind, 33% (12%) ein sechstes Kind und 23% (10%) ein siebtes Kind. Demgegenüber ebnen sich Bildungsniveau-Unterschiede in der Migration – auf niedrigem Niveau – weitgehend ein: 77% der Frauen ohne Schulabschluss (gegenüber 64% der Frauen mit Schulabschluss) bekommen ein drittes Kind, 21% (22%) ein viertes Kind, 5% (5%) ein fünftes Kind, 7% (5%) ein sechstes Kind und 0% (4%) ein siebtes Kind.

Aufenthaltsland und Bildungsniveau wirken sich somit durch drei voneinander unabhängige Tendenzen auf den Familienbildungsprozess aus. Erstens liegt nach einer Migration der Familienbildungsprozess später, zweitens reduziert die Migration die Anzahl der geborenen Kinder, und drittens führt Schulbildung – trotz des späteren bzw. annähernd gleichen Heiratstermins – dazu, dass der Familienbildungsprozess insgesamt verkürzt wird, d.h. die (wenigen) Geburten folgen unmittelbarer auf die Heirat, womit die generative Phase insgesamt stark zusammenschrumpft: Für die nichtgewanderten Türkinnen ohne Schulabschluss beträgt die durchschnittliche Spanne zwischen der Heirat und der Geburt ihres letzten (fünften) Kindes 21 Jahre; für türkische Migrantinnen mit Schulabschluss beträgt die durchschnittliche Spanne bis zur Geburt des letzten (dritten) Kindes nur mehr 12 Jahre. Die konkreten engräumigen Lebensbedingungen in der Aufnahmegesellschaft haben dagegen *keinen* weiteren Einfluss auf diese Prozesse (Nauck 1987); so unterschieden sich Familien in Wohngebieten mit hoher Ausländerkonzentration (auch) in dieser Hinsicht nicht von Familien in Wohnquartieren mit niedrigem Ausländeranteil.

Insgesamt hat sich der Anteil der Kinder mit ausländischen Eltern an den in Deutschland geborenen Kindern zwischen 1975 und 1996 nicht erhöht, er liegt bei ca. 20%. Verschoben haben sich allerdings die Proportionen innerhalb dieser Kinder: Betrug der Anteil der nichtehelich geborenen ausländischen Kinder 1975 nur 0,7%, so stieg er bis 1996 auf 1,6%, dagegen haben die Geburten aus ausländischen Ehen mit gleicher Staatsangehörigkeit von 14,5% auf 8,2% abgenommen. Geburten aus Ehen mit verschiedener ausländischer Staatsangehörigkeit sind in diesem Zeitraum von 0,8% auf 3,6%, die aus Ehen mit deutschem Ehepartner von 3,7% auf 6,7% gestiegen.

3 Inter- und intragenerativer Wandel in Migrantenfamilien

Auf der familiären Ebene ist zwischen intergenerativem und intragenerativem Wandel zu unterscheiden. In der Migrationssoziologie hat intergenerativer Wandel seit der Konzeptualisierung der „race-relations-cycles" in den 30er Jahren stets eine bedeutsame Rolle in der Erforschung von Eingliederungsprozessen gespielt (Esser 1980; Alba 1990), wenn das Verhalten von Migranten der ersten, zweiten und dritten Generation miteinander verglichen wird. Ein wichtiges Ergebnis dieser Analysen besteht darin, dass eine erstaunliche Streuungsbreite sowohl individuell zwischen dem Eingliederungsverhalten einzelner Zuwanderer bzw. von Generationen-Ketten von Zuwanderern als auch kollektiv zwischen dem der verschiedenen Zuwanderernationalitäten zu beobachten ist und Assimilation keineswegs ein „zwangsläufiges" Ergebnis von Eingliederungsprozessen sein muss (Esser 1990a; Nauck et al. 1997). Insbesondere bezüglich der kollektiven Differenzen konnten insgesamt bislang kaum schlüssige sozialwissenschaftliche Erklärungen angeboten werden: Vorliegende Studien zum Eingliederungsverhalten verschiedener Zuwanderernationalitäten von Arbeitsmigranten in Deutschland legen den Schluss nahe, dass Assimilationsunterschiede wesentlich auf Verteilungsunterschiede in individuellen Ressourcen (insbesondere des Bildungsniveaus) und auf historisch unterschiedliche Eingliederungsopportunitäten infolge der Wanderungs-Sukzession der einzelnen Nationalitäten zurückführbar ist (Esser 1982; Hill 1984).

Überlegungen zum intergenerativen Wandel sind bereits relativ früh auch auf das Eingliederungsverhalten von Arbeitsmigranten und deren Nachkommen in Deutschland zu übertragen versucht worden. Häufig ist dabei im Kontext sozialisationstheoretischer Überlegungen unterstellt worden, dass aufgrund der veränderten kulturellen Bedingungen für die Primärsozialisation – und deren lebenslange Bedeutung für die Internalisierung von Werten – die zweite Generation „zwangsläufig" stärker in der Aufnahmegesellschaft akkulturiert sei (Schrader et al. 1979) und somit starke Werte-Differenzen zwischen der Migranten- und den Nachfolgegenerationen sichtbar werden. Handlungstheoretische Erklärungen betonen dagegen, dass die zweite Generation geringere Bindungen zur Herkunftsgesellschaft (der Eltern) und weniger soziale Beziehungen zu deren Mitgliedern aufweist. Das hat zur Folge, dass diese für soziale Vergleichsprozesse zunehmend irrelevant werden und Vergleiche (nur noch) mit den Lebensbedingungen der Bevölkerungsmajorität angestellt werden, was zu einer deutlichen Zunahme der Unzufriedenheit gegenüber der zumeist mit der Arbeits-, Wohn- und Familiensituation recht zufriedenen Migrantengeneration (Zapf/Brachtl 1984; Nauck 1989) führen muss. Eine empirische Analyse von Richtung und Intensität der intergenerationalen Veränderungen im Eingliederungsverhalten von Zuwanderern in Deutschland ist bislang nur ansatzweise möglich gewesen (vgl. Esser 1990; 1990a; Hill 1990; Kurosch 1990). Das liegt nicht daran, dass die empirische Forschung diesem Phänomen bislang keine Aufmerksamkeit geschenkt hätte, sondern daran, dass die zweite Zuwanderergeneration in Deutschland aus „historischen" Gründen derzeit modal gerade das Alter erreicht, das ihre Eltern zum Zeitpunkt ihrer Zuwanderung aufgewiesen hat, und somit alle Generationen-Sequenz-Analysen bislang mit (nicht unproblematischen) Zusatzannahmen über die Stabilität von Einstellungen und Verhaltensweisen im Lebensverlauf arbeiten müssen.

Wesentlich ertragreicher ist es, Generationenunterschiede nicht durch Kohortenvergleiche sondern direkt in den dyadischen Beziehungen in Migrantenfamilien zu untersuchen, wie dies in dem Survey „Intergenerative Beziehungen in Migrantenfamilien" geschehen ist, in dem jeweils das Verhalten von Jugendlichen mit dem gleichgeschlechtlichen Elternteil verglichen worden ist (Krentz 2002; Nauck 1994; 1995; 1997; 1999; 2000; 2001a; 2001b; Nauck et al. 1998; Nauck/Kohlmann 1998; Nauck et al. 1997; Nauck/Niephaus 2001; Steinbach/Nauck 2000). Ergänzende Befunde liegen aus dem Ausländer-Survey des Deutschen Jugendinstituts vor, der vergleichbare Daten bei jungen Erwachsenen erhoben hat (Weidacher 2000). Beispielhaft werden die Angaben der Italiener – als Einwanderer mit älterer Einwanderungsgeschichte sowie als EU-Bürger – und der Türken – als Einwanderer mit verleichsweise großer kultureller Distanz aus einem Nicht-EU-Land – herangezogen, um die Generationenunterschiede im kognitiven (Tabelle 6: Sprachverwendung), identifikativen (Tabelle 7: Ethnische Präferenz in der Heirat und Namensgebung) und strukturellen (Tabelle 8: Bildungsniveau) Eingliederungsverhalten zu veranschaulichen.

Tabelle 6: Sprachverwendung von Italienern und Türken in Deutschland (in %)

	Nationalität					
	Italiener			Türken		
	Eltern	Jugendliche	Kinder	Eltern	Jugendliche	Kinder
Sprache zwischen Eltern und Kindern						
– überwiegend Herkunftssprache	57,9	76,9	62,1	81,7	88,3	80,4
– überwiegend deutsch	42,1	23,1	37,9	17,8	11,7	19,6
Sprache zwischen Geschwistern						
– überwiegend Herkunftssprache	47,3	56,5	41,6	46,4	68,5	47,2
– überwiegend deutsch	52,7	43,2	58,4	53,6	31,5	52,8
Sprache am Arbeitsplatz, in der Schule, im Betrieb						
– überwiegend Herkunftssprache	24,0	13,1	4,5	k. A.	20,0	k. A.
– überwiegend deutsch	76,0	86,9	9,.5	k. A.	80,0	k. A.

Datenbasis: Survey intergenerative Beziehungen in Migrantenfamilien; DJI-Jugendstudie 1997

Eltern wie Kinder geben mehrheitlich an, dass sie miteinander überwiegend in der Herkunftssprache kommunizieren. Die Unterschiede zwischen Italienern und Türken bestehen vornehmlich darin, dass eine deutlichere Trennung in der Sprachverwendung mit den Eltern und mit den Geschwistern besteht: Während mit den Eltern noch ganz überwiegend türkisch gesprochen wird, wird unter den Geschwistern – wie bei den Italienern – nach eigener Auskunft und nach Auskunft der Eltern bereits zur Hälfte überwiegend die deutsche Sprache bevorzugt. Am Arbeitsplatz und in der Schule ist für Italiener und Türken die Verwendung der deutschen Sprache unumgänglich geworden. So verständigen sich in den Pausen von Arbeit und Unterricht schon mehr als 80% der Jugendlichen und mehr als 95% der Kinder in deutscher Sprache.

Tabelle 7: Deutsche und eigenethnische Identifikation (in %)

Frage	Nationalität					
	Italiener			Türken		
	Eltern	Jugendliche	Kinder	Eltern	Jugendliche	Kinder
Können Sie sich vorstellen, dass Ihr Kind/Sie einmal einen Deutschen heiraten?						
– auf jeden Fall/möglicherweise	76,6	71,4	84,2	33,8	49,8	30,8
– wahrscheinlich nicht/auf keinen Fall	23,5	24,2	13,6	66,2	47,0	69,1
Welchen Vornamen würden Sie Ihrem Enkelkind/Kind geben?						
– einheimisch/bekannt in Deutschland	72,1	75,2	73,8	93,1	77,6	86,4
– deutsch/international	17,8	24,9	26,2	6,9	22,4	13,6

Datenbasis: Survey intergenerative Beziehungen in Migrantenfamilien; DJI-Jugendstudie 1997

Der überwiegende Teil der Italiener befürwortet eine Heirat von Angehörigen der zweiten Generation mit Deutschen. Im Gegensatz dazu kann sich die Mehrheit der Türken nicht vorstellen, dass eine deutsche Person in ihre Familie einheiratet. Die Unterschiede zwischen den Generationen weisen tendenziell eine größere Zustimmung der Jugendlichen und Kinder auf, aber sie sind eher von geringem Ausmaß. Eine weitere Frage bezog sich auf die Namensgebung der dritten Generation. Die wenigsten ausländischen Befragten möchten, dass das Kind einen deutschen Vornamen bekommt, sondern tendieren zur Vergabe von eigenethnischen Namen. Türken weisen auch hier eine viel ausgeprägtere eigenethnische Identifikation auf, wobei die zweite Generationen tendenziell offener – in diesem Fall für deutsche Vornamen – ist. Ähnliche Tendenzen ergeben sich für den Medienkonsum, d.h. den Konsum von deutschen und italienischen bzw. türkischen Medien, wie Bücher, Zeitungen, Videofilmen und Fernsehsendungen. Beide Generationen und beide Nationalitäten besitzen sowohl eigenethnische als auch deutsche Bücher. Die zweite Generation besitzt allerdings mehr deutsche Bücher als Angehörige der ersten Generation. Kinder und Jugendliche der Italiener besitzen wiederum mehr als türkische Kinder und Jugendliche. Anders sieht das Bild schon beim Lesen von Zeitungen bzw. Zeitschriften aus. Eltern wie Kinder lesen viel öfter in deutsch als in italienisch oder in türkisch. Dennoch lesen etwa 60% der Eltern und der Jugendlichen regelmäßig eigenethnische Zeitungen. Von den zwei Dritteln der Befragten, die überhaupt Videofilme sehen, gab die Mehrheit an, dies in deutsch zu tun, wenngleich ein Viertel sich regelmäßig auch italienische bzw. türkische Videos ansehen.

Das ganze Ausmaß des intergenerativen Wandels wird an der Bildungsbeteiligung der verschiedenen Generationen deutlich: Da die Eltern auch nach dem Bildungsabschluss ihrer eigenen (zumeist in der Herkunftsgesellschaft verbliebenen) Eltern gefragt worden sind, lassen sich Vergleiche über drei Generationen anstellen. Hierbei zeigt sich, dass Jugendliche der zweiten Zuwanderungsgeneration bei den Italienern zu über einem Drittel und bei den Türken zu über zwei Drittel Großmütter ohne Schulabschluss haben (und 23% bzw. 47% haben Großväter ohne Schulabschluss). In der Elterngeneration sind diese Anteile bei den Müttern bereits auf 17% bei den Italienerinnen und auf 34% bei den Türkinnen zurückgegangen, bei den Vätern betragen die entsprechenden Anteile 12% bzw. 8%.

Tabelle 8: Höchster Bildungsabschluss von Italienern und Türken im Generationenvergleich (in %)

Italiener	Großvater	Großmutter	Vater	Mutter	Junger Erwachsener	Junge Erwachsene
– keinen Abschluss	22,7	34,7	12,1	17,0	–	–
– Primarschulabschluss	49,3	47,8	67,5	59,5	43,5	37,9
– Mittelschulabschluss	15,8	6,9	17,0	20,5	23,5	27,7
– Abitur	0,7	0,5	1,9	3,0	11,3	11,4
– Universitätsaschluss/ Fachhochschulabschluss	1,5	–	1,5	–		
– noch in Ausbildung					21,6	22,7
Türken	Großvater	Großmutter	Vater	Mutter	Junger Erwachsener	Junge Erwachsene
– keinen Abschluss	47,2	69,5	8,3	34,0	–	–
– Primarschulabschluss	40,2	25,5	58,5	46,0	50,5	46,8
– Mittelschulabschluss	5,0	2,5	11,7	12,0	17,8	19,6
– Abitur	4,7	1,5	17,6	5,0	11,6	8,6
– Universitätsabschluss/ Fachhochschulabschluss	4,5	–	3,9	3,0		
– noch in Ausbildung					19,9	25,0

Datenbasis: Survey intergenerative Beziehungen in Migrantenfamilien; DJI-Jugendstudie 1997

Dieser außerordentlich starken intergenerativen Bildungsmobilität steht die nach wie vor bestehende Benachteiligung gegenüber Kindern von deutschen Eltern gegenüber (Alba et al. 1994; Nauck/Diefenbach 1997), die – wenn auch mit sich langsam verringernden Abständen – häufiger weiterführende Bildungsabschlüsse erreichen.

Generationenbeziehungen sind aus zwei Gründen von besonderer Bedeutung für das Verständnis der Lage von Familien ausländischer Herkunft und für die Funktionsweise familialer Solidarpotenziale unter Migrationsbedingungen. (1) Die meisten Familien ausländischer Herkunft stammen aus Gesellschaften ohne ein ausgebautes sozialstaatliches System sozialer Sicherung. Entsprechend werden alle Sozialleistungen und alle Absicherungen gegen die Risiken des Lebens zum ganz überwiegenden Teil unmittelbar zwischen den Generationen erbracht. Diese Funktionen der unmittelbaren materiellen Absicherung durch Generationenbeziehungen haben weitreichende Auswirkungen auf ihre kulturelle Ausgestaltung, d.h. darauf, was Eltern und Kinder füreinander bedeuten, was sie gegenseitig voneinander erwarten und welchen „Wert" sie füreinander haben (Nauck 2000; 2001). (2) Die Migrationssituation selbst hat unmittelbare Auswirkungen auf die Generationenbeziehungen, lassen sich doch viele Migrationsziele nur im Generationenzusammenhang legitimieren und realisieren. Von besonderer Bedeutung sind diese Generationenbeziehungen bei einem ungesicherten Aufenthaltsstatus. Eine gewünschte oder erzwungene Rückkehr in die Herkunftsgesellschaft bedeutet zugleich, wieder auf soziale Sicherungssysteme zurückgreifen zu müssen, die nicht auf Versicherungsleistungen, sondern auf Generationenbeziehungen basieren. Entsprechend kommt der intergenerativen Transmission von Werten in Migrantenfamilien eine weitaus stärkere Bedeutung zu als in nichtgewanderten Familien.

Die Weitergabe von Kultur zwischen den Generationen ist eine notwendige Bedingung für kulturelle Gemeinsamkeit und Kontinuität, sie erfolgt aber niemals vollständig. Vielmehr wird die Kultur in der kontinuierlichen Interaktion zwischen Personen und Gruppen hervorgebracht und ständig verändert. Entsprechend führt der Prozess der kulturellen Transmission nicht zu einer perfekten Reproduktion der Kultur in den jeweils nachfolgenden Generationen, sondern bewegt sich in einem Spannungsverhältnis zwischen einer exakten Transmission (und entsprechend keinen bemerkbaren Unterschieden zwischen den Generationen) und einem vollständigen Fehlen jeglicher kulturellen Transmission (und entsprechend keinen bemerkbaren Ähnlichkeiten zwischen den Generationen). Beide Extreme sind gleichermaßen problematisch: Perfekte Transmission würde keinerlei Wandel zulassen und keinerlei Kapazität zur Anpassung an neue Situationen ermöglichen, fehlende Transmission würde dagegen koordiniertes Handeln zwischen den Generationen unmöglich machen und jede intergenerativen Solidarpotenziale zerstören (Phalet/Schönpflug 2001).

Wenn nur wenige neue Mitglieder in eine gesellschaftliche Gruppe eintreten, kann die Weitergabe der Kultur langsam und diffus erfolgen. Wenn jedoch viele neue Mitglieder in die gesellschaftliche Gruppe eintreten, dann muss die Kultur schnell und intensiv weitergegeben werden, wenn sie aufrechterhalten werden soll. Migrationssituationen sind nun typischerweise – wenn sie ein nennenswertes Ausmaß annehmen – durch sozialen Wandel in der Aufnahmegesellschaft gekennzeichnet, in jedem Falle sind sie jedoch eine Situation des rapiden kulturellen Wechsels für die Migranten selbst. Migrationssituationen führen damit sowohl bei den Mitgliedern der Aufnahmegesellschaft als auch bei den Migranten zu einer stärkeren Akzentuierung der jeweils eigenen Kultur. Intergenerative Transmission ist in dieser Situation häufig die einzige Möglichkeit, das kulturelle Erbe aus der Herkunftsgesellschaft oder eine Minoritäten-Subkultur aufrecht zu erhalten. Das Paradoxe an der Migrationssituation ist somit, dass die Elterngeneration zu gleicher Zeit eine größere Schwierigkeit und eine größere Notwendigkeit intergenerativer Transmission von Kultur gegenüberstehen. Einerseits haben elterliche Vorbilder im Aufnahmekontext ihren adaptiven Wert eingebüßt, andererseits können sich die Migranteneltern veranlasst sehen, mit noch größeren Anstrengungen ihre Herkunftskultur an die Kinder weiterzugeben, insbesondere wenn eine diesbezügliche Unterstützung durch kulturvermittelnde Institutionen (z.B. durch entsprechende Bildungsangebote in den Kindergärten und Schulen) weitgehend fehlt.

Es kann aus diesen Gründen nicht verwundern, wenn in Migrantenfamilien intergenerative Beziehungen besonders hoch motiviert sind und die Generationenbeziehungen stärker koordiniert sind, als dies in nichtgewanderten Familien in der Herkunfts- oder in der Aufnahmegesellschaft der Fall ist. So zeigt ein Vergleich von türkischen Migrantenfamilien mit solchen, die in der Herkunftsgesellschaft verblieben sind, dass die intergenerative Transmission in Migrantenfamilien stärker ausgeprägt ist. Die Einstellungen von Eltern und Kindern ist konformer, die Ko-Orientierung höher und die Synchronität stärker als in nicht-gewanderten Familien. Hohe intergenerative Transmission ist keineswegs auf türkische Migrantenfamilien beschränkt, vielmehr zeigt der Vergleich mit italienischen und griechischen Familien, dass auch bei ihnen ein gleich hohes Maß an Übereinstimmung in der Situationswahrnehmung und in den Einstellungen besteht. Kinder ausländischer Familien antizipieren und internalisieren die Erwartungen der Eltern in hohem Maße und zeigen eine hohe Bereitschaft, die von ihnen erwarteten Solidarleistungen zu erbringen. Geschlechtsspezifischen Unterschiede hinsichtlich der Erwartungen an die Generationenbeziehungen sind in den Migrantenfamilien der verschiedenen Herkunftsnationalitäten nicht gegeben. Die fest verankerte Arbeitsteilung zwischen den Generationen und Geschlechtern scheint auch in der Migrationssituation fortzubestehen und wird von Eltern und Kindern gleichermaßen akzeptiert. Diese Stärkung der intergenerativen Beziehungen in Zuwandererfamilien ist Folge der Anpassung der Migranten an die Minoritätensituation. Stabile intergenerative Beziehungen in Migrantenfamilien sind der wichtigste Schutzfaktor gegen eine mögliche Marginalisierung von Jugendlichen der zweiten Generation. Bei aller Synchronität und Koordiniertheit ergeben sich deutliche Unterschiede zwischen den Generationen hinsichtlich der Stellung im Eingliederungsprozess. Jugendliche der zweiten Zuwanderungsgeneration sind im Vergleich zu ihren Eltern deutlich stärker assimiliert, sie nehmen diskriminierende Handlungen seltener wahr als ihre Eltern, haben eine geringere soziale Distanz zu Mitgliedern der Aufnahmegesellschaft und spüren gleichzeitig eine größere Entfremdung zur Herkunftsgesellschaft und haben seltener konkrete Rückwanderungsabsichten (Nauck 1995; 2000).

4 Ausblick

Der Überblick über wesentliche Forschungsbefunde zu demographischen, sozialstrukturellen und innerfamiliären Veränderungen bei Arbeitsmigranten in Deutschland hat einige zentrale Dimensionen des familiären Wandels nachzuzeichnen versucht. Die analytische Differenzierung der Ebenen des Wandels hat dabei sowohl zur Aufdeckung von Forschungslücken als auch zur Identifikation der sozialen Faktoren beigetragen, die die offensichtlich schnellen und tiefgreifenden Veränderungen, so wie sie sich beispielsweise in den bevölkerungsstatistischen Aggregatdaten niederschlagen, bewirkt haben. Da es sich hierbei häufig um konfundierte Effekte *mehrerer* sozialer Prozesse handelt, bedarf diese Interpretation von Aggregatdaten gerade bei Ausländern der Validierung durch Individualdatenanalysen. Bei Migrantenfamilien treten einige Effekte hinzu, die bei Einheimischen vernachlässigbar sind, wie z.B. familiäre Ereignisse außerhalb des (nationalen) Erfassungsbereichs. Solche Komplementäranalysen individueller Familienverläufe liegen jedoch bislang nur vereinzelt vor und berücksichtigen zumeist nicht die sozialhistorischen Veränderungen, die durch Kohortenanalysen aufzudecken wären. Die vorliegenden Befunde zeigen jedoch zumindest eines: Durch den mit der Migrationsentscheidung verbundenen Wechsel des sozial-ökologischen Kontextes erfolgen vielfältige Umstrukturierungen in der familiären Interaktion. Dies wirft auch ein Licht auf die hohe Adaptationskapazität und Struktruflexibilität familiärer Gruppen und die Interdependenzen von Familienstruktur und Kontextbedingungen im Allgemeinen, d.h. eine Reihe allgemeiner Problemstellungen der Familiensoziologie werden an Migrantenfamilien besonders augenfällig und lassen sich in z.T. wesentlich extremeren Ausprägungen studieren.

Literatur

Alba, R. D., 1990: Ethnic Identity: The Transformation of White America. New Haven/London.

Alba, R. D./Handl, J./Müller, W., 1994: Ethnische Ungleichheit im deutschen Bildungssystem. In: Kölner Zeitschrift für Soziologie und Sozialpsychologie, 46, S. 209-237.

Buba, H. P./Ueltzen, W./Vaskovics, L. A./Müller, W., 1984: Gemischt-nationale Ehen in der Bundesrepublik Deutschland. In: Zeitschrift für Bevölkerungswissenschaft, 10, S. 421-448.

Bundesministerium für Familie, Senioren, Frauen und Jugend (Hg.), 1984: Zehnter Kinder- und Jugendbericht. Bericht über die Lebenssituation von Kindern und die Leistungen der Kinderhilfen in Deutschland. Bonn.

Bundesministerium für Familie, Senioren, Frauen und Jugend (Hg.), 2000: Familien ausländischer Herkunft in Deutschland. Sechster Familienbericht. Berlin.

Crester, G. A./Leon, J. J., 1982: Intermarriage in the U.S.: An Overview of Theory and Research. In: Marriage and Family Review, 5, S. 3-15.

Esser, H., 1980: Aspekte der Wanderungssoziologie. Darmstadt/Neuwied.

Esser, H., 1982: Sozialräumliche Bedingungen der sprachlichen Assimilation von Arbeitsmigranten. In: Zeitschrift für Soziologie, 11, S. 279-306.
Esser, H., 1990: Familienmigration und Schulkarriere ausländischer Kinder und Jugendlicher. In: H. Esser/J. Friedrichs (Hg.): Generation und Identität. Theoretische und empirische Beiträge zur Migrationssoziologie. Opladen, S. 127-146.
Esser, H., 1990a: Nur eine Frage der Zeit? Zur Eingliederung von Migranten im Generationen-Zyklus und zu einer Möglichkeit, Unterschiede hierin zu erklären. In: H. Esser/J. Friedrichs (Hg.): Generation und Identität. Theoretische und empirische Beiträge zur Migrationssoziologie. Opladen, S. 73-100.
Gordon, M. M., 1964: Assimilation in American Life. The Role of Race, Religion and National Origins. New York.
Gordon, M. M., 1975: Toward a General Theory of Racial and Ethnic Group Relations. In: N. Glazer/D. Moynihan (Hg.): Ethnicity. Theory and Experience. Cambridge, S. 84-110.
Hansen, G./Wenning, N., 1991: Migration in Vergangenheit und Zukunft. Hagen.
Heer, D. M., 1985: Bi-kulturelle Ehen. In: D. Elschenbroich (Hg.): Einwanderung, Integration, Ethnische Bindung. Harvard Encyclopedia of American Ethnic Groups. Eine deutsche Auswahl. Frankfurt a. M., S. 179-197.
Hill, P. B., 1984: Determinanten der Eingliederung von Arbeitsmigranten. Königstein.
Hill, P. B., 1990: Kulturelle Inkonsistenz und Streß bei der zweiten Generation. In: H. Esser/J. Friedrichs (Hg.): Generation und Identität. Theoretische und empirische Beiträge zur Migrationssoziologie. Opladen, S. 101-126.
Kane, T. T./Stephen, E. H., 1988: Patterns of intermarriage of guestworker populations in the Federal Republic of Germany: 1960-1985. In: Zeitschrift für Bevölkerungswissenschaft, 14, S. 187-204.
Klein, T., 2000: Partnerwahl zwischen Deutschen und Ausländern. In: Sachverständigenkommission 6. Familienbericht (Hg.): Familien ausländischer Herkunft in Deutschland, Bd. 1: Empirische Beiträge zur Familienentwicklung und Akkulturation. Opladen, S. 303-346.
König, P., Schultze, G./Wessel, R., 1986: Situation der ausländischen Arbeitnehmer und ihrer Familienangehörigen in der Bundesrepublik Deutschland. Bonn.
Krentz, S., 2002: Intergenerative Transmission von Erziehungseinstellungen bei Migranten aus der ehemaligen Sowjetunion. In: Zeitschrift für Soziologie der Erziehung und Sozialisation, 22, 1, S. 79-99.
Kurosch, I., 1990: Geschlechtsrollenorientierung im Vergleich der Nationalitäten, Generationen und Geschlechter. In: H. Esser/J. Friedrichs (Hg.): Generation und Identität. Theoretische und empirische Beiträge zur Migrationssoziologie. Opladen, S. 261-280.
Mehrländer, U./Ascheberg, C./Ueltzhöffer, J., 1996: Repräsentativuntersuchung '95. Situation der ausländischen Arbeitnehmer und ihrer Familienangehörigen in der Bundesrepublik Deutschland. Bonn.
Müller-Dincu, B., 1981: Gemischt-nationale Ehen zwischen deutschen Frauen und Ausländern in der Bundesrepublik. Wiesbaden.
Nauck, B., 1985: Arbeitsmigration und Familienstruktur. Eine soziologische Analyse der mikrosozialen Folgen von Migrationsprozessen. Frankfurt a. M./New York.
Nauck, B., 1987: Individuelle und kontextuelle Faktoren der Kinderzahl in türkischen Migrantenfamilien. Ein Replikationsversuch bevölkerungsstatistischer Befunde durch Individualdaten. In: Zeitschrift für Bevölkerungswissenschaft, 13, S. 319-344.
Nauck, B., 1988: Inter- und intragenerativer Wandel in Migrantenfamilien. In: Soziale Welt, 39, S. 504-521.
Nauck, B., 1988a: Zwanzig Jahre Migrantenfamilien in der Bundesrepublik. Familiärer Wandel zwischen Situationsanpassung, Akkulturation und Segregation. In: R. Nave-Herz

(Hg.): Wandel und Kontinuität der Familie in der Bundesrepublik Deutschland. Stuttgart, S. 279-297.

Nauck, B., 1989: Assimilation Process and Group Integration of Migrant Families. In: International Migration, 27, S. 27-48.

Nauck, B., 1994: Erziehungsklima, intergenerative Transmission und Sozialisation von Jugendlichen in türkischen Migrantenfamilien. In: Zeitschrift für Pädagogik, 40, S. 43-62.

Nauck, B., 1995: Educational climate and intergenerative transmission in Turkish families: A comparison of migrants in Germany and non-migrants. In: P. Noack/M. Hofer/J. Youniss (Hg.): Psychological Responses to Social Change. Human Development in Changing Environment. Berlin/New York, S. 67-85.

Nauck, B., 1997: Intergenerative Konflikte und gesundheitliches Wohlbefinden in türkischen Familien. Ein interkultureller und interkontextueller Vergleich. In: B. Nauck/U. Schönpflug (Hg.): Familien in verschiedenen Kulturen. Stuttgart, S. 324-354.

Nauck, B., 1997a: Sozialer Wandel, Migration und Familienbildung bei türkischen Frauen. In: B. Nauck/U. Schönpflug (Hg.): Familien in verschiedenen Kulturen. Stuttgart, S. 162-199.

Nauck, B., 1999: Sozialer und intergenerativer Wandel in Migrantenfamilien in Deutschland. In: R. Buchegger (Hg.): Migranten und Flüchtlinge: eine familienwissenschaftliche Annäherung. Wien, S. 13-69.

Nauck, B., 2000: Eltern-Kind-Beziehungen in Migrantenfamilien – ein Vergleich zwischen griechischen, italienischen, türkischen und vietnamesischen Familien in Deutschland. In: Sachverständigenkommission 6. Familienbericht (Hg.): Empirische Beiträge zur Familienentwicklung und Akkulturation. Materialien zum 6. Familienbericht. Bd. 1. Opladen, S. 347-392.

Nauck, B., 2001: Der Wert von Kindern für ihre Eltern. „Value of Children" als spezielle Handlungstheorie des generativen Verhaltens und von Generationenbeziehungen im interkulturellen Vergleich. In: Kölner Zeitschrift für Soziologie und Sozialpsychologie, 53, 3, S. 407-435.

Nauck, B., 2001a: Intercultural Contact and Intergenerational Transmission in Immigrant Families. In: Journal of Cross-Cultural Psychology, 32, S. 159-173.

Nauck, B., 2001b: Social Capital, Intergenerational Transmission and Intercultural Contact in Immigrant Families. Migrant and Minority Families, Bd. 32. Special Issue of the Journal for Comparative Family Studies, S. 465-488.

Nauck, B./Diefenbach, H., 1997: Bildungsbeteiligung von Kindern aus Familien ausländischer Herkunft: Eine methodenkritische Diskussion des Forschungsstands und eine empirische Bestandsaufnahme. In: F. Schmidt (Hg.): Methodische Probleme der empirischen Erziehungswissenschaft. Hohengehren, S. 289-307.

Nauck, B./Diefenbach, H./Petri, K., 1998: Intergenerationale Transmission von kulturellem Kapital unter Migrationsbedingungen: Zum Bildungserfolg von Kindern und Jugendlichen aus Migrantenfamilien in Deutschland. In: Zeitschrift für Pädagogik, 44, S. 701-722.

Nauck, B./Kohlmann, A., 1998: Verwandtschaft als soziales Kapital – Netzwerkbeziehungen in türkischen Migrantenfamilien. In: M. Wagner/Y. Schütze (Hg.): Verwandtschaft. Sozialwissenschaftliche Beiträge zu einem vernachlässigten Thema. Stuttgart, S. 203-235.

Nauck, B., Kohlmann, A./Diefenbach, H., 1997: Familiäre Netzwerke, intergenerative Transmission und Assimilationsprozesse bei türkischen Migrantenfamilien. In: Kölner Zeitschrift für Soziologie und Sozialpsychologie, 49, S. 477-499.

Nauck, B./Niephaus, Y., 2001: Intergenerative Konflikte und gesundheitliche Belastungen in Migrantenfamilien. Ein interkultureller und interkontextueller Vergleich. In: P. Marschalck/K. H. Wiedl (Hg.): Migration und Gesundheit. Osnabrück, S. 217-250.

Pagnini, D./Morgan, S. P., 1990: Intermarriage and Social Distance among U.S. Immigrants at the Turn of the Century. In: American Journal of Sociology, 96, S. 405-432.

Phalet, K./Schönpflug, U., 2001: Intergenerational transmission in Turkish immigrant families: Parental collectivism, achievement values and gender differences. Migrant and Minority Families, Bd. 32. Special Issue of the Journal for Comparative Family Studies, S. 489-504.

Scheibler, P. M., 1992: Binationale Ehen: Zur Lebenssituation europäischer Paare in Deutschland. Weinheim.

Schrader, A./Nikles, B. W./Griese, H. M., 1979: Die zweite Generation, (2. Aufl.). Königstein.

Steinbach, A./Nauck, B., 2000: Die Wirkung institutioneller Rahmenbedingungen für das individuelle Eingliederungsverhalten von russischen Immigranten in Deutschland und Israel. In: R. Metze/K. Mühler/K.-D. Opp (Hg.): Normen und Institutionen: Entstehung und Wirkungen. Theoretische Analysen und empirische Befunde, (Bd. 2). Leipzig, S. 299-320.

Straßburger, G., 2000: Das Heiratsverhalten von Personen ausländischer Nationalität oder Herkunft in Deutschland. In: Sachverständigenkommission 6. Familienbericht (Hg.): Familien ausländischer Herkunft in Deutschland, Bd. 1: Empirische Beiträge zur Familienentwicklung und Akkulturation. Opladen, S. 9-48.

Vetter, S., 2001: Partnerwahl und Nationalität. Heiratsbeziehungen zwischen Ausländern in der Bundesrepublik Deutschland. In: T. Klein (Hg.): Partnerwahl und Heiratsmuster. Sozialstrukturelle Voraussetzungen der Liebe. Opladen, S. 207-231.

Weidacher, A., 2000: In Deutschland zu Hause: politische Orientierungen griechischer, italienischer, türkischer und deutscher junger Erwachsener im Vergleich. Opladen.

Wilpert, C., 1992: The Use of Social Networks in Turkish Migration to Germany. In: M. M. Kritz/L. L. Lim/H. Zlotnik (Hg.): International Migration Systems. A Global Approach. Oxford, S. 177-189.

Zapf, W./Brachtl, W., 1984: Gastarbeiter und deutsche Bevölkerung. In: W. Glatzer/W. Zapf (Hg.): Lebensqualität in der Bundesrepublik. Objektive Lebensbedingungen und subjektives Wohlbefinden. Frankfurt a. M/New York, S. 286-306.

Autorinnen und Autoren des Bandes

Becker, Rolf, PD Dr. phil. habil., Technische Universität Dresden, Institut für Soziologie, Mommsenstrasse 13, 01069 Dresden.

Busch, Friedrich W., Prof. Dr., Carl von Ossietzky Universität Oldenburg, Institut für Erziehungswissenschaft, Ammerländer Heerstr. 114-118, 26129 Oldenburg.

Feldhaus, Michael, Dipl.-Sozialwiss., Carl von Ossietzky Universität Oldenburg, Institut für Soziologie, Ammerländer Heerstr. 114-118, 26129 Oldenburg.

Häußermann, Hartmut, Prof. Dr., Humboldt-Universität zu Berlin, Institut für Sozialwissenschaften, Unter den Linden 6, 10099 Berlin.

Krüsselberg, Hans-Günter, Prof. (em.), Dr., Philipps-Universität Marburg, Fachbereich Wirtschaftswissenschaften, Universitätsstr. 25, 35037 Marburg.

Lauterbach, Wolfgang, Prof. Dr., Westfälische Wilhelms-Universität Münster, Institut für Soziologie, Scharnhorststr. 121, 48151 Münster.

Liebsch, Katharina, Prof. Dr., Pädagogische Hochschule Weingarten, Fakultät I: Soziologie, Kirchplatz 2, 88250 Weingarten.

Limbach, Jutta, Prof. Dr., Präsidentin des Goethe-Instituts Inter Nationes e.V., Helene-Weber-Allee 1, 80637 München (zuvor Präsidentin des Bundesverfassungsgerichts).

Logemann, Niels, Dr. rer. pol., Carl von Ossietzky Universität Oldenburg, Institut für Soziologie, Ammerländer Heerstr. 114-118, 26129 Oldenburg.

Nauck, Bernhard, Prof. Dr., Technische Universität Chemnitz-Zwickau, Lehrstuhl f. Allgemeine Soziologie I, Reichenhainer Str. 41, 09009 Chemnitz.

Nave-Herz, Rosemarie, Prof. Dr. Dr. h.c., Carl von Ossietzky Universität Oldenburg, Institut für Soziologie, Ammerländer Heerstr. 114-118, 26129 Oldenburg.

Schneewind, Klaus A., Prof. Dr., Institut für Psychologie der Ludwig-Maximilians-Universität München, Leopoldstr. 13, 80802 München.

Scholz, Wolf-Dieter, apl. Prof. Dr. habil., Carl von Ossietzky Universität Oldenburg, Institut für Erziehungswissenschaft 1, Ammerländer Heerstr. 114-118, 26129 Oldenburg.

Schütze, Yvonne, Prof. Dr., Humboldt-Universität zu Berlin, Institut für Allgemeine Pädagogik, Geschwister-Scholl-Str. 7, 10099 Berlin.

Siebel, Walter, Prof. Dr., Carl von Ossietzky Universität Oldenburg, Institut für Soziologie, Ammerländer Heerstr. 114-118, 26129 Oldenburg.

Sommerkorn, Ingrid N., Prof. Ph. D., Universität Hamburg, Institut für Soziologie, Allende Platz 1, 20146 Hamburg.

Wagner, Michael, Prof. Dr., Universität zu Köln, Forschungsinstitut für Soziologie, Greinstr. 2, 50939 Köln.

Willutzki, Siegfried, Prof. Dr., Ehren-Vorsitzender des Deutschen Familiengerichtstages e.V., Hauptstr. 97a, 50331 Brühl.

B. Reichle / H. Werneck (Hrsg.)
Übergang zur Elternschaft
Aktuelle Studien zur Bewältigung eines unterschätzten Lebensereignisses
1999. VIII. 240 S., 36 Abb., 20 Tab., kt. € 24,90 / sFr 44,40. ISBN 3-8282-4573-0
(Der Mensch als soziales und personales Wesen, Bd. 16)
Menschen verändern sich nach einschneidenden Ereignissen zum Positiven wie zum Negativen. Zwölf aktuelle Forschungsprojekte untersuchen, was sich verändert, wenn aus einem Paar eine Familie wird. Die Befunde zeigen Chancen und Risiken dieser Übergangsphase auf und tragen so zu einem vertieften Verständnis der Probleme bei, mit denen junge Familien zu kämpfen haben und bieten Ansatzpunkte für hilfreiche psychologische, pädagogische und politische Interventionsmaßnahmen.

Erika M. Hoerning (Hrsg.)
Biographische Sozialisation
2000. X/346 S. kt. € 29,50 / sFr 53,50. ISBN 3-8282-0134-2
(Der Mensch als soziales und personales Wesen, Bd. 17)
Biographie entsteht aus der subjektiven Verarbeitung von gesellschaftlichen Gelegenheiten und Anforderungen in verschiedenen (altersstrukturierten) Lebensphasen, ein Prozeß, bei dem einerseits auf Lebenserfahrungen zurückgegriffen werden kann und in dem andererseits fortwährend Lebenserfahrungen gemacht, modifiziert und generiert werden. In diesem Prozeß wird die Biographie zur Sozialisationsinstanz. Die subjektive Ausformung der Biographie oder auch der Lebensgeschichte und die soziale Struktur des Lebensverlaufs sind in der Realität ein nicht zu trennender Verlauf, konzeptionell jedoch sind es unterschiedliche Gegenstandsbereiche mit sehr unterschiedlichen Sozialisationsverläufen. Aus soziologischer, psychologischer und psychoanalytischer Sicht wird die Frage der biographischen Sozialisation in diesem Buch diskutiert.

Andreas Lange / Wolfgang Lauterbach (Hrsg.)
Kinder in Familie und Gesellschaft
zu Beginn des 21sten Jahrhunderts
2000. VI, 358 S., kt. € 31,- / sFr 55,10. (ISBN 3-8282-0136-9)
(Der Mensch als soziales und personales Wesen, Bd. 18)
Vieles im Leben von Kindern hat sich seit den 60er Jahren maßgeblich geändert: das Aufwachsen mit den Geschwistern und den Eltern, die Beziehungen zu den Großeltern, die Gestaltung des Alltags und die Entwicklung der Selbständigkeit und Identität. Thematisch findet der kulturelle, demographische und rechtliche Wandel seinen Niederschlag in zahlreichen pädagogischen, psychologischen und soziologischen Diskursen. So ist nicht verwunderlich, dass das Thema Kindheit wieder stärker in den Mittelpunkt wissenschaftlicher und öffentlicher Aufmerksamkeit rückt.
Die Analyse dieser Wandlungen sind Thema des Buches. Allerdings gehen wir davon aus, dass Kindsein heute nicht radikal anders ist als vor vierzig Jahren. Gegenwärtig ist das Aufwachsen von Kindern vielmehr geprägt durch ein Spannungsfeld von Kontinuität und Diskontinuität. Im vorliegenden Band wird dieses Spannungsfeld aus der Perspektive unterschiedlicher Fachdisziplinen beleuchtet.

LUCIUS & LUCIUS *Stuttgart*

Harald Uhlendorff / Hans Oswald (Hrsg.)

Wege zum Selbst

Soziale Herausforderungen für Kinder und Jugendliche

2002. VI/346 S., kt. € 26,- / sFr 45,60. ISBN 3-8282-0205-5

In diesem interdisziplinären Buch über Kinder und Jugendliche liegt der inhaltliche Schwerpunkt auf der Entwicklung der Identität. Die beteiligten Soziologen, Psychologen und Erziehungswissenschaftler betonen die Eigenaktivität der Heranwachsenden, die Eigenständigkeit der Kinderwelt und berücksichtigen gleichzeitig, daß diese in soziale Kontexte eingebettet sind und dadurch begrenzt werden. Dieses Paradigma wird oft "konstruktivistische Sozialisationsforschung" genannt.

Im Zentrum des auf das wissenschaftliche Lebenswerk von Lothar Krappmann bezogenen Buches stehen neun empirische Originalbeiträge, die in unterschiedlicher Akzentuierung den drei Gesichtspunkten Eigenaktivität, gemeinsamer Konstruktion und sozialer Kontextuierung verpflichtet sind. Eingeleitet werden diese empirischen Studien durch vier theoretische Beiträge - je einer aus soziologischer, psychologischer, pädagogischer und erkenntnistheoretischer Sicht -, die den die moderne Diskussion beherrschenden Gesichtspunkt des aktiven Individuums entfalten.

Abgeschlossen wird das Buch durch drei Beiträge zu pädagogischen und politischen Bezügen des Themas.

M. Wagner / Y. Schütze

Verwandtschaft

1988. 284 S., 20 Abb., 20 Tab.
€ 31,- / sFr 55,10. ISBN 3-8282-4597-8
(Der Mensch als soziales und personales Wesen, Bd. 14)

Obwohl Verwandtschaft eine grundlegende Institution in jeder Gesellschaft ist, beschäftigt sich die deutsche Familiensoziologie kaum noch mit diesem Thema. Die Kern- oder Kleinfamilie hat in unserer Gesellschaft eine derart herausragende Bedeutung, dass andere Formen der Verwandtschaft in den Hintergrund getreten sind.

Die Beiträge dieses Bandes widmen sich aber gerade diesem Teil der Verwandtschaft, also den "entfernten Verwandten" und untersuchen aus einer soziologischen, historischen, soziobiologischen und psychologischen Perspektive, inwieweit das Konzept der Verwandtschaft einer Revitalisierung bedarf.

LUCIUS et LUCIUS *Stuttgart*